時間的磨子下
——戴笠、軍統與抗戰

胡平 著

中華書局

□ 責任編輯：陳思思
□ 裝幀設計：高　林
□ 排　版：陳美連
□ 印　務：林佳年

時間的磨子下
—— 戴笠、軍統與抗戰

□
著者
胡　平

□
出版
中華書局（香港）有限公司
香港北角英皇道 499 號北角工業大廈一樓 B
電話：(852) 2137 2338　傳真：(852) 2713 8202
電子郵件：info@chunghwabook.com.hk
網址：http://www.chunghwabook.com.hk

□
發行
香港聯合書刊物流有限公司
香港新界大埔汀麗路 36 號
中華商務印刷大廈 3 字樓
電話：(852) 2150 2100　傳真：(852) 2407 3062
電子郵件：info@suplogistics.com.hk

□
印刷
深圳中華商務安全印務股份有限公司
深圳市龍崗區平湖鎮萬福工業區

□
版次
2018 年 6 月初版
2019 年 1 月初版第 2 次印刷
© 2018 2019 中華書局（香港）有限公司

□
規格
16 開（240 mm×170 mm）

□
ISBN：978-988-8513-26-0

題　記

　　歷經抗戰、內戰的旅美華人作家，已是鮐背之年的王鼎鈞先生如是說：「歷史上每一件事情，都有遠因、近因、內因、外因，歷史永遠在進行，只是你不覺得。這也正是中國人常常說的天道在冥冥之中。歷史上重大的改變雖然來得慢，但是常常變得很徹底，冥冥之中進行的，是一件一件慢工細活。」

　　歷史與時間是一對孿生兄弟。大到國家、民族，小至團體乃至個體的命運，最終都將在時間的磨子之下，顯示其精粹或原形。

目　錄

楔 子

轟轟掙扎着的發動機聲，似乎隨時會戛然而止，像抖動着的巨鑽一樣向耳朵劈來，碎亂的光影，還有體內血壓，劇烈起伏，如一頭飢餓的豹子在鐵籠裏逛蕩。舷窗外，死死糾纏着的大片大片厚實的雨雲，幻化出的各色嘴臉，很快要被撕開；一匹匹山樑黑黢黢地，水津津地，如同密謀了許久時刻的巨獸，即將張牙舞爪地撲來。

他的臉，大約是一塊靜默的黑石頭，像是盡情噴發後的火山口冷卻後的黑石頭，可以平靜了，尚不及 50 歲的一生的種種成功與失敗，以及近年來如子彈般密集掃射的迷惘、期待、擔憂、遺憾，終於能夠放下了！

自 30 歲以來，險象環生，篝火狐鳴，臥雪吞氈，多少次與死神擦肩而過，回眸一笑，此刻，死神冰冷的氣息，如海水一樣包湧過來，並在額間耳際似海妖般婆娑。

1946 年 3 月 17 日，農曆丙戌年（狗年）二月十四日，星期天，約午後 1 時許，這最後的時刻——

他想起了什麼呢？

幾個小時之前，送走客人，離去機場有一小時餘暇，早聽說青島市容整潔，風景優美，他提出到海濱走走，見一小別墅傍山臨海，視野開闊，周圍林木蔥翠，紅綠相扶，他忽命停車，凝視良久，轉頭對隨員們說：「我半生奔波，真是日無寧暇，而五十之年，忽焉焉降至。人都會有休憩的時候，我哪天若卸去肩上的擔子，如能有這樣一所房子以養終老，我就很滿足了」；

早年一路乞討、把自己從寧波找回老家江山的母親，一生勤勞，近七十歲人了，還要到後山上種、採茶葉，每年總能喝上她的明前茶。一生呢喃「阿彌陀佛」、手撚佛珠的母親，卻不能為她養老送終了；

站在自家的大門口，從妻子的懷裏接過白白胖胖的「蠶兒」，他雙手盪起來，陽光跳躍，孩子睜不開眼。那一年，他 21 歲，露水一樣年輕。轉眼間，

藏宜就是他在這塊土地上活過的惟一生命痕跡。金聖歎臨死前在獄中還給兒子寫下遺囑：花生與豆腐乾同嚼，有火腿味。他來不及寫遺囑了，即便能寫，又有什麼東西可以留下呢？幾天後，副官賈金南清理真正屬於他個人的遺物，不過幾件衣物、兩支鋼筆，連一個箱子都裝不滿，房子、車子，還有曾流水一樣過手的鈔票、黃金、珠寶，都不是他的；

和胡蝶的最近一次見面，兩人牽手在初春寥廓的星空下散步，臉上有嘉陵江上微寒的風吹來。說起抗戰勝利後兩人必踐行的婚約，猶如一籠剛出鍋的鮮肉包子，正稍稍等冷下來。分手時，胡蝶眼神秋波乍現，若驚鴻一瞥……最後一瞥，一瞥十年、百年。

這天的黃曆是「諸事不宜」。11 點—13 點的庚午，忌赴任、出行、求財、祭祀、祈福、齋醮、開光。

人間不一定是道場，卻一定是劇場，每個人都在出演自己的一個角色。

一個叫「戴笠」的角色上場了。

一個叫「戴笠」的角色下場了。

「今日少年明日老，山依舊好，人憔悴了……」（陳草庵）

「青山遮不住，畢竟東流去。江晚正愁予，山深聞鷓鴣。」（辛棄疾）

一

遲遲不忍離去的遊魂

衡量歷史人物的天平上

> 蔣介石，
> 帝國主義和封建主義雜交生的
> 蔣介石，
> 現代中國人民災難的代名詞
> 他用血來嚇唬我們
> 他把中國人民的血染遍了中國的土地。

——這是詩人何其芳 1949 年 10 月寫的詩句，全詩名為《我們最偉大的節日》，被選入 1952 年第一版高中語文教材第二冊的首篇。

1949 年以後出生的孩子，打小知道的蔣介石，便是這樣一副殺氣騰騰、嗜血成性的嘴臉。

在大半個世紀之後，二十世紀末、二十一世紀初，人類的第一個偉大發明——互聯網，不但將全球即時地聯繫起來，也讓歷史與現實緊緊地擁抱，兩者間原本厚實的雲團、密實的樊籬，漸漸變成朽爛了的糊牆紙⋯⋯

隨着海內外愈來愈多的檔案資料解密，還有 2008 年《找尋真實的蔣介石：蔣介石日記解讀》（楊天石著）一書的一版再版，如吳思先生所說：「我習慣於從共產黨的角度看歷史，在我所受的教育中，蔣介石是獨夫民賊，是人民公敵。這本書讓我們能夠從國民黨和蔣介石的角度看歷史，這樣就可以取得視角上的平衡，更加心平氣和地，帶着對雙方的同情和理解看問題，深入歷史的真實性和複雜性。新視角來自蔣介石日記提供的新史料，我們在書中接觸到了新史料，可以更加全面地觀察歷史真相。這是深入研究歷史，理解歷史的前提。」（《歷史原來是這個樣子——讀〈找尋真實的蔣介石〉》）

現在，大陸學界普遍認為：蔣介石有「兩大過」和「兩大功」。

前者為 1927 年到 1937 年的「清黨剿共」，1946 年到 1949 年的 3 年內戰；

後者是 1926 到 1928 年領導北伐戰爭，打敗 3 個軍閥集團，結束了北洋軍閥在中國 17 年的統治。1937 年至 1945 年的抗日戰爭期間，領導國民黨和國民政府抗日，並且取得了勝利。

1938 年 7 月 1 日，在抗日戰爭爆發一週年的前 6 天，林語堂先生在巴黎寫了《日本必敗論》：

> 如果你們看到蔣介石的宿敵李宗仁、白崇禧，把自己的武裝和資源，全部投放在戰場上來，而且和蔣介石並肩戰鬥；如果看到共產黨出於同樣的愛國動機，支持蔣介石領導抗戰；如果看到年輕的女大學生，把成千上萬的由戰爭造成的孤兒們，帶到揚子江的船上，給他們提供庇護所，自己卻在雨裏淋着；如果看到很多的乞丐，把自己討來的錢，放到那個獻金台上，作為對抗戰的一個捐贈；如果看到 900 萬件棉背心和 2000 萬件毛衣，被大後方的婦女們一針一線的織起來，送到前線戰士們的手上，穿在他們身上的時候；你就知道中國人，中國的民族主義，中國的生命，已真正開始誕生了，中國正在走向自己偉大的復興。（《宇宙風》第 73 期）

衡量歷史人物的天平上，功過是非的砝碼，可以有許多個，但最重的，只能是一個——那就是中華民族的千秋大義。

鑒於抗日戰爭在中國數千年歷史，尤其近代以來的極端重要性——這場戰爭的勝利使中華民族的生命和民族精神得以延播至今。而且戰後徹底廢除了清政府簽下的列強在華一系列不平等條約，史稱「1943 年條約」，1945 年 6 月，又以戰勝國與創始國的身份，與美、蘇、英、法四大強國一起，成為聯合國常任理事國；

鑒於抗日戰爭不是某種政治力量、某些社會階層、局部民眾的自發行為，是國家戰爭行為，這場戰爭的指揮者、組織者，自當是先在南京後遷重慶的國民政府。作為國民政府的最高領導人，歷史已證明，他是在持續 8 年之久的對日戰爭中從未有過苟且行為的一位堅定的民族主義者（蔣介石有一個批示，說「誰想利用汪精衛勸我跟日本人談判，『殺無赦』」。據楊天石先生統計，在抗

戰過程裏，日本人向蔣介石伸出橄欖枝，勸蔣談判一共有 12 次，最後都為蔣嚴辭所拒），「與其屈服而亡，不如戰敗而亡」（《蔣介石日記》），蔣介石堪稱是硬骨錚錚、正如其名，其功與過比起來，顯然功大於過。

　　一向被中國官方稱作是「中國人民老朋友」的亨利·基辛格博士，在其著作《世界秩序》中有這樣一句話：「評判每一代人時，要看他們是否正視了人類社會最宏大和最重要的問題。」2015 年 9 月 23 日，在西雅圖華盛頓州政府和美國友好團體聯合歡迎宴會上，習近平發表講話，他引用了基辛格博士的這句話，並表示贊同。

　　這是否也可成為海峽兩岸和全球華人評判中國抗日戰爭那代人的廣泛共識？

榮於華衮，嚴於斧鉞

　　曾幾何時，在大陸，民國人物似乎都與反面形象劃了等號，在蔣介石之下，大概首推戴笠了，無論在政治上還是道德上，此人完全是一個邪惡的象徵、魔鬼的化身。或弄臣鷹犬，或暗劍血刃，或風雨悍將，或心魔色魔。一個人同時擁有如此多的「罪行」，恐怕也極其罕見了。而且，坊間對其多有歧見的生平事徑，信馬由韁，眾說紛紜，彷彿他只是民國年間風雲變幻裏一個打醬油的，歷史無需為他點燈熬油，敲定信史。

　　早些年浙江省政協江山市文史資料研究委員會編撰的資料裏，有一則戴笠走上反共歧路的記載：戴笠年輕時在老家棲霞關的竹林裏，路見一幼女，頓起淫念，正欲施暴之際，被一好漢抓個正着。戴笠求饒不過，被迫立下《悔過書》。後來，好漢加入了共產黨，因遭戴笠嫉恨，私仇公報，終死軍統之手。這則記述混合着話本小說的腔調，把戴笠寫成一個西門慶、鎮關西式的人物，那個好漢也被安上了一個真人姓名——戴笠老家保安鄉中共組織創始人華榮

春。該記述還杜撰出一個細節，稱戴笠日後和留守江山的兒子戴藏宜密電往來，其中有對華榮春下手的暗號，為「乾濕得活」。江山本地話的意思是殺人見血。這明顯偽造的電文，多少年裏，堂而皇之成了江山政協檔案科的「史料」，為不少戴笠傳記作者採用。

從事戴笠研究 30 多年的江山市政協老幹部、本地學者毛作元，對來採訪的記者説：「像這樣的情況絕非少數。關於戴笠早年在家鄉逞惡、從小慣偷善騙、吃喝嫖賭俱全的説法，大多缺乏真憑實據。」（《軍統裏的江山幫》，南都週刊 2012 年第 14 期）

江山市藏書家、地方史研究者王保利先生收藏的《三兇傳》，大概是新中國成立後最早問世的一本關於軍統的書。作者萬峰青，出版方是上海南京東路 353 弄的亦報。《三兇傳》寫了三個人物：戴笠、鄭介民、毛人鳳。在戴笠一篇中捎帶介紹了毛森。此書 1950 年 7 月初版，當月便印了二版，各印 5000 冊，在當時肯定是一本很合潮流也推潮流的書。

《三兇傳》稱：「戴笠像狗，面孔長黑」，「戴笠還染上了一身梅毒」，「戴笠的頭上，有一塊被賭徒狠打之後留下來的傷疤」，「宋美齡非常恨戴笠」，「戴笠的字體，歷代書法中無此體，則名之曰生柴帶葉體」，「戴笠有三個死因：一、司機所殺；二、二陳（陳立夫、陳果夫兄弟）所殺；三、蔣介石所殺。」等。此書內容粗率、武斷，寫作水平極差，於此可見一斑。

1962 年，沈醉先生在全國政協文史資料第 22 輯發表《我所知道的戴笠》，由中華書局出版，內部發行。1980 年 8 月，中國文史出版社出版、公開發行《戴笠其人》，該書是沈醉《我所知道的戴笠》和文強《戴笠其人》的合訂本。至 1987 年，共再版 5 次，印數達 88 萬冊。其間，還有群眾出版社出版的單行本，累計發行量在 100 萬冊以上，在全國產生巨大影響。沈文開篇即是「軍統特務首腦戴笠，是蔣介石身邊的一把犀利的匕首，也是最善於窺視主子意圖，最博得蔣介石歡心的一條忠實兇狠的走狗。」字裏行間，少不了用「階級鬥爭」、「紅旗飄飄」眼光，對其昔日恩主多有鞭撻。

喬家才（1906—1994）比戴笠小9歲，
是與戴同期的黃埔軍校第六期生。歷任軍統
本部督查室主任、晉東南站站長、第一戰區
晉冀豫邊區黨政軍工作總隊隊長、中美合作
所陝壩第四訓練營地副主任、保密局北平站
站長等職，屢經槍林彈雨、暴土黃沙，命懸
抗戰一線。日寇為追捕他，曾派漢奸長期蹲
守其北平家中，並對其妻郭同梅施以酷刑，
百般折磨。喬家才是戴笠手下的「四大金剛」
之一。去台後，卻遭構陷，為一樁冤案坐牢9
年。出獄後，與李敖因一場筆仗結下交誼，
1989年，83歲的他把一直隱密不宣的《喬家

黃埔軍校時期的喬家才

才入獄記》，託人交到李敖手裏保存。5年後，喬家才辭世，李敖彙集此稿，
還有五年裏與其的書信來往，由自家出版社（李敖出版社）出版，書名為《我
最難忘的一個國特》。針對海外華人圈也在流傳的《戴笠其人》一書，該書收
有喬家才《為戴笠辯誣》一文。喬認為，沈醉一文「生編硬造，胡說八道，極
盡污衊先總統蔣公及醜化戴笠將軍之能事。」

不妨引用一例：

> 二十一年二月二十九日，三民主義力行社成立，校長蔣公要他（戴
> 笠）擔任力行社的特務處處長，他推辭不幹。他說：「團體當中，許多人
> 都是我的老大哥，而且，這種工作本身就不容易做好。」
>
> 校長說：「這不要緊，一切有我，不必顧慮。現在就是你有沒有決心
> 的問題，祇要有決心，事情一定可以做好的。」後來校長下了命令，當他
> 雙手接受命令的時候，他就抱定以必死的決心來做好這個工作。他很感慨
> 地向校長報告：「從今天接到了命令之日起，我的這個頭，就拿下來了。」
>
> 校長很奇怪地問他：「為什麼？」
>
> 他說：「這個工作做得好，頭一定給敵人殺掉；做不好，當然要給領

袖殺掉。」

　　沈文把這一段對話，演繹成那種卑鄙的說法，說天天提防委員長殺掉他。又編造了表兄毛權做他的替身。沈文說：「毛權長的和他幾乎是一模一樣，口音和舉止也很相同，只是年紀稍大，略顯得老一點。他因天天殺人（惡毒之至），所以也時時提防別人殺他。當他的表兄從家鄉來重慶找他謀事時，他一下便看中了這個和他相似的人，留在自己身邊，想用來當他的替死鬼。他和毛權穿同樣質料和顏色的衣服，戴同樣帽子，使人猛一看，幾乎分不出來。他經常把這位表兄帶在身邊，兩人乘汽車時，有時他坐在司機身旁，有時毛權坐在司機身旁。毛權對於他，真可說忠心耿耿。」

　　替身應當隱藏起來，不讓人知道，要在金沙灘雙龍會的特殊危險局面時，替身才有作用，才有效。而沈文卻說把替身經常帶在身邊，同乘一輛汽車，豈不是一輛車上坐着兩個戴笠，何替身之有？

　　從二十七年開始，到日本投降時止，我曾和他在漢口、重慶、洛陽、西安、蘭州及綏遠的陝壩等地，多次見面，我就沒有見過這位表兄毛權。

　　文強（1907—2001）的《戴笠其人》，其間夾雜了許多大陸曾流行多年的政治術語：「封建教條」、「破落地主」等等，文中戴笠、文強等人的口吻，也不像原主，喬家才懷疑為他人所作，而用文強的名字印出來；若確是文強本人所寫，亦是捕風捉影，似是而非，乃至乾坤大轉移。可以駁斥的地方太多，小事上，戴笠明明是浙江省江山縣保安鄉人，文中稱他是硤口鎮人，硤口和保安相去 25 里；大事上，如——

　　民國十八年十二月五日，討伐馮玉祥之第五路軍總指揮唐生智，在河南鄭州叛變，發表通電，和在浦口叛變的石友三相呼應。唐知道戴笠正在豫陝地區活動，懸賞十萬元購買戴笠的人頭。唐生智的憲兵營營長兼信陽軍警稽查處處長周道三（偉龍），是他的湖南同鄉，黃埔第四期畢業，正在嚴密搜捕戴笠。戴知道很難離開叛區，於是親自去見周道三，去送價值

十萬元的人頭。周道三看見他氣度軒昂，言辭鏗鏘，感於他忠勇誠懇，理直氣壯，不但沒有逮捕他，反而親自護送他脫離唐生智的叛區，以後跟着戴工作。這個故事，軍統局的同志，幾乎人人知道。文強是軍統局的高級幹部，又和周道三是第四期同學，對這個故事應該很清楚，但是他寫的牛頭不對馬嘴。

文強說：「一九二七年，唐生智雄踞武漢三鎮，擁有兩湖地盤，掌握的武力二十餘萬，與蔣介石爭天下，確有舉足輕重之勢。唐原係湘軍的一個師長，輸誠廣東國民政府後，擴充為國民革命軍第八軍軍長，兼西路軍前敵總指揮，與蔣介石各據一方，分庭抗禮。在如此情勢下，蔣引為大憂，寢食不安，命戴笠到武漢一探虛實。不料事機不密，戴被武漢憲兵部隊所捕，連同搜集的情報資料全被抄獲。如果上報，即有生命之危。戴打聽到憲兵連長周偉龍是黃埔軍校第四期的同學，便要求與周相見，用一套共同擁護校長坐天下的說辭打動他。周不但釋放了戴笠，而且結為生死之交，棄官而逃到南京，得到蔣介石的召見嘉獎。」

戴、周的故事，發生在十八年十二月，文強錯為十六年；地點在河南信陽，文強錯為武漢三鎮；當時唐生智的職務是第五路軍總指揮，文強錯為北伐初期的第八軍軍長；周偉龍是憲兵營長，文強錯為連長；事情發生，是戴去找周，文強錯為戴被捕後，要求見周。況且，十六年寧漢分裂時，戴還在廣東，十六年七月間，騎兵營開拔前，我和戴在黃埔特別黨部見過面，他沒有分身術，怎樣能去武漢一探虛實呢？（《為戴笠辯誣》）

沈醉曾在香港《鏡報》發表《不是答辯只作說明》一文。喬家才看後說：「沈醉不是不答辯，而是無法答辯。」生活在台灣的喬先生算是有些站着說話不腰疼。其實，九十年代前後，感受節令到了，一頭石獅子的眼裏也會泛出秋水點點的溫煦，這溫煦，便是「答辯」，並非所有的問題都好答辯，但時間的磨子終於磨到了這一節，有的問題可以答辯了：

「沈先生有一個很敏感的話題，就是假如說國民黨不抗日、軍統不抗日，老先生就會很和藹，但同時，很堅決地給你糾正。比如戴笠，普遍認為他是一

個沒有政治思想的特工頭子，而沈先生談到惟一可算是戴笠政治思想體現的話，正是關於抗日，而且相當經典。」（《薩蘇講述老兵傳奇故事：兵進北邊》）

擔任過軍統局總務處少將處長的沈醉給薩蘇提供的數字是：軍統局的正式在冊人員和學員，在抗日戰爭中犧牲者達 18000 人以上，而抗戰結束時，全部注冊人員為 45000 餘人。其他附屬人員，如忠義救國軍、別動軍等，犧牲者也甚眾。沈醉的女兒沈美娟女士，在父親去世後出版《孽海梟雄——戴笠新傳》，頗為努力地還原了戴笠部分本色。

在大陸，肇始於八十年代末期的民間「民國熱」，造就了各式各樣的戴笠傳：《特工王——戴笠》、《戴笠大傳》、《戴笠全傳》、《戴笠密傳》、《戴笠新傳》、《戴笠野史》、《戴笠別傳》……市面上流行的戴笠傳記，至少有七八個版本。這些書的熱銷，很大程度上潛流着民眾對民國與抗日戰爭歷史的回望；這些書的「寫作」，很大程度上又是剪刀加糨糊。

近年來，大陸出版的相關書籍除了有沈醉、文強、各級文史資料裏軍統留大陸人員的回憶錄，及這些被裁減的書外，還有陳恭澍（生於 1907，去世年月及墓葬位置不可考）的。

也被稱為軍統「四大金剛」之一的陳恭澍，抗日戰爭爆發後，歷任軍統局天津站站長、華北區區長、上海特二區區長等職，先後策劃刺殺張敬堯、石友三、王克敏、張嘯林、傅筱庵、汪精衛等漢奸，一度令漢奸日寇聞風喪膽，號稱「軍統第一殺手」。1949 年到台灣，繼續在情報機構任職，曾任「國防部」情報局（1955 年保密局改稱「國防部」情報局）第二處處長。他在台灣《傳記文學》雜誌上發表了大量回憶文章，後結集成書《英雄無名》，厚厚的五大部，即《北國鋤奸》、《河內汪案始末》、《上海抗日敵後活動》、《抗戰後期反間活動》、《平津地區綏靖戡亂》，足有 2200 多頁。1988 年 2 月，北京的檔案出版社以《北國鋤奸》為題，出版了《英雄無名》第一部。2012 年 5 月，北京的華文出版社出版了《英雄無名》的前四部，統一改名為《軍統第一殺手回憶錄》。

此部書在大陸問世，似乎意味着戴笠、軍統，開始逃離「1984」。

奧威爾在其《1984》一書裏說過兩句著名的話，第一句是，「誰掌握了過

去，誰就掌握現在和未來」；第二句話是，「誰掌握了現在，誰就掌握了過去。」

逃離了「1984」，卻一頭栽進紅塵萬丈、信息泛濫又快餐式的消費時代。

大陸近些年，無論是電影《風聲》，或是電視連續劇《潛伏》、《黎明之前》……跑火的「特工」、「間諜」題材，總是抗日烽火映襯、民國生活打底。然而，這些精彩的故事裏存有多少真實的歷史痕跡了？

1938 年 11 月 29 日，軍統蘇州站派出一個行動組，埋置地雷炸藥於李王廟附近的外跨塘地段。次日上午 9 時，由滬至寧的快速列車「天馬號」開來，這是一輛駐上海日偽高級官員赴南京出席《日汪協定》簽字儀式的專列。擔任按鈕的副組長詹宗像和隊員薛堯，算計時間、班次無差後，即按鈕起爆，快車觸雷爆炸傾覆，炸斃的日寇高級軍官有：陸軍省駐滬專員山田松次郎大佐、外務省情報局駐南京專員草島信夫中佐、上海特務機關玉置義廣中佐、駐上海日軍特別陸戰隊參謀本部善代志大佐；炸傷日駐華派遣軍總司令部專員岱琦市三、內閣駐上海專員方緒進等人，及汪偽內閣成員多人，給汪精衛送上了一份「厚禮」。

詹宗像、薛堯兩人眼見任務達成，且現場混亂，難抑興奮之心，想混進現場察看戰果，乃自鐵路以北 300 公尺隱藏的樹林中向外移動，被敵軍發現，開槍射擊，詹、薛二人奮勇還擊，且戰且退中，中彈成仁。詹宗像，浙江紹興人，忠義救國軍軍官隊畢業，長於爆破，年 25。薛堯，江蘇無錫人，亦忠義救國軍軍官隊畢業，年 20。（《「國防部」情報局史要彙編》上冊、《戴雨農先生全集》）2015 年，大陸熱播的電視劇《偽裝者》取用了這個情節：列車改名為「櫻花號」，《日汪協定》簽字儀式改為「中日和平大會」，並由軍統和中共上海地下組織分別參與，共同完成爆破。

事實上，1937 年 5 月，中共中央派劉曉從延安到上海領導建黨工作，他來後首先確定黨員數量，經中共上海辦事處副主任馮雪峰和潘漢年特科系統審核認定，上

詹宗像

薛堯

「天馬號」傾覆現場

海黨員的總數大約只有 200 來人，其隊伍基本上是文化人、知識分子，如沙文漢、孫冶方、陳修良、馮定、顧準、夏衍、周揚、于伶、韓念龍等，大抵從事的是抗日宣傳和學生、婦女運動，先後創辦《每日譯報》和《譯報週刊》、《導報》和《導報週刊》、《聯聲月刊》、《上海叢書》等，陸續出版的各種進步文藝刊物達 150 多種；所領導的學生、婦女工作委員會，則組織社會各界為前線募捐，運送傷員，慰勞傷兵，救濟難民等。當年，中共上海地下組織內，並無從事破壞、暗殺活動的行動組。（《拒絕奴性──陳修良傳》）

　　同時期的軍統上海區，內勤另算，僅外勤就有 5 個情報組、8 個行動大隊，每個大隊 30 到 50 人不等。還設直屬新編第一組，有組員近 60 人。軍統武漢區亦如是，外勤有 8 個情報組外，還有下轄 5 個分隊的漢口行動大隊，共 65 人；武昌行動大隊下轄 3 個分隊，共 28 人，另直屬人員 41 人，待命人員 43 人。（喬家才《浩然集──戴笠將軍和他的同志》）

　　以桃代李，謂鹿為馬，是一樁打到聯合國去也無人受理的「版權」官司。但無疑又是一個進步，上個世紀九十年代後，在抗日戰爭的敘事中，有了軍統作為正面力量的出現，「國民黨反動派」從敵人陣營中淡化，只剩下日本帝國主義。「這個變化是很重要的，表明以階級衝突為基礎的歷史唯物主義，已經

不再支撐中國軍事題材的敍事結構，而變成了民族主義符號」。（譚曉明語）

再有報刊、網絡上，太多言之鑿鑿的戴笠，以及與他有關的軍統、中美合作所、女人等的「陳年舊聞」：「戴笠一生睡了多少女人」、「戴笠給毛人鳳戴綠帽子」、「胡宗南緣何娶了戴笠的二奶」、「戴笠的死亡之謎」、「戴笠與胡蝶的私生女」、「充滿殺機的戴笠故居」、「戴笠的紅粉軍團」⋯⋯直至今日，仍時有出籠。它們像是除了娛樂圈之外八卦最瘋長之地，既給戴笠以調色板般黑中泛粉的痛快塗抹，也給了少許「性疲乏」網民，以荷爾蒙噴發的情色衝動。

1990 年 12 月，毛作元先生以筆名申元，出版專著《江山戴笠》，引起了有關專家的關注。此前，他曾多次與來江山的沈醉交流，徵求後者的意見。1997 年，戴笠誕生 100 年。毛作元先生編出《戴笠百年譜》，呈請有關方面與社會各界讀者批評指教。年譜列出 10 餘處國內出版物裏與事實不符之處，如「戴笠十八歲回家娶親，原配毛氏，以後被戴笠遺棄。」（章微寒《戴笠與軍統局》第 81 頁）「戴妻對丈夫畏之如虎，戴笠不理她，不僅不與她同吃飯，連辦公室也不讓進。」（《民國高級將領列傳》第 548 頁）而作為同鄉的筆者，確知戴笠並沒有遺棄結髮妻子，而且，夫妻婚後感情始終融洽。再如：「1946 年重慶談判期間，蔣介石密令戴笠，於同年 8 月 18 日，將羅世文、車耀先祕密殺害在中美合作所。」（《戴笠與軍統局》第 137 頁）。此說，只可能發生在今日熒屏上令人眼花繚亂的「穿越劇」裏，因飛機失事已死於 1946 年 3 月 17 日的戴笠，還能夠在同年 8 月 18 日去殺別人⋯⋯

年譜的最後結尾是：

《年譜》以中共「一國兩制」的科學構思為基石，力求實事求是。中華民族自夏朝以降，家天下誕生，朝代不斷更迭，從此「天下為公，世界大同」成了一句空話。若以漢論秦，對其必有偏頗，若談項羽、劉邦是非，則往往以成敗論英雄，未嘗公允。更有甚者，三國鼎立，南北朝對峙。賢臣良將，各事其主，恩恩怨怨，是是非非，何其莫明。如今日之論戴笠，說其好者，則好到沒有缺點；說其壞者，則又壞得一無是處。科學家斷言，地球尚有 40 億年壽命。好在戴笠畢竟是中國人，相信「一國

兩制」實行之時，即對戴笠一分為二之日。歷史老人自有公論。祈讀者明察。

2002 年，同是江山的李君輝先生的《亂世斯人——戴笠與李祖衛》一書，在香港出版。李祖衛是軍統江山籍將、校中最早與戴笠共事的同鄉兼同學，而且，連任戴笠機要祕書十餘年，在許多重大事件裏可視為是戴笠參謀的角色。戴笠離世後，李祖衛謝絕鄭介民、毛人鳳的挽留，執意離開軍統，直至上海解放後回鄉。李君輝與李祖衛有伯侄之親，上世紀六十年代，悉心拜讀過伯父當年的 3 冊筆記。雖「文革」中全部失落，但記憶如呼呼火焰上盤旋黑蝴蝶般奪目猶存，又獲其兄、曾在由軍統脫身而來的保密局做過杭州組組長李鈞良的指正，終於完成此書。在我看來，純粹出於個人意願，且由後人完成的本書，比較客觀，只是內容單薄了些。

2013 年 8 月，美國漢學家、歷史學家、加利福尼亞大學伯克利分校教授魏斐德（1937—2006），在中國大陸出版其生前寫出的《間諜王——戴笠與中國特工》。魏斐德與孔飛力、史景遷並稱為美國漢學界三傑，也是第一個擔任美國歷史學會會長和社會科學研究委員會主席的漢學家。他對中國史學「激情洋溢且經久不衰」，解密了中國近現代歷史上諸多謎團和懸案。在撰寫此書過程中，他有時禁不住問自己，為什麼投入這麼多的精力去研究這麼個「反覆無常」的人物。回顧個人的史學生涯，他意識到自己「其實一直對亂世英雄及其惡魔般的力量有特殊興趣。」那種力量，就像毒蛇的目光一樣，冷漠卻令他着迷……

由於可引用的信史甚少，在大陸能看到的有關戴笠與軍統的嚴謹的學術著作，可謂寥若晨星。研究方向之一為國民黨特工史的上海大學歷史系教授徐有威先生認為，魏斐德的《間諜王——戴笠與中國特工》一書，看起來似乎為戴笠研究的「集大成者」，但該書所引用的，除去台灣 1966 年公開出版的《戴雨農先生年譜》和 1970 年的《中美合作所誌》外，再無其他一手檔案資料。

在抗日戰爭勝利 70 週年這個偉大的日子到來前後，毛作元先生期待的「對戴笠一分為二之日」，已漸有輪廓。近年讀到的《尋找真實的戴笠》（劉會軍

著)、《黃埔名將戴笠》（吳煥嬌著）、《軍統對日戰揭祕》（孫灩灩著），雖不能完全展示在這場全民族戰爭的長卷中，戴笠和軍統的角聲旌旗，慷慨一呼，血肉如噴，但確已不再像過去一樣躲避不及了，或如夏天的蟬蛻，僅死死粘在國民黨的老樹上。「在北伐一統中原中，在抗日戰爭中，在世界反法西斯戰爭中，在民國特工體系建設上，他都作出了重大貢獻，也是永遠不能被忘卻的」（《黃埔名將戴笠》）；中美特種技術合作所（簡稱中美合作所）、忠義救國軍等——往年在官史的湖面上冒頭便會遭到槍擊的野鴨子，也游出了非官史的蘆葦蕩……雖然還小心謹慎如走冰河，某些史料還是人云亦云，但至少給人一個突出的感覺：

戴笠和軍統，不再是主流話語一個魔咒，亦非我們民族現代史上的一顆黑色災星。

許多年裏，民國史上的軍政人物之中，戴笠可能是兩岸評價差異最大者。可謂「一字之褒，榮於華袞；一字之貶，嚴於斧鉞」。

在台灣，有關戴笠和軍統的文字、書籍，雖有自李登輝以來「台獨」勢力盡力「去中國化」，但找起來並不難——

署名戴笠的書只有一本《政治偵探》。這是目前知道的惟一一本戴笠著述，此書對特務組織的性質、宗旨、工作方式、活動手段及其內部紀律等，都進行了系統闡述。在此書中，戴笠對情報價值的界定是：

> 凡是能夠做到迅速而又確實的，便是好情報；不甚迅速，不甚確實的，便是不好的情報；若是不迅速，或者不確實者，那就簡直不能叫做情報……情報要在事情發生以前報告，才有價值。不但在事情發生以前而已，還要在我們的情報輾轉到了領袖那裏，一切防範的配備都安置妥當，這事情方才發生，要這樣的情報才有價值。要獲得這樣的情報，當然不容易。最好是能獲得敵人最高幹部的計劃，如果這種計劃不能獲得時，其次只有靠各種零碎的徵候。

戴笠總是忙得叫囂乎東西，隳突乎南北，書裏無不是他的荊叢之識、火陣

之見，但紙上的文字應該多出自於同鄉同學李祖衛、周念行之筆。此書 1938 年以軍事委員會政治部名義印行，其時第二度國共攜手，周恩來正在武漢做政治部副部長，猜想這本書周會帶到延安，擺上毛澤東案頭。

1946 年 3 月 17 日，戴笠因飛機失事，意外死亡。1948 年，承其衣缽者集其平生訓誨，成《戴先生遺訓》一書，名之為遺訓，實則只是平日裏的講話與談話。此書早已失傳，據見過該書真容的人士描述，該書所談包羅萬象，甚至連如何在戰爭艱窘條件下治療傷風感冒都有涉略，「同志如手足，團體即家庭」，體現了戴笠的大家長風範。

1961 年，原中美合作所副主任梅樂斯，以戰爭時期的原始記錄為第一手材料，花了三年時間，寫出《神龍‧飛虎‧間諜戰》（英文書名為 *A Different Kind of War*）一書，剛完成初稿即病逝。英文版 1967 年 10 月出版，台灣當年 11 月翻譯，並在《新生報》連載，1969 年由該報結集出版單行本。全書計約 36 萬字，書名改為《另一種戰爭》。該書記敍了中美特種技術合作所從籌備到結束的全過程，尤其記載了它的大量抗日活動，具有較高史料價值。該書在很大程度上喚起了戴笠老部下的敍述訴求。

如前所述，軍統要員陳恭澍、喬家才，還有唐新（筆名良雄，抗戰期間任軍統武漢區區長，著有《蔣介石的特工頭子──戴笠傳》）、劉培初（曾任軍統本部督察室主任，著有《浮生掠影集》）、黃天邁（戴笠的英文祕書，有《戴笠與梅樂斯》等文）、干國勳（力行社「十三太保」之一，有訪問記《三民主義力行社與民族復興運動》）等人，在報紙雜誌上發表了大量的口述或回憶。1991 年，戴笠同鄉同學、原軍統局北平站少將站長王蒲臣，出版長篇回憶錄《滾滾浪沙九十秋》。此前，在美國定居的毛森先生，完成回憶錄《抗戰敵後工作追憶》。台灣情報機構在六七十年代，即開展相關資料彙編，如「國防部」情報局編印的《國防部情報局史要彙編》（1962）、《忠義救國軍誌》（1962）、《本局殉職殉難先烈事跡彙編》（1965）、《中美合作所誌》（1970）等。1966 年 3 月，着手編纂《戴雨農先生全集》，以時任情報局局長葉翔之初編的戴笠年譜為基礎，由費雲文執筆，唐縱、張炎元、沈之岳、潘其武、馬志超、王孔安、劉啟瑞、毛萬里、周念行、周建國等前軍統要員，參予校訂。10 年後，又

請姜紹謨、喬家才、毛萬里、王孔安、郭壽華、周建國、毛鍾新等，詳細審核校正。1979 年 10 月，由「國防部」情報局正式出版，時任情報局局長張式琦作序。

一些台灣作家也將視線投入這個領域。章君穀在二手材料和對原軍統官員採訪的基礎上，編寫了一部戴笠的傳記，戴笠的一名老部下告訴章：「戴先生這個人，實在是極理智而又極富感情的，由於他自小流浪，接觸面異於常人的廣泛，同時，又因為他勤勉苦學，讀了很多的中國古書，所以他能將儒佛俠精神兼而有之。戴先生的部屬，對他無不既敬且畏，即使受過他的處分，人前人後，從不埋怨、懷恨，甚至於直到他死後 22 年的今天，也依舊對他毫無怨言。」

幾乎所有的採訪者，都強調戴笠有極強的記憶力和旺盛的精力：「據說，他能夠幾天幾夜不睡覺，而一點兒也不顯得累。而且，即使累了，他也能立刻察覺出一個局勢，或一個人的動向，然後設法來充分利用局勢。所以，他手下的人相信，在任何情況下，對這位祕密警察頭子隱瞞真相都是徒勞，因為他能毫無例外地戳穿騙局。」

1985 年，港島出版了兩本戴笠傳記，亦不吝筆墨地對戴笠褒揚有加。其中一位作者，是享有「台灣抗戰小說王」之譽的鄒郎先生，他在《戴笠新傳》的序中，總論其功如下：

> 倘若有人要寫一部中國情報史，戴先生有四個第一：一、將黃埔基礎系統，擴充為愛國人士有志一同，他是第一。二、將國家情報私自擴大為國際情報合作，他是第一。三、將情報技術由人能智慧配合科技運用，他是第一。四、將敵前敵後情報組織，無形有形的祕密機構，武裝精良的情報部隊，合計達有百萬兵員者，他是第一。

八九十年代，台灣還出現了一些有關戴笠研究的著述，主要有《戴笠將軍與抗日戰爭》（古僧著）、《戴笠新傳》（費雲文著）、《戴笠與抗戰》（張霈芝著）、《力行社與軍統局》（干國勳著）等，研究者大多着重個人印象，或以部門活動

史為中心,缺乏立體與整體的把握,無法滿足兩岸學界與民眾對抗戰情報戰線的探求。但由於無論哪個國家、哪個政權下,情報領域都是耗子也難溜進去的封閉城池。因其重大,滄海桑田也拆不去「爆炸引信」,許多檔案寧可銷毀,也不會公開;因其機密,且兩岸長期對峙,存留的檔案,基於各種理由,大多不願意公開,或僅選擇性地公開。因此,中國抗日戰爭的歷史敘事,比起其他戰勝國,乃至戰敗國,尚存不少迷津,還有大量空白,尤其戴笠這個「最神祕人物」,仍是在厚實的雲團裏忽隱忽現,在斑駁的樊籬間欲說還休。而這迷津之下、空白之中,假貨贋品便趁虛而入。

2010 年,台灣朝野上下皆籌備慶祝辛亥革命百年紀念活動,「國防部」軍事情報局希望能為情報工作的發展及其開拓者戴笠找尋歷史定位,邀請「國史館」商議合作研究出版事宜。位於台北長沙街一段 2 號一棟古色古香建築裏的「國史館」,是典藏政府機關檔案較集中的地方,歷任「總統」、「副總統」的檔案均藏於此。1990 年代,蔣介石的個人檔案移交給「國史館」,即著名的「大溪檔案」,並很快開放,使得「國史館」在兩岸學界聲名大振。雙方決定以「薪傳項目」名,將目標鎖定在抗戰時期的國民政府「軍事委員會調查統計局」,即軍統局。第一步,先將軍事情報局(1985 年「國防部」情報局再改名為「國防部」軍事情報局,簡稱「軍情局」)的相關檔案解密,交由「國史館」進行數字複製,陸續整理,完成後命名為《戴笠史料》、《國防部軍事情報局檔案》等;並於 2012 年 4 月起陸續開放閱覽,並出版《戴笠先生與抗戰史料彙編》叢書。叢書係從戴笠生前批示的 25000 餘卷檔案裏整理出來,共 15 大類,成59 卷。至 2012 年 4 月,軍統成立 80 週年之際,已出齊《戴笠先生與抗戰史料彙編:軍情戰報》、《戴笠先生與抗戰史料彙編:經濟作戰》、《戴笠先生與抗戰史料彙編:忠義救國軍》、《戴笠先生與抗戰史料彙編:中美合作所的成立》4 卷,以及《戴笠先生與抗戰史料彙編:中美合作所的業務》、《戴笠先生與抗戰史料彙編:軍統局隸屬組織機構》兩本電子書。

在 2011 年 10 月 8 日的新書發表會上,「國史館」館長呂芳上先生稱:《戴笠先生與抗戰史料彙編》系列叢書中,多數文件都是首次公開的珍貴檔案,藉

由書籍的出版，讓過去這段充滿神祕色彩的情報工作得以公諸大眾，使全民更能正確認識抗戰期間，情治人員犧牲奉獻的高風亮節，為這些出生入死卻鮮為人知的情報英雄，取得在歷史上發聲的機會。叢書的《導言》也強調：「是以軍情局此次主動公佈檔案，不但讓情報工作的歷史有了自我表達的機會，也提供了學界鑽研情報作戰的契機，而這項補闕，對於民國史的研究有特殊意義」。

「森林裏的一棵樹倒下了，如果沒有人在場聽到，那麼，樹倒在地上時便沒有聲音。」美國口述歷史協會主席道格‧博伊德，用「一棵樹」詮釋了口述歷史傳播的意義。在台灣，第一個實踐者是中央研究院近代史研究所，1959年開始訪談，至1972年，共完成民國重要人物口述歷史稿66份，達480萬言。進入新世紀後，著名作家龍應台擔任文化部長期間，國民記憶庫啟動，「每個人生都有抽屜，需要被打開，國民記憶庫在記錄這些故事，保存珍貴的回憶。」全島共有68處故事搜錄站、2輛故事行動列車，用以收集記憶，成為人人都可收看的資料。自上線以來，已有超過6000位民眾的口述歷史被收錄在數據庫中，網站瀏覽率超過200萬。

受此感染，2006年9月，社團組織——忠義同志會，啟動口述歷史編纂工作。該會成立於1988年，成員為前軍統局、保密局、情報局與現在之軍情局退伍、退休人員；為求擴大組織及傳承，除以上人員的後代外，還歡迎凡認同該會宗旨——發揚戴雨農將軍忠義救國精神及清白家風，團結昔日工作袍澤，結合志同道合人士，互相照顧，增進情感，以興辦社會公益事業——的社會菁英參加。總會設在台北，並在基隆、桃園、新竹、苗栗、台中、彰化、南投、雲林、嘉義、台南、高雄、屏東、台東、花蓮、宜蘭、羅東、澎湖、金門等地，設有22個分會，會員人數總計為2600餘人。首批受訪對象為85歲以上的會員，均有參加抗日戰爭的經歷，且對情報工作具有特殊貢獻，選定受訪者35人至40人，每人提供4000—5000字口述歷史有關數據，或採取錄音訪問方式取得口述數據，再經口述歷史編纂委處理。2008年5月順利出版第一輯。這時，歷經抗戰烽火的先進耆宿不斷凋零，流逝的時間就是流失的歷史。隨即致函敦請99位75歲以上會員，協助撰寫或接受採訪，從中選定27位，

2011 年 10 月出版第二輯。兩輯中，存有大量軍統及戴笠在抗戰各個重大事件、重要戰場戰役裏的活動史實、細節，字裏行間，也可以看到這些風中殘燭的老人，歷經大半個世紀的風雨板盪、白雲蒼狗，對戴笠始終保持着的那份懷念與景仰。

太史公云：「古者富貴而名摩滅，不可勝記，惟倜儻非常之人稱焉。」在人海與時間的磨洗下，個人往往迅速湮沒，死後還讓後人頻頻說道的，無疑是「倜儻非常之人」。無可否認，戴笠是中國現代歷史上最富有傳奇色彩的人物之一。

有人做過統計，目前大陸、台灣、香港，以及美國等國家出版的戴笠傳記、史料，大約有將近 200 種。僅大陸方面，打中共建政，關於戴笠或「軍統」的書籍，已經出版百餘種。「整體而言，1949 年以後，台海兩岸戴笠相關書寫中所呈現出來的戴笠歷史形象及其轉變，與時空背景實有莫大的關聯。今後，由於兩岸關係日趨和緩，相關檔案逐漸開放，隨着新研究的開展，戴笠的歷史形象將更為清晰，更具真實客觀性。」（鄒文穎《特工的歷史形象——以 1949 年以後台海兩岸的戴笠書寫為中心》）

1946 年 3 月 17 日，戴笠因空難撒手西歸，後七十餘年間，他恍若是海峽兩岸坊間、影視、書肆、網絡空間上，一個遲遲不忍離去的遊魂。無論何種政治色彩的中國人，無論是政界學界坊間文藝圈，打量民國史、抗戰史時，戴笠始終是人們繞不開的、總有興趣探尋的一個共同話題。

去歷史中找「朋友」

「死而不僵」的戴笠、「樹欲靜而風不止」的戴笠，是兩岸三地社會進程中很值得解讀的一種歷史現象，也是當代中國人頗為深邃、複雜的一種心理現象。

美國女小説家伊迪絲・華頓在 1921 年寫道：「在一個所有的社會微粒都在同一平面上旋轉的大萬花筒裏，某某人過去的歷史，又算得了什麼呢？」——那時「一戰」結束不久，消費主義如新年零點過後紐約時代廣場上那絢麗焰火一般騰騰升起，「人們都席捲在萬商更新、人人購買的欣悦中。」過去「是一個遙遠的故事，無暇回望，也不值得判斷。」

如今的海峽兩岸也處在一個「萬商更新、人人購買」的時代。然而，過去的戴笠，總有人判斷，過去的軍統，總有人回望。以軍統抗戰史而言，此岸 2012 年有書《尋找真實的戴笠》，2014 年有書《黃埔名將戴笠》，2016 年有書《軍統對日戰揭祕》；彼岸 2016 年有書《神鬼之間：找尋真實的戴笠》（劉台平著）……

我對此漸有體會是在 2015 年 10 月的南京。「山河風景元無異，城郭人民半已非」，「王謝堂前新燕子，烏衣巷口曾相識」……有人説：在這「十朝都會」裏，每塊城磚下，都可以踩疼一個故事。

15 日上午，去中山陵。按着查到的的地址：戴笠墓遺址，在靈谷寺國民革命軍第三公墓前。到了該處，只見一片廢丘，荒草沒脛，野竹撲臉，未見任何標識。在其間攀扯，丘下總有人路過，屢問：「你們是在找戴笠墓嗎？」有南京本地口音，也有外地遊客。終發現一小塊爆出赫然樹根之地，像是受過外力劇烈撞擊，上面的雜樹枝掛有許多條褪了色的藏傳佛教經幡，五顏六色，微微飄拂……以為是了，拍了幾張照片。從此下來，有兩個 30 歲左右的「八零後」經過：「錯了，這裏不是戴笠墓，有墓道的地方才是。」兩人要我們跟着走。

前行約七八十米，第三公墓的正前方位置，有一殘破的環形墓道，殘破處可見骨架為鋼筋，多少春秋風雨過去，仍未鏽蝕。不仔細看不會發現。墓道的直徑約有 40 米長。其內滿是半人高的小竹林，和叫不出名字的鑽天雜樹。走進去一段，見一三層水泥台階，台階後是倒置於地的兩段青石墓碑，整碑長逾 2 米，厚至少 20 公分，估計因太重，銘字的陽面始終扣在下面。其上的雜樹枝上也佈有經幡，台階兩壁像是有鋼釘劃出的字跡，不甚齊整，分別是「戴雨農將軍之墓」、「國軍中將戴笠之墓」。

19 日上午 9 時半，坐朋友車駛去南京城郊約 40 公里的岱山。它是一片山丘的總稱。北坡下，一片片高層住宅拔地而起，問了一層幾家零星的店鋪，都聽說七十年前的一個午後大雨中，山中有過撕天裂地的一爆，但具體位置在哪不知道。遙看距離百多米遠處的岱山，逶迤如帶，林深似海。正想着是否作罷，路上有兩個身穿工作服的人走來，懷着抓住最後一根稻草的心情，我冒昧地堵住他們：

　　「請問，你們知道戴笠嗎？」

　　「戴笠呀，誰不知道 ?!」

　　「那你們知道 1946 年 3 月他在岱山機毀人亡嗎？」

　　一個人笑着說：「我 14 號還跑步上山，到了那裏。」

　　另一位跟着說：「他還拍了照哩。」

　　前者打開手機，有 4 張墜機處的照片，他特意要我注意其中一張：在斷碑前立着一個金門高粱酒的瓶子，這說明有台灣同胞，或有心的大陸遊客最近來此祭奠過。不過，他告訴我，墜機處由此去近 5 公里，翻過眼前這座山，再到後山半腰，至少得大半天。

　　另一位熱忱指撥道：「你們可以從南坡上去，先開到牛首大道再問。從那上山，要近許多。」

　　開車到牛首大道的京滬高速路橋下，有一小路伸去遠處的一戶獨立農家。主人告知我們沿着該條小路上山就是。我問：「來的人多嗎？」「每個禮拜都會碰上幾個人問路，清明前後來的人多，台灣人不少。」

　　小路很快折入一枯水的水泥渠道，沿道走進一片有幾家簡陋的傢俱廠的廠區。穿過廠區，就是陡陡曲曲的山路，寬約 2 尺，路形清晰，是經常有人走的樣子，但地面上常有植物根系形成的血管一般的突起，兩側都是雜草和小竹叢，細細的枝條、竹葉掃在臉上身上，不得不彎腰駝背在下鑽行。好在不會迷失方向，每過十幾米，便有一條紅、藍色的長絲綢帶從一團墨綠黃綠裏跳出。約 20 分鐘後，出現幾株高約 3 米多、樹冠闊達的構骨樹，其下一塊大石頭迎面而立，上面畫有一個黑色箭頭，並有「戴碑」二字。沿箭頭方向再走幾十

步，便見大半截、高約齊胸的一方石碑，赫然而又清寂地立在那裏。

根據記載，碑上的字原分為三行，右上方為小字「中華民國三十五年三月十七日午時」，中間大字為「戴雨農將軍殉難處」，左下方一列小字為「吳敬恆題」（即民國元老吳稚暉，敬恆是名，稚暉乃字，以字行）。但右上方的「中華」、中間的「戴雨」等字所在的碑體，已被人砸掉，剩下的「農將軍殉難處」、「吳敬恆題」等字，也遭着力鑿過，依稀可辯。

周邊的草叢間有幾個癟了的飲料罐。那隻空了的金門高粱酒瓶，依然端端地在斷碑腳下放着。

錢穆先生在《國史大綱》裏說：「所謂對其本國已往歷史有一種溫情與敬意者，至少不會對其本國歷史抱一種偏激的虛無主義。」前幾年學界流行

戴笠殉難處斷碑

的「溫情與敬意」論，出處就在這裏。我有緣碰上的 4 位年輕朋友，及更多到此來過的其他年紀的人，不一定都讀過錢穆的這本書，但我相信其中許多人，一定是對歷史保持「溫情與敬意」者。

「溫情與敬意」，便是要儘量地去歷史中找「朋友」，而不是儘量地去挖「敵人」。挖「敵人」，必然烏眼雞盯人，棍棒子橫飛；必然武大郎開店，只此一家，別無分店。找「朋友」，才會靜下心傾聽，試着從對方的處境去理解——在近代中國經歷百年劇烈的變動之後，湍急咆哮的河流，終於滑入一片舒緩平靜的江面，「上帝的歸上帝，凱撒的歸凱撒，」黨派的歸黨派，歷史的歸歷史，凝視江面的我們，擺脫掉昔日意識形態陰鷙且偏執目光的壟斷，亦不帶着魏斐德教授「對亂世英雄及其惡魔般的力量有特殊興趣」的打量，才可能漸漸看清先人們的身影，並與他們的心靈對話。

「人事有代謝，往來成古今。江山留勝跡，我輩復登臨。」

2015 年裏，我走過江山保安，杭州西湖，江西廬山，廣州黃埔，湖北武昌，南京雞鵝巷、洪公祠，如今門牌號碼是長江路 292 號的原「總統府」，上海武康路、高安路一帶的原法租界，安徽歙縣雄村，湖南常德、臨澧，2016 年，又到重慶歌樂山、羅家灣，雲南騰沖、畹町，貴州息烽……在這些地方，民國的天空下都飄有戴笠的影子。

遠不止這些地方。心雄萬夫、別有懷抱的他，以國難為家，收天下為彀中，走了太多的地方。若要尋找真實的戴笠，還得回到民族危機四伏、有志者蜂起的民國，回到近代以來便遠離中國政治、經濟、文化中心，伴着仙霞嶺與須江，清寂地棲守於浙西邊境之江山。

由此開始打量：

在這樣一個時代，從江山走出的一個白衣少年。

二

民國的天空下

彷彿有仙人指路

光緒二十三年，即 1897 年（農曆雞年），5 月 28 日，原名戴春風的戴笠，生於江山縣保安鄉。

江山毗連江西、福建，山明水秀，風物清幽，早年著名的特產有靛青、毛竹，和敬神祀鬼用的通表、冥紙。保安鄉（鄰近福建，距縣城 140 里）的戴家和賴家曾是江山兩大巨族，戴氏祖上數代都以販運靛青、毛竹為業，家道頗稱殷富。戴笠的祖父在路邊開了一家客棧，發了點小財，卻沒有兒子，便在兩個兄弟的五個孩子中過繼了一個，過繼的便是戴笠的父親戴士富（學名冠英）。有資料說，戴士富 13 歲棄文習武，體格強壯，有臂力，嫻弓箭，是光緒十年的武秀才。這大約熏染得兒子以後也初通拳腳，四五個娃兒都近不了身。

關於戴士富，一個極少見的説法來自於戴笠口裏：戴士富長大以後，遊手好閒，不務正業，養父沒法管束。養父去世時，他已婚，未生育，不久妻子也離世。他向養母提出續弦，養母見其生活依然浪蕩，未許。村裏的幾位耆宿長老以為不妥，門庭必須得有香火繼承，上門勸說其養母，養母說：即便我答應了，如他這般的沒出息，村裏村外有哪戶人家的姑娘肯上門呢？她又指向其中一人，道：都説你的小女不錯，知書達理，賢惠能幹，或許能使他浪子回頭，改邪歸正？

「這個村人願意為了做件好事，犧牲他的女兒，」戴將軍告訴我說：「我父親的續弦，便是我的這位母親。我在三個孩子中是老大，還有一個弟弟，一個妹妹。可是我的母親還是沒法讓他放棄改好。我還記得，曾見他腿上手上被套上鐵鏈，關在自家小屋裏，祖母領我去看他，視他為一個壞的榜樣。祖母活到 88 歲去世，接着，父親也離世，那時我還不到 5 歲。這時，雖然家裏還有些老底子，錢沒有被他給全敗光，但在戴氏一門中就再沒人看得起了。14 歲時，我就知道族裏人目光裏射來的輕薄之意了，

遂離家出走。」（梅樂斯《另一種戰爭》）

　　梅樂斯其父因酗酒離世，那年梅只有4歲半，母親再婚，14歲時他離家出走。鑒於梅樂斯對戴笠的這番話很是感同身受，筆者以為，這段回憶應不會有誤。

　　戴笠母親藍月喜，佘族，本鄉望族藍炳奎的四女，幼年喜讀書，秉性聰穎，記憶力特強，曾熟讀《三字經》、《增廣昔時賢文》及《朱子家訓》等，直到老年仍能復述。如有提問，可對答如流。（申元《戴笠年譜》）藍氏盛年守節，一門孤寡，還扯着一個比春風小兩歲的幼子春榜。家道亦慘淡，靠着20畝土地勉強維持，有時還得替人縫補、洗涮補貼家用。此外，常遭族人欺凌，甚至有人擅自砍伐戴家山上的樹木和竹子，或擅取戴家屋中物件。（《戴雨農先生全集》）

　　藍氏視兒子為珍寶，尤其是春風，是結婚7年後才抱上的。一到7歲，便迫不及待地送春風進保安鄉塾，私塾先生毛逢乙是晚清秀才。五年私塾期間，無論「四書」、「五經」，一教便懂，一讀即熟，《三字經》、《千家詩》、《朱子家訓》等倒背如流，非一般孩兒所可及。毛逢乙先生預言：「春風必光宗耀祖，將來絕非池中物也。」（同上）

　　三十幾年後，在軍統局本部的一次春節餐會上，正逢抗戰後期，軍民的生活還很艱苦，這天的午餐難得加了幾個肉菜，大家無不興致勃勃。戴笠按慣例在餐會後講話，這次他講的是中國傳統過新年的意義，及南北各地的習俗，說起老家江山，除夕全家團圓十分隆重，孩子們玩樂通宵者大有人在。他還講了一個自己幼年時的故事：

　　大約十二三歲時，其母藍氏覺得他個頭比大多數的同齡人要矮一些，便問他：「喜歡長高一點不？喜歡的話，娘可以告訴你一個法子，只有在每年除夕午夜實行，方才有效。」他聽了十分高興，急着要母親快點教給他，母親就摸着他的頭說：「兒有志氣，娘很高興，希望你會長高一點，將來做些大事。你可以叫你弟春榜陪你，去後院那棵大榆樹旁，抱着榆樹，口唸一訣：榆樹、榆

樹本姓黃，你長粗來我長長，你長粗來作棟樑，我長長來穿衣裳。」

等到除夕午夜，他果然帶着弟弟去了後院，讓弟弟先抱着榆樹唸口訣。輪到他自己抱榆樹、唸口訣時，稍微改了一點詞：「榆樹榆樹本姓黃，你長粗來我長長，你長粗來供柴燒，我長長來做棟樑。」弟弟注意到哥哥改了口訣，把這事稟告了母親，母親沒有不快，反而一臉喜悅。已經四十好幾的戴笠，告訴在坐的千餘名同仁、部下：我所以要改一點口訣，是因為覺得長高，如果就是為的要穿衣裳，大可不必長高，這樣還可以節省一些衣料。大家聽了，一片歡聲笑語。（荊自立《雲煙往事》）

藍氏幾乎過目不忘的記憶力，給戴笠日後的特工生涯提供了「軟件」。長期在軍統祕書室工作的李祖衞，經常隨戴笠出差。從九江到武漢，一路走了什麼車船，過了多少條馬路，兩邊有些什麼商舖、廣告……一住下，戴笠便要其一一道來。到了上海，李祖衞拿出通訊本，準備給駐滬各單位打電話，立即被戴笠制止，要求他以後重要的電話號碼都得刻在腦海裏。這方面，凡要求別人做到的，戴笠自己都先做到了。一個例子是，凡軍統中層以上幹部，只要談過一次話，哪怕相隔很長時間，他一見面，即可說出對方姓名、出身、單位與工作成績……這是後話了。

1910 年春，戴笠以徽蘭學名，考入江山縣立文溪高等小學堂（江山當年的最高學府）。入學作文試題是「試各言爾志」，徽蘭胸有成竹，走筆成篇，「希聖、希賢、希豪傑。」校方見徽蘭存遠大志向，便委他為班長，一做 4 年，一直做到畢業。在班裏，他絕不是最用功的，課上不乏調皮的小動作，乃至開小差溜去街上看風景，卻是成績最好的。「他也喜歡結交朋友，朋友之間用錢從不吝嗇，每次請同學吃飯總是出手大方，從不貪圖別人的便宜。有時錢花完了不得不借，但歸還時從不拖欠。」（《尋找真實的戴笠》）「傳說當時江山城內所有茶館，無一家他不曾光顧，亦無一家不曾欠賬。但他很守信用，無論所欠銀錢，所借他人衣物，到時必定歸還。」（《蔣介石的特工頭子——戴笠傳》）

這樣的孩子，放到哪個年代都是「孩子王」。

戴笠出生的那一年——

1897 年 10 月，德國強佔膠州灣，舉國震驚！康有為趕赴北京，第五次上書光緒皇帝，陳述民族危機的嚴重性，強調變法維新、救亡圖存已刻不容緩。並警告說：如果再不變法圖強，「恐皇上與諸臣，求為長安布衣而不可得矣！」在晚清民初長大的他，似乎對做「五四青年」比做「孩子王」興趣更大，儘管還得好幾年才到如日初升的「五四」：在校內發起組織「青年會」，凡腦袋裏總有想法像下巴上的茸茸軟鬚一樣冒出來的同學，都願到這個「群」裏來，其中有李祖衛、姜超岳、周念行、周養浩、姜方才、姜瑞渭等人，戴笠為會長。這大概是江山歷史上第一個「革命組織」。「嚶其鳴矣，求其友聲」，除互相聯絡感情外，該會以反對男人吸鴉片、女人纏足，提倡講衛生剪髮為宗旨。還利用假期下鄉串村，與農民交朋友——抨擊專制皇權在中國歷史上的腐朽黑暗，宣揚孫中山等人締造中華民國的偉績。直至文溪高小畢業，「青年會」活動自行終止。(姜超岳《我生一抹》)

　　1913 年冬，17 歲的戴春風以總分第一的優異成績，與一直欣賞他、並視其為奇才的楊文洵、周邦英先生，依依惜別。次年，他進入舊式中國文人的理想境界：「洞房花燭夜，金榜題名時」，前一個是不折不扣的「父母之命，媒妁之言」，女方毛秀叢，江山縣鳳林鄉人，比他大兩歲；後一個，屬於自己的努力，考入浙江省立第一中學，其民國前為創建於光緒三十四年（1908）的「浙江省官立兩級師範學堂」，為當時浙江省最高學府。建校以來，有沈鈞儒、經亨頤、馬敘倫等學界泰斗先後擔任校長，魯迅、許壽堂、李叔同、朱自清、俞平伯、葉聖陶等文化名流任教師。戴春風錄取此校的消息，比起現在江山誰家的孩子考取了北大、清華，更具爆炸力，他儼然做了江山父母給子女們樹立的一代楷模。

　　金秋 10 月，自視甚高的戴春風，進了這所自視甚高的學校。倘若他一路順風順水地讀下來，看看該校畢業生中日後那些蜚聲中外者的名字：豐子愷、潘天壽、馮雪峰、曹聚仁……這個年輕人，日後很可能會成為一名藝術家、作家或是記者。

　　命運就怕玄機關照，冥冥之中的玄機，突然露面了，人生就會大大的

改道。

　　進校第二個學期，他接二連三發生波折。先是：學校監舍每夜上下樓查鋪，學生們普遍不滿。一晚，戴春風搬來上體育課用的一個啞鈴，放置在燈光暗淡的樓梯上。監舍先生查夜完畢，下樓時踏上啞鈴，其中間是細棒，兩頭是圓鈴，一個趔趄，從樓梯滾下受了重傷。經追查得知是他的惡作劇。未料一波未平，一波又起。星期日，戴春風與同學上街遊玩，一家照相館櫥窗內有一張着西裝的模特照片，不但時髦，而且特精神。一個穿粗布長衫者，感歎何時自己也能着西裝照相。另一個穿粗布長衫者，回應得等猴年馬月。戴春風把胸脯一拍，說：「五分鐘內，我保證取西裝來，你們怎麼謝我？」有同學表態，「你拿了西裝來，我請大伙下館子吃飯！」不多時，他進去一家寄售商店，看到一件西裝，說是拿來試試，一到手，一邊對伙計說「暫借一下，照相用。馬上還！」一邊就溜之大吉。伙計追趕不及，卻看清他胸前佩有的校徽，告發到學校。校方新賬老賬一起算，勒令戴春風退學。

　　戴笠後來回憶這段往事時說：「我一生讀的書不多，損失很大，在杭州中學讀書不滿一年，就退學了」，這無疑是其一生非常深刻的教訓。

　　被迫離開杭州貢院路 5 號的校舍，無顏面對「臨行密密縫」的母親、面對他的傳說還未消歇的江山。戴笠先在杭州一家由岳父親戚開設的豆腐店棲身，期間碰到同學姜紹謨、周念行。前者在衢州中學已讀兩年，準備報考北京大學預科班，後者正打算留學東瀛。「曾記否，到中流擊水，浪遏飛舟」，昔日，他是潮頭，此刻，潮頭死在沙灘上。一急之下，他轉去報考衢州師範，以第二名的總成績考上。可以預料到的粉筆灰簌簌而下的生涯，不是他想要的，看眼下城頭變幻，豪強並起，哪面旗幟下不是拿槍桿子的出身呢？被錄取了的他並未入學，轉身去了寧波，駐紮於此的浙軍一師正招學員兵。說是浙軍，可比湘軍、川軍、滇軍差去了好幾條街，戰鬥力不行，賭博嫖妓在行。與太多的兵油子混在一道，一個當年的「高級知識分子」，又被擱置在了「沙灘」上。1924年，江浙戰爭爆發，江蘇督軍齊燮元聯手福建督軍孫傳芳，大敗浙江督軍盧永祥。一次作戰中，戴笠所部被打散，他流落寧波，身上沒有一個子兒，混在關

帝廟內暫且寄身。

藍氏似有感應，牽腸掛肚，千里尋子，歷盡艱辛，終於把春風從寧波找回江山。回到家鄉，無以為生，考取聯合師範未去，一度擔任保安鄉的學務委員。又在閩浙軍閥惡鬥、禍及家鄉時，為對付潰兵流棍之輩，組織自衛團，自當團總。30多人的團丁，吃喝用度很快成了問題，戴笠欠下一大筆債務，還背着各方交相指摘的閒氣。省議員的堂兄戴春陽給戴笠安排了個活，到戴氏家族的「祠產」化龍溪山場巡山。在此，戴笠有了大量的閒工夫，村裏村外的年輕人都願找他玩，他玩起丟骰子來出神入化，兩顆骰子在手，可以隨心所欲地丟出自己需要的點子。或在一起「辦花會」——有點類似香港的「六合彩」，憑他的膽大與精明，贏多輸少，兩年後到十里洋場上能夠結識開過賭場、有「中國第一幫主」之稱的杜月笙，便是此處埋下的因緣。

周遭的鄉民、流民裏，什麼人都有：草台戲班、紅白喜事班、占卜打卦者、風水先生、點穴解穴者、少林獨傳飛簷走脊者……他頗有興趣地學會了拉琴、打鼓、扶乩、看手相、八卦遊龍、天擒拿手等七葷八素，甚至以後領導軍統了還想着吸納江湖好漢，曾派人到浙江嵊縣和湖北襄陽等地招兵買馬，這兩處都以人文薈萃、高人迭出而名聞遐邇。這些特務經常搖身一變，裝扮成街頭煙販、糖果販、挑夫、餐館或旅館的侍者、家傭、擺報攤的或人力車夫，被派到外面去執行任務。此時，對戴春風而言，每日裏看起來三五成群，牛歡馬叫，但寂寞正在此熱熱鬧鬧中。想起文溪高小的好友一個個都在各奔前程、追逐理想，毛人鳳也進了上海灘上的滬江大學，他恨不能踩上一對風火輪，立馬飛出峰巒聚攢的江山……

在這段寂寞的日子裏，他常在杭滬流連。錢塘自古繁華。北宋詩人柳永在《望海潮》中，以「煙柳畫橋，風簾翠幕」、「市列珠璣，戶盈羅綺」來形容杭州市容，以「三秋桂子，十里荷花」來描述西湖風光。可這一切卻與戴春風無關。

想必這天正是暑氣漸消、秋意輕來的時分，氣溫不高不低，氣候不冷不熱。從年輕時代起，戴笠就保持愛整潔的生活習慣，哪怕是窮困潦倒的日子，

戴笠早年照片（中間坐地者）

他也總要保持衣冠楚楚。通常是在西湖垂柳岸邊，找一塊僻靜之地，脫下身上的便服，可能也只有一套便服。然後把衣服晾在一塊有陽光的草坪上；找幾個石子壓着曬乾。跳進水裏游了一會兒，上得岸來，又給自己的一雙帆布鞋上白粉，直到看上去像新的一樣。衣褲還沒乾，隨後他倒在草地上，遙看斷橋、蘇堤和湖中小船上的遊人，沒有誰注意到他，他心裏也沒有一點粉白酡紅的荷花影子，有的只是無奈與茫然……

　　有一群小學生嘰嘰喳喳地走來，未看見倒在樹叢下光着赤膊的這個年輕人。未等春風及時反應，兩個孩子跑過來，撿起草地上壓衣褲的幾個石子，打起水漂。恰巧一陣風把衣褲颳走，身上只有一條還未乾透的內褲，他不便去追，十分尷尬。這當口，一個年紀與他差不多的年輕人跑過來，將衣褲撿來交還他，並連聲說道歉。此人是帶隊老師，假日領着他所在的孝豐（1958年劃歸安吉縣）縣立高小的學生來省城遊覽。

　　兩個年輕人攀談起來，來者是胡宗南，號壽生。比戴笠大1歲，出生於浙江鎮海的一個貧寒人家，也是先就讀於私塾，自《三字經》學至「四書」、「五

經」。再進孝豐縣城高等小學堂，以第二名成績畢業。1913 年，考入湖州公立吳興中學，各科成績優良，體育、地理兩科尤為拔尖。中學畢業後，即受聘當地兩所小學，任國文、歷史和地理教員。兩個人的個頭也相似，都是中等個，戴笠似乎還要高一二公分。胡宗南身高不足 1.6 米，投考黃埔軍校體檢時被淘汰，幸得軍校黨代表廖仲愷特許，最後參加考試被錄取。若干年後，他創造了黃埔學生的「五個第一」：國民黨陸軍中的第一個軍長；第一個兵團總指揮；第一個集團軍總司令；第一個戰區司令長

青年胡宗南

官；第一個跨入將軍行列、也是惟一一個在離開大陸以前獲得第三顆將星的人。可稱是「天子門生」第一人，深得蔣介石的青睞。

共同的出身，相似的際遇，讓兩人相見恨晚。

玄機，又一次在西湖的水氣波光中出現，當時彼此渾然不覺。兩人的生死之交，竟由此發端——

1926 年在黃埔軍校他們又一次相逢，在「孫文主義學會」這個親蔣介石的學生組織，朝夕相處，同唱軍歌。胡宗南向蔣介石大力舉薦戴。胡宗南領兵之後，曾為戴提供過許多物質資助，戴在復興社特務處長任上，其初始辦公地——南京雞鵝巷 53 號，就是胡贈予的，原是胡的師部駐南京辦事處。兩人「舉大白，聽《金縷》」，相互幫助，彼此激勵，情報來往非常密切。1938 年 7 月，戴給在西安駐軍的胡宗南發報：

戴笠電胡宗南 保衛武漢不容樂觀 請速與陝甘當局籌練二十萬新兵

特急西安第十七軍團胡軍團長宗南兄賜鑒。密。保衛武漢聞辭修（陳誠字）先生亦表示不容樂觀，如武漢不能堅持，則今後內外之局面必益顯困難無疑。弟意兄應速與陝甘兩當局密商，速籌成立二十萬新兵之準備，

將來武器由俄方設法供給，幹部則由七分校（黃埔軍校，時設在西安王曲）調遣。七分校應即加強軍事與政治之訓練，挽救危局、復興民族責任在吾兄。請勿再多顧慮，遲誤進行。因校座事繁，兄應多建議與負責也。

弟笠叩（1938 年 7 月 31 日發，「國史館」典藏號：1440101030002028）

1940 年 8 月，戴笠向已任第二戰區司令長官的胡宗南通報了陪都近日來發生的幾件事情：

戴笠電胡宗南 日機百餘架襲重慶 另衛戍部隊給養不足難切實掌握

特急西安胡總司令宗南兄親譯。密。1、昨今兩日敵機均百餘架襲渝，多用燃燒彈，城市房屋幾全被毀，影響人心甚大。2、衛戍部隊多是川軍，因生活高貴，每天僅一飯一粥；而劉（湘）公又無辦法切實掌握。在此種情勢之下，弟甚顧慮。3、政治部徹底改組，辭修辭職，文白（張治中字）繼任，君山與企之對調，周恩來調黨政會副主任，郭沫若調設計委員。

弟笠叩（1940 年 8 月 20 日發，「國史館」典藏號：1440101010002049）

「西安事變」猝發，胡宗南力促戴笠前往西安保駕，讓蔣介石、宋美齡感銘六腑。戴笠曾說：「雙十二事變」，我敢於飛入虎穴，下定決心，關鍵在於宗南的來電。（《戴笠其人》）1943 年，戴笠與胡宗南、湯恩伯在洛陽有過一次祕密會面，三人結下政治聯盟。湯恩伯是浙江武義人，也由一窮書生從戎，戴笠在浙一師當學員兵時，湯正是該師學兵連連長。胡宗南為此寫過一首《盟誓詩》，三個浙江老鄉發誓「危舟此時共扶持」。（同上）這就使得戴笠及其軍統局，在黃埔系內實力最強的四個小派系——胡宗南系、湯恩伯系、陳誠土木系、杜聿明第五軍系，獲得了兩個派系的強力撐持……

在私生活方面，彼此也常有惦掛。

戴笠將姐姐之子胡務熙，送給胡宗南做乾兒子，1949 年後此人曾出任台北市警察局局長。與家鄉的原配妻子分手後，胡戎馬生涯，長期獨居。1937 年

春，經戴笠介紹，胡結識在軍統機要處任職的葉霞翟。比胡小 17 歲的葉，大學畢業，是軍統重點培養的幾名女幹部之一，準備送去美國留學。胡宗南時年 41 歲，任國軍第一軍中將軍長。兩人初見，均怦然心動。據《宗南文存》記載，胡宗南贈詩葉霞翟，詩中寫道：「縱無健翮飛雲漢，常有柔情越太華。我亦思君情不勝，為君居處尚無家。」因抗戰爆發，葉又赴美留學，婚事一拖十年。1947 年春，兩人正式成婚，作為對戴笠離世一週年的懷念。據說，1962 年，胡宗南在台灣死後下葬時，還穿着戴笠當年送給他的已經磨得半爛的毛衣……

「所向無空闊，真堪託死生。驍騰有如此，萬里可橫行。」

倘若沒有西湖畔兩人相遇的那一天，胡宗南可能還是日後的胡宗南，戴笠卻不一定是日後的戴笠了。

彷彿有仙人在給戴笠指路：你必須要在這樣一個地點、這樣一個時刻出現——

戴笠在上海賭場幾次贏錢，一次被杜月笙門徒江肇銘以玩假骰子為名抓住，弟兄們正要開打。戴笠自稱是杜月笙的朋友，要見杜月笙評理。其時，杜公館設在華格臬路（今寧海西路），離賭場不遠，江肇銘半信半疑地把戴笠帶到了杜公館。

這時的杜月笙（1888—1951）已改傳統黑幫身着短打、捲袖開懷的裝束，一身文質彬彬的長衫，其座上客裏也有章太炎、楊度等文化名流。杜月笙見到江肇銘帶來的青年人，便問：「你是誰，我怎麼不認識你？」

戴笠落落大方回話道：「不認識，那你該認識這副對聯吧？」

他指着杜公館客廳正中懸掛的對聯，上面是：

　春申門下三千客
　小杜城南尺五天
　　　饒漢洋敬撰

那字是黑底金字，熠熠生輝，筆力渾厚，作者饒漢祥曾任民國首任總統黎

元洪的祕書長，十分了得。杜月笙看了看對聯，説：「我學問不高，這幾個字別人送我，倒還認得，不知先生言何意？」

戴笠説：「沒有什麼意思，既然杜先生認得對聯上的字，那就最好不過了。這『春申門下三千客』，是不是説杜先生特別喜愛人才，氣度比得上戰國時代的春申君？」

杜月笙未置可否。

「至於下聯，『小杜城南五尺天』，是不是説唐代長安南郊的杜曲住着大批貴族，他們鐘鳴鼎食，門第高華，顯赫的氣勢離天只有五尺，如今上海灘的杜先生也是這樣，是不是？」

杜月笙半驚半喜，連連説：「哪裏哪裏，先生言過啦，請問尊姓大名？」

戴笠不卑不亢，不藏不掖，向杜月笙訴説了一個青年人的經歷與苦悶，杜月笙認定戴是個人才，便傾心納交。從此，兩人時有往還。（《戴笠年譜》）

戴笠與杜月笙的相互「傾心」，乃至結為拜把兄弟，突出表現在抗戰時期。1937 年 9 月，正打着的「淞滬戰役」緊揪着國人的心。戴笠奉蔣介石命，在上海部署成立「蘇浙行動委員會」。委員會成員除宋子文（財政部長）、張治中（軍方代表）、吳鐵城（上海市長）、戴笠等幾位官方代表外，上海民間的首席代表就是杜月笙。杜月笙還向戴笠建議，得將青幫大佬張嘯林「塞」進該委員會，《杜月笙傳》説：「由於張嘯林在抗戰初起時便不斷的發出頹廢悲觀論調，使杜月笙關懷舊侶，防患未然，先把他的名字列入委員名單，免得他果真落水當了漢奸。」（章君穀著）「蘇浙行動委員會」下屬「忠義救國軍」，其前身別動總隊，是一支 1 萬人的武裝遊擊部隊，任務為配合正規軍對日作戰。下轄 5 個支隊，每支隊約等於一個步兵團的編制。但係民間義勇性質，「驅市人而使之戰」，組成又倉促，開始並無太大把握。

第一支隊長何行健是杜月笙的門徒，他率領的 2000 多人，都是上海灘上青洪兩幫的活躍分子，《杜月笙傳》説：「聽了杜先生的言話一句，而來白相人地界的朋友肯着二尺五的軍裝，抗七斤半的步槍，跟東洋正規軍隊抗命、打仗，由此可見，杜月笙對於他們，有多大的影響力量。」別動隊成立以後，按

戴笠與杜月笙

蔣介石的指示，被服裝具一律自備，這個好辦，上海市民送到後援會的毛巾、香煙、衣物、食品，堆積如山；但武器彈藥須由當地駐軍撥給，正在火線上的陸軍 87 師自己本身都未達到標準整編師裝備標準，只能撥給別動隊一批「二手槍」。杜月笙急得嘴唇皮磨出了泡，「自八一三戰幕揭開，他便步入一生中最繁忙緊張的一段時期。每天從早到晚，由晚入夜，他有數不清急於晤面的訪客，也有無其數的事物，在等待他決定和處理……」（《杜月笙傳》）他想盡辦法，胡蘿蔔加大棒，除徵用民間所存的各種武器外，又個人出資，購買了 5000 支「快慢機」配發別動總隊，即便這樣，也難做到人手一槍……

1945 年 8 月，抗戰勝利復員前夕，「一條美國兵艦，悄悄地開到黃浦江外海，祖父和戴笠在這條美國兵艦上見面密晤。戴先生何事祕密會見祖父？原來，國民黨當局擔心勝利後復員期間，軍隊、警察來不及從大後方運送到上海，接收淪陷區，擔憂上海會發生青黃不接的情況，戴笠想請祖父出面，在國民黨軍警尚未進佔淪陷區之前，青幫的兄弟能配合軍統在上海的地下工作人員，暫時維持市面的秩序，並且為接收上海預作準備。戴笠還和祖父在那艘美國兵艦上合影留念，若干年後那張照片卻離奇遺失了。」（杜順安口述、王豐整理《1949 年杜月笙為什麼不願意跟着蔣介石去台灣？》，人民網）

因為杜月笙的賞識，上海灘上又一個傳奇人物戴季陶（1891—1949），知

曉了戴春風。

戴季陶，早年留學日本，加入同盟會。辛亥革命後追隨孫中山，參加二次革命和護法戰爭。此後歷任黃埔軍校政治部主任、國立中山大學校長、國民黨中央宣傳部長、考試院院長等職，為民國和國民黨元老。又是馬克思主義在中國最早的激情宣傳者、實踐者之一。首度用馬克思主義理論詮釋中國國情的，除了李大釗就是他了。1920年，陳獨秀到上海組建國內第一個共產黨小組——上海共產主義小組，戴季陶參與籌建，並將自己租住的房子讓給陳一家居住。雖中途退出，又託《民國日報》主筆邵力子，物色一高手，將其從日本帶回的《共產黨宣言》翻譯成中文，尋機出版，找到的人便是陳望道。做過短命的中共總書記的李立三，在一次黨史報告中說：「中國黨的發生是由六個人發起，陳獨秀、戴季陶……」

戴季陶與蔣介石的關係也非同一般，有蔣的「國師」之稱，政治上他是蔣的忠實「智囊」，生活上他對蔣可以寄命託孤。戴曾在給日本好友梅屋莊吉的信中坦承蔣緯國並非蔣介石之子，而是他與日本藝妓津淵美智子的兒子。戴季陶早年曾在上海與蔣介石、張靜江等人，做過一段時間股票生意，意圖為在海外活動的孫中山集資，卻遭遇慘敗，首次跳江自殺，幸虧被船員救起。再度自殺則發生在1949年風雨蒼黃之時，激憤於對國民黨、蔣介石的極度失望，他決不去台。

「這個『小癟三』為他們端茶倒水、跑腿辦事，幹得拚命賣力，又不卑不亢，逐漸就引起了戴季陶的注意。於是，戴季陶主動和戴笠攀談，問他有什麼奮鬥目標。戴笠一開始還很不好意思地回答戴季陶說，只要有飯吃，自己什麼都能幹。等到逐漸和戴季陶熟悉了，他向這位亦師亦友的長者，透露出自己渴望『幹一番轟轟烈烈的事業』的願望，對戴季陶的稱呼也從『戴先生』轉變為了『戴叔叔』。」（《黃埔名將戴笠》）

在江山老家，一個傳說是，受從黃埔軍校退學在家短暫養病的毛人鳳鼓動，「革命朝氣在黃埔」、「黃埔成為中國理想精神的海洋」等說法讓戴笠把目光也投向了黃埔。一次牌局上，戴春風對杜月笙說起這個打算，卻又慮及自己

年齡大了。履新中山大學校長的戴季陶，剛好返滬，那天也在座。「戴叔叔」一聽，馬上說：「年齡大不是個事。我可以給你寫介紹信。」信封上寫着：蔣校長中正敬啟，弟戴季陶拜託。

還有一說是杜月笙請黃金榮給蔣介石寫的介紹信，早年蔣曾拜過黃老頭子。

還須提及一個人——柴鹿鳴，原名柴萬喜，江山縣清湖鄉路陳人，民國初年是縣政府保衛團的一個什長，相當於正規軍的班長，管轄 10 多個人，駐防戴笠家鄉保安。

26 歲後，有事沒事，戴笠總願去他那裏坐坐。當兵就是為了吃飽飯的柴鹿鳴，雖拳頭大的字只識幾籮，卻打心底視戴笠為本土見過世面的「精英」，與其一起嗟歎命運不濟，世道不公，也勸解他「金麟豈是池中物，一遇風雲便化龍。」戴笠有時囊中羞澀，柴鹿鳴還會主動接濟一點。轉眼間，兩人的交情有幾年了，一天，戴笠彷彿是捫心自問：「我近年來徘徊再三，東闖西奔，年已近 30，還是一事無成，想去黃埔，母親又不答應，難道我一輩子就守在母親身邊了嗎？」柴鹿鳴聽後眼圈紅了，說：「春風，你若是真的決心去廣東考黃埔軍校，只要你老婆能同意，你半夜空手離家，由我到村口給你提東西送行，瞞過你母親，你看如何？」

戴笠回到家裏，告訴妻子柴鹿鳴的主意，早明白丈夫心在天涯的毛秀叢沒有二話，取出箱底的陪嫁金釵一支，充作丈夫路費，以壯行色。是夜月光如洗，星子靜默，恍若是在用心傾聽半夜這村口大樟樹底下的人間送行。柴鹿鳴罕見地文縐縐起來：「孟子曰：天將降大任於斯人也，必先苦其心志，勞其筋骨，餓其體膚，空乏其身，行拂亂其所為。所以動心忍性，曾益其所不能。春風老弟這次到黃埔，千萬不要辜負孟老夫子的這段教誨喔！」戴笠接過柴為其準備好的行李，十分激動：「孟子的這段話，我早已背誦得滾瓜爛熟，這次去黃埔若不扛一面紅旗歸來，我決不見你！你對小弟的恩情，可以說勝過我的母親和妻子，小弟永不忘記。今後如有出頭之日，定必圖報。」（《戴笠年譜》）

1926 年 5 月間，戴笠終於告別了在家鄉的滯留，在杭、甬、滬的漂流日

子，來到廣州。他到廣州的時間約 7 月中，此時蔣介石已於 7 月 9 日率師北伐，離開廣州。文溪的同學周念行、姜超岳都已隨北伐軍出發，戴笠找不到他們，一時陷於困境。

初夏的一天，廣州司後街一家名叫宏興客棧（或記為宏信學旅）的小客棧中，老闆娘和一頭戴草帽、帶浙江口音的馬臉年輕人吵了起來。只聽老闆娘高聲叫道：「今天再不付房飯錢，就把你的行李扣下來做抵押。從明天起，就請你走路，休想再住在我們這裏。」顯然這是一起常見的落魄考生受窘小客棧之再演。正當馬臉年輕人進退兩難時，同住宏興客棧的一位身材瘦弱矮小的年輕人，從外面回來，他得知這一情況後，立即豪爽地拿出 5 元錢，為前者付清了一切。令人深感詫異的是，這位債主連一聲「謝謝」都沒有講，便神態自若地揚長而去了。

直到當晚 10 點多鐘，這位債主才去那位替他還債的年輕人的房間道謝。他不當眾致謝，乃是怕人說他寒傖，而在內心則非常感激。兩人抵足夜談，遂成了志同道合的莫逆之交。勿用贅言，這位馬臉年輕人便是戴笠，而那位瘦弱矮小的年輕人，則正是徐亮，他們都是來投考黃埔軍校的。不久，他們便去應考軍校。但揭榜後，徐亮榜上有名，而戴笠卻名落孫山。此時的戴笠，可謂心力交瘁：已年近三十的他，千辛萬苦地棄家來廣州的希望，眼看已落空，更加上已囊中羞澀。據徐亮回憶，在報考軍校以前，戴笠的生活已經很苦：「……門前有賣臘味飯、荷葉飯的，我們就隨便買些來吃。有時沒有錢，便相偕到財政廳門前粥攤上去吃粥。這樣日子，過了一兩個月。」（喬家才《鐵血精忠傳——戴笠的故事》）

戴笠由徐亮認識了王孔安，三人成為好朋友，一同參加入伍考試。戴笠無法將戴季陶或黃金榮的信遞上去了，只能憑自身的實力。結果他被淘汰，徐、王被錄取，編入第五期第一團第十二連，和喬家才成了同營同學。戴不被錄取，恐是因為年齡較大，這時他已 30 歲。戴笠沒有離開。這年 10 月初再次參加考試，這回被錄取，編入第六期第一團直轄第十七連，許是為銘記這一人生

轉折，名字由戴春風改為戴笠。

次年春，當時在前方作戰的蔣介石，感覺在北方平原作戰，必須得有一支騎兵部隊。命令校本部由第六期入伍生挑選 300 人，成立騎兵營。有 500 多人報名參加，全體集合在操場跑步，跑在前頭的 300 人入選了。戴笠也跑在前頭，遂入騎兵營。如今黃埔軍校舊址內立有一塊石碑，上刻「黃埔軍校校本部一至七期教職員學生名錄」，內有戴笠。這段騎兵科的履歷，讓戴笠對馬似乎情有獨鍾，在他日後使用的大量化名裏，曾使用「馬力行」、「馬健行」等名。但有一說是，當時「因為缺少馬匹，戴笠雖是騎兵科的學生，卻從來沒有騎過馬」。

年輕時的戴笠

（《程一鳴回憶錄》）

在學員的年紀普遍比他小個五六歲，甚至八九歲的第六期，他的心情似乎有些壓抑。「他一反過去豪放喜交遊的性格，變成沉默寡言，處處謙讓，一副老成持重的態度。」（《浩然集——戴笠將軍和他的同志》）一天，他對後來耍起筆桿子、有陝西現代文學第一人之稱的王孔安感慨：我們都年齡大了，如果與 20 歲左右的同學一樣，從見習官幹起，一步一步幹到排長、連長，何時才能出頭？我們得想想辦法。

大陸版相關的書中，一個常見的說法是，1927 年春，黃埔軍校二期畢業生、時任軍校第五、六期學生總隊少將政治部主任的胡靖安（1903—1978），受蔣介石指派，負責黃埔軍校的「清黨」。作為「孫文主義學會」會員的戴笠，一雙眼睛如伽馬射線一樣隨胡在師生間游弋，雖有胡宗南等其他「孫文主義學會」會員的提點，但他幾乎本能地表現出特工的才幹，能嗅出同學裏中共黨員的氣味來。五期學員喬家才，則持另一說法：「戴笠開始做情報，是十六年（1927）秋騎兵營開赴蘇州以後，他幫助胡靖安在上海工作，才受到校長重視，

十七年二月繼續北伐，戴笠才在（國民革命軍）總司令部掛名上尉參謀，實得力於胡靖安推薦。」（《為戴笠辯誣》）。

1927 年 8 月，就「寧漢合流」之事，國民黨內部權力爭鬥不息，在反蔣派的強大壓力下，蔣介石辭去國民黨革命軍總司令職務，被逼下野。戴笠等 3 人被騎兵科選為代表到奉化見蔣，請求他繼續留任。大約這是戴笠第一次與蔣介石見面。戴笠 30 歲之前的命運「慢鍵」，看似蹉跎去大量時光，但比起 80 歲才遇見文王的姜太公，卻是幸運的——總在適當的時刻，遇到適當的「仙人指路」，有意無意地引領他愈來愈接近民國舞台上的一個大角色。

30 歲之後，命運「快鍵」開啟了——

在黃埔軍校僅受了 10 個月的訓練，戴笠便被調派到廣州北伐軍總司令部工作。1928 年 1 月，蔣介石復任國民革命軍總司令，將胡靖安安排去德國學習軍事。臨別前，蔣接受了胡的推薦，任命 32 歲的戴笠為總司令部上尉聯絡參謀，接替胡主持「密查組」工作，專司調查搜集北伐前線軍事情報。這年春天，北伐軍由南京出發，劍指濟南。期間，戴笠隻身奔走於津浦路兩旁的各大

1929 年 7 月 12 日，已任密查組負責人的戴笠（後排左一）在泰山隨侍蔣介石（前坐者）

時間的磨子下 ——戴笠、軍統與抗戰

集鎮，化裝成各種身份之人物，用得最多的是軍事雜誌社記者的身份，冒險犯難，風澆雨潑，探取各方情報，估量戰場態勢，報告給總司令蔣介石。常常白日啃大餅油條充飢，喝涼水解渴，晚上就宿雞毛小店，乃至驛站遺址、殘破車廂……

　　民國十八年底，唐生智在河南省叛變，通電全國，一致反抗中央。戴笠聞訊，即速趕往河南省加以偵查，行至信陽時，唐生智下令，捉拿一個由南京派來的人，還以十萬元要買這個人的頭。戴笠聞訊有點震驚，表面上還是十分鎮靜，後來確定唐生智就是懸賞要抓他，一時風聲鶴唳，緊張萬分。他在情急之下，卻拿了一個名人的名片，去求見負責抓人的軍警——稽查處處長周偉龍，周係黃埔四期畢業生，與戴並無深交，但過去曾見過面。周發現來者並非名片上的人，而是戴笠，正是他奉命要逮捕的人，感到非常驚訝，當即責備他，不該不知死活地到他這裏來，戴就誠懇嚴肅的說：「以現在情況來看，我知道已難脫險，與其被別人抓到而受辱，不如將我這個價值十萬金的頭，奉贈給學長您，助你立功又有利。」周聽到戴笠忠勇磊落的幾句話，頗為感動，就告訴戴：「我們同為黃埔學生，絕不賣友求榮，但本人權力有限，也無力助兄脫險。」戴很了解他的性情，即曉以大義，動之以利害，乃一面勸周伺機脫離唐生智，效忠中央，一面自己設一脫險妙法，請周親加掩護。當天中午，由周在一著名大酒樓，請戴吃酒，對人說是替北平來的朋友餞行。酒後親自送客到車站，頻頻交談，戴笠即趁機與周談起策動唐部反正之事，並訂好聯絡辦法，隨即搭火車急馳而去。後來，周果策動唐屬下某一部隊反正，周亦脫離唐部，投效戴笠，參加祕密工作後，屢受戴氏提攜重用，擔任各地公祕單位首長，成為軍統局高層要員。（《雲煙往事》）

　　王孔安先生回憶：民國十九年（1930）的某天，他和戴笠出差，同住徐州一家旅館。一進房間，戴笠首先打掃一遍，然後將窗紙撕掉，糊上自己帶來的報紙。又將桌子抹上幾遍，鋪上報紙。將行軍床打開並架在炕上，每隻床腳上

再支一碗水，以防臭蟲。這些事做完了，馬上在桌上鋪開文具，在黯黃的燈光下，開始譯電、記錄、收發、傳達，在 3 小時內辦理了四個人要辦的事。待三更燈火，別人已睡醒一覺，戴笠正從電報局回來……

1931 年參加密查組、成為其核心「十人團」成員之一的徐亮，雖與戴笠已成莫逆之交，也曾對他表現出來的那種為搜集情報全身心地投入，如狗一樣守着肉骨頭，頗有「腹誹」。徐亮對他人說：「人稱戴笠是英雄，我以為是怪物。他在前線和我遇見時，他因連日騎馬，那時蘇魯一帶的馬鞍多是木製的，臀部為馬鞍所擦傷，血跡殷然，以致於吃飯都不能坐下，睡覺也需側在一邊。我見他狀至疲憊，強留他於旅社，為他延醫治療。他原答應為我暫留，以待傷癒。不料他乘我外出，夤夜離去，復往前線工作，這種人醉心事業，連皮肉痛苦，都能忘卻，非怪物而何？」（《蔣介石的特工頭子——戴笠傳》）

法西斯也有着迷人的性感

其時，長江沿岸七省，洪水患難，黃湯遍地，米珠薪桂，僅僅江漢平原，1931 年裏死於水患、瘟疫、饑饉的，不少於 200 萬人。年輕的南京中央政府，面對北邊日本人扶植的滿洲國，南方群山丘陵裏鬧紅的「蘇維埃」，沿海以陳濟棠為首的兩廣倒戈聯盟，自身又陷入空前的動盪與分裂……「國將不國」的憂患，風雨如磐，深重地壓在許多黃埔學生心頭。「滿座衣冠似雪，正壯士，悲歌未徹！」

在日本東京明治大學、陸軍大學學習的一批原黃埔軍校「孫文主義學會」的中堅分子：滕傑、賀衷寒、葛武棨、周復、潘佑強、肖贊育等，還有國內的曾擴情、鄧文儀、康澤、酆悌、胡宗南、桂永清、干國勳等……以及非黃埔出身的貴州人劉健群，似一群在埃及被奴役了 400 年的希伯來人，急盼摩西舉起手中魔杖，划紅海之水一分為二，領着離開埃及前往福地迦南；他們眼裏，摩

西自是他們的校長蔣介石，而閃閃的魔杖，則是法西斯主義。

一方面，他們迅速派人前往上海、杭州、安慶、濟南、開封、北平、南昌、武漢等地，進行聯絡黃埔畢業生的祕密活動，很快祕密建立起一個後來被外界傳得神乎其神的「藍衣社」、實為「力行社」的核心組織，高峰時在全國達到萬餘人；一方面，如鯉魚撒子、天女散花，辦出層出不窮的刊物：南京有拔提書店、《中國時報》、《中國革命週刊》、《我們的路》，上海有《前途》、《民眾喉舌》，北平有《北方日報》和《老實話》，南昌有《掃蕩日報》、《青年與戰爭》，漢口有《掃蕩報》，廣州、長沙、西安、重慶、成都，都有報刊。就連泰國，也有力行社成員主持的《曼谷日報》和《世界日報》⋯⋯

滕傑

極力張揚強人政治和民族主義、民粹主義的法西斯主義，能夠在上世紀三十年代讓中國的許多精英青年血脈賁張一時，有其深刻的原因。其一，法西斯本質上是吃青春飯的，它需要人們保持持續不斷的激情與亢奮，直至集體進入歇斯底裏般的心醉神迷狀態之中。其二，從歷史經驗看，在那些曾遭

賀衷寒

屈辱的國家、被現代文明邊緣化的民族中，最有可能產生法西斯的擁躉。德國和意大利都是第一次世界大戰的戰敗國，而它們在十餘年內使瘡痍滿目的國家變得似乎煥然一新，尤其是作為凡爾賽條約簽字國的德國，倍受英法等國的「欺壓」，處境類似積弱積貧的中國。法西斯露出猙獰的面孔，是罌粟花在黑夜裏漸次開放之後，而在這之前，法西斯的身段有着迷人的性感，特別是在青年人與弱勢階層眼裏。

希特勒那淺藍色的明眸閃爍出一種烈火般的光芒，整個國家燃燒着一種火

炬般的激情，展示一種恢宏、雄壯、機械一般精確、整齊劃一的美學觀念：飾有雄鷹的旗幟和象徵民族社會主義氣派的廣場；世界上最高的紀念塔、最大的雕塑；幾十萬人的群眾集會上，手臂如曠世之林。僅僅三年間，德國的高失業率即下降為零，黃油、紅腸與啤酒，開始充塞商店的櫥窗，走上普通百姓的桌子，似乎能夠實現共同富裕了。報刊、新聞上報道——工薪階層也能和管理階層一樣去國外度假，普通工人的孩子可以入住夏令營。與此同時，隨着鋼鐵履帶隆隆前進，帝國軍隊灰黑的鋼盔與銀色的槍刺之間，每列士兵的頭都轉成一樣的角度，腳都踢成一樣的高度，歐羅巴大地開始顫慄了……

萬里雲天外的國內報紙上，也頻頻見呼應的文字，「近年以來，吾國談政治，經濟，及社會革命者，除三民主義以外，旁及其他主義者，多如牛毛，而其中最時髦的，似乎又以共產主義與法西斯為盛……惟法西斯主義，在歐洲正風靡一時，在中國亦膾炙人口，頗有風起雲湧之勢。」

蔣介石先後派出賀衷寒、潘佑強、鄺悌諸人，赴德、意、蘇俄考察或留學。這些年輕人對於德、意兩國的獨裁制度、軍國民教育（即國民軍事訓練）、勞動服務等，極為讚賞。回國後，將考察所見所思寫了一份詳細報告，並極力主張效法德、意，以宗教式的狂熱來擁戴領袖，以國社黨的組織精神來改造國民黨，控制政治和軍事，逐步統一全國。蔣介石讀後陷入深思。德、意兩國的法西斯獨裁政制，開始在南京的一些政治圈中醞釀，很多人極力主張藉德意志之酒，澆我中華百年之塊壘。而國民政府的外交，也表現出傾向於德、意的路線——

中德兩國有過近十年之久的友好關係，1933 年 6 月，「德國國防軍之父」、參謀總長塞克特來華，次年被正式聘為陸軍總顧問。其副手法肯豪森上將，親自到中國訓練國民政府軍隊。1935—1938 年間，中國用鎢、銻等特礦產品，換來了大量德製武器裝備，主要有要塞炮、防空炮、迫擊炮、各類槍支、坦克以及望遠鏡、鋼盔、防空裝備、架橋設備，還有海軍的快艇、魚雷、潛艇等。國民政府還以特礦產品為抵押，得到了德國數億馬克的貸款。至抗戰全面爆發，國民政府從國外進口的武器裝備中，有 83% 來自德國（《抗戰時期資源委

員會特礦產品統制述評》），僅 1936 年，德國對華出口軍火為 640.5 萬馬克，佔當年出口軍火總額的 28.8%，中國成為德國軍火的最大買主。

蔣介石與終生都未謀面的希特勒亦有交往，希氏向蔣贈送德國國防軍榮譽軍刀、個人照片。其國防部長布隆堡向蔣贈送三輛汽車，其中一輛與希特勒檢閱軍隊時所乘相同；蔣也曾給希氏發生日賀電，先後向德國國防部長、經濟部長、航空部長等政要授勳。1937 年 6 月，應德國政府的邀請，國民政府行政院副院長兼財政部長、蔣介石的私人特使孔祥熙，在赴英訪問之後，率領中國政府代表團抵達德國柏林，希特勒在位於柏林 200 公里外的沙爾茲別墅會見了孔祥熙。

蔣介石十分欣賞日耳曼民族所具有的「認真、勤儉、遵紀、執着」的民族精神，以為這是療治舊中國貧窮、散漫、落後等社會痼疾的良方。他一度對這幫平均年齡只有 27 歲的年輕門生持肯定的態度，幾次召集他們到他南京中山陵園的官邸談話，親自講「知難行易」與「致知力行」，還定下「三民主義力行社」的社名。這段時間很短，大約在 1931 年 10—12 月，一進入 1932 年的上半年，蔣介石仍陷入了手下「無幹部」的苦惱。3 月 24 日的日記中有：「求人未得，焦慮莫名，外交、軍事、政治各方相知之友，皆不能負責任、敢擔當之人，而尤其不見血心之士也……」

不過，在這撥人裏，蔣介石對戴笠的看重，已見端倪。

干國勳注意到，在力行社正式成立前，在蔣介石召集的有 28 個人參加的談話中，蔣介石沒有帶侍從室的警衛人員，而由戴笠一人負責警衛，戴笠「三日來是最忙、辦事最多的一個，只有臨到他講話之前才安坐了幾分鐘。他濃眉大眼，方口，穿一身土布淺灰色的中山裝，說話謙遜，扼要有力。他雖屬六期，但年近三十，表現得很成熟的樣子。」（干國勳、宣介溪、白瑜等《藍衣社 復興社 力行社》）

蔣介石對力行社的漸漸看淡，大概首先來自他對法西斯主義的日漸疏遠。

作為一位中國傳統文化烙印深重、中年後又皈依基督的政治領袖，一番認真的思考後便不難明白，中國人喝不了德國的那桶啤酒；納粹黨用政治謊言、

經濟泡沫，將集體主義、愛國精神推向極致的美學打扮，再加窮兵黷武，攪拌出來的，最終是啤酒還是馬尿，得且行且看。而且，德國對日本暗送秋波，一部由納粹協助拍成、名叫《今日日本》的電影宣傳片，在柏林、漢堡等各大城市輪番放映。德國駐日大使蘇爾夫博士，在《柏林人日報》上發文，為日本佔領中國東北作辯護。德國宣傳部長戈培爾博士，在約見中華民國駐德大使蔣廷黻時，話像機關槍一樣掃射過來，他說希特勒治下的德國，將在德國和全世界推行納粹的文化理想……

「七七事變」後，蔣介石對來華勸和的希特勒私人代表馮·戈寧態度冷淡，但為禮儀起見，宋美齡作為私人代表見了馮·戈寧。宋氏說：「提到貴國的幫助，我得坦率告訴閣下，吾人確曾熱忱歡迎貴國之援助。然而，也許貴國元首確有友好敦睦之好意，無奈貴國執事之實際行動，甚不符合敦睦邦交之初衷。高價賣與吾人之槍、炮、飛機，甚多陳舊之品，不堪使用，甚至夾有已屬廢棄鋼鐵之物。貴國所派為吾人做顧問之專家，固有高等可信之士，卻混有不少心懷叵測之徒，甚至將敝國之重要軍事機密，竊去交與日本侵略者。凡此等等……吾人再不敢對貴國抱不切實際之幻想矣。」

對德意志民族全體匍匐在希特勒的馬靴下，一生立志奉「國父」孫中山為楷模的蔣介石，大約也不以為然。抗戰期間，朱家驊等人決定向蔣介石獻九鼎，銘文由劉起釪起草，劉的老師顧頡剛定稿：「於維總裁，允文允武，親仁善鄰，罔或予侮。我士我工，載欣載舞，獻茲九鼎，寶於萬古。」蔣介石知道後，大罵朱家驊：「這是無恥！」「太糊塗，是侮辱我！」「這種作法，不僅給我侮辱，也給黨侮辱，怎麼對得起總理在天之靈？」

力行社的核心成員們，幾乎個個有「雖千萬人，吾往矣」的姿態，人人自視胸懷濟世良策。他們講起話來滔滔不絕，寫起文章、包括給蔣介石上書，動輒洋洋萬言。蔣多次建議要簡明扼要、切中肯綮，但他們很難改觀，不幾日，照樣遞上一方「裹腳布」，彼此間還暗暗比試交給領袖的文件篇幅的長短。為此佔去了太多時間和精力的蔣介石不勝其煩。他更惱火的是，這幫子弟們已表現出拉幫結派的風氣，不管自己的朋友人品能力如何，使着法子要把他們安排

到要職。蔣介石 1931 年 9 月 13 日的日記裏，載有蔣給滕傑和康澤發的一封電報：「社員所薦人員多不稱職，也有腐化與招搖求借等惡習，以後如有社員保薦之人，應切實負責考核。倘任員後如果有辱職之事，則社員幹事應坐同科之罪辱。希轉告各科幹事員。」

蔣介石發現，將有些任務交給力行社裏那些自命不凡卻又追逐私利的子弟，不如直接交給戴笠，他執行起來認真而又快捷。

> 從 1927 年底到 1931 年底的這段時間中，戴笠充當的是一「自由」特務的角色，這裏「自由」的含義，是指從組織形態上，他不隸屬於國民黨中任何的情報機構，只是常隨蔣介石左右作臨時差遣情報工作。鍥而不捨的幹勁和唾面自乾的忍耐所導致的「業績」，終使他贏得了昔日校長蔣介石的讚賞和信任……聯絡組（即密查組）的成立，對戴笠來說，是具有極其重要意義的，因為它意味着戴笠由個人活動，而變為組織活動；它雖在蔣介石總司令部編制之外，卻是「奉准」設立，因而有額定的人員與經費，並且有固定辦公地址。而在這之前，按照徐亮的說法，「在聯絡組以前，所有一切工作，都是戴先生一個人做的。」活脫脫一情報「個體戶」也！（徐有威《從徐亮的〈十年前〉一文看戴笠之早期活動》）

此前，在蔣桂戰爭、蔣馮戰爭、中原大戰中，戴笠均有出色表現。主持密查組後，其骨幹為戴笠、張炎元、王天木、黃雍、周偉龍、徐亮、馬策、胡天秋、鄭錫麟、梁幹喬等，後來軍統內部稱其為「十人團」，在京、滬、杭、平、津、漢口、香港、廣東、江西等地，建立情報組織，開始對日本情報工作之策劃與部署。凡認為有價值、必須要及時處理的情報，「他總是連夜整理文件，草草一覺後，在夜色仍然淒迷的南京，步行上幾個小時，繞過整個城市，到達中山陵園官邸。冰霜、風雨，依舊天天如此。」（丁三《中國法西斯運動始末──藍衣社》）即便是 1931 年底，蔣介石再次下野回到奉化溪口，他也不厭其煩地一次次跑蔣的住地，甚至不惜冒着危險「攔車上書」。（《孽海梟雄──戴笠新傳》）後來，蔣介石給侍從室下令，「如戴笠有一事面報，准其

隨時來見」。蔣介石身邊人員回憶：「戴氏每次因公晉見時，總是婉約其詞。陳述已畢，則垂手肅立，視蔣公顏色為進止。偶或隨侍蔣公，必先待垂詢，才據實以告，不欺不隱，不問不敢多言……」（《尋找真實的戴笠》）

密查組每月有 2500 元活動經費，蔣介石第二次下野後，有關方面拒絕繼續撥款。戴笠面臨窘境，「每月不得不忙於東借西貸，幸而自始至終五個月間，經費從無短少事。」情報依然源源不斷地送到蔣介石案頭，自己卻「酬薄任艱」、「生活殊苦」，在外常常連黃包車都叫不起。如同在黃埔軍校的那十個月裏，他常去浙江同鄉、騎兵連連長沈亞振的家，請沈的老婆為他補破損的衣褲、襪子；這時，「戴老板沒有任特務處處長前，生活貧困潦倒，住旅館的錢也沒有，常常睡在我家的地板上」（《程一鳴回憶錄》），說這話的是戴笠的表嫂，後任軍統局會計室副主任的張袞甫的老婆。

「十人團」之一的徐亮，日後回憶：「記得胡同志寫信來說，每月有十天限制自己，用一角錢買飯吃，胡同志體重在兩百磅以上，一角錢安能充飢呢？其方法係每晨起床花一角錢，買一塊大餅，分兩餐吃，每餐以半塊大餅泡一大碗開水，連水帶餅喝下去，據說這種吃法，一天兩餐，便不覺得餓了。所以，每逢胡回南京送重要情報來的時候，我常常請他到大行宮廣記小麵館去吃頓水餃、炸醬麵，所費不過一二元，在胡同志吃來，卻不啻山珍海味了。」（《從徐亮的＜十年前＞一文看戴笠之早期活動》）

力行社漸漸淡出，後來多達幾十萬成員、「以『民族復興運動』之名而馳名於世」（《力行社 復興社 藍衣社》）的復興社，其觸角伸向社會的每一個角落。對於特務處處長人選，蔣介石圈定的是該社核心成員裏資歷最淺、話不多、開會時總穿一身土布中山裝坐在後邊的戴笠。

1932 年，戴笠 36 歲。4 月 1 日，蔣介石在南京中山陵官邸召見戴笠，正式任命為特務處處長。戴笠以資淺言輕懇辭。蔣說：一切由我負責，你只要有決心，其餘不必顧慮。戴為之感動，當即表示：抱定一手接派令，一手提頭顱，成功為敵人所殺，失敗為領袖所誅，決心致死，義無反顧。

1933 年 6 月，戴笠奉派兼任浙江警官學校政治專員。該校是 1928 年 CC

派主要成員朱家驊在浙江省民政廳長任上辦起的一所警官學校，為中國現代刑警教育的「祖庭」。戴笠隨即以此為培養特務處專業人才的基地，先後開設甲、乙、丙特訓班及電訊班。倘若說這是紅包，戴笠在特務處長任上接受的第一個紅包，是蔣介石發的；那麼，第二個更大的紅包，則是老天給的——

1934年6月，南昌飛機場突然失火，這座由3萬民工歷時9個月，艱辛建成的當時國內四大機場之一，在驚天的油庫爆炸中化為廢墟，連同剛剛從意大利購買的十幾架霞飛轟炸機和其他戰略物質，也全部付之一炬。起初說是一名衛兵亂丟煙頭所致，本地報紙強烈質疑：「南昌機場火勢之大，罪魁禍首豈是一個煙頭？民國官場黑幕之深，始作俑者就是那個士兵？」一時間，國內各大報紙《申報》、《大公報》、《新聞報》紛紛附和，百萬民眾、華僑無比義憤——可憐得幾乎是在巴掌上起飛的中國空軍，靠着太多女性的首飾、學童的零花錢、海外僑胞的打工錢才得以草創而成。

正在廬山上的蔣介石非常憤怒。當晚在機場值班的航空署長，也是力行社員的徐培根，按魏斐德在《間諜王——戴笠與中國特工》書中的分析：「徐是個非常墮落的人，多年來一直盜用軍款……因為無法彌補虧空，他便決定銷毀賬目。於是，他縱火銷毀了賬本和一些軍用飛機」。負責調查此案的南昌行營調查科長，也是力行社「十三太保」之一的鄧文儀，卻一拖再拖，久不斷案。蔣介石將二人撤職，若不是陳立夫、陳果夫等要員死死相諫，蔣還要取了兩人的腦袋。

7月，戴笠的精心調查證實徐培根沒有收取回扣。以令人不得不服的事實，顯示南昌機場大火是一場因天氣酷熱造成的非人為事故，從而讓民國政府擺脫了成立以來的最大一場輿情危機。8月，蔣介石令南昌行營上校調查科科長鄧文儀，連同鄧文儀手下原分佈在浙、贛、鄂、皖、湘、桂、黔、陝等省保安處諜報股的全部人馬，即刻到南京報到，全部移交戴笠的特務處管轄。「接到手令當夜，與出

鄧文儀

掌特務處時沒有什麼兩樣，戴笠召集了全部駐京特務，大肆慶祝，把酒言歡。在舉處歡騰的席間，戴笠頒佈了嚴令：各特務必須對調查科人員一視同仁，倘有先後、門戶、小派系之分，一律格殺勿論！」（《中國法西斯運動始末——藍衣社》）特務處的花名冊上，一下由 145 人，猛增到 1722 人。幾十年後，時在美國紐約馬里斯特學院執教的鄧元忠教授，聽父親鄧文儀說起這件事，「此為戴笠個人事業中之重大事件……特務處由此始為一組織，軍統局由此成形。」（鄧元忠《鄧文儀訪問》）

1938 年，戴笠 42 歲。這年，隨國民政府西遷的復興社特務處，另立門戶，南京淪陷後先遷往湖南長沙市梓園，又在湖北武昌掛牌為軍事委員會調查統計局（簡稱軍統），下設軍事情報處、黨政情報處、電訊情報處、警務處、懲戒處、訓練和策反處、特種及心理作戰處、特種技術研究應用處，抗戰爆發前共 7000 餘人。而在抗戰頭幾年，又從 7000 人迅猛發展到近 30 萬之眾。局長由國民政府軍事委員會辦公廳主任兼，先後有賀耀祖、錢大鈞、張治中、林蔚等掛名，戴笠以少將副局長名義負實際責任。抗戰爆發後，「軍統局的工作，百分之九十九是對日抗戰、敵後的情報戰、破壞軍事設施、漢奸制裁；戰區的遊擊戰、偽軍策反、物資搶購；大後方的治安維持、防間防諜、鎮壓反動，項目繁多，工作繁忙。對付共產黨，不過百分之一二。」（《我最難忘的一個國特》附錄〈喬家才 1989 年 6 月 14 日給李敖的第三封信〉）

同年 3 月，國民黨在重慶召開中央委員會臨時全體大會，蔣介石在中央委員的候選人名單上，圈定了戴笠的名字。

1926 年到 1938 年，從杭州西湖邊一粒小石子般的無名存在，到蔣介石身邊掌黨國命門的大員，不過區區 12 年。

記錄中國近現代史的官史裏，似乎藏有一條無形的鞭子，它將歷史人物如趕羊一樣，驅趕成兩列。一列是神靈，一列是魔鬼，大忠大奸各歸其列，只是泯滅了那個時代的氣息。

戴笠，就是裹着那個時代的濃重氣息出現的：

民國，尤其是抗戰前的民國，作為千年專制向現代文明國家轉型的國體，

如怡紅院裏林黛玉般的短命，如未打磨的大理石般粗糙，是被造反、天災、戰禍、逃難一次次持續打斷的襤褸過程。雖亂世居多，歲月靜好居少，但民國的骨子裏，似乎承接了中國先秦時代的那種生命之晨的元氣，有着飽滿的民風、純真的士子，那是個大師璀璨、知識輝煌、主義紛爭的時代。你看，僻壤之地的村婦野老、販夫走卒：從箱底掏出陪嫁金釵一支，給丈夫以壯行色的毛秀叢；如水的月光下，送戴笠悄然遠行的縣保衛團什長柴鹿鳴；還有徐亮，與戴笠陌路相逢，卻有惺惺惜惺惺的慷慨……

即使是後來漸漸淡出民國政治舞台的力行社：

在日本明治大學攻讀政治學的滕傑，跑回南京起草了一份旨在「拯救國家」的計劃，他一戶戶地叩響黃埔同學家的大門，這其實是在説：國家要亡了，你們不管是睡了，還是裝睡，都快出來啊！説起民國的種種外憂內患，賀衷寒，一個滿口鄉音的湖南漢子，曾眼淚如串，一下就抓住了在座的蔣介石的心。節儉、嚴謹，甚至苦行僧一般的生活風氣，彌漫於力行社總部所在的南京八寶街，有人因為打麻將被禁閉一星期，有成員娶了日本妻子，必須離婚並遣返其回國。社規裏還有「凡貪污 500 元以上者，處以死刑」。在劉健群的一份呈交蔣介石的長達 87 頁的《貢獻一點整理黨的意見》裏，建議：「新成員應把超過團體規定的財產，全部交給團體」，「所有必要開支……都將由團體支付」，如此，團體成員「不會發財，也不會捱餓」，卻「能保證精英們合格的革命獻身精神，並防止舊國民黨最嚴重的症狀，即腐敗。」（《1927 — 1937 國民黨統治下的中國：流產的革命》）

遙看民國，昔日我們聽説了太多的渾渾噩噩，太多的紙醉金迷，太多的蠅營狗苟；其實，亦有太多的烈雨東風，太多的當壚熱酒，太多的劍氣琴心。「行無愧作心常坦，身處艱難氣若虹」，「仰天大笑出門去，我輩豈是蓬蒿人。」期間，個體選擇的豐富、生命力的張揚、人性的複雜與糾結、命運的看似偶然與必然、文化與思想的多元與包容：長袍馬褂與西裝並存，《中央日報》與《新華日報》同處，自由主義流行，保守主義也流行，連馬克思主義、蘇俄十月革命，一度也是大學校園裏的時髦……這些遠非「革命」、「反革命」或某些標

籤所能涵蓋，也非今人所能想象。

　　蔣介石、胡宗南、杜月笙、戴季陶，還有徐亮、胡靖安、滕傑……人人展開，都是一篇跌宕起伏的大故事，個個都是真正能與「山河」聯繫起來的「故人」。戴笠，與他們人生交集，或擦肩而過，從中吮吸智養，磨練操行，累積機會，以加速生命的勢能。他不是《捉妖記》裏蹦出來的一個猙獰鬼怪，而是一步步從各色臉譜怒放、各種範兒齊舞，不是「小時代」而是「大時代」的民國走出來的活人、真人。

　　若把你放在那個時代，放在他的一次次機會門檻上，你會如此一路走下去嗎？你會成為比他做得更好的「李笠」，抑或寫在官史上比他更壞的「王笠」？

　　從「玄機」的角度看，自然是戴笠被引領着走進歷史；

　　換一個角度，是否可以說，歷史總是迎着強有力的人物和不可或缺的角色走去。

　　民國的天空下，必然會有戴笠。

身上、臉上濺滿雨花的人

　　在眾多的回憶者中，大概一致的，是對於戴笠長相、身板、習性的描述：

　　中等身材，壯實而有力。若不戴軍帽，頭髮如秋天的莊稼地一般，密不透風。皮膚黝黑，一些美國人看他像該國土著的印第安人，卻有一雙「中國瓷娃娃般」光潔的手。梅樂斯注意到「他的手，出奇的纖長柔軟——以一個有着那種使人不寒而栗的聲名耍槍桿的人，簡直是意想不到的。」長方形臉，輪廓分明，隆準高顴，嘴巴又寬又大，臉形有幾分像馬臉。信奉面貌主動物大貴的命相說法，戴笠也喜歡徐悲鴻畫的馬。眉毛很濃，滿臉絡腮鬍鬚，刮完臉後，臉色一片鐵青。對軍統江山籍幹部從來只講江山話；對軍統內外的其他人，包括蔣介石，講一口浙江官話。他有頑固的鼻炎，說話帶有很重的甕聲。口袋裏

戴笠全身照

總備着手帕或白紙，不時摸出一張捏把鼻頭。據説，他外出有兩樣東西是必備的，一是幾塊新手帕，一是德國產的洗鼻工具，這是唐縱任駐德國武官時給他帶的。

　　在中美合作所成立之前，戴笠從不穿軍裝。腳上黑馬靴，頭上有時戴一頂過時的歐式帽子。老是一身中山裝，由早年的土布，換成藏青色、灰色或黃色的卡其布料，上衣口袋插着兩支鋼筆。偶爾穿一套軍便裝，從不穿西裝。中美合作所成立之後，也很少穿軍裝。1944 年 6 月，為應對美國海軍在年底可能的登陸，與梅樂斯（美國海軍中校，被美國海軍參謀部派遣到中國，與戴笠合作籌辦中美合作所，任「中美所」副主任）一起在東南沿海勘察的戴笠，回老家住了一晚。次日午飯後，梅樂斯提議拍一張「全家福」，包括母親、兒子、養女及弟弟戴春榜一家五口聚齊後，老太太提出，兒子必須穿上軍服照「全家福」。戴笠説：「媽，只有見委員長和一些正式、重要的場合，兒子才穿軍服。」老太太饒有風趣地説：「現在這個場合不是重要場合？我這個老娘不算你的重要人物？」戴笠只好乖乖進屋去，軍服在隨身行李裏，出差前其貼身副官賈金南總會熨得齊齊整整。待戴笠換上軍服，梅樂斯按下快門，拍好了這張惟一留

戴笠全家福

存於世的戴家「全家福」。

為了同美國人打交道，戴笠穿起美式軍裝，佩上了中將金星肩章（實際上，戴笠死後才被追認為陸軍中將），左胸還佩掛了一大堆從上海中美軍用品公司搜購的五顏六色的假勳標。1945 年 11 月，剛被任命為軍統局東北辦事處處長的文強，在北平什錦花園原吳佩孚公館，見到了專程來為其佈置任務的戴笠，第一眼還以為認錯了人。文強私下問戴笠身邊的黃天邁（這時黃已是軍統局海外區區長兼中美合作所副主任），這些勳標是什麼意思？黃笑道：老板自己也說不清楚，騙騙美國佬罷了……（何蜀《從中共高幹到國軍將領——文強傳》）

戴笠生性好動，在室內也坐不下來，喜歡來回踱步思考、講話。走路很快，到處亂跑，一會兒上汽車，一會兒下車步行，東一轉，西一拐，不一會兒就追不上了。他在前面舉手叫人，後面的人就得趕快站到他面前，否則就要捱罵。一位美國軍官這樣描述：「他走起路來，像是脊梁骨上了鋼條，步子大而有力，像是中國戲台上的英雄人物跨大了的步伐」。外出坐車，也不按規矩來，總要坐在前排的副駕駛位置。軍統特務們認為給他做警衛工作，比給蔣介石做還難。回到住處，第一件要做的事必是洗澡，他很容易出汗，只要有條件，每天早、晚都要洗澡。對於常常忙得腳底朝天、難挨床板的他，浴缸裏泡個澡，

就當是最好的休息⋯⋯

其口才也好，有人必講，逢會必講，一講就滔滔不絕。「他每次所講的話，內容都很充實，且具有娛樂性、知識性，專心聽下去，絕對獲益匪淺，不會吃虧。」（《雲煙往事》）即使是那些從儒家倫理、國父遺言、蔣介石訓誠中翻造出來的話語，「有國方有家，國亡家亦亡」，「正己方能正人，革命必先革心」，「人之所不能為者，我能為。人之所不屑為者，我屑為。人之不願為者，我願為。人之不敢為者，我敢為」⋯⋯在恰當的時候，結合當下的事情、問題說出來，也頗具感染力。把戴笠歷次在各訓練班開學及畢業典禮中的訓語，及在局內多種場合的訓話、講話搜集起來，分門別類編輯成書的話，必是洋洋大觀。

戴笠的語調高亢有力，同時，習慣雙臂肘向外，兩個巴掌輕握放置胸前，上下搧動，狀如鳥飛。擔任過蔣介石侍衞的張毓中，曾描述過戴笠講演時的神情：「他似乎有用不完的精力，說起話來自負自信，不時昂起頭，揚着濃眉，以炯炯如炬的目光向大家掃射，令我們不得不敬畏懾服。」

　　1940 年夏天，軍統本部在重慶羅家灣籃球場舉行露天擴大總理紀念週。氣候炎熱，又恐敵機轟炸，提早於上午 7 時舉行，本以為個把鐘頭可以結束，豈料戴笠此次訓話足有 3 個鐘頭。大約有什麼事添堵心頭，他情緒頗為奮亢，其中說到：「人家可以欺騙領袖，做那些虛偽不切實際的工作，來蒙蔽領袖，增加領袖的麻煩，我們就不能這樣做，必須腳踏實地，抱定我不入地獄，誰入地獄的決心，來貫徹領袖的主張，替領袖分勞分憂。現在我們同志中，仍有工作不力、敷衍塞責者，就是對不起領袖，亦是我領導者的失察，說起來實在痛心。」講到這裏，他臉紅筋脹，拔出手槍，「砰」地放在講台上，當即誓言：「今後，我個人如有對不起領袖的事，我就拿這支槍自殺；諸位同志如再工作不力，信仰不堅者，我就拿這支槍制裁。」說完，轉身向蔣介石肖像致敬，台下全場幹員一片肅立。（《楊明堂先生口述歷史訪問紀要》，見《口述歷史》第一輯）

戴笠實際學歷，不過初中和黃埔軍校各不到 1 年。在老家江山文溪高小，他誦讀「四書」、「五經」；1932 年，蔣介石將密查組交給他時，曾要他多讀幾遍《三國演義》及《水滸》，不必去看《西廂記》和《紅樓》。聽他的講話、講演，實際上了解的東西遠不止這些。多次聽過他講話的荊自立先生發現，戴笠對我國的朝代更迭、儒佛俠、英雄志士及民間故事，所知甚豐，有些應來自鄉野戲曲、茶肆評書；基本上不懂外文，只能與梅樂斯等美方人員說幾句簡單的英語口語的他，對國外的知識亦掌握非淺，特別是對於二次世界大戰中，軸心國與同盟國雙方的幾個國家的歷史、大革命經過，及現在政治制度、民情風俗等，都很了解。在復興社特務處及隨後成立的軍統，卻很難見到戴笠有靜下來讀書的時間，荊自立以為，「或許他有不為人知的吸收知識的方法。」(《雲煙往事》)

再有，便是戴笠的神祕與變幻莫測。

他不接受照相或採訪，很少見外國人。有一次，中央社記者拍到了他與蔣介石在一起的鏡頭。他知悉後，即刻派人通知中央社銷毀此照，不准洗印出來。1940 年，華北日本特務機關和各偽滿警察機關，宣佈獎賞緝獲「藍衣社」特務頭子戴笠者 20 萬元；報信因而緝獲者，獲 5 萬元。這賞格雖在毛澤東之上，可是懸賞佈告上沒有照片，誰也說不出戴笠到底什麼模樣，只能流於一紙空文。在《我所知道的戴笠》一文中，沈醉也證實戴笠不愛照相：「戴笠平日很少照相，也不愛將照片送人，更不願與特務們在一起合影。他是做賊心虛，生怕照片給敵人拿去。1945 年後，因經常和梅樂斯到處視察工作，梅樂斯很喜歡照相，他才慢慢地改變習慣，准許美特們給他拍照。但他隨身所帶的攝影師王文釗，卻始終遵照他的規定，在給他洗印照片時，從不敢多曬一張，底片也都交還給他保存，或燒毀。」

戴笠死後，始有照片流入坊間，它們大約攝於 1939 年，中華大地正是天低雲暗、血流漂杵，抗戰即將轉入最艱難的相持階段。他眉頭深鎖，目光凝重，像有幾分疲憊，又像是在深思什麼難題⋯⋯

魏斐德不無誇張、籠統地寫到：

他無疑總是力圖隱藏自己的蹤跡。在二戰時期的重慶，他一個人住——除了他的警衛們，和連他在外就餐時都替他採購、烹飪和嚐食物的白髮僕人賈金南以外——這個祕密警察的頭目，故意地隨意往返移動於 3 個住處間：曾家岩 151 號的公館，上清寺康莊 3 號的一座小洋房，和在神仙洞的另一座公館。就在重慶城外，他在楊家山佔有一座公寓，在松林坡有一幢房子，在歌樂山中美合作所總部的大禮堂後面，還有一個臨時的客房。他在西安、蘭州、成都、貴陽和衡陽，也

戴笠

各有一個祕密住宅；戰後，他又祕密地在上海、南京、漢口、天津、青島、北平、鄭州、福州、廈門和蘇州，買下了一些祕密住所（在那裏，他總放置一兩部隨時備用的車）。

幾乎沒人知道戴笠準確的近況。他在中國到處有住宅和藏身之地，而他的路線和去處，總是隱瞞着的。一個跟他一起旅行的美國人，曾經告訴我「他從來不讓任何人知道，他從這一刻到那一刻將去哪兒，而且，他在去任何一個地方之前，總是播散謠言。說他要去 X 地，然後他總是去了 Y 地」。在城市裏，他的人總給人打電話說他上路了，他們知道這電話會被竊聽的；與此同時，戴笠去了另一個什麼地方。正因為有竊聽，所以他禁止他的辦公室在電話上為他安排約見。美國人發現，他們約見他的要求必須封在信封裏，而且答覆也是以同樣的方式遞交的。

他甚至能在別人的面前隱藏自己。記者愛潑斯坦回憶起，在他去延安採訪共產黨之前，國民黨為他召開了一次會議。會議由被美國人認為最受

蔣信任的何應欽將軍主持，國民黨的日本情報專家王本勝也出席了，還有董顯光。只是在會議結束時，愛潑斯坦才記得還有第四個人在場，他在屋子的後面幾乎沒被注意到。那人黑黑的皮膚，鬍子拉茬，雖然不見得陰險，但在愛潑斯坦看來有副癩蛤蟆樣，他自然就是戴笠。(《間諜王——戴笠與中國特工》)

真是形狀飄忽，行蹤神祕。忽一日，化裝成小販，在安慶淪陷前夕混在難民中間，與軍統安慶站站長接頭，指示工作；忽一日，出現在緬甸臘戍，以商家身份，偕妻舅毛宗亮，攜 10 部小型無線電台設備，準備建立仰光站……跟隨戴氏最久的副官郭斌說：「戴先生是一最易侍候的人，他沒有官氣，能體恤部屬，不計較禮數，偶有差錯，亦不深責。但同時，又是一最難侍候的人，他時刻都在動，沒有固定作息時間。有時已命備膳，忽然匆匆外出，無人知他將往何處。有時已經就寢，他又忽而披衣坐起，振筆疾書，亦無人能知他所寫何事。」(《蔣介石的特工頭子——戴笠傳》)

飄忽中卻也有規律可循，可以說，哪裏情勢最緊急，何方戰略位置最重要，這裏肯定便會出現他的身影。

1944 年 5 月 16 日，戴笠陪同梅樂斯視察「中美所」在湖南南嶽的第二營地的後兩日，到達第九戰區長官部所在地衡陽。司令同時也是湖南省主席的薛岳將軍（1896—1998），接待了他們。薛綽號「老虎仔」，紅軍長征時，他率領國民黨中央軍 8 個師窮追不捨，給紅軍造成很大威脅，可以說紅軍走了 2 萬 5 千里，他長追了 2 萬里。在整個抗戰過程中，他最為有名的戰績是指揮了三次長沙會戰，及此前的「萬家嶺大捷」，後者是抗戰中中國軍隊惟一一次幾乎全殲日軍一個師團的戰役。薛岳被認為是「抗戰中殲滅日軍最多的中國將領」，曾獲美國總統杜魯門頒授自由勳章。脾氣也很大，據說不喜歡外來部隊雜處在他的戰區裏，可「中美所」在洞庭湖、長江水上突襲的行動，又非得有他支持不可。

薛岳認為，10 月之前，日軍不會有大規模行動，10 月以後，江河水位都要下降，敵人的坦克和各種重型車輛才會出動。戴笠坐不住了，當面指出，華

戴笠在各地

中日軍 7 月間就會有大動作，得趕快做好預先迎敵的作戰方案。薛岳臉上掛不住了，好在此時一陣傾盆大雨，廳堂一角有雨水漏下來，便匆匆結束會面。

出來後，戴笠領着梅樂斯進了一家茶館，坐下來叫茶，再買碗麵，什麼話也不說，就是聽聽四座的寒暄聊天；又溜達到另一家茶館，再聽三教九流各擺龍門陣，直到身上的零花錢花光。「我一直都和他在一起，我既沒有聽到、更沒有看到，有任何足以引人惕戒的動靜。當我們離開最後一家茶館，起身回我們的住所時，戴將軍語調頗為斷然地對我說：『日本人已活動了，他們這次出動的力量不少。』那天是 1944 年 5 月 16 日，傍晚，當時幾乎沒有一個人知曉——當我將我們知道的情報報告上級之後，美軍駐華總部根本不予置信。」（《另一種戰爭》）

事實是，幾天前，長沙城裏已到處是日方的便衣人員。17日，日軍前方部隊離長沙不到100華里。18日，日軍疾如閃電，侵佔長沙，向衡陽進犯。11月，先後侵佔廣西柳州、桂林、南寧，與由越南北上的日軍匯合，此次作戰為的是完成「一號作戰」命令，即打通中國至越南的大陸交通線。

戴笠對危險逼近的氣息極為敏感，常常與危險擦肩而過——

「長沙大火」之日，日軍已過新牆河南下，進犯長沙意圖甚明。當日，戴笠奉命去江邊察看情況。沿途火柱照耀，火舌飛舞，蕈狀的煙柱一團一團的直衝霄漢，趕到湘江渡口猴子石，一架敵機從煙霧中竄出，飛行高度估計不過800公尺，可清楚看到飛行員探頭下窺，先投下手榴彈，繼用機槍向渡船掃射，岸上的人群紛紛散開，就地臥倒。見一輛小車駛近，敵機掉頭直衝此車，投下一枚手榴彈，隨即在車旁爆炸。附近的卡車上載有臨澧特訓班結業學員，要去軍統局長沙辦事處聽候分發，有學員大呼：不得了！那是「老板」座車！兩名學員跳下車，急奔前往察看，見一名警衛緊伏在「老板」身上，另一位警衛腿部炸傷。(傷者叫史煥章，被送去香港治療痊癒後，又送英國留學，1949年來台後，曾在輔仁大學任歷史教授)

戴笠和梅樂斯，在兩年多合作期間，常化裝成平民或小工，跑遍國內淪陷區，視察「中美所」的14個單位及各作戰部隊。每次越過敵人的封鎖線，都可能有生命危險。日本特務起初不知道和戴笠同行的一名外國人是誰，曾以為是蘇聯的空軍顧問。1942年7月4日下午4時，他們抵達廈門附近的海澄，日軍派出14架輕型轟炸機，飛臨該城上空轟炸，戴笠無恙，梅樂斯的腿部中了5塊彈片。另一次，在華南視察，他們乘坐的車子被子彈打穿了幾個洞。曾有多次，他們離開一地點後兩小時內，日本搜查隊就聞訊趕到。1944年6月之行，兩人從湖南經江西，到福建浦城，又從仙霞關步行進浙江，從仙霞關起，敵機三番五次轟炸。戴笠按其心中路線圖，迂迴曲折，一站一站走下來，不錯不亂。梅樂斯見每站都有軍統、忠義救國軍的人，戴笠與他們討論、佈置工作，有時直到黎明。沒見過高迎遠送，魚驚水跳，酒桌上的「五魁首」、「八大碗」，總是悄悄找戶農家，吃完飯，付了錢就走……

美國當年的《柯萊爾斯》雜誌，曾稱戴笠為亞洲最神祕人物，該雜誌有文章將他描述為日本列島中世紀裏忍者式的人物——他們多將半個面孔遮掩在斗笠之下，技藝超人，除擅長暗器外，甚至能製造人皮假面，改換年齡、性別。而戴笠恰如此「以其慣用的銷聲匿跡的方式，逃脫了敵人 159 個便衣的捕捉」；「沒人知道，到底有多少次，戴笠的敵人想逮住或殺死他，而他一次次地捉弄了死亡，結果使他享有刀槍不入的傳奇式名聲。」

1945 年 7 月 31 日，戴笠、梅樂斯第三次巡視各地忠義救國軍戰況，進入浙江北部某座深山，當晚宿在一個叫賀村的地方。兩人同一間房，中間隔一道帳幕。連日來跑得精疲力竭，梅樂斯穿一身灰色的中式衣褲，白天黑夜都不脫，一躺下就睡着了。午夜過後，被外面的一陣打鬥聲驚醒，他從一個窗子跳了出去，剛落地，戴笠就從另一個窗子跳了出來。昏暗中看到梅樂斯的衛士門板一樣的身軀，一邊夾一個，腳下放倒一個，戴笠的衛士又從外面押進來一個。四人身上都帶了匕首、手榴彈，立馬審訊，這四人裏兩名日本人、一名韓國人、一名中國人，都在日軍設在山東的一所間諜學校受過訓練。四人為一暗殺小組，任務是能抓活口更好，抓不了就炸飛戴笠、梅樂斯⋯⋯（《另一種戰爭》）

其身影飄忽難定，其名字也有着隱微幽曲的不確定性，讓後人興味盎然：

「戴笠衣褐」、「被蓑戴笠」、「麻衣戴笠」，在中國古代話語裏，是指漁夫、樵夫，或一種寒微或儉樸的生活狀態，明代何孟春的《餘冬序錄》中有「貧者何處得穿綢紗，富者自不求戴笠」。因此「戴笠」二字可以理解、引申為「安貧樂道」、「貧賤不移」或「不墜青雲之志」的代名詞。「此種語義在派系林立的國民黨內部，對於簇擁着這位戴某的小團體來說，或可成為一種鼓舞。」（劉東《舞蛇者說》）

「戴笠」二字改自戴春風進入黃埔軍校，結束彷徨、有了人生目標之際。一個在雨中戴斗笠的人，一個身上、臉上濺滿雨花的人，不離不棄，不躲不避，自是一個忠實、堅毅的僕人、士兵形象。這或許在表達對校長蔣介石的無比尊崇，同時，也在暗示對自身的定位。

「戴笠」二字還可用來形容故舊之間的交情，所謂「戴笠之交」，跟「貧賤之交」、「布衣之交」等大致近義。晉代周處《風土記》裏有《越謠歌》記載：「君乘車，我戴笠，他日相逢下車揖。君擔簦，我跨馬，他日相逢為君下」，傳達了朋友之間「苟富貴，勿相忘」的期許。

「戴笠」二字似乎還有一層更為深刻的語義。「戴笠這個名字，還指一個人的臉，被一個尖頂帽子半蓋住的意思，即含有掩藏的意思。就像中國畫裏河流上的老人，頭戴一頂斗笠，坐在一葉輕舟裏釣魚，背對着看畫人。從這個意義上講，『戴笠』是指一個衣着平常的孤行者，一個你不會注意到的消失在景色裏的人。」（《間諜王——戴笠與中國特工》）

戴笠在抗戰期間使用的化名多達 27 個，除「張叔平」、「馬健行」等平常姓名，還使用雙字與單字化名，包括「濤」、「靈」、「余龍」、「裕隆」；其中，還有取自大自然的名稱，如「冬」、「雨」、「雷雲」等。例如戴笠跟當時外交部長宋子文電文來往時，自稱「冬先生」，宋子文則是「夏先生」。

沒有新聞發言人

在眾多的回憶者中，最不一致的，是對於戴笠的目光的感應。

戴笠很尊重救國會「七君子」發起者之一、也是浙江同鄉的章乃器先生。章乃器之子章立凡後來回憶説：「我知道父親與戴雨農將軍相識，是 1936 年的事情。當時蔣介石召見父親和沈鈞儒、李公樸三人，希望他們領導的救國會不要與政府為難。而代表老蔣到車站迎送並安排招待的，正是這位軍統首腦。」

當時，章立凡曾問父親：「你對戴笠印象如何？」

章乃器説：「戴笠幹練，眼睛裏有血絲，殺氣較重，但對我始終是謙和有禮。」

1945 年 9 月，抗戰勝利後戴笠首次到上海，借住在法租界巨籟達路上海水

泥業巨頭劉吉生的劉家花園（今巨鹿路 675 號，上海作家協會所在地）。戴笠向來行蹤難測，他的上海之行照例鮮有人知。一天，突然一個電話打來杜月笙公館，所有的人聽說戴笠要登門，都關起各自的門，待在房裏。來後，戴笠問杜月笙：「你的女兒怎麼樣了？」杜月笙就叫 16 歲的女兒杜美如出來見戴，杜美如後來回憶說：「我看見他，我真是抖啊，他那兩個眼睛，眼珠子都是黑的，像水一樣的，好像一看就看到後腦勺，很害怕的。他殺氣好重。後來，我叫他一聲戴伯伯。他說你好嗎，你在哪裏唸書呀？他就問這些話。然後，我說了一聲『我很好』，就趕緊跑開了。」

女兒怕，其實老子也怕。杜月笙一生敬重者、害怕者，都是戴笠。戴笠見了杜月笙，老是去嗅他的衣服，或是進他屋裏轉轉，看看有沒有抽大煙。若嗅到有煙味，也不吭聲，就盯着杜月笙看，看得上海灘上「三百年第一幫主」心裏發怵……

章乃器是中年人，杜美如是少年人，不約而同地說起戴笠身上有股「殺氣」。民間有個說法叫「掛相兒」，即是說從事某種職業的人，其職業特點經年日久，或多或少，會在其氣質上顯露出來。是否真如此，尤其對長期從事隱蔽職業的人而言，將其職業特點掛在臉上廣而告之，我表示懷疑。即便真是「殺氣」，也不一定是劊子手的同義詞，梁山上的不少好漢便有「殺氣」，《水滸傳》裏有一副聯語說魯智深「禪杖打開危險路，戒刀殺盡不平人。」這裏的「殺氣」透出的是一種俠義。

戴笠兩道又粗又黑的劍眉下的目光，一般來說強烈、凌厲，卻也因人因時因地而異。

一名參與中美所工作的美國軍官說：「他那犀利審視的目光，像是要把人的五官和個性記下來，以備日後之用。」

有時，戴笠橫眉怒目，有黑雲壓城之威——

1945 年 3、4 月間，某天晚上 7 時許，軍統羅家灣本部，還未上晚班之前，大樓走廊上有工作人員在聊天。戴笠的黑色轎車突然駛來，他下車

疾步上樓，這時，由甲室（戴笠私人機要室）出來兩個女孩子，她們剛才與毛祕書一起剝橘子吃，一個在第二處工作，一個在機要組譯電。看到戴笠，兩人急忙鞠躬行禮而去。毛鍾新是戴笠的機要祕書，毛人鳳的親侄子，與戴笠同鄉同村，且學識優良，文筆甚佳，寫出的電稿，遣詞用語，頗得戴笠之青眼。戴一進甲室，臉猛地黑了下來，抓住一把雞毛帚，以帚柄不時敲打辦公桌，大聲責斥毛祕書：

「你不知道甲室是我的辦公室？我在，只有幾個人可以進來，我不在，誰都不可以進來！你還招了兩名女孩子來，真是膽大包天，非嚴屬教訓你一頓不可！」

賈金南過來，問他要不要回去，他說：「回去什麼？！你給我去通知號兵，吹緊急集合號，全體同志到大禮堂集合。」

賈以為拖一拖，老板的心頭怒火便會消去。他在外面轉了一大圈回來，戴笠的火苗子還呼呼地響：已經半個多小時了，為何未聽到號聲？

賈答：找不到號兵，現在再去找一次好了。戴上前，猛地踹了一腳，恍若賈是磨道上一頭偷懶的驢子：再有幾分鐘，我還聽不到號聲，非嚴辦你不可！

賈金南覺得老板這回是玩真的，一溜煙不見了影子。大約五、六分鐘後，緊急集合號吹響，連續三遍，在宿舍睡下、在上晚班的，熙熙攘攘地向大禮堂集合，無不感到緊張莫名。

毛祕書在前，戴笠在後，一起登了台。戴站在講桌前，朝台下望了很久，開始講話：這麼晚把大家招來集合，是有件特別的事，要昭告大家。然後轉身指着毛祕書，把事情來歷說了一遍，最後說，非痛打他一頓不可。旋即命令總值日官沈醉，去找一枝短竹竿來。沈醉雖是總務處長，此時不知去那裏尋一枝可供打屁股的竹竿，無奈之下，到食堂裏找來一根扁擔。沈將扁擔豎在講台邊，戴笠伸手可得。台下牢牢地盯着台上，不少人竊竊細語：是竹竿打，還是扁擔打，皮肉好忍受些？那兩個已下班的女孩子，穿着陰丹士林布旗袍，面色蒼白，彼此緊牽着，彷彿一鬆手，就會暈

厥倒地……

　　忽然間，局裏第二號人物、祕書長毛人鳳開始說話，為毛祕書求情，說他是位品德優良、工作努力的好同志，此次犯了錯誤，他自己亦必後悔不已，請原諒他一次，他必會改過自新，努力工作。戴聽了，連說不行，說着就到台前，伸手摸摸那根粗大的扁擔。張副祕書長接着也開口說道：「我說這個道理，請我們的大家長考慮一番，唐代大詩人白居易，在其佳作《琵琶行》中，形容彈琵琶的絕妙響聲，突然間琵琶聲止，白居易寫了『此處無聲勝有聲』之句，我認為關於處分毛祕書之事，正是『此時免打勝痛打』。」大家聽了，大笑且鼓掌。

　　戴聽後，仍說：「不行，不行，一定得打，我與白居易作風不同，此一時也，彼一時也。」

　　沈醉接着說：「戴先生你經常不斷給我命令與指示，我都排除困難，努力遵辦，算是一個好同志吧。但今天我一時找不到竹棍子，找了一個大扁擔，如果使用這根扁擔去打他，我覺得我也應該負些道義上的責任。剛才您說了一定得打，所謂『得打』，即含有『可打』及『可不打』之意，因此，我請求您恩准不要打他，以觀後效，或者改為打我好了。」

　　戴笠聽後，態度似乎軟化許多，說道：「早先你在上海，是行動工作的高手，以後又擔任總務工作，這許多年，對團體貢獻很大，是個功臣，別人只知道你精於行動工作及總務，我則深切了解，你是一個文武雙全，有才幹，忠黨愛國的好同志。好了，怎樣辦他，交給你，授權你決定好了。」大家聽後熱烈鼓掌，由指揮官沈醉高喊立正，敬禮後散會，沈醉上台牽着毛祕書的手，送他回到辦公的甲室去。（《雲煙往事》）

　　在這段文字裏，戴笠的情緒從開始的震怒到最後的「偃旗息鼓」，展現的是一個並非執拗的「暴君」的形象。其中有個小細節耐人尋味，毛人鳳勸，戴笠不給面子，沈醉再勸，戴笠給足了面子，還在軍統本部全員集中的場合，大大地說了他一番好話。但沈醉留在上世紀的許多文字裏，卻沒有給戴笠一點

面子。

再有一次，戴笠與機要組一位年紀較長、也是江山老鄉的幹部談話。問他是哪裏人，工作時間多久，在機要組工作有何經驗及意願。此人說：我在局工作已三年整，長年擔任譯電工作，眼睛很是吃力。長年俯首在密碼本上查芝麻大的字，把眼睛都變近視了，希望調往外勤或公開單位工作，以免近視加深。戴笠聽了，臉上不見異色：我們是同鄉，你工作辛苦，我知道了；請調工作的事，我會留意，你放心好了。

戴笠又笑着說：你戴的這副眼鏡蠻好，是在哪裏買的，買多久了？他回答說：四年前在杭州買的。戴笠聽了，一拍桌子，桌上的筆墨、茶杯都彈跳起來，赫然厲色道：你太不誠實了！四年前就已戴了這副眼鏡，說明四年前你的眼睛已經近視，與譯電工作有什麼關係？回去好好工作，調職的事，我會交由人事室核辦。

以後，此人再不敢提調動工作的事了。

有時，戴笠的目光知性，通達，能夠抵達別人的心扉——

原是中共四川地下省委負責人的文強，1935年秋冬之際，輾轉來到浙江警官學校任政治指導員。戴笠正是該校的政治特派員，在黨化教育的體制裏，是實際上的一把手。一天，在和幾個新聘的政治指導員集體談話後，留下文強個別談話。戴笠向文強坦率地說明：已經知道他脫離共產黨多年，歡迎他回到黃埔軍人崗位上來，共同為復興民族效力。並輕描淡寫地隨口說道：過去的錯誤，就算過去了……

戴笠雖比文強年長10歲，在黃埔軍校卻比文強晚兩期，而且未正式畢業。現在來當領導，文強本來就有些不太服氣，一聽此言，他的「湖南騾子」倔脾氣就冒上來了，馬上毫不客氣地頂撞道：

「本人以往並無過錯！回想當年，汪精衛身為軍校黨代表，曾號召『革命的向左來』。校長蔣公也說過，『中國革命是世界革命的一部分。』我之所以加

文強

　　　　　　　　時間的磨子下 ——戴笠、軍統與抗戰

入共產黨，可以說是響應他們的號召，又有何錯可言？」

戴笠未料到會遭到這樣的反駁，微微一怔，趕緊道歉說：

「當年小弟尚未入校，不知內情。老大哥說的是正確的。我剛才說的話收回！我的意思，只是希望黃埔同學團結起來，為復興中華而努力。」（《從中共高幹到國軍將領——文強傳》）

與戴笠的初次談話讓文強對戴笠留下了良好印象。在92歲高齡時，憶及戴笠之死，文強在一封信中這樣寫道：「與我相處十二年，他對我是特殊的對待，我感到他對我是一貫的信任，一貫有禮貌。我沒有向他求過官，卻將我的官階升得比他自己還高還大。」（同上）戴笠的軍銜還只是少將時，1936年才進入復興社的文強，肩章上已經掛着耀眼的兩顆將星。

侯禎祥，原來在軍統西安區做辦事員。戴笠常去西安看胡宗南，見這個年輕人聰明機巧，什麼事情都做得很周詳，便將其提拔到局本部總務科當事務股長，不久代理科長，稍後，總務處長調走出缺，又調侯當代理總務處長，旋升為總務處長，大概是沈醉的前一任。「中美所」鳴鑼開張，一下子來了200多位美國人，連原有的達300多人。當時，戴笠剛從淪陷區回到重慶，想利用一個週日，邀請這些新來的美國人吃餐飯，以表歡迎之意。週六他便交代侯禎祥，「中美所」剛完工的餐廳比較大，可以安排30桌。但餐廳內還需收拾，周邊的環境有些亂，進出的道路也得規整一下；如果來不及，可以請在重慶訓練班的學員幫忙整理。週日中午，一切就緒，美國客人陸續就坐，上到第三道菜時，不知何處冒出來的幾隻大頭蒼蠅，「嗡嗡」地悠悠吟唱，從一張桌子飛到另一張桌子，美國人紛紛站起來驅逐、拍打，原本戴笠正一桌桌輪番碰杯的熱烈氣氛，一下就受了影響……

週一，在軍統子弟就讀的立人小學禮堂，戴笠主持完總理紀念週後留下侯禎祥。

他說：「我一直忙，很難得有機會請這些大老遠來的美國朋友，結果，昨天多丟臉啊！出醜了！你看，我把你從辦事員升到總務處長，可說是平步青雲，你卻沒有好好學習，紮紮實實工作。有一天，如果我跟委員長報告，讓你去當

戴笠挑扁擔

重慶市長，你一定幹不好！為什麼幹不好啊？軍統的餐廳裏都能跑進蒼蠅，那重慶的公共廁所裏一定是紅頭綠頭蒼蠅滿天飛，你怎麼幹得好啊！你可是『山中無大樹，茅草也稱王』啊……」

侯禎祥事後想：自己姓侯，戴老板不好說「山中無老虎，猴子也稱王」，如此講，所有姓侯的都一起被罵到了。改說「山中無大樹，茅草也稱王」，意思到了，話又講得很得體，不傷人。此後，侯禎祥工作上處處謹慎，煞是小心，幾十年都記得這句話。（《戴雨農先生全集》）

有時，戴笠目光親切，平易，好像出趟遠門歸來的鄰家大叔。

戴笠回保安老家，總是五里路外下馬、下車。與鄉親們照面，有人認識他，有人不認識他，他總是先露笑容，再打招呼。遇到孩子，先從口袋裏摸出幾顆糖來。縣長米星如和一班地方紳士，還有昔日文溪小學的同學，來他家拜訪，他暖暖的目光，還有幾句江山話下來，可以讓來客一下忘記他如今的身份。

在家鄉，有人不待見他，戴笠亦很大度，不與人計較。一次，他與梅樂斯一起回江山，北大知名教授、北大圖書館館長、曾做過馬英九老師的毛子水，用江山話問戴笠：「你在外打流這麼多年，有沒有當上一個團長啊？」這話顯然有點奚落他的意思。戴笠回應說：「沒有，沒有。」事後，戴笠請毛子水去

軍統主持「四一」圖書館工作，毛子水拒絕，他也不為難⋯⋯

　　1942 年初，黃天邁由駐外領事轉入軍統局、擔任戴笠英文祕書不久，隨戴笠出巡蘭州，西北區是軍統局外勤的最大一個區，包括西北 5 個省，中心是蘭州。因工作緊張，又受氣候變化影響，戴忽患咯血症，延醫診治，醫囑靜養。蔣介石得悉後，電准病假 1 個月，工作由鄭介民暫代。戴笠仍留蘭州，未歸重慶。過了幾天，農曆除夕來臨。「戴先生抱病準備過年應辦各事，親自指揮。聚餐邀內外勤幹部及眷屬參加，也有小孩。花盆座凳都漆成紅色，大廳佈置得喜氣洋洋。戴先生穿一件藏青棉袍，神采煥發，毫無病容。進餐時殷勤勸酒，並分發孩子們糖果紅包。午夜始盡歡而散。戴先生回到書房，伏案振筆疾書，寫了兩份拜年電報，一致委員長，一致戴太夫人。初一天剛亮，隨節人員站在戴先生房門口，揚聲說給戴先生拜年。戴先生早已起床，開門對大家連說不必，接着說：『大家身體健康，工作順利。』並象徵性分發紅包⋯⋯」（黃天邁《戴笠的生活片段》）

　　有時，其目光中流露的至性重情，幾如回首風雨雞鳴旅途上彼此扶持的兄弟。

　　邱開基，復興社時期特務處執行科科長。1932 年的一天收到一封家信，稱：雖然他因盡忠而不能盡孝，但有了他匯來的 2000 大洋，母親的喪事在鄉間辦得很是體面風光⋯⋯邱開基心裏翻騰，兼一頭霧水，憋不住了，去問處長，戴笠回答一切都是他代為安排的。這樣做的理由是，第一，從南京到雲南景東，以當時交通條件，來回最快也要 3 個月，邱開基的工作很忙，不可能准 3 個月的假；第二，如果告訴其母病逝的消息，假卻批不了，必定會大大影響心情，既如此，不如暫時隱瞞；第三，辦喪事最需要最實在的是錢，2000 大洋在當時是很大一筆錢，錢以邱開基的名義迅速匯去，也充分表達了兒子的大孝之心⋯⋯

　　賈金南，南京人，跟隨戴笠多年。北伐時期，戴以總司令部上尉參謀身份，奔走於蘇、豫、魯前線，搜集軍事情報，賈是惟一跟隨的勤務兵。從特務處至軍統局，從南京雞鵝巷至重慶羅家灣，賈金南均不離戴笠左右。自 1939

年夫人毛秀叢因病逝世，戴笠長期煢煢隻影，曾家岩公館無女主人。賈便成了副官──總管家事，照料飲食起居，招待客人，指揮警衛侍役，井井有條。戴笠幾乎一天都離不開他。1941 年「四一」9 週年紀念大會上，戴笠的講話如是說：「……不過，賈同志跟我可吃虧了啦！因為人家的勤務兵今天多有飛黃騰達，大吃大喝，乘小汽車兜風；而我們的賈同志，到今日還不過是 ×× 科一個科員，走起路來沒有人家威風，外面的人最多不過叫他一聲賈副官。但是，同志們，這一種苦幹苦守的精神，實在可為全體同志的模範，值得我們的敬佩！而且這種精神，的的確確是本局特有的光榮！」

戴笠又必須離開他。一次，發現他在公館接收了友人託帶到重慶的兩隻皮箱，內裝後方十分匱缺、頗為值錢的日用品（此時在重慶，切斯特菲爾德香煙每包售價 10 元，一支派克鋼筆 6000 元。對於西南聯大的教授們來講，送其一支鋼筆，價格超過其一年的工資），涉嫌串通走私，戴笠下令將其抓去坐牢。

> 抗戰後期，一次農曆除夕，戴先生在重慶曾家岩公館邀幾位好友吃年夜飯，我幸陪末座。飯後戴先生正在興高采烈，閒話家鄉（浙江江山）過年風俗，忽然想起一件事，追問公館祕書王漢光：「賈金南家裏送去豬肉和壓歲錢沒有？」王漢光經戴先生一問，當時愣住，支吾地說：「忘記送了。」戴先生很生氣，用江山話罵了幾句。我聽懂的一句是「人在坐牢，家裏也要過年！」當即命令王漢光，連夜將豬肉及壓歲錢送去賈家。戰時重慶人家不常吃肉，好不容易才打一次牙祭。過年送肉，被視為無上珍饈。賈家過年，家人不能團聚，景況淒涼。長官送肉送錢，得到不少溫暖……（《雲煙往事》）

賈金南坐牢一直坐到抗戰勝利後「還都」前夕，戴笠日常生活極有不便，才提前些日子將其開釋，派往南京佈置公館。賈金南對這一段鐵窗歲月毫無怨言，到南京後更是盡心盡責。（有一種說法，1949 年以後，賈金南在天津被捕入獄）

戴笠創造了「殉法」這個詞，涵義有兩層：一層是在組織裏，違反紀律就

要分別給予「警告」、「記過」、「降級」處分，犯下重大的違法亂紀行為，自當「監禁」，乃至「槍決」；再一層是，某人雖然犯錯，遭到懲處，但他這一段履歷，對本局的廣大在崗者來說，是個警戒，是個教育，有其積極的一面。故「追念前勞，並顧及其遺族之困苦顛連」，其家人不應受牽連，原有的薪資保留，不影響家屬生活。即使遭處決，也視同於殉職，發給撫恤金。在1940年4月1日軍統局8週年紀念大會前夕內部公佈的歷年338名死難者名單中，殉難者98人，殉職者74人，積勞病故者115人，死於殉法的有51人，後者家屬亦發給特恤費800元。（1940年3月29日《戴笠呈蔣介石報告》，「國史館」典藏號：002-080102-00035-002）但「殉法」這個詞，只沿用於軍統內部。此種做法一直延續到來台灣後，至九十年代胡家麒任軍情局長期間。

戴笠的目光一旦兇狠起來，如虎狼聞腥而陡起脖子，似乎要把人給生吞活剝了，軍統上上下下無不畏之怯之。這樣的場合只會出現在有令不行、貽誤戰機或觸法必罰的時候。

抗戰勝利不及兩個月，各路部隊水餃下鍋一般爭着湧進上海，上上下下，幾乎誰都想在這風裏都揉進軟香的十里洋場，將8年來的辛勞與困頓，給多多少少彌補些。戴笠也是戰後第一次抵滬，10月14日是總理紀念週之日，他奉蔣介石命，主持已進滬的各部隊長官開會，針對已發生的搶佔房子、吃「霸王餐」、擁擠電影院、歌舞廳等亂象，他目有悍光，作出嚴厲的斥責。忽然，繃緊的臉又鬆弛下來，提到這樣一件事：「近來，我看見各部隊長官來到上海後都做了一兩套衣服，可是反過來看士兵，到現在連棉背心都沒有，晚上站崗的時候，感覺到寒冷！各級負責同志，應切實注意士兵的生活，要共同甘苦⋯⋯」（《戴雨農先生全集》）

1943年，27歲的荊自立正在局本部機要組組長姜毅英手下做業務員，此職的任務是集中每天收到的大量電報，分發給組內的5位股長，再由他們派發給各股的譯電員。一個甲子過去，歷任保密局股長、情報局科長、站長、處長、副局長、代理局長等職，以陸軍中將退役後，九十年代隨兒女先移居加拿大溫哥華，又遷美國洛杉磯。在北美大地層林盡染、紅葉黃葉舞秋風的日子

青年荊自立和老年荊自立

裏，已過耄耋之年的荊自立先生，尤為懷念青年時代在大陸的歲月，懷念軍統局和戴笠。

其中，1943 年親眼目睹的幾件事情，如雪泥鴻爪，歷歷在目——

有一次中午，各單位主官一起在大禮堂用餐，戴笠特別指示總務處增加了三席，菜肴與大家相同。並指示總值日官，不必喊「立正」驚動各同志，到時間自己開動，總值日官亦報告給大家知道。三分鐘後，各單位主管隨戴笠進入禮堂，見大家仍端坐等候，就笑着說，請大家開動。大家看到老板亦來了，多少有點拘謹，不知道今天來此是為了什麼。餐後，老板讓大家先行離開，三席的主官仍留在那裏。後來據說，當天老板對伙食頗不滿意，即召膳食股長前來，對其加以詢問，並即席有許多改善伙食之指示如下：一、將現有的四菜一湯，併為兩菜，增加油量，提高質量，注重口味，以米湯作湯。多食魚類及豆腐，米不可有雜質，菜要燒熱燒熟。二、儘量利用土地種菜，建立豆腐坊，製造豆腐豆乾，自製豆芽。三、利用廚餘飯菜，養豬、養雞，我們有土地，不缺人力。四、膳食股長，可選適當同志輪流擔任，可做競賽，對貢獻大，成績好的股長，應予獎勵，或升級升職，務必切實改進，供大家吃的好，吃的飽。總務處長表示，會盡力遵命去做，三個月檢討一次。

到了夏季，發現有蚊子侵擾。戴笠親至附近查察，有無水溝積水，了解蚊子如何產生，並嚴令總務處，購備蚊帳每人發給一件，專款由會計室速即撥發。大約一個月之後，戴笠由外地視察歸來，抽空到寢室，去看有無蚊帳發給使用，結果是沒有。戴之心中頗感不悅。上晚班時，由號兵吹集合號，在院中集合，有限燈光照明中，戴來報告，此次外巡之見聞，及相關工作方面之指示，囑各有關單位遵照辦理。然後，詢問總務處長沈醉：「為何我有指示，叫你為大家購備蚊帳使用，而你未辦？」沈答：「因經費不足，沒有錢去買。」戴聞訊大怒，轉身詢問會計室主任郭旭：「不久前曾有巨額經費發給你，並告訴你撥款給總務處，購買蚊帳給大家，結果你為何未撥款？同志們受蚊咬，睡不好，生了病，無法辦公，你有幾個腦袋負責？」郭聽了低頭不語，戴又追問：「我在出發前批你的錢不會少，都到那裏去了？」郭答：「三分一給敵後單位，三分一撥供造時場（原名繅絲廠，軍統局在重慶郊外的一個培訓基地）趕建房舍之需，另三分一為後方同志薪俸，算起來仍有不足。」戴聽了，怒氣似稍消，戴說：「你知道不，物有本末，事有始終，知所先後，則近道矣。這件事你沒有掌握好輕重緩急，雖然錢不夠用，你仍應負有責任，忽略了同志們的需求。希望你以後遇事多用心，無論如何，先設法籌款，為同志買蚊帳，為第一要務。」說畢即散會。

　　一次，實行清潔大檢查中，他親自把同志床上擺好像豆腐塊一樣的棉被，掀翻起來，發現墊被下，有幾雙舊襪，同時也有臭蟲在爬跑，他立刻對隨行人員說，通知此人襪子要常洗清潔，不可塞入被子底下，臭蟲問題通知總務處速即解決。後來，總務處長沈醉向他報告，臭蟲問題曾有同志反應，總務處曾動員不少人，輪次把床抬至室外，在太陽下曬，並以滾水澆燙之，但仍難予以撲滅。戴笠聽了，指示他說：速即到鋼鐵廠，訂購一巨型大鍋，外用鋼骨水泥厚牆圍住，至少六尺深，以足可放置一木床為準。燒水滾煮床鋪，此法比較用滾水澆燙，更可徹底，相信必可使臭蟲無處躲藏，即使在細密的床縫中，亦必被消滅。此法實施不久，人人床上皆

無臭蟲蹤跡，得以安眠。

此外，戴笠對同志們有關醫療保健等問題，亦極注重。曾指示要徹底了解，預防重於治療的金律，且不必呆守西醫治療，對有效之中醫療法亦應採用，以精神、毅力、振作精神、提起興趣，病魔即難以侵身。他個人即常用此法，雖在疲乏中，一經登台講話，歷久不衰，反覺精神旺盛逾恆，盼各同志試煉之。(《雲煙往事》)

1943 年，對日抗戰進入第七年，大後方物資匱乏維艱，軍公教人員待遇普遍菲薄。軍統許多人的每月薪金尚不夠買雙皮鞋，就是中層幹部的收入，亦不敷最簡樸生活方面的需求。但碰上這樣的老板，一片清苦中也別有滋味。軍統局內死難幹員的家屬，戴笠亦記掛在心，1946 年 3 月初，他出最後一趟不歸之差，離開重慶前，囑咐副局長鄭介民的幾件事之一，就是託付鄭：以後，軍統仍要繼續盡力幫着解決「遺族」子弟生活、讀書方面的困難。國民政府在重慶辦了一所「遺族」學校，校長是宋美齡親自兼任。抗戰中死難烈士太多，學校名額卻有限，有條件進這所學校的孩子常常進不去。戴笠曾向蔣介石遞上一份這樣的報告：

報告六月十八日（一九四四年）

過顯臣同志於昨日病故上海。生除於昨晚派員前往為其料理身後外，查過同志遺有一妻一妾。妻有一九歲之子，妾有子一，年方週歲。其身後異常蕭條。生除向本處工作同志代為募捐撫恤外，擬乞鈞座賜予撫恤，並准其九歲之子入遺族學校讀書。是否有當，謹乞示遵。

校座鈞鑒。

生笠謹呈（「國史館」典藏號：001030000021005a）

局外人或許視之為戴笠御人權術：一手生殺棒，一手胡蘿蔔。但看了如許軍統老人的回憶，我發現，說戴笠作秀也好，天性接近苦寒也罷，正是他這份對「人」親歷親為的關注，相當程度上袪魅了他權力的強大氣場，消解了其活

動天馬行空似的高邁，在看起來有些神祕的軍統內部，呈現出某種世俗化、日常化的圖景；或如戴笠自己所強調的，軍統和延續至今的「忠義同志會」，貫以始終的都是「團體即家庭，同志如手足」的傳統精神。

局外人看不到這些，乍見到的戴笠，大抵是章乃器先生、杜美如小姐感覺到的「掛相兒」。這「掛相兒」大半又來自外界對他的想象與謗議，其力量恰似蟬鳴蛙鼓，未近其身，早聞其聲。據說，1941年4月，駐英大使郭泰祺回國出任外交部長，軍統局因為工作需要宴請新部長吃飯。郭本是反蔣派人物，又駐歐多年，不太了解國內政情，不知軍統局是何方神聖，就讓祕書把請柬推掉。祕書接過請柬一看，具名是戴笠，立刻提醒郭部長：「戴笠可不是一般人，這麼說吧，他就相當於希特勒手下的希萊姆。」

郭部長一聽，打了個急愣，收回請柬：「那麼，我還是去吧！」

連情報工作全球頂尖的美國人，也好多年裏掉進這「蟬鳴蛙鼓」：

1942年，梅樂斯奉命來華考察，行前，國務院給他看了一份備忘錄，裏面有戴笠的背景調查，稱其為「祕密警察」，他領導下的軍統局，被人稱為「藍衣社」，是一個神祕恐怖的「蓋世太保型」組織。其「本性殘忍」，「許多中國人悄悄傳說，他用火車頭內燃爐燒烤的方法來懲罰叛徒，而且，他操縱了關押政治犯和其他犯人的集中營」；其本人也「暴力犯罪」，有人言之鑿鑿，指證他意圖殺害自己母親兩次，還光天化日下搶奪部下的妻子……被駭得血柱往腦殼上湧的梅樂斯，想到配合他此行任務的正是戴笠，曾拒絕來華：咱就是一個運輸艦的艦長，幹不了情報，走不了江湖，和戴笠這傢伙打交道，你們得去中情局請個人來！

梅樂斯

海軍部不准。梅樂斯無奈，乘上泛美航空的一架四引擎的DC-3型飛機，先飛巴西納塔爾，經尼日利亞的拉古斯—埃及開羅—印度加爾各答，再由此飛昆明轉重慶—太平洋正被日本帝國的太陽旗染得透紅，這是當時由美國飛中

國的惟一一條陸上航線。梅樂斯恰與時任美國駐華大使高斯（Clarence Gauss）同機，他對高斯先生說：我現在來了，我這條命給你了，你得保護我安全。我在中國的考察，你一定要安排美軍沿途保護，可不能讓戴笠把我做掉！（採訪《尋找神鬼之間的戴笠》作者劉台平，2015 年 12 月 5 日，台北）

梅樂斯後來隨戴笠到保安，在他山下村中的老房子裏，吃了一頓精緻、可口的午飯，一位老太太出來了，戴笠介紹説是自己的母親藍氏。藍氏頭上繫着圍巾，小腳上有白色的纏腳布，白髮如雪，慈眉善目，一旁圍觀的村人無不對她恭敬如儀。她緩緩打量眼前這個生平裏許是頭一回見到的外國人，再緩緩綻露一個和藹的微笑。通過安迪劉（翻譯劉鎮芳）的翻譯，老太太告訴梅樂斯，之所以現在才出來見他，是忙着下廚，午飯的菜都是她燒的，對於遠道而來的貴客，她不敢交給廚子燒，這些菜也是她在自己地上摘的。她拿出兩盒白鐵罐的茶葉，當地稱真龍泉茶，長在山谷裏，年產不過五六十斤，她要梅樂斯轉送給他的夫人……

以後，再見到高斯，十有八九，梅樂斯心裏會罵道：「you son of a bitch！」高斯弄來的情報，真是害人匪淺，國務院怎麼能相信他呢？

其實，不僅僅是高斯，在美國國務院，在美國陸軍高層，還有在與高斯一起曾上書國務卿、稱軍統為中國的「蓋世太保」的美國戰略情報處，「我不時聽到美國的文武官員，很鄭重地講起，戴笠是一個『惡棍』，是『民主政治的威脅』。我奇怪，究竟是什麼人，能使他們如此深信不疑？難道他們對戴笠的了解，竟會比我還多？難道他們認為我是又瞎又聾又白癡嗎？還是認為我存心要與一個『惡棍』勾結起來呢？如果我真那樣子的話，目的何在？」（《另一種戰爭》）

更荒謬無解的是，中國戰區美軍司令部參謀長索爾登手下的葛里森上校，一次私下告訴梅樂斯：陸軍對戴笠實在很煩。因為凡是供給梅樂斯的情報，梅都會直接送到戴笠手中。而據説，戴笠會將其所知道的任何情報，都告訴日本人！

「這是世界上最容易散佈的流言，因為這一類話，正適合某些懷有不可告

人的目的的人們所製造的背景⋯⋯當我問葛里森，是否有任何具體的事實，足以證明戴笠走漏消息的，葛里森一件也說不出來。」「問題其實並不發生在我的單位裏，我經常試驗出這一點來。我認為陸軍人員裏面，似乎有問題人物⋯⋯」（《另一種戰爭》）

於是，根據自己與戴笠幾乎朝夕相處兩年多來的觀察與耳聞，作為彼此至死不渝的朋友與戰友，梅樂斯在《另一種戰爭》一書中，竭力為戴笠消除一切污名。

戴笠，倘若不知道自己背上有一片白眼珠子——「中國的希姆萊」、「蔣介石的爪牙、鷹犬」、「殺人不眨眼的劊子手」，乃至「日本間諜」⋯⋯他就枉為「間諜王」。

古今中外，他這種祕密職業是沒有新聞發言人的。至死，戴笠從未向外部世界做過任何的澄清與解釋。只是在接近抗戰勝利的時候，有些眼窩凹深、目光清淺、舌頭上風車一樣旋轉「民主」的美國人，如史迪威、魏德邁、馬歇爾，對其持懷疑態度，視其為調停國共兩黨衝突、避免內戰的一塊絆腳石；而恰在軍統日後的出路上，又對美國抱有某種期待的他，這時，才不止一次地向美國朋友們宣稱「他支持民主」——

1945 年 4 月 3 日，在美國人說是快樂谷的重慶外的歌樂山，蔣介石檢閱了中美合作所的「精銳部隊」。那天晚上，「戴笠舉行了一個奢華的宴會，耗盡了他從家鄉浙江帶來的 200 斤珍貴黃酒。歌樂山樂隊學會了演奏『揚基歌』和『迪克斯』，而且，當人群裏的美國人為這些歌曲拍手歡呼時，演員們還準備演中國戲。這時，戴笠突然打斷了聚會，並堅持要說服美國朋友不要相信關於他的壞話。戴笠通過正式翻譯劉鎮芳說了半天，無非是想表明『他不是希姆萊』，而只是『總司令的戴笠，僅此而已』」。（《間諜王——戴笠與中國特工》）

三
吃飽了的豬，等不到自由平等

「攘外必先安內」考

戴笠青史留名，首先應在他是情報界少有的奇才。他無師自通，篳路藍縷地建立的情治機關；於抗日戰爭前為着「攘外」而大量「安內」的情報作業；抗日戰爭其間，披肝瀝膽的敵後諜報偵搜，在淪陷區正氣凜然地維繫中華民國的法統與人心；以及中美情報合作⋯⋯對於抗戰的最後勝利，有着旁人無可代替與企及的貢獻。今日，坐在沙發上一邊喝着果汁、咖啡，一邊看着抗日神劇的人們；即便是再走抗日戰場舊址，於呼嘯的松濤裏聽到當年血濺碧霄的人們，也很難體會——戴笠參與、經歷的許多事情，一旦失敗，或是做錯，便可能大大影響這個國家日後的命運。

從「攘外必先安內」的背景說起——

1936 年 6 月 1 日，兩廣陳濟棠（1890—1954）、李宗仁（1891—1969）向全國通電反蔣：即以抗日救國為名，組織「國民革命抗日救國軍」，宣佈脫離國民黨南京中央，並組成獨立的軍事委員會，以陳濟棠為委員長，李宗仁副之，並聲稱兩廣願意率部北上，「與日寇決一死戰，以收復失地。」

主政廣東後，在經濟、文化和市政建設方面頗多建樹，有「南天王」之稱的陳濟棠，卻是一個滿腦子陳腐觀念、愚昧思想之人。李新先生總編的《中華民國史・人物卷》評價說，「在文化思想上，陳濟棠大力提倡尊孔讀經，宣傳『四維八德』，要求部下對他舉行效忠宣誓。他迷信星相風水，任命重要部屬時，有的先要由術士相面。他還不惜耗費大量錢財，設法把母親的墳墓遷到花縣洪秀全祖墳處，說那裏風水好，子孫可永享榮華富貴。」李宗仁與陳濟棠來往甚多，也在其後來的回憶錄裏說：「兩廣事變」，陳濟棠是主謀，之所以敢於策動此次事變，與其大哥陳維周有關，陳維周早年在防城東興做過星相業，篤信陰陽命相堪輿卜算之術，對弟弟影響極大。母親骨殖遷移後，弟弟曾派大哥去南京暗自為蔣介石看相。陳維周回來後報告，蔣難逃「二十五年這一關」，也就是 1936 年。看起來，蔣介石是差點死於「西安事變」，但最終這一難是砸

　　　　　　　　　時間的磨子下 ——戴笠、軍統與抗戰

在張學良身上。

六年前的一場蔣馮閻李戰爭，即中原大戰，死傷 30 萬人，戰火波及 20 多省。期間，地方軍閥混戰也連續不斷，如雲南的唐（繼堯）龍（雲）之戰、貴州的王（家烈）毛（光翔）之戰、四川的二劉（劉湘、劉文輝）之戰、山東的韓（復榘）劉（珍年）之戰等。蔣介石不忍再以戰爭為手段解決國內問題，促請兩廣當局以國事為重，作懸崖勒馬的省悟。

兩廣反蔣，屢仆屢起。他們當下正覺風水轉折，命相其時，又感自家頭角崢嶸，故未因南京一紙文電而罷休。同時，山東省主席韓復榘竊喜兩廣異動，主動聯合負責冀察軍政全權的宋哲元，於 6 月 21 日通電，反對中央對兩廣用兵；雲南省主席龍雲下令封存中央銀行鈔票，停止收受流通，從經濟上聲援兩廣；四川省主席劉湘也有乘機背離南京政府的企圖。

此際，社會上要求抗戰的呼聲，也如乾柴烈火：東北流亡學生聲淚俱下，左派人士個個昂藏挺立，激揚輿論；國民黨內部也有人言必干戈擾攘，擊楫渡江。即如所謂「不入流者」，如當年有名的「紅燈區」——成都天涯石東街也閃動着命比草賤、心比天高的杜十娘身影，此地的 5 位妓女捐出 12 萬巨款支援全國抗戰，而成都的 70 多家銀行不過捐了 124 萬，這一舉動是當年轟動一時的新聞。（張德瑞《山河動》）

京津滬等大中城市的學生們，一天天遊行示威在大街上，通電聲討在報紙上，「華北之大，放不下一張安靜的書桌」！主戰情緒在年輕人的頭腦裏驚濤拍岸、亂石穿空，邏輯很簡單：倭寇佔領中國領土，中國必須抵抗，即使是戰敗、戰死，都在所不惜。失地是可恥的，不戰而失地，更是永遠洗刷不掉的恥辱。

作為國民政府主席的蔣介石，自 1931 年 9 月下旬至 11 月底，接見請願學生約 20 次左右，「經余親與接見訓話者，約二萬餘人。余對青年學生，亦用盡精力矣。」（《蔣中正總統檔案·事略稿本》12）蔣的親自頻繁接見，絲毫未能緩解請願運動的持續高漲。9 月 28 日，外交部長王正廷在辦公室被請願學生用花盆砸破腦袋，外交部辦公室物件也多遭破壞。（《國內要電：中大學生示威，

在外交部發生衝突，王正廷被毆受傷》，《申報》1931 年 9 月 29 日）這裏的「中大」是南京的中央大學。12 月 15 日上午，由北平來的各高校示威團 500 餘人，再衝入外交部，「將部內各處電話割斷、各辦公室搗毀、並搗毀汽車四輛」，外交部職員紛紛翻牆逃避，「但已有數人被木棍毆打、身受重傷……」。隨後，大學生們轉赴國民黨中央，將 5 名崗警的槍械「全數奪去」，「將收發室、會客室搗毀」。國民政府急派北大校長蔡元培、京滬衛戍總司令官陳銘樞，出面與學生溝通，「蔡、陳二人均被打傷。按蔡於地，拖出便門；復架陳出大門外」，「蔡氏甫發數語，該團學生即將蔡氏拖下毆打，並以木棍猛擊陳氏頭顱，陳氏當即昏厥倒地……」（《北平學生示威團大鬧中央黨部 蔡元培陳銘樞被毆傷》，《申報》1931 年 12 月 16 日）。

時任行政院祕書長的蔣廷黻日後回憶到：「因為學生赴京請願，交通又一度受阻。僅僅請求作戰，我們並不害怕。我們擔心的是，恐怕有居心叵測分子，祕密用語言或行動，在學生與憲兵隊之間製造事端，一旦引起衝突，造成流血事件，野心分子就會藉機發動輿論反對政府。」（《蔣廷黻回憶錄》）好在蔣介石惱火歸惱火，卻還拎得清，多次訓示對學生不准開槍，絕對避免流血，如 12 月 8 日，特種外交委員會（「九一八事變」後，由蔣介石提議成立的對日決策研議機關）開會，蔣強調「惟對學生，又應另外看待，看作教訓子弟一般，只能用口，不能用手。」打傷蔡元培、陳銘樞，及衝擊中央黨部的肇事學生，均被釋放，未受追究。同時，對來南京請願的外地大學生，「以北平路遠，每學生給伙食洋一元；至安徽學生，約有三百餘人，亦送至下關，並給洋二百元。」（《谷正倫關於派軍警強制押送北平上海等地請願學生回籍情況的報告》1931 年 12 月 17、18 日、中國第二歷史檔案館《中華民國史檔案資料彙編第 5 輯 第 1 編 政治 4》）

「學生們返回學校後，鐵路恢復暢通。有時教授及學生代表到南京，委員長集體接見他們，其他政院同寅再分批會見他們。我們暗地安排，要學生親自去參觀，看看我們備戰的情形。此舉，使他們一方面認為政府給他們面子，一方面滿足他們的愛國心，於是，他們都如願以償的離開首都。」（《蔣廷黻回憶

錄》）蔣先生此說溫文儒雅，其實請願學生們離開南京的心情，很難以「如願以償」蔽之。

1931 年 9 月 29 日，蔣介石接見前來請願的復旦、光華等上海各大學學生5000 餘人。蔣與學生們交流長達 1 小時有餘，其中他說到：

> 諸位忍餓耐寒，吹風淋雨，以愛國血誠，來此請願，足見人心不死，前途實有絕大希望，並使本席增加十二分勇氣與力量。殊足欣慰……政府同人，正日夕積極工作對外之一切準備，決不放棄責任，為將來國家之罪人。本席亦抱定與國民共同生死之決心，以不負人民之信託。至諸位青年，在此時期，正宜刻勵沉着，鍛煉修養。多虛耗一分光陰，即損失一分學業，國家即減少一分力量。政府同人，為諸位不斷的請願，不無分去若干時間與精神，以致影響於一切政治與外交之籌劃。而敵人反得有擾我之餘地。且恐轉貽反革命派以利用之機會。今日到京同志，如願從軍效國，即可編入義勇軍，受軍事訓練。現已在孝陵衛籌備可容五千人之營房。如願回校求學，即於今晚離京，仍有原車運送。（《蔣中正總統檔案·事略稿本》12）

結果無一學生轉去孝陵衛。孝陵衛其實還不是真正的軍營，乃是相當於民兵組織的「義勇軍」的一處訓練基地。國民政府抗戰前制定的《學生義勇軍訓練辦法》規定，大中學生都要到義勇軍軍訓一段。不願去孝陵衛，那是否去了本地本校的義勇軍呢？在復旦大學，高峰時有學生義勇軍 930 人，青年義勇軍180 人，女子學生軍 66 人，女子救護隊 36 人，到 1932 年初，則多已星散。不光是復旦，自 1932 年滬上「一·二八」抗戰開始，各校共有萬數以上的義勇軍，除了復旦和中國公學各走出數十名大無畏的抗日健兒，其他的都不見了蹤影。以上數字，出自一篇當年的報道《「九一八」以後的上海學生運動》，作者是真正上了前線的義勇軍戰士，這或可有助於後人管窺當年學生請願運動的成色。（《短史記》2016 年 7 月 18 日）

「當時中國的知識分子，對於政府不能立刻抗日，一向是『動口又動手』

的，不過自己卻少有參軍的，造成愛國青年與文人，打中國政府內行，打日本兵罕見的局面。直到知識青年從軍（青年軍）的運動興起之後，中國的抗日精神，才真正衝破了這個扭曲的結構。」（劉台平《八年抗戰中的國共真相》）

地方實力派們，亦無不高舉「抗日」的旗號不放，在這旗號下，新軍閥袞袞諸公，明着陷蔣介石與南京政府於不義；暗地裏對南京的策略，一是拚命「索取」，從官職到地盤，再到金錢到軍火。最不知「今夕何夕」的是陳濟棠，戴笠迭獲情報：1935 年 6 月，陳濟棠將原由青島調防南海的民國海軍海琛、海圻、肇和號 3 艘巡洋艦扣留，編入其廣東海軍司令部，更換艦長，減發薪餉。陳濟棠還向意大利定購新型魚雷艇 4 艘。對空軍的創建也不遺餘力，以廣東一省之財力，在國外購買各式軍機近百架，有緊追南京之勢。蜀中的劉湘不甘居人後，亦在籌組空軍和海軍，剛造好 3 艘軍艦，便趕上「二劉」爭奪「四川王」的廝殺⋯⋯二是拚命「自保」，拒絕改編，拒絕作戰，拒絕支援；三是拚命「欺騙」，以少報多冒領軍餉，力圖擴張則以多報少，爭功踴躍，遇過推諉。

1936 年 6 月後，廣西連日發生有當局策動背景的抗日示威遊行、集會，其聲勢浩大，象鼻山為之金剛怒目，陽朔水頓時鱗潛羽翻。大批國內文化界、新聞界人士，被新桂系邀請來桂呼應，新軍閥們一時風頭無兩，在道義上冷眼向洋；蔣介石、南京政府，則背負了「不抵抗」乃至「賣國」的罵名。

歷史已經證明，高舉「愛國」旗號者，有些可能最不具有愛國的行動，如上文所述的請願大學生和他們：

日軍侵佔東北時僅有區區 2 萬人，而張學良有 20 萬軍隊，還有 15 萬地方武裝，居然就叫日本人嚇跑了，倉惶丟下 300 餘架飛機、26 輛戰車、各種火炮 300 多門、輕重機槍 5864 挺、步槍 15 萬支、手槍 6 萬支。「九一八事變」之前，他的心思若不在麻將桌、歌舞廳，就忙着在于鳳至、趙四小姐和墨索里尼的女兒（當時意大利駐中國公使的妻子）間玩穿越⋯⋯

當年出謀劃策支持張學良搞「西安事變」的東北軍參謀長鮑文樾，抗戰剛剛開始，就直接投降日寇，擔任汪偽政府中央政治委員會委員、軍政部政務次長、河南省省長等高官，是鐵板釘釘的大漢奸之一。大名鼎鼎的華清池捉蔣英

雄、張學良警衛營營長孫銘久，以及應德田、苗劍秋等激進少壯派軍官，號稱「東北軍最支持聯共抗日的人」、「對張學良最忠心的人」，卻是東北軍中第一批投靠日寇做漢奸的人。孫「因功」升任偽政權山東保安副司令，應擔任偽政權河南教育廳長，而苗這個寫過《抗日理論與實際》的人，直接移民日本。後來偽軍中最高層的孫良誠、吳化文、白鳳翔、李守信等，大都是原西北軍和東北軍的將領，他們像三伏天的鴨子看到水塘一般，一窩趕一窩地，率部成建制地投敵⋯⋯

與此相反，弱冠之年留學東瀛：在高寒深雪的列島東北方，從來清晨用雪淨身，冷水洗澡；悠悠的和歌與俳句聲裏，緩步在漫天櫻花與京都唐朝般濕漉漉的雨巷中；還有元日的門松，端陽的張鯉祭雛，七夕的拜星，重九的栗糕⋯⋯如清酒一般釀就了蔣介石對日本的某種特殊情結，「日本是佔了蔣青春歲月近三分之二的異鄉」（黃自進語）。但在觸及國家層面時，卻嚴厲抑制這一情結，視日本為即使睡覺也睜着一隻眼睛窺伺西邊大陸的潛在巨獸，並時刻保持警戒。

1928 年 5 月，濟南「五三慘案」發生，日軍打進中國政府所設的山東交涉署，將交涉員蔡公時割去耳鼻，然後槍殺，交涉署職員全部遇害，並在濟南肆意焚掠屠殺，全城共打死中國軍民 6100 餘人，打傷 1700 餘人。從 5 月 11 日起，蔣介石在日記中始稱日軍為「倭軍」，稱日本為「倭寇」，這一蔑稱，直至 1943 年 7 月參加開羅會議前止。「五三慘案」週年之際，他在中央陸軍軍官學校做了一場題為「誓雪『五三』國恥」的演講，呼籲：「凡是中國人，凡是我們黃帝子孫，對於這種恥辱，是永不能忘懷的。如果這種恥辱一天不洗雪，中華民國便沒有一天能夠獨立。」同時，蔣又叮囑士官們：「須知我們報仇雪恥的敵愾心，絕不能暴露出來，我們所有吞敵的氣概，非到最後關頭，是不能有一點流露的，因為那將徒然為敵人所忌，要來對我們再下毒手。」

還有一個很耐人尋味的細節，自 1928 年 5 月，到蔣介石生命結束，在其日記右上角，都有一個「恥」字。固然，這在每一歷史階段意義會有所不同，但從 1931 年到 1945 年，「其所指代不言而喻。」

比起戴季陶、張群，蔣介石是國內最資深的「知日派」，蓋因沒人比蔣介石更清楚中日實力對比的狀況，用台灣歷史學者黃自進的話說，「在他看來，敵我勢力過於懸殊，如過早輕舉妄動，恐遭致毀滅。臥薪嘗膽，厚植國力，才是他的衷心所盼」。

1937 年對日作戰前夕，日本工業總產值約 60 億美元，中國約 14 億美元，僅為日本 1/4；從財政狀況來看，國民政府的全年收入主要來自商業稅收，只有 12.51 億元，以 3：1 折算，約合 4.17 億美元。歷史學家黃仁宇對此評說：「雖說當年的購買力與今朝不同，這 4 億元是一個極為纖小的數目。」

據國民政府四十年代統計，三十年代初，中國的鐵路總長度不足 1 萬公里，平均每 4 萬人不足 1 公里，每百平方公里國土不及半公里。與當時的英、法、美、德、意、日等一流強國比，不可以道里計，就是當時仍為英國殖民地的印度，每平方公里的鐵路，也比中國多出 5 倍以上，甚至連非洲的阿比西尼亞（即現在的埃塞俄比亞）的鐵路也比中國要多。鐵路不行，公路運輸也居人之後，全國僅有汽車 62000 輛，而且全靠進口，國土面積只有中國 1/26 的日本，汽車卻多出中國 1 倍以上，公路里長多出 8 倍以上。公路不僅總長度短，質量也極差，坑坑窪窪，破損嚴重，大約只有七八十年代大陸縣鄉村公路的水平。

在軍事裝備上，日本年鋼產量 580 萬噸，中國 4 萬噸，僅為日本 1/145；日本年造飛機 1580 架，火炮 744 門，坦克 330 輛，主力艦、航空母艦等大型軍艦 285 艘，總噸位 1400 萬噸。中國雖能生產步槍和機槍，但所有的重武器，包括飛機、坦克、卡車、火炮、軍艦、石油和無線電器材，都完全依賴進口。至 1937 年 11 月上海失守，中國空軍能起飛的飛機已經不足 20 架。在陳納德的飛虎隊援華之前，中國的制空權完全掌握在日軍手裏，絕大多數時候日機可以任意往來，任意轟炸，任意掃射。日軍進攻南京時，中國空軍已無力再戰，南京機場只剩 7 架能起飛的飛機，和 36 架待修理的飛機，遠無力支持南京保衛戰。

陸軍也差得很遠。抗戰之前，日本一個師的武力裝備，相當於中國一個師

武力裝備的 3 倍。國軍正規軍裏，每個師平均兵員 9000 人，裝備是三八式或中正式步槍 2000 支，很少連發的盒子炮、衝鋒槍，子彈每人 20 發，輕重機槍 60 挺，山炮 5 門，一個營大概會有幾門迫擊炮點綴。全師汽車 20 輛，坦克無，空中掩護無。士兵有粗布衣服兩套，草鞋兩雙，每日吃兩頓，其中一頓是稀飯。據記載，國軍一支 600 人的部隊從貴州出發入滇赴緬參戰，步行一個月，到達戰區時被餓死 300 餘人。

士兵大抵無訓練一說，真正有點訓練的是黃埔系軍隊，但黃埔人數非常有限，且不過兩個月到半年的短期訓練。30 萬川軍當年是穿着草鞋出川抗日的，見識與軍備同樣窳劣。雖後來愈戰愈勇，但開始時卻是損失慘重：一支支持淞滬會戰的部隊走到蘇州，日本飛機飛來，連長、營長們撕破嗓子喊：「全體卧下，躲起來，躲起來！」士兵卻不知道在喊什麼，「長官集體神經病發作吧，躲什麼？在天上打旋的不就是一隻老雕嘛。」「嘎嘎」一排機關槍打上去，「哎呦，這個老雕會咬人，真得躲起來，躲起來！」田埂兩側有草叢雜樹可藏，滾進稻田水也可漫身，全體就直愣愣一排一排倒在田埂上，腦袋上壓着川軍有名的大盤草帽，這哪是「躲」，這是「掩耳盜鈴」的戰爭版。無疑，成了敵機的活靶子，沒到戰場就死了 1/3……

軍官素質也比不上。日方將官的年齡一般在 45 歲以上，我方將官年齡則多在 45 歲以下，有的只有 30—40 歲。「日本陸軍訓練之精，和戰鬥力之強，可說舉世罕有其匹。用兵行陣時，上至將官，下至士卒，俱按戰術戰鬥原則作戰，一絲不亂，令敵人不易有隙可乘。日本高級將領之中雖乏出色戰略家，但是在基本原則上，絕少發生重大錯誤。日本將官，一般都身材矮小，其貌不揚，但其作事皆能腳踏實地，一絲不苟，令人生敬生畏。」（《李宗仁回憶錄》下冊）蔣介石多次公開說，軍隊「學得太少，又不注意補充」，「根本沒有現代的軍事常識」，完全「不配做一個現代的軍人」。他曾指責某些軍官：「你們今天做軍長、師長的人，如果真正憑自己的學識能力，在國外做一個團長的資格都不夠」。（《蔣總統集》第 1 冊）

國民政府外聘的德國軍事專家曾估計，從純軍事角度看，中日戰爭一旦全

面爆發，中國海軍一星期之內就將失去作戰能力，中國空軍一個多月就難以支撐，中國陸軍最多可堅持半年。日本陸相杉山元大將報奏天皇裕仁稱，「中國政府和中國軍隊的生存不能超過三個月」。

經濟上破衣爛衫，軍事上瘦骨嶙峋。更要命的，內部還四分五裂：

實歸南京中央政府管轄的只有 7 個省，真正能掌控的，只是江蘇、浙江、安徽 3 個省。東北已經有一個「滿洲國」，長春市裏由 6 個主殿和一些輔殿組成，房頂鋪着黃色、紅色琉璃瓦的皇宮裏，溥儀整日穿着精緻的高檔軍服，胸前滿是「勳章」、「獎章」，而實際上統治這個「國家」的，是先後站在溥儀後面的日本關東軍的 7 個司令官和 12 個參謀長，他們的口號是「滿洲是日本之子」，目標是實現「日本開拓團」殖民中國東北，最終達到「百萬戶移民」。日本陸軍的盤算是，移民不僅是日本「培養確立新大陸政策據點」的基本力量，同時也是關東軍的後備兵源。接下來，1937 年成立了華北傀儡政權——偽中華民國臨時政府。南方的連綿群山丘陵裏，有鐮刀斧頭旗幟的「蘇維埃共和國」。國民黨軍界中亦派系眾多，僅中央軍裏就有「保定系」、「日本士官系」、「黃埔系」三大系統，另外還有東北軍、西北軍、川軍、粵軍、晉系、桂系等等，僅兩廣的軍力就不下 40 萬之眾，且海陸空軍齊全。當時，中國大地上堆積的爆炸因素之多、之烈，一不小心就可能玉石俱焚。如何從民族整體利益的角度，將這如許的爆炸能量，可控地化解或提前釋放，而非等到日本人打進來，一下砸出個一湧而起的轟天決口。此時的中國，險峻「如潰瓜，手一動而流液滿地矣」，稍走錯一步，便萬劫不復。

2012 年 7 月，美國斯坦福大學胡佛研究所研究員、曾任復旦大學客座教授、民國史和《蔣介石日記》研究專家的郭岱君女士，在一次專訪裏談到《蔣介石日記》裏國、共、日三方的「恩怨情仇」，對學者、特別是對大陸學者的既有見解，是個很大的顛覆：

　　從 1931 年到 1937 年，在真正抗戰爆發中間，國民黨做了很多事情，但只能做不能說，他要掩飾，就是人們所說的「攘外必先安內」。當時就

　　　　　　　　　時間的磨子下 ——戴笠、軍統與抗戰

考慮要遷都，因為他曉得上海很快就要失去，南京沒有辦法守，考慮遷都洛陽，遷都西安，最後決定遷都四川。中國那個時候是個軍閥割據的時代，蔣介石根本沒有辦法控制整個中國，他能控制的只是沿海幾個省而已。所以他在日記中就說，我怎麼進入四川呢？特別是四川、雲南和貴州，都是軍閥勢力非常大。所以他一直在想，並跟德國的軍事顧問商量。有一天就「得一計」，以剿匪為掩護，建立西南根據地，「藉剿共以收復西南」，故意把紅軍留下一小股，把他們往西南趕。所以，紅軍所謂兩萬五千里長征，是從江西往西南走，中央軍就在後面追，因此才能進入四川。這是他的一計。所以，有一天他寫道，「若為對倭計，以剿匪為掩護，抗日之原則。」（《以追擊紅軍為名，入川抗日——郭岱君談蔣介石日記》）

紅軍從中央根據地出發時共 86000 人，其中贛南子弟 50000—60000 人，加上農夫，及沿途新參軍的戰士共 10 萬餘人，行軍時，隊伍竟然可以拉長到 60 英里。這時，還被博古、周恩來和李德所組成的中央「三人團」晾在一邊的毛澤東，調侃說「就像大搬家一樣」：從于都僱用的幾千名挑夫，挑着扛着各色家當——滿載文件的箱子、印刷機、收發報機、兵工廠裏笨重的造子彈機器和重新裝填空彈筒的壓床、銀行印鈔票的紙幣鑄版，紅軍醫院帶上了 X 光機，甚至傷員的尿壺……幾乎整個「蘇維埃共和國」都被搬上了征途。（哈里森·索爾茲伯里《長征——前所未聞的故事》）

到了台灣後，蔣緯國碰到一位已退休的空軍大隊長，後者告訴蔣：當年他當飛行員時，奉命勘查江西突圍時部隊所走的路線，他發現，國軍再怎麼窮，當時動員幾百輛卡車，裝載一部分部隊，哪怕只有一個師或一個團，都能夠先追到前面，將紅軍堵住再加以圍剿，走在後面的紅軍也不至於能打得過國軍；實際的情形卻是南北邊各有一支部隊，紅軍走多遠，國軍就走多遠，國軍並不去尾追，或超越追擊。

湘江是湖南到廣西的主要通道，兩岸峰巒成聚，波濤如怒。蔣介石已調集

30 萬各路軍隊，利用湘江做屏障，前堵後截，大有將紅軍全部圍殲於此之勢。但紅軍喋血湘江後，除江西帶出來的那些盤盤罐罐全部沉去了江底，幾千名農夫大都跑路外，整個中央紅軍還剩 3 萬多人。似乎這「前堵後截」也張弛有度。蔣緯國許多年裏一個百思不得其解的死結，一下解開：不看歷史的人永遠不會懂得戰略，蔣介石當時的戰略，大約就是國軍壓迫中共軍隊進入四川，先經過廣西、貴州、雲南，繞了一大圈後，國軍再出師有名抵達四川。

> ……父親親自趕到雲貴川，是因為當地軍閥主動地反映共產黨部隊進入他們的地區。父親到達後對他們（劉湘、龍雲等軍閥）非常的恭敬與尊重，並說：「國軍馬上就到，而且我們不想在你們這裏打，因為不論勝負，對地方來說總是騷擾，我們要逼他們到陝西後就範。」中央的力量在那個時候第一次正式進入到西南地區，而且，父親還告訴他們一句話：「日本早晚會侵略我們，到那個時候，我們要建立大後方，要及時讓下江的工業往西南轉移，一方面也能使地方繁榮。」這些話都是軍閥聽得進去的。後來父親在西康蓋了一百幢房子，預備在雲貴川受到戰鬥波及時，以西康作為大後方，這就是抗戰到底的決心。（蔣緯國口述、劉鳳翰整理《蔣緯國口述自傳》）

當蔣介石如一隻放大鏡下戰戰兢兢的「蟲子」時，日本軍方卻急盼在民國的心臟——南京，也鬧出個「九一八」，以便早日開打：

1934 年 6 月 9 日，日本駐南京總領事須磨彌吉郎突來國民政府外交部，稱其副總領事藏本英明失蹤，肯定是遭中國人綁架了。隨之，日本駐華大使館向中方提出強硬照會，限在 48 小時內交出藏本。日軍隨即調集兵艦，長江江面烏森森的炮口對着「總統府」。一時間，舉國震動，南京百姓紛紛作逃難準備。此時，為復興社特務處處長的戴笠，判斷昨日日本大使有吉明呈交國書時還在場的藏本不可能走遠，很有可能就藏在近郊紫金山一帶。他親率首都警察廳偵緝隊去這一帶搜尋，果然，13 日午後 1 時，發現如土狗一樣腌臢的藏本，大概囊中羞澀，他正在明孝陵附近用金屬紐扣向小販換取食物，隨後尾隨至紫霞

洞，將其尋獲。

1934 年 6 月 13 日二時五十分限即刻到牯嶺絕密

總司令蔣鈞鑒：藏本無恙，刻已由我警廳特務組員曾秋等在總理陵園附近山中尋獲，送至警廳，刻正在審問中，詳情續陳。謹聞。

生笠叩 元未（「國史館」典藏號：144-010101-0002-009-001）

次日，國內外報紙揭出此事，雲集南京長江段的日本兵艦，意興闌珊地撤退了。若尋不到藏本，或藏本真有一顆「武士魂」，一把短劍將肚子給扎了，發現時只是一具屍體，那中國抗日戰爭爆發的時間，便要提前整整三年。

在舉國愛國者、偽「愛國者」的一片「高大上」中，國民政府一方面局部進行長城抗戰，允許「一‧二八」淞滬抗戰，一方面低下滿身關節在咯咯響的身子，簽訂多少有喪權辱國意味的《塘沽協定》，卻爭取到十年時間發展經濟與國防軍備——

「九一八事變」之後，國民政府與德國祕密地簽訂了一個協定，用中國的特種礦產、農作物，包含鎢礦、銻礦、棉花、桐油，換取德國製造的最新武器。要建立新軍，必須要有新的幹部，建立新的幹部訓練體制，編定陸軍寶典、步兵手冊。隨「鷹屋將軍」法根豪森來華的，有一大批各軍種各層級的德國顧問，包括軍需學校、輜重學校；小兵種如工兵，分野戰工兵、建築工兵、鐵路工兵、架橋工兵；連軍樂團都由德國顧問教授，還受衛勤訓練，以便在作戰時擔任救護的工作……可以說整個體系相當完整。1933 年，蔣介石提出一個「東南國防計劃」：在全國範圍內建足各式各樣的掩體，包括上海至南京一帶修建三道防禦工事。根據統計，戰前已經造好了 3374 個作戰工事。蔣介石的構想是在 1939 年以前，完成以德國最新裝備助我編訓 80 個師的目標。1940 年開始主動反攻日本，收復東北失土，並提出歸還台灣的要求。事實上，抗戰爆發時，只有 30 萬軍隊接受了德國的軍事訓練和武器裝備，其中包括參加「八一三」淞滬戰役的第 87、88、36 師，使用的就全是德式裝備。

外交上，先後派宋子文、孔祥熙、蔣廷黻等要員，赴美英蘇德等國，尋求

外交支持。經濟上，密如織網的大道逐漸穿過人口稠密的地區，沿海城市裏水電供應系統普遍開建，象徵工業革命時代的摩天大樓拔地而起。在內陸的江西，1936 年 5 月後，陸續創辦了數十家省營工廠，涉及電力、機械製造、冶金、化學、紡織、印刷、碾米等多個輕重工業部門。農業生產大幅增長，交通基建也突飛猛進，1934 年 7 月開始修築浙贛鐵路，在當時落後的施工技術條件下，全長 550 公里的鐵路三年全部完成，實在令人驚歎。「在湖南，軍事和一般經濟的發展，已經使老百姓充分就業，不再有失業的情形。工資提高了，物價也開始上漲。小康之家抱怨他們不能掌握長工，一反過去的情形，長工已經能不再依賴地主，因而受人尊重，家鄉的人都欣喜他們的米和桐油的價格較過去漲了一些。1938 年春的湖南，正沐浴在戰時的繁榮中。」（《蔣廷黻回憶錄》）上列江西、湖南的經濟情況，大概可以説是整個抗戰前中國腹地的剪影。

在西方各國普遍處於經濟大蕭條的陰霾之中，這塊憂患可疊山的土地上，卻出現了年均增長 8% 的經濟奇跡，國家的貨幣第一次得到統一。各種現代社會的典章、法規相繼面世，還清舊時代中國欠下的巨額外債並開始增收，金融證券在世界市場上節節上揚，映襯着日本金融步步下跌。1935 年的《申報年鑒》：白米，1934 年上半年價格每石 9 元、8 元、7 元；下半年 11 元、10 元、9 元。豬肉，1934 年每擔 41 元 9 角。雞蛋，同年每千隻論價，15 元 9 角。在上海，一到晚上，里弄間裏太多叫賣五香茶葉蛋的，香味濃鬱，十分可口，售價是 1 角兩隻，連吃兩隻就飽了，許多百姓把其當作最好的宵夜點心。（陳存仁《銀元時代生活史》）

國力漸漸在地下培植、凝聚，還有 1931 年至 1937 年間，小學生人數增長了 86%，大學生人數增長了 94%。蔣介石在南昌發起「新生活運動」，聽起來令人莞爾，迫在眉睫的存亡之際，還可能有什麼新生活？其實這亦是個策略，蔣介石可謂用心良苦，以道德深耕遮掩日本人之耳，內瓤裏以「禮義廉恥」撞擊國民心懷之鐘，使之大聲稀音，大象無形，卻具備「國民道德」和「國民知識」，精神上風檣陣馬，以準備抗日。

抗戰爆發後，蔣介石揭下了它的外衣，「我所倡導的新生活運動，實際就

是明恥教戰的運動，要使民族道德復興，國民生活革新，以達到抵禦外侮與復興民族的目的。我屢次說過，我所提倡的新生活，就是要我們國民厲行戰時生活，而所謂戰時生活，就是現代生活，凡不符合戰鬥要求的生活，就決不能適應生存於現代的世界。凡不能實行戰時生活的國民，就決不能做一個現代的國民。」（《新生活運動八週年紀念告全國同胞書》，見樊建川《一個人的抗戰》）

瘂弦，本名王慶麟，1932 年生，河南南陽縣人。青年時代於大動亂中入伍，隨軍輾轉來台，以現代詩之開創和拓植知名，二十年來蔚為大家。回憶起這一段歲月，他說：

> 從北伐到抗戰那 10 年，是光輝的 10 年。那是民族工業抬頭，不管是農民、軍人、教員，每個人日子都好過。日本人一看慌了，發動了對華侵略。有位教授專門研究這 10 年的進步，寫了一部書。據說，這本書蔣介石看了後說「有了這部書，我死也瞑目了。」我們那裏稱呼他「老蔣」，沒有輕視的意味，就是習慣這麼稱呼。西安蒙難，老蔣出來脫險了，我們村子裏放炮慶祝——那麼偏遠的村莊都能知道這個消息，還放炮慶祝。
> （瘂弦口述、王立記錄整理《雙村記》）

說「每個人日子都好過」，肯定有些絕對。我想，生活如豆芽菜一般清貧、茹苦的人們，在哪個時代都會有。稱之為「光輝的十年」，亦有點過，且看成民國歷史上難得的小陽春吧。如此情景並非個例，同樣偏遠的蘇北阜寧縣，1936 年秋，小學讀一年級的戴煌（前新華社著名記者）和同學們在縣城大街上遊行，人人小手裏舉着寫有「蔣介石萬歲」的紙旗，慶祝「老蔣」50 歲壽辰。其時，「老蔣」威望如日中天。黃口小兒搖着旗子，學界泰斗亦拍案而起：

這年 12 月 15 日，在陳福田、蕭叔玉、陳達、潘光旦、蕭公權等 8 位教授的倡議下，清華大學召開教授會臨時會議，討論西安事變問題。會議決定發佈《清華大學教授會為張學良叛變事宣言》，並成立由朱自清、馮友蘭、聞一多、張奚若、吳有訓、陳岱孫、蕭公權七人組成的電報宣言起草委員會，朱自清、聞一多等共同起草的《宣言》，發表於次日《清華大學校刊》第 799 號。宣言

最後呼籲，「同人等認張學良此次之叛變，假抗日之美名，召亡國之實禍，破壞統一，罪惡昭著，凡我國人應共棄之。除電請國民政府迅予討伐外，尚望全國人士一致主張，國家幸甚。(聞黎明、侯菊坤編《聞一多年譜長編》) 12 月 25 日，「西安事變」解決後，蔣介石平安回到南京。是夜，南京城鞭炮聲通宵達旦。這鞭炮聲，令在老虎橋監獄住着的陳獨秀恍然大悟：原來老蔣還是很有「群眾基礎」的。(濮清泉《我所知道的陳獨秀》)

1937 年 7 月 7 日，「七七事變」。蔣介石在盧山發表宣言：「戰事驟發，亦有策，必守之。吾國雖尚太平，然不求苟安，且延之，勿疾克。當知戰事既開，勢若覆水，請棄城下之約，同心守義，利可斷金。是役也，地無分南北，人無分老幼，無論何人，皆有守土抗戰之責，必死而後生。」

7 月 31 日，《蔣中正告抗戰全體將士書》發表：「這幾年來的忍耐，罵不還口，打不還手，我們為的是什麼？為的要安定內部，完成統一，充實國力，到最後關頭來抗戰雪恥！現在既然和平絕望，只有抗戰到底，那就必須舉國一致，不惜犧牲來和倭寇死拚」。

儘管如此，許倬雲先生認為「當時中國在選擇抗日的時機上，還是太急了一點」。(陳欽《我的河山：抗日正面戰場全紀實》) 準確地說，中國是被選擇，既被日本選擇，也被張學良、楊虎城選擇。西安事變前，蔣計劃訓練 80 個師，冀以此作為抗日基本力量。西安事變破壞了整個計劃，一切國防大計、經濟建設等，因此而延緩或停頓，整訓軍隊不足計劃的 1/3，大部分訂購之軍事設備未運回，儲下的糧秣彈藥只夠打半年仗。張學良、楊虎城此舉，卻無疑擦亮了日本充滿索取慾，又含有幾分踟躕的目光：必須儘快全面入侵中國！

許倬雲說，「如果再推遲五年，則彼此實力差距不會那麼大，至少不會陷入苦戰八年、幾乎亡國的地步」。(同上) 這位當年的芝加哥大學歷史學博士提出「延遲五年」，是因為在 1941 年珍珠港事件導致美國對日宣戰之前，中國的抗日戰爭，基本上沒有得到國際社會的支持，是自己拆下骨頭做劍、以血肉揚旗的孤軍奮戰。

蔣介石韜光養晦的心曲，只在日記中對老天、對自己言說：「我屈則國伸，

我伸則國屈。忍辱負重，自強不息，但求於中國有益，於心無愧而已。」（1933年5月31日）

1929年以來，蔣介石在蔣桂戰爭中重創勢力一度如日中天的李宗仁新桂系，隨後又在中原大戰中擊敗國民黨內部的其他地方實力派，如西北軍馮玉祥、晉綏軍閻錫山等，漸漸鞏固國民政府和國民黨中央的名義和政治地位。又利用「九一八事變」之後東北軍喪失老家，不得不寄人籬下，逐步蠶食、控制東北軍，並且通過「圍剿」共產黨的紅軍，將其影響力深入西南各省……這是他心目中最重要、最迫切的備戰。倘若中國地盤上還是山頭擁塞、遍野伏莽，國民革命軍仍是各行軍令、一盤散沙，將如何去應對如聞到血腥味的巨鯊，正要氣勢洶洶撲來的日軍呢？

眼看全國統一在即，大戰硝煙在即，兩廣又生事端，蔣介石怎不心焦如焚、心疼如割呢？

蔣介石抓起電話：「接廣東虎門101。」

幾分鐘後，話筒裏傳來聲音，不是他熟悉的戴笠的浙江官話，而是鄭介民的廣東口音：「報告委員長，戴處長已外出南寧和香港辦事。我是鄭介民……」

蔣介石叮囑：「耀金（鄭介民字）啊，兩廣真的反了，你轉告雨農：加緊策反工作，你們一定要完成任務，勝利回到南京……」

此前一個月，特務處已覺察兩廣有異動。為作預防，戴笠奉上釜底抽薪一計。此「薪」便是粵軍元老林虎。林虎長年居香港，曾任陳炯明的參謀長。戴笠獲悉上海巨商陳文波有恩於林虎，便請陳文波帶上蔣介石致林虎親筆信，內容為以500萬元安置費，收買陳濟棠在地方實力派中最得瑟的空軍。戴笠又派鄭介民為代表，進一步與粵軍空軍少將參謀長陳卓林在香港祕密商定，凡參加起義的飛行員，每位酬賞港幣2萬元。讓蔣介石放下電話、略微心寬的是，因廣東軍隊在地域上得黃埔之便，軍官中出身於黃埔軍校的很多，能利用黃埔同窗關係、蔣的門生關係，與鄭介民的廣東同鄉關係等。經過戴笠、鄭介民一個月來在華南的偵察與策反，準備投誠來歸的有粵空軍司令黃光銳，及飛行員黃智剛、陳振興等27人。粵軍的主力部隊第一軍及軍長余漢謀，以及其海軍部

分艦艇，也被説服。

7 月 2 日，陳濟棠空軍駐從化機場的五中隊和駐廣州白雲機場的二中隊，共 7 架飛機，降落在南昌機場，另 7 架飛往南京機場。此後幾天，又有從廣州白雲機場、從化機場飛出的 20 餘架飛機，分別降落蚌埠、上海、杭州機場，同時離粵的，還有廣東航校六期甲班畢業的學員和飛行員 40 餘人。他們均喊出「擁護蔣校長，打到陳濟棠！」的口號。

同日，粵軍第二軍副軍長李漢魂在汕頭綏靖公署封金掛印，奉還大命。第三軍九師師長鄧龍光潛赴香港，通電呼應李漢魂倒陳擁蔣。

7 月 10 日，國民黨五屆二中全會決議，免去陳濟棠本兼各職，由余漢謀接任廣東綏靖公署主任兼第四路軍總司令。

7 月 12 日晚，粵軍海軍艦長鄺文光、鄧瑞功率艦反陳投蔣。

7 月 14 日，余漢謀在梅關外的江西大庾通電就職，公開擁蔣倒陳，限陳濟棠 24 小時之內離粵。並令第一軍由大庾開回韶關，着手進入廣州的部署。

7 月 18 日，陳濟棠通電下野，乘英國軍艦逃往香港。

廣西方面，李宗仁、白崇禧在南寧召集團長以上官長會議，決定抵抗到底，以桂林、柳州為最後死守區。但其麾下若干廣西陸軍、空軍將領，經戴笠策動，在 7 月 2 日這天，桂軍空軍有 12 架飛機，飛離廣西而投奔南京國民政府，連空軍司令兼航校校長林偉成也離職去港。據説，事變發動前，陳維周請來術士替乃弟算了一卦，卦中有「機不可失」字樣。這卦還真有點靠譜：原來「機」者，指的不是江山易主的機會，而是「飛機」也⋯⋯（王彬彬《胡適面折陳濟棠》）

蔣介石不主張用兵，突飛廣州，延請耆宿碩望赴廣西勸商李宗仁親來廣州與他磋商。李來後，蔣先去李公館拜訪，門廊前攝影留念，並公諸報章，以表達南京方面促進團結、共同禦敵的熱忱與德懷，廣西變局亦迎刃而解。

兩廣事變是繼 1930 年中原大戰後又一次讓國人脊背透涼的大事，中原大戰苦戰 6 個月，雙方死傷達 30 萬人之多；兩廣事變的處理卻能不發一彈，迅速和平解決，從此，國民政府的基礎益臻鞏固，政令始能貫徹執行，對不久後

發生的西安事變的化險為夷，具有深厚的影響。

　　兩廣事件的平息，無疑給蔣介石撿了便宜：過去，雖然廣東的陳濟棠表面上也屬南京政府領導，但畢竟陳濟棠所掌管的廣東軍事力量絲毫未損，而且擁有自己的戰鬥機、轟炸機和水陸兩用飛機一百餘架，也無一走失。還有海軍艦艇，穩穩實實停泊在珠江和海南軍港。蔣介石也不好意思伸手要飛機、軍艦。如今陳濟棠野心勃起，挑起兩廣事件，結果通過戴笠周旋，僅花了三四十萬空軍安置費，就順順當當地把陳濟棠手中的一百多架飛機奪了過來，還有二十萬人左右的軍隊。儘管當時這幫空軍將領和戴笠討價還價，要二百多萬才肯北飛，但到戴笠親手將款子當面兌現時，卻沒人敢要。怕收了錢後，以後日子不好過。只得謝絕說：「擁護委員長是黃埔學生人心所向，統一中國是軍人的職責。」（《亂世斯人——戴笠與李祖衞》）

歷史得以繞開「如果」

1937 年 11 月末、12 月初，戴笠分別接到軍統北方區、濟南站密報：

　　山東省主席、第五戰區副司令長官兼第三集團軍總司令韓復榘，有多次與日本駐山東濟南領事會談，且與日軍特務頭子土肥原賢二聯絡的事實。當日軍沿津浦線南下進攻山東時，韓復榘這位在北伐戰爭中一路猛打猛衝，過關斬將，率軍第一個打到北平城下的北伐將領（時人稱其為「飛將軍」），現在成了逃跑的「飛將軍」，不戰即潰，接連丟失濟南、兗州、泰安等重鎮，讓日軍不放一槍地長驅直入，導致黃河防禦出現大面積缺口，給國軍對日作戰部署造成極為被動的局勢。

　　韓復榘在撤出濟南之前，以「焦土抗戰」為名，向齊魯各縣攤牌「救國

捐」，一等縣 20 萬元，二等縣 15 萬元，三等縣 10 萬元，逾期不交，即唯縣長是問。民間叫苦連天，頻頻發生百姓跳河、上弔之事。又以「轉運」為由，將民生銀行金庫裏的 1.5 萬兩黃金、3 萬兩白銀，運往河南洛陽。其部下還在濟南城裏打家劫舍，連搶 3 天。銀行、麵粉公司、紗廠及其倉庫，均被掃蕩一空。又焚燒省政府各廳局、法院、兵工廠等處建築物。韓公開對其部屬說：「我們有這些部隊，到哪裏都可以自立；帶着民生銀行，到哪裏都有花

韓復榘

的，也有吃的。只要有了槍、有了錢，到哪裏都能站得住腳。」比起滿城的衝天火光、民怨鼎沸，更叫戴笠揪心的是，韓復榘與正在漢口萬國醫院住院，剛從第七戰區親自督陣、退敗下來的劉湘，亦在私下聯繫。(《神鬼之間：找尋真實的戴笠》)

劉湘為四川省主席，又是川康綏靖公署主任兼第七戰區司令長官。「盧溝橋事變」後，在眾多的地方實力派中，他第一個發出全國通電：「望全國上下同德一心，在全國整體計劃之下，共赴國難」。1937 年 8 月，提前完成整編的川軍子弟，分東路和北路出川作戰，所有路費自籌，一律穿着草鞋，戴大盤草帽，先後在重慶的朝天門碼頭登船，「他真是一個壯舉。你仔細想一想，很多軍閥是不願意離開自己的地盤的，離開地盤以後就沒有本錢了，但是四川軍閥是什麼呢？就是以劉湘為首的這個川軍集團，我只有幾十萬人，就有 20—30 萬人全部出川。」(電視紀錄片《大後方》攝製組《大後方》)

可作為地方實力派，劉湘無疑又有強烈的自保意識，當 1937 年 12 月 13 日南路侵華日軍佔領南京後，蔣介石及國民政府遷駐武漢，並準備進入四川，這是與南京國民政府本就存有杯葛的劉湘最不願看到的，自然萌生拒蔣入川之意，與其先前鮮明的抗日主張便有了抵牾。此外，在淞滬會戰中，參戰的川軍第 21 軍 26 師將士大部戰死沙場，是打得最慘烈的國軍五個師之一，僅剩 2000

餘人撤退到湖北，劉湘原持的「共赴國難」之心，亦不無動搖。

　　韓復榘的計劃是，趁此機會，聯繫劉湘派川軍封閉蔣介石入川之路；韓本人率部隊轉至南陽、襄樊、漢中一帶；再策動同是西北軍出身、現為平津衛戍司令兼河北省政府主席的宋哲元——宋因「盧溝橋事變」爆發，泰山遽然壓頂，對是否喋血抗戰正有些搖擺不定，若宋與其殊途同歸，可將所部撤至潼關以西。上述部署完成後，韓、宋二部，能對國軍部隊成夾擊包圍之勢，然後由韓、劉、宋三人，向全國通電聯合倒蔣。

　　韓復榘的倒蔣之心，並非一日之寒。上年底西安事變時，他以密碼致電張學良，稱讚張氏之非常行動為「英明壯舉」，並通知張、楊，他的部隊將「奉命西開，盼兩軍接觸時勿生誤會」。12 月 25 日，西安事變和平解決，被釋放的蔣介石到達洛陽。當時，韓復榘正在濟南省政府打麻將，聽到此消息後，當着南京方面派到濟南的監軍蔣伯誠（1888—1952，浙江諸暨人，先後任國民革命軍第一路軍參謀長、浙江省代主席、山東省主席、全國抗日蒙難同志會主席等要職）的面，把眼前的牌一推，說：「這叫什麼事嘛，沒想到張漢卿做事情這麼虎頭蛇尾！」「有人評說，就是這句話埋下了父親以後遭殺身的隱患。」（韓子華、周海濱《我的父親韓復榘》）

　　當韓復榘派代表到宋哲元處聯繫倒蔣時，宋與他的參謀長張某進行了商議，認為此事關係抗戰全局，不可輕舉妄動。一面敷衍韓的代表，一面用密電向蔣介石作了報告。戴笠也獲悉，韓、劉兩人之間的電報往來十分頻繁，並互派心腹奔走。戴笠一面買通萬國醫院劉湘的「專家組」，再派員拆去機場上劉專機的某些零部件，讓其上不了天，不得不在醫院裏多待些日子；一面，利用劉湘與川軍一個師長范紹增之間的宿怨，在萬國醫院劉湘的病房旁，給范弄了一個房間，專門監視劉湘與韓復榘的聯繫。

　　范紹增手下的一個潘姓團長，與劉湘的參謀處長徐某是舊交，1937 年底的一天，潘姓團長在徐某處看到徐正寫命令給劉湘的副手王贊緒，叫其「帶兩師人到宜昌、沙市一帶，與韓復榘去襄樊的隊伍取得聯繫」。徐某發現潘目有「賊光」，即把稿子蓋上，掩飾說：「我在寫一封家信。」范紹增即告戴笠，戴笠

有了韓劉聯手「拒蔣保川」的初步證據，且由於得到這個電令內容，特務處很快將韓、劉之間往來的電報密碼破譯，韓復榘密謀全悉。蔣介石聽取戴笠彙報後，命令「依法懲辦」。如何緝拿韓復榘，卻頗為棘手。韓握有重兵，又處於敵我交錯地帶，若相逼過急，韓極有可能鋌而走險。況且，不能將其暗殺，必須活着按軍法審判，只能誘捕。戴笠設計了一個抓捕韓復榘的方案。

蔣介石下令 1938 年 1 月 11 日在開封召開「北方抗日將領會議」，規定所有師長以上官佐一律到會。1 月 8 日，戴笠一行到達鄭州，先找到楊蔚吃飯洗澡，楊係軍統高級幹部，公開身份是戴向中央保薦其當上的開封市警察局長。楊提起韓復榘抗命不戰之事，戴正色斥責説：「你是蔣委員長的學生，韓主席是蔣委員長的封疆大吏，怎可以如此説他壞話？蔣委員長將要來河南開軍事會議，韓主席也在被請之列，你應當盡心佈置幾處招待的地方才是。」楊聽到他的話，莫測高深，只能唯唯聽命。

當日，韓復榘接到其派在鄭州的密探報告：楊局長被戴老板罵得三孫子似的……現在正忙着各路大員來開封開會的過境招待。9 日，韓復榘接到軍事委員會的正式書面通知：擬於 1 月 11 日下午 6 時，在開封袁家花園召開高級軍事會議。通知後附有參加此次會議的 45 位高級將領的名單。在給韓復榘通知後，戴笠還發了一封電報來：「為防日軍中途攔截，委員長希望韓主席多帶警衛，防護沿途之安全。」10 日，蔣介石偕參謀總長白崇禧等飛抵開封後，立即給韓復榘打電話：「我決定明天召集師長以上官佐在開封開個會，請向方（韓復榘的字）兄務必來開封見見面。」

韓復榘最後的幾分惕懼，被蔣伯誠給打消了，與戴笠暗通款曲的蔣，以自家性命擔保他此行太平無事。

韓復榘終於不疑有他。何況，隨他而來的，還有裝滿了幾節車廂的 500 人手槍旅及警衛人員。11 日 14 時左右，韓復榘及其隨從抵達開封站，換乘汽車浩浩蕩蕩赴會。到袁家花園大門口，兩邊憲兵林立，貼有一張通知，上寫「參加會議的將領請在此下車」。當場軍警憲兵指揮韓部的 10 餘輛車，停放在東邊的空場上，並請手槍旅回原專列上休息。韓等人下車後往裏走，到了第二道門

口時，又見貼有「隨員接待處」。於是，韓復榘及軍、師長們帶去的衛兵，均被留在「接待處」。韓復榘與久未見面的幾位將領談笑風生地到了「副官處」，又見一張通知：「奉委座諭：今日高級軍事會議，所有與會將領，不可攜帶武器進入會議廳，應將隨身自衛武器暫交副官處保管。」同行者紛紛將腰間手槍、佩劍交上，陸續進入會場。平日裏或坐或立，總是挺胸收腹，一副職業軍人姿態的韓主席，也將自帶的兩支手槍摘下，然後進入設在袁家花園小禮堂的會場。他平時全無表情的臉上，似乎也沒有異色。他的位子緊靠劉峙，他屬下的幾位軍師長都安排在禮堂後面入座。坐下前，他和前排已就坐的第一戰區司令長官程潛、第五戰區司令長官李宗仁、第一戰區副司令長官兼第一集團軍總司令宋哲元、第一戰區第二集團軍總司令劉峙等高級將領，握手打招呼，他只感覺他們的手都有些涼，像觸在了一隻冰凍的死魚上……

蔣介石從目前國內的抗日形勢說起：

自上年 8 月 13 日開始的淞滬戰役，持續 3 個月，萬國矚目，剛剛塵埃落定。中日雙方共有約 80 萬軍隊投入戰鬥，日軍投入 8 個師團和兩個旅團 20 萬餘人，其中有國內重兵連同華北兵力，大量調往上海戰場，丟下死傷者 4 萬餘人；中方先投入原為國民政府警衛部隊、德國顧問訓練出的樣板師，即蔣介石最嫡系的 87 師、88 師，再有後繼的 68 個師，其中包括川軍的第 21 軍 26 師，共 80 餘萬人。中國軍隊是在用血肉長城，抵擋日本海陸空強於中方 10 倍的火力，「我們的部隊，每天一個師又一個師投入戰場，有的不到 3 個小時就死了一半，這個戰場就像大熔爐一般，填進去就熔化了！」（馮玉祥語）三個月裏，每小時死亡以千人計，總死傷高達 30 萬人。1937 年下半年，全國戰場主要是淞滬戰場，僅血戰殉國的黃埔青年軍官就超過 1 萬名。

值得注意的是，在淞滬之戰中，蔣介石將嫡系精銳部隊悉數投入火線，在連續 3 個多月的戰鬥中犧牲慘重，至當年 12 月 16 日南京陷落，中央軍傷亡達 333000 餘人，「以致國民黨自黃埔建軍以來，十多年中悉心培植的精銳之師，在抗戰的頭半年內，便幾已傷亡殆盡，而大部分的地方軍人卻因未參加戰鬥，遂得以保全實力，並遍佈全國各省。」（齊錫生《抗戰中的軍事》，見聯合報叢

書《抗戰勝利的代價——抗戰勝利 40 週年學術論文》）

　　從敵方檔案看，侵華日軍總司令岡村寧次 1939 年曾說：「看來敵軍抗日力量的中心不在於四億中國民眾，也不是以各類雜牌軍混合而成的二百萬軍隊，乃是以蔣介石為核心、以黃埔軍校青年軍官階層為主體的中央軍。在歷次會戰中，它不僅是主要的戰鬥原動力，同時還嚴厲監督着逐漸喪失戰鬥力意志而徘徊猶豫的地方雜牌軍，使之不致離去而步調一致，因此不可忽視其威力。黃埔軍校教育之徹底，由此可見……有此軍隊存在，要想和平解決事變，無異是緣木求魚。」

　　如此一場英勇、慘烈的戰爭，本質上卻是中方在上海採取的主動反擊戰。蔣介石本人對此沒有說及，但已由台灣「國史館」2015 年 7 月主編、出版的《陳誠日記》中提到，這是陳誠在淞滬戰役之前向蔣介石提出的建議，為的是把日軍由北向南、沿京廣鐵路迅速南下的入侵方向，引導為由東向西。由北向南攻擊，如同當年的蒙古鐵騎征服中國，將把國軍逼向東南沿海，如此一來，日本真可能做成 3 個月亡華的春秋大夢。而由東向西，日軍將不得不穿越大量丘陵縱橫、河流密佈的中國腹地，從而延緩日軍進攻武漢，有時間在雲貴川建立穩固的大後方；同時，上海有各國的租界，是東西方經濟、文化往來的重要窗口，在此開打，可以牽動英美等國在上海的利益，引起國際普遍關注與聲援……

　　親自指揮了這場戰役的蔣介石，聲音漸漸強硬起來：

　　「但是，在我們抗日將領中，有少數同志抗日不力，擁兵自重，不顧國家民族大義，也不聽命令，節節撤退，棄土而逃！」說到這裏，氣得發抖的手，連連敲了幾記講台：「軍人以服從命令為天職，棄土而逃，保家衛國的職責何在……」他的話音未落，突然一陣「嗚—嗚—嗚」的警報聲在空中回響，會場上即一陣騷動。這時，主持大會的長官宣佈道：「各位別急，由接待人員安排各位進防空洞暫避。」（《亂世斯人——戴笠與李祖衛》）

韓復榘清臞的臉上有些急了，高鼻子下那道烏黑的短髭，如蝦一般彈跳了幾下。他沒有隨赴會的各位進防空洞，而是上了一輛自己的小車，車子向開封火車站絕塵而去。他的專列噴着濃濃的氣霧，正候在站前軌道上。未及多想，便和副官上了自己的專用車廂。車上不啻是虎穴狼山，軍統的十幾名特工立馬圍過來，將他捆綁成了一隻猴子。專列開出一陣後，後面的幾節車廂發生脫鈎，500 人的手槍旅由等候在此的駐豫湯恩伯部隊繳械……

另一說是，在蔣介石的報告之後，由程潛和李宗仁分別報告第一、第五戰區的戰況。兩人報告完畢，蔣介石宣佈散會。當與會者離開會場之際，劉峙過來對韓復榘說：「韓總司令，請慢點走，委員長有話要對你講。」這時，韓部下的幾名軍師長及其他人已離開會場，只剩下蔣介石、李宗仁、劉峙、韓復榘和蔣的四五名衛士。劉峙指着衛士對韓說：「韓總司令，你可以跟他們去了。」見此狀，韓方知大事不妙，臉上頓時暗黃如出土的古陶，只能低着頭，無奈地跟着衛兵上了停在禮堂外的汽車。

韓復榘被押至漢口。1938 年 1 月 19 日，國民政府軍委會在開封組成以總參謀長何應欽為首的軍事法庭，以「違抗命令，擅自撤退」罪，即刻革除韓復榘本兼各職，並判處死刑。1 月 24 日晚，兩名看守憲兵上樓對韓復榘說：「何總長要與你談話，請跟我們走一趟。」韓大約以為真的是何找他談話。但下到樓梯半腰一看，院子裏站滿了荷槍實彈的軍警，便明白自己大限已到，提出：「我腳上的鞋子小，有些擠腳，我回去換一雙再去。」未及答應，他驟然回頭上樓，就在提腳的瞬間，憲兵開了槍。韓回頭說了聲「打我……」話未說完，連續的槍彈將其擊倒，頭部中 2 彈，身上中 5 彈，當場斃命，終年 48 歲。

據說，蔣介石事先曾有囑令，不要打韓復榘的頭部，因為他是省主席、陸軍二級上將。次日，國民黨中央通訊社對外發了消息。這是抗戰中第一個被軍法處死的國民黨高級將領，也是國民黨在大陸執政時期按軍法處死的軍銜、軍階最高的國民黨軍將領。

蔣介石對劉湘本欲「既往不咎，以觀後效」，但當何應欽來到萬國醫院見劉湘，告之韓復榘已槍決，並將劉韓之間大量來往電報的譯稿丟在他面前，早

患有嚴重肺結核的劉湘大口噴血，3 天後氣絕而亡，亦享年 48 歲。隨之，國民政府主席林森明令褒恤，以其率部出川抗戰功勳卓著為由，追贈劉湘陸軍一級上將，其靈柩返回故土，安息於成都武侯祠旁。2 月 14 日，頒令准予國葬。蔣介石並派員入川，對劉湘的部隊進行分編整合，使國民政府的隨後遷至重慶有了保障。期間，諸多國府高層公開前往弔祭，多盛讚劉湘乃抗日典範，私下裏卻多感慨其死乃「國家之福」。一次，時任軍令部部長的徐永昌與侍從室主任林蔚討論抗戰前途，後者認為，「只要敵人不顧一切真來，武漢決難守住，再退後之局面恐愈難維持」，前者卻不以為然：近日劉湘作古，正是天意給國人留下生機，「天不擬亡中國，吾人奈何自亡之？」（《徐永昌日記》）

1938 年 7 月，日本決定撇開蔣介石，誘降汪精衛。人稱「暗通款曲」，自稱不忍塗炭江山、「我不下地獄誰下地獄」的汪精衛，幾番雲遮霧障，終於石露水面。12 月 19 日，汪精衛夫婦率曾仲鳴、周佛海、陶希聖等 10 餘人，乘飛機逃離昆明，飛抵越南河內。日本政府得知汪精衛出逃後，提出「善鄰友好、共同防共、經濟提攜」三原則。12 月 29 日，汪精衛致重慶國民政府「豔電」，希望蔣介石呼應日本釋放的善意，早日與日和談。翌日，似乎比日本人還急的汪精衛建議日本轟炸重慶，以脅迫蔣介石「浪子回頭」。

1939 年初，戴笠化名何永年，經香港去河內部署。時任中國河內總領事館祕書一職的方炳西，在越南的海防、西貢、涼山、芒街、東興、順化多地，以「國民黨中央機關駐越工作團」的名義，組建軍統情報組，除偵察汪精衛等人在越南的活動情報外，組織越南華僑的抗日力量。與此同時，軍統別動隊的兩個大隊駐紮於中越邊境的龍州，視下一步事態演變，聽從戴笠的調遣。3 月初，蔣介石特派與汪同為改組派成員、現任軍委會天水行營政治部主任的谷正鼎，不遠千里趕赴河內，對汪進行遊說，並送去護照：希望汪或去歐洲，或返回國內，若後者熱烈歡迎，若前者隆重歡送。谷正鼎搖唇鼓舌，無功而返。谷正鼎一走，汪精衛就對陳璧君、曾仲鳴說：「我們今日以後，要小心點，他（指蔣介石）要消滅我們三個人。」言下之意是要離開河內。

果不其然，幾乎谷正鼎前腳離開河內，軍統天津站站長陳恭澍就帶領 17

名幹員（連他本人稱「十八羅漢」），分梯次經香港到了河內。戴笠則率毛萬里在香港建立調度指揮中心。3 月 20 日上午，從汪精衛夫婦等人所住的高朗街 27 號開出坐有八九個人的兩輛小車，向紅河大橋方向開去。軍統特務們緊緊尾隨，在一個商業區的十字路口，紅燈導致塞車嚴重，汪精衛一行趁機擺脫了跟蹤。3 月 21 日下午，在附近監視的特務報告，汪精衛等人已回來，看到他和陳璧君在寓所外邊的草坪上說話。陳恭澍立即帶上兩名特務趕往高朗街，到後發現草坪上空無一人。

陳恭澍

　　當日晚（另說是 20 日晚），陳恭澍有些按捺不住，決定強闖汪宅，11 點左右，6 人直奔 27 號，越牆而入，以利斧劈開樓房前門，破門聲在夜靜時分顯得特別尖厲，在二層睡下的人們都驚動了，一何姓廚師開門張望，一特務抬手就是兩槍，傷及其左腳，並吼道：「誰再出來，老子的槍不認人！」汪精衛雖有侍衛，但在法屬越南境內不允持槍，幾個人也被特務們堵在房內出不來。曾擔任戴笠貼身警衛的王魯翹徑直上了三層，找到事先偵知的汪的臥室，見一個男人正往床下鑽，即朝其腰部連開 3 槍。豈料，汪精衛並不在此屋，擊斃的是其祕書曾仲鳴，曾 16 歲隨汪赴法國留學，並和汪有遠親關係，稱汪為「四哥」，汪則呼曾為「十一弟」，兩人可謂亦師亦親亦友。這天，曾的妻子來，汪將自己的臥室讓給了小兩口，自己則住去 25 號——25 號與 27 號是兩幢相鄰、每層彼此相通的三層西式洋房。

　　河內行刺失敗，還導致 3 名軍統特工被河內警方逮捕。陳恭澍回到重慶，戴笠始終不見，即使在軍統本部逼仄的防空洞裏碰見，也視其為空氣。兩個月後，戴笠才召見陳，任命其為軍統局代理第三處處長，去上海主持對漢奸的制裁。從 1939 年 5 月到 1940 年 1 月，戴笠為刺殺汪精衛，又連續組織了 4 次行動，不但投入了很大精力和物力，而且連折 4 員大將：戴靜園、吳賡恕、陳三才、黃逸光。曾仲鳴代汪精衛而死，給汪的震撼很大，又見戴笠非取他腦袋不

可，他幾乎將自己裝在了一個鐵桶中，對任何可能接近他的新鮮面孔，都首先設定這是戴笠派來的人，並回之以毫不掩飾的猙獰，在汪偽特工總部「76號」的呈文上，他連連批道：「着即將戴靜園和吳賡恕槍決」，「着即將黃逸光槍決」……

戴笠還是鑽進了這個「鐵桶」。1944年3月，發熱50餘日、不能起床的汪精衛，乘日本人給他的專機「東海鶼」號（有趣的是，不論用北京話讀，還是用上海話讀，後兩個字「海鶼」，都與「漢奸」兩字的發音十分相近）飛日本名古屋，入帝大醫院就醫。病情有了明顯好轉。此時，美軍轟炸機已經光臨日本本土，汪精衛急於返國，卻在同年11月10日在此撒手人寰。在隨後軍統每週一次例行的訓話中，戴笠微笑着說：「我宣佈一個消息，就是汪精衛已於11月10日下午4時在日本名古屋死了。致死的原因，當然與我們有關係。」坊間傳說，是戴笠密令潛伏於此的一名中日混血日籍女傭，以慢性毒物致汪精衛併發症死亡。

1938年以來，軍統一系列頻繁的暗殺、破壞活動，在1939年達到高潮。軍統上海區、南京區，在汪偽特工「76號」的瘋狂報復下，接連受到重創。這兩個區恰是軍統戰場的重中之重，任何時候都不能「斷鏈子」。戴笠呈請蔣介石召喚一個人「出山」——唐生明，唐生明乃唐生智四弟，時任常德、桃源警備司令。此人英俊風流、長袖善舞、智商極高，凡民國時期的各種政治勢力都能講得上話。僅舉一例，1920年，他在湖南第一師範附小唸書，青年毛澤東做該校主事，兩人同床一年有餘。1927年，毛澤東在湖南發動秋收起義，他率一個連從漢口坐火車到瀏陽文家市，送給毛「漢陽造」步槍300多枝、子彈近萬發。常德、桃源守土期間，唐表示要送戴笠一個裝備精良的警衛連，戴笠卻想讓他加入軍統，助自己一臂之力，他則婉言謝絕。不久，唐生明挽着新妻、影星徐來，由重慶轉道香港抵達汪偽治下的上海，他滿面春風，像是一回蜜月旅行。

一邊，唐生智在報紙上發表聲明，對其弟附逆投日痛心疾首，並請求重慶政府將其捉拿歸案；一邊，聲稱實在受不了大後方清苦日子的唐生明夫婦，到

南京後即受汪精衞接見。唐生智原在南京城百子亭 22 號的公館被一日軍少將霸佔，汪精衞親自出面協調，將唐生明夫婦安置於城西牯嶺路上一所花園洋房內，並任命唐為汪偽軍委會委員、中將高參，以示恩寵。新公館裏，高朋滿座，觥籌交錯，怎麼闊綽怎麼來——按戴笠的說法，你們的腐化是經校長特許的。他們金魚嗣嗣一般出入於汪偽政府上層人物的交往圈。徐來通過牌局、飯局，很快與汪精衞老婆陳璧君、陳公博情婦莫國康、周佛海老婆楊淑慧等混熟，搞到汪偽核心層不少人事關係及重要活動情報。按戴笠交代，唐生明則花心思結交周佛海。

周是汪偽政權的第三號人物，落水當漢奸前深得蔣介石賞識，曾任南京國民政府中央陸軍軍官學校政治部主任、國民黨中央代理宣傳部長等重要職務。在交往中，周佛海多次向唐生明打聽從長沙到上海的安全路線，他有把母親和岳父楊卓茂等親屬從湖南老家接到上海來常住的意思。周出身很苦，出世不久其父病故，靠母親每天給人家洗衣服才讀的書，「發達」後提到這些往事，仍總是潸然淚下，算是一個孝子。戴笠得知後，派人把周佛海的母親和岳父、妹妹等 6 人從老家

周佛海

接出，方向卻掉了個，先到重慶，不久便軟禁在離貴陽 72 公里的息烽行轅，日常生活費用由軍統供給。行轅主任是戴笠同鄉同學周養浩，周可按他的意思在日常起居與醫護上妥為照應。

周佛海清楚這是戴笠的手腕，但上海和南京記者就此消息去採訪他時，他卻為戴笠清掃流言：「我相信這不是重慶當局直接幹的，一定是地方無知者所為，相信不久即可脫險。」

周佛海的經歷也很傳奇。他曾是中共創始人之一、中共一大代表和中共一大的代理書記。「一大」後，脫黨而去，成為蔣介石的親信和國民黨中委。抗戰期間，又叛蔣投日，成為汪偽政權的「股肱之臣」。他總在火焰上跳舞，卻

從沒有燒到過腳心；他總朝秦暮楚，「秦楚」各方仍視他為上賓。這回，周佛海覺得自己有燒到腳心的可能了，當初他願隨汪精衛一同出走，很大原因是懷抱「和平救國」的幻想。可太平洋戰爭爆發後，這個幻想已經徹底沖去了民國的下水道，蔣介石如其名，在全世界面前代表着中國堅硬不屈、抵抗到底的形象，而他與汪精衛、陳公博等人，已經登上了激流中的一條賊船，欲退不能。此種形勢下，周佛海暗暗感悟：戴笠不「綁架」他人，只「綁架」自己，應是欲放自己一條生路……

經過一番深思，周佛海指使時任偽財政部總務司長的妻弟楊惺華，保釋坐監的軍統局特務程克祥、彭壽，並給了回重慶的通行證。捕前，程是南京區的一個中校組長，以公共租界捕房的探子身份為掩護，在汪偽特工總部「76號」已經關押了 5 個月。程臨走前，周佛海將其叫到家裏密談：「我和雨農是好朋友，我很感激他對我老母和岳父的照顧和保護。今後，他如果有需要我的地方，只要我力所能及，一定盡力而為。」並修書一封，讓程克祥面交戴笠。

1943 年 2 月，程克祥輾轉到達重慶。在外公務的戴笠，聞報後喜出望外，回重慶後即設宴為一直在軍統基層工作的程壓驚洗塵。戴笠深知，周佛海此次放程來重慶，除了要與自己建立聯繫，更重要的是想試探蔣介石對他的態度。如果沒有得到蔣本人的某種承諾，他不會再度反水「上岸」。宴請結束，戴笠即去蔣介石官邸面呈周佛海的信，並建議蔣本人寫一封不具名的親筆信，由程克祥帶回南京交給周佛海。周過去長期在蔣介石身邊工作，對蔣介石的字跡很熟悉。如此，既可避免蔣介石因署名而帶來的麻煩，也可讓周佛海這隻「千年老龜」

程克祥

吃下鐵砣，死心塌地投靠重慶方面。蔣介石覺得戴笠考慮周全，即揮墨紙上：

君有悔過思改之意，甚佳。望君暫留敵營，戴罪立功。至於今後君之

時間的磨子下 —— 戴笠、軍統與抗戰

前途，將予以可靠安排，望勿忘。知名不具。

程克祥回南京前，被破格提升為軍統局南京區長。戴笠再從軍統局本部挑選督察室第一科上校科長周鎬任南京站站長，還有文書、譯電和報務員各 1 人，隨程去南京，他們的任務是加緊策反周佛海，藉助周佛海的關係，重建軍統局南京站，同時在南京站對程克祥進行監視和牽制，因程在上海淪陷初期有過一段雙面特工的經歷。程克祥此行帶走的，除蔣介石寫給周佛海的親筆信，還有周母親和岳父兩家滿溢天倫之樂的照片。

楊惺華專程派人趕到安徽南陵，把程克祥和周鎬等人分別祕密護送到上海和南京。周佛海見到蔣介石的親筆信，真如久旱之望雲霓。周佛海的兒子周幼海卻有幾分擔心，問父親：「信上講對你的前途予以可靠安排，這不過是寫在紙上的一句話，還有沒有其他更牢靠的保證？」良久，周佛海歎息道：「政治上的事情就是這樣，你要他拿出更可靠的保證也難。在他們的眼裏，我還是個漢奸，要我戴罪立功，是給我一條出路，已經很不容易，我哪裏還能再和他們討價還價！」

周家父子倆心裏的幾分陰翳，又是千里之外的戴笠給驅散。不久，周佛海的老母患病，由息烽急送貴陽中央醫院醫治。診治無效而死。戴笠由重慶趕來，代孝子跪在靈前，並執紼送葬。這些拍成照片後寄給周佛海，周看後，哽咽不已，感動不已，對身邊的人説：「雨農啊，做人做事，我無話可説！」

戴笠給周佛海的第一個任務，就是儘快幹掉避過幾次行刺、儼然有金剛不壞之身的「76 號」特務頭子李士群。為這兩年軍統在上海、南京地區受到的重創復仇，以長泄胸中鬱結之氣。此事還有一個緊迫的背景：

1941 年 1 月，汪偽政權為了統一淪陷區的財政金融，培養自身的經濟命脈，成立「中央儲備銀

李士群

行」，發行中儲券，並在上海外灘開設分行。當時重慶政府的中央、中國、交通、農民四大銀行的上海分行，仍在租界營業。它們的行業協會——上海銀行錢業公所，堅決不接納「中央儲備銀行」，與之長期往來的滬上各公司、商店，也拒絕使用中儲券。汪偽政權為了推行中儲券，一方面要求死守在上海的四大銀行撤離公共租界，一方面，李士群出動大批特務流氓，一手持槍，一手持中儲券，到全市各大百貨公司購物。為此，軍統上海區殺一儆百，先暗殺輩分比黃金榮高一輩、比杜月笙高兩輩，卻甘願做偽中儲行上海專員的青幫大佬季雲卿，又突襲偽中儲行上海分行大廳，設計科科長等 5 人當場被殺。李士群紅了眼睛，公開聲明「假如一人被害，必拿四行十人抵命！」

隨後的日子，「76 號」特務在江蘇農民銀行宿舍樓裏（特務們誤以為是中國農民銀行）打死職員 8 人；包圍極司非而路中國銀行人員宿舍，先後抓走該行職員 180 餘人；中央銀行法租界亞爾培路分行遭炸，死 7 人，傷 20 人；公共租界白克路分行遭炸，死 3 人，傷 26 人；公共租界靜安寺路分行被炸，死 6 人，傷 60 餘人……接二連三的血案之後，重慶國民政府的法幣被擠出滬上，帶着血腥氣的中儲券逐漸招搖過市，四行的上海分行紛紛致電重慶政府：「全市人心極端驚恐，除恤死救傷並謀照常營業艱忍支持外，尚乞指導敷衍機宜」，「似此滬地情勢益加險惡，此後滬四行營業應若何處理以策安然之處，仍祈裁奪電示祇遵」。

上海為全國金融樞紐，關係全部法幣信用，對淪陷區影響巨深，在鄂、魯、皖、冀各省，已有「每晚點驗商號款項，其中倘有法幣，即加以沒收或毀滅」之現象頻出。在抗日戰爭最艱難階段，重慶政府若失去以法幣為支撐的財政經濟與收入，前景不堪設想。

蔣介石除呼籲英美等國施壓外，令財政部「速派熟悉滬市金融及才能足以敷衍異常情況之大員，刻期赴滬，會同四行主持人員接洽敷衍策略」，更密令戴笠儘快消弭這場危機。戴笠多管齊下：暫時舒緩軍統上海區的活動；利用策反的周佛海——身為汪偽行政院副院長兼財政部長，撬開「中央儲備銀行」的地基；策劃除去李士群，斬去這條到處噴射毒焰的響尾蛇的腦袋，這樣「人心

極端驚恐」的上海金融界才可能放下驚恐。

　　周佛海通過妻弟楊惺華，還有偽稅警總團副團長熊劍東等人，頻頻接近華中日軍憲兵司令部特高課課長岡村，在其面前大講李士群胡作非為、飛揚跋扈、排除異己，作為汪偽政權「清鄉運動」的總指揮，屢屢開罪日本憲兵，且心底裏瞧不起岡村。他們的話大大激怒了剛愎自用、脾氣暴躁的岡村。1943 年9 月 6 日晚，岡村突然約李士群、熊劍東去自己家吃飯。李士群本不想去，又不好公然駁岡村的面子，且李與熊之間向有齟齬，他不去，恐正方便熊在日本人面前給自己上眼藥。他硬着頭皮去了，但決意不吃岡村家的東西，香煙也抽自己的，另派幾個保鏢在岡村家所在的百老匯大廈附近等候，約定如兩個小時內沒有下來，就衝上樓去。

　　一陣寒暄後，岡村擺出一副國際友人式的古道熱腸，強調彼此間一定多有誤會，一介武夫，磕磕巴巴，居然説出曹植的「本是同根生，相煎何太急？」李士群臉上的肌肉，不再像進門時那樣僵得如一塊門板。熊劍東隨之表態：「誤會的原因，首先在我。今天當着岡村君的面，我們將過去的不愉快一筆勾銷，今後我們就是好朋友！」岡村闊起嘴巴，一水的板牙，頂出一句笑話：「我也是你們倆的好朋友啊，東亞共榮圈一旦確立，兩位的前程遠大得很哪，到時我有什麼麻煩事找幫忙，兩位可不要打哈哈……」

　　這時，李士群才把身上的槍卸下來，三人互相敬酒、敬煙。其後一般的説法為，第一道菜是牛肉餅，實為日本女特工的岡村「妻子」先端出一碟，放在李士群面前，請他品嚐。見只有一碟，李作謙讓狀，把餅推到熊劍東面前。這時，岡村「妻子」又端出兩盤，岡村和熊劍東手裏的刀叉戳上去，喉結滾了幾下，大半塊牛肉餅落入食道，李士群才把目光轉到自己面前的碟子上。岡村「妻子」盈盈笑面地看着他，他細嚼慢咽，只吃了小半塊。回到家，大約是對席間各人過分友好的態度起了疑心，李士群馬上進廁所用手指猛挖喉嚨，企圖將吃下去的東西給吐出來，無果。次日去蘇州，未覺不適，疑竇便作雲開星散。第三天，即 9 月 9 日下午，毒性發作，汗透全身，高燒不止。原來這是一種叫阿米巴的新菌毒，可延至 36 小時內發作。當醫生趕來時，李血管硬化、

瞳孔放大，已無力回天。據説，李士群彌留時的一句話是：我是自己⋯⋯作死了自己⋯⋯

還一種説法出自時任汪偽上海市政府祕書長羅君強，他曾參與暗殺李士群。《申報》登有關於他在戰後漢奸大審判中上法庭的報道，他稱：奪李士群命的並不是牛肉餅，而是餐前的冰咖啡、餐後的冰淇淋。該種毒藥以重金自日本陸戰隊購得，色味俱無，惟必須用於冷飲中，入腹後，雖洗腸亦不能治，數日後必將斃命。

周佛海奉戴笠的命令做的大事還有：

程克祥被安插在偽軍委會任作戰科長，負責部署偽軍接應中央政府軍反攻。而軍統局地下電台就架設在楊惺華私宅，安全通報約五六個月後，發現有日本特務攜帶偵聽設備在楊宅附近出現，又將電台轉移至愚園路上的周佛海官邸。此後，周、戴兩人間電訊往來不斷。周鎬也有了個公開身份，即無錫地區偽行政督察專員。1943 年年底，軍統局南京站籌建完畢，下面還組建了 8 個潛伏組。在周佛海的策動和南京站的努力工作下，汪偽政府的大批漢奸紛紛倒戈。在偽政府行政方面，除了控制周佛海以外，戴笠還先後控制了日後升為偽司法行政部部長兼安徽省省長的羅君強、偽浙江省省長傅式銳等。在偽軍委會方面，參謀總長鮑文樾、海軍部長兼第一方面軍總司令任援道、第二方面軍總司令孫良誠、第三方面軍總司令吳化文、第四方面軍總司令張嵐峰、第五方面軍總司令孫殿英等，都與戴笠建立了各自的祕密聯繫渠道。

軍統局在南京地區中斷了六年之久的活動，終於得到了恢復，許多情報源源不斷地被送往重慶。蔣介石對汪偽政府的內幕和日軍在華的許多重大部署都能及時了解。有些具有重大價值的政治、軍事和經濟方面的情報，通過「中美特種技術合作所」反饋到美國，美國政府也為情報的準確性感到震驚。例如，周佛海隨汪精衛赴日本參加「大東亞六國會議」時，對日本國內的政治、軍事和經濟現狀，以及日本軍隊應付太平洋大戰的作戰部署和計劃等進行了詳細的考察與了解。回國後，周佛海將這些情況全部密報給戴笠，然後又由軍統局報告給了美國方面⋯⋯（《戴笠與抗戰史料彙編：軍情戰報》）

除與重慶的祕密電訊外，周佛海還有一電台與第三戰區司令長官顧祝同保持聯繫。顧氏曾任江蘇省政府主席，期間周佛海為教育廳長，兩人相處甚佳。其時顧祝同之岳家許氏全家寄居上海，一切由周就近照拂；且第三戰區正被指定匡復東南國土。周佛海又利用自己兼上海市長的身份，在上海及杭州一帶部署偽軍，阻止中共新四軍進入上海。日本投降在即，南京偽政權被迫解散，完成「臥底」使命的周佛海，通過戴笠向蔣介石表態：「職與其死在共產黨之手，寧願死在主席之前。」於是，一夜之間，周佛海變身為軍事委員會上海行動總指揮。

　　抗戰勝利後，在社會各界和中共方面強烈要求「快速嚴懲漢奸」的壓力下，周佛海因漢奸罪被判死刑，後特赦為無期徒刑，1948 年初，心臟病復發。2 月 28 日，周口鼻流血，遽然斷息於南京老虎橋監獄。獄中有詩云：「月明人靜柳絲垂，徹耳蛙聲仍舊時。底事連宵鳴不住，傷心欲喚主人歸。」

　　這是在為自己如風車飛蓬般的人生角色悲涼？還是在哀怨與他一直單線聯繫的戴笠遽然而去？周佛海的如此結局，是否真的與戴笠先他而成古人有關，惟有天知道了。

　　如果兩廣獨立成功，韓復榘與劉湘聯手阻止國民政府退守西南成為既成事實；

　　如果以口號標榜、以唾沫炫世，敵兵一旦犯境卻犬儒自保，或一戰即潰、不戰假潰，乃至趁火打劫、荼毒本國百姓的勢力佔據主流的話；

　　如果汪精衛不是如入秋之蟬、驚弓之鳥，周佛海不是因至親與未來被綁架為「精神囚徒」，而南京汪偽政權不是看起來外牆刷了幾道金漆，而大樓內牆觸手就能掉下一團團白灰……

　　這些「如果」如果要列，在下文裏還可以列出一些。歷史好在沒有沿着這些「如果」觸目驚心走下去，歷史得以繞開「如果」的原因，可以找出好些條，但其中必有一條是「戴笠」。

　　戴笠老部下，又是江山同鄉的王蒲臣，許多年後這樣評價戴笠：

他自獻身革命工作以來，無時無地不在運用智慧達成任務。對於鬥智，真可謂深得此中三味。戴將軍往往依敵方情況而變化，好似行雲流水般變幻莫測，有無相生。這種機智，由於天賦，處處顯得撲朔迷離，迂迴曲折。虛虛實實，反反正正。不論因人、因事、因時、因地，都能恰到好處。制敵機先，隨處可見，如兩廣事變、馮閻叛亂、張楊造反、汪逆投敵等等，均能事先偵悉。（《一代奇人戴笠將軍》）

這次我們一定要打了！

戴笠，普遍認為他是一個沒有政治思想的特工頭子。沈醉先生在晚年談到，惟一可算是戴笠政治思想體現的話，就是他堅決抗日，誠哉斯言！

1937 年 7 月 7 日晚，戴笠由廬山牯嶺街到海會寺，參加廬山訓練團第一期畢業典禮和第二期開學典禮。該團由蔣介石親自舉辦，目的在於統一全國黨、政、軍上層幹部以及文化教育界代表人物對日抗戰的思想。7 月 8 日晨，北平市市長秦德純和駐守華北的第 29 軍軍長宋哲元，相繼發來電報，報告「盧溝橋事變」爆發。戰爭說着要來要來，真的如可席捲廬山的雲霧一樣壓來的時候，仍給雲集山上的黨政軍大員、各路精英以極大的震動。二期開課之前，許多人聚攏在戴笠周圍，大概視其是國內外情報最靈通的人，都想聽聽他對眼下形勢的看法。

戴笠很堅定地對其他人說，「這次我們一定要打了！」

有幾位先生，包括國民黨元老吳稚暉，問：「武器、經濟都差得那麼遠，怎麼能夠打呢？」

戴笠說：「自從『九一八』以來，簽訂了淞滬協定、塘沽協定，日本帝國主義者沒有一天不得寸進尺，步步緊逼，我們忍辱負重已到今天，如果這次再不打，一般民眾對於領袖將作何種感想？我們又有什麼方法可以避免亡國的慘

禍？！」

有人又進一步問：「我們用什麼去打？」

戴笠說：「中國自古有兩個不亡的道理，一個是置之死地而後生，一個是哀兵必勝。這在中國 5000 年歷史上，可以得到證明。否則，豬吃飽了等人家過年，是絕對等不到自由平等的。」

這番話給在場的人震動很大。「哀兵必勝，豬吃飽了等人家過年，是絕對等不到自由平等的」，後來成了軍統上上下下對於抗日的流行話語。

盧山訓練班畢業典禮之後，戴笠已知大規模的抗戰將不可避免，匆匆趕回南京進行佈置。他首先指示特務處各外勤區、站、組，要迅速佈置潛伏組織，以應付抗戰初期部分國土淪陷後的對日情報工作，特別是華北和東南沿海地區的各大城市，必須儘早抓緊落實。1937 年底前，在全國各地先後偵破日本間諜組織 79 起，如「上海先鋒隊」、「天津自治會華北分會」、「鄭州文化研究社」等等。次年 1 月 4 日，又在鄭州通商東巷 9 號，破獲日本間諜機關《文化研究社》，逮捕志賀秀二、出口勇男和田中敏夫三人。3 月，在上海、鎮江、廈門、天津、北平、濟南等地，先後破獲日本間諜組織多處。

其次，戴笠規定特務處的工作要立即轉入戰時體制，精簡機關，充實一線人員，提高辦事效能，以適應戰時需要。並發佈命令，抗戰期間特工嚴禁結婚，違者處 5 年以上、10 年以下徒刑。他的考慮是，年輕人一結婚就有家室，便要分心，對於在險惡殘酷、瞬息萬變的環境下行走的特工來說，即便鐵打的漢子，這也是「阿喀琉斯之踵」。戴笠身體力行，也為了家庭安全和減少拖累，將母親藍氏和夫人毛氏，從南京經武漢送回江山縣保安鄉老家，並打電報給在甘肅景泰縣縣長任上的弟弟戴春榜，叫他「縣長不必做了」，回鄉照料母親，以減少後顧之憂。戴春榜即遵兄命辭職回鄉。

抗戰初始，戴笠已位高權重。但他在淞滬之戰中，親力組建武裝別動隊（即後來的忠義救國軍）協助正規軍作戰，又親自上陣督戰。別動隊共轄 5 個支隊和 1 個特務大隊。其中，第五支隊多為受過國民軍事訓練的青年，也有不少高中以上學歷的學生，支隊長陶一珊是戴笠的老部下，幹部多數具有良好的

軍事經歷，武器也頗為充足，是國軍主力 36 師、87 師換下來的槍支。軍事素養、裝備顯得單薄的第一支隊的官兵大多都是幫會分子及上海勞工人士，少數甚至是出錢僱傭而來。支隊長何行鍵是保定軍校四期出身，腳跨青洪兩幫，隱蔽身份也是特務處成員，但該支隊匆匆組建，未及整訓完畢，即在戰火的逼迫下作為正規軍的補充。戴笠尤其督戰第一支隊，惟有前進，不准後退，無論中隊長、大隊長，誰有退卻之意，當即陣前處決。3 個月的惡戰中，第一支隊傷亡極其慘重，2000 官兵死了 1000 餘人。杜月笙聞訊趕到，「噗通」一聲跪倒在戴笠面前，滿臉淚花：雨農兄，你好歹得給第一支隊保留一點血脈啊，否則，回到上海，我怎麼給這些兄弟的父母們交代?! 至此，戴笠才允第一支隊撤下戰場。

其時在南京的徐亮去電婉勸戴笠應以自身所負特殊責任為重，不必為此一隅的戰鬥，長此滯留前方，親冒矢石。戴笠回電答覆：「別動隊起自民間義從，草創伊始，而遽當大敵；無薪餉之奉、官爵之榮，所憑依犧牲奮鬥者，忠義精神也。當以身先為倡，應乎能穩固根基，發揚光大，豈可臨危他去?」

戴笠沒有接受徐亮的建議，反叫徐也趕到上海前線共處患難。徐即遵令辭去警察廳的職務，趕來上海。不日上海已近淪陷，最後淪陷的是南市，戴笠才去香港轉至南昌……

某日清晨，大約七時以前，天色已明，局內突然發出緊急集合之號聲，大家迅至辦公室與禮堂之間的操場上集合，皆不知究發生何事。到了操場，見前方擺放一個桌子，上鋪白色桌單。隊伍集合後，戴笠來到，站立桌後，攜帶手槍一支，放在桌上，以激昂慷慨的口吻說：「昨深夜，奉到領袖命令，要我到貴州前線去一趟，但沒有詳細指示，我就報告領袖，我立刻就去，請領袖放心。我自然知道要到前線去做什麼，今天特別向各位同志說一聲，我到前線去，自是十分危險，但我覺得正是我們殺身成仁，報效國家的時間到了。我到前線，自會與部隊指揮官有所研商，亦會採取若干措施，一定要把日敵擋住，不讓它再攻擊下一城，如果萬一抵擋

不住敵人，我決不再退回來，現在就與各位同志說再見了。」說罷，帶了手槍立刻散會。一時頗似古時送別荊軻赴秦，「風蕭蕭兮易水寒，壯士一去兮不復還」之豪情。大家聽了無不眼淚盈眶，不發一語，感動萬分。恐怕有些同志，早餐就難以下咽。上班後，大家嘻皮笑臉，準備使用卡賓槍去打獵的計劃，無人敢再提了。人人都變的十分嚴肅，埋頭在辦公桌上，努力的工作。約在五六天後，傳來消息，戴笠在前線住的指揮所房舍，曾遭日機轟炸，戴笠無恙，因已他往。

兩週後，報載我軍已收復獨山，繼續向前追擊敵軍中。戴笠凱旋歸來，大家無限歡欣，同感光榮。(《雲煙往事》)

1944 年，為擺脫在太平洋戰場節節敗退的不利局面，日軍發動了侵華以來規模最大的一次攻勢——「一號作戰計劃」，在打通平漢、長衡線，攻戰鄭州、長沙、衡陽後，從廣西北犯貴州，意欲攻克重慶，以圖速決中國戰場。12 月 2 日，日軍第 3 師團、第 13 師團主力，攻至重慶「南大門」——貴州獨山，獨山縣城經 7 天 7 夜大火全部燒毀，黔南百姓和逃散到獨山的 19000 多人，或被日軍殺害或凍餓而死。此次日軍的侵略暴行，史稱「黔南事變」。陪都為之震動，時任緬印戰區盟軍參謀長的魏德邁將軍，建議再遷都，即國民政府由重慶遷到昆明，蔣介石回答：我不準備再走了，準備和重慶共存亡！但蘇聯、英國和美國使館，均有撤僑的打算——這是抗戰期間，中國經歷的三個「白骨紛如雪」、幾乎神州陸沉的最嚴峻最危險時刻之一：第一個時刻是淞滬戰敗，南京淪陷，國民黨高層多數主和，蔣介石堅決主戰、拒和；第二個時刻是 1938 年廣州、武漢失陷，汪精衛在 1938 年年底從重慶出逃；第三個時刻，就是 1944 年日軍進攻貴州的獨山。蔣介石急調第 29 軍由川入黔，又從河南前線把湯恩伯的部隊調回烏江沿岸，作保衛重慶的背水一戰。在黔南各族民眾奮起支援下，最後在獨山城北約 10 公里處的深河橋，一舉斬斷敵軍進犯重慶的步伐，並使之成為日軍侵犯中國領土的「最後一橋」。

「北起盧溝橋，南止深河橋」，日寇全面侵華勢如破竹，終折戟於此。戴

笠不是士兵，卻似一名身影如刀刃不捲的士兵，幾乎全程經歷8年抗戰的浴血戰火。

戴笠大抵不在前線督陣，就化了裝，深入在日偽區，足跡遍及大江南北、東南沿海，遠至東南亞，萬人如海一身藏。他收集、分析情報，設置潛伏區站與電台，慰勉一線特工。淞滬會戰期間，他將隨軍戰地情報組搜集到的各處戰場情報，每天派專人專車，星夜趕送南京或蘇州，呈送蔣介石；如有特別重要的情報，他親自驅車，從上海到蘇州或南京，面呈蔣介石。那時，南京到上海的鐵路已經不通，夜間汽車也只能滅燈行駛，日軍飛機不斷轟炸掃射，分分秒秒，肉軀可能化為灰煙，他卻犯險如常。戴笠呈送蔣介石的情報以及蔣介石給戴笠的指示，更多採用機密電報的方式，這部分情報保存了下來。我們現在可以從《戴笠先生與抗戰史料彙編：軍情戰報》一書中看到——

戴笠電蔣介石 報告日軍在華北行動策略與計劃

即到牯嶺委員長蔣鈞鑒。密。據北平××電，稱日方對華北增兵計劃早已決定。近日盧（溝橋）一事一弛一促，全係日方配置未妥，故示緩和。其進兵路線，除由天津直驅來平外，更由秦皇島經通縣對北平取包圍。其在平市城內者，有正規軍千四百人，鐵甲車十二輛。僑民、在鄉軍人，可立即集合千二百人以供內應。鮮人凡十九歲以上者，自十一日起，在總督駐平辦事處注冊領取槍支，此輩多擬用以擾亂後方。至其收買漢奸、組織便衣隊地點，在西單洋溢胡同，由日憲兵特務班長阮陵海茂主其事等情。謹聞。

生笠叩

（1937年7月17日發自南京，「國史館」典藏號：002090105001274）

戴笠電蔣介石 上海日軍指揮部通訊線路與駐軍分佈情況

特急京委員長蔣鈞鑒。密。據滬區吳淞組報告，（1）吳淞設有敵派遣軍司令部，現偵悉該指揮部設炮台灣北之水產學校內。自該處通至劉家行、蘊藻浜等處之電話線，共有數十根。該校東鄰之商船學校，亦為敵之

駐兵要地……（2）現敵在寶劉公路、軍工路交叉點之三官堂站西南之百米、××公路線之東南面，建有臨時飛行場。該機場係黃色土質，其東為水田，再東為棉花田，呈青黑色。皓晨五時許，敵機四五十架自該機場起飛，降落於公大一廠務之飛機場。（3）敵軍在楊行至劉家行間寶行公路旁、約距楊行一千五百米遠處，設置主炮陣地，連日蘊藻浜沿線之密集炮火，大部即由該處所發。該炮兵陣地沿公路線之南面建築，極為堅固，上面並用黃土色布覆蓋，周圍並有高射炮陣地掩護，飛機轟炸較為困難。如由大場附近以野炮轟擊敵軍三官堂附近之飛機場及該炮兵陣地，均頗能生效。（4）自軍工路起沿吳淞三官堂，而至楊行、劉行，現為敵軍重要之交通線，沿途有戰車、馬匹、軍艦，往來不絕。自吳淞鎮炮台灣一帶，尤為敵後方接濟重地，有騎兵千餘往來其間等語。謹聞。

生笠叩

（1937 年 10 月 20 日發自上海，「國史館」典藏號：002090105002372）

戴笠電蔣介石 據報日軍將兩路進攻西安情報

即到南嶽委員長蔣鈞鑒。密。轉太原新吾元來電稱，敵進攻西安計劃決分兩路，一西進截斷甘陝公路，與入粵敵軍遙相呼應，實現其大包圍計劃；一由風陵渡西犯，但此路仍阻滯於永濟一帶。第一路勢在必行，正積極中等語。謹電奉聞。

生笠叩

（1938 年 11 月 14 日發自衡陽，「國史館」典藏號：002090200045024）

戴笠電蔣介石 日軍攻湘是為撤回南洋部隊預作準備

特急重慶委員長蔣鈞鑒。密。據上海工作同志張俊生、來建陽向生報稱：1、敵寇此次犯湘，志在進佔衡陽，進窺桂林、柳州，準備六個月時間，將其南洋部隊由中國大陸撤回。同時使我遂川、贛州、建甌等機場，不能為美空軍所利用也。2、本月二日，滬海關第二號巡船，在吳淞口外被盟國潛水艇擊沉，死華籍職員十四人。敵云每人發撫恤費偽幣三萬元，

各職員家屬群集海關門前啼哭，要求增加撫恤。3、此次長沙作戰中美聯合機有壹仟架之多，出發前線不斷轟炸。故旬日來滬市米價每擔已由偽幣六千七百餘元，漲至九千一百餘元等情，謹供參考。

生笠叩

（1939 年 6 月 18 日發自建陽，「國史館」典藏號：1440101030003003）

蔣介石令戴笠 速組浦東、京滬與滬杭便衣隊

戴科長雨農。速即組織浦東區、京滬與滬杭二線便衣隊，預防敵軍進入此三區時，積極活動，破壞其後方。一切經費可定預算發給。

中正（1937 年 9 月 7 日發，「國史館」典藏號：002020300009082）

蔣介石令戴笠 每日詳報平津一帶新闢機場地點及敵機行動時間

戴科長：平津一帶各處新闢之機場地點與機數、每日飛機行動之時間及設備，希特別注重，每日詳報。

中正五日

（1939 年 8 月 5 日收，「國史館」典藏號：002010300002046）

從戴笠與蔣介石頻繁來往的密電中可以發現，戴笠提供給抗戰最高指揮官——國民政府軍事委員會委員長蔣介石的大量情報，既有敵戰略意圖的，又有敵戰術方向的；既有敵人駐地、陣地、交通線等具體位置，又有敵佔區內社會動態、民生情況，甚至細緻到旬日來滬市米價的漲幅。無疑，許多電報劃過彈洞硝煙，乃至染有蔣介石永遠不會知曉、今人也無法追思的無名者的熱血。

從蔣介石給戴笠的密電裏可以證實，後者擁有非部隊系統的軍事力量的指揮、調度權。還可感覺，最高指揮官對獲取敵人情報的高度渴望。現代戰爭不只在槍林彈雨中作殊死戰，也有洞悉敵情，甚至爾虞我詐的隱形戰場——情報戰，或稱間諜戰。為了制敵機先，作戰的雙方必定殫精竭慮，尋百變之身，搜集敵方的資訊，並善加運用，以求快速瓦解敵方計劃，擾亂其陣腳。是故在有形的戰場之外，情報戰可以說是決定戰爭勝負的重要工作之一。尤其是一方軍

事實力與素質遠不及另一方的戰爭，要獨自艱難地支撐下來，直到國際環境的耆然大轉，惟有高亢的民氣，快捷、精準的情報，可補短板。蔣介石對「戴科長」的身影，自當是望斷朝暮，情報多多益善。戴笠不僅提供敵方的情報，還就在交戰區潛行密察發現的我方弱點、不當之處，加上自己的看法建議，隨時向委員長報告：

戴笠電蔣介石 應考慮拆除贛皖各地碉堡以防日軍佔位據點

特急漢口委員長蔣鈞鑒。密。生於昨晚抵祁門，此次經過浙贛皖各地，覺沿途碉堡目前應否拆除值得研究。因敵軍作戰精神與其火器均屬優良，如此碉堡為其利用佔為據點，勢必使我軍難於攻擊也。謹呈管見。伏乞垂注。

生笠叩

（1938年12月27日發，「國史館」典藏號：1440101030004010）

當日，又特急漢口委員長侍從室錢大鈞主任，轉呈蔣：

生今午道經上饒，見警察由各鄉徵來壯丁均用繩索捆綁。經調查結果，上饒專員公署所屬各縣徵集壯丁均如此辦理。似此徵募不僅不能為抗敵之用，影響政治實大……

戴笠電蔣介石 第二俘虜收容所環境不善難以轉變俘虜思想

特急重慶委員長蔣鈞鑒。密。生昨晚宿鎮遠，今晨曾往現在該處之第二俘虜收容所觀察。該所所長鄒任之因公赴渝未回，該所現有俘虜百三十餘人，除一俄人一台（灣）人五華人外，餘均係日人。五華人均屬啞子，傳係為敵打毒針所致。應飭令軍政部之衛生署及司法行政部之法醫研究所共同研究，並聘請中外醫藥專家詳細檢驗。如果敵用毒針殘害我同胞，實為國際宣傳之大好材料也。查是項俘虜官長，月給伙食十二圓，士兵月給伙食九圓，惟被服極其缺乏，破軍毯舊軍服污穢不堪，室內又頗凌亂。雖有自治會之組織，毫無實際表現，各俘虜大都以麻雀圍棋為消遣，殊缺妥

善之管教，不僅不能轉變其思想，且將對我益形輕視也。

生笠叩

（1939年10月17日發自芷江，「國史館」典藏號：1440101040003021）

同時，戴笠對軍統局各路人馬的指令，對各地行政、軍事長官，或是聯絡或是預警的密電，無日沒有，無處沒有。真是他走到哪裏，電台跟到哪裏；他想到哪裏，發報機的電鍵追到哪裏。他像是一隻服了嗎啡的蒼鷹，以無線電波為強健的大翅，無休不倦地盤旋在中國遼闊的抗日戰場之上，一邊緊盯着變幻的山形水色，一邊保持着隨時向下俯衝的姿態。

戴笠電胡宗南

特急西安胡總司令宗南兄。密。據漢電，自本月七日起至十四日止，敵軍自下游開抵漢口者計有七萬餘人，內多東北及朝鮮籍者，大部開往荊沙及岳州方面，特聞。

弟笠叩 筱表渝親

東北籍者，無疑就是「滿洲國軍」。朝鮮籍者，即在日軍裏的朝鮮人或者東北的朝鮮人，因其一般不配發鋼盔，俗稱「二鬼子」。其殘忍程度與日本鬼子比起來，有過之而無不及，最先在南京屠城大開殺戒的，就是「二鬼子」。據韓國史料記載，日軍佔領南京當天，漢城全城歡騰慶賀——這天，日本天皇表彰的5支侵華部隊裏，有一支就是「二鬼子」。（《神鬼之間：找尋真實的戴笠》）

戴笠電楊蔚 開封以東地區有敵機接濟漢奸 應組織特警隊搜查可疑者

特急開封警察局楊局長庭芳兄勳鑒。密。據報敵機在開封以東地區時有軍火、服裝等投下，以接濟漢奸。現豫站力量薄弱，請兄即於員警中選擇思想忠實、體格健康、文字粗通者六七十人，組織特務警察隊，着便服帶短槍，製發特務證，分佈城郊及出巡附近三十里以內之各村莊，晝夜偵

查漢奸之活動。遇有形跡可疑者，即可搜查。惟須選派資深官長率領與督察，以免擾民。如兄處經費困難，當酌量補助。希即照辦為荷，並請轉報季剛之弟。

笠叩（1938 年 5 月 21 日發，「國史館」典藏號：1440101040004015）

戴笠電顧祝同 查日軍派遣漢奸暗結特務營王一飛部破壞飛機場汽油庫

第三戰區顧長官墨公賜鑒。密。請親譯據報敵梅機關長中島大尉，向諸暨偽獨立旅蔣慶邦部，挑選在杭受過爆破行動訓練之人員，計有隊長羅劍耀（紹興人）、行動隊員周劍影（上海人）、姜開英（紹興人）、鄭宗強（廣東人），於六月二日由蘭溪經游埠、龍游、衢縣轉玉山。該隊長羅劍耀，與第三戰區特務營王一飛部隊內有私人關係，擬以此為工作路線，破壞玉山、建甌飛機場汽油庫等語。理合電陳察核，敬乞飭屬防緝為禱。

晚戴笠叩

（1944 年 7 月 17 日發，「國史館」典藏號：002090200021427）

據熟悉軍統抗戰檔案的台灣「國史館」審編處專員蘇聖雄先生介紹：

抗戰期間，軍統的情報組織區分有「華中」、「華東」、「華南」、「華北」、「國際」、「其他」，其下再分各「區」、各「站」、各「組」、各「小組」。華中有重慶特別區、川康區、西北區、武漢區，及成都站、西康站、西安站、漢中站、山西站、蘭州站、寧夏站、河南站、湖北站、湖南站、贛北站、贛南站、九江站。華東有上海一區、上海二區、南京區、南京站及杭州站、浙江站、安慶站、屯溪站。華南有香港區及澳門站、廣州站、粵北站、廣西站、貴州站、雲南站、閩南站、閩北站。華北有天津區、北平區及天津站、保定站、石家莊站、察哈爾站、綏遠站、青島站、濟南站。國際未有設站，有星州、菲律賓、緬甸、泰國、越南組。其他有空軍站及朝鮮特別組、禁煙密查組等。（《1939年的軍統局與抗日戰爭》）

菲律賓組的情況是，選拔優秀青年僑胞回國，予以特種訓練，然後遣返菲

島，組成「血幹團」，專門從事破壞敵軍交通運輸、槍殺敵酋和菲島內奸的行動。緬甸組，在卑繆、東籲、曼德勒、八莫、密支那、畹町等地，建立組織與一部分電台，並以干崖為前方聯絡據點，為了配合中國遠征軍及盟軍反攻，再建立緬北遊動組，在雲南芒街設立聯絡機構，負責聯絡接濟。泰國組，曾多方與泰皇族聯絡交往，洽商技術合作，在泰北地區與緬甸交界之處編組抗日遊擊隊，「自由泰國運動」由之誕生。該運動副領袖塞古安曾祕密來華，軍統局支持其 5 個單位人員的裝備，並配屬 5 部電台。越南組，潛行於海防、西貢、諒山、芒街、東興、順化等地，吸收華僑和越南青年來華，分別送入軍統局設在柳州的「越南工作幹部訓練班」（由軍統局與第四戰區共同開設）和設在重慶的「南洋工作人員訓練班」（由軍統海外區與人事處於 1942 年合辦開設，學員畢業後，分往新、馬、緬、菲和印度尼西亞等地開展敵後情報工作。1943 年中美合作所成立後，改歸其管理）。並與「戰鬥法國」的領導人戴高樂祕密聯絡。戴高樂曾派出祁業鴻（戰後曾任法國外交部長）來重慶與戴笠會商，共同設法策反越南的法國總督府（屬已降德的法國維希政府），促使駐越南的法軍和越軍聯合起來，反抗日軍……

蘇先生沒有提到的還有：在印度，設加爾各答直屬組，在孟買、新德里、藍姆迦、錫蘭等地設通訊員。1943 年，加爾各答成立印度站，下轄孟買、新德里、藍姆迦、錫蘭等 6 組，1945 年縮編為孟買、新德里兩組。在埃及，有以中國駐埃公使館為掩護的開羅通訊組。此外，在英國、法國、土耳其、祕魯、智利等國，各設直屬通訊員。（《戴笠與抗戰》）

台灣「國史館」所存的檔案顯示，軍統在美國開始沒有設站，只有駐美大使館副武官蕭勃負責的通訊組，或許他對外還使用另一個名字，在費正清的《中國回憶錄》一書裏，蕭勃被稱為「蕭迅如」，且被描述為「身強體壯，善於逢迎。我確信無論是為你斟酒，還是引你上鈎，他都會是一副和藹可親的樣子。」直到 1944 年下半年才擴組為美國站，下轄華盛頓、芝加哥、紐約三組。戴笠十分重視來自華盛頓的情報：

1939 年 8 月 26 日華盛頓中國大使館蕭勃。密。

美對歐洲及遠東之態度，希多以航函見示。葉霞翟同學於月初乘柯立芝赴美，已到達否？

笠（「國史館」典藏號：144010104-0002-051-001x）

1944 年 9 月 20 日華盛頓中國大使館蕭勃中校。密。

1.由美海軍方面帶來之通訊組報告十八件，已收到。今後，對此種材料之搜集，希加強進行。其經費亦可酌增也。2.本局之國際情報，在目前應以華府為中心。望加強進行，並設法推進南美。其經費可核增。3.……（「國史館」典藏號：1440101040002053）

1945 年 4 月 13 日 13 時發華盛頓中國大使館蕭勃。密。

羅斯福總統逝世後，美國對現行政策有無改變或削弱之可能，希即電覆。

笠元（「國史館」典藏號：144-010104-0002-051-001x）

「戴笠曾成立一小組專門對日工作，他指導這個日本情報小組深入工作，目的是打入日本黨政軍皇室等高層。另外，在滿洲鐵路株式會社、華中派遣軍司令部、日本駐華使館武官室，也有我方特工。這些情報人員搜集到日本御前會議記錄，大本營掃蕩作戰計劃等重要情報，及時報到重慶。」（《神鬼之間：找尋真實的戴笠》）有過一個說法，稱日本本土至少有一個軍統情報組，其負責人為原上海站站長莊心田；梅樂斯甚至說，戴笠的眼線一直深入到天皇的皇宮之中。1942 年 7 月日本出版的《寫真週刊》，內有一篇專文《重慶側謀略團事件》，談及當局近日破獲的一起中國特工組織在日本本土的活動，成員主要是偽滿洲國在日本的留學生和在日的華僑，但沒有透露該組織是屬於軍統還是中統。

2015 年 12 月訪台北，在忠義同志會祕書長黃其梅先生贈送筆者的相關資料裏，我找到一個姓名確切的「打入者」：

夏長功，1917年8月生，山東省福山縣人。1937年入伍，1957年以陸軍中校銜退伍。「盧溝橋事變」爆發時，他正由山東老家到河北邢台探望表親，兵荒馬亂中，又隨親戚南下逃難。到了河南武安、涉縣交界，當地軍方招考年輕人，組建遊擊部隊，他報名參加。經過兩個多月的訓練，結業時被晉級為少尉。這支隊伍可不是十幾個人，七八條槍加大刀片兒，它有正式番號：中央第18遊擊縱隊，司令為中將，參謀長為少將，下設6個團。裝備有山炮、迫擊炮、輕重機槍、擲彈筒等，時與日軍正面作戰。這年秋天，副官處長張鵬少將召見他，要他去湖南臨澧縣找一位賀先生。輾轉多日，跋涉千里，在臨澧中學內見到了賀元。此處正是軍統特別訓練班臨澧班的駐地，賀擔任指導員。僅訓練兩個多月，張鵬召他回來，派其去投考齊燮元所辦之清河軍官學校。

齊燮元，直系軍閥出身，曾任江蘇軍務督辦、蘇皖贛巡閱副使。抗戰伊始即淪為漢奸，與王克敏、王揖唐等組織偽政府籌備處，策劃成立偽華北臨時政府，還組建偽華北綏靖軍，在華北推行治安強化運動。在清河軍官學校，夏長功將該校概況及在校內外多方搜集的華北偽軍擴軍、駐防情形，不斷報告張鵬，屢獲嘉勉。清河軍校第一期畢業297人，全部派任偽華北綏靖軍排長等初級軍官，夏長功赴第三集團軍第三團第三營第七連擔任少尉排長。一年之後，夏長功晉升中尉排長，1941年3月升為上尉連長，期間，對當地日軍動態、綏靖軍內部情況及人馬調動，也頻頻向張鵬處長密報。這時，夏長功已知張鵬（又名張飛鵬）的實際身份為軍統特工，至於張在軍統局內擔任什麼職務，官階如何，對自己所報情報如何處理，一無所知。經常與他聯絡的是一位宋姓上尉。

三十一年（1942）春，張處長祕密指示我，要我投考日本陸軍士官學校，因此，我利用機會進修日語，因綏靖軍團以上單位，都有日本教官，可以隨時請教，對我學習日語，非常方便。同年，三月間，參加考試，我幸運被錄取了日本陸軍士官學校，張處長透過宋上尉告訴我，稱我很優秀，而他沒有看錯人。當年，我是以上尉連長資格報考，自認很得意。

同年，四月間，由日方派人率領我們考取者，搭乘輪船赴日本東京，

時間的磨子下 ——戴笠、軍統與抗戰

先在（汪偽政權）駐日大使館內住下，加強日語會話及日本風俗習慣等講習。做好入學前的準備工作。

　　當年，八月間，正式在日本陸軍士官學校入伍。校方將受訓者編成日本隊、滿洲隊、中華隊等，校址在日本神奈川縣座間市相武台，校長為牛島滿中將。中華隊及滿洲隊學員，多係帶職受訓者。訓練課程有：步兵操典、射擊教範、夜間教育等，同時，也教唱日本軍歌。在野外課程方面，則着重白刃戰、逐屋戰、城垣戰、坑道戰、突擊作戰、攻防戰術等等。在訓練中，還有很多嚴格要求，比如早操、游泳、馬術等戰技訓練，最後加強班、排、連、營、團等攻防訓練，逐一檢驗訓練成果。

　　我在日本陸軍士校受訓，中華隊是第三十一期，但在本校是第五十七期。中華隊學生有三個區隊。在受訓期間，有關日本陸軍士校概況，以及受訓情形，我也按時向張鵬處長密報，從未懈怠，也不忘我是地下情報工作者，應有職責，當然，再苦再難，也以充當情報人員為榮。（《夏長功先生口述歷史訪問紀要》，見《口述歷史》第一輯）

　　2008年，夏長功先生已91歲高齡。60餘年流逝，對在日本的情報活動，老人家輕描淡寫，一句話帶過，「再苦再難」四字濃縮，絕非遺忘於太虛，而是考慮到種種因素：現實關係便是其中最重要的一種，當今台灣與日本沒有官方關係，並不意味雙方不想保持友好關係；再有相關人士或其家屬還存世……這方面的內容還在「敏感期」內。台灣「軍情局」保存下來的洋洋2萬多卷戴笠史料檔案，據說還有3000餘卷沒有交給「國史館」電子化處理，公佈於世，我猜大約是出於這個理由。

　　再有，情報職業的強烈特徵之一就是「無名」，「無名」已經刻進他們的骨縫裏，融在他們的血脈中。

　　好在一個甲子已經過去，很多事件、事情已經「脫敏」，健在的當事者可以不再沉默；兩岸人文工作者們，近些年如螞蟻搬家一樣，一點一點拼湊歷史的真相，當年軍統的對外情報活動，亦有相當一部分漸次浮出水面。

如在緬甸，抗戰中期，我國東南沿海港口全為日軍佔據，對外聯絡、重要的軍民用物質運送，全靠惟一的陸上通道──滇緬公路，緬甸對於中國抗戰一下具有戰略要衝的意義。戴笠洞燭機先，抗戰前已在其北方重鎮臘戍、首都仰光設有軍統站，以西南運輸處的兩處分公司名義對外，一邊主持重要物資內運，一邊搜集情報，聯繫在緬北的軍統遊擊隊。當年，張我佛先生是臘戍站直屬組電台台長，兼內勤祕書，公開身份是報關員。

三十二年（1943），日軍在緬甸陸續以高工資誘徵台山籍木工，赴緬甸南部山區工作，這些工人一去即杳無音訊，但日軍每隔三個月會派人將工資送給該工人家屬。

三十三年初，軍統局仰光站發現日軍在緬中、緬北各地，以強迫手段密集華僑木工，每批有百餘人，每月有二三批，均由日軍押送，搭乘火車至緬南毛淡棉（Moulmein），再轉搭汽車，往東行進入山區，嗣後，即無後續消息。

同年，日軍封鎖緬甸南部泰緬邊境，不准人民往來。我仰光站得此訊息，分析日軍在緬南泰緬邊境地區，必有建築工程一類活動，乃據以呈報重慶軍統局本部，經獲覆示：着即徹查日軍在泰緬邊境徵用民工之確實人數，及其有關情況。站長陳先生即指派藍就西、楊光文及我本人負責偵查。經分析已知日軍在桂溪構造重大工程，但為何種工程，也無法確定。乃運用台山籍木工多人，沿途偵查日軍在桂溪之施工情形，但亦無進一步報告。

後獲軍統局電告：「已有二人逃至曼谷」。此一訊息，令人雀躍，當即派人取聯，始悉日軍在泰緬邊境深山叢林中，修築鐵路工程，一旦完成，非惟可取代海運，暢運泰緬，尚可進攻印度。事經我工作同志，不惜犧牲，出生入死，盡獲其祕，並將該項工程確實位置，呈報軍統局提供中國戰區盟軍統帥（即我先總統蔣公），下令美國B29轟炸機，前往轟炸，始將日軍所築鐵路，夷為平地。（《張我佛先生口述歷史訪問紀要》，見《口述歷史》第一輯）

張我佛先生 1912 年生，江蘇省無錫人。國立廈門大學文學院畢業，1940 年入伍。1974 年以陸軍少將退伍。

軍統仰光站直屬組組長柯鴻圖，福建安溪人，其父原在仰光開商號，在當地有些社會基礎。柯鴻圖在息烽訓練班第三期受訓，編入華僑區隊。1941 年 11 月畢業，與其同期的王漢英、蘇國寶一起被派往仰光站。1943 年雨季結束後，日軍在東南亞戰場上敗象已露，緬甸戰場的制空權移轉到盟軍手中。為躲避盟軍轟炸，日軍將仰光市內的軍用物資倉庫，轉移到郊外潞加水池北面樹林裏，每座 50 英尺寬、100 英尺長的幾十座倉庫，儲藏了大量機炮、彈藥、汽油、軍用品及糧食等軍用物資。柯鴻圖以 1 萬 1 千盾得標，可在潞加水池裏捕魚。以監督捕魚為由，他住在水池旁邊，又經常送魚給駐守倉庫的日軍大尉吃，兩人拍肩交好，成為朋友。於是，柯鴻圖對軍用倉庫的內外情況摸得非常清楚，他畫出詳圖，仰光站速報重慶。11 月開始，盟軍派出百餘架 B29 轟炸機飛臨仰光市郊上空，作地毯式轟炸，將日軍所有倉庫全部炸毀，給敵人以巨創。1945 年元月間，根據仰光站的報告，盟軍又派出 B29 轟炸機 200 多架，分成 8 隊，轟炸長 1 英里、寬 0.5 英里的日軍駐仰光司令部，連續轟炸 3 小時，日軍死傷 500 多人，其中有中將級軍官被炸死。3 個月後，日軍自動撤離仰光。

此外，1943 年 10 月，中國赴緬遠征軍一師自印度攻入緬北，被日軍圍困於胡康河谷，供給線斷絕，依賴美軍空投生存。軍統屬下的緬北遊擊隊，報告聯絡，積極擾敵，為我軍反擊解圍立下汗馬功勞。

新加坡方面，可見戴笠 1942 年 1 月 14 日發出的一封電報：

限即刻到新加坡。密。奇山兄親譯。

英國人對吾人始終不了解，而其殖民地之政府尤其頑固，馬來局勢頗屬危險，實則英國要保守馬來，必須信任吾國人。萬一英國失守馬來，亦非吾國人不能予敵以重大打擊也。但就最近英方對吾國各種事情觀察起來，英國人尚未真正覺悟，尤其在今日馬來情勢之下，我在星同志不必與之交換情報，可由朱昌東同志告以此事……2、我方應多物色青年同志，

參加陳嘉庚所組織之華僑動員各種組合，尤其注意遊擊隊之組織，愈多愈好。3、兄處六個月經費已於去年十二月二十九日匯出，刻已飭會計室查究矣，明日當有電告也。

弟雷雲叩（「國史館」典藏號：1440101050001003）

位於中國西部的印度次大陸，也為戴笠高度關注。抗戰開始後，其戰略地位與價值凸顯。當時印度仍在英國控制之下，對印情報工作涉及到中英關係，內容複雜而敏感，且戴笠對「傲慢」的英國人向無好感，他曾向宋子文說起與英國情報合作的狀態，「英方無誠意合作，器材既不能作相當之供給，特務又不能公開教授，且在我國內各戰區藉合作名義自由活動，搜集情報，實違反合作協定，故奉委座命令中止進行。」（《戴笠致宋子文電》，《重慶來電》1942年1月14日，現藏於斯坦福大學胡佛研究所檔案館）

1942年12月，在修建「中印公路」時，軍統局趁機向印度滲入，戴笠親自前往印度佈置情報網絡，印度站下設德里、孟買兩個分站。他指示：「本局在印度之工作，東起孟加拉國灣，西迄阿拉伯海，都應當密派人員建立組織，對整個局勢發生瞰制作用，期能對歐亞兩大軸心國在中東之會師，預為防制」。此後，又特派軍統要員陳質平赴加爾各答建立工作站，並在全印境內廣設據點，派員「協助」外交部印度專員公署工作。一時間，軍統地下情報網遍及阿薩姆小村與新舊德里大市，遠及錫蘭及馬達加斯加。（馬振犢《抗戰期間軍統組織南洋地區活動述評》，見《知非文集：馬振犢論文選》）

1943年8月，梅樂斯由美來華，途中因「中美所」業務需在印度停留。期間去加爾各答，經北方邦東南部城市、印度教聖地之一的阿拉哈巴德時下車在月台上散步，被一不明身份的人連砍二刀，一刀在大腿，一刀在左臂。梅樂斯與其搏鬥時，一腳踹在對方下巴上，致使對方咬斷自己一小段舌頭。趁着茫茫夜色，兇手跌跌撞撞地鑽進一列停靠的列車，梅樂斯不敢再追。美國海軍駐加爾各答的聯絡官，幫他找來一名醫生，從傷口中挑出來一片斷在裏面的刀刃。梅樂斯將那小半段舌頭和刀刃交給了軍統駐加爾各答的代表。

梅樂斯幾乎一身繃帶地回到重慶。「我起初認為，戴將軍大概對於我在印度的遭遇，不會怎麼太關心，想不到他關心得很。」戴笠嚴令部屬，一定要把那傢伙查出來，其手頭所有的線索，不過就是那小半段舌頭，一片斷了的刀尖，以及梅樂斯對這起意外事件的描述。結果，在當年近 4 億人口的印度，竟然只花了兩週時間，就鎖定刺客——乃是一個日本間諜，有一半中國血統、一半韓國血統，是在山東煙台附近日本人辦的一所間諜學校裏訓練出來的⋯⋯梅樂斯不得不感歎：「想不到戴將軍的手臂竟然伸得如此之長！」

千里刀光影，仇恨燃九城

1938 年 6 月至 10 月的武漢會戰後，抗日戰爭進入相持階段。正面戰場外，敵後戰場、淪陷區地下戰場的重要性愈發突出。軍統在抗戰中被社會廣而周知、並被今日大陸之影視劇屢屢「移花接木」的，正是其在淪陷區，尤其是日偽嚴密控制的大城市開展的遊擊戰：在城市及其交通沿線，採用擾亂、暗殺、爆炸、恫嚇、策反、反間等方式打擊日偽，破壞其機場、兵營、倉庫、糧庫、彈藥庫等軍事設施，鐵路、公路、水路等各種交通設施，刺殺重要漢奸和日寇，以血還血，以恐懼對恐懼，彰顯中華民國一直不曾低下頭顱的道統法統。

軍統的城市遊擊戰主戰場，北方是平津，南方是上海。上海是當時中國的經濟文化中心，且各國的領事館、工商業機構和新聞機構，都在上海林立；日本及英、法、美、蘇等多國勢力，盤根錯節，日軍暫時還不能侵入公共租界和法租界，再加上租界之外的華界，一市三治，世相混雜，五行八作，頗是迥異的社會管理給敵後抗日提供了迴旋的空間；再有汪偽政權在南京成立後，大批高官頻繁來往於京滬，其中大多數人的家眷產業都在滬上，如果說汪偽政權是盤捲在長江岸邊的一條斑紋怪異的巨大花莽，那其「七寸」正在上海。

上海區是軍統局下國內外數十個外勤單位中最大的一個。1939年前後，北平區、天津站區不過二三十人，而上海區人馬聚在一起，幾能呵氣成雲，最盛時期高達千人。這固然是為了適應工作上的需要。上海區依業務分類，有情報、行動、策反、反間、心戰、政戰、青運、工運、技術研究、聯絡溝通等等，下屬包括直屬站、行動隊等共50餘單位，此外，未正式納入組織體系的外籍人士有數十人，還有原在天津成立、後來滬上的「抗日殺奸團」……如此體量龐大的一個祕密組織潛伏敵後，「不僅在我國情報活動史中應屬僅見，就是在第一、二兩次世界大戰時，也還少有」（陳恭澍語）；亦為日後遭到重大挫敗埋下了隱患。

1939年7月，軍統局上海區被嚴重破壞，遂將原有上海區壓減精編，改為滬一區、滬二區。

總體上看，上海區是日軍佔領區中軍統最具威力的一個祕密組織。整個抗戰時期，鋤奸行動是它的重頭戲。

1938年裏，上海區制裁了10餘名重要漢奸。其時，區長是對戴笠有過救命之恩的周偉龍。

第一個拿來祭旗的是周鳳岐，此人早年在軍閥孫傳芳部任師長，北伐勝利後歸順國民政府，任國民革命軍第26軍軍長、上海戒嚴司令部副司令。1930年後，參與閻錫山、馮玉祥和陳濟棠等人的反蔣活動，均未成功。抗戰爆發後返家鄉浙江長興，大肆宣揚「抗戰必敗，中國必亡」謬論，並出面張羅偽組織維持會，謀圖做偽浙江省長。2月間，在敵偽汽艇掩護下返上海，行前其子周斯男跪地哭諫阻攔，不為所動。（《國防部情報局史要彙編》）3月7日，在法租界亞爾培路寓所外出時，遭上海區特工狙擊，身中8彈斃命。

同年10月，前清政府幫辦、民國首任內閣總理唐紹儀，在法租界老靶子路寓所內被化裝成古董商的上海區特工用斧頭砍死。軍統當時得到情報是，唐紹儀已被日軍情報頭子土肥原賢二相中，將出任被佔領區的傀儡政府首領。上海聞人、著名中醫陳存仁先生在回憶錄中也說：「唐紹儀的日常生活是很奢侈的，單單每個月的雪茄煙費用，已堪驚人，就因為開支浩繁，積蓄越吃越短，

所以，日方和他幾度祕密接觸之後，他就有點半推半就的意思，並且搬到一座很大的洋房中，草擬改組聯合政府的計劃，消息祕密得很，當時上海極少人知道。」（陳存仁《抗戰時代生活史》）為了將這一計劃扼殺在萌芽之中，軍統先下手為強。

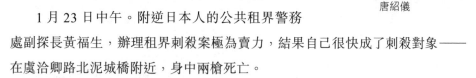

唐紹儀

進入 1939 年後——

1 月 21 日，與日本商行有頻繁生意來往的南豐印花廠主陳寧潮，在戈登路、澳門路被刺。

1 月 23 日中午。附逆日本人的公共租界警務處副探長黃福生，辦理租界刺殺案極為賣力，結果自己很快成了刺殺對象——在虞洽卿路北泥城橋附近，身中兩槍死亡。

1 月 29 日下午，偽維新政府參議馬育航，在貴州路新新旅館 6 樓 605 房間內被擊斃。

2 月 1 日上午，滬西越界築路區發生鋤奸血案，被刺殺的漢奸為偽上海市政府所屬偽警察局治下之第二偵緝分隊長耿壽寶。當時，耿率同保鏢 4 人正從忻康里內的家中出來，被早已埋伏在此的「抗日殺奸團」7 名青年迎頭轟擊。先將一保鏢擊傷，其餘 3 人立即拔步狂奔，不知所蹤。而耿壽寶正想躲避之時，子彈已經飛來。一中面部，一中胸部，耿頃刻斃命。青年們見目的已經達到，一面散發大批愛國傳單，一面向空中開槍示威。事畢後，從容向五角場方向逸去。

2 月 5 日，偽上海市社會局南市區辦事處主任兼偽市政府特務處組長朱錦濤，在滬西憶定盤路 94 號家中被刺殺。

2 月 6 日清晨，實為日方密探的日本新聞檢查所中方顧問錢華，在公共租界跑馬廳路附近被槍擊，身中 3 槍，傷勢極重，送至仁濟醫院後不治身亡。約半小時後，在虹口的一個公共汽車站旁，偽市政府祕書唐文元被綁架。

2 月 7 日，公共租界內連續發生兩起鋤奸血案，一在新閘路，死者為偽浙

江箔類專稅局局長周紀堂；另一起在南京路冠生園二樓餐廳，死者為偽「中華建國軍」總司令顧炳忠。兩人均當場飲彈斃命。

2月8日上午，滬西曹家渡百利南路，耿壽寶乾兒子、也在偽偵緝隊效命的董其高被暗殺。

2月14下午，滬西法華鎮1465號的雜貨店附近，被刺殺者為朝鮮人「日奸」金水學、田益新，及為其服務的華人翻譯王樹清。王實為日本憲兵隊警探，專門負責查緝滬西一帶的遊擊隊。那兩名朝鮮人暗地裏也受僱於滬西日憲兵部。

2月16日上午，法租界連續發生兩起暗殺，被殺者均係偽維新政府在上海的官員：一為上海南市偽地方法院院長屠振鴿，另一為偽警察局水巡隊書記高鴻藻。

2月18日晚7時15分，畢業於上海暨南大學、28歲那年因遇上戴笠而加入軍統的劉戈青等3人，暗殺了偽維新政府外交部長陳籙。那天正好是除夕，其時，陳正在愚園路上668弄一三層小洋房的寓所內祭祖（一說正接待前駐丹麥公使羅文幹夫婦）。劉戈青連開兩槍，陳籙頭顱及右腿中彈，如裝滿東西的麻袋一樣悶聲倒在地毯上。陳之家人、保鏢，均驚駭呆視，不敢稍動。劉戈青抽出桌上毛筆，在白紙上墨灑淋漓：「抗戰必勝，建國必成，共除奸偽，永保華夏。蔣委員長萬歲，中華民國萬

日偽通緝令上的劉戈青

歲！」丟筆，劉等人綁架保鏢平安而去。鄰居中有聽到陳公館槍聲的，以為是過節放出的鞭炮而已。

2月21日下午4點左右，新閘路1130號。擔任偽行政院高級參謀的李國傑離開家門乘車時，突然埋伏在此的兩名軍統特工躍出阻攔，並拔槍對其射擊。李頭部、腰部、腿部各中一槍，當即倒地。

3月7日晚9點多鐘，為虎作倀的親汪偽政權律師陳醒民，被人以辦案為

由，從白克路 568 弄內的事務所，誘拐至新閘路鴻福里附近，被開槍擊傷腿部，刺客當場逃逸。

4月 11 日早上 9 點左右，被日本人稱為「與日本當局共同建設東亞新秩序的勇敢工作者」的偽警察局祕書主任和衛生處處長席時泰，在公共租界勞合路 139 弄遇刺，當場斃命。

4月 17 日晚，偽上海市政府第一科總務股主任科員王憲民，被暗殺於法租界華格臬路鴻運坊內。身旁留有一張署名「中國青年鋤奸團」的紙條，上寫「偽市政府第一科科員王憲明，為虎作倀，奉命執行」。

4月 19 日凌晨，偽維新政府財務部稅務處處長楊其觀一家居住的愚園路 1010 號三層洋屋內忽出現一壯漢，由隔壁的陽台躍入楊其觀的臥室，持利刃向楊捅去，楊奮力抵抗，頭、胸部仍被戳傷，痛極倒地。該壯漢或以為楊已死，或已驚動其家人，從容逸去。家人即將楊送至虹口福民醫院救治，因救治及時，終保住性命。

5月 6 日清晨 7 點半左右，法租界捕房政治部副主任、極為媚日的曹炳生，由其公寓山西愛咸斯路雙龍坊寓所，乘坐自備的黃包車前去捕房辦公。當走到 162 號的大福麵館前時，突然衝出 4 名着長服男子將車夫扯住。其中，兩人拔槍向曹射擊，連開 10 餘槍，曹當場被擊中 4 槍，重傷倒地。刺客見目的已經達到，即分散逃逸。曹隨後被送到廣慈醫院，因子彈擊中要害不治身亡。

5月 12 日下午 5 點鐘左右，正積極活動謀求偽維新政府交通部收發主任一職的潘承炯，途經法租界青年會門口時，驀然衝出一壯漢，手持利刃向其刺去。潘不及防範，當場被擊中，肺部被刺兩刀，心臟被刺一刀，立即氣絕殞命。

6月 18 日中午 11 點左右，《申報》編輯委員兼律師瞿鉞梅白克路 38 弄 16 號的家中有一訪客來。進樓下的會客室後，正要談話，訪客遽然拔出手槍向瞿鉞射擊。瞿驚恐站起，臀部被擊中，仍拿起椅子抵擋，並逃向門外。其家人聽到槍聲，即外出報警，巡捕隨後趕到將該男子捕獲。瞿鉞被送至醫院救治，因傷勢較輕，保住了性命。

對《申報》須加區別的是，此時的《申報》總編輯陳彬龢，三十年代初已任此職，一度號稱「民主先生」，因在報上多有激烈文字讓蔣介石不悅，不得不離開，此後鬥志不墜，又參加了宋慶齡等在滬上發起成立的中國民權保障同盟。他再主持《申報》以來，身後實際背景轉為日本海軍報道部，該報一切言論完全站在日方立場，內容上比日本人辦在上海灘上的《新申報》還要媚日。日本人很是滿意，送該報兩輛汽車，再加上陳彬龢的三輪車包車和馬車，出門行走煞是威風，時稱「五車先生」。

6月23日，法租界又發生槍殺案。被殺者王長根，寧波人，又名王少亭，44歲，在海關工作。家住辣斐德路辣斐坊6號，一直為日方搜集情報。6月23日晚上7點左右，王長根在法租界馬其南路、辣斐德路口汽車站乘坐21路公共汽車。他身後一名身穿派力司長衫的青年趁王上車時，抽出手槍對其射擊。王長根連中3槍，重傷倒地。周圍巡警聞槍聲趕到，將王送至廣慈醫院救治，因傷勢過重不治身亡，該青年也被巡捕抓獲。

6月29日上午，上海偽政府警察局局長盧英，與中心區警察署長朱某乘車外出。車輛行駛至松井大道瀨川路洛陽里附近，突然，從道路兩旁的草叢中鑽出七八名壯漢，持手槍向汽車猛擊。司機驚嚇之下連忙踩緊油門，倉惶逃離。盧英及朱某並未被擊中，卻早已嚇得魂不守舍。偽警局連忙派人前去調查，在松井大道通往朱家宅附近的20米左右，正在修路。判斷刺客們就是喬裝成苦力才躲過日軍防哨線的。

9月9日晚，在公共租界四馬路湖北路角的「致美樓」飯店，投靠日本片山特務機關充當情報員的漢奸王永魁、劉永，飯後下樓時，被軍統上海區第三行動隊槍手王樹林刺殺。

9、10月間，上海青幫三大佬之一的季雲卿被擊斃。在青幫中，季雲卿論資格不遜於黃金榮，論地位與張嘯林平起平坐。抗戰爆發後，黃金榮閉門不出拒絕為日本人做事，杜月笙逃亡香港，季雲卿實際上已成為上海灘第一幫派大佬。汪偽上海「76號」特工總部首腦丁默邨、李士群、唐惠民等人，都是他的徒弟。「76號」拉攏季雲卿作為社會靠山，季亦暗中支持汪偽特務機關，每

月接受給其從事「和平運動」的一筆可觀費用。這天，季雲卿從澡堂回來，在10餘名徒弟前呼後擁下走向公館大門，等候多時的綽號「約翰遜」的軍統殺手詹森，閃身而出，空手分開圍住季雲卿的眾徒，還沒有看清詹森如何拔槍、如何射擊、如何消失，只聽到一聲輕響，冒起一團青煙，季雲卿就倒了下去。待他們扶起季，看到胸前一片鮮血時，才回過神來狂叫抓刺客，可哪裏還有刺客身影……

10月14日，時任偽上海市財政局長的周文瑞，在四馬路平望里遭槍擊重傷，同負重傷的還有偽上海市政府日籍顧問池田正治、喜多昭次。

10月18日，暗中投靠日偽勢力的法租界政治部督察長程海濤，從自家乘黃包車出勤，到法租界貝勒路、康悌路角時，上海區第三行動隊特工遽然出現，向黃包車背後射擊，當場將程射死在黃包車上，並丟屍街頭。

10月28日，法租界發生兩起血案。死者一是偽上海市政府政治顧問李金標，另一為積極參加「和平運動」的復旦大學教授汪復炎。前者被刺的地點在馬浪路、西門路口濟生堂藥店門前，後者被殺的地點在拉都路359號門口。兩地都在法捕房附近，且刺客均成功逃逸。

10月30日，公共租界愛文義路、大通路口，兩男子遭槍擊。分別是寧波人金啟昌和他的同事馮公展，兩人均在偽浙江省鹽務機關任職。金啟昌當場斃命，馮公展重傷。

11月9日晚。任職於日本憲兵部下「自衛隊」副隊長、出入以汽車代步的楊進海，在四馬路大新街口的萬利酒樓，宴請10餘名賓客。歡飲之時，突然一片槍聲傳出，場面頓時混亂，無法確定行兇者是後來闖入，抑或是赴宴人員。只見主人楊進海倒臥於血泊之中。楊的頂頭上司、「自衛隊」隊長羅志斌也中彈斃命。羅曾旅居日本，說得一口流利的日語，在日本憲兵司令部充當翻譯。因工於獻媚，由翻譯升任「自衛隊」隊長，卻在上任不久斃命。

11月13日晚，汪偽中央特派員、曾誘捕抗日志士的邵範九，在參加朋友的宴會後，徒步至法租界自來火街西興旅社入口時，被上海區第一行動隊的3名快槍手射殺。

12 月 8 日晚,偽特工總部第三大隊隊長趙剛義,在公共租界南京路大新公司演藝部入口附近,被跟蹤而來的上海區第三行動隊林煥芝等 5 名快槍手包圍,趙猝不及防,胸部、右肩、大腿被 5 發子彈射中,當即斷氣。趙剛義,一個多月前還是軍統青島站行動組長,被日偽俘獲後叛變,自上海領敵憲兵抵達青島,破捕青島站組織,搜去工作人員名冊,脅迫代站長傅勝藍招供所屬各組和電台的住地,並導致軍統北平區的辦公處和電台陷入敵手,副區長周世光、電台台長張樹德等多被逮捕。周等熬刑不屈,於 1940 年 9 月 8 日在北平南苑同時就義。

12 月 22 日上午,辛亥年間女子軍運動和民初婦女參政運動的風頭人物吳木蘭被擊斃於其法租界馬浪路 431 號華北公寓內。抗戰爆發後,吳木蘭反對抗戰,鼓吹投降,積極參加汪精衛的「和平運動」,並在汪偽蘇浙皖邊防軍總指揮所任要職。

沒兩天,軍統叛徒、汪偽特工總部第一處處長陳明楚,叛變的原忠義救國軍第一支隊指揮官何行健,在滬西愚園路惠爾登舞廳被擊斃。陳明楚曾負責軍統南京站的人事安排,叛變後向日本人提供的情報極為精確,涉及面很廣,導致軍統安慶站站長蔡勝楚被捕,軍統南京站的辦公點和藏身處遭到襲擊,在南京的祕密電台落到敵人手中。此時,距戴笠發出的陳、何二人的死亡之籤,已經幾個月了。

當晚,收到任務完成的電報,戴笠與幾名屬下開懷舉杯祝酒,以為這是軍統收到的最好聖誕禮物。作為對陳、何之死的報復,氣急敗壞的李士群下令,就在聖誕日當日下午,將已關押的 3 名軍統人員拖到「76 號」大院裏槍決。

原在上海青幫中的地位緊隨三大佬之後的俞葉封,追隨張嘯林投靠日本,淪為漢奸,為日寇搜購軍需物資。軍統曾在 1938 年 6 月策劃了對他的第一次暗殺,沒有成功。1940 年 1 月 15 日晚,上海區第二行動隊朱福鳴等幾名隊員,潛入公共租界牛莊路的戲院「更新舞台」,在演出結束後將喜歡聽戲的俞擊成重傷,俞送至仁濟醫院後咽氣。

1 月 21 日晚 6 點,原軍統局南京區專員、汪偽特務譚文質與其妻譚淑儀,

及其同事 3 人，在滬西愚園路和邸 8 號 3 樓家中用餐，上海區第二行動隊兩名隊員衝進室內，以迅猛之勢用利斧將譚文質等 3 人砍死。

2 月 17 日，聖母院路浦石路口，偽維新政府財政部顧問盧達，被上海區第一行動隊擊斃。

2 月 19 日晚 7 點 10 分，偽「和平建國軍」第五路總指揮陸雨亭在公共租界廣東路中央飯店打麻將，上海區第一行動隊第一組特工相強偉等人持槍衝進來，一陣痛射之下，陸雨亭頭部中彈，送至仁濟醫院後死亡。

2 月 25 日晚 11 點 40 分，汪偽特工總部機要處副處長錢人龍，由特工總部交際科長丁時俊陪同，到公共租界靜安寺路仙樂舞宮遊玩。在舞廳門口，被事先埋伏的第二行動隊員陳默射殺，送到寶隆醫院時已經斷氣。

3 月 1 日，以糧食、木材資敵的中日實業公司華人經理宋錫權，在福熙路多福里 46 號斃命。

公共租界巡捕頭目譚紹良在租界能呼風喚雨。抗戰時期，搖身一變，成為一個鐵桿親日分子，月領汪精衛津貼 1000 元。4 月 13 日早 10 時許，當譚紹良從公共租界威海衛路 75 號的小妾家中出來乘車之際，潛伏在附近的上海區第二行動隊吳本德、張永強、華炳榮倏然閃出，幾聲槍響過後，譚紹良當即斃命。但 3 人很快被趕到的敵偽大批軍警包圍，吳本德當場殉難，張永強受傷，華炳榮被捕後殉難。

5 月 3 日晚，原為上海區行動隊員，後變節投敵、任偽絲織業工會主席等職的萬千百，在白利南路斃命。

5 月 6 日晚，曾任中孚銀行副經理、現任偽上海特別市府顧問的謝芝庭，乘自家車來到公共租界戈登路 25 號大都會舞場遊玩。11 點 55 分，當他在等車回家之際，被埋伏在附近的上海區第二行動隊陳默、朱福鳴等人射殺，送至寶隆醫院後身亡。此前，社會上風傳謝將出任汪偽財政部下中國儲備銀行上海分行行長。

5 月 16 日，偽「和平建國軍」第二軍軍長過炳輝，在瑞福里弄口斃命。

5 月 28 日上午 10 點 30 分，偽「和平建國軍」第十二路司令部第四大隊

長顧繼民，和兩位家人及 4 名保鏢，在公共租界漢口路、雲南路角的揚子飯店 801 室喝茶聊天。突然間，上海區第三行動隊蔣安華等人，從房間門口往屋內一頓掃射，顧雲平身中 4 彈當即身亡，其他 3 人被打成重傷，後送至仁濟醫院。

6 月 3 日，曾任上海三極無線電學校校長的張守白，在揚子江飯店斃命。該校曾為軍統培養不少電訊人員，張叛變投敵後對軍統威脅甚大。

6 月 5 日晚 9 點左右，法租界文昌路 41 號，偽「蘇浙皖肅清委員會」駐錫辦事處少校參謀、原為忠義救國軍浦東聯絡員的紀天壽（仇）和龍志生，被埋伏在附近的上海區第三行動隊特工林煥芝等 3 人伏擊，紀天壽當場被打死。

6 月 12 日傍晚，汪偽總稅局局長陸錫侯，在法租界福臨路 246 號附近乘車時，被上海區直屬行動隊特工成員射成重傷。

6 月 19 日，開設豐昌公司、以糧食資敵的經濟漢奸吳友三，在其寓所斃命。

6 月 28 日晚 7 點 30 分，現代小説家、新感覺派代表人物穆時英，於公共租界福州路、福建路路角準備乘黃包車回家之際，被上海區直屬行動隊張金寶、傅林等刺殺，當場斃命。1939 年，穆由港回滬，主辦偽政權機關報《中華日報》副刊。次年 3 月，汪偽江蘇省省長李士群扶持創辦《國民新聞》，穆時英任社長，主持工作，成了嵌有「和平建國」字樣的五色旗下一隻不知今夕何夕、嘶叫盤旋的烏鴉。同日，偽特工肅清委員會委員黃泉林，在重慶路口公共汽車站斃命。

8 月 3 日，偽上海特別市府稅務局法律顧問楊伯華和其友程天錫，在公共租界的家中談話，突然有 3 位「客人」來訪。楊伯華開門時，這 3 人拔出手槍幾發齊射，楊伯華當即死亡，程天錫受重傷。

8 月 9 日中午 12 點 45 分，汪派系社會部報界組員毛羽豐前去公共租界虞洽卿路的大中華飯店會見友人，被上海區直屬行動隊廖公紹刺殺。

8 月 15 日，法租界華格臬路，張嘯林遭槍殺。儘管自抗戰以來杜月笙一直明裏暗裏阻擋，張嘯林還是滾進了大漢奸的泥潭。其下門徒們組織「新亞和平

促進會」，倒賣糧棉軍火和藥品資敵，大發國難財。張本人出面籌建汪偽浙江省政府，此前四天的 8 月 11 日，他從汪偽政權和日本特務機關手裏捧回了「浙江省省長」的委任狀。

8 月 28 日，上海區直屬行動隊陶立德銜命在亞爾培路上的偽中法聯誼會主任祕書馮執中寓所蹲守。當馮返家時，一槍斃命。陶立德撤離不及，與巡捕一番槍戰後，身中 4 彈殉難。次日，同一條路上的偽特工行動隊隊長張漢元斃命於寓所。

9 月 3 日，新感覺派代表小說家兼電影制片人、在上海震旦大學曾與戴望舒同窗的劉吶鷗（筆名洛生），在福州路京華酒店遭槍擊斃命。1939 年，劉由日本返回上海，出任汪偽政府機關報《國民新聞》下屬《國民新聞社》社長。

10 月 10 日凌晨 5 時，曾出任北洋政府高級顧問、上海總商會會長，1938 年投靠日本，任偽上海市第二任市長的傅筱庵，被上海區第二行動隊策反的已跟隨其 13 年的僕人朱升源持刀砍死於虹口祥德路 26 弄 2 號寓所內，這幢花園洋房幾乎緊挨着日本海軍陸戰隊駐滬本部。平日警衛森嚴，除派有偽警衛隊 20 餘名在院牆四周駐守外，並僱白俄保鏢 12 名保護。此外，即便傅在偽府中出入或大小便，也須臨時戒嚴。傅筱庵是被軍統刺殺的最高級別漢奸之一，其

傅筱庵

斃命之翌日，在南京的日本中國派遣軍總司令部報道部長馬淵發表談話稱：「傅筱庵上海市長之兇變，鑒於新中國建設途上、上海之重要性，實遺憾至極，不勝哀悼……重慶政權至今何故得暗殺傅市長，至今暗殺傅市長對於抗日陣營有何好影響？」周佛海的日記中也有：「十月十一日，五時為電話驚醒，士群報告，上海市長傅筱庵，為其跟隨十餘年之僕從，用刀刺死，人心難測，為之寒心。」大有兔死狐悲之慨。

不日，戴笠覆電到：全案發給獎金法幣 7 萬元。除朱升 5 萬元照發外，另獎第二隊 2 萬元。陳默把這 5 萬元獎金交付朱升，並安排他搭乘漁船出海，預

定在鎮海一帶登岸，再轉道去大後方。

11 月 9 日，汪偽政治舞台上十分活躍的偽監察院委員兼財政部顧問袁峴公，自南京來上海，11 點 40 分，在其下榻的公共租界赫德路 15 弄 14 號室內被上海區直屬行動隊隊員以利斧砍死。

11 月 12 日，偽僑務委員會委員兼敵憲兵司令部特高科外勤主任林資烱，在虞洽卿路一品香旅社斃命。

12 月 22 日晚，偽上海特別市府警察局偵緝總隊外勤主任陳光炎，與其幾名部下，來到公共租界廣西路 678 號金山飯店就餐。7 點 40 分，就在觥籌交錯的歡娛中，上海區第一行動隊第三組劉金德等兩人，旋風一般衝進飯店，沒等食客和伙計們反應過來，劉金德以 3 發子彈射中陳光炎頭部，陳當即斃命⋯⋯

以上案例，多有公開見報，少數可見台灣《忠義救國軍誌》、《國防部情報局史要彙編》。因篇幅所限，未列入的還有。在鞭炮炸響一樣密集、海寧潮一般排撻而來的 1939 年、1940 年，翻開當時上海灘上持中立立場的大小、中西報紙：《新聞報》、《時報》、《大美晚報》、《華美晚報》、《密勒氏評論報》⋯⋯市民們每一天打開報紙，幾乎首先赫然跳進眼簾的，就是「刺殺」或「暗殺」兩個大字！「東方巴黎」幾變為「東方暗殺之都」。在軍統的被刺對象裏，有前朝遺臣、舊時官僚、失意軍人、商賈買辦、廠主店主、學者教授、作家記者，有如李士群、丁默邨這樣的中共叛徒，有如陳明楚、趙剛義這樣的軍統恥辱，也有幫會青皮、里弄流氓、兵痞油子，還有因貧寒、恐懼、貪婪一點蠅頭小利，而被日本人利用、操控的「良民」、「順民」。

原說漢奸在北方多得像走進了一個管理不善的牧馬場，隨時都可能踏上的一腳馬糞，如偽華北臨時政府的王克敏、王揖唐、王蔭泰、汪時璟、周作人⋯⋯用老百姓的話來說，「地雷一響，炸死三個鬼子，十八個偽軍。」在南方，未料也歎為觀止，恍若黃梅雨天氣裏到處在滋生、蔓延的黴斑：「草根」賣國──淞滬會戰後期，日軍增援部隊成功地從杭州灣登陸成功，中國軍隊陷於腹背受敵之窘境，這「功勞」首推金山衞諸多百姓夜間打着手電、信號槍的導引；「精英」也賣國，這些「精英」漢奸們，旋轉似水濱之鶴，騰挪如澤地

之鱷，善變似風中之蓬，善舞如燕瘦環肥。革命時可以氣沖牛斗，賣國時可以氣淡神閒；行文時閒適沖淡，為武時不惜血海滔天。

一位住在上海多年的英國僑民柯林斯，在他日後的一篇回憶錄裏，滿是疑惑地寫道：

「中國是一個讓人難解的國家，它的古老、它的悠久，都說明這個國家有它存在的道理和能力，許多在華外僑都親眼目睹了中國軍人勇敢抗敵的一幕，視死如歸，較之西方的軍隊猶有過之。即使他們的一些童子軍，那種愛國的熱情也足以讓人感動得流淚。但是在這些事跡發生的同時，漢奸的數量也達到可怕、驚人的程度，他們幾乎是不受良心譴責，不在乎公眾輿論。假如在英國，在西方隨便一個國家，這種壓力就能把他們壓垮，而在這裏，他們幾乎感受不到這種壓力。」（王曉華、張慶軍《國共抗戰——肅奸記》）

據統計，從 1937 年 8 月到 1941 年 10 月，軍統在上海外國租界進行了至少 150 起暗殺行動。與在國內其他淪陷區，如北平、天津、武漢，還有香港等地的鋤奸行動一樣，它們中的大多數，都是由戴笠下達指令，甚至親自組織、策劃，包括獎懲、撤退等後期的收尾事項。他言必行，行必果，功者有獎，誤者追責。看其電報文稿，均係毛筆親書，濃墨重筆，骨力萬鈞，形如劍麻陡

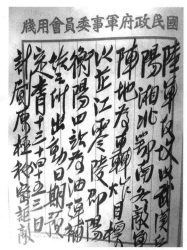

戴笠墨跡

開，勢似青山亂迭，令筆者想起黃庭堅的一副書齋聯：「詩罷春風榮草木，書成快劍斬蛟龍」：

……港地行動目前不可用槍，應準備利斧。選妥助手，動作必須徹底而乾淨，目標尤須辨認確實。最好於行動時準備一紙條，上書：你私通重慶，實為內奸，故我們奉命（執行）。（「國史館」典藏號：144-010106-0001-057-002x）

……2、行動組員平日應多加精神訓練，即不幸被捕亦須聲言係為國除奸，死生不計，則凜然正氣。不僅名聞中外，且可表現吾中華民族之精神也。3、陳逆中孚，現在平津一帶異常活動，務請設法制裁。4、汪逆翊唐，除應積極予以制裁外，潘毓桂、齊燮元、靳雲鵬諸逆，應首先對付齊逆。在目前情形之下，吾人惟有加緊行動制裁漢奸……（「國史館」典藏號：144-010106-0001-010-002x，003x）

限即刻到上海。密。固重兄親譯。
據確報，偽方人員常在大美舞場跳舞，有紅星朱寶寶，即湯若蘭，尤為（此）輩所歡迎。希（速）偵查以為……（「國史館」典藏號：144-010106-0001-071-001x）

……利用李士群以制汪逆者，其希望甚少，故望兄不必停止行動，並須嚴防偽方作種種不利於我之宣傳，以圖懈我同志除奸之情緒為幸。

弟金水叩 寒酉渝親

（「國史館」典藏號：144-010106-0001-075-002x）

限即刻到天津。密。（某某）兄親譯。
查作家周作人，現在平任敵偽指揮下之刪訂教科書委員會主席之責。此等漢奸罪大惡極，請即查明，予以制裁為要。

弟淼叩 陽午漢（「國史館」典藏號：144-010106-0001-020-001x）

……惟路線之運用不宜太多，且不可任意將吾人之行動目標告人，因恐洩漏祕密致敗事也。汪逆保鏢李某已運動成功甚好，獎金四萬元可照發，弟已電津籌備矣。惟事成之後，應用中華鐵血鋤奸團名義留字條為證，萬不可用中央名義也……（「國史館」典藏號：144-010106-0001-012-002x，003x）

刻正匯呈歷年死難同志，請求領袖照特務人員死難撫恤條例辦理撫恤，藉以慰死者而勵生者。故此時甚望我滬上同志擴大行動，加緊行動，以血的事實，來表揚我們血的歷史，發揚我們血的權威。故對吳啟鼎、汪曼雲、丁默邨、湯良禮諸逆之制裁，務期於最近期間有一成功，是為至盼。如何盼覆。

弟（「國史館」典藏號：144-010106-0001-083-002x，003x）

外勤是一切工作的實際執行者，打先鋒，陷頭陣，永遠站在第一線，他們所冒的困難、風險，遠超過一般內勤。制裁行動，不同於炮火連天的正面戰場上的拚死搏殺，很多都是面對面進行，所用手段也多為近距離槍擊、刀刺、斧劈等，場面血腥。刺殺的對象多是社會名流，有的還是以前的同事、朋友，心理壓力巨大。且一般是孤身、或幾人行動，若打蛇未成，則功虧一簣，如前赴後繼、決意制裁汪精衛的吳賡恕、戴靜園、陳三才、黃逸光 4 人，均就義於南京雨花台；有的雖得手，但來不及撤離，一次行動完成後，「其中一員即騎上腳踏車撤離現場，結果竟為租界巡捕從背後開槍射殺，當場血流五步，伏屍馬路。我接到該單位報告並見報載後，曾為之痛哭流涕，傷心不已……」（《英雄無名》）或被日偽政權判為「大案要案」，全力追逃：如成功刺殺季雲卿並逃脫的詹森，汪偽「76 號」動用了所有力量，日本駐滬憲兵部隊出動了所有機動車，日夜呼嘯在上海大街小巷搜查，但找不到任何有關殺手的線索。一年過後，白玫瑰舞廳一名舞女無心泄露的一條信息，卻使從來來去無蹤的詹森被捕，遭槍殺於麥根路（今中山北路）的小叢林裏，屍首也在埋那裏。這是汪偽「76 號」第一個張貼布告、公開槍殺的人。

內勤，即區部的辦公處所，一般以家庭為掩護，從外表看，很像一戶「有兩鈿」(有錢) 的人家。其中，女性成員多為交通、發報員。上海區裏裏外外，所有交通員的總數，加起來不下數十人，「記得住名字的，前後計有蕭傑英、胡曼、仇淑英、楊錚、沈惠英、凌豐、富美英、黎燜珠、汪秋芳、何敏信，還有一位記不清名字的吳 × 馨小姐，和一位叫慣了的阿玲。」(同上) 電台經常總分佈在 10—12 處，收發報機算是最難掩藏的大東西，另外還有備份的機件……內勤主要為情報搜集、分析，與重慶局本部的電訊聯繫，及地下工作人員的迎來送往，似乎與血雨腥風、電網狼狗隔着好幾條街，但一旦有人叛變，就像被陳年白蟻挖空了牆角的房子，極易全盤傾覆：

1939 年 6 月，做了小半年上海代理區長的王天木，上書戴笠，表示欲辭職出國。王曾是抗日鋤奸的風雲人物，任軍統天津站長時，組織愛國學生成立「抗日鋤奸團」，先後暗殺與日本人沆瀣一氣的天津商會會長王竹林、偽華北聯合儲備銀行天津分行經理兼偽海關監督程錫庚等大漢奸。1939 年 1 月，調任上海區區長。上任不久，即成功策劃、組織刺殺偽維新政府外交部長陳籙。這年夏，李士群要「76 號」拿出掘地三尺的勁頭，對軍統上海地下人員發起深度清查，首要目標便是王天木。結果，在公共租界南京路，被各色霓虹晃了眼睛的王，被李士群手下綁架。沒有老虎凳、紅烙鐵伺候，有的是好吃好喝、相當的禮遇，3 個星期後就放了出來，儼然「相逢一笑泯恩仇」……

王天木

戴笠向來對部下的言行嚴加監察，不放過任何蛛絲馬跡，即使是功績赫赫、幾成兒女親家的王天木。據當時「76 號」對上海軍統、中統地下工作人員獠牙畢露之高壓態勢，戴笠斷定王必將背叛組織，密令上海區即予制裁，防患未然。據說，有人給王看了戴笠從重慶發來的下令處死他的電報 (《浩然集——戴笠將軍和他的同志》)，王即生反戈投敵之心。

7月14日，日本憲兵隊派遣便衣憲兵，會同兩租界捕房，按圖索驥，搜查軍統滬區人員住所及辦公地址 13 處。外勤主要人員獲捕房「內線」密告，未遭逮捕，但內勤損失慘重，上海區工作一度基本停頓；且軍統局在上海、南京、青島、龍口、平津、武漢等地的工作站先後被破壞，牽連「忠義救國軍」北方支隊幾乎被連根拔除，釀成軍統在抗戰期間最大的一波失敗，也是軍統損失幹部最多的一次。

可稱僥幸的是，軍統局自抗戰以來，戴笠十分注意在淪陷區及前線各重要城市，實施複線與雙軌制度，故組織雖被破壞，仍有起而代之者。上海區進行了一次深刻改組，改變以前大組織機構，化整為零，成立許多小規模的地下組織，各成獨立系統，不發生橫向關係，避免再被一網打盡。同時成立「滬二區」，由軍統局本部直接指揮，以姜紹謨為站長、陳祖康為副站長，負責搜集情報並開展策反工作，不承擔行動任務，也不與原上海區發生橫向聯繫。「滬二區」建立後，為免混淆，軍統內部將原上海區改稱「滬一區」。

1939 年裏，軍統犧牲工作人員，包括「滬一區」在內，殉職計 18 人，遇難計 42 人（被炸 26、被害 16），被捕計 197 人（當年釋放 50、未釋放待判 147），死亡計 44 人（病故 43、自殺 1）。（《1939 年的軍統局與抗日戰爭》）其中，大部分是外勤，如張金寶、傅林、余延智、吳本德、楊常年、吳順佳、喬春桃、陶立德、華炳榮、蕭張權、朱福鳴、應渭水等。滬一區有 4 人同時落難的紀錄：1941 年 9 月，行動隊員余昌年、劉洪海、曹義、陸懷珍被捕後，押去北四川路日軍總部，飽經酷刑而死。也有不少內勤，如滬一區電訊督察徐壽新（化名朱承我），情報組長李楚琛，情報員許克、陳兆慶，交通員周希良、徐阿梅等 6 人，均遭槍決。（《丁默邨判決理由》，軍統局 1946 年 10 月 22 日京偵護字第四七三一號代電）

1940 年 11 月，在一天之內，軍統山西站有 25 人遭日偽槍決。其中有太原獨立組組長郭秀峰、該組電台台長曲學人、山西站電台台長魏榮、榆次組組長甘昌生、陽泉組組長關清華、忻縣組組長胡睿哲、汾陽組組長張立鈞等人。

喬家才回憶說：「武漢區自二十七年（1938）成立到三十一年（1942）6 月，

四年間因工作被捕者一百七十多人，犧牲的同志達一百人。被敵殺害者計：閻英才、趙雲卿、容耀東、張渭清、王恩甫、葛長清、陳金山、劉慎之、李正剛、祝鴻鈞、王慶先、安高嶺、劉超俊、雷玉清、王經國、陳春城、李振中、陳宅蔭、李化民、謝雲卿、何忠炳、胡紹貞、李春山、劉烈卿、柯魁臣、吳寶山、孫文斌、趙永燦、杜磯、張瑾如、張慶振、王子英、王春山、羅田、劉壽山、常滿倉、廖少卿、李漢卿、何侃、馮啟浩、王遠發、王玉昆、師金亭、李清明、侯玉坤、游鳳翔、阮少華、周海山、劉錦軒、李家茂、韓平國等五十二人。」（《浩然集——戴笠將軍和他的同志》）

其中，「趙雲卿、李化民、張慶振、閻英才、李振中等十四人，因爆破王家墩飛機場，與敵海軍食堂案，被敵捕獲，刑訊無算，皆不攀供。當其綁赴刑場槍決時，均以血肉模糊，不辨面目，尚猶大呼『國家萬歲』口號，識者從音中，得知最前一人為陳金山。他們一部分為軍人，曾任排連營長；另一部分為高中畢業生以次，全組人員先後被捕……（《戴雨農先生全集》）

…………

軍統敵後工作人員被捕之後，有人受過 10 種以上不同的酷刑，除用惡犬圍咬、電刑、鉗牙、針刺、灌水、火烙、陪綁刑場之外，另有前所未聞的摔刑與冰刑。

在制裁漢奸俞葉封、謝芝庭等行動中，身手不凡的上海區行動隊員朱福鳴因功提拔為行動隊副隊長。後與本隊隊員陳默、徐晚楓在揚子飯店購槍時被敵人偵獲，嚴刑拷打下，朱稱家裏藏有槍彈，以圖引去敵人，讓陳、徐兩人脫險。敵人撲空後，惱羞成怒，施以酷刑。已成血泊中人的他，目皆欲裂地說：「吾視死如歸，豈似爾輩之首鼠兩端耶？前所降者，純為營救陳、徐二君耳。」終瘐死獄中，年 38 歲。

上海區行動組長劉戈青，雖備受敵偽威脅利誘，但堅貞不屈，常於獄中口吟一首五言律詩：「易水空餘憾，成仁待斷頭，擔心為黨國，碧血濺洪流；任教橫毀謗，精忠不自休，鐵窗羈病體，不作洪承疇。」

武漢區區長李果諶（莫斯科中山大學、日本士官學校畢業）被捕之後，堅

不交代工作關係。他從獄中設法傳出致戴笠信，只有四句話：「負責無狀，致嬰禍敗，愧負鈞座，決以死報。」死時年僅 39 歲。（李果諶出事後，唐新繼任武漢區長，後者即《蔣介石的特工頭子——戴笠傳》一書的作者良雄）

同樣生命在 39 歲開出不朽之麗花的南京區副區長尚振聲，刑場上敵強令他跪，他堅不跪下，並堅持面向西方而立，以示臨死亦不忘重慶國民政府，他直挺挺地站立着，被敵兵多人亂槍射殺。

山東區負責人王志超迭經刑訊，堅不吐言，僅寫一字條與敵，寥寥數語：「我是黃埔學生，我不能辱沒我的校長，可殺可剮，決不投降。」

因謀刺汪精衛而被殺的吳賡恕（嶺南大學畢業）就義時，對同案被捕的戴靜園説：「君當讀過《唐書·張巡傳》，『男兒死耳，尚復何言？』獨憾未達成任務耳！」李士群打算勸降戴靜園，要其與軍統本部通信。戴答應下來，不久有回信來，表示軍統可與汪偽「共同防共」。竊喜過後，李不放心，再讀此信，發現一些字筆跡要粗些，將其連貫起來，竟是准戴可與李虛與委蛇，伺機將李除之。李手下又從戴的衣服夾層裏搜出上海區的祕密文件，李即以死威逼戴交代上海區組織人事，戴痛罵道：「余事泄，死而已，天下寧有畏死之戴靜園哉？速殺我，以遂我志，豈能如爾輩覥顏事敵，仰人鼻息以偷生乎！」

吳賡恕

戴靜園

也因謀刺汪精衛而喋血的陳三才，清華大學畢業後，赴美國哥倫比亞大學深造電機專業，再入著名的西屋公司實習，1925 年學成歸國。與美國工程師漢布爾敦在上海創設北極電器公司，這是上海灘上較早的與美國聯營的公司，也是國內第一家賣美國冰箱、空調的公司。抗戰之前，祁齊路上的宋子文家是最先使用北極公司水冷式空調的用戶；抗戰後，生意依然紅火，當時滬上裝飾

陳三才

黃逸光

最時髦的沙利文菜館，還有影迷總是爆棚的國泰、滬光、平安、新華等影劇院，使用的都是該公司的產品。陳三才還與四川實業巨子盧作孚接觸，打算在後者經營的民生公司輪船上裝備冷氣倉庫，以使天府之國盛產的農副產品及蔬果，經長江遠銷東部沿海。陳三才自然是上海灘上的富人，陳府用了9個僕人，其繼女梅琳上小學時便有一輛專車。他又具名望清聲，被推選為中國工程師學會、上海清華同學會會長。

暗地裏，陳三才還是軍統上海區的「義工」，曾去香港祕密會見戴笠。他花費巨款，企圖通過兩個白俄男女在北四川路上的福民醫院毒殺汪精衛，他探得汪有去這家日本人開的醫院治療肝病的打算。但最後一刻，陳璧君改變了丈夫在福民的住院計劃。此計未成，他再物色到一個叫伊萬諾夫的白俄殺手，此人先信誓旦旦，後一番掂量：刺殺汪精衛風險太大，不如將陳三才賣給「76號」，拿一筆賞金跑路。被捕後，一進「76號」大門，陳三才仰天長歎：「汪賊，我雖殺不了你，但終有一天，你會被人殺掉的！」遠在南京的汪精衛，脊背有冰觸之寒，下令將陳三才押來南京，汪不信一位商界精英竟與自己會有如此不解之恨，在親自提訊中，汪和氣地表示，「只要交代出先生後邊的人，再寫一紙悔過書，我可即刻釋放先生……」陳三才回答，「我與你無私怨，但要殺國賊，國賊人人得而誅之。如果非讓我說出同黨，我告訴你，全國同胞皆是我的同黨！」

1940年10月2日，陳三才殉難於南京雨花台，時年39歲。

兩年後，清華大學校長梅貽琦在著文表彰清華抗戰英烈時，寫到：「我校校友於抗戰年月內殺身成仁者，以陳君為最著，也以陳為最慘。今後應如何於文字上及事業上紀念陳君，永垂久遠……」2001年4月，清華大學90週年校

慶，陳三才的名字被刻入「祖國兒女清華英烈」，43 名英烈中，他名列第五位。（孫月紅、陸宜泰《陳三才：刺殺汪精衛的上海實業家》）

接陳三才棒的黃逸光，原為墨西哥華僑（墨西哥師範大學畢業），臨刑之前，向敵偽索紙筆，大字寫下：「可愛的中華！我願為你歌唱，我願為你而死！」寫畢，昂首就義，顏色不改。年僅 28 歲。

原是舞廳老板、吃喝不愁的張金寶，參加軍統後是上海區直屬站行動組長，與也是上海本地人的組員傅林，先後阻擊劉榮貴、穆時英、毛雨豐等知名漢奸多人。1940 年 8 月 14 日，張金寶遭敵逮捕。因企圖跳窗逃脫，中彈昏迷，遂送工部局醫院手術。醫生欽佩其為抗日志士，幾次藉口「創重，難於受審」以拖延出院。9 月中旬，終被押至「76 號」特工總部，上年帶領大批徒眾加入「76 號」、並充任特工總部警衛總隊副總隊長的原黑社會人物吳四寶，親自審問。張金寶不忍牽連同志，將幾個案子獨自承擔下來。吳問：「爾等人幾何？誰係上級？倘可引捕立功，當解爾。」張回答：「同志不計其數，除汝輩外皆是也，上名不詳，大丈夫敢作敢當，何誅累為？余張金寶豈畏死貪生者？所恨未能盡殺漢奸以報命耳！」

10 月 10 日午飯時，吳四寶親自拿來酒肉踐行，張金寶知道自己為國成仁的時候到了，拒不受吳的酒肉。隨即被押到中山路刑場，執行槍決的劊子手令其跪下，他厲聲罵道：「你們什麼東西，我乃中華有血男兒，豈肯向汝等漢奸下跪，要殺開槍，何必囉嗦！」語畢，堅不屈膝，劊子手無奈，遂向其後腦開槍行刑。時年 45 歲。

徐壽新，軍統電訊骨幹，原任貴陽總台長，後調上海區的電訊總督察，妻子朱承娥早逝，他化名朱承我，以表懷念。人極聰明，也極倔傲，寫得一手好字，相貌堂堂，白皙修身，可稱得起是一個美男子。來滬不久，因陳明楚叛變，被「76 號」抓獲。1939 年平安夜，陳明楚等人被軍統制裁，「76 號」裏鬧得人仰馬翻，被押的軍統人員早飯也不給吃了，李士群瞪着幾近滴血的眼睛，下令「活人祭」，25 日下午 5 時，徐壽新、余廷智、周希良 3 人在「76 號」院內遭槍決。徐壽新臨刑前高呼「中華民國萬歲！」、「蔣主席萬歲！」，乃壯烈

徐壽新

周希良

成仁，青春永遠定格在 29 歲。莫說難友們為之悼惜不已，即使「76 號」中也有人也為之惋歎：太可惜了，這麼一個出眾的人材⋯⋯

軍統的抗日鋤奸活動真是慷慨悲壯，志士們個個「孤光自照，肝膽皆冰雪」，極大震懾了已然落水或打算下水的漢奸、準漢奸，阻止、延緩了國中投降派的投敵行為，打擊、破壞了日寇穩定後方、以戰養戰的如意算盤。南北很多大人物沒敢、沒能出任偽職，上海第一任偽市長蘇錫文只是私立持志大學的一個教授，第二任偽市長傅筱庵是個多賺了幾個錢的商人，都不是登高一呼的人物。顯然這和滬上唐紹儀、陳籙等前朝本朝落水高官被殺，以及戴笠派員在華北刺殺張敬堯、王克敏、殷汝耕等巨奸有關。據傳，直系軍閥孫傳芳在張敬堯被刺後三魂嚇去了兩魂，本來已經住進北平六國飯店，約好跟日本人接洽，張敬堯被刺於同一飯店的消息傳來，他立馬打道回府。汪精衛、張敬堯、張嘯林、唐紹儀、唐經、陳籙、周鳳岐、季雲卿、傅筱庵、李士群、殷汝耕⋯⋯他們咽氣前的最後一刻，大約都會想起那個面色黝黑幾近閻羅的男人。

有人說：假如蔣介石抗戰前無戴笠輔佐，中國可能得四分五裂，不知有幾多軍閥佔地為王；于佑任老先生則說，抗戰中，倘若沒有戴雨農，中國不知道又增加多少漢奸。樊建川先生擔憂：如果中國再發生戰爭，還會不會有這麼多人去當漢奸？他還說：「我想寫一本關於漢奸的書⋯⋯漢奸在這場日本侵華戰爭中所起的作用是巨大的，從某種意義上講，是決定性的。我覺得應該對這個問題有一個思考和清算。」（《大館奴——樊建川的記憶與夢想》）

1940 年裏，淪陷區軍統特工人員紛紛要求在制裁漢奸的同時，誅殺操弄

「以華制華」的日本人。不是第一槍，卻是震驚了日本皇城的槍聲，發自古城北平。

這年 11 月，日本議會貴族院成員高月保、乘兼悦郎，前者還有男爵的貴族頭銜，作為天皇特使，前來日本駐華北佔領軍「宣撫」。儘管兩人軍銜皆為陸軍中佐，但 1939 年初已是日本「北支那方面軍」司令官、1940 年被天皇授予勳一等旭日大綏章、早為陸軍中將的多田峻（次年 7 月晉升陸軍大將），對兩人頗為恭敬，食宿安排均是一流，下榻處是當年孫中山的行轅——和靖公主府。此處花木扶疏，明月清輝，與多田峻的司令部——張自忠路鐵獅子胡同一號（原段祺瑞執政府），僅有一牆之隔。高月和乘兼都是日本貴族俱樂部「愛馬社」成員，每天要騎馬散步，到了中國，依然要揣着這副貴族範兒，嫌和靖公主府擺不開，遛馬遛出了一大段路：沿今天的平安大街向東，到達東四十條路口，再向南，沿東四北大街，直到今天的東四牌樓；從此處向西，經過隆福寺和今天的美術館、皇城根、沙灘，到達北海，穿過北海向北，到達今天的平安大街，返回和靖公主府。

自中共建政後，北京幾乎無日休止地大拆大建，但這條路線今日依然是舊京古樸邈遠風貌保存最好的一段。多田峻能同意兩位年紀比他輕得多的大爺在烽火歲月中信馬由韁，大概一是因為自王天木投敵，原來活躍在北平地區的軍統地下組織及外圍抗日殺奸團遭到毀滅性打擊，成員非被捕，即撤去上海，或逃往重慶，主要負責人軍統華北區書記曾澈被捕遭殺，多田峻判斷即便還有幾條泥鰍在，已翻不起大浪；二是這段路沿途日偽軍警機關林立，今平安大街一帶是多田峻的司令部，東四牌樓的西什錦花園是日本華北地區茂川特工總部，隆福寺和皇城根各有一個偽警察哨所，北海的團城和沙灘紅樓則各駐有一個中隊的日本憲兵，而且，又派遣了警衛人員隨行。瞅着如此陣仗，天上的鴿子見了，要不暈了頭往下栽，要不趕緊繞着走，很難想象會有人在這段路上進行狙擊。

軍統北平站的狙擊行動，偏偏選定在其遛馬的路線上。執行者為第一行動組的麻克敵、邱國豐。麻克敵原名麻景賀，河北遵化麻家村人。原為國軍第二

麻克敵

邱國豐

集團軍118師的一個團長，以驍勇善戰聞名。這支部隊具有多年在華北地區活動的經驗，北平站因王天木叛變遭嚴重破壞後，戴笠向該師要來麻等數十名官兵，以加強華北地區的抗日鋤奸行動。來軍統前，為了表達抗戰到底的決心，麻景賀給自己更名為麻克敵，並手書「此去當身先同志，手刃敵酋，不成功，必成仁。」經過反覆觀察，此路線雖然多日偽軍警機關，卻沒有實行戒嚴，也無一個協調機構專事對兩人的保衛權責。狙擊地點開始確定放在從隆福寺到皇城根鑼鼓巷一帶，這裏沒有日軍據點，由偽警察警戒，相對比較鬆懈，同時，這裏小巷密佈，路況複雜，有利於開槍後的安全撤退。

狙擊地點最終選在皇城根鑼鼓巷口。11月28日，麻、邱二人已尾隨高、乘一次，因警衛人員跟得太緊，沒有下手機會而作罷。29日，麻、邱二人再次尾隨到皇城根，高、乘大概走到興處，跨馬加速，與騎自行車的隨行警衛拉開了距離。麻克敵見機會難得，猛踏一陣自行車追上高、乘，將車子放倒後拔槍射擊，騎在後方的高月保連人帶馬被擊中，在前面的乘兼勒馬停下，一片騰雜的市井聲中，他似沒有覺察到高月並非不慎落馬，而是被狙擊。麻再開兩槍將乘兼也擊倒馬下。此時，鑼鼓巷口的值班偽警聞聲來救援，邱國豐立即射擊，掩護麻撤退，警察不敢迎戰，退了回去。麻對倒地的兩人補發兩槍，可惜未中，眼看後方乘自行車的一隊日本憲兵趕來，麻、邱遂跨車向西疾行，入小巷中逃走。日本憲兵急於救人，將兩人送往醫院搶救，未及追擊。高月不治而亡，死後軍部「特進」為大佐，故日文資料中皆稱高為「高月保大佐」。乘兼重傷，搶救後苟存性命，不再適合在一線部隊，改調陸軍士官學校擔任庶務科長，直到日本戰敗，乘兼還是個中佐。

當時在軍統北平站工作的張承福，事後回憶說：「刺殺日本天皇特使，在北平乃至華北引起很大震動。據說，當時北平的日本特務機關壓力很大，因為上頭要求他們限期破案。當時一些省市的日偽憲兵特務機關派人來支持。事件發生後，北平全城戒嚴，城門緊閉。城頭拉上電網，禁絕任何人出城。北平通外地的火車全都停開。市民不准上街買菜，連出殯都要申請，到城外去就更不允許了。」「當時還規定，非直系親屬不能留宿，住旅館需要有兩個以上鋪保。每條路口都有憲兵特務把守，檢驗身份證。憲兵特務還分區入戶搜查，有的連房頂、地板、炕，都得扒開。當時無辜受刑訊、被抓的人太多了。大概過了一週時間，火車才開出，市民才可憑身份證出入城門……（萬千人《軍統 100 人口述史》）

由偽政權治安部主辦的《武德報》12 月 15 日刊載公開懸賞，稱「大洋五萬元捉拿刺殺者」。在此前後，「北平全城抓麻子」，各道城門堵麻子，就連臉上有疤、有痦子的人也不放過。所有被扣下的「麻子」，都要一一盤根究底，查清此麻非彼麻後，發給一個通行證，人稱「麻子證」，然後才能持此出入。麻克敵臉上，其實只有幾個淺淺的白麻子，不細看，看不出來。只因面對日偽當局的大搜捕，麻堅持留下，暫住哥哥的家裏，欲和邱國豐連手，再圖行刺大漢奸、日偽華北準備銀行總裁汪時璟，在戴笠發給北平站的一份「制裁令」上，除了華北頭號大漢奸王克敏，另一個就是正上躥下跳籌備「中國聯合準備銀行」的汪時璟。兩人採取越牆而入的方式，在翻越第二道院牆時，被汪的警衛人員發現，雙方發生槍戰，見不能得手，遂迅速撤離。邱少年習武，會輕功，首先跳出院外，一時不見麻克敵，情急中呼喊「老麻」，被汪手下聽到，認為作案者是個麻子，於是，口口相傳，三人成虎；又從麻遺下的彈殼彈頭，判斷此案與兩特使遇刺為同一人所為，於是北平城裏臉上有深深淺淺麻子的人們，很是不爽了 5 天。

某天，已叛變投敵的原軍統天津站站長裴級三，跟着 3 名日本憲兵站在北平街頭，認出了正下電車、本一向深居簡出的北平站站長劉文修。劉不堪酷刑，交代出北平站的交通任國倫。鞭抽、灌水、用燒紅的鐵鈎子燙……任亦扛

不住了，一開口，竹筒倒了豆子，參加此次行動的軍統特工人員陸續被捕。最終，軍統華北區區長薄有凌，第一情報組長張清江，還有麻克敵、邱國豐，被判處死刑，1941 年 2 月 15 日被槍殺於天橋刑場。另說被殺於北京西郊。麻克敵享年 35 歲，邱國豐年僅 25 歲。（吳竹亭《刺殺日本天皇特使事件始末——訪侯化均、張承福先生》）

軍統上海區，即滬一區，制定了一個方案：以身著軍服的日本人為格殺對象，無論軍階高低、職務大小，無須申報，得手就當場幹掉，執行地點以日佔區及其勢力範圍之內為限。該方案經戴笠批准後執行。1940 年至 1941 年 10 月，滬一區共制裁日寇 50 餘次。斃傷福本少將以下 60 餘人。此時該區主管行動業務的陳恭澍，七十年代為寫作《無名英雄》，搜集了當年後方和淪陷區大量的報紙，埋首瀝金，僅寥寥幾句，但得來不易；當時不過 24 歲的錦瑟華年，今日已是霜星滿鬢，字裏行間見燭影斧聲、刀走劍疾，心頭當別有一番滋味。

重慶《大公報》1940 年 10 月 7 日：

「中央社香港六日電，滬訊：六日上午九時許，有一敵憲兵，騎自行車，在徐家匯天主堂前，突被人開槍射擊，彈中背部，受傷倒地，駐交通大廈之敵憲兵及偽警聞訊趕至，將受傷憲兵送院診治，並在附近戒備，施行搜查，結果毫無所獲」。

重慶《大公報》1940 年 12 月 16 日：

「中央社香港十五日，滬訊：十三日晨八時，虹口又發生一組擊敵軍官案。有刺客四名，闖入狄思威路敵特務機關少佐久保田住宅內，向之開槍，久保田因躲避未中彈。敵軍警聞訊趕至，捕獲刺客三名云。」

上海《中美日報》1940 年 12 月 23 日：

「本報訊：前日深晚十一時許，有一日本領事館警察名宮崎敏者，年三十二歲，不知何故，被人在南市文店路附近，用亂刀砍傷，倒臥血泊中，旋由警署車送難民區國際救濟會救治，卒以流血過多，抵院不久，即行斃命。事後日本憲兵隊即在該處施行偵查，結果一無所獲。」

重慶《大公報》1941 年 1 月 4 日，轉中央社、合眾社 3 日消息：

「日兵高橋一日在上海中心區，被一不知姓名之兇手行刺斃命。此為去年九月二十九日以來，日本陸軍軍人在上海被殺之第十五人云。」

上海英文《大美晚報》1941 年 1 月 15 日：

「日海軍陸戰隊昨日（十四日）下午，在公平路日海軍操場隔壁破屋內，尋獲炸彈八枚，陸戰隊兵士將其設法移去。此項消息最初傳出時，一般誤會此項炸彈係恐怖分子預放該處，意圖炸害日軍者。目前，日方正在進行調查，以便確定此項爆炸物之實際來源。」

重慶《大公報》1941 年 5 月 10 日：

「中央社香港四日電，滬訊：敵方戒備之偽中央市場，有日籍宿查員一名，被人槍殺斃命，事後敵將無辜菜販捕去數十名，並在新聞橋等處附近挨戶搜查，故連日偽市場買賣殊為冷落云。」（以上皆見《英雄無名》）

1941 年 11 月 28 日，這天是星期五。汪偽政權的機關報——《中華日報》，及親日的《新申報》，都發表了一份所謂《藍衣社在滬所犯案件統計表》，其來源為軍統上海區遭敵偽幾次破壞中所抄去的大批文件。統計表分為兩大塊，第一塊為「破壞、擾亂」，即對漢奸的制裁，第二塊為「格殺日本軍人」。按第二塊所列，有如下者：

陸軍少佐磯部芳衛，1940 年 9 月 30 日在武定路附近被擊斃。

駐滬西憲兵分隊伍長佐藤精信，1940 年 10 月 18 日在極斯菲爾路被擊斃。

海軍主計少尉中村尚雄，1940 年 11 月 5 日在北江西路老靶子路口遭槍擊。

陸軍大尉石橋信，1940 年 11 月 14 日在虹口嘉興路附近被擊斃。

海軍少佐富永貢，1940 年 11 月 16 日在蓬萊路敵海軍俱樂部被擊斃。

憲兵隊長佐佐木，1940 年 11 月 30 日在滬西汪家弄遭槍擊重傷。

南市警察分署日籍特務宮崎敏，1940 年 12 月 15 日在南市文廟路被擊斃。

中尉醫官野村正雄，1940 年 12 月 16 日在虹口韜朋路被擊斃。

軍官高橋勝村，1941 年 1 月 1 日在江灣跑馬廳被擊斃。

軍醫官西岩雄，1941 年 1 月 13 日在南京路山西路口被擊斃。

陸軍一等兵戶田正一，1941 年 2 月 25 日在平涼路齊齊哈爾路口被擊斃。

陸軍衛生伍長石井巽，同上日在上述路口遭槍擊重傷。

新編第四預備旅團長少將福本，1941 年 4 月 10 日在虹口被擊斃。

公共租界工部局警務處副總監赤木親之，1941 年 6 月 17 日在愚園路被擊斃。

憲兵第二派遣隊情報員青木武重，1941 年 8 月 16 日在楊樹浦平涼路被擊斃。

軍官日下都信吉、次藤茂吉，1941 年 8 月 25 日在楊樹浦西華德路被擊斃。

川沙守備隊一等兵村瀨勝次郎，1941 年 10 月 9 日在浦東曹家橋斃命。

鍋川部隊工兵軍曹石出時童，1941 年 10 月 10 日在南市王家弄斃命。

憲兵分遣隊長岡本義雄，1941 年 10 月 14 日在南市電氣公司前遭槍擊重傷。

還有身份不明的——

1941 年 4 月 16 日，在虹口東光、融和兩電影院，輕重傷 22 人。

村山秋常，1941 年 4 月 28 日在閘北日海軍哨所，遭槍擊重傷。

渡邊實，1941 年 5 月 5 日在光復路三興麵粉工場，遭槍擊重傷。

笹井等 3 人，1941 年 6 月 15 日，地址不詳，一死二傷。

德賢藏，1941 年 7 月 26 日在虹口愛而琴路斃命。

式部清一郎，1941 年 7 月 27 日在徐家匯天主堂附近斃命。

板井一，1941 年 7 月 31 日在南市憲兵分遣隊前斃命。

楠元國雄，1941 年 9 月 13 日在虹口周家嘴路遭槍擊重傷。

官重孫吉，1941 年 9 月 16 日在東漢璧路元芳路口遭槍擊重傷。

池田寅治郎，1941 年 10 月 7 日在虹口斃命。

該表還列有「行動者」，但此欄多簡單為隊長一人，如第三隊蔣安華、第四隊封企曾、第六隊潘紹岳、直屬第一組畢高奎、抗團孫大成等。顯然，此事不是武松打虎，敢去虎口拔牙，不可能單打獨鬥，何況有時對方不止是一個人。

以刺殺赤木親之為例：根據日本外務省檔案，此人出生於長野頗負盛名的武士世家。年輕時曾獲得劍道四段，後入日本外務警察講習所，是日本第一代外務警官中的佼佼者。1927 年 30 歲時，調任日本駐華使館任內務事官，職責為對在華日本人進行監控。1937 年改任參事。次年 1 月，講一口流利的英語、中文也很好的赤木親之，調任上海公共租界警務方面的日方副處長。工部局警務處名義上由英籍處長領導，但在駐滬日軍的兇焰下，其頤指氣使幾如太上皇，着力督促警務處鎮壓公共租界內的抗日力量，確保日方利益。魏斐德在其《上海歹土——戰時恐怖主義與城市犯罪（1937—1941）》一書裏，對赤木親之遇刺有着頗為詳細的敍述：

並不如有的書所言，是攜家人逛公園時遇刺，而是帶其夫人去醫院做例行檢查時遭到攻擊。其汽車走到愚園路與地豐路交界處，欲拐進地豐路，剛剛減速，一名槍手倏然臨近，朝其開槍射擊。這是個非常好的襲擊地點，兩條馬路都十分安靜，有利於識別目標，汽車減速也給槍手提供了恰當的射擊時機。頭部中彈的赤木，卻沒有倒下，反推開車門，滾到車外，以車身為依托，欲拔槍反擊，不愧是劍道四段的高手。這刻，另一名槍手出現在赤木的後面，射出兩槍，第一槍擊中赤木右臂，第二槍打中其後背。兩名槍手隨即離去。身中 3 彈的赤木，居然還存口氣爬上汽車，下令開往醫院，最終死在了手術台上。

赤木被擊斃後，租界當局為了擺脫日方的指責，專門舉行盛大的葬禮，由多國巡捕開道，引導裝載其棺木的汽車開往墓地，引來很多市民圍觀。日方更是哀痛萬狀，外務省特別通過決議，將赤木從「勳四位」提升到「勳三位」，對家屬厚加撫恤。並派出攝影師來滬拍攝其生平及葬禮，將其作為本土電影院的新聞加片，播放時所有觀眾需起立鞠躬致意，為時達一個月之久。

另外，此表中，「行動者」一欄裏多是「蔣安華」，筆者估計這與第三行動大隊的悲慘命運有關。赤木遭刺殺後，該隊被整體破獲，總共 60 名隊員，僅 1 人逃脫。隊長蔣安華先關押在租界牢房，年底太平洋戰爭爆發後落入日軍手裏，飽經折磨，1944 年死於獄中。

表中提到的「抗團」，全稱是「抗日殺奸團」。這是一個由愛國中學生自

發成立的抗日組織，最早在天津成立。其實際領導者曾澈是軍統天津站書記。曾澈，浙江瑞安人，1932年秋畢業於上海法學院。言語文章，犀利清新，而盱衡國難，壯懷激烈。為軍委會辦公廳主任林蔚將軍讚賞，鄭重推薦給戴笠。曾澈北上後，就讀南開大學，常與耀華中學的有志青年孫大成、孫惠書等來往。隨之，建立抗日地下組織「天津青年救亡聯合會」，後改組為「抗日殺奸團」，以「抗日殺奸，復仇雪恥，同心一德，克敵致果」為團訓。許多成員來自耀華中學、南開中學、匯文中學、中西女中等名校，或家境優越，或出身名門望族，或家人、親戚在偽政府中擔任要職，如國軍孫連仲將軍的女兒孫惠書，民國元老熊希齡的外孫女馮健美，達仁堂的大小姐樂倩文，偽滿洲國總理鄭孝胥的孫子鄭統萬、孫女鄭崑崙，偽華北綏靖軍總司令齊燮元的外甥馮運修等。

　　曾澈以軍統局的武器物資和技術訓練，支持「抗團」開展鋤奸、破壞活動。很短的時間裏，擊斃偽天津市商會會長王竹林、華北偽政權的準備銀行總經理兼天津海關監督程錫庚。轟轟烈烈的更有，1939年4月，連續3天，「抗團」將偽天津市政府的軍用堆棧、萬國橋旁的三井洋行和特一區的堆棧所囤積的棉花等戰略物資爆炸火焚，數以萬計的棉花大包和其他物資付之一炬，其焰騰空，若晚霞絢爛，鋪滿西天。

曾澈

　　敵人終覺一班稚嫩中學生的後面有一個長鬍子的成人。於是，在華洋兩界廣佈線索，必欲活捉曾澈而甘心。其時赴天津視察工作的喬家才，見其處境艱危，勸曾暫離天津。他慷慨表示：「我受命北上，決心以死報國，敵偽不滅，誓不南返，況我革命工作，出生入死，安危原不可計？」戴笠亦恐其身份暴露，電調他速回重慶。但正佈置的一件行動要案已到執行階段，他想完成任務後，再遵令離津赴渝。就在這最後任務完成之前，曾澈出事被捕。

　　1940年前後，天津「抗團」的部分成員，升學進入北平，又在育英中學、

貝滿女中、志成中學發展新成員，組建北平「抗團」。此時，曾澈已犧牲，「抗團」的工作由孫大成負責。先後刺殺北京大學文學院院長、落水文化人周作人（刺傷），川島芳子（功虧一簣），偽華北政務委員會教育總署署長、偽議政委員會祕書長方宗鰲（擊斃），偽《新民報》編輯主任吳菊癡（擊斃）、偽建設總署總務局長俞大純（擊斃）等多名大奸，馮運修等在行動中被捕或犧牲；後欲行刺華北第一號經濟漢奸汪時璟，被日本憲兵隊追蹤不捨，難以立足，孫大成等 30 餘人撤到上海。在上海成立「抗團」分團，達 70 餘人，軍統上海站每月支持法幣 370 元，並有業務指導，但主要是由這批人生尚處青蔥色的男生女生，抱團取暖，殺伐決斷——

1941 年 4 月 16 日，羅長先、劉世華、黃克忠 3 人，扮成送水工人，在東光、融和兩家電影院，安放定時炸彈，炸死炸傷 22 名日本人。

6 月 11 日，李鑫、孫克敏、劉世華，乘夜襲擊日本憲兵隊法租界憲兵分遣隊，炸毀房屋，重傷 1 名日本憲兵。

同月，黃克忠、繆維，在日軍高級軍官經常出沒的虹口公園售煙亭儲存炸藥，準備實施襲擊時，炸藥突然自爆（一說自行引爆，同歸於盡），兩人壯烈犧牲。

8 月 1 日，上海日偽當局為慶祝南京汪偽政權與德、意法西斯國家「建交」，在滬西兆豐公園舉辦提燈遊行慶祝大會，李鑫、黃昆、張仲華 3 人懷揣自製炸彈，實施爆炸。李鑫當場被炸得血肉橫飛，張仲華被捕，黃昆失蹤。

10 月 14 日，孫大成在試驗保險炸彈時失事，被炸斷左臂，與在場的錢致倫、葉以昌，被法租界巡捕房收捕。3 人堅不招供，1942 年春，由一名陸姓老太太出重金贖釋，孫、錢兩人先後去了重慶，葉回到天津……（劉岳《淺析抗日殺奸團「鋤奸」活動》）

「抗團」成員極盛時達千餘人，在與敵偽作短兵相接、刀刃濺血的戰鬥中，共失事 19 次，被捕 83 人，死難者曾澈、馮運修、李如鵬、紀樹仁、紀念華、朱雲、陳維霖、袁漢俊、李鑫、黃克忠、繆維等十數人。曾澈被捕後，敵人期待能從他的口供之中，將天津乃至華北的軍統地下組織一網打盡。但連經刑訊

利誘，毫無效果。曾澈未吐一言，且絕食求速死。慷慨正氣令敵人也為之心折，為其注射補針，延其生命，溫語再勸道：「你是書生，本有錦繡前程，為何毀法亂紀，自罹殺身大禍？」曾澈答：「我殺敵除奸，順天應人，何謂毀法亂紀？求仁得仁，死何足畏?!」敵人無奈，將他送往北平敵憲兵隊感化院，企圖在「感化」的待遇之下，以時間來消磨他的鋼鐵意志。戴笠曾派人進入監牢，叫他不妨假裝投降，先相機脫險，再圖復舉。曾澈卻一念堅貞，無論真假，決不肯向日偽屈膝。1940 年 9 月 9 日，遭日寇凌遲處死，暴屍原野，年 27，未婚。（《戴雨農先生全集》）

對日軍在租界內實行「無差別格殺」高潮的同時，軍統還在上海郊外進行持續的、高頻率的敵後破壞，50 餘次破壞敵人包括鐵路、公路、水路及機場和軍火庫在內的軍事設施。以至於日軍不得不放棄郊區鄉鎮，只在城市裏活動，其佔領區只有點的聯繫而失去面的控制，上海周邊廣闊的長三角地區仍在我方的實際控制當中。日軍驚弓之鳥、如履薄冰的心態，可見於 1939 年 1 月 28 日《大美晚報》刊登的一則新聞：

「一‧二八」滬戰紀念前夕，浦東方面，日本海陸軍因畏懼中國遊擊隊有所行動，昨日白天，即在各處無形戒嚴。入晚情況尤緊，各處斷絕水陸交通……除原有士兵 200 餘名外，並驅使川沙偽軍徐鴻發之一部，前來協助。薄暮時間，即有日偽混合軍分結各小隊沿鐵路及四鄉巡視。周浦鎮入晚，日軍山瞭望台上開放探照燈，探照四鄉，以防華軍進擾。公路上及河道之間，一律封鎖，禁止平民及船隻夜行，驚擾一晚。今晨上南火車雖簡班開駛，但平民深居簡出，免遭禍端。故無人搭乘，僅見日軍隨車往來，完全入於戰事狀態。上川方面，日軍以川沙縣城及市區高廟為據點，沿上川鐵路曹鎮等處，昨日均臨時加派日偽軍防守，以期保護鐵路線安全。川沙城以南至祝家橋一帶，即有華軍蹤跡。日軍對此一途，更為畏懼。故哨兵放至城南小營江鎮附近。小心翼翼，以防變動。入晚頻頻發槍示威，通宵為止。今晨，上川火車亦僅供日兵搭乘來去，旅客絕跡。沿途

四周，景象淒涼。至沿浦一帶，屬日海軍陸戰隊防守區域。因偽機關遷往江灣後，在偽政治上，已非重要之地，故情勢較鬆。惟海軍深恐游擊隊趁虛潛入起事，故昨晚各要道一律增加步哨守望（按平時哨兵晚間一律撤退），且海軍本未宣佈晚間戒嚴，但昨晚八時以後，商店提早打烊，路人絕跡，街道之上，僅有陸戰隊與偽警巡視，東昌路上每隔三五丈一崗，鐵甲車往來浦東大道南北巡視。大道以東，夜晚並有斷續之槍聲。日兵異常慌張，但不敢探究槍聲之來源。

1940 年，按照戴笠的指示，武漢區效仿上海區，開展了對日本官兵的刺殺和對敵設施的破壞活動。行動大概如下：

1940 年 12 月 16 日，武漢區行動二隊襲擊了駐菜甸日軍警備隊，打死 11 人；同日晚，行動一隊襲擊了武昌八鋪街日軍憲兵隊，斃敵 8 人。

1941 年 1 月 21 日，行動二隊在漢口花樓街砍死田梅次郎少佐。

2 月 18 日，行動二隊在漢口得勝街襲擊日軍「慰安所」、「鶴鳴莊」，殺死 3 名日軍官。

2 月 25 日晚，行動一隊突襲漢口三星街日軍憲兵隊，斃敵 7 人。

3 月 2 日，行動二隊在漢口中山路新市場向日軍巡邏隊投彈，炸死炸傷 17 名日軍。

4 月 16 日，行動一隊在漢陽顯正街殺死日特務主任植樹岩藏中佐。

4 月 19 日，行動一隊經預先潛伏後行動，燒毀漢口王家墩機場油庫，炸毀敵轟炸機兩架。

1942 年 4 月，陸軍省派為「皇軍慰問使」的日本女特小島喜代治奉東條英機之命來華進行「和平活動」。她由台灣繞經天津到達上海，會晤了汪偽外交部長褚民誼，後到達漢口沙市，準備潛往重慶。軍統偵知這一消息後，部署所屬江防部隊將其抓捕。

7 月 22 日，軍統粵北段破壞隊在碧鐵公路劉石村埋設地雷，炸翻了漢口日本憲兵隊隊長美座乘坐的卡車，美座、木青石松、熊雄兩大佐及 24 名日軍

斃命。

1944 年前，武漢日本憲兵隊特工小田正盛，先後組織破壞軍統地下組織 10 餘次，殘害 300 人。戴笠下令將其生擒法辦。3 月間，軍統人員策動偽鄂南保安司令成渠率領 7000 人反正，並逮捕小田，押送重慶判處死刑……（以上見馬振犢、邢燁《戴笠傳》，馬振犢《國民黨特務活動史》）

無疑，軍統在這一時期所從事的暗殺、破壞活動，如佛家語：獅子奮進，象王迴旋——聲威遠振，有目共睹：

從雨後什刹海的蜻蜓、夢裏玉泉山的塔影，到五月滿城槐花的清香、十月雨點般漫天悠長的鴿哨……原本老舍先生筆下一個風情萬種、老禮周全的北平，如今在一面太陽旗與一面青天白日旗的撲打之間，變成了駱玉笙一曲蕩氣回腸、裂冰撕帛的京韻大鼓：「千里刀光影，仇恨燃九城……為雪國恥身先去，重整河山待後生！」亦讓原本黃酒柔和芳醇、佳麗珠拂翠舞的申江兩岸，彌漫着肅殺之氣、厲鬼之氣、血腥之氣，變成木心先生所說的「有骨的江南」；但自身亦付出了最沉重的代價。1941 年下半年，為了給即將發動的太平洋戰爭掃清後方，日方對軍統上海地下組織進行了瘋狂的打擊，第三行動大隊基本覆滅，上海區長陳恭澍、區書記齊慶斌等在內的主要人員，先後被捕。上海孤島徹底淪陷，這個地區的地下工作進入了低潮期。軍統武漢區人員也付出了沉重的代價，至 1942 年 6 月，共有 170 餘人被捕，被敵寇殺害的有 50 餘人之多。自 1941 年 4 月後，該區的活動陷於停滯狀態。

斗笠下的腳力與纖夫

一場關係到中華民族生死存亡的抗戰，尤其在進入到漫長的相持階段後，數百萬人的廝殺，幾千里戰線的對峙，幾億人口維持生存的最低生活，其人力、物力、財力消耗之巨大，遠不是一個未完成工業化的國家可以承受的。

有些話說着難聽，卻是事實：國軍士兵的伙食狀況，還不如日軍的狗。中國戰場上的日軍成年軍犬，每天的食物標配是大米 150 克，麥 250 克，白菜 200 克，罐頭牛肉 350 克或沙丁魚 400 克，鹽 10 克，還有其他幾種口糧搭配。國軍主食規定，一天三頓 9 兩米，但至 1944 年，許多時候士兵一般每天只能吃兩頓飯，上下午各一頓，也就是說一天只有 6 兩米果腹。絕大多數國軍士兵，一輩子連罐頭是啥樣兒都沒見過。戰時應急伙食，一般是北方農民常吃的那種雜糧大餅，再有就是南方人熟悉的炒麵。一塊大餅或者一撮炒麵，加一疙瘩鹹菜，就是一頓飯了。如此飢餓狀態下的士兵，實在經不起體檢，1943 年，國軍送 1800 名新兵到印度受訓，高達 68% 比例的新兵被拒絕。惟有培養成本極高的天之驕子——空軍，即使是在最困難的時期，飛行員的伙食每天也保證有肉、雞蛋和牛奶。此外，最精銳的機械化部隊第五軍，據說因蔣介石親自下令，一天才能吃到三頓飯。

1928 年，南京政府統一全國後，財政收入可以養 200 萬兵。抗戰爆發後，士兵人數年年激增，最多時有 400 萬。兵愈來愈多，錢卻愈來愈少——日軍封鎖了民國全部的海陸貿易，國府財政收入的主力關稅不復存在；鹽稅同樣如此，沒有海岸線，鹽稅也失去大半。加上國土分裂，走私偷稅猖獗，收到的稅款也少之又少。再有武漢會戰後，全國 70% 的產糧區落入日軍手中，國軍只能依靠西南西北幾個邊遠窮省來供糧。想想李白筆下山路蹉岈、鳥道橫絕的《蜀道難》，能保證士兵每人每天 6 兩米，已經是國府當時能調度的最大力量了！

士兵穿衣也成問題。1941 年黃仁宇 22 歲，彼時他還不是日後寫出《萬曆十五年》的暢銷書作家，僅僅是國軍第 14 師一名排長而已，即使是位列嫡系中央軍的小軍官，他也沒有布鞋可穿，只能光着腳穿草鞋。為了讓部下穿上衣服，第 14 師師長闕漢騫下令讓軍需官偷渡到日軍佔領的越南買來白布，自己染色再縫製成軍服，還只能每人一套短衣短褲，但黃仁宇和弟兄們總算有軍服可以換洗，不必再打赤膊了。這不是偶發現象，在許多國軍部隊裏，冬季一套棉軍裝要分給 3 個人穿，怎樣分的呢？得到棉大衣的，沒有棉上衣和棉褲，棉上衣和棉褲又分與兩人，穿棉上衣的光着腿，得到棉褲的只能光膀子。這並非

後人的臆想和杜撰，而是時任軍政部長的何應欽在日後的抗戰回憶錄裏描述的真實狀況。

在遠離前線的大後方，惡性通貨膨脹嚴重，出入於家門口的人們也嚴酷地感覺到戰爭對於生命的巨大威脅。重慶在膨脹率中翻出令人眩目的跟頭，一組十分驚人的數字是：1939 年底的物價水平，比 1938 年同期上漲 99%；1940 年比 1939 年上漲 301%；1941 年比 1940 年上漲 144%；到 1942 年這一數字為 154%；1943 年為 192%；1944 年為 186%；1945 年為 256%。（《大後方》）遑論一般百姓、公務員，從 1940 年起，西南聯大校長梅貽琦先生，每到發薪的日子就特別愁苦。2000 元法幣的月薪，在抗戰初期能牽 40 頭牛回家，家裏可以開一個養牛場；但到了這時，錢只夠敷衍全家半月之用——梅先生上有雙親、下有 4 個子女等着吃飯，半月一過，飯桌上連蔬菜都時常斷頓，只有把辣椒剁碎了拌飯吃，偶爾吃上一頓菠菜豆腐湯，孩子們高興得像過年。夫人韓詠華無奈做起了小買賣，做了切糕，挎着籃子到街上販賣。她換上藍布褂子，自稱姓韓，不敢提夫姓。後來知道的人多了，她乾脆公開身份，將此糕命名為「定勝糕」……

戰時中國惡性通貨膨脹的成因之一是供給嚴重失衡。一方面，日本佔據了沿海省份、港口城市和交通樞紐，切斷了外部商品向大後方的運輸通道。1938 年 10 月廣州淪陷後，中國的國際通道只有 4 條：香港的海上出口；法屬印度支那（越南）的港口，通過桂越公路、滇越鐵路的線路；滇緬公路；西北蘭州（主要接收蘇聯援助）。1940 年 6 月，日軍進入法屬印度支那，越南補給線斷絕；1941 年 12 月太平洋戰爭爆發，香港淪陷；1942 年 5 月，最後一條陸上交通線路滇緬公路，也被日軍切斷。日本完成了對中國的戰略包圍，中國的陸上國際補給線全面中斷。

一方面，政府機關、大專學校，及涉及槍炮、彈藥、鋼鐵、機械、化工、紡織等中國近代工業精華的戰略西遷，還有，淪陷區大量難民的湧入，截止到 1940 年，中國大後方的人口總數增加了 25%。戰時重慶無疑是中國抗日的號角蹄風、七星北斗，其 80% 的人口都來自全國各地，這大大加劇了物資供應的匱

乏。以布疋價格為例，1943 年比 1937 年上漲 20000%。一個銀行經理的月薪只夠買一套西服。某名政府職員只能穿已參軍朋友送他的舊衣服，平時連「替換已經穿破的襯衫、襪子和內衣，都十分困難。」大後方的文人窮得幾乎買不起鞋襪。巴金《寒夜》裏的一個人物愁腸百結，抱怨她可憐的外孫已是連續 3 年穿同一件破外套，明年肯定不合身了⋯⋯

與糧食、西藥、布疋同樣緊張的還有汽油。

抗戰前，中國石油供給的 75% 由美國、英國進口，剩下的來自中東的石油公司。1942 年 5 月前，滇緬公路與滇越鐵路為石油主要運輸路線，但若將 100 萬加侖的石油從緬甸通過滇緬公路運至昆明，油價需 23 萬元美金，運費卻高達 52 萬元美金。汽油被刻意地由金黃調成血紅色，一句口號響徹大地：「一滴汽油一滴血」。中國第一位地質學博士翁文灝，被任命為國防設計委員會祕書長，其首要職責，一是找到汽油的替代品，二是在甘肅和青海交界處，儘快找到石油。1941 年，大後方以玉米、高粱為主要原料的酒精廠為 60 多家，1944 年雨後春筍般冒出 306 家。其生產出的酒精，摻和汽油作為航空燃料，否則，美國援華飛虎隊司令陳納德的百把架飛機，只能是趴在地上的一堆廢鐵。木炭汽車、桐油汽車開始成為後方公路上的主力車，老舍曾有打油詩云：「一去二三里，拋錨四五回。下車五六次，八九十人推。」直到駝峰航道開闢，玉門真打出油來，汽油緊張的局面才稍有緩解。幾十年後，林語堂先生憶及抗戰時的情形，仍動情地說：「我看見中國的驢，由中國西北甘肅的油田，馱着寶貴的石油到西南的昆明，我真要為中國哭起來。」

惡性通貨膨脹還因為投入戰爭和修建內地落後基礎設施的費用日益增大。抗戰以來，大量的公路、鐵路將全國許多戰略要地連通起來，以保障部隊的順利調遣；可財源卻日益萎縮，1937 年，軍費佔國家財政收入的比重是 170%，到了 1942 年比重達到 198%。如果這個還不夠觸目驚心，可以換一種說法，即民國政府當年的總收入是 56.29 億法幣，而支出是 245.11 億法幣，赤字 188.82 億，財政赤字竟然達到總收入的 3.35 倍。為了填補虧空，只能讓銀行熬夜點燈，足足印了 200 億法幣的鈔票。「這些數據歸結為一個事實，如果在今時今

日，國民政府實際上已經破產了。」（周錫瑞、李皓天《1943：中國的十字路口》）一邊是「橫徵暴斂」，一邊是亡國滅種，在民族生死存亡關頭，重慶國民政府別無選擇，只能長期承擔這個「罵名」。

囤積居奇、投機倒把，還有走私偷稅，也是一個重要原因。

1943年，重慶米價比1937年高出60倍，「當年10月，戴笠離開重慶，去滇緬公路考察了1個月。回來以後，看見許多同志面容都瘦了，營養不良。一進到四川也是這樣，看到的人都不成人樣。雲南卻並不出米，米價比四川要便宜兩倍」（《戴雨農先生全集》），其直接原因，自然是戰爭的影響，間接的原因便是軍閥餘孽、貪官污吏、不法商人的囤積操縱。後方五金、西藥雖缺乏，但美飛虎隊來華開闢駝峰航線後稍微減輕了嚴重性。惟有紗布衣着因後方產棉有限、紡織生產不夠、外地運來不便，依舊缺乏。1942年以後，陰丹士林布成為囤積、儲蓄、保值的對象，幾乎具備了貨幣的功能。

舉國混戰當中，走私活動變得更加有利可圖。由於淪陷區法幣被大量拒用，價值較低，國統區和淪陷區以法幣計算的物價不同，套利機會就此產生。將淪陷區的法幣運往後方，購買物資，倒買倒賣，可獲取暴利。在廣東，1940年三四兩月裏，僅經由佛山運往三水、清遠的進口日貨的價值就達700萬元。偷運出口的貨物比進口的多出幾倍，無法統計；甚至桐油、鎢礦等日寇迫需的戰略物質，也毫無阻礙地私運資敵。江西是一個重要的原料產地，除具有豐富的稀有礦物質：鎢、銻、錫、錳、鉬和銀以外，還出產大量的稻米和其他農作物：茶葉、苧麻纖維和菜籽油，以及來自景德鎮原皇家瓷窯的奢侈陶瓷。浙江沿海的寧波、溫州成了大肆轉運出口江西物資的港口，且又往內地走私了大量的交通物資，如機動車、卡車、輪胎、工具和汽油。河北東部大量的走私活動，主要圍繞着毒品交易進行。自東北落入日本人手中之後，成為走私中心的大連，也把毒品經營與其他走私活動結合起來，並不時派船在華北沿海一帶上岸活動……

在走私泛濫的地區，似乎人們並未感到是在敵人的槍口底下生活，空氣裏到處充塞着金錢的氣息，幾乎在街上遇到的每一個成年人，似乎不是商人，就

是自稱能夠搞到某種緊缺物資的人。再看重慶，前線吃緊，後方緊吃，奸商貪官紙醉金迷，黑市上的舶來品、奢侈品、高級化妝品及衣料，五光十色，應有盡有，「未知歌舞能幾時」，「直把杭州作汴州」。此種景象，很難想象發生在一個正戰火遍燃、生靈塗炭的國家。

蔣介石在 1942 年 10 月 29 日的日記裏寫到：「當前價格十分混亂，民生和軍需都深受其害。」此前一週，在召開的國民參政會的開幕式上，他的憂心如焚已呼之欲出：

> 現代戰爭不僅關乎軍事行動，經濟事務也是另一重要方面。因此《國家總動員法》的實施和經濟政策的推動，會對戰爭形勢產生巨大影響。如果我們不能調動人力，有效控制經濟，穩定物價，協調生產和分配，戰場的勝利也不能挽救國家的敗落。（同上）

面對如此之經濟局面，國民政府是如何撐持住的了？看起來，蔣介石主要依靠了兩個人。

一個是時任行政院長兼財政部長的孔祥熙。此人「是地道的老式山西票號商人的味道，胖得一身滾圓，藍緞袍子，套件小坎肩。」（舒蕪語）。1942 年下半年，其主管的「美金儲蓄券」冒出舞弊貪污案，在社會上傳得沸反盈天，傅斯年在參政會上予以猛烈抨擊，並要求彈劾孔。會後，蔣介石親自出面宴請傅斯年，席間問：「傅先生信任我嗎？」傅斯年說：「信任。」蔣介石立即回應：「你既然信任我，那麼就應該信任我所任用的人。」（屈萬里《傅孟真先生軼事瑣記》）

大略不是整個抗戰期間為了一個「錢」字，孔祥熙殫精竭慮、東挪西補、長袖善舞，蔣介石不會如此大包大攬，為孔祥熙背書。1967 年 8 月 15 日，孔祥熙在紐約心臟病發去世，蔣介石親自寫了一篇悼文——《孔庸之先生事略》，概括其四大功業：「其一，為統一全國幣制。其二，為統一各省財政。其三，為維護教育經費。其四，為充實軍隊餉糧。」並盛讚他在抗戰準備方面「貢獻為最大」。

另一個則是不為世人所知的戴笠。

抗戰 8 年，軍統的抗日作戰中，始終有一大塊是經濟作戰。

1940 年春，戴笠帶領毛宗亮、婁劍如等人，親往緬甸考察。一方面佈置全緬的情報網，準備長期潛伏；一方面命仰光站擴大僱用商車，通過臘戌孔雀公司總經理張嘉順，向緬甸海關和路局報領商用大卡車牌照 1000 張，費用由軍統局祕密支付。並於靠近中緬邊境的臘戌一帶選擇隱蔽地方，設立大規模倉庫。在當時，這確是費錢又費力的事，在緬甸的軍統工作人員對戴笠的這項命令均感莫名其妙，要這麼多汽車牌照幹嘛，難道要改開運輸公司了？又不便多問，只好照計行事。

如戴笠所料，不及半年，英國和日本簽訂協定，封鎖滇緬公路，禁止中國軍車通行，並由緬甸政府派兵設關檢查。此時，中國政府為了突破封鎖，在軍委會之下，設立西南進出口物資運輸總經理處，簡稱「西南運輸處」，專事從國外運進戰略物資，總處設廣州，第一任主任為曾養甫，後由宋子良接任。宋因此事責任重大，百難蝟集，乃懇請軍統派幾個得力幹部前往協助。戴笠先後派出張炎元擔任該處的警衛、稽查組組長，汪祖華擔任該處特別黨部書記長兼政訓處長，陳質平擔任仰光分處處長，潘其武擔任臘戌支處副處長。廣州淪陷後，總處遷昆明，以滇緬公路與滇越鐵路為主要運輸路線。西南運輸處即取出戴笠事前買好、已保存 3 個月的的 1000 張商用汽車牌照，將所有軍車改頭換面，以商車報關檢查，軍用物資得以繼續運進中國。抗戰期間，軍統搶運、搶購的五金器材主要以汽車零件及相關修理工具為主。據 1944 年 12 月國民政府資源委員會的一項統計資料，大後方直轄各公路局共有卡車、客車 4498 輛，完好者僅 1907 輛，待修者 2591 輛。大後方對五金零件的需求，如三伏中的人們急盼雨雲。因軍統在西南運輸處深植力量，又在東南亞佈局甚廣，仰光遂成為採購五金器材的主要市場。「國史館」存戴笠檔案中，1941 年前後，有關汽車零件和相關修理工具，以及汽油採購的密電頻頻，語氣普遍相當迫切，如1941 年前後，戴笠密電仰光分處處長陳質平：

敵進兵西貢，圖截斷我滇緬線至為明顯，本局無線電製造所停工待料已久，而所有卡車又因缺乏零件進廠待修。故弟極為焦急。（1940）

現……寧波各口，敵已實行封鎖，本局在上海所購之汽油，不能進口，現存油不能支持一個月之用。兄處尚能設法購買若干否？盼覆。（1940 年 7 月 20 日）

最近由仰運渝之汽油，今午已有四卡車到達，兄對本局工作之熱忱，殊深感佩。（1941 年 5 月 15 日）（以上皆見《戴笠先生與抗戰史料彙編：經濟作戰》）

1940 年 5 月，軍事委員會根據戴笠的建議，為使全國運輸力量得以高度發揮，將原西南運輸處改組為運輸統制局，內設監察處，戴笠兼處長，張炎元任副處長，賦予統一運輸管制與檢查的全權，指揮原在後方維護鐵路公路交通安全的交通警察 5 個支隊，共約 11 萬人。除了擔任警衛、稽查任務，協助商人去上海、香港、武漢等大商埠搶購、運送物資外，在蔣介石的支持下，軍統也成立了戰時貨運管理局，運用設在各地的商號，自行購買一般普通行商難以承擔的大宗物質。

在上海的一家叫「通濟隆」，出面的老板叫徐采丞，徐本是史量才《申報》的老人，處事穩重，頭腦清楚，善於在各方面的複雜關係間遊走，且有功不伐，寵辱不驚，深得杜月笙激賞。抗戰一起，杜遠走香港，指定徐采丞做他在上海灘的代表。「通濟隆」的交易對手，主要是由日軍「登部隊」出資 4 億「中儲券」作資本的「民華公司」，該公司以滬上的名流們裝點門面，公司董事中還有周佛海的好哥們、資深媒體人，日後寫了影響頗大的《汪政權的開場與收場》一書的金雄白。憑着該公司與日方商品統制機構的交涉，「通濟隆」果然採辦到藥品、橡膠等緊俏物資。至 1943 年，大後方汽油、五金輸入狀況有所好轉，戴笠檔案中此類焦灼言辭漸少，布正轉而成為軍統物資搶購、搶運的重心。

存留詳細記錄的一次，是從上海「通濟隆」購運 6000 件紗布。每件約重 400 磅，2000 磅為 1 噸，折合起來，約 1200 噸。由上海經京滬、津浦、隴海三線，其間得過敵偽佔領的淪陷區、「陰陽界」或三不管地帶，必須取得偽軍及地方勢力的合作，至一荒僻小站十字河卸貨。十字河至安徽太和縣界首鎮 155 華里，此鎮位處皖豫兩省交界，居國軍與日軍防線之間，用架子車裝運，每車只能裝運 1 件，得集合 6000 輛架子車次。即便能召來 500 輛架子車，日夜一次往返，人停車不停，6000 件運完需 8 天。再由界首運至河南洛陽，共 385 公里，有公路，可由汽車運輸。到洛陽後，再經隴海線內運。以當時運輸工具的落後，沿途情勢的複雜、艱難，其險峻幾如在頑童尿水邊爬行的螞蟻。戴笠曾親往界首探勘、指揮，覺得這一路途曲折、漫長，且成本巨高，便改後面的 3000 件，在距上海較近、可裝船水運的浙江淳安交接，直接交東南戰區的軍需機構，不再內運。（《戴雨農先生全集》）

1944 年 2 月 23 日，戴笠密電軍統骨幹、界首警備司令部副司令周兆祺，切切囑咐：「臨汝訓練班前天自渝駛來貨運局卡車十輛，弟已手令丁善慶立即開往界首，裝運裕中莊之布疋矣，不足之數，並已令善慶向長官部交涉，加撥車輛矣。總之，界首萬不可存貨，有貨到界首，無論多少，應即啟盡種種可能，搶運來洛，萬不可疏忽與遲延，至要至盼。」（《戴笠先生與抗戰史料彙編：經濟作戰》）

所謂「裕中莊之布疋」，即搶購自上海的 1200 噸紗布的一部分。

1944 年 3 月 3 日，病中的戴笠向蔣介石報告：「滬來第一批紗布，已自界首向洛陽運輸，餘者亦正由商丘內運。生在此（河南臨汝風穴寺）亦便於指揮搶運。日內當擬往界首一行。生病現已能起來，不敢因已蒙鈞座賜准病假，延誤緊要關頭之工作。」（同上）

戴笠生前，每年的 4 月 1 日為軍統成立的紀念日。在 1944 年這天軍統重慶本部的大會上，他說起——

　　我們今年的「四一」，可說是王小二過年，一年不如一年，這是因為物價上漲，受經濟限制的緣故。早上公祭時，我看見子弟學校的學生，赤

戴笠主持軍統成立 10 週年紀念會

腳都沒有襪子。看起來寒酸,但也是我們在國民政府之下許多機關中足以自豪的,我們上年搶運物質已經做有相當的成績,光是交給花紗布管制局的陰丹士林布就有 6 萬碇,價值 6 萬萬元,搶運的白布也價值 5 萬萬元,在路上的還沒有計算在內。我們奉公守法,把所搶運的布碇甚至比限價還便宜,交給管制當局,自己不在中間討一點便宜,做一套衣服……所以,今天我看到子弟小學的小學生赤着腳,沒有襪子,也沒有好衣服穿,心裏有很大的感想……就是今天外面來參加大會的同志和家屬,恐怕也是自己家裏吃了飯,或者飯都沒有吃,餓着肚子來的,可到現在我們的茶都還沒有拿出來,點心也沒有。記得這次在 ××,大會籌備處打一個電報給我,說我們往年「四一大會」都發點心,但今年物價太貴,發點心要× 萬元,我覆電說不要發了,因為我們沒有外客,都是自己人,大家一

定可以原諒……

　　看我們上午站隊的時候，大家爭先恐後，踴躍熱烈，有學員沒能參加的，還說：「為什麼我們不能參加，難道我們不是同志嗎？」現在你看窗子外面也站滿了人，大家都在側耳靜聽，這一種殷切關懷的情形，在其他機關是沒有的。大會的幾個大金字，還是去年用過的，把「十一週年」的「一」字改作「二」字，重新刷上金粉……以我們今天的精神，如果國民政府底下每一個機關都能夠如此，日本帝國主義還怕不能打倒，失地還怕不能收復嗎？（同上）

　　需要說明的是，當年為軍統運送進口、搶購物資的，大多是華僑青年。全國抗戰期間，成千上萬華僑青年懷着「國家興亡，匹夫有責」的滿腔熱血，拋家捨業、歷盡艱辛，毅然回國，僅東南亞回國抗戰的粵籍華僑就有 4 萬餘人。他們或直接參戰，或參與救護隊、機工團、記者團、歌劇團等形式多樣、大小不一的回國服務團體。其中最著名的有兩支隊伍，一支在地上，一支在天上，都維繫着中國抗戰的生命線。後者，指當年中國殲擊機飛行員中華僑佔到 3/4，成為空軍作戰主力。連陳納德將軍率領的「飛虎隊」裏，也有十幾名華裔飛行員；前者，指南僑機工，全稱為「南洋華僑機工服務團」。

滇緬公路貴州境內一段

　　滇緬公路，以印度加爾各答為起點，延伸至中緬邊境的畹町，再通向昆明，這條「駝峰航線」開闢前對外的惟一通道，穿江越谷，九迴七折，地勢險要，惟有老練駕駛員方能駕馭，當時國內見過汽車的人都不多，更罕有此類人

　　　　　　　　　　　　　時間的磨子下──戴笠、軍統與抗戰

才。戴笠通過著名僑領陳嘉庚先生，及西南運輸處仰光分處處長陳質平等人，將招募公告傳至南洋，南僑總會積極響應，先後有 15 批華僑青年回國，並募集巨款，購買 1000 輛美國道奇牌卡車贈送祖國。西南運輸處在昆明潘家灣辦起司機、維修人員訓練所，由張炎元任所長，先後接受 3000 餘人。根據其不同文化程度，培訓合格後，或駕駛員，或修理工，除分配至各運輸大隊，還編有華僑先鋒第一大隊和第二大隊。華僑機工們不捨晝夜，不分赤日炎炎、雨急滂沱，將戰略物資源源不斷地運往抗日前線。

期間，天上不時有敵機狂轟濫炸，地上則有被當地人稱為「瘴氣」、「啞瘴」的疾病流行，早間染上，晚間不及天光就死，據說這是熱帶叢林中一種彩色的玄霧，由眾多的瘧蚊及毒蛇、蜈蚣、毒蜂、毒蠍等毒蟲的口涎、尿液等排入泥土，再經毒辣的陽光蒸騰而形成。幾乎每一天，都有幾名華僑機工倒下。在 6 年的時間裏，總計有 1000 多名華僑機工，捐軀於祖國大西南莽莽蒼蒼的崇山峻嶺裏。

2009 年，昆明電視台拍了一部有關「南洋華僑機工服務團」的紀錄片。片中披露，抗戰勝利後留在國內的 1000 多名華僑機工，在包括「文革」在內的

修築滇緬公路的民工

歷次運動中多受迫害，其子女命運也遭牽連，參軍、入黨、提幹、上大學，均門禁森嚴，因其檔案長期標着「敵偽檔案」的字樣。2012 年，央視紀錄頻道導演張兵，用了兩年，再度將鏡頭聚焦南洋華僑機工，他給這一群體起了個名字——「被遺忘的衛國者」。

1940 年 11 月，鑒於在敵我相持區域，奸商勾結地方官吏與遊雜軍隊，頻頻走私漏稅，而各地所設查緝機構，礙於世俗情面與部隊實力，多不得力，以至情勢愈演愈烈，國民政府在財政部下設立緝私署，負責查緝全國走私漏稅事宜，蔣介石親點戴笠兼任署長。戴笠立即編織一經一緯，「經」為各省區緝私處的設立和緝私部隊的整頓擴充，各省區緝私處長以下中高層幹部，多由軍統人員擔任；「緯」是成立緝私人員訓練班（簡稱查幹班），培養緝私人員廉潔的操守，灌輸其法令常識及技能方法。這張大網撒開去，很快打開局面。在走私之風最甚的廣東，軍統局廣州站站長謝鎮南充任廣東省緝私處長，加強部署嚴密的偵緝網 76 處，擴充緝私武力 4000 人，編成兩個總隊，走私之風得到有力遏阻。僅 1942 年裏，由軍統直接處置或參與處置的影響重大的案件有：原成都市長楊泉宇聯手奸商囤積居奇案、雲南省主席龍雲之子龍繩曾（昆明無人不知「龍三」這個外號）的販運毒品案、林世良官商勾結走私案等，後案更是嘩然朝野。

抗戰時期，大後方流傳着一句順口溜：「馬達一響，黃金萬兩。」「馬達」是指卡車。林世良官不大，不過是財政部下中央銀行信託局的一個運輸處長，可手上掌握着大卡車數百輛。1942 年夏天，日軍開始攻佔緬甸仰光的軍事行動。當時，中國儲備在仰光的公私物資的數量甚大，其中就有美國援華的百餘輛簇新的道奇牌卡車。林世良受命去仰光接回這批車輛，應美國救濟總署的要求，這些車要儘量裝運國內後方急需的醫藥用品、食品罐頭、禦寒衣物和部分軍用物資。當有着孔家背景的大成公司兼利通商行經理章德武找上門來，稱其有一筆價值 1600 萬法幣的車胎和五金等走私物資，要託運回重慶，運到國內後至少價值 3000 萬法幣，油水極大，林世良當即決定拿出大半車輛裝運公家物資，另 35 輛道奇則裝運這批可獲暴利走私貨物。此事很快被軍統探員偵

悉。當時，戴笠正在東南沿海陪同梅樂斯考察，得知此事後趕飛昆明，偕滇緬公路警務處長李崇詩和交通巡察武裝於昆明站口等候，尾隨中信局大隊卡車駛入倉庫後，當場拆開封條檢查，即見打包成箱的奢侈走私品。戴笠下令將下榻昆明太和酒店的林世良拘押回重慶。自己又趕回重慶彙報，蔣介石當即批准對林世良的逮捕，交軍法執行總監部訊辦。

在對這起走私巨案作進一步調查時，發現中央信託局理事會主任祕書兼信託處經理許性初，為林世良私運這批物資偽造了押匯契約。戴笠又將許性初送進監獄。林世良，杭州之江大學又轉蘇州東吳大學畢業，英語流利，到中信局前曾供職於南京勵志社。勵志社係專為接待中外高官貴賓而設，林得以認識一把中樞權要。他年輕倜儻，辦事得體玲瓏，隔三差五身着高檔西裝出入於孔府，留下駱駝牌香煙、打火機、名酒、男女上等衣料、玻璃絲襪、密司佛陀唇膏及香水。孔家的事能幫得上忙的無不效力，據說孔家的一個孩子考進上海聖約翰大學，還是他代考的……頗獲孔祥熙夫婦及孔二小姐青睞，一說已視為未來的女婿；另說，林世良曾拜孔祥熙為乾爹。許性初，復旦畢業生，又是從意大利留學歸國的洋派人物，除在中信局任職外，又由孔令侃介紹給父親孔祥熙主辦《財政評論》月刊，是孔家兩代人都賞識的人物。故林世良和許性初相繼被捕後，孔家如坐針氈。

1938 年 6 月，國民政府及軍委會吸取外國先進經驗，統一組編提升軍法法制，師旅至團派軍法官，成立全國軍法執行總監部，何成浚上將（1882—1961）為總監。無疑，直接由總監部審理的，均屬要案、特案。軍法總監部接手此案後，沒聽說有向總監部賄送重金遊說者，只聽說「有老友來訪，閒談中似不經意提及林案，意為宜儘早結案」，「勿去追所謂後台及左右牽連」；再就是說「救人一命勝造七級浮屠，法外施恩，可免林死罪」。1942 年 12 月 5 日，時為行政院副院長的孔祥熙親自出山，邀何成浚往孔府午餐，同餐有徐堪、楊嘯天、陳希曾諸人。餐畢，「孔先生對林世良舞弊案談敍其情形甚詳，並力為許性初解釋（許為中央信託局信託部經理，與林同案在押）。約往午餐之用意，似即在此」。（《何成浚將軍戰時日記》）

軍法總監部偵訊查明，林世良於仰光戰事吃緊時期，擅用職權，與大成企業公司兼利通商行經理章德武勾結，私以中央信託局名義代該商行搶運商品，貪腐舞弊。許性初雖有嫌疑，但未直接經手，其允辦押匯之款亦未交付分文，許受同僚林世良蒙蔽較近事實。軍法執行總監部審慎權衡，簽報判處林世良無期徒刑，許性初 2 年徒刑緩刑 3 年，呈軍委會核示。

戴笠並未放手此案。軍統通過自己的渠道查實，林世良藉洽辦進出口運輸之名，去緬偷運私貨並非偶發，此前已多次載運大成公司的呢絨、五金等貨回國，並在卡車上貼以「軍用品」封條，沿途無人敢過問或檢查。因公車被佔用，仰光陷敵後有大宗軍火武器未及運出，而落入敵手。戴笠將相關材料同時送軍法總監部及委員長侍從室，據說又命將林世良裝私貨的車隊，全部開到海棠溪 4 公里處，即蔣介石上黃山官邸的必經公路邊，車上裝載的胭脂口紅、化妝用品、法國香水、英國香煙、高級洋酒、上等衣料等走私貨，一字排開，花花綠綠，公開由新聞界採訪報道。頓時，重慶各家報紙質疑、激憤之聲有驟然之勢，孔二小姐用牛奶喂洋狗的「花邊」也鑲之於報端。蔣介石座車經過時亦親眼看到此一場面。隨後，蔣在軍法執行總監部的報告上批下「立予槍決」四字。

1942 年 12 月 22 日，重慶《中央日報》刊載：「中央信託運輸處經理林世良，鑒於仰光戰事吃緊時期，利用職權、機會，與大成企業公司兼利通商行經理章德武勾結，私以中央信託局名義，代該商行搶運商品圖利，被運輸統制局監察處在昆明查扣，此案頃經軍法執行總監部審結，呈奉蔣委員長核准處以死刑，於本月廿二日午後四時執行槍決。並聞該局信託部經理許性初，有幫助林世良圖利事情，亦予依法制裁，判處有期徒刑 5 年，發監執行，商人章德武移送法院，被扣貨物則由運輸統制局依法處理。」

中信局專員劉心如回憶說：「林世良被槍斃後，有一天晚上，孔祥熙召集中信局各處負責人在孔家中開會，易貨處因經理在香港，由我應召出席。在會議上先只簡略地報告業務情況，並無具體議案，隨即由孔講話。孔說，林世良案

造成軍事重大損失，對各方面影響很大，林罪有應得，無法挽救。但林在從前搶運進出口物資，對抗戰頗有貢獻，不為無功，且係幹練之材，不料竟如此結果，不能不深致惋惜。孔言時聲色慘淡，多唏噓不止，闔座為之黯然。」（《軍統100人口述史》）

進入新世紀的頭幾年，李敖先生在其主持的鳳凰台「笑傲江湖」電視節目裏，請來已經90餘歲高齡的谷正文，後者也提到當年轟動一時的林案：

> （孔令儀）她有個男朋友姓林，走私。戴笠就要從他下手，他把這個連貨帶人從飛機上抓下來，抓下來的時候，馬上錄口供，馬上簽呈，說這個人要槍斃，他馬上拿了這個東西去找蔣老先生。他說你看這個非槍斃不可。蔣老先生不曉得這個姓林的是孔二小姐的男朋友，他就趁這個機會交上去，一批，批了。戴笠拿着公文出來以後，見孔二小姐哭紅眼睛，正要進去，和他打了對面。他知道這個不妙，她肯定要求情。他就找了一個辦公室，先打電話，說：「你們馬上五分鐘以內，把這個人給我槍斃。」他回到軍統局後，好了，蔣老先生電話來了，他說：「那個人暫緩槍斃。」他說：「已經槍斃了。」所以，孔二小姐恨死戴笠，恨他一輩子，一直到老呢，到現在還恨他。

谷正文的這番話裏，或許有些八卦和娛樂聽眾的成分，在同一節目裏，他還言之鑿鑿地說，戴笠是蔣介石害死的。

林世良案處置後，社會上和國民黨內一片叫好聲。戴笠擔任財政部緝私署署長期間，究竟為國家增加多少稅收，難知其詳，但軍統局史料記載，各省區緝私署成立1年後，陝西省稅收較上年增加了9倍，湖北、廣東增加了6倍以上。（《國防部情報局史要彙編》）與此同時，茶餘酒後，幕幃暗室，關於戴笠與軍統的物議謗言，亦風生水起。

原復興社特務處核心成員之一、時任「中國人民動員委員會」委員兼主任祕書的徐亮，日後回憶道：

抗戰之後，正式組織軍事委員會調查統計局，戴先生擔任副局長，其統率之部屬，自一萬餘人陸續增加至十幾萬人，除「九一八」以後，經管之軍事情報工作外，他如抗戰期間之物質統制，運輸檢查或緝私工作，淪陷各區之地下工作，以後中蘇中美之情報合作工作，搶運淪陷區物資工作，淪陷區人民之動員工作，均歸其一手負責辦理，事務之繁，任何戰區之司令長官，亦不能比擬。每日睡眠，不過四五個小時。其各項任務中最難辦者，莫如運輸之檢查及緝私工作。此類工作人員，大半係初出學校之青年毫無經驗，每易得罪一般所謂要人，又因物價高漲，而工作人員的待遇極為低微，一年間全部薪俸收入不夠做一身衣服，意志稍一不堅，每易被老奸巨猾之商人之類所誘，因之發生貪污一類行為。因此，我屢勸戴先生辭去此類工作，讓別人去幹，以免將來代人受過，損及過去辛苦掙來之令譽。戴先生亦頗以我的話為然，但屢次請辭，迄未獲准，尚幸管理嚴格，抗戰數年中，其部屬尚無（重大）貪污之事發生。惟年輕人腦筋簡單，血氣旺盛，富責任心，每因執行任務而冒犯達官貴人，或與奸商結怨，以致怨誹毀謗，集中於戴先生之一身……（《紀念戴雨農先生》，見《戴雨農先生全集》）

　　由戴笠親任局長的戰時貨運管理局，還擔負着假幣的運輸、投放工作。

　　岡田酋次，畢業於日本陸軍大學。從 1933 年開始至日本投降，長期從事侵華日軍的軍需後勤工作，曾任汪偽政府經濟、軍事顧問。其所著《日中戰爭內幕記》一書披露，早在抗戰爆發前的 1936 年，在日本參謀本部中國課從事中國經濟研究的佐藤末次大佐，「對於偽造和使用敵國紙幣作為搗亂敵國的辦法很有興趣，曾研究過實行的步驟。」「盧溝橋事變」後，隨着日軍佔領地區的擴大，「華中金融市場舊法幣還在流通，日本派遣軍另發行了軍票作為支付手段。日軍不但要以軍票在佔領區來滿足所需的軍需要求，而且，還有日本國內工業也要求從華中方面提供中國特產物資。但有些物資必須從軍票流通區域以外取得，而這種物資價款支付所需的外幣和舊法幣，卻不易得到。」

1939 年，接替佐藤研究的山本憲三主計大尉，開始偽造法幣的研究。他深入私人造紙公司，進行紙幣用紙的鑒別，又通過軍方，把國民政府下屬四家銀行發行的各種面值的法幣搜集起來做種種分析。發現法幣的水印技術很難解決，在嵌入、捆紮的某些細節上也很難複製。原來，中央、中國、交通、農民四大銀行發行的法幣，是由英國的伍德羅、托馬奇兩家印刷公司，和美國的一家鈔票印製公司代為承印，水平世界一流。正當一籌莫展之時，德國潛艇在太平洋上繳獲的幾艘美國軍艦上發現了大量未印好的中國法幣，面額高達 10 多億元。日方從德國購進這批法幣，這不僅給日方帶來了可觀的經濟效益，而且使其偽造法幣技術有了突破性進展。據岡田酋次估計，1940 年重慶國民政府法幣發行額約 40 億元，日方偽造、並攬局於中國的法幣數額約 2 億元，佔這一數額的 5% 左右。（柏如、劉其奎《「八一三」前後日軍侵華謀略的演變》）

1942 年 1 月，戴笠向蔣介石提出「以亂制亂」、利用假幣破壞淪陷區敵偽經濟的提議，獲蔣批准，並責成由宋子文、貝祖詒、戴笠 3 人負責此事。貝祖詒，即當代著名建築師貝聿銘之父，時任中國銀行總裁，其迅速搜集汪偽「中央儲備銀行」、華北「聯合準備銀行」各類幣值的樣張，及刻板、批次等詳細資訊，寄往美國，委託當時正在美的宋子文，祕密聯繫合適的印刷公司代印偽幣。後面的事便是軍統的了——運送、投放假鈔，分東南與華北兩路，行動得十分保密，裝錢的木箱子外標有「特物」兩字，下面編號，只有收件人才能開箱，連運送箱子的押送人員都不知道裏面裝的是何物。東南一路，由忠義救國軍各支隊長和浙江淳安的戰時貨運分局長壓陣，軍統東南辦事處處長指揮，這一區域一共運進 15000 箱假幣；華北一路，由重慶派專車押送到老河口戰時貨運分局長處，經商丘轉送華北各地。除在美國印製高仿的淪陷區鈔票外，為了節省經費和時間，中美合作所成立後，軍統局在重慶其總部歌樂山也曾自印偽鈔，戴笠曾特地去昆明中國銀行印製鈔票的工廠等處，挑選印刷工人。

東南地區投放的偽鈔假幣在浦東搶購物資時，被汪偽特工發現，不得不通知各地停用。在華北地區，偽政權的「中儲券」、「銀聯券」，流通時間長、品相老舊，而偽鈔假幣品相簇新、手感刮挺，故容易辨識，多次遭日偽發現、扣

押。因運送到商丘的第二批假幣被日軍攔截，已經運送至界首、準備投放的假幣，只好一把火就地燒掉。戴笠曾在一次報告中承認，開始的一年時間，偽鈔假幣在淪陷區「未能達到預期成效」。日偽為了打擊假鈔，採取了一系列恐嚇和防範手段，如頻繁變換其貨幣圖紋、水印、暗線，以此來阻止假幣的流通。

其後，打入駐廈門日軍特高課的「鼴鼠」林頂立「出洞」，林是台灣雲林縣人，早年就讀鼓浪嶼英華書院，後赴日本留學，先後畢業於日本陸軍經理學校、日本明治大學。抗戰爆發後回國，1939年被派往廈門，擔任日軍大特務頭子之一澤重信的副手，負責中國沿海地區情報搜集。他實為血性男兒，暗中與軍統取得聯繫，被任命為閩南站台灣挺進組組長，成為軍統在日本特高課的雙料特工。林藉助其特殊的身份，向軍統提供了大量重要情報，尤其是日偽每發現一種新的假鈔，或者掌握某種

林頂立

新的檢測手段，軍統總能預知，迅速安排印刷廠做出相應調整。在這場對日偽金融戰中，軍統終於策馬笑西風，截止到1944年3月，僅在華中地區，成功投放的假幣數額有4000萬元左右。如此多的假幣，大大攪亂了日偽的金融秩序，更可喜的是白手套來了大量後方急需物資，補充了軍統總是緊缺的經費，軍統各邊區站組的工作經費，收買漢奸、偽軍的開支等，都從假幣中開銷。印刷偽鈔假幣的工作，直到1944年軍統對敵經濟作戰室關門才停止。

1940年9月23日，正值太平洋戰爭爆發之前——抗日戰爭最為困難、人心也最為動盪之際，戴笠以「把握時機，擴大行動」為題，發表告全局同志書：

按今日國際情勢，吾國勝利，已操勝算，吾人抗戰之精神，已足驚動世界。非常工作，原為人所不能為，人所不敢為。而非常之工作，必先有非常之抱負，始克建非常之偉績也。九仞為山，功在一簣，吾人只能把握時機，苦幹實幹，抗戰必期勝利，建國必期完成，方為吾人之最終目的

也。余嘗讀史，至戰國之世，如荊軻、聶政豫讓朱亥輩，憂國憤時，忠君死節之事，固其成敗各殊，含義尚嫌未廣，而立志之純潔，肝膽之光明，每歎俠義之士何獨先見於今？近聞報載，蘇軍以舊式飛機滿載炸藥，報必死之決心，與德艦俱亡，又歎英烈之士，何獨為蘇軍專美，語云：良禽擇木而棲，良臣擇主而士，所望我全體同志，勿辜負此昂然七尺之軀，願共勉之。（《戴笠年譜》）

在二十世紀三四十年代，中華民族生死存亡、幾陷於沒頂之災的時刻，戴笠，當是身上、臉上濺滿雨花、水花的人。

一頂世間不無歧見的「斗笠」下，他是心機盤曲的隱者，是踏雷而行的戰士；還是肩挑大後方萬家燈火平安的腳力，歷史湍急的大河邊的一名縴夫。倘若腳力、縴夫足夠多了，蔣介石就不會將那麼多條的縴繩勒在他的肩上。這大抵也可看出，在蔣主政的民國廟堂裏，他可依賴、可放心的文武大員實在有限。這是民國政治的沉痾暗疾之一，卻給戴笠提供了難得的舞台——與那個年代裏不是太多的縴夫一道，將物質形態上幾近潰散的一個古老、羸弱的國家，堅韌地拖出天光拂曉前泥濘沉漿般的黑暗……

四

江南野鼠　稻田海軍

姓「蔣」還是姓「汪」

2001 年，北京中國京劇院曾獲准在台灣「國立國父紀念館」公演樣板戲《紅燈記》，同被奉為樣板戲經典的《沙家浜》則被拒之門外。原因只有一個：海峽對岸朝野，許多人無法認同戲中對忠義救國軍的歷史定位——

沙奶奶如此痛斥忠義救國軍中一個貌似草頭王的司令胡傳魁：

> 你們號稱「忠義救國軍」，
>
> 為什麼見日寇不發一槍？
>
> 我問你救的是哪一國？
>
> 為什麼不救中國助東洋？
>
> 為什麼專門襲擊共產黨？
>
> 你忠在那裏？義在何方？
>
> 你們是漢奸走狗賣國賊，
>
> 少廉恥，喪盡天良！

阿慶嫂則質問參謀長刁德一，「你到底是姓蔣還是姓汪？」

當年曾參加過該軍抗日鬥爭的在台老兵及其親屬，在情感上也無法接受京劇《沙家浜》的演繹，哪怕這不過是一場「出門不思量」的戲。

自上世紀末至今，隨着對國民黨敵後抗戰研究的深入和擴展，忠義救國軍作為軍統敵後活動的重要武裝部隊，逐漸引起了一些大陸學者的注意，在學界研究國民黨敵後抗戰的論著中，越來越多地涉及到忠義救國軍的活動，如黃壽東、蘇智良的《蘇浙行動委員會別動隊初探》（《檔案與史學》1997 年第 3 期）、何蜀的《抗戰初期的忠義救國軍》（《文史精華》2000 年第 6 期），毛德傳的《忠義救國軍始末》（《軍事歷史》2002 年第 2 期）、洪小夏的《關於上海敵後抗戰的幾個問題》（《軍事歷史研究》2006 年第 1 期）……還有網上流傳甚廣的方曉偉的《八年血路——抗戰八年中的忠義救國軍》等文。這些文章對忠義救國軍

作出了比較客觀、日趨正面的評價，顯示：

如果硬要給忠義救國軍加上個姓，它不姓「蔣」，這支隊伍並非蔣介石、國民黨的看家護院武裝，更不姓「汪」，它的存在一直是侵華日軍和汪偽政權的肉中刺、眼中釘。嚴格地說，它姓「戴」，作為軍統局直屬的遊擊隊伍，從早期的組建、定名，到其戰略戰術擘劃，直至抗戰勝利後的出路安排，忠義救國軍的總指揮先後四易其人：戴笠、俞作柏、周偉龍（阮清源曾代理一段）、馬志超，但其始終無一不暗含戴笠的個人意志；只要是關乎忠義救國軍的大事，他無不在茲念茲。

前文已述，淞滬戰役打響後沒幾天，蔣介石即電令戴笠，速組浦東區、京滬與滬杭二線別動隊。軍統聞風響應，又運用青幫老大杜月笙、勞工領袖朱學範等人的影響，「蘇浙行動委員會別動隊」很快在黃浦江對岸的隆隆炮火聲組成，共轄 5 個支隊和 1 個特務大隊。第一、二、三支隊，成員大多都是幫會分子及勞工人士，在滬上兩者身份常集於一身。戰前，上海地區的產業工人、失業工人的數量在全國領先，參加幫會的工人也多，僅郵局方面入會的職工，就佔到職工總數的 20%，若再加上各行各業自發組織的「兄弟會」、「姐妹會」、「關帝會」以及各地方幫口，這一比例就更大。（朱學範《上海工人運動和幫會二三事》）第二支隊長陸京士（1906—1983）、第三支隊長朱學範（1905—1996），兩人既是杜月笙的青幫門徒，又為杜月笙的左膀右臂，抗戰時期堪稱一對患難弟兄。（1949 年後，陸京士去台灣，最高做到國民黨中央立法委員會常務委員，朱學範在北京，官至全國人大常委會副委員長。八十年代初，台灣與大陸沒有任何聯絡渠道，蔣經國曾促請陸京士兩次寫信，由杜月笙七子杜維善帶去北京交朱學範，以作試探。朱學範請杜在仿膳吃飯，回過一封信。）第四支隊官兵為京滬一帶軍統原有的情報和行動工作人員。第五支隊多為受過國民軍事訓練的青年，其中有不少高中以上學歷的學生，幹部多數具有良好的軍事經歷。其他支隊武器多是杜月笙自費購買而來，或戴笠親率部下冒險去日軍倉庫搶奪而來，總是僧多粥少，而該支隊使的是國軍 36 師、87 師換下來的槍支，從兵力、素質、還是裝備各方面來說，都較其他各支隊為優。每個支隊約

一個團 2000 人的編制，共 1 萬人。

　　戴笠考慮到支隊成員龐雜，大多數人既無戰鬥經驗，也沒有經過嚴格訓練，極少數人甚至有僱傭軍的念想，奔利祿而來⋯⋯諸多因素疊加，必然影響到戰鬥力。他在幹部任命上精挑細選，儘量將軍統中的得力幹將，如楊蔚、徐至道、湯毅生、郭履洲、周偉龍、阮清源、尚望、王春暉、管德容、文強、鮑步超、劉方雄等，納入到忠義救國軍當中，在陸、朱兩個支隊下的大隊長、中隊長位置上，安排了幾乎清一色的黃埔同學。戴笠又通過多種渠道，從負浦東防守之責的張發奎第 8 集團軍，商調來近 800 名軍人，補充為別動隊的班排長。在組建新軍的過程中，戴笠發現別動隊成員中有不少是失學失業知識青年，他們多由章乃器及其他著名愛國人士介紹，還有原上海公民訓練聯隊中的一些大專學校出身的青年，他們的文化水平應予利用，又迅速開出青浦技術訓練班、松江特訓班及佘山教導團。前者設在青浦城內西溪小學，訓練時間為期 1 個月，主要培養學員戰鬥、爆破偵察等基本能力；松江班設在松江城內中山路西渡小學，這個班主要訓練偵探專門技術。這是軍統在抗戰中開設的大量訓練班之先河，故出身「青浦」或「松江」，便成了日後令軍統一批批後人欽佩的資歷。

青浦班女學員畢業照

原任浙江警校書記長兼杭州警察局總政治指導員的汪祖華，被緊急調遣，擔任松江訓練班副主任兼政訓組長，班主任由戴笠本人兼。汪兼程趕赴上海，在一家醫院和正發高燒的戴笠見面。一看到汪還是西裝革履，戴笠立即從枕邊拿出 60 多元給他，催他快去做一套中山服，又交代訓練的要旨：「現在抗戰，要同敵人拚命。我們訓練幹部的目的，就是訓練他們不怕死，只有『不怕死』3 個字，可以打倒敵人，可以獲得勝利。」説完，掙扎着由病床上起來，走到桌邊，寫下「不怕死」3 個字交給汪祖華。汪到任後，將此三字用鏡框掛起，當為松江班班訓。

淞滬抗戰後期，匆匆成立、又未及整訓完畢，別動隊即在戰火的逼迫下作為正規軍的補充而投入戰鬥，時任蘇浙行動委員會人事科長的文強回憶：

> 這個部隊，除第五支隊佈置於南市一帶，負責維持治安、肅清敵諜、守護倉庫等任務外，其餘第一、二、三、四支隊十二個大隊，均按預定計劃，配合正規軍部署於蘇州河沿岸。因敵軍炮火猛烈，雖難於深入敵後，但與正規軍一起同日軍血戰，都視死如歸，前赴後繼。我曾親到前線視察慰問多次，見各大隊堅持奮戰到底，自動去堵擊陣地突破口的敵人，無論如何令其後撤也不聽，雖傷亡慘重，猶戰鬥不止。我在前線親見一支隊長李穰，周身捆上手榴彈，兩手各持一柄德造快慢機手槍，高呼着率領隊員，向敵衝鋒，負重傷仍不下火線。又見朱學範支隊之盛瑜大隊的一位中隊長毛勳，率領一個中隊配合正規軍作戰，接連三晝夜不下火線，全中隊傷亡過半，該中隊指導員朱巨陣亡時，高喊：「為指導員報仇！」他的呼聲，激勵着戰士個個奮戰揚威，向敵陣衝去，壓倒了敵軍氣焰。毛勳負重傷後，與該中隊幸存的戰士掩蔽在一座便橋下柴堆裏，被敵機發現，慘遭轟炸掃射，死傷累累，毛本人周身着火，鬍鬚頭髮燒光，兩耳震聾，從橋邊一直滾到水裏才得救。他是湖南人，黃埔軍校第六期畢業。抗日戰爭勝利後，我曾在長沙見到他，雖然傷重身殘，但他分享着勝利的喜悦，含笑着對抗日勝利表示深深的祝賀，愛國英雄志士，何止千萬……（文強《戴

笠領導的抗日別動隊和反間鬥爭》，見《「八一三」淞滬抗戰——原國民黨將領抗日戰爭親歷記》）

人事科統計，在租界戰死的別動隊官兵達 1500 名以上，戴笠親自督陣、最後打得只剩下 500 餘人的第一支隊，大概就銜命在戰事最為激烈的租界前線。11 月上旬，主力部隊奉命撤退。別動隊第五支隊，及第二、三支隊的大部分隊員，奉命配合 55 師一個旅固守南市，掩護主力部隊撤往浙皖邊境。戴笠命令共 5000 名別動隊成員，效仿「八百壯士」死守四行倉庫的壯舉與日軍鏖戰。3 天後，以近 2000 名隊員肝腦塗地的代價，掩護了主力部隊於第四日凌晨全部撤離。未曾派往前線與日軍短兵相接的青浦、松江兩班，也遭到日軍的突然轟炸，松江班 500 餘人，幸存者不滿 50。該班設於金山衛的學員大隊大隊長、黃埔軍校六期畢業的廖曙東，在撤退時躍入一水潭，被日軍包圍，廖用自己的配槍擊斃逼近的十數名敵兵，高呼：「中國不亡，抗戰必勝，建國必成！」在日軍亂槍掃射下犧牲。上海戰鬥結束，文強改調為前方辦事處處長，派出 6 個收容小組，從南通到蘇州、句容等地，收容別動隊打散的官兵，僅僅收容到了 2000 餘人。當初 1 萬人的部隊，如今只有 2000，其中雖會有棄戰逃離者，但別動隊填坑填谷般的戰鬥、犧牲，仍驚鬼泣神。

1937 年 12 月，部隊撤退到安徽祁門歷口鎮，進行收編、整訓。轉年 3 月 13 日，戴笠奉蔣介石元侍鄂代電，「收容整編流散浦東及京滬、滬杭沿線之國軍，期以加強敵後遊擊工作。」（《忠義救國軍誌》）蔣介石敵後遊擊戰的思想在抗戰初期已見端倪，淞滬會戰伊始，蔣已就在敵後組建別動隊、便衣隊，以及佈置相應的宣傳、破壞活動。隨着中日戰事擴大，我方戰鬥陸續失利，長期艱苦的相持階段來臨，敵後遊擊戰已然成為當局者的重要戰略選擇。國軍 1/3 兵力拚殺前線，1/3 調後方整休，1/3 打遊擊戰。如「江南失陷後，江蘇省政府遷往蘇北。第 89 軍軍長、第 24 集團軍代總司令韓德勤，為江蘇省政府代主席，留蘇北地區堅持抗日遊擊……」「杭州淪陷後，1938 年 1 月，浙江省政府主席、省保安司令黃紹竑，兼任第三戰區浙江省遊擊總司令，組織國民抗戰自

衛團，在浙江省內杭嘉湖地區和浙江省西部，開展抗日遊擊活動」……（王建朗、曾景忠《中國近代通史》第九卷〈抗日戰爭：1937—1945 年〉）

1938 年 5 月，蘇浙行動委員會別動隊正式更名忠義救國軍。民間傳統文化中的「忠義」，比起「國民革命」、「三民主義」等現代政治語彙，更容易為社會大眾理解接受。忠義救國軍除原別動隊殘部和國軍流散人員外，吸收了滬寧地區一批願意接受改編的地方武裝。同時，限令無名義的遊散部隊及偽軍主動投誠反正，逾期以土匪、漢奸論罪，永不收編。太湖周邊的草莽英雄，一時紛紛加入，如浦東張熙明（女）、松江封企曾、太湖金家驤、平湖金山黃八妹（女）、川沙崇明張為邦等，隊伍又愈萬人。

其中，名氣最大的是黃八妹。

其父母有子女 13 人，她排行第八，是家裏惟一的女兒，又名百器，閨名翠雲。自幼家境貧困，幼年失學，給人做童養媳，後解約回娘家。先做粽子、五香豆的提籃小賣，後專事販私鹽，地竄野長，水拍浪行。一次，為爭航道，她這伙與另一伙私鹽販子發生火拚，寡眾懸殊下，她靠一輪左右兼施的快槍化險為夷。後被捕，從她身上搜出兩支短槍，由此得名「雙槍黃八妹」。「女匪首審訊記」的新聞出現在 1933 年的《申報》上，一時間，成為滬上及太湖周邊地區小市民津津樂道的談資。因得貴人相助，以「查無實據」予以保釋，次年順利轉型為「阿慶嫂」，在奉賢南橋鎮開了一家茶館。

本可與丈夫從此過着「壘起七星灶，銅壺煮三江」的小康日子，1937 年11 月，日軍在金山沖登陸，有着大片灘塗的金山衛迅速陷落，有說是中國軍隊沒有在這裏佈防，有說是這裏的百姓為了 10 元法幣（當時國內一個普通飛行員的月薪只有 30 元法幣）的「紅包」，幹起了「帶路黨」，「在登陸的前幾夜，金山衛一帶海岸線，到處都可以看到電筒的光柱和信號彈，像夏日夜空中划過的流星……」（《國共抗戰——肅奸記》）。好在這一帶出了個黃八妹，後人寫起抗戰歷史來，還不至於將臉皮墊去屁股下。她迅即關了茶樓，拉起一支抗日隊伍。1974 年 8 月，已在台灣定居的黃八妹，發表了一篇《我打了八年遊擊戰》的回憶文章，通篇大白話地寫到：「由於我的錢不多，武器不夠，遊擊隊

到台灣後的黃八妹（右）

不易擴充，我便裝扮成為一個叫化子，到上海乾姐姐處求援。她的丈夫那時當水警隊長，我要求她接濟我軍火。她卻問我，為什麼要裝成一個叫化子。我告訴她，我是為了救我的國家。」

改編的地方武裝中，成分自然魚龍混雜，確有京劇《沙家浜》裏胡傳魁那樣腳踏兩隻船的待價以沽分子，也不乏堅決保家衛國、諳熟當地地勢民情如自己掌紋的黃八妹這般的血性人物。戴笠定名為「忠義救國軍」，明處說，自有激發時人對抗戰衛國的使命感，吸引更多的熱血青年、零散武裝投入到這面戰旗下來，並將軍統嚴明之紀律與對領袖的個人忠誠和崇拜有效結合；但其私心裏，也想趁抗戰之際，用充滿水泊梁山色彩的「忠義」、「俠義」為精神滾石，給原本只能在情報領域裏打滾的軍統，打造一支堪與黃埔軍比肩的鐵血部隊。

改編以後的忠義救國軍，分批開進江南敵後作戰略展開，利用人地相熟的有利條件，襲擊、騷擾日偽，宣傳鼓舞民眾，在汪偽政權的核心地帶維繫中華民國的道統人心。1938 年 12 月，滬上的《文獻》雜誌第三卷刊登有題為《忠義救國軍——活躍於東戰場上的民眾武裝》的專欄特稿：「他們——無論是農工大眾、知識青年，以至於土匪流氓，都集合在忠義救國、抗日復興的大纛之下組織起來了」，在 11 月裏就發生 9 次戰鬥，僅 10 日一天就有 2 次。其一，

「吳江某支隊陳部,自青浦某處挺進至昆山京滬線一帶,並掃蕩蘇嘉路直達吳江,與日軍激戰十餘次,斃日軍百數十,毀日軍用車 20 輛,破壞公路及鐵路 20 餘里,爆毀鐵橋及橋樑 12 座」;其二,「常熟某支隊郭部,俘日軍需船一艘,截獲糧草甚多」。此文還具體報道了一次戰鬥經過,某支隊接密報,「偽維新政府要逆,將於 9 月 30 日早車由滬遷京」,便將無錫石塘灣鐵路一段破壞,車過即傾覆,「預伏之『忠義軍』乃加以襲擊。大刀隊亦出動亂斬。是役『忠義軍』大獲全勝,日軍死亡 89 名,並截獲軍械子彈軍旗刺刀、祕密文件日記照片無數。俘虜日軍 4 名」。刊物的主編乃左翼作家阿英(錢杏邨),他是如假包換的中共地下黨員,這本雜誌對忠義救國軍抗日情狀的報道與肯定,自然也是如假包換。

黃八妹夫婦雖然沒有受過什麼教育,但頭腦靈活,深明事理,有一套帶部隊打遊擊的方法。如活捉日軍駐乍浦守備隊長米山,「便派我的女同志,天天到他的機關外去引誘他。有一天,用計引誘他到城外西瓜田裏。我已事先在那裏佈置了幾個部下男扮女裝;我卻扮成男的,在田裏採西瓜。等到米山來到,我們就把他抓住了。當時後方知道了這個消息,要求把他活着送到後方去。別看東洋鬼子平時很兇,等他落到了我們手掌中,就立刻現出了一副可憐相,他學貓叫狗叫,討我們歡喜;又會向我說:大官,你不要殺我,我願替你到廚房燒飯;我願替你到河裏去挑水⋯⋯」(《我打了八年遊擊戰》)

1943 年,黃八妹部隊在平湖乍浦海面擊沉一艘日本炮艦,日軍瘋狂報復,去其丈夫謝友勝的家鄉渡船橋村,將其長子謝其昌,和大多為黃謝兩家親友的老少村民數百人逮捕,脅黃八妹夫婦投降。黃拒絕投降,只答應如果日軍釋放全村人質,她的部隊不再襲擊當地日軍。然而,沒有絲毫人道和信譽的日軍,第二天就在村頭架起機槍,向 300 多人質實施掃射。噩耗傳到山區基地,黃八妹痛心欲絕,以不共戴天之仇,率其已有 3000 餘人的手下,在 1943 年夏天起的一年內,拔除了海北地區日軍 48 個鄉鎮據點中的 36 個,並在友軍的支援下,攻下海北重鎮乍浦。日軍更視黃八妹為心腹大患,三番兩次調動大軍對其部進行「圍剿」。1945 年 6 月,在平湖的一次戰役中,日軍沒有出動戰車重

炮，只派遣 200 多名騎兵悄悄包抄突襲，等到黃八妹的警戒線發現時已來不及撤退。黃八妹越牆逃出，跳進一條傍村的小河中。游得精疲力盡，幾近葬身河底，幸得一位正在河畔採菱的李老太太搭救，將其藏在木桶之下，才避過日軍搜查而脫險逃生⋯⋯

1982 年，黃八妹在台北家中去世。1 年後，在台灣「國立編譯局」主編的小學五年級《國民》教材中，黃八妹的生平事跡被收入其中，編排在明代抗倭名將戚繼光的後面，標題為「殺敵保鄉的黃八妹」，課文結尾是：「生長在農村，從未受過學校教育的黃八妹，率領志士奮勇殺敵，有光輝的戰績；並激勵國人抗日的情操，成為聲威四海的巾幗英雄。」

1942 年 1 月 14 日（除夕）晚 9 點，「忠義軍」阮清源部，分兩路進入上海市區和郊區，一路化裝成置辦年貨的市民，攜帶汽油及各種爆炸物事先潛入並分散到租界及其他各處，選定縱火及燃放鞭炮的地點，等到預定時間，同時縱火、燃點鞭炮，造成上海市區秩序大亂；另一路分兩組，一組在真如和南翔之間，炸斷京滬鐵路路軌，另一組在梅家場和莘莊之間，炸翻滬杭鐵路路基。該部又集中神槍手襲擊了日軍駐滬西的一個炮兵大隊，打死打傷日軍難計其數⋯⋯（馬振犢、邢燁《戴笠傳》）

叫邢燁的年輕人，曾在南京中國第二歷史檔案館馬振犢先生門下讀碩士，其碩士畢業論文題目是《戴笠與忠義救國軍》。該論文一個重要觀點是：「結合中國第二歷史檔案館相關檔案，我們可以看到，忠義救國軍 1940 年前的活動，主要側重於小規模的遊擊戰，形式靈活多樣。或對個別日偽進行制裁，殺雞儆猴，或對盤踞在各據點的小隊日偽發動突襲，干擾其正常運作，或在日偽佔領的工廠發動群眾進行破壞，或在日偽佔據的城市張貼抗敵除奸的海報等，對日偽實施心理戰術。1941 年，尤其在『忠救軍』進入中美合作所培訓後，因為其加強了武器裝備，有能力對日偽軍隊突襲以及進行破壞，因而其針對個別敵偽的制裁活動減少，而破壞和突襲活動次數明顯增多，並且對日偽的影響範圍擴大。如破壞錢塘江大橋、浦陽江大橋等。在部分活動中，『忠救軍』直接配合了正規軍的作戰，阻斷了敵軍的交通，牽制了他們的兵力，在戰爭中達到

了一定的效果。」

忠義救國軍的活動地區，除北方支隊 1938 年底遭日軍包圍於河北香河、寶坻附近，彈盡援絕後全軍覆沒外，都在江蘇、浙江、安徽一帶，重點為長江以南、以京滬杭金三角為重點的蘇南、浙江敵後地區，這一地區也屬國軍的第三戰區轄地，故忠義救國軍也受第三戰區司令長官顧祝同節制。即便遠在千里之外，有關「忠義軍」的人事、經費及武器裝備等事項，戴笠都牢牢把控在手中。顧將軍（國民黨素有「五虎上將」之說，一個版本是何應欽、劉峙、錢大鈞、顧祝同、蔣鼎文；另一版本是劉峙、顧祝同、蔣鼎文、陳誠、衛立煌，兩個版本裏都有顧祝同）很是不快，向蔣介石反映忠義救國軍「遊而不擊」，「抗敵不足，擾民有餘」……老蔣在兩個股肱大將間踟躕犯難，延至 1944 年法國諾曼底登陸成功，同盟國勢如破竹，日本頹勢已露，蔣一度考慮將「忠義軍」「退市」

戴笠不甘心滿腔心血、好不容易拉起來的軍統武裝，沒有幾年便遁入歷史。至 1944 年春，忠義救國軍已有 4 個縱隊，每個縱隊下轄 3 個步兵團，均按正規軍新編制編成，及 1 個特務營，1 個搜索營，1 個軍官隊，1 個電訊總台，與南京、淞滬、浙東、浦東、澄錫虞等 5 個行動總隊，官兵共 31000 餘人。戴笠看重忠義救國軍多少有些拉大旗作虎皮的意思，或有幾分「清君側」的意味：這斑斕虎皮，便是下文要說到的、戴笠與梅樂斯聯手苦心經營的中美合作所，戴笠利用手中職權，將忠義救國軍中的 10000 餘人納入訓練計劃，並愈來愈深地參與「中美所」在華的大部業務，而蔣介石對「中美所」有着高度期待；此「清君側」，是指已上了美軍戰車因而有了某種特立性、先鋒性的這支武裝，可以讓蔣介石耳邊的不滿與懷疑聲及覬覦心，有所收斂，蔣公悄悄地將以前的「退市」打算束之高閣。

1944 年末，美軍曾計劃在中國東南沿海登陸。為策應美軍，在中美合作所的部署、支持下，忠義救國軍擔負着在江、浙一帶對日寇進行情報收集、暗殺、爆破之類的特種戰爭，並有確保京滬鐵路、滬杭鐵路沿線以及杭甬路西段交通安全，控制浙贛鐵路北段的任務。時任「中美所」副主任的梅樂斯在回憶

錄《另一種戰爭》説：「我們已磨利了這時正對準日軍佔領區咽喉的這柄匕首。只要忠義救國軍有所準備，可以隨時出擊，日本人便一天不能高枕無憂，不得不保持大批部隊，來擔任警備。當時，便有 7 個師在其他地方亟需的部隊，必須駐守在這一地區，甚至以如此龐大的軍力，也還始終無法確定，忠義救國軍下一次將在何處發動攻擊。」

忠義救國軍整體素質、戰鬥力的提升始自 1943 年。

正是這一年，他們開始接受「中美所」的訓練與裝備，戰鬥的性質亦由遊擊戰轉向有條件地打陣地戰。這年 6 月，第一個訓練班——安徽歙縣雄村訓練班開班。歙縣地處忠義救國軍戰區，臨近日偽心臟的京滬杭地區，有利於就地培訓和對日作戰；雄村相對位於忠義救國軍戰區後方，背倚翠微，面屏竹山，兩條游龍般的山脈蜿蜒其左，如虎似獅的群山雄踞其右，環村竹林掩翳，村前漸江是新安江幹流，易於防守又安全隱蔽。而且，村口聳立的建於清乾隆年間的面積 1130 平方米的竹山書院，至今保存完好，便於開展教學活動。江邊平緩的沙灘，和一道數里長、春日有 10 餘個品種桃花盛開的堤壩，可擺成操練場。

戴笠主持第一期開訓典禮，他指着江水對學員說：「這新安江的江水，是用來洗滌你們靈魂的，我要求你們把身上的泥污濁水洗個乾淨，你們這些人好比廢鐵，我要把你們投到這個大熔爐裏，把你們鍛煉成鋼。」但是有些人沒能出爐：這裏風景雖然奇佳，生活卻艱窘，學員們穿的是粗布軍衣，吃的是糙米，菜常常只有幾隻辣椒，但學習尤為緊張，早上起床只有 5 分鐘，一天三操九堂課。曾在雄村訓練班教務組工作的曹鴻藻回憶，「中國課為：三民主義、步兵操典、政治、築城、

時任雄村班副主任的郭履洲

通訊、防毒、特工、情報、化裝、擒拿、游泳、國術等。美國人課，一是武器射擊（如 0.5 機關炮、肩射火箭炮、洛易士機槍、湯姆生機槍、卡賓步槍、左

雄村訓練班舊址

輪手槍);二是爆破……」(曹鴻藻《湮沒史海的中美合作所雄村訓練班》) 有來自城市或家境好的青年吃不了這種苦。一次,第三期學員裏有人逃跑了,抓回兩個,開大會決定槍斃,一個由美國教官保下,一個由特務連帶去花山頂執行。絕大多數出了爐,至 1945 年 8 月第八期結束,共計 2 年又 2 個月,雄村訓練班共培訓學員 15000 餘人。每期結束後,由美國教官按照各學員的武器使用成績,配發各種美式武器,並按原部隊編制回原單位工作。1944 年 12 月的一天,一架小型飛機停在開闊的河灘上,戴笠與梅樂斯參加第五期學員結業典禮。戴笠在大會上表揚了排名前十的學員,將自己用的美國派克金頭鋼筆贈給第一名紀念,第二至十名則獎勵中山裝、襯衣、皮鞋等當時稀罕物品。抗戰期間,無論在戰場還是敵後,抓住一個日本軍人,中國士兵們最先要繳獲的戰利品就是皮鞋。

雄村訓練班的教學內容多結合實戰,以遊擊戰、破襲戰為主。為解決爆炸物在淪陷區運輸易暴露,雄村仿製了一種在東南地區流行、名為「古咪碼姑媽」的麵粉口袋,裝上炸藥後偽裝成麵粉,用肩挑或手推車搬運,不會招人耳目。日敵因為鐵路屢遭破襲,不得不下血本,在每一列車頭前配上兩節空車,如果

碰到炸藥，被炸毀的將是空車，而不是火車頭和整個列車。針對此種舉措，訓練班設計出一種延時行動的裝置——顫動型觸發器，把它埋在鐵軌下面，事先可預定震動次數，避開火車頭前的空車後再行爆炸，美國教官名之「布奈爾說服者」，這份幽默是：你不來，我「說服」你來。1944年下半年，「布奈爾」先生笑容可掬——9月，帕金少校等12位美國教官率學員突擊隊，先後破壞浙贛線諸暨附近鐵路25處、哨所2個、鐵橋2座；10月，美國教官薛格里斯上尉等5人，會同又一批學員突擊隊，成功炸毀敵20處鐵軌和橋樑；11月，美國教官赫爾上尉等人，會同再一批新人突擊隊，在諸暨以南60里的鐵道上，炸毀日軍車頭和5節車廂，歸途中又焚毀日軍5座倉庫……

雄村還成為軍統經濟戰的一個重要中轉站，從大後方抵達雄村的每10輛卡車中，總有1、2輛裝運假幣，再由雄村運進淪陷區，返程則滿載在上海、南京等城市搶購的急需物資。（《戴笠與抗戰》、《戴笠先生與抗戰史料彙編：中美合作所的成立》）

人口、財富、水網蜂巢一般密集的今日稱為長三角之地區，除了活躍着日軍及被日本人稱為「江南野鼠」的忠義救國軍，還有偽軍、新四軍。1943年，戰火燒到了廣大的南洋各國，日軍兵員很是拮据，但仍有7個師死死咬住這塊肥肉；戴笠也在這一地區維持一支2萬餘人的忠義救國軍，與日本人死纏爛打，卻又與一半以上靠日本人供養的偽軍有着聯繫渠道，並暗中獲其協助。真是風譎雲詭，狼牙交錯，或虛或實，忽明忽暗，說的不會做，幹的不能說……

抗戰以來，中國農村經濟遭到嚴重破壞，城市裏工商百業凋敝，各機關裁員減薪，失業者恆河沙數，就業上崗幾近海底撈月。許多下層百姓為稻粱謀，被迫加入到偽軍中。在國難這種極其殘酷、複雜的戰爭環境中，弱勢群體的選擇其實很少，他們通常不可能作出在道德意義上毫無瑕疵的選擇。1938年有偽軍7.8萬人，到1940年汪偽政權建立，上升到14.5萬人，抗戰結束時達到了200餘萬。汪偽政權的日本顧問影佐禎昭曾建議：「一、綏靖部隊並警察駐屯於都邑者，希望其給養能每人每月25元，陰曆正月，請（汪）主席平均賞給每人5元，於人心收攬上可生甚多之效果。」這些薪金加過年獎金，足以讓偽軍

士兵們養家糊口。(劉台平《暗戰》)

　　偽軍上層軍官中，因利令智昏、賣國求榮的鐵桿漢奸有，見風使舵、隨行就市的「商賈」漢奸有，受多方排壓無奈下水的也有……其實，在抗戰歷史上，「偽軍既是日軍和國共兩軍之間的緩衝，也是日軍和中國民眾之間的緩衝」(劉熙明《偽軍——強權競逐下的卒子》)。戴笠對其的政策是：對死心塌地者堅決誅之除之，對首鼠兩端、可資利用者，則拿捏暗遣。這其中用的最宜之策是策反，儘量不戰而屈人之兵。在偽軍中，戴笠先後策反了汪偽軍政部長鮑文樾、綏靖公署主任龐炳勳、偽新 5 軍軍長孫殿英及下屬部隊。據軍統局統計，抗戰期間，待機反正的偽軍共有 97 部，合計官兵 74 萬餘人，有槍 54 萬餘支。(《國防部情報局史要彙編》)

　　曾在「忠義軍」內做過幹部的吳靖洲、胡嘯華、何鵬章、姜溢三、董南轅、陳旭初等人，1949 年後留在大陸，「文革」中曾集體回憶、合作撰寫過文章《軍統局「忠義救國軍」勾結與收編偽軍情況》(見《文史資料存稿選編——特工組織》)，筆者以為，比較客觀地透露了當年「忠義軍」這邊的情況：

　　依照戴笠的指示，「忠義軍」對淪陷區的一些偽軍部隊做了大量策反工作，使之成為在日偽陣營裏的「內應」，利用其送出的情報打擊日軍。「1941 年 12 月下旬，橫山橋偽自衛團團長周德純和清鄉大隊蔣鼎生二人，合送來一個情報給焦店的指揮所，說是常州的日酋中島亮中佐和蘇州昆山的樹澤大佐聯隊，及江陰的田中新一少佐等日軍，計劃水陸並進，從四面包圍『忠義軍』於焦店附近。參謀長劉緯得此消息後，即將第一團撤至麻皮橋，第四團撤至雙廟附近。因偽軍這個情報，使『忠義軍』有了準備，故 12 月 27 日當日軍圍攻『忠義軍』時，被『忠義軍』打垮了兩路日軍，俘虜了田中新一少佐以下四五十人。」

　　「內應」們還為「忠義軍」在敵佔區的進出、後勤保障提供方便。「『忠義軍』這些人的進出淪陷區，都是由江陰青陽偽軍高杏寶掩護接送的。高部有兩艘小汽輪，經常掛着清鄉大隊的旗幟，由青陽經無錫穿過太湖，至宜興的官村或徐舍，接送『忠義軍』來來去去的官員，及替『忠義軍』接運彈藥等軍需物品。同時，『忠義軍』指揮所及一、四兩團之中，有很多官員都攜帶有『清鄉

大隊』的身份證，他們進出無錫市區採辦物資通行無阻，因當時所謂『清鄉委員會』及『清鄉大隊』之類的偽組織是最吃香的、最時髦的機關，連日本鬼子都讓他們三分。」

據吳靖洲、胡嘯華等人回憶，1943 年秋，馬志超接任「忠義軍」總指揮後，嚴格執行戴笠的指示，要求凡進入淪陷區的部隊，必須多方面和偽軍聯繫，並以策反偽軍作為擴充實力、控制敵佔區的主要辦法。故到抗戰勝利時，該軍和駐地周圍蘇浙皖邊區的偽軍，除了已收編的給予番號名義，其他的大都暗中有聯繫。「忠義軍」此種做法，一方面利用偽軍來打擊日軍；一方面，因生存、迴旋空間逼仄，時有重疊，「忠義軍」與新四軍及江南中共地方黨政組織時有摩擦，乃至爭鬥劇烈，「忠義軍」也利用偽軍來壓制、打擊中共勢力。

1939 年 7 月，新四軍所屬江南抗日義勇軍第 2 路，分兩路奔襲在青浦的「忠義軍」直屬第二大隊，第三戰區以新四軍「越界」活動違反「軍令」、「政令」為由，責令新四軍撤離東部地區，同時密令「忠義軍」予以「剿辦」。9 月，「忠義軍」在錫澄地區出擊新四軍，激烈戰鬥中，江南抗日義勇軍副總指揮吳焜等人陣亡。後經陳毅與江南行署主任冷欣談判，雙方同時撤兵，江南抗日義勇軍撤至揚州整訓。此次行動，「其規模之大，開華中反共摩擦之先河，並暫時阻止了新四軍開闢東路地區的進程。」（張衡《忠義救國軍在華中淪陷區活動之初探》，見《抗日戰爭史新論》）「江抗」撤退時，留下數十名傷病員在陽澄湖養傷，這成了後來京劇《沙家浜》最原始的素材。

隨着抗戰勝利迫近，可以說出生於斯、起家於斯，八百里太湖風煙如熠熠明珠一樣嵌在心頭的蔣介石，更是警惕中共武裝趁日本投降之際進入京滬杭。當時正面戰場上的國軍部隊多偏處西南，大軍在短期內集合開赴淪陷區受降無法實現。戴笠對忠義救國軍下達如下命令：（一）淞滬指揮部部隊警戒上海近郊的浦東，防堵不明部隊（指中共武裝）向上海郊區滲入；（二）第三縱隊立即挺進富陽、杭州。這時的戴笠無疑已經想到了需為抗戰勝利後的軍統增添更多的資本，他要時任總指揮馬志超提前做好接收準備：「查『忠義軍』之責任，在於光復上海與南京時，必先進入京滬，否則不僅『忠義軍』無前途，軍統局

亦必失色而受累。故我『忠義軍』當前應力求兵員之足額，力量之充實，一切為配合盟軍登陸，為我軍反攻而準備，此兄等必須切實檢討而切實進行也。」（《抗戰後期反間活動》）

短短幾個月裏，忠義救國軍完成了對京滬杭地區數個重要城市的接收任務。不管是誰從山上下來摘桃子，上海無疑是一個最大的桃子，1945 年 8 月 10 日，日本發出乞降照會，兩天後的 12 日，新四軍發佈命令，任命劉長勝為上海市特別市市長，19 日，華中局向中央報告上海武裝起義計劃，20 日，中共中央批准這個計劃。次日，中央又急電華中局，鑒於上海的敵偽力量仍強大，蔣介石也委任了上海諸侯並緊急空運，目前還不宜撕破國共關係，取消上海起義計劃。（郝在今《延安祕密戰——中共西北局隱蔽鬥爭紀實》）但在延安，朱德總司令每天都發佈八路軍、新四軍進軍命令，8 月 28 日，毛澤東飛重慶參加國共和談，同日，劉少奇送行首批赴東北幹部：「你們趕快去搶！」（同上）據共產國際駐延安聯絡員兼塔斯社記者彼得弗拉基米洛夫觀察：中共中央委員會的軍事機構空前活躍，延安忙得連打盹的工夫都沒有，「軍人、黨和政府的工作人員，一批一批地離開延安。」（《延安日記》）

可以說，緊接抗戰之後的接收，已然是一次國民黨與共產黨的準軍事對抗。

1939 年投靠汪偽政府後，歷任法制、財經方面多項偽職，並曾任偽《中報》總編輯的金雄白，深知其中三味，日後在其回憶錄裏寫到：

汪政權成立後的半年，最多不到二年之內，大部分汪政權之軍隊，十之八九，早於暗中收了重慶的委任，其方式是：一、由周佛海接洽通知；二、由軍統局直接間接送委，都代以白棱一方蓋印為憑；三、由第三戰區顧祝同委任；四、由策反委員會所派地下人員親赴部隊接洽。而且重慶的地工人員，不論是真是假，只要說一聲「我是重慶的地下工作人員」，也無不受到汪系軍隊的掩護與優待。所以汪系部隊，終汪政權之局，從未與表面上敵對的重慶軍隊打過一次，連日軍也深深有此感覺，日人曾經有過

這樣的話:「當前最大的敵人,應該是和平軍而不是重慶軍。」所以勝利之後,仍復緊守崗位,聽候處置,既從無發生與國軍衝突之事,而且在國軍開抵陷區接收以前,猶不斷與共黨作戰。(《汪政權的開場與收場》)

本來,完成接收任務的忠義救國軍或可脫身而去,戴笠已經與美國海軍達成默契,抗戰勝利後若他出任海軍部長,將把「忠義軍」改編為中國海軍陸戰隊或海軍巡防隊。戴笠飛機失事使這一設計打了水漂。「忠義軍」整體改編為交通警察總局,下設 18 個縱隊,每個縱隊約相當於國軍一個加強團的兵力和裝備。聽起來是「交通警察」,但不僅是守衛公路、鐵路交通線與港口,實則戰事一旦吃緊,要廣泛地捲入與中共部隊的正面戰鬥中,於是這支武裝在一場內戰中漸次被消滅,便是大概率的事情了。1949 年 5 月,國共大戰上海,總局長馬志超和副總局長郭履洲,率 5 個交警縱隊參戰,大部被殲。馬志超、郭履洲率一部分殘部逃去台灣。

此後,在保密局、情報局門下,隨一次次、一年年「騷擾」大陸沿海地區的失敗,眼看着昔日的「救國」壯舉,變成當今的「復國」之夢,卻如太平洋上血紅的夕陽,不可阻擋地跌落⋯⋯

去「重慶」,去「延安」

對戴笠有一個評價:其行走抗日烽煙與黨國宦海,有「三大法寶」——學生、手槍、汽車。後面兩條稱為「法寶」,大概是把戴笠當成了「007」詹姆斯·邦德,但前一條,戴笠確為此耗費去大量時間、心血。上文說了雄村,不妨再說說其他特訓班——

1938 年 2 月,軍統集中了當時系統內各方面的幹才,在距常德 60 公里的臨澧縣,開辦其由復興社特務處轉身而來的第一個、也是規模最大的訓練

戴笠主持特技班開學結訓典禮

班（此前的青浦、松江班為期太短，不過 1 個月左右，且在紛飛的炮火裏顛沛流離，算不得正式），預期 10 個月，簡稱臨澧特訓班。班主任仍由戴笠親自兼任，副班主任余樂醒負責具體日常工作。學員為軍統鄭州辦事處在山東、江蘇、河南等地招考的流亡失學失業青年，因女生比例太少，不到 1/10，又要來胡宗南部在長沙以中央軍校七分校名義招收的 60 多名女青年。總數約 1200 餘人。

未開課前，在縣城奎星樓縣立中學，學員和教職員一起修整舊屋，用茅草、木竹搭成一座可容 1000 餘人的臨時禮堂，又在禮堂後的小河邊建了一道百餘米的堤壩，供學員課後散步、休憩。開學後，實行分隊專業訓練，凡高中以上程度且反應較機敏的學員，進情報隊學習；身體強健、膽大勇敢者進入行動隊；還有選拔條件頗為嚴格的軍事隊、軍事諜報參謀隊。7 月間，又設置電訊、會計兩個專業，大部分女生被選去學習這兩項業務。除武漢保衛戰抽調 100 名學員外，1938 年秋，又派遣百餘名學員去東南地區充實忠義救國軍，期間，還選派每批四五人的三四批學員潛伏上海，其中便有任上海區直屬一組組長，先後刺殺野村正雄、池田寅治郎、村瀨勝次郎、岡本義雄等日酋的畢高奎。大部分學員都完成了大半年以上的學業。

特訓班女學員

　　派去外勤的區、站、組，其表現傑出，乃至英勇不屈者，大有人在。喬家才的《浩然集──戴笠將軍和他的同志們》一書，記錄了其中的一位：

　　郝采蓮，山西汾陽人。其父郝亞雄，早年赴英留學，第一次世界大戰時，多次組織中國觀戰團去前線活動，被德國飛機炸傷。後回到家鄉山西經商，獨資經營兩家公司，還是汾酒推銷商的一個股東。抗戰爆發，太原淪陷，郝亞雄親送 18 歲的愛女到鄭州，乘平漢車南下，轉往湖南，考入臨澧特訓班。途中在漢口見到戴笠，對其愛國精神勉勵有加，父親回去後做了軍統山西站的交通員。女兒臨澧特訓班畢業後，也派回山西，以太原女子師範學校學生的身份活動。1 年後，汾陽組組長張立鈞被日偽逮捕，牽連出郝氏父女。51 歲的父親堅不吐實，被押上刑場，槍聲響起，兩邊的人倒下，他還活着，實為陪綁。女兒被捕以後，「牢牢記得，受訓時老師們講過的話，被敵人捉去，死也不要招供，招供不但害了同志，自己也保不住性命。」張立鈞被迫與其「對質」：「采蓮，承認了吧！何必再受刑受罪呢！」

　　郝采蓮堅持張立鈞是「誣告」，張生意場上欠了她父親的錢，圖謀不還。日本憲兵大怒，上來就是兩記耳光，郝采蓮的左耳被打聾，從此落下終生殘疾。再用腳踢，日本兵穿的皮鞋既重又硬，鞋掌釘滿鐵釘，她的腰部被踢成重

傷，留下永不磨滅的傷印。審訊中，用香煙頭燒其皮膚，抓起物什敲其腦袋。她有兩回昏死過去，一回是敵人用 3 支鉛筆夾在她四指中間，然後用力一握，十指連心，痛徹心肝；還一回，她被綁在一條長凳上，臉面向上，日本憲兵提一桶冷水急劇淋下，一灌再灌，她本能地用力掙扎，居然斷掉一條凳腿，直至昏厥，抬回牢房……

郝采蓮

因抵死不認，郝亞雄僥幸被判 7 年，郝采蓮被判 3 年，抗戰勝利後郝家父女出獄，但家業蕩然無存，這是軍統成員毀家紓難的典型。

當時，在臨澧班擔任專任教官、又負責過一段總務的沈醉，與學員們打成一片，不久便博得了一位湘妹子——長沙世家閨秀粟燕萍的芳心。戴笠聽說沈醉和粟燕萍已萌生結婚之念，十分惱火。一個為教官，一個為學生，師生戀不說，還違反「禁婚令」。至 1945 年以前，軍統系統大約有 200 餘對的男女青年，因違犯此令而遭禁閉，直到抗戰結束才陸續釋放。但副班主任、沈醉的姐夫余樂醒，替小舅子百般說情，余氏在復興社時期便做特務處上海特區的區長，對特工技術極有研究，尤其在爆破技術及有毒藥物的使用上，在軍統局內有「化學博士」之稱；沈醉又是何等冰雪聰明，先前有過一次婚姻的他，推說他和粟燕萍是娃娃親，現私下定親純屬無奈，在這「烽火連三月，家書抵萬金」的年代，老母沒有別的要求，惟一的心願就是兒子及早成婚……

或許，戴笠本是孝心極重之人，天下最能打動他的便是孝子；或許，因識才愛才，私心亦偏才，否則經姐夫介紹 18 歲加入軍統的沈醉，不可能在 28 歲就晉升為少將，而戴笠至死還是少將……冒着那先後遭禁閉的 200 對癡男怨女的「小不韙」，沈醉紅光滿面地做了新郎官。軍統高層幹部裏先後結婚的還有：局主任祕書毛人鳳與向影心；蘭州特訓班教官兼蘭州市警察局分局長陳宜生與當地軍政長官朱紹良的女兒；蘭州站站長、運輸統制局監察處副組長霍立人與徐應年；西北區區長文強與葛世明，局本部電訊處處長魏大銘與趙靄蘭……有

的，戴笠還親自出面向新郎新娘道喜。

臨澧特訓班，在沈醉的人生記憶裏，當是「紅酥手，黃藤酒，滿城春色宮牆柳」。他還回憶說：「戴笠對這批畢業學生特別喜愛，派到軍統局局本部去的幾十名，都經他親自挑選，並且很快都得到他的重用……」（《軍統臨澧特訓班》）

臨澧特訓班有自己的班歌，戴笠對這歌很滿意，它不僅成為以後軍統所有訓練班的班歌，而且也成為軍統局的局歌。很快，軍統上上下下，內勤外勤，都會唱它，不但在軍統每年的「四一」大會時要唱，在每週一的「總理紀念週」訓話後也唱：

> 革命的青年，快準備，智仁勇都健全！掌握着現階段的動脈，站在大時代的前面！貧賤不能移，威武不能屈，維護我們領袖的安全，保衛國家領土和主權！須應當，剛強沉着，整齊嚴肅，刻苦耐勞，齊心奮鬥！國家長城，民族先鋒，是我們！革命的青年，快準備，智仁勇都健全！

因長沙失守，1938 年底，臨澧班遷到湖南黔陽，改稱黔陽特訓班，次年 1 月，續辦第二期，仍是戴笠親兼班主任，有學員 7 個隊及 1 個女生隊。黔陽是湘西小城，風氣閉塞，古韻猶存。訓練班各部門無法集中一處，不得不分開設置：班本部設在師範學校，總隊部在舊商會，第一至七中隊分別設在文廟、師範學校、重慶及衡陽兩會館。其訓練與部分生活設施，也靠師生們自己動手解決。簡陋的教室裏貼着令人心弦顫動的標語，如「天下無名英雄墓，為我特訓班同學所獨佔。」

同年，軍統開設蘭州特訓班。1939 年，黔陽班軍事諜報參謀隊專設諜報參謀特訓班，除特訓班一般課程外，加授軍事專科，如軍中諜報參謀業務、戰術、兵要地理、軍制等，畢業後由軍令部分發各軍，擔任情報參謀。至 1946 年辦了 10 期（自第 2 期遷往重慶），畢業學員 1499 人。還是在 1939 年，黔陽訓練班因靠戰線太近，遷貴州，改稱息烽特訓班。1942 年在福建開設東南特訓班，此外，重慶還有個渝訓班。幾個訓練班下來，共培訓各類特工人才、遊擊

東南電訊班同學留影

幹部近 2 萬人。

　　戴笠兼訓練班班主任已成慣例。軍統內未進訓練班的幹部，多稱戴笠為「老板」，彼此間喊「同志」；這些訓練班出來的男女，稱戴笠為「主任」或「先生」，自稱「學生」，彼此間叫「同學」。戴笠對於「學生」中的「朗朗」者，大抵笑面相迎，只要他們中有人求見，再忙也會出來見一下。對他們的工作派發、職務進退，也多有垂注，以至於軍統內一些資歷比這些「學生」老得多、卻得不到重用者背後曾有牢騷說：現在真成了「非澧（禮）勿視，非澧（禮）勿用的世界了」……

　　1943 年後，戴笠說服梅樂斯，由軍統與美方合辦「中美特種技術訓練班」，由美國人提供經費、教官和器材。為節省開支，軍統自己的息烽、蘭州和東南 3 個培訓班停辦。中美合作所至抗戰勝利後結束，共開設 12 個訓練班（分屬 12 個營地），若再加上此期間軍統自己在重慶、西安、武漢等地，開出的十幾個或長或短的翻譯訓練班、電訊人員訓練班、爆破人員訓練班、督察、會計訓練班、南洋工作人員培訓班、越南抗日運動幹部訓練班、海外工作幹部

訓練班等，戴笠真是「桃李遍天下」。學員主要有以下幾個來源：一是軍統內部人員調訓；二是軍統報經蔣介石批准從各軍校學生中招收；三是從忠義救國軍中選調。這幾類人的老底子，本不少就是知識青年。再有，軍統、「中美所」以各種名義，如「軍令部乙種參謀人員培訓班」、「財政部緝私署查緝人員培訓班」、「航空委員會工作人員培訓班」等，在社會上公開招收知識青年，其中，有大量來自東北、華北及江浙滬等淪陷區的大中學校已畢業、未畢業學生。

此外，1941 年秋，遷徙到西南的內地一些名校外語系三四年級學生，被大量招來為來華的美國飛行員、作戰官兵當翻譯，「這是你的戰爭！This is your war!」一類的標語，醒目於西南聯大等大學校園。在西南聯大，不僅是外語系，只要是四年級男生，教育部均徵調入伍，若不從，將不予畢業。至 1944 年，翻譯的學生人數達到 3267，其中有些人後來為軍統工作（《間諜王——戴笠與中國特工》）。以上人員的加入，大大提升、改善了軍統的文化水平及整體素質。而在抗日戰爭之前，除極個別者，如 1935 年夏加入軍統、參與暗殺偽維新政府外交部長陳籙等 11 次行動的劉戈青，畢業於上海國立暨南大學，軍統局內幾乎沒有大學畢業生。

賈維錄，山東省日照縣人。1937 年入伍，1976 年以陸軍中將退伍——

民國二十六年，我高中畢業，考上山東大學，當年的七月七日，在河北的宛平縣盧溝橋，日軍向我守軍吉星文團發動攻擊，因此引起了全國同胞的憤慨，一致主張抗日。

我們有數十位同學，在丁仲孺老師率領下，於二十六年八月二十日抵達河南鄭州。繼續南下到了長沙，發現那時軍事委員會特訓班在招生，王崇五先生叫我們到那裏報考，我們都考上了，被送到湖南臨澧受訓。

在那裏受訓的有四百多人，男女生都有，都是為抗戰而來，年齡大的有三十歲，小的十七八歲。女生編成一個隊，男生編成三個大隊，第一大隊主修爆破，第二大隊主修軍事，第三大隊主修電訊，共同研習項目是情報，我則編在第二大隊第六中隊，主修軍事。在那裏受訓後，才知道這個

訓練班是軍事委員會調查統計局所主辦，由戴笠先生領導，為軍統局訓練情報人員兼敵後工作人員。戴笠先生就是班主任，在這裏主持訓練的隊職人員以及教官，都是最優秀的，訓練總隊的總隊長是陶一珊先生（來台灣後曾當過台灣省警務處長）。

在那裏受訓一年，確實養成了同學們為國家奮鬥犧牲的意志和決心。二十七年十月結業，戴笠先生親自來班主持結業典禮，在典禮中他詳述了抗戰的形式、國家的艱難以及日本人和汪精衛集團的罪行。他要我們體念領袖蔣委員長的苦心，秉承其意志，奮鬥犧牲，挽救危亡的國家民族。（《賈維錄先生口述歷史訪問紀要》，見《口述歷史》第一輯）

嚴以勤，福建省林森縣人。1943 年入伍，1972 年以陸軍少將退伍——

民國三十三年初，抗日戰爭進入危急時候，在軍事委員會委員長蔣公號召十萬青年十萬軍，以拯救國家於危難之秋，我當時正就讀於南平福建省立高級工職，公費生三年級，由於一心愛國，乃響應此號召投筆從戎，是時因家鄉林森縣已被淪陷，通訊困難，致未能向雙親稟明，乃向亦在南平之大姐和大姐夫面陳此事，承彼等允諾，並鼓勵前往軍委會電訊班應試，幸蒙錄取。

軍委會電訊班設在福建省建甌縣東峰鎮井岐村，班主任由戴將軍雨農兼任，副主任為黃冕將軍負實際責任，招訓有意於電訊情報青年四百餘人，其中一小部分係合併閩南華安訓練班學員，及調訓少數敵後工作人員，編第一至第四中隊及女生中隊，每一中隊設兩個教授班，每一教授班約五十人。入班先接受嚴格軍事訓練數個月之後，然後分班授課，課程計有中英文收發、電學、密碼、測向、化學通訊、情報業務、特種工作、通訊實習、國父遺教及軍事課程等，此外，每週日上午精神講話兩小時。一年後，分組建台通訊實習。（《嚴以勤先生口述歷史訪問紀要》，同上）

裘堯卿，浙江省紹興人。1924 年生——

我原來在上海大廈大學一年級讀書，日本鬼子要佔領上海租界，我們同學說不要讀書了，國民政府已經遷到重慶，到內地去投靠國民黨從軍，國民三十年，我們幾個同學就流亡到浙江金華，碰到教育部特設專門收留流亡學生的金華進修班招生，我們參加了進修班，沒幾天日本鬼子又打到金華，我們就往福建跑，經過仙霞嶺到達福建浦城，碰到日軍轟炸，戴笠視察東南地區，看到我們學生救火，替老百姓搶救傢俱，非常的英勇，他說中國有救了，我預備在福建創建一個訓練班，你們願不願意參加。大家說好。我們幾十個人去報名後，戴先生派了一個少將李學開，帶我們到建甌縣鄉下東峰村「軍委會東南特別訓練班」接受訓練，又叫「東峰訓練班」。(《裴堯卿先生口述歷史訪問紀要》，見《口述歷史》第二輯)

許濟民，浙江省東陽人，1922 年生——

東南班抗戰時期，係以「國民政府軍事委員會東南特別訓練班」名義公開招生，一般社會青年及淪陷區逃出之流亡學生投考錄取報到後，對班的特種性質不甚了解，心生疑懼，亦有意志動搖想退學者，戴先生指示應善言誘導，不要強留，凡決定離去者，要發給路費及差旅通行路條，以免沿途被當逃兵抓走。戴先生宅心仁厚，富同情心，對年輕人柔情關愛恩澤，令人感念至深。(《許濟民先生口述歷史訪問紀要》，同上)

大約從 1940 年起，每年至少有 10 個以上的訓練班舉行開學典禮及畢業典禮，都由戴笠親自主持。值得注意的是，在講話裏，除了強調各訓練班課程的目的性、緊迫性，戴笠屢屢勉勵學員們學點歷史與文學——

中國人對國家的歷史和文學必定要了解，然後才算是一個中國人，也才能夠長進。我現在提倡，今後各位每天早晨必定要讀「四書」、「五經」等，先讀《大學》、《中庸》、《論語》、《孟子》及各經，然後讀唐宋各大家的散文或韻文，讀的時候要高聲朗誦，這就是養浩然之氣的工夫。要學

到「動心忍性」，能夠「富貴不能淫，貧賤不能移，威武不能屈」，要效法歷史上的聖賢豪傑，和他們在精神上相通……

……我們空起來的時候，一定要努力進修，尤其要讀歷史看古書，這樣對於我們做人做事，必有很大幫助……我們同志生活雖苦，但只要我們能夠刻苦耐勞，節省一點，還是可以過得下去，沒有到山窮水盡的地步。記得從前，有一個學者，名叫林和靖，一年到除夕，囊空如洗，不能度歲，可他還是吟這樣的詩句：「油鹽柴米醬醋茶，件件都在別人家，今日有年過不去，悠然自得看梅花。」這種瀟灑的態度，多麼值得稱道！（皆見《戴雨農先生全集》）

相較於「抗大」、「魯藝」，抗戰期間的軍統，是否也可視為一座烽火中屹立的大學？

1944 年 8 月，蔣介石發表《告知識青年從軍書》，喊出「一寸山河一寸血，十萬青年十萬軍」的悲壯口號。由於社會反響巨大，一般青年熱烈響應，最後從軍者達 15 萬人，大都是高中以上學歷的知識青年。馬英九的父親馬鶴凌其時正在中央政治學校讀書，學生領袖兼運動健將的他，立即報名，美麗而有氣質的女友雖念念不捨，送別會上卻說了一句令男友動容的話：「歷史上成功的男人，都是從戰場上走過來的。」有人主張名稱叫「青年志願軍」，有人主張用「青年遠征軍」，蔣介石確定為「青年軍」。

青年軍的報名，多由學校、機關、三青團發動與組織；加入軍統及其相關的武裝、各類各地訓練班，則多是「組織」調配，或個人行為，不會在社會上喊出口號，亦罕見報道，如此便有些靜水深流。上述知識青年的總數量，至今不見有資料統計，抗戰後期軍統號稱有 30 萬人，這批人估計在 8—10 萬之間，他們可算是抗戰歷史上，在「青年軍」之前，一次大規模的知識青年棄筆從戎。

海峽此岸的人們，對於這一次大規模的知識青年棄筆從戎，知道者很少。

很長時間裏，他們耳熟能詳的是寶塔山、延水河。當年，中共中央所在

地——延安，是海內外中國人，尤其是青年人心目中二十世紀的「麥加聖地」。「到延安去！」成為當時許多立志救國、嚮往光明的熱血青年和有識之士的共同選擇。「據八路軍駐西安辦事處統計，1938 年 5 月至 8 月，經其介紹赴延安的知識青年有 2288 人，全年有 1 萬人從這裏獲准去延安」，一個小小的延安，一時間辦出了十幾所學校。「至 1939 年底，抗大就招收了國統區和淪陷區的知識青年 16144 人。在 1943 年 12 月的中共中央書記處會議上，任弼時發言說：抗戰後到延安的知識分子，總共 4 萬餘人。」毛澤東不無興奮地說：「你們像朝聖進香一樣，一群群地來到延安，你們是追求真理的……但是，一下子來了那麼多人，哪裏有那麼多房子給你們住哦！」（程中原《張聞天傳》）

這必然引起戴笠的關注。1937 年 1 月 20 日，「抗大」，即中國人民抗日軍政大學，在延安成立，隨即在上海、北平等城市招生。戴笠密報蔣介石：這一抗日軍政大學由中共各地組織祕密介紹青年前往受訓，受訓期暫定 3 個月，畢業後除派往共黨軍隊工作外，並派往各地作軍事政治工運等之祕密活動。戴笠還彙報說，這個抗日軍政大學已經開始在上海招生，由共黨上海友聯社負責人潘念之主持，已經有 4 人獲批入學，他們不久就會赴延安。（「國史館」典藏號：144-010101-0001-069）

抗戰年代中國有多少知識分子呢？十餘年後——五十年代「反右運動」之前，毛澤東在最高國務會議的講話裏，說及當時全國有 500 萬知識分子，其中包括大量初高中畢業的「準知識分子」。

「鳥則擇木，木豈能擇鳥？天下三分，士不北走，則南馳耳。」在那個「國破山河在」的苦難歲月，一切良知未泯的年輕知識人，惟有兩個選擇：要不，慷慨脫兔，風雲三尺劍；要不，埋頭鴕鳥，煙茶一架書。

若要鑄劍拔劍，分身乏術，又必是二選一：

「重慶」，國際公認的中國政府，盟軍中緬印戰區司令部所在地，屢戰屢敗，屢敗屢戰，遍體傷痕硝煙；「延安」，早在 1935 年 12 月 25 日，瓦窰堡會議就通過《中共中央關於目前政治形勢與黨的任務的決議》：「目前形勢的基本特點，就是日本帝國主義要變中國為它的殖民地。這種形勢，給中國一切階級

和一切政治派別，提出了該怎麼辦的問題。因此，黨的策略任務，就在於發動、團結和組織全中國和全民族一切革命力量，去反對當前的主要敵人日本帝國主義。」還有，延河畔那由冼星海指揮的 500 人高歌的《黃河大合唱》，南泥灣那野風裏綻開的鮮豔莫名的各色花朵，平型關那響徹中國的密集槍聲……在第二次國共合作的大背景下，知識青年去哪頭，都是橫槊賦詩，肩擔民族危亡，心有「鐵馬金戈，青塚黃昏路」。海鹹河淡，鱗潛羽翻，本無高低對錯可言。

時有的情況是，先碰到「重慶」的招考，去了「重慶」，先聽到「延安」的誠邀，奔向「延安」。或有朋友、同學、親人在哪頭，就去了那頭。還有，幾個同學約好某日某時在某處會合一起去「延安」，到了某處，某種陰差陽錯，幾個人走散了，結果有的去了「延安」，有的去了「重慶」。更多的情況則是，國民黨畢竟是民國的執政黨，國民政府的各級機關除淪陷區外遍佈全國，一般青年人投身抗日武裝，一定是就近報名，不太可能跑到幾千里外的延安……

倘若去了「延安」的，能熬過「搶救運動」的「搶救」，又在 1947 年後遍及中國大地的內戰兇猛炮火中沒有倒下，中共建政後，這批人便被稱作「三八式」幹部。有學者認為，到目前為止，「三八式」幹部是中共幹部裏最具貫徹力和行動力的一批人，他們的作用一直延續到改革開放初期，因為他們普遍出生在 1920 年代前後，此時正好到退休年齡。(黃道炫語)

去了「重慶」的，倘若 1949 年未隨國民黨政權撤去台灣，則被新生的革命政權視為必須接受改造的革命對象──「反革命」。

真是天道難測，玄機重重。

當時的年輕人誰都不會料到，當年與兄弟、與姐妹、與好友、與同學，在風雨雞鳴的江漢關前緊緊一抱，在燭火搖曳的江南小鎮匆匆一別，彼此竟在 1949 年，或更早一點的 1946 年，被一條看不見卻凌厲存在的鞭子，各各驅趕去了兩個均互攻為「匪」、彼此打得風雲變色、肝腦塗地的政治營壘。於中華民族而言，大約像余光中先生的一首短詩，「而現在/鄉愁是一灣淺淺的海峽/我在這頭/大陸在那頭」，這是一道深深的、至今未見癒合、未能痛定思痛的傷

口；於一人一家而言，這是充滿戲劇張力、浸透悲劇色彩，也常常展露人性光芒的一部部電影、長篇小説。

我記住了陳曉林先生在台北告訴我的一件往事。

他的父親是國軍軍官，隨部隊先去了台灣。他母親是軍統幹部，1948 年肚子裏懷着他，不得不留在南京。新政權成立後，對於舊社會的「殘渣餘孽」而言，每天都是風聲鶴唳，總覺在刀尖上過日子，在「比下一場透雨還痛快」的 1950 年，僅在上海，4 月 27 日大逮捕一舉抓了 8359 人，4 月 30 日一天槍斃了 285 人。（易慶瑤《上海公安誌》）陳母極少出門。可孩子呱呱墜地後，只能自己上街去買些孩子的必需品。在一個十字路口，公安人員設卡檢查，每一個路人都規規矩矩地排隊過去。陳母只有斂衽正襟，蹀躞而入，等快輪到她時，她看清楚正盤檢的幾個公安裏有一個正是高中的同學，該同學當年去了延安，完全知道陳母去了重慶的底細。「不敢逃啊」，你如果轉身就逃，馬上就成過街老鼠，「她只好鎮靜一點，再鎮靜一點，走過去，走過去，四目相投，明明就是那個同學，可對方⋯⋯就是不動聲色」⋯⋯

國民黨方面，公開或暗中保護共產黨員的例子不少，例如：蔣作賓（民國著名外交官、陸軍一級上將）為被捕的廖承志做過擔保；陳誠幫助過田漢在「皖南事變」後避難；杜聿明也曾保護過田漢在昆明不被特務騷擾；曾任國民黨中央宣傳部長、CC 派的重要人物張道藩，在南京辦了一所「國立戲劇專科學校」，學校一個年輕的工作人員殷楊因潛伏的中共地下黨身份暴露而被捕。張道藩利用自家聲望和地位，從憲兵司令谷正倫手中將殷楊保釋出來，又派親信部下唐紹華，將殷送去安全之地⋯⋯

共產黨方面，其鋼的隊伍鐵的紀律，決定其立場「親不親，階級分」，但陳曉林母親得以逃離滅頂之災，也並非孤本：1950 年，當年送殷楊逃走的唐紹華在上海被當作國民黨特務銀鐺入獄，他只是個拍電影的文化人，要説特務，頂多夠得上文化特務，但按當時「下場透雨」式的運動搞法，起碼得勞改 10—20 年，掉腦袋的可能性也有。有一天，唐紹華被提出牢房，說是上海市公安局長楊帆要見他。唐的心頓時泰山壓頂，自己的案子由公安局長親自審

問嗎?到了辦公室,坐在面前的公安局長楊帆正是他當年送走的殷楊。楊首先問:「道公好嗎?」「道公」是昔日文化圈對張道藩的尊稱。再問唐以後有什麼打算?唐硬着頭皮說一句:「能離開上海,去北京找份工作最好。」楊說:「你不是喜歡拍電影嗎?何不帶着你的影片到香港去發展,為人民賺些外匯?國家需要外匯。」唐心領神會,馬上表示願意去香港。如是,唐紹華走出監獄,持上海公安局發的通行證順利去了香港,後來又到台灣⋯⋯(王鼎鈞《王鼎鈞回憶錄:文學江湖》)

南方稻田裏的談話

五六十年代,這些在中國大概是老少皆知的事情:

1949 年 11 月 27 日,大半個中國都升起了五星紅旗之際,在大西南的重慶市郊歌樂山——渣滓洞和白公館這兩座相距一箭之遙的國民黨監獄,發生了一場對革命者、進步人士的屠殺。兩個地方加起來,遇難者超過 200 人。幾天後,重慶解放,有關部門在歌樂山的一處山坡上,發現一個堆積了 94 具屍體的大坑,有些屍體手腕上戴着鐐銬,幾副鐐銬引起了特別注意,上面的英文商標表明,它們產自美國馬塞諸塞州斯普林菲爾德(Springfield)。

「最早把重慶渣滓洞看守所稱為『中美合作所集中營』的,是 1949 年初從渣滓洞保釋出來的當年的『進步青年』楊益言,他在解放軍接管重慶後寫了《我從集中營出來——磁器口集中營生活回憶》,以筆名『楊祖之』,在重慶《國民公報》副刊 12 月 5 日至 16 日連載。把渣滓洞與『中美合作所』聯繫起來,並稱之為集中營,這是楊益言的一個『創造』,因為當時從渣滓洞、白公館兩個看守所生還的脫險志士(不論是保釋出來的,還是在大屠殺之夜冒險逃脫的)所寫的回憶文章,都沒有這樣的提法。」(何蜀《歷史是有真相的》)

楊益言的這個說法,顯然契合當時國內反美宣傳的需要。1950 年 1 月,在

重慶市召開的追悼殉難烈士大會上，發了一本《如此中美特種技術合作所》會刊，副標題是蔣美特務重慶大屠殺之血錄。該刊由羅廣斌主持編印，楊益言參與校對。第一篇文章是《中美合作所真面目》，首次稱：「中美合作所……就是美國特務指揮國民黨特務如何監視、拘禁和屠殺中國人民的訓練所和司令台。中美合作所內的兩座集中營——渣滓洞和白公館，就是蔣匪囚禁中國人民的最大牢獄。中美合作所的本身，就是一個舉世罕見、駭人聽聞的人間魔窟。」

此後，隨着朝鮮戰爭爆發、反美宣傳的升級，1959 年，羅廣斌、劉德彬、楊益言合寫的《在烈火中永生》由中國青年出版社出版，再到六十年代初風行一時的長篇小説《紅岩》，根據《紅岩》改編的電影《烈火中永生》，以及以一曲《紅梅讚》催下無數盈眶熱淚的歌劇《江姐》，在至少整整一代的青少年讀者中，引起強烈反響，並在某種程度上，為地平線上隱隱馳來的「文革」驚雷，佈下草蛇灰線……所謂「中美合作所集中營」的指控，成為「舊世界」、「舊社會」的一個最臭名遠揚的血腥椿柱。

世人的心目中，重慶的正面歷史黯然離去，即：抗戰期間，重慶做了八年半的中國戰時首都。在一場持久、慘烈的衛國戰爭中，中日 18 次會戰，以及遠征軍入緬作戰，其最高指揮部都在重慶。當時中國一流的學者 70% 薈萃重慶，著名高校的 45% 遷到重慶，30 多個國家的大使館設在重慶，國內外新聞機構也雲集重慶。「七七事變」前，全國有近 30 家兵工廠能夠仿製歐洲（德國、捷克）陸軍系列的大部分輕武器和 75 加農炮、105 榴炮、冷式馬克沁重機槍等。抗戰爆發後，廣東、上海、濟南、金陵等地的兵工廠陸續內遷，直到 1940 年才最終遷完。在重慶這塊狹窄地域內，先後聚集 17 家兵工廠，擁有94000 多名員工，佔當時全國兵工總人數的 77%，造出數以億計的槍炮子彈，為抗戰勝利撐起了鋼鐵骨架！

從 1938 年到 1943 年，日軍持續轟炸重慶五年半，空襲重慶共 218 次，出動飛機 9513 架次，投彈 21593 枚，炸死市民 11889 人、傷 14100 人，3 次全城大火，陪都燒成一片廢墟，但重慶沒有屈服，中國沒有投降。8 年抗戰的內容無比豐富：武器抗戰、血肉抗戰、氣節抗戰、謀略抗戰、教育抗戰、文化抗

重慶被炸後，宋美齡上街慰問百姓

戰、科技抗戰……所有的捨生忘死，所有的驚天動地，所有的顛沛流離，所有的青燈黃卷，所有的忍飢受凍，都在一個極衰弱、極混亂之中國舞台上，上演着一個大悲壯、大不朽之重慶。

1945 年 10 月 10 日，抗戰勝利後第一個雙十節，國共兩黨在重慶桂園簽署《政府與中共代表會談紀要》，即著名的「雙十協定」。重慶本地的著名民間學者王康先生認為：「即使作為一次流產和失敗的歷史性會晤，重慶談判給後人留下的教訓和啟示，也是一份彌足珍貴的歷史遺產。關於中國國家制度的民族、歷史、哲學、政治、經濟、法律、文化基礎，關於中國道路、命運和使命，關於中國的世界地位和人類責任，重慶談判和政治協商會議公開論列的範圍和高度，至今沒有被超越。」

從根本上改變了中國亡國滅族命運的重慶，本應在長江北岸做一個 100 米左右的凱旋門式的紀念型浮雕，以紀念自己的正面形象，在全世界彰顯中國不容遺忘的歷史記憶。然而，如法國人努力給鵝添食料一樣，很多年裏，「重慶」被塞成了一枚肥碩、畸形的鵝肝，這是國民黨反動派的「鵝肝」、美帝國主義

重慶國共和談三方代表

的「鵝肝」。

　　1987 年，重慶姑娘徐軍的美國男朋友 Bob，第一次來中國，也第一次聽女友的父親說起重慶版的「關塔那摩」。麻省理工學院博士畢業的 Bob 來中國之前，讀過些關於中美歷史與交往的書，卻從來沒聽說過這事。Bob 聳聳肩，對準泰山「美國人辦的集中營」的說法不屑一顧，認為不過是些杜撰而已。他的直覺告訴他，如果真有如此聳人聽聞的、美國在中國辦的集中營，白蟻一樣無孔不入的美國記者們，一定不會放過這樣一個能獲普利策獎的機會；而那樣的話，中美合作所在美國應該是「橫眉冷對千夫指」才對。

　　在 1 年後兩人婚禮的出席者裏，有一位徐軍稱呼為「金叔叔」的長者，他在 1948 年曾被作為地下黨抓起來關進渣滓洞，和《紅岩》的作者羅廣斌關在一間牢房。幸運的是，幾個月後，他被有錢的父親保了出來，幸免於 1949 年 11 月 27 日發生的那場屠殺。他也提議 Bob 參觀中美合作所，反覆地說，「你一定得看看那些手銬，美國造的！」

2002 年春天，已定居在波士頓的徐軍夫婦第二次回中國。「我父親又提議我們去中美合作所，但這次他的口氣，和 1987 年説這話時完全兩樣。『他們把那兒擴建了，還豎了很大的雕塑。非常壯觀。』我 76 歲的老父親快活地説着，就像在説着一個主題遊樂園。往日的歷史積怨無影無蹤。」

2006 年，徐軍再次回國。這時有着博士學歷的她已辭去高科技工作，成為一個作家。契機是「九一一事件」裏轟然倒下的紐約世貿中心，儼然是滿天斑斕的煙火禮花，中國的不少網民一片歡呼雀躍。出於在美華人的一種切身的困擾，她極想了解中美兩國及人民之間的關係何至於如此。這是可怕的真相，抑或是由太多的假相沉澱而成的「真相」？在成都時，她開始主動問起金叔叔，「他 1948 年被關在渣滓洞監獄的時候，那個監獄是否屬於中美合作所？他説不，他是在解放後的五十年代初才第一次聽到『中美合作所』這個名字。他在監獄裏的時候，獄方把這所監獄叫做『訓育所』，意思是『德育教育基地』」……（徐軍著、George@tecn 譯《重慶——另一面的美國往事》，美國《大西洋月刊》網站 2011 年 2 月）

對此「真相」懷疑的，還有作為「歌樂山革命紀念館」（前身即是「中美合作所美蔣罪行展覽館」）工作人員的孫丹年。她「在館長的指示下，寫了很多展覽文字，甚至演出腳本。一開始，她深信她所寫的東西。逐漸地，她在行文中的一絲言不由衷，開始令她困擾。她感到一種內在壓力，但無法説出哪裏出了錯。她有時感到不解，在與日本和德國進行着殘酷戰爭的期間，美國人為什麼還要派數以千計的軍事專家來『鎮壓進步的中國人』。在她看來，這不合邏輯。她想解開這個謎，但不知如何下手。」（同上）

這便是中國當代社會反覆折騰幾十年後獲得的進步，雖落實在普通個體上，但其意義絕不可小覷。這意味，國人對於謊言空話不再習以為常，日愈呼喚在山泉般透暢的真相與實話中呼吸。

重慶紅岩歷史博物館館長厲華所著《紅岩檔案解密》一書，收錄了小説《紅岩》相關歷史人物的軼事，在標題為「揭祕中美合作所」一章的 349 頁有一句話：「中美合作所和軍統集中營無關。」

幾年後厲先生公開說,「把中美合作所與軍統渣滓洞、白公館監獄和大屠殺聯繫在一起,在當時有一些客觀原因。」其中「一個重要原因,就是戴笠既是軍統局的局長,又是中美合作所的中方主任,所以兩個單位被連在一起。」(《人民網》2011 年 5 月 13 日)

其實,在國際反法西斯統一戰線中建立的跨國軍事情報合作機構,並非只有中美合作所。

1937 年 8 月 27 日,中蘇兩國政府簽訂《中蘇互不侵犯條約》,宣稱共同反對日本帝國主義侵略。在此背景下,蘇聯開始大規模地對華援助並積極開展雙邊軍事合作,其中包括派出軍事顧問、航空志願隊到華參戰。在所有的軍事合作中,情報合作無疑是最為隱祕的一項。中方由國民政府軍事委員會,蘇方由蘇軍總參謀部出面,進行具體的協商,1938 年 7 月 15 日,中蘇技術研究所於祕密狀態下在漢口台兒莊路 86 號悄然成立。幾個月後撤至重慶夫子池來龍巷慶德里 1 號,另在南岸黃山放牛坪茶亭子附近設有電訊偵測總台。從 1939 到 1941 年,中蘇技術研究所獲得頗豐的情報效益,尤其取得了日軍即將發動太平洋戰爭的證據。但名為合作,暗地裏彼此都想把對方偵譯日本密電碼的技術學過來,而自己懂得的一套又儘可能不讓對方學去。此後,蘇德戰爭爆發,蘇聯無暇東顧而漸少過問,軍統方面也認為蘇方提供的電訊器材顯得落後而失去合作熱情。更重要的是,1941 年 4 月,蘇聯和日本簽署《蘇日中立條約》,停止了對中國的援助,戴笠認為蘇聯為了避免腹背受敵,暗中有把日本的禍水引向中國之心。該所建立約 3 年後撤銷。

1941 年夏,英國駐華使館商務代表、英國高級特工安德遜,因在上海活動遭到日本人監視,由忠義救國軍藉偷運日貨之機,將其藏在卡車中護送到重慶,安德遜與戴笠聯繫,提出合組中英特種技術合作所,進行情報交流,英方願意提供武器裝備和派專家,幫助中國組建、訓練一支敵後遊擊部隊,即別動軍,開赴東南亞作戰。1942 年 1 月,中英特種技術合作所在重慶小龍坎成立,別動軍司令部就在小龍坎紅糟坊的周家灣,戴笠保舉忠義救國軍總指揮周偉龍為司令。合作內容主要是由軍統向英方提供有關日本陸海空軍在中國沿海

及大陸活動的情報，其中着重於日本空軍的情報。軍統還應英方要求，派了一個特別工作小組先後在香港、印度工作，專門偵測日空軍的活動和研譯日空軍的密電。然而，中英合作進行得並不順暢，軍統局在援助及訓練等問題上，與英方意見嚴重分歧。戴笠曾向宋子文説起與英情報合作的狀態，「英方無誠意合作，器材既不能作相當之供給，特務又不能公開教授，且在我國內各戰區藉合作名義自由活動，搜集情報，實違反合作協定，故奉委座命令中止進行。」（《戴笠致宋子文電》，《重慶來電》1942 年 1 月 14 日，現藏於斯坦福大學胡佛研究所檔案館）

戴笠對英國人的印象向來不佳，一來是英國人在全球事務上不時流露的殖民者老爺心態，1943 年取消不平等條約的談判中，英國拒絕在香港地位問題上對中國作任何讓步；二與此前為指揮刺殺王亞樵入境香港，他曾被港英當局扣下一事有關。他還提醒時任外交部長、正在美國為爭取美援而遊説的宋子文，英國特工負責人約瑟克「現在華府有所活動，此人鄙視我國與我絕無好感，乞公注意。」（同上）

1942 年夏，流亡海外的法國戴高樂政府也曾派代表來中國，與軍統局談判建立中法特種技術合作所，主要是為了偵譯法國維希傀儡政府的密電。法方代表對所談事項顯得外行，軍統局則對這在國內只打了幾個星期的仗便跑路去了國外的流亡政府，亦不大看得上眼，中法合作最終無果而終。

戴笠心裏想的是美國。

戴笠先前多次通過宋子文及駐美使館副武官、軍統美國站站長蕭勃，與美國方面協商，希望美國能協助中國的情報工作。美國本土與中國隔着太平洋，距亞洲萬里之遙，遠離戰場，且以為國門還是美國「黑船」打開的日本不可能「學生」反噬「老師」，最初並不重視東南亞的情報搜集工作。豈料，在傳統審美上有「縮小」、「精細」意識的日本人，對遼闊空間莽然無知，在英國退守英倫三島、無力保護東南亞屬地之後，日軍以犁庭掃穴之態疾掃，並有了將大半個西太平洋地區收入彀中的野心。美國停止提供石油、鋼鐵、橡膠等重要戰略物資後，日軍即進攻美國太平洋艦隊的基地——夏威夷珍珠港，太平洋戰爭隨

姜毅英

之爆發，華盛頓的視線始投向已與日軍苦鬥了4年的中國、投向戴笠的軍統。

大陸的很多資料說，這與珍珠港事件前軍統破譯的一份日軍大本營的情報有關：

1941年12月7日，包括6艘航空母艦在內的日本特遣艦隊將襲擊珍珠港。破譯者是戴笠從家鄉招來的姜毅英。戴笠決定將這一緊急情報轉告美國，經蔣介石批准後，立即把消息通知軍統局美國站站長蕭勃，再轉美國海軍司令部。美國人一向輕慢中國，對軍統的情報工作也瞧不上眼，還有人懷疑，此舉是蔣介石企圖儘快把美國人拖進戰火中來……由於美方沒有採取預防措施，日本海軍聯合艦隊和海軍航空兵，於美國時間7日凌晨，突襲珍珠港，使美軍太平洋艦隊遭到滅頂之災。這極大地壯大了軍統情報工作的聲譽。蔣介石大覺欣慰，戴笠則對姜毅英讚賞有加，將其由中校破格提拔為少將（一說姜本來是上校）。現在江山保安戴笠故居、江山廿八都軍統女特工舊址展板採此說，申元先生所編《戴笠年譜》也予確認。

還有其他的說法：一說這份密電的破譯者是技術研究室第一組專員池步洲。該室由從軍統、中統等機關調來的人馬組成，不屬於軍統或中統，直屬國民政府軍委會，簡稱「軍技室」。從1941年5月份起，日本外務省與駐夏威夷州首府檀香山（亦稱火奴魯魯）總領事館之間往來的密電，突然比以前增多，而且內容也起了很大變化。過去係以日本僑民、商權、貿易等情況為主，5月份後，軍事情報頻頻雜於其間，特別是關於珍珠港美國艦隊及當地氣象、海流的情報，這引起「軍技室」的密切注意。12月2日，日本外務省致日駐美大使野村的一份密電被池步洲破譯，主要內容有：（一）立即燒毀各種密碼電報本，只留普通密碼本。同時，燒毀一切機密文件；（二）儘可能通知有關存款人轉存於中立國家銀行；（三）帝國政府決定照御前會議，採取斷然措施。一組組

長霍實子「即親拿這份剛譯出的日帝密碼情報，飛跑送到主任辦公室交給毛慶祥主任。毛閱後，馬上親自將這份密電情報送到蔣介石手裏。事後毛慶祥對霍說，蔣也立刻把密電內容通知駐渝美方。可惜美方低估當時中國研究日本密碼電報的技術，不相信國民黨中國已破譯日本密碼電報。同時，還以為是日本政府事先設置的一個騙局……」（霍實子、李直峰《國民黨密電研究組與「軍技室」的若干事》，見吳越《池步洲傳》）

還有說是軍統裏從事經濟情報分析的鄧葆光。1941年，報紙上登出一條日本要用橡膠換蘇聯木材的新聞，這引起了鄧葆光的注意，日本並不出產橡膠，仗正打得海沸山裂，它自家還不夠用呢，怎麼能向蘇聯出口橡膠呢？這位曾留學日本中央大學的經濟學博士，據此綜合分析得出結論，日軍必然在謀劃佔領南洋的橡膠產地，而要佔領南洋，其眼中釘必然是太平洋上的美國海軍基地。鄧葆光最後的結論就是日本人十有八九會突襲珍珠港。（《破譯日軍突襲珍珠港事件的紅安人——鄧葆光》）

有人質疑：「無論正史還是野史，破譯日軍偷襲珍珠港密電的是軍統，怎麼到了作家手下，就變成中統了？池步洲如此彪炳千秋的功勳，蔣介石為什麼沒有像獎勵姜毅英一樣提拔、晉升他？如此重要人才，國軍撤退時，能不將其帶至台灣嗎？」還有人對姜毅英因此事被晉升少將的說法存疑，珍珠港事件爆發於1941年12月，而姜毅英晉升少將卻在1946年3月。

學者指出，作為美國投入「二戰」的重大轉折事件，襲擊珍珠港如事前真被中國方面偵知並告知了美方，在美國系統保存的「二戰」歷史檔案中會有證實，現在卻看不到相關資料。一些在台灣的原軍統局人員公開的回憶裏，亦未見提及軍統破譯日本偷襲珍珠港密電一事。長期擔任軍統局電訊處（第四處）處長的軍統電訊事業元老魏大銘，曾發表《評述戴雨農先生的事功》一文，文中有《戴先生對通訊之運用與保密有其獨到之處》專節；另良雄的《蔣介石的特工頭子——戴笠傳》中專門有一章《戴笠重要武器之一——電訊》，兩者均未記載此事。

姜毅英確是這份密電的破譯者？池步洲或有攬功之嫌？美國人是否吃了啞

巴虧，為了一個面子，硬是將中國方面的通報按下不表？或許，中國方面，不管是軍統還是「軍技室」破譯的日本密電，當時都是模糊的，只能判斷日軍有大動作，但在何時何地，要進行什麼樣的動作尚未肯定⋯⋯

總之不管如何，太平洋戰爭的爆發直接導致了美國對華政策的轉變。

「從此，總統着手制訂一項嚴加管制的計劃，其目的不僅是要加速對華經濟援助，而要把中國變成在軍事上和政治上都對美國有益的盟國。」（〔美〕邁克爾‧沙勒《美國十字軍在中國（1938—1945）》）其原因在於，中國已與日本作戰 4 年，對日軍有一定認識；其次，利用中國的地理位置，可以掌握朝鮮、台灣、泰、緬、越等地的動態，又可利用東南亞地區的華人搜集情報而不易被日軍察覺，故確定中國為其在遠東地區的合作伙伴。

1941 年早些時候，美國海軍部門就開始在國內搜羅熟悉有關日本與中國情況的人才。這年夏天，屬於美國陸軍系統的情報協調局成立，局長比爾‧多諾萬（Bill Donovan）上校隨即籌備組建一個遍及全球範圍的祕密機構，其下研究分析處的成員大部分來自各所著名大學，來自哈佛大學、後來成為美國「頭號中國通」的 34 歲的費正清即在其中。費正清啃的第一塊「骨頭」，是日本的造船業，鋁、鐵以及飛機的生產。多諾萬要求他進行鑒定評估。還有一本最新版本的《中國年鑒》，在其索引中查到了鈾，在正文中獲知它蘊藏於湖南和江西一帶。隨後繪圖師繪製了一張突顯湖南、江西，並用 XXX 作標記的地圖。當時費正清「急匆匆地將地圖交給正與托馬斯‧K 芬勒特開會的多諾萬，前者是曼哈頓計劃的主持者之一⋯⋯」（費正清《中國回憶錄》）

次年 6 月，該局重組，海外情報處劃分出去，改為戰時情報局；剩下的研究分析處、祕密情報處以及祕密行動處整合為戰略情報局。費正清被任命為該局的駐華首席代表，全權處理一切事務。

1942 年初的一天，美國海軍軍令部長兼大西洋艦隊總司令金（Ernest J.King）上將，在其辦公室召見海軍內部管制委員會記錄官米爾頓‧梅樂斯（Milton Miles）中校：「你現在到中國去，儘快地建立起一些基地。盡你所能，替美國海軍準備着在三四年內在中國沿海地方登陸。同時，儘可能協助海軍，

騷擾日軍。」梅樂斯的新身份為美國海軍駐華顧問組組長,任務大體是:為在太平洋上的美軍飛機、軍艦活動提供氣象情報,為華盛頓提供日軍在華意向和作戰活動的情報;在相關的海峽和港口裏佈下水雷……

這年,梅樂斯快 42 歲了。自 22 歲美國海軍學院畢業後,在遠東 5 年,服務在 6 條不同的船上,對中國許多海口都很熟悉,也時常開進中國一些大河,1925 年結婚也在香港。後到紐約哥倫比亞大學進修,獲電氣工程碩士學位,以技術能力過硬而獲得提升。1936 年,由海軍部工程局派回遠東,在「黑鷹號」上服務 3 年,又在驅逐艦「約翰‧愛德華號」上任艦長 1 年。此時,已成美國海軍中著名的電機水雷工程專家的他奉命調回華盛頓。至今,他大部分人生都在船上顛簸。他學習了中文,會一點廣東話,後來還懂得一點北方官話。梅樂斯日後在其回憶錄中說:「我從開頭就對中國人民有種好感,我發現他們的古老國家是那樣迷惑動人。」(《另一種戰爭》,下文裏未引出處的,均同)

1942 年 4 月 5 日,梅樂斯離美啟程,此時西太平洋的制空權已被日本人掌握,航線經巴西納達爾、埃及開羅、印度加爾各答……近 1 個月後,5 月 3 日飛抵昆明。

5 日,他見到了在美國國務院、戰略情報局等給的背景材料中的那個「聲名狼藉」的人——穿着卡嘰布料的中山裝,熨得很平,上衣紐扣一直排到領口,上面有翻過來的底領。握手時,他感覺對方的手出奇的纖長柔軟——「以一個有着那種使人不寒而慄的聲名耍槍桿的人,簡直是意想不到的。」梅樂斯帶了兩件小禮物,一是蕭勃上校託帶的明諾克斯牌照相機,一件是他本人的贈禮,一把 0.38 口徑的自動手槍。戴笠一看就愛不釋手,馬上佩戴起來,一直到罹難,一直都帶着這把槍。

待住地安排好,梅樂斯與美國駐華使館武官麥克胡應邀參加戴笠召集的軍統高級幹部會議,發現其手下的幹部沒有一個是唯唯諾諾的人。薄暮時分,戴笠設晚宴招待梅樂斯、麥克胡,席間,聊起彼此的兒子,戴對自己惟一的兒子的口氣頗為不屑,對梅的 3 個兒子,一個一個都叫得出名字來。戴還知道梅在華盛頓家裏的汽車的車身顏色是寶藍色的。麥克胡曾告,在中國一連兩小時的

正式宴會上，總會有雞鴨魚肉，但餐桌上不見雞鴨，吃的是蛙肉，戴微笑道：「聽說你對家禽類的食物都會過敏，所以不備。」梅樂斯還打聽到，配給自己的翻譯劉鎮芳本是陸軍上校，但因為自己是中校，劉的軍銜也暫降中校。

當晚，「戴笠給了我一個中文名字『梅樂斯』——是『梅花很喜歡此地的意思』。戴選擇『梅』這個字，還有象徵的意味，『梅花是中國的國花，它總是在嚴冬的古木上開花，象徵着未來的光明。』」

席間，梅樂斯提出一個要求，希望儘快到中國沿海走一趟。梅沒有注意到，他說這話時，麥克胡的臉色有變，麥克胡知道幾週前有一個英國代表團也希望做一次類似的考察，卻等到上了飛回印度的飛機，軍統還是沒有答覆。戴笠沒有半點猶豫：「當然，你可以跟我一起走，我們明天就出發。」。

出門後，麥克胡說，戴笠這人有時雖然會答應下什麼事，但絕不會去做。他還未准許一個外國人這樣走過。美駐華大使高斯也不相信真能成行。事情卻未如兩人所料——中國已經苦戰了 5 年，車輛、車胎、彈簧、汽油、潤滑油等等，當下都是緊俏物資，對於這次長途旅行必須備足；而且，這些物資都在當局嚴格控制之下，為防走私，每一輛車都得有載貨清單，經過檢查站時需按照清單核實。雖然為此耽誤了幾天，還是出發了。戴笠告訴梅樂斯，已安排好他走貴陽—衡陽—韶關—廈門—漳州—溫州。途中，讓他參觀一個專為訓練人員拼裝水雷，供在江河或沿海水中之用的海軍設施。此後，兩人會在福建一個約定地點會合。

按照戴笠的建議：有公路的地方，梅樂斯穿着傳教士的袍子——自 1830 年起，美國就有第一批傳教士來華。在鄉間僻壤碰上一兩個外國傳教士，雖說偶然，卻並非天方夜譚。一路上，梅樂斯坐在卡車的車斗裏，滿臉塵土；沒有公路，或路基遭破壞了，就利用滑竿、轎子；緊急情況，或偷越敵佔區時，就一身挑擔子的苦力打扮，其挑子經過細心挑選，兩筐豆稈挑起來並不重，下面正好掩藏他的槍支。腳上是涼鞋，跑石路、踏田畈、穿淺溪小溝，遠比穿皮鞋要方便。徒步時每一天得趕八九十華里，每個人的腳板上都磨起水泡。行李一減再減，最後僱了 3 個腳夫背東西，還是很不容易……一路上不時能看到中國

梅樂斯南方巡視途中

士兵們丟棄的爛草鞋，沾着血的繃帶，偶然還有來不及掩埋、有野狗在啃的屍體。「沿路與過河渡口上都擠滿了逃難的人，看到那些老翁幼童蹣跚步行，而我自己卻能坐在車上，內心不勝愧怍⋯⋯」。

　　每到一處，都有當地的軍統局祕密組織人員接應掩護，雖然一路辛苦，但順暢平安地到達福建浦城。戴笠於百忙中趕來履約，戴笠選擇在此會合，一是因為翻過仙霞嶺就是他老家浙江江山，對這一帶的地理、社會情況，他相當熟

悉。兩天裏，梅樂斯親見軍統許多東南沿海敵後的工作人員，趕來向戴笠報告工作、接受指示，他們化裝成各種不同身份的人，如山間霧氣一樣悄然來去，讓一邊看着的梅樂斯大開眼界。

6月9日黎明，11架雙引擎轟炸機突襲浦城，飛在約2千尺的高度。前面6架打開炸彈倉，把一顆顆炸彈投下來，其餘幾架用機槍向縣城街頭掃射。接着，繞着圈子，兩批輪換，由前面的6架實施掃射。名不經傳的一個小小縣城引來日本人如此規模、兇惡的糾纏，劉鎮芳判斷：「他們知道你們在這兒，你和戴將軍。」

戴笠、梅樂斯一行十幾個人，躲去城外一片稻田裏，這個季節田正乾涸，田埂上有一排南方常見的樹，可作掩身之處。大約此類事情經歷多了，戴笠臉上沒有驚訝之色，和眾人一樣枯坐着，望着天空的敵機。突然，他低下頭，嘰嘰咕咕地對劉鎮芳說了一陣。戴笠語速很快，方言口音頗重，梅一點也聽不懂。後者轉告梅樂斯：「戴將軍說中國抗戰的艱難，你也看到一些。現在戴將軍手裏有5萬個非常可靠的人，都是從最痛恨日本人的地方逃出來的，他們只有從敵人手裏奪來的一點槍支，大半人沒有經過訓練。現在貴國希望在華做一些事情，戴將軍也希望你給他武裝5萬遊擊隊，訓練他們去打日本人。貴國在華的諸多作業需要保護，你們不可能萬里迢迢派出太多的人。但如果這5萬人加以訓練後武裝起來，不但能夠保護你們，而且也能為我國作戰。戴將軍問你，這事你能夠做到嗎？」

等劉鎮芳翻譯完這段，戴笠又說了一個問題：「貴國會接受你在我國陸軍當將軍的任命嗎？可以的話，我想這支部隊由我們一起運用、指揮。」

說完，戴笠的目光，如一對跌落煤渣中的貓眼石，精光熠熠地盯着梅樂斯。

「我心裏想，對於一個四周都給陸地封鎖着的海軍軍官，這是一個多麼困難的處境。我還只是1個月前到達中國的孤單的一個人。然而，就在此時此地，我正和這個國家這位最不容易見到的將軍，一位很少答應和外國人會面的將軍，一同坐在稻田裏躲警報，而且，更為非同小可的是，他實際上建議我在

一支 5 萬之眾的軍隊裏，從事一種最意想不到的合伙關係！」

7 月 19 日，梅樂斯回到重慶，立即撰寫東南之行的考察報告。此行，他深入到廈門附近的島嶼，包括日軍軍事要塞——集美、澳頭、蓮河等地。歸途再經白石炮台、禾山機場、高崎，觀察到台灣海峽日艦活動情形。或許是已將安全置之於腦後，或許要證明他確履險地而非道聽途說，梅樂斯堅持要拍照片，拍了廈門飛機場、日軍廈門司令部、虎頭山及鼓浪嶼要塞全景。幾乎都是在敵人崗哨的眼皮下進行，但在軍統人員誘敵掩護下，他都能如願以償。報告附上了這些照片。他對戴笠和軍統局在敵後的力量評價很高，並就美國海軍在華確定有關任務提出建議，根據戴笠的想法，他大為拓展了原計劃。報告中他將戴笠的那個問題原封不動地轉給金上將。結果，在得到金上將的許可後，梅樂斯成了中國陸軍中肩章上綴有兩朵梅花的「中將」，其配屬為子虛烏有的「陸軍第 25 軍」。據說，「當羅斯福總統獲知中方的這一安排，不由得欣然大笑」……

8 月 23 日，戴笠呈文蔣介石：

戴笠呈蔣中正 有關梅樂斯等赴印度接運器材和人員申請設站經費

查美海軍部派遣水雷專家梅樂斯來華，與生局進行對敵爆破及無線電偵譯之合作事宜。前經呈奉鈞座批准有案，梅樂斯於本年四月偕同無線電專家來華洽商進行，並於五月二十六日偕同海軍總司令部遵奉鈞令所派之水雷製造所所長曾國晟，出發閩浙沿海視察，各情均經呈報鈞座鑒核在卷，梅等已於七月二十日視察完畢，返機重慶，獲悉第一批來華專家六人攜帶一批器材，因所乘之船中途被敵炸沉遇難。第二批器材雖已運到印度，但因印度運輸情形混亂，一時恐難轉運來渝，並以此項器材待用甚急，故於八月一日梅即親自飛印，清查器材，運渝應用。日前接梅來電，謂不日即可航運來渝，並另有專家七人同來；同時，魯西亦因此項工作所需之無線電機，急需盡速運華，期早開始工作，故於八月一日飛印轉美，親自辦理提運來華事宜。梅、魯兩君，對此項工作頗具熱誠與毅力，所有關於爆破及無線電器材，以及各破壞隊應用之武器，均不列入租借法案，

予我以充分之供給，是項工作應在渝郊設置總站及總台各一。生已會同梅、魯兩君，勘定歌樂山之新開寺為總站總台之辦公地址，所有應行建築之房屋與設備，照梅、魯之設計，需費 XXXXXX 元。生因國家財政之困難，在緊縮原則下，經一再之審核，減為 XXXXXX 元，此為最低限度必要之需費。謹請鈞座准予照數發給，以利進行。至此項建築、設備兩費，容該工程完竣後，專案檢據報請核銷，合併陳明。

謹呈校座。

生（「國史館」典藏號：1480102000013203-204）

多諾萬局長大約從梅樂斯的行蹤裏嗅出了什麼氣味。1942 年 9 月，梅樂斯又被任命為戰略情報局遠東地區協調主任。「顯然，多諾萬對這位眾所周知、神祕而可疑且抵觸外國人的戴笠將軍很感興趣，於是他急於利用梅樂斯與戴笠接成親密關係。」

1943 年 4 月 1 日，在美國首都華盛頓舉行了《中美特種技術合作協定》簽字儀式。原計劃由兩國元首簽署。可按照美國體制，總統簽署的協定要由國會參議院批准，不僅曠日持久，而且無法保密，遂改為由總統授權其下屬簽署。中方亦照此辦理。當天，中方簽字者為在美國的外交部長宋子文、駐美大使館副武官蕭勃；美方簽字者為海軍部長諾克斯、戰略情報局長多諾萬，以及正返美辦事的梅樂斯。落款時間地點為 4 月 15 日於華盛頓。戴笠的簽名處下係空白，以後他特選美國國慶紀念日 7 月 4 日在重慶補簽。協定開門見山便是兩條：

為便於業務之進行，美國願以無代價供給一切物資，基於友誼而與中國合作，故在美國名為「友誼合作」，在中國之英文名稱為 Sino American Cooperative Organization，簡稱 S.A.C.O，此與英文 Socko 發音相同，含有有效之猛攻或突擊之意義。

本所之工作人員，均須宣誓努力打擊日本，並對本所之組織與業務及其與本所有關之同盟國單位情形，保守絕對之祕密。

戴笠、梅樂斯隨即擬定《中美特種技術合作所工作計劃綱要》，共計 34
條。《綱要》規定軍統方面參加合作的力量有：「現有沿海之情報佈置與各鐵路
破壞隊，及軍委會別動軍與忠義救國軍，及泰國挺進軍。」所有接受「中美所」
訓練和裝備之隊伍，由中美聯合指揮，主要任務是：「在敵人佔領地區，佈置
情報工作，搜集敵軍事、政治、經濟、外交各種情報」；「在敵佔領區內重要城
市、鐵路、公路、河流、礦產，及中國與安南、泰國沿海各軍商港灣、島嶼，
利用各種力量與方法，對敵予以不斷之打擊」。中美特種技術合作所在全國各
地設立多個「中美特種技術訓練班」（簡稱特訓班），訓練和裝備軍統局指揮的
忠義救國軍、別動軍及鐵路破壞隊等敵後遊擊部隊，「以增強其戰鬥能力，打
擊日軍」。這裏提到的別動軍，即應由原中英合作所訓練的一支遊擊武裝，原
擬開赴東南亞作戰。在梅樂斯最初一次與戴笠會談時，還討論到軍統分佈極廣
的地上地下組織，可以對以後在中國境內被擊落美機上的飛行員、機上工作人
員，以及逃出來的俘虜等給予救援的問題。

　　此後，戴笠從忠義救國軍中挑選了 130 人集合到重慶，準備接受美國人的
訓練和軍火裝備。美方也有 15 人的先頭小組抵達重慶。7 月 1 日，在距重慶 8

梅、戴在協議上簽字

公里的歌樂山，中美特種技術合作所正式成立。歌樂山是一片長達 13 華里、縱橫 20 餘里的丘陵地帶，松濤起伏，流水潺潺。「中美所」決定設在這裏的原因，一是軍統在此有一個指揮所；二是包括渣滓洞、梅園、楊家山、造時（繅絲）場、松林坡、白公館、五靈觀、紅爐廠、王家院子、熊家院子、小楊公橋、朱公館、步雲橋、嵐埡等在內，共有房屋 800 餘間；三是這裏僻靜深遠，易於保密與警衛。美國人來了後，稱之為「快樂谷」。

中美合作所隸屬中美兩國最高軍事統帥部。

主任戴笠、副主任梅樂斯，均對「中美所」一切事務具有否決之權。凡是重要的命令，戴、梅兩人同時簽字後下達。

總部設人事室、情報廳、運輸廳、通訊廳、氣象廳、偵譯廳、心理作戰組、醫務室、特警組等，如廳（組、室）長是中國人，副廳（組、室）長就一定是美國人，反之亦然。人事室、情報廳、運輸廳，因在中國居地利之宜，由

中美特種技術合作所儀仗隊

　　　　　　　　　　時間的磨子下 ——戴笠、軍統與抗戰

中國軍官任第一把手，通訊廳、氣象廳、偵譯廳、醫務室等，因其突出的現代知識、技能，則由美國軍官任第一把手。在「中美所」，十分強調內行領導外行。

人事室分管美方人事的是陸軍少校詹姆斯·古奇少校，他於 1944 年 10 月到任，他到來時，「中美所」美方已有軍官 222 人，士兵 872 人，其中，1/3 在印度。美方士兵大部分很年輕，軍官大半是後備役，太平洋戰爭爆發後才投身軍隊，如海軍中校喬治·鮑曼戰前原是一位富有經驗的工程師，在公用事業單位任主管，來「中美所」前在航空母艦「勒克辛頓號」任執行官。

情報廳每日將各方情報編成日報、週報、月報，中方送中方有關的部門，美方送華府、太平洋艦隊、中緬印戰區參謀部。後者老是懷疑扣住了一些好情報沒有給他們，梅樂斯曾寫了一封長信，說明從 1943 年 11 月到 1944 年 9 月，「中美所」給中緬印戰區參謀部發出 388 件情報報告，僅編號及每一報告的摘要就長達 23 頁。除了某些「攔截的情報」奉命只發華府，沒有給陸軍兄弟們打過一點「埋伏」。

通訊廳廳長是勞爾·魯濱遜海軍少校，該廳 1944 年已有兩座大型電台，重慶、昆明各一，均可直通華盛頓、舊金山和珍珠港。廳內原來的電話機老舊不堪用。要打一個電話到市內中山二路羅家灣軍統本部，還不如派一個人走去省事。後來換了一批撥號電話機，好了幾天又不行了，沿途的一些農民盜取電話線賣了換幾個小錢。戴笠大怒，以疏於職守的罪名將魏大銘關進牢裏 10 天。美國人十分震驚：此時已是少將的魏大銘，在軍統內也主持了一個無線電系統，在美國人看來，其所用的無線電機大半都是古董。可他手下的報務員收聽着最微弱的信號，卻做出最好的成績。1943 年裏他結婚，下令不准軍統人員抗戰期間成婚的戴笠不但批准，還送了禮金，「中美所」美方全體人員都盛裝趕去喝了他的喜酒。戴笠卻說翻臉就翻臉，且管理社會治安非魏份內之事，即使他有疏於管理的責任，按美軍做法，將軍是不下牢的。魏大銘出來時卻春風滿面，他用這難得的 10 天空閒時間，破譯了日本人的一份氣象密碼……

偵譯廳廳長是約翰·霍爾威克海軍中校。在這裏，中美雙方的「攔截」人

員，看似一天到晚釘牢在椅子上，有時還翹起一條二郎腿架在辦公桌上，但其耳朵裏的敏銳猶如晨風朝露下的蟬翼，他們知道一些敵人電台在哪兒，可以辨識對方是哪一個人的手在按鍵，時間久了，甚至還能説出對方的某些個性。一個受過潛艇訓練的海軍軍官還能根據電波編列出日軍艦艇的位置，將其發給美軍在太平洋各處的潛艇。有時，他們還發出某些假電信擾亂敵人。

由貝耶萊海軍中校主持的氣象廳是「中美所」成立最早的單位，也是美國海軍當初決定要來中國的重要原因之一：提供氣象報告，使海軍艦隊的攻擊更有效。到 1944 年 9 月，該廳已經可以做到每天向分佈非常廣泛的各海軍艦隊提供 4 次氣象報告，以及精確的遠期預測；並將氣象分析提供給陳納德的 14 航空隊，其中包括每日預定出擊來回所經地區的氣象圖，以及旨在利用順風的飛行計劃。

心理作戰組組長是中方的王安之少將。據當時的軍統局總務處處長沈醉回憶：心理作戰組「除了經常不斷地向日寇佔領區進行廣播並用飛機空投宣傳品外，1944 年，又成立了一個流動宣傳大隊，由賀元充大隊長，經常在東南一帶前線活動。這個大隊配屬有十幾輛宣傳車，車上裝有播音設備，專在接近日軍駐地向日本士兵進行宣傳。這個組的工作最緊張活躍的時期，是 1945 年美軍向日本逐島進攻與向長崎、廣島投原子彈的時候，他們不斷地宣傳美軍在日本本土上作戰的成績，誇大原子彈的威力，去動搖日軍軍心。勝利後，梅樂斯急於想了解這個組的工作在日本軍隊中所起的作用，曾派出許多美蔣特務去詢問過一些日本軍人，得到了很令人滿意的答覆。因為一些被封鎖的消息不斷傳到了日軍的耳中，他們互相暗中傳播，據説對前方士氣的影響相當大。」（《中美特種技術合作所內幕》）

1944 年夏天，用於訓練間諜和敵後破壞工作人員的訓練班開學。這年春，前聯邦調查局成員查理·莊士頓海軍少校帶着 20 多個經他親自挑選的格鬥、安全保護方面的專家，以及他在華盛頓「連哄帶騙」搞到的滿載 7 節貨車的物資，從卡車、吉普到油車、拖斗，從發電機到外科用的小手術刀，從電影放映機到熱水淋浴器……空運到昆明後，跑了 5 天半到達重慶，再特別炸開一條上

山路，來到快活谷。戴笠親自敦促，先後開建汽車修理廠、課室、操場、電影室、實驗室、營房、馬廄、狗房等，使其看上去就像是一座嶄新的學院。

8月，在數千名志願者中挑選出來的 1500 名候選學員分批進入快樂谷，再作一次甄拔後，600 人留了下來。首先講授射擊的是世界手槍射擊冠軍、六度獲得全美戶外射擊冠軍的海軍陸戰隊上校李夫斯。白德‧馬斯德和兩個中士自己動手，築成一個手槍打靶場和一個步槍打靶場，訓練中國人使用新式步槍和自動武器。中國人像窮孩子第一次見到玩具，興奮地拿起由美國海軍提供的新式、輕巧、快速的武器，換下了他們以往所熟悉卻過時的德國、捷克和日本武器，更不用說一些學員以前只使用過由中國造的仿製品，甚至老掉牙的鳥槍了。所開的課目神速推進，個人戰鬥、爆破、無線電、攝影等課程陸續開出，當美國海軍醫護兵團的戈登‧泰洛上校和其手下的 3 名醫生來到後，又開了醫學課程……

來到快樂谷的有「遊擊隊首領和教官，破壞和爆破專家，孤寂的沿海守望者，以及氣象報告員。以後來了更多的人，更多的課程。學生中，不但有許多精選的中國人，還有一批非常愉快的暹羅人，以及法國人、安南人。」最多時，全所人員包括學員，高達 6000 多人。

「中國有太多的熱血青年，快樂谷不可能容下。」

幾乎在本部建設的同時，「中美所」就根據敵我鬥爭的需要推進駐外營地的設立。第一營地（亦稱第一大隊，下同）在安徽歙縣雄村。由約翰‧馬斯德少校帶領 6 個美國人，加上隨同的幾名中國翻譯、衛兵，擠在 6 輛破爛的卡車上，在同樣破爛的公路小路上跑了 600 公里，在離上海約 200 公里的雄村一座廟宇紮了下來。開出的課程是美式新武器的使用、保養，因上海有許多戴笠感興趣的目標，還多有破壞工作的內容。具體情況上節已有相關文字，此處不再贅述。

1943 年 6 月，第二營地在湖南南嶽建立（後遷湘西和貴州）。由麥里爾‧史迪華海軍上尉率領，還有兩名美軍陸軍軍官、十幾名大兵。第一期訓練了約300 人，第二期訓練了 670 人，還短期培訓了來自華南各地的 1500 多名「忠義

軍」士兵，相比第一營地的課目，多了水上突擊的內容。自常德經洞庭湖以西的沅江，至鄱陽湖北端的九江，這一段路程大約 300 里，此區域內有許多重要的河流與鐵路縱橫交錯。教官喬・柴普上尉的計劃是，不但得清除日軍在這些繁忙水道中散佈的水雷，還要將它們移去我方認定的適當地點，「以毒攻毒」。因此柴普常常和 4 個美國助手，指揮 100 多名學員穿過敵人的防線，在距離日軍哨所不到 30 里路的河流、江面佈設水雷。

8 月初，由亞登・陶陸軍少校率領 18 名美軍官兵，在河南臨汝以北三四里處的一座當地人稱為風雨寺的古廟裏建立第三營地營部。因前線不斷逼近，第二期遷往盧氏，再遷鎮平，第三期遷至陝西商縣，第四、五期再西遷，至西安附近的牛東村。共辦 5 期，先後調訓別動軍第五、六縱隊，平漢、隴海、津浦、同蒲各線鐵道破壞隊，以及鄂北、豫、皖、魯、冀、晉各省的行動隊，還有在敵後招收的青年學生等，共 1000 名學員。戴笠花了 1 個月時間，帶着該營地的幾個美軍主官，到黃河沿岸各地走了一遍，介紹他們認識國軍在這一地區的部隊。美國人向他反映收到的國內親友的郵件太少，他回重慶後，專門為第三營地安排了一個由飛機、火車、卡車相銜接的頗為複雜的郵遞網。

11 月初，在中國官兵的護送下，哈登布魯海軍中尉率領 12 名美方人員分乘 9 輛敞篷卡車，攀越蜀道，穿過黃土高原，在距離外蒙邊境不遠、戈壁大沙漠南端的陝西陝壩，建立第四營地。共辦 4 期，訓練學員 900 餘人，其中，有第八戰區副司令長官傅作義部官兵、稅警騎兵團挺進隊、察哈爾各單位人員以及選考的知識青年。前兩期結業後，編組為別動軍一個縱隊，赴平綏線以北的大青山，重點破壞平綏鐵路，成為北方遊擊戰的重要力量。（洪小夏《抗日戰爭時期中美合作所論析》）第四營地附近多是聚族而居的蒙族人，不少學員幾乎是天生的騎士，騎在馬上進進出出。營地設在這裏的一個好處是，太平洋上菲律賓與日本之間的氣象經由蒙古到達，此地比起重慶，可以獲得更清晰的氣象情報與電訊情報，還可有效干擾日本海軍由華北海面上發出的無線電波。

第五營地設在廣西南寧。1944 年 9 月 10 日開訓，招收廣西青年學生 900 餘人，編為別動軍第三縱隊第三支隊。因桂柳戰事吃緊，提前於 10 月 1 日結

「中美所」及其營地的訓練情況

業。裝備美式武器後，分別進入淪陷的玉林、梧州、南寧地區，開展敵後遊擊戰。

1944年夏天，第六、七、八3個營地，在東南沿海（閩南華安、閩北建甌東峰、浙江瑞安）設立，準備呼應美軍計劃中的登陸大戰。這3個營地的美方人員，佔到「中美所」在各戰場上美軍人員總數的1/3。第七營地最多，軍官9名，士兵138名。3個營地共訓練完成4000人，訓練內容是進攻沿海島嶼，攻擊日軍向內地運送的給養、人員。雖然眾所熱盼的盟軍登陸未曾實現，1945年夏天，這些為了支援登陸而訓練的人員還是有了大展身手的機會：第七營地循閩江直驅福州，創下收復中國第一個港口城市的紀錄，隨之拿下的還有福州機場。距離第六營地不遠的漳州亦被收復。隨後在近4000名日軍由廈門撤往汕頭途中，已有2000多遊擊戰士的第六營一路追擊，敵方被殲268人，我方陣亡16人。第八營地也有了3個營的兵力，其中2個營由受訓學員組成，過去從未有實戰經歷，但在攻佔溫州戰鬥中，日軍死亡達539人，我方損失48人。

此外，1943年2月，「中美所」在重慶舉辦「氣象人員訓練班」，調訓軍統系統報務人員151人，共4期，結業後分派各戰區包括敵後戰區設立氣象站、測候站近百個，為盟軍提供氣象情報。1943年9月至1945年初，在重慶舉辦「外語人員訓練班」4期，每期從西南各大學選拔專科以上畢業（後降為高中以上）、有英語專長的學員數十人，結業後分發「中美所」各單位工作，共培訓英語人才188人。1943年12月，在重慶設立「中美情報訓練班」，至1944年10月，共辦4期，調訓軍統局敵後工作人員138人，結業後由美方人員帶領潛往敵佔區，設立前進聯絡站、前進指揮站、潛伏分站和情報組，建立起東南淪陷地區的情報網和監視站。1944年7月至12月，先後在桂林、柳州、貴陽舉辦3期「行動爆破訓練班」，先後調訓粵漢鐵路破壞隊、別動軍第三縱隊、軍統柳邕行動組人員，共計39人。由美方施以爆破鐵路、橋樑，襲擊倉庫等祕密行動特技訓練，結業後配發新器材，分別組建廣東廣（州）三（水）鐵路行動組和廣西柳邕行動組，深入敵後執行破壞行動。1944年9月至1945年初，在江西修水縣義寧鎮良塘村共舉辦4期訓練班，培訓就地招考的知識青年1100

人。另辦幹部培訓班 1 期 250 人，結業後與「中美所」派出的 500 人，編為湘鄂贛行動區行動總隊，梅樂斯稱為長江突擊隊，唐新（即良雄）任總隊長，負責長江以南洞庭湖和鄱陽湖之間 85 個縣範圍的日軍後方爆破等破壞行動。1944 年 5 月下旬至 8 月上旬，長（沙）衡（陽）會戰中，湘鄂贛邊區行動總隊配合正規軍遊擊作戰共 153 次，斃傷日軍共 1947 人。（孫丹年《中美合作所與太平洋戰爭》）

各營地和「中美所」各訓練班開出的課程，儘量融匯美國新式武器及較為先進的戰術理念。新的軍事技術約佔 75%，由美國教官講授。軍事科目共有：飛機識別、偽裝及掩護、地圖判讀法、戰地急救法、觀測、射擊目標之指示、搜索、偵查、埋伏、襲擊、巷戰、夜間步哨、勤務、夜間演習、野外演習、手榴彈、手槍、湯姆生衝鋒槍。技術科目有 5 門：擒拿術、聯絡及祕密通報、破壞、情報、爆破。其他軍事基本學識、政治教育課程等，約佔 25%，由國軍教官講授。採取速成方式，訓練期限最少 2 個月，最多 4 個月，每期一般 3 個月左右。「中美合作，先後對中國遊擊部隊及相關專業人員共約 5 萬人，進行了培訓。這樣大規模對敵後遊擊部隊施行先進技術、先進武器及先進戰術思想的訓練，提升了中國遊幹培訓的水平和檔次，提高了遊擊部隊的敵後作戰能力。接受過中美合作所訓練的敵後遊擊部隊，後來不少曾有重要的遊擊戰績。」（《抗日戰爭時期中美合作所論析》）

1943 年初，在湖南零陵附近，「中美所」還開設了當時算是「稀有之寶」的「百達醫院」。其基礎為忠義救國軍、別動軍原有醫務人員的兩期中美醫務訓練班，教以新式醫藥與外科手術的課程，主持者是海軍中校布萊克博士。因日軍在粵漢沿線一帶推進，完成部分課程後，疏散去幾百里之外的浙西的一處大得能擠進 300 張病床的大廟。醫院除了收納忠義救國軍、別動軍送來的傷病員，也成了遭擊落的美軍飛行員最好的療養之地。1945 年春，「百達醫院」分兩批遷徙，在福建建甌、浙江遂安各創設一座醫院。

在戰爭結束之時，在綿延長達 1000 多公里的整個中國沿海地區的重要港埠，以及許多較小口岸，都有了「中美所」人員的蹤跡。總部被美國人叫成「快

接受「中美所」訓練的中央軍校七分校的陸軍婦女隊

樂谷」的「中美所」，對中國人來說，肯定是「快樂谷」，兩年半中，「中美所」已經訓練、裝備近 5 萬名遊擊隊員，其中有「忠義軍」4 個縱隊，別動軍 7 個遊擊縱隊，及長江突擊隊。進行的已不是零零碎碎的「麻雀戰」，而是如夏日黃昏時分聚嘯而來、可遮去一角天空的「蝙蝠戰」：破壞焦作煤礦、寶城煤礦，破壞黃河大橋，連續破壞浙贛線，炸斷蒲圻鐵橋、錢塘江大橋、浦陽江鐵橋；參與保衛大青山根據地、長衡會戰、桂柳會戰；開展粵漢鐵路、閩浙遊擊戰……

在軍旗與軍歌的飄拂中：「我們是鐵的隊伍／我們是鐵的心／維護中華民族／永做自由人／裝好子彈／瞄準敵人／維護中華民族／永做自由人……」戰士們獲得了更全面、更有力打擊日本侵略者的快樂，儘早地收復河山、光復祖國的快樂！還有可以獲得現代科學資訊、現代戰爭手段、現代軍事武器的快樂！

梅樂斯說，經中美合作所訓練後，「發出的每一隻槍支，平均已打死一個半敵人」，是全世界各反法西斯戰場上，「投入與產出比」最高的單位之一。

某營地的遊擊部隊準備出發

梅樂斯之天問

不僅中國人從「中美所」中獲得了快樂，美方也很快樂：

現實層面，美國需要中國將日本的軍力和資源有效地拖牢拖疲在中國大陸，以免這頭怪獸再去太平洋上噴吐毒焰，翻騰黑浪。在很大程度上，支援中國，就是捍衛美國人自己的家園；歷史層面，基督教有深厚的福音傳統，曾把一批又一批傳教士和殉道者，送往全球各個角落。許多到中國的傳教士都懷這樣的心志：要死在中國，如《聖經》裏說，「一粒麥子，不落在地裏死了，仍舊是一粒；若是死了，就結出許多子粒來。」

美利堅合眾國——這塊來自世界各國移民組成的新大陸，你說是天真豪邁也好，說是願充當「世界警察」也好，它總是不把自己當外人，儼然人類自

由、民主、人權的燈塔。幾十年後它捲入越南戰爭、伊拉克戰爭，賠了夫人又折兵，大壞了「一世英名」，但至少在 1945 年以前，中國人普遍看美國並非「世界警察」，而是那明亮的燈塔。就在「中美所」成立後的第三天，7 月 4 日，美國立國 167 年紀念日，這一天，重慶《新華日報》的社論是《民主頌》：「從年幼的時候起，我們就覺得美國是個特別可親的國家。我們相信，這該不單因為她沒有強佔過中國的土地，她也沒對中國發動過侵略性的戰爭；更基本地說，中國人對美國的好感，是發源於從美國國民性中發散出來的民主的風度，博大的心懷……」

梅樂斯，似乎就在為這段話作注腳。

他告誡美方人員：「這兒的中國人，不是花錢僱來的僕役，而是捍衛國家的士兵，他們都是志願請纓而來，承擔困難而危險的任務。任務完成之後，往往他們自己，他們的家族，甚至他們原來住的這個村莊，都會受到日本軍隊的慘不可言的報復。所以，如果因為送洗的衣服沒有按時拿回來，就對他們發脾氣，踢打謾罵，那簡直不可思議！」他強調，我們必須要儘量和中國人──不論在什麼地方，我們所接觸到的一切中國人──建立起良好關係；而且，先來的「老人」，必須負起在這方面教育「新人」的責任。

這番話，確是梅樂斯有感而發。

他觀察到，學員們多來自忠義救國軍、別動軍，還有從淪陷區裏跑出來的知識青年，不管與日本人打過仗還是沒打過仗，無不復仇心切。從美國的標準來看，進來時許多人的體質「差得可憐」，平均身高為 5.6 英尺，體重是 140 磅，患有疥瘡、結膜炎或潰痛；有的由於長年飢餓，全身乏力，甚至開班半個月了，單手還舉不起一支衝鋒槍……然而，他們好學、耐苦、精益求精，具有非凡的身體忍受力，每天進行長達 48─56 公里的急行軍，美軍官兵常常為那些只穿草鞋的「堅韌」的中國腳而驚歎！在使用手、腳和腿來擊倒敵人方面的敏捷程度，使他們很快就掌握近距離格鬥的要領。且他們非常習慣黑夜行動，像一隻貓那樣能在黑夜裏看得清清楚楚……

梅樂斯又了解到，軍統給學員的薪水只相當於國軍士兵的待遇，每月法幣

530 元，當時折合 1.5 美金。其中，100 元歸自己用，350 元交伙食費，剩下的 80 元用來買草鞋。偶爾會發一點額外津貼，也只夠出差或添置一兩件衣物。美方人員，薪金不算，僅每天的外勤補助就是 12 美金。在梅樂斯所讀過的所有關於情報領域的書籍裏，特工需要在金錢上給予激勵，以補償其巨大的風險。他曾想給華盛頓打一份報告，建議對完成美方所需的情報和敵後破壞工作的中方人員，視績效給一筆獎金，例如說，在日軍佔領的一個重要港口破壞一條大船，發給獎金中國法幣 500 元。軍統內部對有功人員有時也頒發獎金，戴笠卻對梅樂斯的計劃沒有興趣：「在『中美所』，中國人做好工作、完成任務是本份。再說，效忠是不能用金錢買到的。如果我們開始花錢去買，日本人就可能付出更多的錢。」這成了以後「中美所」一直遵循的原則之一。

在「中美所」，習慣了餐桌上有牛排、炸雞，餐後有甜點、冰淇淋的美方官兵，與中國戰友共餐時，伙食完全是中國式的，大家都用筷子吃飯。在敵後，伙食都是一條掛在脖子上的「德國大香腸」。「德國大香腸」是一種帆布袋，直徑約 3 寸，裏面裝着煮熟的米，可供一個士兵三五天的食用，這是戴笠、梅樂斯一次視察途中想出來的主意，兩人親自着手試驗，將米煮熟，用米紙包起來在日光下曬乾，選擇乾濕程度，最後裝進帆布袋。戴笠規定，「中美所」的部隊絕對不准在民間徵用糧草，能用錢買就去買，多為裹糧而進。投入戰鬥，雙方也是風雨並肩，出發前，中國人總會費勁心思打扮美國人，或教他們一些實用的花樣，以免這些混在個子較為矮小的中國人裏的牛高馬大的傢伙被認出來：如何穿中式衣褲，如何盤腿而坐，如何蹲着吃飯，扁擔挑東西怎麼個姿態不笨不累；皮膚太白，太陽光也曬不黑，就服用「瘧滌平」，此種防瘧疾的藥品服下後，皮膚會緩緩發黃……

戴笠對美方官兵的關照，更像中國式的大家長。

只要在羅家灣軍統本部沒有必要的酬酢，他極少回市區裏的窩，必來「快樂谷」，經常住在這裏，了解學員們受訓的情況，再看中方還能做些什麼。飯廳原建築在一個陡坡頂上，他交代在坡上造 100 級石階，免得雨雪天官兵們得在泥濘裏爬坡。驗收時，他親自來，看到這石階的寬度幾乎可與中山陵媲美，

頓時火冒三丈：真是不長腦子的飯桶！這樣做，莫不是要將敵人的轟炸機招來？結果，全部打掉，另找寬度為一半的石條。「戴將軍曾問我，我那些人需要多少『經過政治調查』的女人，因為在他所了解，外國人是堅持需要性生活的。在這方面最好還是應該預防間諜的活動，我告訴他說，我們的人大半都是結了婚的，總之，沒有女人更可靠一些。」這回答，不知怎麼傳出去了，一個美方人員私下嘀咕：「當然會這樣說，艦長自己是一個老頭兒了！」

比起一般的美方官兵，梅樂斯有更大的成就感。

原來美國海軍派他來華，只是想獲取沿海日軍的部署及其氣象、水文、地理等資訊、情報。到 1944 年 12 月，觀測員都已派出，每名觀測員約負責 15 里海岸線，都帶有小型無線電，監視着每一艘日本船隻和每一架日機的活動，北起上海的吳淞口，南至廣東汕頭，更遠的包括越南海防、西貢，乃至新加坡；如今，中美合作所還辦成了一個無時不在出擊的巨大兵營，一所緊靠敵佔區、無刻不在準備出發的遊擊學校，如此深入地捲入了中國人的這場神聖的衛國戰爭，也為美軍進軍西太平洋地區做出了獨特而卓越的貢獻；還令他欣慰的是，不過兩年半時間裏，這一切都是在戴笠和他手中完成的，而「我們兩個人不能使用共同的語言，代表着兩個截然不同的國家，無論在文化背景、軍事傳統、政治演變等各方面，都有這麼大的差別」，大概惟一的共同點就是，兩人都非常清楚，美中兩國亟待完成的共同目標——打垮日本！

梅樂斯有時也抱怨，他曾在戴笠面前不無誇張地說：「一份文件，從你的辦公室送到我的辦公室，就像是橫渡大西洋。」作為中國「國粹」之一的文牘主義、衙門作風，即便在抗戰期間在軍統局也沒能扭轉，戴笠認可他的「誇張」，尤其是和美國人比較：一次，戴笠在貴州息烽公幹，給梅樂斯打了個長途電話，請他來息烽一趟。其時，梅在昆明，乘坐軍用吉普來息烽，一般得好幾天。沒想到，第二天吃早飯時，梅就出現在戴面前。兩人也會有歧見，「戴笠和我都是不怎麼有耐心的人，我們寧願起而行，而不願坐而言。有時，我們兩人中會有一個偷偷溜掉了，但過一陣還是得回來，繼續磋商。幸虧我們早就有個協議，絕不容許有任何一項重要的歧見，在太陽落山之後還不能解決。有

戴笠接待「中美所」美方人士

時，為了維持這項協議，我們只好把鐘弄停下來，一直到半夜三更，不同的主張獲得解決之後，才許『太陽』落下去。」

在快樂谷及各個營地，美國人也有諸多不「快樂」之處——

重慶夏天是個火爐，悶熱而多雨，山裏成群結隊、猶如一片魔障的蚊子到處都是。每天在野外穿着短衫短褲撲打，汗珠滾滾，塵土遍身，隨時都有衝進浴室的念頭。開始，沒法弄到金屬水管，只能砍竹子打通節，當「水管」從山上把水引下來。水流不暢，要洗的人太多，竹筒的連接處又常常漏水，得用木桶接住再用。條件改善之後，每人每天可洗兩次澡，這算是在天堂裏了。有的營地，洗澡難，洗衣服更難，常常幾個月換洗不了。到了冬天，「室內除了比較通風以外，簡直就像一個電冰箱」。山區裏寒氣凜冽，訓練班的許多教室沒有門，有些即使有門也不能關上，因為沒有窗子，門是惟一的光線來源。所有能夠找到的保暖的東西，只有衣服和權充火爐燒炭的花盆。大部分人換上中國式的棉袍，穿上棉鞋，梅樂斯身上也是一件中國軍官送他的棉袍。「即使這樣，站在那兒上課個把小時，也是一件很難熬的事。莊士敦的一個部屬

雷德·詹仁，請敲鐘人課前在花盆裏燒好炭火，上課時放在腳邊，學員們見了笑他，身高 6 英尺 4 寸的雷德解釋說：比起你們來，我的腳離身子遠些，腳也就凍得快些……」

與美國國內的條件相比，即使是在總部，配備的東西也極少。沒有香煙、咖啡。水果很少很貴，走上 10 里才能買到廣柑，廣柑一到營地，總是一搶而光。1944 年夏天之前，沒有足夠的燈光看書，沒有娛樂設施，沒有電影可看，也沒法進城去，當時還沒有足夠的汽車，汽車足夠後汽油也是「粒粒皆血」，必須用在刀刃上。有些官兵，只是在到達和離去時才看到霧靄沉沉的重慶；治療傷病員要動手術，只能用金屬彈藥箱來燒火熬煮為手術器械消毒，用酒精浸泡橡皮管子為傷口抽膿。在營地，連續不斷的行軍很是費鞋，軍鞋供應不上，只能換上中國士兵常穿的草鞋，不多久，一串串「紫葡萄」便赫然地落在大腳板上。因為物資供應極端困難，戴笠、梅樂斯每每視察營地後返回，身上的皮夾克和睡袋，還有飛機洗手間裏的手紙，都留了下來……

最難忍受的是生活枯燥，思鄉之情難以抑制，在總部稍好一點，在營地一封家信往往要走四五個月。第四營地的麥克·瑞爾收到一張唱片，是其家人及女友費了九牛二虎之力灌上的，要告訴對他的思念，還有家鄉的新聞。整個陝壩卻找不到一架留聲機，眾人想出一個法子：唱片先固定在一個合適的架子上，把縫衣針放在一個納杯中，一個人握緊納杯，讓針在唱片上磨出聲。經過反覆調試，唱片裏的內容終於磨磨唧唧地出來，所有的美國人都一聽再聽傾……

美方人員縱然離真快活太遠，卻多在艱苦的淬打中保持良好的修養。海軍少校白德·馬斯德主掌營地的「精神文明建設」，誰嘴裏漏一句髒話就罰一個「袁大頭」，充作「廣柑基金」。「小小的鬥嘴之事，少之又少，拳腳相加絕無僅有。我們從未有過一次監禁的刑罰。」戴笠對於美方人員從沒講過一句不滿的話，有不滿的，倒是對自己的部下，他甚至將兩名少將，其中就包括魏大銘，送進號子裏去關了幾天。1944 年聖誕節前，快樂谷來了兩位美軍神職人員，基督教、天主教各一。天主教的仙農神父後來回憶到：「除了實際作戰之

外，他們的生活比任何其他單位所經驗的都更為艱難，更為緊張……雖然，他們的生活不免單調乏味，但他們都堅持日復一日、認真嚴格地訓練中國戰士。他們常常對我說，神父，我好想離開快樂谷，去參加實際戰鬥……」

有點閒暇時間，美國官兵便去跑步，上山再下山，要 40 分鐘。山頭上的立人幼兒園和一所小學，也是他們常去的。兩者都是軍統辦的，孩子們最小的只有 3 歲，大的 14 歲，都是父母在敵後犧牲了的孤兒。「照顧這些孤兒，幾乎成了美國軍人的嗜好。」最熱鬧是過聖誕節，事先請「中美所」在印度加爾各答的美軍官兵買好小禮品：洋娃娃、橡皮兔子和狗、機器玩具，最多的是皮球，「聖誕老人」會送每個孩子一個。在用撕碎的棉花、彩帶、小燈裝飾的聖誕樹下，舉行雞蛋賽跑、傳遞豆袋、給驢子縫尾巴遊戲，大鼻子叔叔用中文唱《老麥克有一塊田》，孩子們再用英文唱一遍，全場的歡笑聲幾能頂破屋頂……

戴笠、梅樂斯和四一幼稚園的孩子們

當然，梅樂斯在快樂之外也有不快樂，而且，他大都時候是不快樂的。換句話說，疑惑、失望，乃至憤懣，常常如驚風急雨，吹打在其心頭——

美國戰略情報局局長多諾萬企圖將「中美所」納入他管轄的範疇，一直堅持「中美所」的情報得完全交由該局研判。台灣歷史學者劉台平先生所著的《暗戰》一書裏說，多諾萬訪問重慶時放出狠話：倘若戴笠對此不作保證，戰略情報局將會在華獨立開展工作。戴笠比其更狠：你敢這樣做，我就敢處死任何一個在中國領土上、在中美合作所以外的戰略情報局特工！

「中美所」副主任黃天邁如此回憶：

1943 年，多諾萬訪問重慶，戴笠負責接待，左為蕭勃

　　美國戰略情報局局長杜（多）諾萬訪華，表面任務為與戴先生檢討「中美所」工作。骨子裏企圖將美海軍工作成果奪過來，指揮軍統局屬下的遊擊隊。戴先生早悉此項陰謀，已胸有成竹。杜諾萬被招待住神仙洞宋子文別墅，由蕭勃和我輪流陪伴。戴先生與杜諾萬會談時，梅樂斯、蕭勃和我亦在座。杜諾萬怪我方重視美海軍而輕視戰略局，盛氣凌人，會談不歡而散。晚間戴先生設宴款待，進餐時未談正面問題。飯後在小客廳密談，戴先生強調遊擊隊作用在迎接美海軍陸戰在閩、浙沿海登陸。美方負責裝備訓練，因地形不熟，美軍不能參加作戰。暗示戰略局無法指揮。杜諾萬原意要指揮遊擊隊，喧賓奪主，與史迪威一鼻孔出氣。經戴先生以極誠懇態度痛陳利害，杜諾文始知難而退。（《戴笠的生活片段》）

　　1943 年初，戰略情報局不得不與海軍分家，此時「中美所」裏海軍有 300餘人，戰略情報局僅 50 人。分家後，在華盛頓的戰略情報局總部依然強硬地要求海軍將「中美所」大部分的職權移交給他們，梅樂斯不得不回華府來打這一仗，海軍部出於作戰考慮，讓步了，同意任命多諾萬推薦的柯林上校為「中美所」第二副所長，職責為專門處理有關戰略情報局的事項。柯林「處理」的

結果是決定再建一所情報學校，戴笠看了莫名其妙，決不支持。多諾萬還反對「中美所」協定中已約定的「戰略情報局人員在華工作，應受中國方面的節制」，多次故意越過既定程序，不經中國方面許可，擅自派人到中國暗地活動。或許他們自以為有隱身術，但一到開羅，戴笠便接到報告了。作為「戰略情報局駐遠東協調主任」的梅樂斯不得不向該局提出交涉，答覆是：那些人都是因「私事」而來。這些「私事」的發生地多在桂林，當年這個城市是日本間諜活躍之地，日本人花了大量錢財在「倚門賣笑」的女人身上，她們則從有交往的軍人、飛行員口裏刺探消息。

與史迪威比起來，多諾萬只是個小巫。

史迪威（Joseph Stilwell，1883—1946）作為特派軍事專員，早年陸陸續續駐華10年以上，喜歡吃中國北方菜，夾雜着中文與中國人交談，寫日記也大量使用中文，自我感覺為美國軍方的「中國通」。1942年1月再來華，身兼三職：盟軍中緬印戰區參謀長、駐華美軍司令、美國總統特使。手中握有支配包括武器彈藥、裝備、油料及所有後勤給養的美國援華物資的全權。盟軍中緬印戰區的總司令是蔣介石，參謀長「可能潛意識中亦自命與英國在印度『總督』的地位相當，把蔣介石看成了『兒皇帝』。」（王豐《蔣介石心傳之藍鯨行動之謎——美蔣鬥爭祕史》）史迪威在日記中稱蔣為「花生米」，他責怪「花生米」的部下——「那些長官」不會打仗，主張在中國軍隊裏，凡是上校以上的軍官，一律由美國人擔任，也該由他出任中國境內所有部隊的總司令官。而翻翻此公的履歷，從未有過實戰經驗，來中國之前指揮的部隊，最多未超過一個步兵團。

史迪威認為，中國人打仗保守、被動，全然不顧中國已經獨自奮戰4年且蒙受慘重損失的事實，主張進攻性戰術；而在他指揮下的1942年3月19日開始的緬甸同古戰役，卻是一場災難，僅第200師就有師長戴安瀾、參謀主任董幹、團長劉樹人、劉吉漢戰死，全師僅餘2600餘人。中國遠征軍不得不開始了其短暫歷史上最悲壯的一頁，除孫立人部，全軍損失過半，僅以第5軍為例，入緬前4.2萬人，戰鬥傷亡不過7000餘，撤退傷亡卻超過1.4萬，全軍

近 5 萬忠烈埋骨異域的荒煙衰草。日軍以並不高昂的代價，獲得了重大的戰略勝利。史迪威本人則完全放棄了指揮職責，私下帶領美軍顧問官、翻譯等 114 人，5 月 5 日在班卯克不告而別，經過 1 個多月的叢林跋涉，狼狽地逃到印度。蔣聞訊震怒，當日即批：「史迪威脫離我軍，擅赴印度，只來此電作為通報，不知軍紀何在！」（《蔣介石日記》1942 年 5 月 7 日）

史迪威

李雲漢先生是羅家倫的弟子，其精業從黃興入手，及孫中山，至抗戰史。歷任國民黨黨史會纂修、副主任委員、主任委員，台灣「國史館」纂修。他認為，「中國蔣委員長所需要者，僅為一參謀長，而美國政府竟予史迪威以如此複雜且權責衝突之職位，無怪乎史氏恆以美國政府駐華代理人自視，而不能善盡參謀長之職責。史迪威還有一個問題，是他本身的才具有限，其實也不是一個太有本事的統帥人才。」

李先生列舉諸如：其一，指揮中國入緬遠征軍作戰不力，致遭同古之敗；其二，緬北作戰失利後不請示最高統帥，自作主張，棄軍入印；其三，控制中國依租借法案獲得物資之分配權，藉以抑制中國政府；其四，壓抑在華作戰甚力之美國第 14 航空隊；其五，力主將中國精銳部隊投入緬甸戰場，而招致東戰場之失利；其六，企圖武裝並指揮中共部隊；其七，要挾中國政府予以中國軍隊之指揮權；其八，造謠毀謗「最高領袖」。（《蔣介石心傳之藍鯨行動之謎——美蔣鬥爭祕史》）

史迪威的剛愎自用還表現在一事上：史迪威不顧中方反對，一意孤行要搞「中印公路」。1945 年 1 月，「中印公路」終於艱難打通——從印度的雷多，經緬甸密支那，分南北兩線連接到滇緬公路，期間美國前後投入 1.7 萬名工作人員，花費 1.49 億美元，使用中國、印度、緬甸、尼泊爾勞工 12 萬餘人。通車

後，同年 2 月至 7 月，其貨物總運量 2.8 萬噸，尚不及「駝峰航線」空運量的一半。但蔣介石仍蒞臨了通車剪綵，在慶祝儀式上宣佈：「我們打破了敵人對中國的包圍。請允許我以約瑟夫·史迪威的名字，為這條公路命名，紀念他傑出的貢獻，紀念他指揮下的盟軍部隊和中國軍隊，在緬甸戰役中以及修築公路的過程中做出的卓越貢獻。」

對梅樂斯而言，史迪威還「極不喜歡有我在中國戰區而又並不在他的直接指揮之下。他也不喜歡遊擊戰和敵後破壞工作。他把那種作戰方式稱為『非法行動』。他認為戰爭就要面對面堂堂正正地打。他實在不是一個容易被說服的人，我不曉得如何才能使他同意我去進行我具有『非常』性質的工作。」

這位好穿軍便服、不戴軍銜，總是口含雪茄，肩背一支卡賓槍，自駕敞篷吉普車獨來獨往，儼然叢林遊獵者的美國將軍，自我膨脹、心胸促狹、為人尖刻，倒也罷了，誰都沒有想到，此公還是一個陰謀家。可偏偏他最喜歡的一條格言，卻是「不要被卑鄙的人打倒。」（《中國回憶錄》）

史迪威公路上的「老虎嘴」

2011 年 5 月 23 日，台灣《聯合報》報道，美國斯坦福大學胡佛研究所研究員郭岱君表示：最新史料顯示，1944 年 1 月，史迪威擬利用蔣介石出席「四巨頭」的開羅會議返程之機，製造其座機發生空難事件，即藉「駝峰航線」上屢見不鮮的極端氣象——「風切變」，使其座機墜毀在 7000—8000 米高的雪山之間。台灣傳記作家、有「台灣研究蔣介石第一人」之稱的王豐，也在其新書裏披露：在此之前，在印度新德里，史迪威已命令其渾名「索命上校」的部下艾福勒上校（Carl F. Eifler），找出一個有效狙殺蔣介石且不易被察覺死因的手法。他告訴艾福勒，必須鏟除掉蔣介石這樣無能的中國領導者，蔣介石拖泥帶水，完全不像是在打仗的樣子，「花生米」已經成為美軍在亞洲戰場上獲勝的一大絆腳石。「座機失事」未果後，在昆明的辦公室，他又要法蘭克·寶恩（Frank Dorn）上校，在一個禮拜之內，草擬一起針對蔣介石的流血政變。（《蔣介石心傳之藍鯨行動之謎——美蔣鬥爭祕史》）

史迪威謀劃暗殺蔣介石，大概不會純屬個人行為。我感覺自稱遠離政治、黨派的美國軍隊，也有播弄風雨的政客；五角大樓如白宮、國會山，也上演一幕幕《紙牌屋》。當年參與判斷、處理美中關係的人們，其頎長的身影深深地投射到「二戰」勝利後及「冷戰」期間世界政治的格局，最終展示的未必一定是他們各自想要的結果，卻與他們當年的齟齬、角逐密切相關，大約這就是歷史的未知與弔詭吧。

一邊磨刀霍霍，一邊觥籌交錯。從 1942 年至 1944 年 9 月，蔣介石決意電請羅斯福總統撤掉自己手下的這個狂傲不馴的參謀長，並召回華府。同時，史迪威是重慶黃山官邸的常客，屢屢被邀請去那裏與蔣氏夫婦度周末。史迪威在日記中有記：官邸的「飯菜很簡單，但十分可口」。

然而作為駐華美軍司令，史迪威理論上是梅樂斯的頂頭上司。雖然沒有如多諾萬一樣火急火燎要在「中美所」插上一隻腳，但他利用主掌分配美國援華物資的大權，叫「中美所」「鶉衣鵠面」，逼梅樂斯幾如站街「乞丐」：

美國只能通過「駝峰航線」把物資源源不斷地運到中國，這條航線以印度阿薩姆邦為起點，向東橫越喜馬拉雅山脈，穿越雲南和四川一系列山脊與江

流，抵達中國昆明的美國空軍基地，全長 800 公里（550 英里），被稱為「世界上最危險、野蠻和令人恐懼的航路」，在僅有目視導航的情況下，飛機被迫超過升限高度在極端天氣中飛行：強烈盛行的西北風、強大氣流差形成的令飛機下墜的「風切變」、季節性的陰霾雨季、積雨雲層，劇烈的震動，厚重的冰雪層對羽翼和化油器的附着……機組人員和飛機的損失十分嚴重。加上連接印方阿薩姆機場的鐵路管理不善，更是限制了空運噸位，每月大約只能運 3000 到 4000 噸，「空運部每天有二三十架次的運輸機到達，中航公司每天也有 16 架次的運輸量，平均每月要為美國陸軍輸送 600 噸物資，包括史迪威參謀人員所需要的一切主副食、罐頭食品、花生醬（儘管中國的花生多得可以出口），甚至連帳篷釘子。」在這 3000 到 4000 噸物資中，「中美所」只能分到 150 噸。其時，「中美所」所屬的遊擊部隊已近 10 萬之眾，還有 50 餘處氣象站、60 餘處海岸情報單位，以及毛細血管一樣難以統計的小的情報單位，其所殲滅的日軍，超過當時全體在華美軍的戰力。

這 150 噸物資常常還靠不住。原計劃，雄村等各訓練班結業時，裝備新式美國武器為每 10 人配備 4 支湯姆生衝鋒槍、4 支卡賓槍、2 支左輪手槍，另每人 2 枚手榴彈，其他火箭炮、燃燒彈、爆破器材等，則視戰況需要配備。（《戴笠與抗戰》）「當已經訓練好了戴笠所精選的兩千壯士，人人摩拳擦掌，準備出發，『中美所』得到的僅僅是 500 挺湯姆槍（只有 250 付彈夾），炸藥的數量不值一提，更沒有用於破壞的武器。」由於缺乏電瓶，一度被迫停用好幾百處的偵察電台，由於缺乏黃色炸藥，只得用桐油來調配爆炸力稍差的炸藥……此外，美國海軍原準備調去「中美所」的官兵為 3000 人，因得不到空運，有近 2000 人長期滯留印度。

梅樂斯到處奔走呼號，「手裏帶着約本，坐遍了全城中每一位稍有分量人物會客室中的冷板凳。」得到的都是同一個版本的回答：「中美所」是非戰鬥部隊，我們首先得保證美軍戰鬥部隊！海軍元帥尼米茲氣憤之餘，曾表示不管不顧了，海軍要用軍艦來為「中美所」運物資到印度，再經雷多公路運往重慶。（《軍統內幕》）戴笠一方面為梅樂斯解除難關：「『沒關係』，他不止一次

1944 年 10 月 3 日堆放在印度一港口的大量美援華物資

對我說：『日本人會幫忙的。』日本人的確幫忙，戴將軍的部屬，時常發動攻擊，襲取軍械物資，或者派人潛入上海，由敵偽手中套購、走私，我們急需要的東西總能搞到」；另一方面，戴笠覺察到華盛頓如此作為，決非因一個史迪威，或僅僅針對着「中美所」。

　　中國航空公司常常設法擠出一點倉位，替「中美所」運送一些物資，運費是每鎊重量 1 美金，但這只能事逼急處偶爾為之。陳納德提出，「中美所」如能弄到海軍的飛機，他可以派人駕駛。但似乎壟斷了中國西南一隅制空權的美國陸軍，卻一直不讓海軍飛機飛過駝峰。150 噸物資有了保證是兩年後的事：美國陸軍總算妥協，陸軍航空隊接受海軍 4 架 R5D 飛機，由它派遣 6 架 087型運輸機飛越駝峰，每個月一次集中運來「中美所」的物資。這 150 噸物資運到昆明後，一般 20 噸送重慶，30 噸送北方，100 噸給東南地區。江西贛州是東南地區各營地的補給中心基地。抗戰爆發後，蔣經國大力推行「新政」的贛南，與閩西、浙西等地一起，形成抗戰時期南方地區的一個「小後方」。凡有鐵路之處，儘量用火車，以節省汽油、機油和輪胎。日軍佔據了鐵路、公路

的地方，便要依賴舢板，或者僱腳夫背扛肩挑。各種物資在打包、裝箱、裝籠時，每件的重量儘量不超過 80 斤，這是考慮迢迢路途上總有一段或幾段需要腳夫。這些物資輾轉運到前方的花費，一般要等於其原價的兩倍。

梅樂斯像窮怕了的中國主婦一樣精打細算：

袖珍型手提諜報用電台的電池出廠後的壽命只有 9 個月，可從美國運到中國來，路上得費 6 個月。他決定在印度製造電池，只需要由美國運來必不可少的鉛片，其他的都在印度生產、購置。這樣一可省錢，二可節省飛機上寶貴的噸位。印刷設備體積大、笨重，就在加爾各答建廠，投產後這裏印出了許多東西，包括全中國的氣象報告、中國地圖冊、中國水道分區詳圖、駐外情報人員使用的密碼冊，被公認為遠東地區最好的印刷廠之一。上行下效，各營地也開展沒有聲張的「勤儉節約運動」，一個顯著的例子，戈壁沙漠邊緣的第四營地總部有一套無線電發報機，需要用 52 節手電筒電池，報務員每天幹的第一件事就是找出哪些電池還可以用，實在不能用的才換上新電池……

大約 1944 年中，情形有了改觀。「中美所」有了兩架 C-47 運輸機，任何物資只要一過駝峰，便可自行空運，不過飛機所需油料包括在那每個月 150 噸物資的配額裏，但大大縮減了轉運時間。直到 1945 年 4 月，「中美所」部隊完全佔據沿海的港灣，可以接受由美國海軍船艦運來的大量物資時，中國抗戰的沉沉長夜，已見魚肚白的天光……

美國陸軍與海軍方面的關係，卻始終未見改善。

一方面，兩者在戰略部署上互拋白眼珠子：

陸軍的計劃是先打下緬甸，認為日軍在中國發動的攻勢，目標在奪取緬甸後佔據整個東南亞，故有史迪威指揮的緬甸戰役；而海軍，打算在中國沿海攻佔某些港口，直至以地面為基地的飛機到達，實現大規模日本島登陸。陸軍則以為這是紙上畫餅，日軍空軍實力優於美方，足以發動猛烈的還擊……陸軍對海軍的刁難，在小事上也不放過，1944 年聖誕節前，羅斯福總統夫人宣佈，所有在世界各地作戰的美軍部隊，都可得到一些火雞做聖誕大餐。「中美所」問駐華美軍司令部：是否能把我們的需求列進你們的訂購單？主管供應的一名陸

軍軍官回答：海軍所需火雞，由海軍自行辦理。後者可憐的一點空運額度，要塞進千百隻火雞，不啻於白日做夢。梅樂斯只能自己包一架中航飛機。

再者，以梅樂斯代表的美國海軍，誠如在中美合作所已經表現的，誠心對待中國人並與他們合作。而從史迪威開始，接替他在中國職務的魏德邁（Wedemeyer，1897—1989），以及「二戰」期間擔任陸軍參謀長、並來華參與調停國共停戰的喬治‧馬歇爾（George Catlett Marshall，1980—1959），「我早就一直感覺到，有一種在我認為顯然是可怕的盲目無知，正廣泛地流行在陸軍之中⋯⋯都曾普遍地、公然地、直言地把他們自己，看作是比所有一切中國人都優秀。」費正清也看出，「史迪威所代表的，是華盛頓的核心人物喬治‧馬歇爾。」（《中國回憶錄》）雖然比起前任史迪威，魏德邁言辭間稍謹慎，但一種對東方人的偏見仍時有流露，有一次魏問梅樂斯：你怎麼會覺得可能在一個中國人手下工作的？但魏接手史迪威的新職之一是盟軍中緬印戰區總司令蔣介石的參謀長，他自己也是在東方人手下工作。

魏德邁在沒有參觀「中美所」總部、沒有巡視過任何一個營地之前，決定將「中美所」的大半工作，移交給戰略情報局，中國人退居被支配地位。他還進一步要求修改「中美所」協定，他面前，「是他的鴨子，必須排成一行」，即「中美所」得歸他指揮，如果不按他說的辦，他便「丟烏紗帽不幹」。梅樂斯當面告訴魏德邁說：「美國在中國，再沒有一個比戴笠將軍更為友好的朋友。但除了蔣委員長外，他在自己國內決不會聽受任何人的指揮調遣的——這其中，有我梅樂斯，也有你，將軍。」

此場糾紛鬧到華盛頓，馬歇爾贊成「鴨子排成一行」說；海軍金上將則不願為伍，發電報給梅樂斯：「我將堅持對於中美合作所協定，必須給予應得的認定。絕不同意以美國駐華海軍團交由戰略處，或其他任何組織加以接受。」美國聯合參謀本部最後傾向馬歇爾，未及中國方面批准，徑自下達命令：在「中美所」的美方人員，自梅樂斯以下，均受魏德邁直接指揮。

在 1943 年裏，梅樂斯還霧裏看花：究竟為了什麼緣故，受了什麼人的影響，「中美所」的供應受到這麼多的阻礙？「中間作祟的，究竟是中國人、英國

1945 年 9 月 13 日，魏德邁（左）與蔣介石在「中美所」總部

人、戰略局、美國陸軍，或者只是由於運氣不好，和不可理喻的意外。」他甚至感到自己陷於一個巨大的迷宮之中，乃至發出天問：「真搞不清，究竟誰是我們的敵人？究竟敵人在什麼地方？」

1944 年以後，梅樂斯逐漸看清楚，兩年裏「『中美所』是非戰鬥部隊」的說法盛行於華盛頓各相關部門，及「中美所」所獲飛越駝峰物資配額極端缺少的原因。其一是出於「以馬歇爾為首的陸軍體系，對於海軍方面……有一種牢不可破的成見。」（《蔣介石的特工頭子——戴笠傳》）

史迪威、魏德邁、馬歇爾等大人物開始並未在意的一個由小小海軍中校梅樂斯執行的項目，在美國陸軍在華作為甚少的兩年裏，已藉軍統之網遍佈中國，尤其深入頻臨太平洋的南方，突進為一支在華府方面確已承認的「盟軍實力一個重要力量」的軍隊；他們無不想將這張網收攏來，將梅樂斯給盤進去，如聯合參謀部命令裏所限制的：「駐美海軍團的作業，應限於搜集太平洋艦隊總司令所需之海軍情報」，「訓練及裝配遊擊部隊的工作，應以直接與保護搜集上述情報之人員有關者為限」。

「二戰」期間，日本陸軍與海軍也有着頻繁的爭鬥，海軍有潛艇，陸軍也要有潛艇，海軍有航空兵，陸軍也自己造飛機。陸軍打到哪裏，就趕快佔領那裏的油田，最多時擁有 6 座；石油消耗巨大的海軍，只能去荷屬東印度（今印度尼西亞）鑽井打洞。在兩軍各自的兵工廠裏，即便是生產一個螺絲釘，海軍若造出的是左旋，陸軍必定是右旋⋯⋯（拙著《情報日本》）但在一個以民主制度立國、沒有歷史包袱的年輕國家，照片上常常叼着一個大煙斗，給人以「談笑間，強虜灰飛煙滅」之感的陸軍袞袞將軍們，卻置中美兩國打擊日本法西斯的共同戰略利益於不顧，對海軍冷槍夾棒，對梅樂斯物資打壓、精神折磨，實在是過分了。

其二，瓦解美國海軍與軍統局的合作。1942 年梅樂斯來中國前，美國國務院、戰略情報局等處，對戴笠的評價就很糟糕：

> 戴笠是一個臭名遠揚的暗殺者、施刑拷問者、毒品走私販和竊賊，他根本不具備蔣介石和宋氏姐妹披作外衣的開明基督教虛飾⋯⋯正如魏德邁向一位朋友所說：「如果美國公眾知道了我們向一個像戴笠所操縱的這種有問題的組織大量輸送物資而又無賬可查的話，確實是很遺憾的⋯⋯海軍對中國的態度的關注，我是有很大異議的。」（《美國十字軍在中國（1938—1945）》）

魏德邁不願「中美所」的戰況在報紙上披露。在華期間，他與戴笠有過許多回接觸，一次是蔣介石在美國駐華大使陪同下要來快樂谷視察，他不得不早幾天來作準備。聽完彙報，又匆匆轉了一圈，他大大誇獎了梅樂斯：「我在這裏看到的，比起中國其他任何組織，包括我自己的司令部所看到的情形，有着更加嚴密的組織，更加嚴整的秩序，更加一心一意致力於對付日本人的目標。」梅樂斯一度變得樂觀起來。但沒有料到，魏德邁的話決不會傳出快樂谷以外，理由是「這對於陸軍自己要進行的這一種工作，具有一種中傷的力量。」直到 1945 年 6 月，戰爭進入最後階段，海軍才被核准「中美所」的新聞消息可以

見諸報端，此前在美國國內流行最甚的是：海軍正與中國的希姆萊合作，將太多的物資交給中國人，後者用來鎮壓國內的敵對勢力，或者常常將它們藏在山洞裏⋯⋯

抗戰的頭幾年，美國媒體上充斥着中國英勇抗擊日本的報道。1938 年 1 月 3 日，蔣介石與宋美齡聯袂登上《時代》週刊封面，並成為週刊的年度人物。《時代》週刊的解說詞是：「Any sacrifice should not regarded as too costly」（任何犧牲都是值得的）。1942 年 6 月 1 日，已是盟軍中緬印戰區統帥的蔣介石，再次登上《時代》週刊封面：「Five hard years, but the next is the hardest」。（艱苦的五年已經過去，曙光即將出現）

1943 年後，美國人，尤其是美國國務院和陸軍，越來越多地被重慶《新華日報》的言論所吸引，還有黃土高原上那片嘹亮熱烈的歌聲。延安共產黨人蓬勃的朝氣和樸素的平均主義，幾年前因埃德加・斯諾的《紅星照耀中國》而為世人所知。現在「為其作報道宣傳的人，是花旗銀行北京分行行長馬特爾・霍爾（Marter Hall）先生。1919 年學習中文，1938 年至 1941 年，擔任日本佔領的花旗銀行漢口分行經理。由於珍珠港事件在北京被捕，在共產黨的幫助下逃跑來到了延安。他記錄道：他去拜訪朱德將軍，並和朱德一起吃午飯。他吃光了大部分的小米飯，當朱德將軍向廚師再多要一些的時候，廚師只拿來一些白菜，並告訴他，今天他的糧食已經用完了⋯⋯」在延安期間，霍爾先生沒有發現任何貪污受賄行為或性醜聞等。（《中國回憶錄》）

費正清也對在重慶頻頻活動的周恩來的手下喬冠華、龔澎、楊剛等，留有美好的印象，他們大都畢業於燕京大學和清華大學，「他們長期不懈地學習研究，常組織討論和自我批評，在生活上同甘共苦，就我能想到的最好比擬，就是這群人如同一個世紀以前的宗教團體。在周恩來的閣樓裏，臭蟲可能會從屋頂掉下來，雨水也會浸濕床鋪，但是他們的宗教熱情與理想依然如舊，好像他們能夠喚醒這個國家⋯⋯」（同上）

同時，對蔣介石讚許的明媚調子開始變了，從 1943 年夏季到年底，美國國務院收到了很多關於中國的悲觀報告，比如通貨膨脹，以及由通貨膨脹引發

的嚴重的貪污腐敗等問題，國民黨對此似乎束手無策。蔣介石信任的是他的組織機構，包括 CC 系和戴笠領導的軍統機構。「他們力圖通過鎮壓反對意見來達成表面的統一，然而未能如願……」駐華使館代辦喬治·艾哲遜寫道：「人們普遍感到，形勢在很多方面已經失去控制，幾乎所有方面都在惡化。」遠方的延安卻正在散發着光芒，中共被認為「向中央政府強烈呼籲實施民主」，而蔣介石開明基督教的外衣已經脫下，被看作頑固的獨裁者，即「中國的弗朗哥」，國民政府努力向美國要援助，是為戰後發動內戰作準備。（《1943：中國的十字路口》）為維護「民主」的價值，美國當然對蔣介石不能輕信，當然得與極力維護中國一黨專制政府的特務政治切割！

1945 年 8 月 10 日，戴笠、梅樂斯連日來在浙江境內隨忠義救國軍一支部隊，與散而不潰的一支日軍作周旋。當晚，隨行電台報務員報告，美軍兩顆「大炸彈」分別投在廣島、長崎。19 日，廣島爆炸後第十三天，魏德邁請求聯合參謀部下個星期即撤銷「中美所」。陸軍參謀長馬歇爾予以支持，國務院表示同意；海軍軍令部的態度是「逐步結束」，以便順利過度到海軍駐華司令部，海軍方已擬議梅樂斯出任司令，受第 7 艦隊節制，他可以再也不用與陸軍的那幫人打交道了。

曾經的梅樂斯「穿着卡其色短褲和襯衣的年輕人，看起來很像童子軍的隊長。他的長相已經不僅僅是英俊所能形容的，可以說是非常漂亮，笑起來還有兩個酒窩。」（《中國回憶錄》）如今他病痛纏身，臉色暗黃，每天得吞下一把把的各色藥片，最多是防瘧疾的，夏天隨戴笠在南方營地視察染上的瘧疾至今未痊癒，晚上常常幾片安眠藥吃下去也睡不着。還有深深的焦慮——長期被關在「黑屋子」裏的中美合作所必須走出來，耳邊如鴉噪一樣對戴笠的詆毀、攻擊……

有一天，梅樂斯宣佈要在快樂谷的松林賓館舉行各國記者招待會，他要在錄音機、攝影機面前，一瀉壓在心裏多年的火爆之言！有人說其「精神失常」，於是，海軍欲安排專機送梅樂斯返國休養，陸軍方面攔着說由它送。戴笠和別的中國朋友，卻不獲准探視。中國政府以史無前例的速度，頒贈一枚大綬雲麾

勳章，待梅樂斯以中將之禮。在民國，這是極崇高的勳獎，必須是與中國軍隊並肩作戰、風雨同舟的外國人才有資格獲得。蔣介石派毛人鳳和「中美所」的執行長潘其武授勳，戴笠沒有來，他深知梅樂斯的麻煩與病源都與他有關，他不想讓局面更複雜。

9月29日，送梅樂斯返國的飛機在上海停了一晚。戴笠提前趕到上海，在機場為其送行。這是兩人的最後一次見面。

梅樂斯是真病了，回到美國，他進醫院住了1個月。

1945年12月，美國駐華海軍司令部進行會計結算。在戰爭最後三四個月，「中美所」派出自己的車隊，通過史迪威公路，運來相當於過去三四年由陸軍運輸處通過「駝峰航線」分配的物資。至此，海軍供應中國戰場的物資，約9000噸，價值為1100萬美元。二戰時期1盎司黃金35美元，七十餘年後1盎司黃金1300多美元，當年的1100萬約合今天的4.5億美元。經海軍部批准，尚未耗盡的物資，如槍械、汽車、無線電機等，一律留給軍統局，無疑，這些物資被用在了很快爆發的國共內戰。

梅樂斯自己在《另一種戰爭》裏也做了一個結算：

中美合作所的遊擊部隊包括97000名中國人和千餘名美軍官兵。在3年的時間裏，至少有71000名日軍被中美合作所的武力殲滅。他具體說到的是1945年3、4兩月的活動：「3月進行了132次行動，殺敵1728人，俘虜33人。4月曙光在即，全員出動，行動282次，殺敵2958人，傷1467人，俘虜44人。這個紀錄，大大超過了1944年下半年。此外，還接出6批新遇救的飛行員。」

大陸未見有相關統計資料，能看到的都是原「中美所」人員自己的回憶；另外抗戰時期國軍將領虛構戰情、虛報戰績、虛領軍餉等情形屢見不鮮，因此大陸有人認為：中美合作所不可能殲滅日軍7萬餘人，梅樂斯在虛報戰績。

無論這些說法的可信度如何，中美合作所的美國人員認為，他們在中國的主要使命是訓練遊擊隊，使之最終成長為一支地下抵抗力量，以便在美國正規軍最終登陸中國海岸時向日本人進攻。考察中美合作所的每一個

單位，便會發現他們所通報的敵人傷亡人數並不準確，但這絕對沒有貶低自願為這項使命工作的美國人的英雄主義精神。當這些人在回顧自己的戰爭經歷時，他們感到的是驕傲和對部下的鍾愛。（《間諜王——戴笠與中國特工》）

在我看來，「中美所」作為一支敵後的特殊遊擊大本營，對其評價應重在情報而非殺敵，情報才是它成立的原旨初心。否則，就是一般的作戰部隊了。正式提出中美合作所工作報告的，是美國海軍部。此官方文書不但具有表彰意義，而且十分嚴謹完整，經過美國海軍部、海軍軍令部、太平洋艦隊總部、戰略情報局等機關考核查實，才予以公佈。故有理由相信其聲明具有真實性。全文要點如次：

　　……在過去數年內，美國海軍部所派遣之駐華機構，在中國與華軍合作，多方協助美國太平洋艦隊，攻擊敵軍所佔領島嶼，最後直搗日本本土，貢獻極大。該項事實，為此次聯合國作戰，軍事活動中保守最嚴密的一項祕密。現在在華日軍已完全投降，中國政府與美國海軍部，認為時機成熟，上項事實，可以公佈。該項工作成就，令人驚奇！此實由於中美兩國人民傳統友誼，與均有擊敗共同敵人的決心所致。

　　……在戴笠局長和梅樂斯將軍的精誠合作下，自成立至今，完全以促進中美兩國共同利益為目標，努力打擊敵人。就其密切合作程度而言，「中美所」實為此聯合作戰期間各嚴密組織中，能不受語言障礙、而始終融洽無間的惟一機構。他們同食同處，工作共息，並肩作戰，甘苦與共。他們深知其所負職責的重要，其所提供情報，皆極精準，以故成為美國太平洋艦隊和中國沿海的美潛艇攻擊敵海軍的惟一情報來源……

　　「中美所」氣象測候與其他工作人員，均攜有無線電機，將情報適時傳達合作總部，予以研究分析後，直接電達太平洋艦隊總司令部，與散佈海上之美國空軍、艦隊以及潛艇。美軍在西太平洋作戰時，即全靠該項氣

象報告與軍事情報。尤以美航空母艦準備攻擊日本本土和台灣時，因氣候變動不常，即係完全仰賴此項情報，為其活動之指南。

「中美所」在中國沿海岸地區之偵查人員，於美潛艇對日本航運之攻擊，亦多貢獻。他們經常將日本船隻的行動，探查確實，迅速報告總部，美潛艇即根據此項情報，能按時出擊，在預知地點，將敵航行船隻擊沉。

「中美所」……將所獲情報，迅速提供十四航空隊，作為轟炸根據……十四航空隊因得痛炸敵軍，獲得輝煌戰果。在合作佈雷方面，亦甚有成就。「中美所」……協同十四航空隊人員，在中國沿海主要航線，敵軍佔領港灣，與長江內河，分佈水雷。因使敵軍航運常遭嚴重打擊，運輸被迫停頓，常須數週的掃雷工作，才能恢復交通。（又）迫使敵軍航運遠離海岸，在深水內航行，給予美潛艇大肆攻擊的更多機會。

「中美所」與十四航空隊聯合的電訊偵譯、海洋偵察，對美海軍與敵海軍在西太平洋的決戰，有極大貢獻。1944 年 10 月，菲律賓雷伊泰灣之海空大決戰，日本航空艦隊與特遣艦隊，分三路夾擊，企圖消滅美軍登陸船團的情報，就是「中美所」提供，美軍因能事先防範，而免遭受危險。

中國遊擊隊除保護美員共同作戰外，並接受美方戰術訓練與武器裝備，組成以營為單位的遊擊隊與行動爆破隊，從事對敵軍的突擊與破壞。美方官兵，亦參加前線任務。使敵人的鐵道交通，與軍儲藏庫，經常遭受很大損失……

1944 年以後，「中美所」平均每月斃傷敵軍約兩千人。用以殲敵戰術，大都為埋伏、突擊、截殺與偷襲，常乘敵在鄉野地區行動之時，隨機應變，予以殲滅。因此，敵人每因困守碉堡，常至糧秣斷絕，被迫而以大軍出擊。其出擊者，又常被「中美所」部隊伏擊或堵截圍攻，而蒙受更大損失。

因為不斷的破壞公路、鐵道、橋樑、河運，使敵人在陸地交通，常受阻撓。又因不斷的炸毀敵人工廠、堆棧、倉庫、軍營，使敵人後勤供應，亦大受影響……此外，在長江、洞庭湖、鄱陽湖一帶，「中美所」人員，

以各種爆破方法，亦曾有效的破壞敵人之運輸補給。

　　為防止敵偽混入內地，中國政府非常重視防奸防諜工作。美國海軍部得到聯邦調查局、聯邦煙酒偵查局之協助，派遣專家赴華，訓練中國防奸防諜人員，進展神速。「中美所」人員，能在敵後活動，而未遭暴露，以及中美合作數年的成就，在未公諸報端以前，為一般人所不知悉，即為保密防諜工作，達到最高效能的明證。（《蔣介石的特工頭子——戴笠傳》）

　　報告中提到的「1944 年 10 月，菲律賓雷伊泰灣之海空大決戰」，即著名的「萊特島之戰」，有海軍歷史學者認為，萊特灣海戰是歷史上最大的海戰：從 1944 年 10 月 20 日至 26 日，6 天之內，日軍與盟軍投入船艦總噸位超過 200 萬噸。共 21 艘航空母艦、21 艘戰艦（主力艦）、170 艘驅逐艦，與近 2000 架軍機參與了戰鬥。第一天，美軍擊毀日本 4 艘航空母艦和 1 艘巡洋艦；第二天，美海軍摧毀日本海軍栗田艦隊 2/3 的艦隻，包括日本海軍引以為豪的兩艘巨艦「武藏號」和「大和號」；第三天，日本共 13 艘巡洋艦以上重型軍艦被擊沉，從此，日軍在太平洋戰爭中，不再是一個戰略力量。此戰役也為後來美軍成功攻下菲律賓群島、沖繩島等地打下基礎。25 日起，日軍開始被迫對盟軍艦艇進行自殺式攻擊。

　　在 1944 年至 1945 年對日抗戰勝利之前，「中美所」共提供給美方 4139 件重要情報，而美方對我方的交換情報也有 1758 件。在電訊偵譯工作方面，「中美所」在 1944 年 9 月至 1945 年 8 月，總共截獲日軍密電 11 萬多件，並破譯多種密碼。（《中美合作所與太平洋戰爭》）

　　這裏需要提一下中美合作所與美國 14 航空隊的緊密合作。

　　1941 年 8 月，中國空軍美國志願航空隊成立，民間稱老虎隊，陳納德（Claire Lee Chennault，1893—1958）擔任上校隊長。1942 年 7 月，美國航空志願隊轉變為美國駐華空軍特遣隊，陳納德擔任準將司令。1943 年 3 月，美國駐華空軍特遣隊變身為美國陸軍第 14 航空隊，陳納德擔任少將司令。同年 7 月 25 日，陳納德應聘中華民國空軍參謀長。此後，中美空軍混合聯隊組成並

投入戰鬥，陳納德任總指揮。

梅樂斯與陳納德的合作十分緊密。如前文所述，陳納德對「中美所」物資供應緊缺非常同情，多次建議梅樂斯要弄到自己的飛機，他可以派人駕駛，免得再受制於人。在沿海、內河投置水雷行動，「中美所」先需獲得航拍照片，確定地點後，也多由飛機低空投下。「中美所」為 14 航空大隊提供有關飛行、轟炸等多種情報，還為其「保駕護航」：一段時間裏，14 航空隊的飛機從昆明剛起飛，敵人就知道了，雄村班第一期畢業的學員，領受的第一個任務，

1943 年，陳納德在中國

就是發現、抓捕可能將飛機數量、目的地等消息向日本人通報的間諜。

當年的昆明，可謂抗戰中國的後院，有着數百套無證照的收發報機，大部是商業和國內外媒體之用，也有些影影綽綽的間諜電台。在無線電教官泰德·懷爾特曼的指導下，十幾個青年學員，利用軍統從各地撤回來的損壞了的收發報機，加上一根手腕粗細的竹子，組成一套測向器，裝上木造車身的卡車，便是流動收報台了，再有兩座固定的收報機配合，便可獲得對方的所在位置。他們沒日沒夜地監聽，將幾百部具有合法業務的無線電收發報機細細剔除，最後鎖定經常給日本人聯繫的電台，其中，有機場附近化裝為賣花生小販的一對兄弟，還有一個走街串巷的磨剪刀匠。這次行動共搗毀 5 座間諜電台，抓捕 35 名漢奸。此後，14 航空隊可以「一騎絕塵」，安全無阻地飛抵目的地。

在陳納德天才指揮和無畏精神的鼓舞下，飛虎隊和後來 14 航空隊的 6000 多名小伙子，在碧血長空為中華民族出了最大一口惡氣，前後擊落近 3000 架日機，有人做過估算，這些日機若不打掉，可以毀滅 500 萬中國人的性命。在這 40 個月的 1200 多天裏，中國天空成了他們青春的「流放地」與「墓地」，他們用鮮血與生命，換取了「駝峰」（The Hump）這個「二戰」歷史、也是人

類不屈的精神高地上不朽的命名。據美國官方統計，美國空軍在從 1942 年 4 月到 1945 年 8 月的援華空運、作戰中，為中國空運各類戰爭物資 65 萬噸，損失飛機 468 架，犧牲和失蹤的飛行員和機組人員共計 1579 人。

在這些年輕美國軍人身上，中國人領略到拔刀相助、同仇敵愾的人類道義之美。抗戰史學者王康認為，「蔣介石對於飛虎隊的信賴之尊，超乎對於任何在華的中國人。陳納德的飛虎隊，再加上中美合作所，可以說是在華美方機構中，惟一為中國抗戰作出直接貢獻的單位。」

而且，陳納德、梅樂斯對史迪威的評價相似——

陳納德曾毫不客氣地指責史迪威指揮低劣，「史迪威在中國軍隊準備攻勢之頃，突將精銳抽出，致為敵所乘，在委員長觀之，直是軍事經驗尚未成熟之表現，委員長自此對史迪威統率大軍之能力與信任，均生動搖……」對其擅離大軍潛逃的行為，更是不齒，「（史迪威）身負戰區參謀長之重任，兵敗之餘，不急全局善後至紆籌，而作偏裨跋涉之行徑，殊為失職……」（梁敬錞《史迪威事件》）

1958 年，逝世前不久，陳納德給正在家裏寫作《另一種戰爭》的梅樂斯發來一信，內稱：「我常常感到中國人十分友好而合作。日本人雖然有時給我一些小麻煩，但不太多。在緬甸的英國人常常是十分難處的。但是，在整個大戰期間，惟有華府日以繼夜給我許多難題。」

馬歇爾曾向魏德邁施壓，要把陳納德踢出中國。梅樂斯惺惺相惜，一度想和陳納德聯手扳倒顢頇、狂妄的史迪威，但史迪威走了，叫「魏德邁」、「馬歇爾」的史迪威又來了，據說這也是中美合作所長期遭到排擠的原因之一。

陳納德獲得中國代表着軍人至高榮譽的青天白日勳章，這位本最有資格在東京灣「密蘇里號」戰艦上出席日本投降儀式的飛虎將軍，卻被魏德邁、馬歇爾在戰爭結束前解除了職務，14 航空隊和中美合作所同樣被投閒置散。離開中國時，受到幾十萬中國民眾的盛大送行。因為與蔣介石、宋美齡夫婦的特殊友誼，陳納德長期被中共新政權疏遠。其逝世後，經艾森豪威爾總統和美國國會批准，晉升為中將，並以最隆重的軍禮葬於華盛頓阿靈頓國家軍人公墓。

Dudley St John

Arthur Pewer

Robert Layhe

Jim Howard

John Walker Russell

R. A. Wheeler

Reagan Schaupp

Edwin Mullison

Olga Greenlaw

一些在華犧牲美軍

1984 年，中國國防部長張愛萍將軍訪問美國，在五角大樓，邂逅了當年在新四軍戰區遇難後被營救的美國空軍老兵，老兵們對張將軍表示由衷地歡迎與感謝，張愛萍說：「要說感謝，首先感謝美國政府、美國人民。四十多年前，美國政府、美國人民就以崇高的國際主義精神，以反法西斯盟國的身份，不遠萬里，派兵支持中國打擊日本侵略，為全世界和平，努力奮鬥，創造更加美好的明天！」張愛萍將一個精美的相冊作為禮物送給了接待他的美國國防部長溫伯格，相冊裏的圖片是被新四軍營救的 5 位美國 14 航空隊飛行員。

　　這三十多年來，隨着國門大開，真相洞開，中國人的目光投向喜馬拉雅山脈，還有南方大山裏那些仍在發出灼目銀輝之光，或盤滿厚蒼苔的飛機殘骸，有着一位中國愛妻陳香梅的陳納德，在中國擁有了廣泛的聲譽，他麾下小伙子們的英魂被迎回湖南的芷江飛虎隊紀念館，而他偉岸的全身雕像，已為這個紀念館廣場的蒼松翠柏所掩映……

　　在中日戰爭爆發 9 週年的 1945 年 9 月 9 日 9 時 9 分，南京中央軍校禮堂，梅樂斯見證了侵華日軍最高指揮官岡村寧次大將解下所戴佩劍，由參謀長小林淺三郎中將雙手呈交中國陸軍總司令何應欽後，其本人再在日本投降文件上簽字。結束後，沒有在現場的蔣介石給梅樂斯打來電話，其中問到：何應欽從岡村手中接過筆來時，是用一隻手接的，還是兩隻手接的？梅回答：一隻手接的。（按國際通行禮儀，用兩隻手接，表示協定雙方居於平等地位；一隻手接，則意味對方承認戰敗者的地位）話筒裏傳來的蔣的聲音顯然很舒坦。蔣介石一直記得梅樂斯，1959 年，梅樂斯 59 歲，按中國人的算法，已進入花甲之年。蔣介石親筆提了一幅卷軸，上書「同舟共濟」，託人帶到美國，作為生日禮品送他。

　　雖姍姍來遲，美國軍方和社會，終於承認梅樂斯和「中美所」是「二戰」的大英雄，摩里遜海軍上將在《第二次世界大戰美國海軍作戰史》一書中寫到，「他們曾經為他們的共同目標，遠較他們所得戔戔之數所能表現的，提供了更多的貢獻。他們隨同帶走了一種中國人的偉大友愛的感情，以及對於一些貧苦農民漁夫從事幫助他們的感銘之情……」。

1958 年，經艾森豪威爾總統和美國國會批准，梅樂斯晉升為海軍中將。
1961 年因病逝世後，亦安葬在阿靈頓國家公墓。

五

並非幾個成語可以沿襲

「雨農弟貴恙如何，甚念」

　　至今，網上還有多則「西安事變」裏戴笠假作遺囑、沽名釣譽的說法，源頭係出自《飛將軍蔣鼎文》一書。此書寫道，事變發生之初，戴笠獲知西安異動，如坐針氈，頻頻向西安祕密電台呼叫，均無回應。而此時媒體已公開報道，這無疑打了戴笠一記悶棍，他的情報機構全線啞巴。幾日後，戴笠隨宋氏兄妹、蔣鼎文赴西安「救駕」，並在張學良公館寫下一表忠心的親筆「遺囑」：「自昨日下午到此，即被監視，默察情形，離死不遠。來此殉難，固志所願也，惟未見領袖，死不甘心。」（此原件現存台灣軍情局局史館）該書認為，這份遺囑是戴笠城府之深的典型體現，它不是一般的矯情造作，而是為了挽回此前嚴重失職，挽回政治和忠心上的失分。

　　另一本書《亂世斯人——戴笠與李祖鯉》裏的說法，迥然不同——

　　李祖鯉自 1931 年應戴笠之召，加入軍統前身——復興社特務處，到 1946 年戴笠死後離開，15 年裏，除後 4 年在戰時貨運管理局，前 11 年都在局本部甲室（祕書室），除起草文件外，經常隨戴笠拜訪、開會、出差，如影隨形，係掌握戴笠與軍統非常多活動與祕密的資深幕僚。此書雖是其侄李君輝寫於本世紀之初，藍本卻是李祖鯉當年的 3 本以工作為主的筆記，不為出版問世，也無需為已成古人的戴笠臧否，應是當年現場的真實所錄所思。以下，簡約地引用此書有關戴笠在西安事變前後的內容，供讀者自鑒：

西安事變結束後，戴笠隨侍蔣介石安返南京

　　1936 年 12 月 2 日下午……毛人鳳進來，告訴李祖鯉：「西北區江區長密報：張學良與陝北紅軍負責人有聯繫。雨農兄已去洛陽向委

　　　　　　　　　　　　時間的磨子下 ——戴笠、軍統與抗戰

員長報告了⋯⋯」

　　不料，戴笠從洛陽飛回南京不久，西北區江雄風又來密電，說張學良和楊虎城要停止剿共，欲逼委員長領導抗日，否則，採取「兵諫」來對付委員長。戴笠看完密電後，即飛太原報告校長。而蔣介石顯得無所謂的意思：「漢卿和虎城扭不到一塊去，這情報不足信，謠言！謠言！」

　　戴笠⋯⋯快快飛回南京。但他心裏不踏實，交代毛人鳳和魏大銘，日夜輪流守在電訊總台，查詢委員長行程是否安全。

　　12月12日凌晨二點起，南京台多次呼叫西安台都毫無反應，通訊已中斷，急得毛人鳳大汗淋漓，趕緊連夜將夢中的戴笠叫醒。戴笠翻身起床，知道西安有變，即令賈金南分別通知甲、乙兩室所有人員起床，在禮堂集中。他自己急急打了電話給在上海的宋美齡，然後又親自到電訊總台，監視向西安呼叫，卻一直沒有回音。這使戴笠在寒冷中也汗濕內衣，焦急得一直繃着臉，兩道黑黑的眉毛，結成一條長長的一字型。他心裏明白，校長之所以不信密報，主要是對張學良過於信任的緣故。如今發生兵變，校長性命如何，也未可知。戴笠想到這裏，眼眶紅得已經潮濕，賈金南送過來的早餐，他根本咽不下去。金南也不敢勸戴笠進餐，生怕帶來捱罵⋯⋯

　　戴笠直等到下午三點十分，電訊總台才接到駐潼關79師師長的電報，該電文稱：「西安兵變，委員長下落不明。」

　　戴笠看到電文，兩行眼淚滴在電文上，久久沒有作聲。這時一陣電話鈴響，他抓起話筒，原來宋美齡已到南京，叫他速去議事⋯⋯他一見到宋美齡，禁不住淚泄滿面。

　　⋯⋯為緩和氣氛，宋美齡堅定地說：「你們都是委員長的朋友、學生，大家都抱着一片好意，只是主見不一而已。我看，沒有得到確切的消息，暫不動兵為好。」

　　宋美齡說罷，移步在戴笠面前停下，「你回去佈置一下，派人潛入西安，探個究竟。」

「學生親自去！」戴笠祈求說。

「不行。」宋美齡嚴屬地說：「你去西安目標太大，何況眼下南京不能沒有你。」

此時的南京，與國民黨高層存在主戰、主和兩派一樣，力行社內部迅速分化為鷹派、鴿派。在朝天宮社址，群情鼎沸，爭議聲震撼大樑，大多數人力主武力解決，呼應何應欽即派飛機轟炸西安的意見，主張大軍星夜出發，並發出《告全軍青年將領書》，呼籲營救領袖，掃蕩叛軍。戴笠則是鴿派的代表人物，「救校長要救活的，用兵則有死無生，誰也不能胡幹」，表示當下南京方面切不可輕舉妄動，軍統正與西安前線的胡宗南保持密切聯繫。他遭到主戰派的猛烈攻擊，有人提出：事變爆發，是特務處工作直接失誤所致，而戴笠身為特務處處長，負有情報和保衛的雙重責任。鄧文儀甚至說：特務處西北區事前失職，「這些負責人，如果不死於張、楊之手，也應自殺以謝蔣……」

與南京相比，自12月12日子夜起，西安城已像一塊鱷魚撲騰的沼澤地：除蔣介石在臨潼華清池被捕，其堂侄、侍從室第三組組長，可謂「帶刀侍衛」的蔣孝先少將，及全部67名警衛，被張學良部打死。楊虎城部則殺害了孫中山生前助手、蔣介石的結義兄弟、國民政府中央委員邵元沖，和中央憲兵團團長楊震亞等軍政要員，並殺害中央軍警數百人。陳誠也險些遭遇不測，被關進陝西交通銀行的地下室。幾十名西北區特務處人員，幾百名國民黨政工幹部，近千名屬於康澤領導的別動隊成員，幾乎被一網打盡。特務處陝西站站長兼西安警察局長的馬志超，將自己化裝成一個大媽，才得以逃脫……

……直到12月20日，張學良覆電宋美齡：「委員長平安，請速來談判統一抗日事宜。余盲目之舉，祈夫人見諒。」

……但在擬定赴西安人員時，卻無人敢站出來與夫人同赴西安。只有戴笠挺身而出，乞求與夫人同行。他說：「儘管此行凶多吉少，雨農願與校長共生死，只要能救校長，雨農赴湯蹈火在所不辭。」一席話，說得四座大員目瞪口呆。也感動得宋氏兄妹淚珠漣漣……

　　　　　　　時間的磨子下——戴笠、軍統與抗戰

戴笠當晚召集特務處人員開會⋯⋯交代完後，又請李祖衛、毛人鳳、周念行、周養浩等同鄉，到他家裏去一趟⋯⋯

當戴笠跨進屋時，一見頭髮花白的母親，就淚流滿面地「噗咚」一聲，跪在母親面前：「母親，校長大難臨頭，孩兒明天要去西安營救校長。此去凶多吉少！自古忠孝不能兩全，請母親原諒孩子不孝之罪！您老人家要千萬保重。」說到這裏，抱着母親的膝蓋放聲大哭。毛人鳳和李祖衛，連忙上前欲扶戴笠。但戴笠不肯起來，跪着對夫人秀叢說：「秀叢呀，萬一我不在的話，你要好生侍候母親，代我盡孝，回保安去安分生活。藏宜畢業後，勸其回家鄉教書，規規矩矩做人。您身體不好，務須珍重自愛。」

⋯⋯戴母見兒子如此傷心，還是生平頭一次。她老人家用手背抹抹眼淚，站起來拉着兒子的雙手，鎮定地說：「快起來，快起來！哭什麼呀，娘已為你和校長焚香拜佛啦，都會逢凶化吉的。你為校長做事，精忠報國，娘很高興，也是我們戴門祖公積德。娘雖然山村女子出身，這粗道理還是知道的。乖孩子，起來吧！」⋯⋯

戴笠⋯⋯收住眼淚，轉進廚房用熱水擦了把臉出來，對在座的同鄉說：「雨農去西安後，有勞各位多多關照家母和秀叢。萬一形勢對我不利，煩祖衛兄先送家母和秀叢回保安。然後去楊虎家一趟，請他關照藏宜。關於特務處的事，各位務須堅持崗位，見機行事，不斷與胡宗南聯繫，當然這是最壞的打算」⋯⋯

12 月 24 日下午，電訊總台收到西北區來電：「今天下午 6 時，戴處長凱旋飛回南京。」

⋯⋯晚上 8 時許，賈金南和李祖衛，去機場迎接戴笠⋯⋯見到兩人異常興奮，一雙手分別緊緊握住對方，卻沒有吐出一句話來。回到特務處，立即召開高幹會議。他⋯⋯說：「22 日下午，在西安機場下機後，張學良和楊虎城等，就在機場迎接我方代表團。當張學良見到我時，他也怔住了，以為我戴笠在這兵變狀態下，怎敢闖他槍口？然而，雨農端端正正

站在他面前。張學良只向我點點頭，而楊虎城吩咐他副官來到我面前：『請把你身上兩支手槍交出來，再請速上車。』結果，就將我關進張學良官邸的地下室裏」……

「直到晚飯後，張學良笑着來看我了。他跟我坦白地說：『雨農兄，你膽子真大，這個時候來西安，你太危險了！我是特意安排你在地下室的，是對你的人身安全負責。要是你露面時間長了，會有人向你放冷槍。我的用心你理解沒有，我知道你關心委員長，但我告訴你，委員長很好，我現在就帶你去見他。』」戴笠說到這裏，喝了一口熱咖啡，又撕開喉嚨說：「雨農一見到校長，禁不住淚流滿面。校長雖瘦削點，看來精神還好。使我情緒才有些穩定。」

……戴笠……設家宴邀請在處本部的所有同鄉，和股、科級高幹歡聚一番：一來慶祝勝利歸來，二來感謝大家對他的關心。

他第一杯酒，敬他的母親：「母親生雨農，育雨農，幾十年備受艱辛，如今白髮斑斑，仍常為雨農擔驚受怕，使孩兒非常感激！母親心如『漂母』，志如『岳母』，使孩兒萬分敬佩。請母親喝了這杯酒吧！」……

戴笠再斟滿自己的一杯酒：「第二杯酒，敬雨農的糟糠之妻秀叢，孝敬婆婆，相夫教子，煞費苦心。雨農公務繁忙，南來北往地顧不得家，全仗秀叢操勞，感謝之心出於肺腑，請受雨農敬意吧！」……

戴笠又把自己的滿滿斟了一杯：「第三杯酒，雨農敬在座的各位同志。此行西安化險為夷，事先在精神上受到各位的鼓勵，才增強雨農的信念……如今，我團體有這麼多的良將智囊，以後團體發展可想而知……」

劉台平先生的紮實文本也為李祖衞的說法，進一步提供了佐證：「……戴笠一再向蔣介石彙報『西北軍不穩』，建議蔣不要去西安，蔣一直不准特工人員干預政治，依然前往。」待蔣被抓後，戴笠冒死陪同宋美齡赴西安救蔣。下飛機後，「楊虎城曾說：『雨農，你來得正好，我們準備了一隻裝老虎的籠子給你住。』他卻一笑置之，故裝神祕地說：『這個我早已料想到。不過，請你想

想，我是不是一個前來白白送死的人？』」楊虎城，和也在場的張學良聽了，驟然色變。「事後他自請處分，反而獲得蔣的信任，因為當時很多蔣的親信幹將都逃避責任，互相推諉。」（《神鬼之間：找尋真實的戴笠》）

上列所引，顯示「西安事變」前後，軍統並非「全線啞巴」，戴笠似乎用不着假作遺囑，以「挽回此前嚴重失職」。至於戴笠去西安前的幾次落淚，歸來後的興奮碰酒，倘若不是戴笠初心本色表露，而是「矯情造作」，那麼，這齣長達十餘天的「秀」，未免演得太久。而且，還得有從毛人鳳、李祖衛、周念行、賈金南……到戴母、戴妻的諸多配角，全體出場，這戲也演得太過辛苦。從西安脫險後，蔣介石解散力行社，下令停刊該社主要機關報《中國日報》。原鷹派成員陸續被免職、禁閉和記過，或派送出國。力行社終於在次年曲終人散。

戴笠所著《政治偵探》一書中，所列的第一項任務，就是「保衛領袖的安全。」「西安事變」後，戴笠對蔣介石居所行止的警戒，尤為上心。

重慶成了抗戰陪都後，蔣介石先在重慶行營辦公，不久遷至城區曾家岩德安里 103 號，即面對嘉陵江的「堯廬」，這裏原是張群在四川的行館。1938 年 2 月後，擠有國民政府不少行政、軍事等機構的這一片區，成了日本飛機轟炸的目標。幾個月後，搬去南岸區一座海拔 580 公尺、樹木蔥蘢、適合隱蔽與避暑的黃山，官邸以蔣介石辦公兼寓所的雲岫樓和宋美齡所住的松廳為中心。日本人的情報集納能力實在不能不令人歎為觀止，據時任委員長侍從室第六組組長唐縱的戰時日記記載，1938 年 8 月 12 日，日本飛機轟炸黃山，炸彈就落在松廳附近。當時，蔣介石拒絕撤離，並告之隨員：不要緊，大家靠住牆壁，伏下來，不要着急。1939 年 8 月 28 日，印度國民大會黨領袖尼赫魯抵渝訪華，到黃山拜會蔣宋夫婦。當晚，空襲警報聲中，尼赫魯與蔣宋曾「避入洞內三次」。雙方談話「在燭光之下繼續至三小時。」

1940 年 6 月 12 日，一個 500 公斤的炸彈再度掉在松廳旁。1941 年 8 月 30 日，蔣介石在黃山官邸召開軍事會議，各戰區的將軍與參謀長雲集在此。日本人從剛離任的意大利駐中國大使貝克口中得知黃山官邸的具體位置，又破譯了

8 月 30 日蔣介石開會的密電，日本陸軍第三飛行團團長遠藤三郎少將率領轟炸機隊，直接轟炸官邸，以逞「斬首行動」。蔣介石在當天日記裏寫道：「九時半，聞警報。十一時，敵機第一批炸小龍坎。十一時五十分，第二批進入上空前，余正與軍事會諸同志在黃山防空洞口樹蔭下談軍事近狀。忽聞飛機聲，旋又突然無聲，乃相繼入洞內再談。時約十分鐘未聞機聲，只聞炸彈聲，甚近，仍不以為意。不料，敵機連續轟炸，洞門已為崩土堵塞」。此次空襲重傷衛士 4 人，死內衛班長唐偉舜、侍衛陳亦民。在當天的「上星期反省錄」中，蔣介石又記上一筆：「妻在北洞口只差數秒時間，幾乎只隔三步，其危險更甚矣。」

　　時任軍統局督查室主任的喬家才晚年回憶，日本對重慶進行轟炸期間，中國空軍的數量與火力遠遠不如日本空軍。戴笠惟有「土法上馬」，專門派員化裝成普通百姓，在日軍每個機場附近租用民房，肉眼觀察轟炸機起落方向、架次和時間。可能的話，儘量潛入飛機場附近，目測裝彈量，然後迅速用無線電告知。漢口機場附近有一雜貨店，待人笑口常開的小老板楊敬先為軍統杭州電訊訓練班畢業學員。每日上午生意清淡，機場卻忙碌起來，他爬上小閣樓，一邊監視敵機起航，一邊取出平時藏在天花板裏的小型收發報機給重慶發報。每組電文僅 9 個數字，如 324640635：首位是機種，3 代表轟炸機。第二、三位是數量。第四位是飛行高度，第五位是飛行方向。後四位代表升空時間。這組電文即為，上午 6 點 35 分，敵轟炸機 24 架，六級高，向第四位方向飛去。發報時間不過一分鐘，而轟炸機從漢口飛重慶約 350 公里，約耗時 1 小時 37 分，重慶方面便有較充足的時間拉響警報，疏散民眾，使空襲的損失降到最低。（如來《領袖的耳目》）

　　同時，軍統與中美合作所的電訊台也無時無刻不在監聽，指望破譯出日機與基地聯繫的密碼。一旦破譯，可供中國空軍作截擊的參考，並提供給防空單位提前拉響警報，或掛出紅燈籠，這個掛燈籠的高地現在就叫「紅燈壩」。當年根據日本飛機距離的遠近，依次掛上不同的個數，市民們在遠處看到，便能判斷危險程度。紅燈籠上書有十四個濃墨大字：父傳子，子傳孫，生生世世，勿忘此仇。

戴笠無日不懸心提膽，如坐針氈。

據重慶市檔案館藏文獻，黃山官邸內築有較為堅實的專用防空洞：即在雲岫樓所在山頭側後方 50 米山腰處，建有鋼筋水泥的新式防空洞一座，該洞深入山岩腹內，有兩個出口，並設有照明及桌椅等。考慮蔣氏夫婦喜歡的去處，雲岫樓北邊約 100 米處還有一中西合璧的平房，其三面簷廊有 10 根木柱支撐，3 間房呈一字佈局，中為廳，兩側為廂，觀賞風景頗佳。因屋頂

重慶高掛的紅燈籠

蓋茅草，得名「草亭」，蔣介石稱之為「新草堂」。戴笠又在其後建有一防空洞。遇到日機夜襲警報拉響，蔣氏夫婦多隨即「起床遷往新草堂住宿」。為尋找一個確能躲過日本人轟炸的領袖官邸，戴笠專程去灌縣青城山勘察，在此山的朝陽洞附近，四川省府已為蔣介石建木屋 5 間，戴笠以為太過簡陋，不便久居。但又覺得天師洞防空最是天然，安排警衛也不困難，很適合委員長在此召集會議。他馬上囑咐四川省府修繕加固，以備日後使用。據沈醉說，戴笠還在重慶歌樂山「中美所」內為蔣介石夫婦修築了可以躲避空襲的松林坡公館。1944 年後至抗戰勝利，蔣介石遷入前幾年禮遇給已逝世的原國民政府主席林森的「林園」，在園內闢新樓居住。

蔣介石的出行，在南京時由侍從室掌管的警衛部隊負責。到重慶後，戴笠在軍統內挑選體格強健、反應敏捷，且無家室之累的 150 人，加以訓練後成立特別警衛隊，協助侍從室保證蔣介石的安全。一段時間，蔣介石白天在「堯廬」辦公，晚上回黃山官邸休息，一天得過江兩次。戴笠對地理、水文、過往交通、周邊治安等情況摸個滾瓜爛熟後，確定過江碼頭安置在九龍坡黃桷坪。蔣

介石的一輛黑色座車經過時，後面緊隨的兩輛警衛用車上各有 4 名便衣警衛人員，其中一半是侍衛官，一半是軍統派出的特工，個個豹眼四方逡巡，人人槍法「百步穿楊」，右手虎口不離當時最好的「自來得」手槍（即「毛瑟」手槍）。附近兩岸及江面上，還部署了荷槍實彈的軍統憲兵。

1942 年 10 月，蔣介石赴蘭州、西安地區視察。戴笠以隨員身份侍衛左右。在蘭州期間，警衛工作除了內侍衛士、軍統特別警衛隊外，另有蘭州的憲兵、警察配合協助，戴笠又從軍統蘭州特工訓練班中挑選了一批學生擔任便衣警衛。蔣介石到西安視察，6 年前的「西安事變」記憶猶新，如同大戰將臨，戴笠擬定整個警衛計劃，事先親自考察重要路段、地區，並和胡宗南一起調動西安所有的軍警憲特力量，使市區的每條大街、每條巷道，林立明崗，遍佈暗哨，其聲勢威赫，別說閒人，就是一隻野貓土狗見了，也得繞着道走……

蔣介石對戴笠說：「雨農啊，你這樣做，我不睡個好覺都不行了。」

1945 年 12 月，抗戰勝利後，蔣介石夫婦首次視察遭日寇蹂躪了 8 年的北平。戴笠提前兩個月來安排警衛事宜。戴笠確定調派幾名最優異的幹部，充實北平市警察局、警備司令部。同時，將在「中美所」受過美國教官特別訓練的 200 人空運來北平，組成蔣介石的貼身警衛大隊。且自天安門到三大殿，佈置四道警衛圈。這座古皇城，歷來帷幕深掩，危影重重，僅清末以來，就有吳樾刺殺五大臣，汪精衛刺殺攝政王載灃，張先培、鄭毓秀等人刺殺袁世凱……戴笠未敢有絲毫懈怠，仍親自上陣，每有出動，他一身深灰中山裝，頭戴黑灰色禮帽，身藏兩支左輪手槍，在蔣介石近處潛艇般無聲地遊

戴笠隨侍蔣介石

弋；而蔣介石的視線，也不離他的宛如潛艇艦橋上觀察窗的那頂黑灰色禮帽。蔣介石一生，曾先後遭到政敵和外敵的 10 多次暗殺。每次得以化險為夷，自有他本人視生死如換衣的器局，也有其衛隊的忠誠勇敢，亦不離戴笠對其安危的時刻護衛。

1943 年 11 月下旬，中美英蘇在開羅舉行四國首腦會議，蔣介石攜宋美齡前去出席。就在蔣介石換下中國大地的血火煙塵、身着陸軍上將的高級呢套裝，戴着雪白的手套，面帶微笑，和羅斯福、丘吉爾及斯大林握手會談時，國內以陳誠的侍從參謀、中緬遠征軍作戰科長王鳳起少將為首的「青年將校團」，卻在祕密策劃一起倒蔣政變。這批人的骨幹有遼寧圖昌人王鳳起、貴州人胡翔、浙江人梅含章、四川冕寧縣人陳蘊山、湖南人曹澤衡、河北人傅岳，他們早年進過黃埔軍校，後又都深造於在重慶的中央陸軍大學第 17 期，思想活躍，憂心時局，以陳誠馬首是瞻，以為惟陳大將軍的膽魄卓識可救國家於水火，打算效仿日本少壯派軍人的「二·二六」政變，將蔣介石身邊那些昏官庸才及親日的傢伙清除出去。

從 1941 年祕密成立到 1943 年，在國民黨各大戰區、各大兵種的中青年將校官中，發展到了 300 來人的支持者，並逐步形成一張組織嚴密的網，兩年來一直沒有暴露。他們還期待能得到美國的支持，尋機聯繫了在國軍中任顧問的美國陸軍準將延伯曼。延伯曼後面是否有史迪威遙控？史迪威命令艾福勒上校去謀劃的案子，是否就落在了這個案子上？翻王豐的新書，未見將這兩者聯繫起來的證據，但延伯曼對此事感興趣，覺得即使失敗了，起碼也夠蔣介石喝一壺。

12 月初，王鳳起調任陪都重慶衛戍司令部作戰科長。正辦理調動手續時，陳蘊山寄來一封密信，言局勢瞬息萬變，催王鳳起儘快赴渝。這時，王屬下的「將校團」成員、上校參謀徐文山，請事假去重慶。王鳳起便將自己寫給陳蘊山的密信交徐文山帶去。未料，一張兩年沒有暴露的大網，卻在一個小小的檢查站撕開了口子。徐本欲在昆明搭機飛重慶，可在經過昆明城外的檢查站時，軍統特務意外地從他身上搜出了王鳳起寫給陳蘊山的密信。信裏發出 3 條指

令：一、抓緊擬定政變後即需逮捕的名單；二、立即挑選政變突擊隊；三、他本人很快到渝，政變日子可定在 12 月 12 日，這天正是「西安事變」7 週年。

「西安事變」真實地將蔣介石扣住過，這一回卻連蔣的毫毛都未挨上。戴笠極為震驚，立即下令將在昆明的王鳳起祕密逮捕，即刻遞解押送重慶。戴笠攜副手毛人鳳親自審訊，王一口咬死自己為「青年將校團」的頭，承擔此事件的全部後果。接下來，陳蘊山等 5 人相繼被捕，在冊的 300 餘名「青年將校團」軍官遭嚴格清洗。

這是大陸國民黨歷史上一次最嚴重、最驚險的政治事件，也是塵封了 60 多年的一起驚天密案。有文章說，600 多名軍官先後被捕入獄，其中 16 名將軍最後被處以極刑。

我對此說表示懷疑，理由是王鳳起等 6 人雖說是敢逆「天庭」的「首犯」、「骨幹」，他們的結局卻比策動「西安事變」者好得多：1946 年他們的收容之地是「中美所」已關張的、此前為美軍第三招待所的白公館，沒有逐去關押一般「犯人」的渣滓洞。1947 年以後，國共內戰正酣，前方急需要人，陳誠多方斡旋，蔣介石對王鳳起等 6 人「無罪釋放，由國防部分派工作。」

其中，王鳳起、梅含章 2 人 1949 年分別在瀋陽、江陰要塞，與中共地下黨取得聯繫，率部實現和平起義。胡翔、陳蘊山、曹澤衡、傅岳「也在不同的崗位上走上了革命道路」。（呂軍《王鳳起：密約陳誠政變反老蔣》）

戴笠，這個行健如馬，且長了一張馬臉的中年人，一旦在蔣介石官邸出現，侍從室主任只須通報一聲「戴先生來了」，便可徑直將其引到蔣的書房，蔣有時甚至來不及從公文中抬頭，即便抬頭，也無需做出一副迎迓的表情，「是雨農啊」，徑呼其就坐。蔣介石的剛性線條不僅表現在他的面部輪廓上，亦表現在他的言語表達上。他甚少對人流露內心感情，對下級更是如此。但卻能夠在諸多的細節裏，感知他對戴笠的情感。蔣介石給戴笠賜過兩次字，第一次是「二次北伐」，寫的是「艱苦卓絕」，這四個字大概能適用大半北伐將領；第二次是 1943 年 3 月，戴笠在西安得了肺病，蔣介石手書慰問：「雨農弟貴恙如何，甚念，希珍重為盼。中正三月廿八日。」其關切之情力透紙背而來。可

以説，前一次是一個模式化的表彰「英模」，後一次稱「弟」則是無關客氣的情分。

1937 年 2 月 12 日，蔣介石日記：「十二日，戴笠病盲腸炎入醫院，乃命夫人往慰之」。其時，一場曠古未有的大戰隨時可能在中國大地爆發，其麾下千軍萬馬，蜩螗國事如錢塘江潮一樣撲來，但心中一角還掛着一個特務處處長的盲腸炎。而且，蔣介石居然請宋美齡前去看望。民國第一夫人可不是丈夫指東不敢往西的主，有些事情蔣也得看看夫人的眼風。宋美齡欣然前去，也不可能純粹是代丈夫探望，倘若要「代」的話，去個侍從室主任就足夠了，戴笠遠不是「黨和國家領導人」。這説明，無論蔣宋，對戴笠都存有一份私誼。

蔣介石是一個公私分得很清的人。但他的一些私事也交給戴笠辦理。

1945 年春節前夕，戴笠陪同梅樂斯到陝西戶縣牛東堡中美合作所第三訓練班視察。行前，蔣介石交代他，視察完後去西安走一趟，與胡宗南一起將蔣緯國的婚事給辦了。戶縣離西安約 40 公里，其時，蔣緯國正在西安駐軍服役，女友是西安著名實業家、大華紡織公司老板石鳳翔的女兒。戴、胡商量後，秉承蔣介石「鑒於戰時國難聲中，抗倭尚未凱旋，切勿鋪張浪費，一切從簡」的囑咐，婚禮在中央軍校七分校的一座小別墅舉行，婚宴只設一桌酒席。蜜月也不出西安，胡宗南搬出自己久居的東閭門 1 號官邸，以其作為蔣緯國的新婚燕爾之所。事後，石鳳翔告訴文強，婚事辦得熱烈而又簡樸，不失面子，他很滿意。（《從中共高幹到國軍將領——文強傳》）

戴笠在蔣介石身邊待了近 20 年，兩人共歷山雲怒飛，面對海水起立，這期間戴笠因其「暗戰」樞紐、特工之王的地位，毀譽蜂起。聽多了「伴君如伴虎」、「高處不勝寒」的例子，國人總有興趣猜度：蔣介石對戴笠，戴笠對蔣介石，各自最隱祕心處，是否有惕戒之心？蔣介石是否有鳥盡弓藏之意，戴笠是否有尾大不掉之嫌？在大陸許多文本與坊間傳説中，這是一個公説公有理、婆説婆有理的話題。

隱隱約約有諸葛亮的影子

作為黃埔軍校第六期騎兵科尚未畢業就投入特工生涯的戴笠，終生尊稱蔣介石為「校長」。「信仰領袖、效忠領袖和服從領袖」，是他畢生的原則。

戴笠對蔣介石的信仰，很大部分來自於他的理性。

與蔣介石自幼研習宋明理學，尤其是陽明學說一樣，戴笠打小飽受儒家經典薰陶，士不可以不弘毅，「希聖、希賢、希豪傑。」他們都懷揣晚清以來國運飄搖、山河破碎、列強環伺的痛切，同樣以信奉、追隨孫中山的三民主義學說為圭臬。三民主義，第一就是民族主義，不實現民族獨立，談不上民權和民生。由此，在二十世紀中華民族一場最嚴重的生存危機到來時，他們都是無比堅定的民族主義者。

戴笠對蔣介石的信仰，也有部分來自於他的感性。

早年參加東征，蔣介石「身上掛滿手榴彈，每役都在前線指揮，甚至帶頭衝鋒」；北伐時，曾在槍林彈雨的最前線親臨指揮，炸彈前後左右落下，多次與死神擦肩而過，在硝煙中激勵他的黃埔學生們。1931 年 11 月 24 日，杭州 1700 餘名學生來南京請願，堅持要求蔣介石效仿諸葛亮寫《出師表》，「下一手諭，表示決心北上收復領土」。蔣回應「絕對負起責任，鞠躬盡瘁，死而後已」，學生不滿意，「必欲堅持出兵宣戰」。蔣再發手諭，勸說「安心求學、擁護政府」，學生「終不聽」。蔣大怒，「命站立二十八時以罰之」。當天下午，蔣在日記中歎道：「數日以來，各地來京請願學生，經余親與接見訓話者，約二萬餘人。余對青年學生，亦用盡精力矣。」日記寫畢，又命釋放罰站學生。（《蔣中正總統檔案·事略稿本》12）

蔣介石的次子蔣緯國曾經回憶：在抗戰最困難的歲月裏，在陪都重慶被日日密集轟炸長達 5 年的境況中，多次聽見父親半夜一個人在浴室邊洗邊唱、似迷狂呼喊的聲音，令人聳容，儘管白天他總是一臉沉靜與從容。蔣介石本人日記記載：「九日晨起，曰：昨夜夢中驚覺，念及軍隊散漫，國家雜亂，一至於

此，不禁為之汗出沾枕！嗚呼！此由余智德不足，事事不能澈底，所以陷害國家也，能不悔悟奮發乎！」（黃自進、潘光哲《蔣中正總統五記》）

作為一國領袖，必須背負罵名，必須自省，必須隱忍！在高層人物中，戴笠對於蔣介石的「悲情」、「自勵」，尤其是「隱忍」，有着最深的感悟、最深的默契：

在身體上：戴笠曾重病到大口噴血，蔣介石看不下去，給他 1 個月病假，他沒休。有人統計，抗戰期間，軍統境內外有 2000 多個大大小小的戰場在同時展開，作為最高指揮官，他必須站着。他選用中醫保守治療，在給校長的報告中，淡淡提一句：「痰中有血的情況，現在比較好了」。接着，說他對軍統本部及各地區站最近有哪些指令、哪些活動，上海的醫藥、紗布如何搶運過來……即使重病在身，也未有一絲懈怠工作。「中央研究院」近代史研究所兼任研究員、「國史館」館長呂芳上，看完大量當年戴笠遺墨的檔案後，如是評價：「說實話，他做事非常認真。第一，他絕對是老蔣一個忠心的追隨者，在他心中絕對是第一；第二，他對國家也沒話講，對交付的任務都很認真在做，做事也小心。」（《南都週刊》2012 年第 14 期）

在心態上：他的工作能量與威力使外部敵對勢力畏懼生恨，日本人對戴笠人頭的懸賞金額，遠在對毛澤東的懸賞之上；內部貪腐、慵懶勢力視他為蔣介石書房裏的一本《百官行述》（清康熙時，一名叫任伯安的官員利用職權之便寫的，內中記載着百官不為人知的祕密，上至施政失誤，下至飲酒嫖妓）。即使是得寵於蔣介石的派系，亦多對戴笠敬而遠之，生怕惹上麻煩。功高一定遭忌，時不時有同僚同學的冷箭放過來。1943 年以來，對於他的飛短流長，已經和他冒死周旋於刀光劍影之中的傳說一樣，多不勝數。其光怪陸離者，如出身「惡少」，玩弄、蹂躪手下女性，青樓是他的最愛，還說他脾氣暴烈，曾多次揚言殺自己母親……他亦有所聞，但從不置辯。他的手下為此憤慨，主張徹查來源，以正視聽。他反而心平氣和地說：「無論何方對吾人如何批評，如何攻擊，亦不管有何陰謀，吾人均應置若罔聞，視若無事。須知吾人獻身革命，早已置生死與度外。一個革命者，不應有功名利祿、得失毀譽之念，存於胸臆。」

（《蔣介石的特工頭子——戴笠傳》）

1941 年的「四一」大會上，上午公祭典禮後，戴笠拿着一份先烈照片冊：「同志們，請看我手裏抱的是什麼？這是我們歷年死難同志的照片冊。各位想想，什麼叫無名英雄？無名英雄就是死了，連照片都不能掛出來！由此可見，我們特種工作人員的人格道德怎樣……」戴笠淚流滿面，台下也大都泣不可仰。重慶羅家灣軍統局本部後面山坡上豎立的一塊兩面一字不刻的石碑，便是獻給「無名英雄」的。

1945 年的「四一」大會上，戴笠說：「忍耐，是我們工作的總答案。」這也是抗戰時期戴笠對屬下交代得最多的一句話。

不妨將戴笠、陳誠對蔣介石的忠誠做個比較。

「蔣介石一生，用人無數，有始有終者，首推陳誠。蔣對陳誠的期待、信用和培植，超越常人。」（黃道炫《君臣師友之間》，見《蔣介石的人際網絡》）陳誠（1898—1965），字辭修，1923 年 3 月，隨孫中山出征西江叛軍，在作戰中胸部負傷，在醫院養傷期間，適逢大元帥行營參謀長蔣介石來院慰問，這是陳誠與蔣介石的第一次見面。此後，陳一直跟在蔣身邊，在北伐、蔣桂戰爭、中原大戰、「兩廣事件」中，他無不功勳卓著，並在「西安事變」裏與蔣介石一起為張、

陳誠

楊所扣。1929 年春，蔣任命陳誠為 11 師師長，中原大戰後再升 18 軍軍長。18 軍成為國民革命軍五大王牌之一。在該軍歷史上，出過 5 位一級上將：陳誠、羅卓英、高魁元、胡璉、方天；4 位參謀總長：陳誠、周至柔、桂永清、高魁元；2 位海軍總司令：陳誠、桂永清；1 位空軍總司令：周至柔；1 位陸軍總司令：高魁元及 20 多名軍長。「十一」與「十八」並起來看，便是「土木」，「土木」系即陳誠系，在國軍中絕對獨佔鰲頭。

抗戰初期，蔣介石深感身邊「無幹部」，卻有「軍事能代研究者辭修也」

之評。(《蔣介石日記》) 1948 年 10 月,蔣介石為安排國民黨後路,派陳誠主持台灣政務,他主導的「三七五減租」的和平土改,為日後台島的經濟起飛打下堅實的社會基礎。來台後,陳誠長年擔任行政院長、副總統,被島內外輿論視為「蔣介石的替身」、「第二號人物」。「第二號人物」在中國專制的政治生態下往往是風險最高的人物,他卻一生順風順水,在長達 41 年的軍旅與政治生涯中,蔣不僅以令人矚目的速度提攜他,他的第二任夫人也是宋美齡做的媒;蔣還如私淑弟子一樣關切他的精神修養,曾給在前線的他寫上幾千字的信:「王陽明的集子,在撫州是否可以買到,如果買不到,我可以在南昌買了給你送過去⋯⋯」(《君臣師友之間》)

陳誠自然對蔣介石感念不已,「蔣先生之愛我、望我,雖自己之父兄,亦有所不及」。但陳誠並未將自己的思想當作蔣先生的跑馬場,時有「離經叛道」之念:江西「剿共」期間,他在一封家書中說:「以現政府及環境關係,縱被赤匪如何燒殺,亦有讓他燒殺。蓋赤匪燒殺僅限於有產階級,於窮人實無甚關係。而諸為富不仁者,實不殺何待。尤其貪官污吏之種種苛捐雜稅,實在好叫赤匪來殺的一個乾乾淨淨。」(同上) 要說這是陳誠要「剿」的「赤匪」頭子毛澤東寫下的文字,人們大概也無異議。1930 年 10 月,蔣介石受洗成為基督徒,次年 4 月又打算發表《主義與宗教之關係》一文,為耶穌背書。同月,陳誠在一封家書中寫到:「蔣先生要發表關於宗教的那篇文章,實在使我對於革命前途起了無限的失望與悲觀。」並表示,他要去信給蔣表明自己的態度。(同上)

黃道炫先生認為:這「相當程度上反映了國民革命中成長起來的一批國民黨人的心理,他們和蔣介石的結合,更多是出於個人感情和集團利益,以及在長期跟從中培養出來的無條件的信任,但蔣在思想上並沒有拿出使他們服膺的理論體系,相反,其中庸保守的態度,還為相當多人所不滿」(同上) 可以說,蔣介石從來就不是一個登高振臂、山呼海嘯,能給其部下和百姓以強烈鼓舞、巨大願景的毛澤東式的領袖人物。

而戴笠對蔣介石的信仰是絕對的,對於蔣介石的服從也是無條件的。

每年的 4 月 1 日為軍統前身復興社特務處成立的紀念日，在局本部都要開會慶祝。1933 年的這一天，戴笠從保定趕回南京，他請了蔣介石到會訓話。送走蔣後，他又說了一通，其中一段話如佩劍般擲地有聲，閃露寒光，可視為他本人、也是軍統的行動宣言：「我戴雨農最

蔣介石蒞臨軍統局主持紀念大會，巡視榮眷行列，戴笠隨侍

恨的是四種人，一是日本人，二是漢奸賣國賊，三是反對委員長的人，四是貪官。凡此四種，均格殺莫論！」其中第三種便意味着，誰反對蔣介石，誰就與戴笠不共戴天，他和軍統就一定收拾誰。

1933 年 6 月 18 日晨，軍統奉蔣介石令，暗殺「中國人權運動先驅」楊杏佛於上海法租界的亞爾培路（今陝西南路）。

1931 年 7 月，作為知名社會活動家、又是江西籍的楊杏佛，奉召隨蔣介石到江西調查蘇區情況，回來後，他在《民國日報》、《申報》上發表《赤禍與中國之存亡》、《中國共產黨現狀》的長文，字裏行間，明顯有對蔣介石實行「剿共」政策的嘲諷與抨擊。1932 年底，蔡元培、宋慶齡等著名人士在上海成立中國民權保障同盟，專門營救遭政治迫害的文化名流，爭取言論、出版、集會、結社等自由，崇尚實幹的楊杏佛任同盟總幹事。該同盟成立後的大量活動，「無一不是中國共產黨想做而不能、想幹而不成的事，事實上，它給困境中的中國共產黨幫了大忙，也因此遭到視『剿共』為第一要務的蔣介石的仇恨。」（廖大偉《「殺楊儆宋」：楊杏佛被刺問題中的一個誤解》）次年 5 月，特務給楊寄去一封裝有子彈的恐嚇信，要他立即閉嘴並退出同盟，否則將採取強硬手段。楊杏佛對此不予理睬。6 月初，戴笠親往上海指揮佈置，負責執行暗殺的是華東區行動組組長趙理君。參加這次行動的殺手除趙外，還有李阿大、過得

誠、施芸之等 6 人，事前宣誓，要做到「不成功，即成仁」，如不幸被捕於租界當局，應即自殺，否則將遭到嚴厲懲罰。

親睹父親遇難的楊小佛先生，當時只有 15 歲，多年以後，那悲慘的一幕仍歷歷在目：「那是個星期天，父親和往常一樣，帶着我乘坐納喜牌篷車外出。剛駛出中央研究院大門，擬向北轉入亞爾培路時，只見路邊衝出 4 個持槍大漢，立在汽車四角射擊。司機胸部連中 2 彈，打開車門奪路逃命。父親聽到槍聲，立即伏在我的身上……終於，父親倒在了血泊之中，氣絕身亡，而我僅右腿部受了點輕傷。」

此事件在李祖衞的筆記裏留有屐痕：

> 李祖衞正在認真地伏案書寫，並未發覺戴笠進來……
> 「別忙！」戴笠挪了挪椅子坐下：「校長又給我一個十分棘手的任務，我正發愁呢！」
> 李祖衞燃起一支煙，卻沒有作聲。因為他清楚，不該問的事還是不問為好。
> 戴笠倏地站起來，湊到李祖衞身邊輕輕地說：「又要我去上海法租界除掉楊杏佛了。」
> 「什麼，他曾是孫中山先生的祕書呀？」李祖衞睜大眼睛，差點跳起來。
> 「他是左派。」戴笠用手指在桌上寫了個「左」字後，又說：「他與宋慶齡、蔡元培組織中國民權保障同盟，在諸多報刊上宣傳左派言論，反對蔣校長。所以得殺雞儆猴，給左派一個下馬威！」
> 李祖衞心頭一陣緊張，皺起眉頭，直盯着戴笠長長的、嚴肅的面孔。戴笠搭搭李祖衞的背：「老兄放心，沒有一定的把握不會動手，而且，要動手也不是戴雨農。」（《亂世斯人——戴笠與李祖衞》）

由此看來，戴笠並非「殺人不眨眼」，但只要是蔣介石交辦的，一定照辦。1934 年 1 月 13 日下午，軍統奉蔣介石令，暗殺上海《申報》老板史量才

於海寧縣翁家埠。這次是戴笠親往杭州佈置，執行者為華東區行動組組長趙理君、趙龍文等6人。

史量才有一句至今讓報人想起來必心跳耳熱的話：「人有人格，報有報格，國有國格，三格不存，人將非人，報將非報，國將不國！」當年上海乃至國內最大的報業集團《申報》，設在上海租界，南京政府奈何不了，故在當局有關重大政治經濟舉措上，常常旁敲側擊或公開予以批評。在史量才同意下，《申報》還先後刊登魯迅和陶行知化名「不除庭草齋夫」的公開叫板當局的文章，及幾篇《剿匪評論》，反對蔣介石圍攻江西蘇區紅軍。1932年6月，南京中央大學發生學生毆打兼職校長段錫朋事件，《申報》報道了此事的前因後果，認為教育日益敗壞，最大根源在黨國政治與官僚主義對校園的侵入。時任教育部長的朱家驊，盛怒之下，向蔣介石求助。蔣指示，上海租界以外的國統區，一律禁止《申報》的郵遞。經過史量才多方斡旋，在禁止郵遞達35天之後，蔣解除禁令，但要求由國民黨中宣部派員指導《申報》的編輯和發行，遭史拒絕。蔣又委其上海臨時參議會會長等職，史不為籠絡，虛與委蛇。1931年9月至1932年初，南京先後發生幾起青年自殺、自焚事件，以懇求政府對日全面宣戰。《申報》予以詳細報道，配發社論，學生抗日救亡風潮受其推波助瀾，已有向許多大中城市蔓延之勢……

據說，在與蔣介石的一次會面中，蔣威逼說：「我有100萬軍隊……」史說：「我有100萬讀者……」蔣介石遂下除去史量才的決心。

史量才時年54歲。章太炎在為史先生寫的墓誌銘中讚道：「史氏之直，肇自子魚。子承其流，奮筆不紆……惟夫白刃交胸，而神氣自如。」

有一種說法，史量才本可免遭慘死，杜月笙曾向蔣介石建議，對史量才這樣一個很有影響的報人來說，殺掉不如起用為好。蔣權衡利害得失，採納了杜的建議，並通知戴笠。在刺史的頭一天晚上，戴笠去電告知在杭的執行者、公開身份是浙江警官學校教務主任的趙龍文。不巧，趙龍文患有嚴重的神經衰弱，每天只是上午看公文，下午概不理事。暫停對史量才「行動」的電令被積壓在校譯電室裏。結果，執行暗殺任務的特務按原令「行動」。趙龍文因此番

貽誤，丟官罷職，而戴笠通過此一教訓，將軍統中上層幹部中體弱多病者從第一線崗位上調離。（鮑志鴻《軍統暗殺史量才等民主人士絕密檔案》）

1936 年 10 月 20 日，在多年捕獲未果後，軍統終將有「民國第一殺手」之稱的王亞樵，捕殺於廣西梧州。

王亞樵，1887 年生於安徽合肥。他從「安徽旅滬同鄉會」起家，號召皖籍工人入會，再任「上海勞工總會」的總頭目，人數最多時達 10 萬之眾。一次，一名工人索要拖欠工資反遭廠方毒打，王率 100 名大漢，手提鐵匠鋪裏新打出的百把利斧，將老板的家圍個水泄不通⋯⋯一時間，「斧頭幫」在上海灘聲名鵲起，連青幫大亨黃金榮、杜月笙的門徒們見了，也要懼讓三分。

1923 年 11 月，王亞樵受皖系軍閥盧永祥兒子之託，暗殺了盤踞在上海的直系親信——上海警察廳廳長徐國梁，盧除贈重金外，還委任他為浙江別動隊司令，王即在湖州招兵買馬。胡宗南將戴笠介紹給王認識，三人結拜為金蘭兄弟。1925 年，盧永祥兵敗，通電下野。王亞樵部作鳥獸散。戴笠、胡宗南等各自回鄉，先後報考黃埔軍校。王亞樵則返回上海灘。「四一二事件」後，王公開抨擊蔣介石背叛孫中山生前的「聯蘇聯共」政策，遭國民黨當局追捕。

1931 年，以胡漢民為首的反蔣勢力日趨坐大，並向「兩廣」陳濟棠、李宗仁頻送「秋波」，為防患於未然，蔣介石下令軟禁胡漢民於南京小湯山。胡的家屬找到王亞樵，出 20 萬大洋買蔣的人頭。王亞樵當即應允，遂命手下華克之率陳成等，跟蹤蔣介石至廬山。由於槍械無法攜帶上山，王亞樵的設計是，買來十幾隻火腿，將火腿中間用刀掏空，然後將短槍置於其中，再用針線縫好，外面塗上一層鹽泥，幾乎是天衣無縫。兩婦女將這批火腿分送廬山，華克之等人取出槍支後，卻將火腿扔棄野外。蔣介石的侍衛在巡邏中發現了一隻火腿，一看便判斷一定有人夾帶武器上了山。山上頓時草木皆兵，天羅網佈。6 月 14 日，陳成發現蔣介石在常走的山間小徑散步，原想等蔣走近點開槍，不料已被暗哨發現。迫於無奈，陳成只好冒死衝出掩藏的樹林，對着相距還遠的蔣介石開槍，一擊不中，自己被蔣身邊侍衛亂槍打死。

同年 7 月 23 日，華克之又按王亞樵的指令，在上海北站槍擊蔣的大舅

子、國民政府財政部長宋子文，同樣沒能得手。四十年代初華克之加入中共地下黨，是中共隱蔽戰線上的傳奇人物。

1932 年日寇發動「一‧二八事變」，進攻上海。王亞樵一邊組織「鐵血鋤奸團」刺殺日寇、漢奸，並策動朝鮮愛國者尹奉吉在虹口公園刺殺日本派遣軍司令白川義則，後者傷重不治而死；一邊接連策劃針對「媚日賣國」的蔣介石的刺殺行動。期間，王亞樵與戴笠之間有多次信件往來，戴原想以兄弟之情勸說王以民族大義為重，同為委員長效命。王則屢屢痛斥戴笠：蔣介石若禮賢下士，你便和顏悅色；若蔣介石疾言厲詞，你就疾惡如仇，你處事對人，皆奉蔣介石為「馬首」，這是一種低俗人生的表現。我沒有你如此拆掉了骨頭的兄弟⋯⋯對此戴笠只能歎氣：你如此不明是非，那麼，我們就恩斷義絕。你如果威脅到黨國的安穩，威脅到領袖的性命，早晚必犯到我手裏，到時我非殺你不可！

1935 年 11 月 1 日，國民黨四屆六中全會召開，有記者證的孫鳳鳴將手槍藏於照相機內，進入中央黨部大禮堂。孫鳳鳴曾在駐上海的十九路軍中先後擔任排長、代理連長，之後該軍被調往江西「剿共」，孫不願前往，遂脫下軍裝加入華克之組建的晨光通訊社。開幕式後合影，蔣介石身體不適，提前退去。孫見殺蔣不成，便一邊高呼「打倒賣國賊！」，一邊拔出手槍，向坐在前排、剛與日本政府簽訂《日華新關係調整綱要》的國民政府副主席汪精衛連連射擊，汪身中 3 槍。刺汪案發生後，軍統很快偵知同王亞樵有關，據沈醉說「一提這個人，假牙就發酸」的蔣介石，此次更是滑倒在黃泥湯裏，「鄧文儀後來談到：『⋯⋯因行刺發生在蔣氏缺席之時，包括汪夫人在內，很多人懷疑此案與蔣氏有關』⋯⋯」（《中國法西斯運動始末——藍衣社》）

陳璧君追着蔣介石要兇手，甚至說：「蔣先生，用不着這樣做的，有話可以慢慢商量，何必如此！」蔣介石怫然不悅，下令戴笠：「限期十日擒王亞樵歸案」，「捉不到活的，也要打死」，「否則，再不要見我」，並公開百萬大洋懸賞。蔣介石的話言猶在耳，12 月 25 日下午 6 點，正在上海與日本人談判日軍從華北撤軍的國民政府外交次長唐有壬又遇刺身亡。那個年代，大抵辦理對日

外交的均難脫「親日」、「媚日」之嫌，唐有壬也不例外。朝野上下，「主戰派」就是「高大上」，個個悲情壯烈；「緩戰派」就是「不抵抗」，人人吐言囁嚅，猶如風中危燭。蔣介石之心如饅頭片一樣在電爐絲上煎熬⋯⋯

在國內上海、南京、廣州、合肥等諸多城市，王亞樵一伙天馬行空。劍及履及，民國的法律不過是他的擦手紙。

不久，戴笠獲悉：王亞樵化裝成碼頭工人，從上海溜去香港，投奔「敵對勢力」——胡漢民、李濟深，後者因聯合十九路軍蔡廷鍇等人，在福建組織反蔣的中華共和國人民革命政府，前不久剛被國民黨二次「永遠開除黨籍」。在兩人的資助下，王亞樵匿身於軒尼斯道上的某家綢莊，過着早茶一喝到中午，然後便去泡澡的舒服日子。戴笠興衝衝親自前去，一入境，即被香港警務處以「非法攜帶武器入境」為由扣下。軍統局香港站站長王新衡羞憤難當，料想一定是王亞樵事先做了手腳，堂堂國府要員卻被江湖梟雄制約於洋人鼻下。蔣一聽戴笠被港方拘留，立刻要外交部向英國政府嚴重交涉。英國政府考慮英中關係，通知港督葛洪亮釋放戴笠。此時，戴笠已嚐了 3 天鐵窗滋味，王亞樵則人去樓空。從此，英國便是戴笠的心頭之不解之痛。戴笠不死心，又在廣州、澳門一帶佈網。

自港島逃出後，王亞樵靠李宗仁、白崇禧庇護於梧州。1936 年 10 月間，王亞樵部下余立奎的妻子余婉君，突然由香港來到王亞樵匿身的梧州。余婉君稱香港生活困難，請王安排他們夫妻來此居住。一向俠肝義膽，對下屬照顧備至的王亞樵答應了。再有一說是，余婉君與王亞樵「迢迢鵲橋暗渡」，余每個月都來梧州看王一次，王則給她掏生活費。兩個說法，一種結論——余婉君已為軍統收買，戴笠派出王魯翹等 5 位幹員，密隨其赴梧州。10 月 21 日，余稱有事請王亞樵去她住處商談，軍統特務們埋伏屋中。王一進門，特務即向他撒了一把石灰，王雙眼被迷，徒手抓瞎，再搏鬥也寡不敵眾，身中 5 槍，被刺 3刀，當場身亡。

1938 年 7 月 31 日，畢生矢志不移反蔣的宣俠父遭軍統暗殺於西安。

宣俠父，浙江省諸暨人。1899 年 12 月 5 日出生。在日本帝國大學留學

時，接受了馬克思主義。未及畢業，回國加入中國共產黨，並受中共浙江省委的委派，組織、帶領10餘人投考黃埔軍校，成為黃埔首期學員。開學兩個月後，校內國民黨各級組織成立，校黨部與隊的區黨部均以選舉產生，而分隊黨小組組長由校本部指定，以校長蔣中正的名義公佈。宣俠父公開反對這一做法，蔣介石下令將其關禁閉室，限3天內寫出悔過書，否則學業堪憂。3天到了，又給3天，他依然不寫。軍校黨代表廖仲愷勸其妥協，他回答：「個人前途事業事小，建立民主革命風氣，防止獨斷專行的獨裁作風事大。」又吟詩：「大璞未完終是玉，精鋼寧折不為鈎。」第七天，作為黃埔一期惟一被開除的學生，宣俠父揚長而去。

1925年春，宣俠父受中共派遣，到李大釗領導的中共北方區委工作。經李推薦，以國民黨員身份隨馮玉祥部出師潼關，任國民革命軍第三路軍總政治部中將處長。1927年「四一二」事件後，馮玉祥轉向蔣介石，宣俠父等共產黨人被「禮送」出西北軍。馮玉祥評價他：「宣俠父的口才，能頂200門盒子炮。」其後，在華北開展兵運工作，促成馮玉祥、吉鴻昌、方振武聯合反蔣；1935年南下香港，策動形成李濟深、蔣光鼎、蔡廷鍇聯共反蔣陣線，參與李宗仁、白崇禧等人策劃「兩廣事變」，被中共方面稱為「統戰革命家」。此後，在上海的小閣樓裏一邊寫小說，還參加「中國左翼作家聯盟」，一邊做情報，是中共中央特科負責人之一。1937年，國共實行「抗日救國統一戰線」，宣俠父被任命為國民革命軍第18集團軍（即八路軍）高級參謀，兼八路軍西安辦事處負責人。

其時，身材壯實高大、臉龐紫紅色、舉止儒雅的宣俠父，引起兩個人的注意。一是他黃埔一期的同學、現為國民革命軍西北戰區總司令的胡宗南，胡欽佩宣的才識，多次邀他到中央軍校西安第七分校開課，他半真半假說：「胡司令就不怕我去你那裏宣傳紅色理論？」胡又想將他推薦給蔣介石，他又敬謝不敏：「還是算了吧，就算我能夠忘記得了校長，校長還能忘記得了我?! 這麼多年，反蔣的歷史上，哪一頁沒有我的名字！」

另一個人就是蔣介石。蔣先是從胡宗南的推薦中記起了當年那個「初生牛

犢不怕虎」的學生，但沒在意。不久，又從戴笠呈上的軍統局西北區的報告裏知道了此人現在在幹些什麼：（一）在西安與楊虎城舊部杜斌丞、趙壽山等人「來往勾結，教唆他們反中央、反蔣」；（二）與西安各方面左傾人物廣泛接觸，打着抗日救亡的招牌，煽動西安學生、流亡青年到延安去，西安後宰門七賢莊1號的八路軍辦事處，成了左傾人物、青年學生聚散的中心；（三）在西安以黃埔同學關係為名，與機關、部隊軍官拉關係，散播共產主義思想，影響所及，勢將引起軍官思想動搖、部隊叛變；（四）在西安公開指責中央，誹謗「委員長限制言論、出版自由，鎮壓抗日救亡運動，歧視共產黨、不補充八路軍武器軍用品」，散佈不利於中央和破壞抗戰的言論⋯⋯

當時，西安城到處在說：宣俠父讓軍統盯上了。八路軍辦事處的同志也勸其出門多加小心。宣俠父不以為然，他想着憑和「西北王」胡宗南的同窗之誼，還有與西安行營主任蔣鼎文的浙江諸暨同鄉之情，至少在這塊地盤上生命無虞。

1938年6月下旬的一天，蔣鼎文接到蔣介石指示殺宣的密電後，將西安行營四科科長徐一覺找去，親筆寫了一個手令：「派第四科科長徐一覺，將宣俠父祕密制裁具報。蔣鼎文。」回去後，徐與區部行動股股長丁敏之、軍統西安站站長、公開身份是西安警察局第一分局局長的李翰廷，商定制裁時間、地段、手段。隔幾日，深夜11時，蔣鼎文在其距八路軍辦事處約2里的後宰門公館打電話將宣俠父叫去，談話兩小時後，按約定的時間，蔣送宣出門。徐一覺等人坐在小車裏，正等在「八辦」與蔣公館之間的某處。宣俠父經過，徐一覺、李翰廷和直屬組專職刺客李良俊竄出把宣綁架進小車，並立即在宣的脖子上套上繩索，兩邊拉緊，宣很快斃命。車子駛到城內東南角下馬陵，這是他們事先看好的西安最荒涼之地，附近沒有民宅，卻有一口五六丈深的枯井。幾人將屍體丟入井裏，匆匆倒入四五筐土了事。這一天是7月1日或6月30日。

宣失蹤的兩個月裏，八路軍辦事處負責人之一的林伯渠派人多方查找無果。八路軍辦事處屢次向西安行營追問，蔣鼎文一臉無辜地說：正是國共合作一致團結對外的時候，我們怎麼會動貴黨的人？周恩來亦當面向蔣介石交涉三

回，必須把宣俠父交回延安。蔣鼎文將軍統西北區區長張嚴佛找到辦公室：「宣俠父的屍體埋在何處，可不能讓中共方面找到，如有問題，你們得趕緊轉移地方。」為此，張與幾個部下在城外的一個荒僻地新造一墳，宣的屍體則晚上通過防空洞運去。（張嚴佛《軍統殘殺宣俠父將軍始末》）

直到宣俠父神祕失蹤 13 年之後，1951 年 3 月，大陸「鎮壓反革命運動」中，先後做過戴笠警衛長、鄭介民隨從副官的王子明，在瀋陽落網，此案真相才浮出水面。

…………

世事滄桑，潮起潮落。關山魂夢，魚雁音塵。

晚年的毛森常常回顧自己漫長的一生，反思自己的所作所為。他的兩個侄子有一次問他：「三叔，我們在老家時，常聽人説你是殺人魔王，還説你殺了不少共產黨，是這樣嗎？」

毛森説：「如果説我抗日鋤奸，我確實殺過不少日本鬼子和漢奸。至於殺共產黨，那是上級有命令，有文件，有電報，我是根據命令批轉下面執行的呀！我本人並未親手殺過共產黨。」

説至此，毛森長歎一聲，顯出無可奈何的表情説：「我生長在那個時代，必然要給國民黨做事，為蔣先生服務呀！再説，我家老老少少一大家子人，都要張口吃飯呀！」繼而，他笑着指了指兩個侄子，説：「如果今天我在大陸，像你們這樣的年紀，那我也必然要為中共服務了。」（《往事追憶》）

戴笠奉命殺人，與毛森似乎大同小異，其中，自有在其位、幹其活，以養活老小一家這樣一層簡單的意思，但對戴笠來説，他更重在「為蔣先生服務」。他的「服務」也不僅是充當「工具」。台灣「國史館」公佈了一批戴笠當年的手稿後，大陸學者、文史作家李潔，與新浪

毛森

讀書有過一次訪談《從民族利益看稱戴笠「抗戰義士」並不為過》，其中談到：

　　戴笠在 1937 年 6 月曾親筆致信「鈞座」（蔣介石），提請蔣氏在與中共代表周恩來會談時，要對思想信仰不同的「共黨野心家」保持警覺，以免使「鈞座艱苦卓絕、苦心孤詣造成的今日國家統一之局面大受影響」。在國共兩黨高層正式會談前，一個並非「黨國」大員的特務處處長（至死不過為少將軍銜的軍統局副局長），竟能越位向最高領袖如此建言，顯示了戴氏心憂「黨國」，矢志反共的「政治覺悟」，也說明此人並非是個頭腦簡單、只知效忠蔣氏而不知其他的鷹犬。（2012 年 5 月 21 日）

　　無疑，戴笠與蔣介石一樣，對共產黨從未掉以輕心，亦如共產黨為推翻蔣介石和國民黨不遺餘力。

　　從根子上來說，這是因為兩個黨的指導思想不同，社會基礎不同，政策目標不同：共產黨信奉「共產主義是無產階級的整個思想體系，同時又是一種新的社會制度。這種思想體系和社會制度⋯⋯正以排山倒海之勢，雷霆萬鈞之力，磅礴於世界，而葆其美妙之青春。」（毛澤東《新民主主義論》）它從成立開始，就將自己的社會基礎，公開地放在中國底層的貧苦民眾當中，主張用暴力的手段，通過剝奪富人和徹底消滅私有制的辦法，來達到實現人類理想社會的目的。蔣介石回應了一篇《中國之命運》，將毛澤東濃情重彩、抒情文字束尾的此文，概括為「階級鬥爭的共產主義」，其不但要動搖國民黨一般有「恆產」的中間階層的社會基礎，更要推翻國民黨的統治，建立中共一黨領導的無產階級專政，其路徑便是「槍桿子裏出政權」，一靠武裝力量，二靠根據地。國民黨必然要罡風烈雨，劍拔弩張，在反清、北伐等中死難了無數本黨烈士換來的江山決不能放棄，如何「防共、限共、溶共、反共」，這既是國民黨的一個長期政策，也是蔣介石得以繼續掌權的一個條件。

　　但這不代表蔣介石與共產黨完全水火不相容。尤其在抗戰期間，國難當頭，民族生死存亡的迫在眉睫遠遠壓過了國內的主義黨派之爭，「相逢一笑泯恩仇」已成為所有黨派團體、社會階層共同的選擇。曾經是師出同門、都是在

鮑羅廷顧問下按照列寧黨的模式組建或改組的，且在民族獨立、民族平等的問題上，有很多共同點的國民黨和共產黨，攜手第二次合作便是可能的了。《義勇軍進行曲》、《黃河大合唱》，抗戰時期兩黨都唱，直到前一支曲共產黨做了國歌，國民黨才不唱了。與此相似的還有《團結就是力量》，調子極易上口，且富感染力，很長時間凡重大場合，兩黨都以歌詠志「打倒一切不民主的力量」，國民黨幾十萬大軍敗退台灣唱此，共產黨進了北京也唱此……

1939 年 8 月，重慶的黃山官邸有一次簡短的非正式會談，一方是希特勒的密使馮‧戈寧，他代表德國前來勸降，並攜有希特勒的親筆信，本指望蔣介石聆聽；蔣只握了一下手，就離席而去，但考慮以往中德間之「友好邦交」關係，由夫人宋美齡作為他的私人代表出席。會談中，戈寧有一個帶挑釁性的問題：「夫人，我不能不想起，在貴國，還有共產黨奪取政權的問題。你們不是同中共打過好幾年仗嗎？中日戰爭以來，中共發展迅速。你們不考慮這個心腹之患嗎？」

宋美齡的回答是：「我們中國有一句奉行了幾千年的成語──『兄弟鬩於牆，外禦其侮！』說的是，兩弟兄在家院裏鬥毆得很厲害，可是外面來了強盜，弟兄立刻停止鬥毆，同心協力，去抵禦強盜。今天，日本侵略者乃江洋大盜，要亡吾人之國家，滅吾人之種族，我中華之全體國民，包括本黨與中共，除了弘揚弟兄手足之情，同心同德，共禦日寇之外，別無選擇！」（張紫葛《解密宋美齡斥希特勒勸降密使：絕不向日低頭》）

1937 年 9 月 26 日，八路軍 115 師發出告捷電：9 月 25 日，我八路軍在晉北平型關與敵萬餘人作戰，反覆衝鋒，奮勉無前，將進攻之敵全部擊潰，打死千餘人，繳獲敵汽車 510 餘輛，其他戰利品無數……第二戰區司令長官閻錫山據此向蔣介石報告，並呈請重慶優於敘獎。26 日當天，蔣介石即致電八路軍總司令朱德、副總司令彭德懷，稱：「25 日一戰，殲敵如麻，足證官兵用命，深堪嘉慰。」當時，影響力最大的《大公報》、《申報》刊發了這條消息，前者還發表社論《瞻望北方的勝利》，後者配發一張朱德的照片。在國民黨、國民政府的最高級別通訊社，先後發出兩篇特稿「平型關勝利之光榮回憶」及「晉北

前線朱彭會見記」，前篇詳紋、肯定這是北方戰場的第一個大勝利，後篇對朱德、彭德懷兩人樸實無華的平民作風、堅忍不拔的大將風範有高度評價。（《八年抗戰中的國共真相》）隨即，國內各黨派團體紛紛致電祝賀，歐美、東南亞各國許多報紙紛紛評論，國內報紙又轉載外電，以致外界認為這是抗戰以來中國軍隊打的第一個勝仗。

20天後，八路軍第120師第358旅，在雁門關以南的黑石溝地區設伏，擊斃日軍300餘人，擊毀汽車20餘輛，並收復雁門關，切斷了日軍的交通線。10月17日，蔣介石又連發兩電，再作表彰，第一封發給指揮此次有3個集團軍參與忻口會戰的閻錫山，第二封仍發給朱德、彭德懷：「貴部林師（即115師，師長林彪）及張旅（即120師358旅，旅長張宗遜）屢建奇功，強寇迭遭重創，深堪嘉慰。仍希繼續努力，以竟全功為要。」

一時間，國人對八路軍充滿敬佩與期望。

最清楚實戰情況的應是閻錫山，根據他的判斷，中國軍隊當時並沒有本錢與武裝到牙齒的日本軍打正規戰，僅在與115師同時展開的平型關戰役中，晉綏軍的傷亡就高達39000多人，就在蔣介石再發電報給朱德、彭德懷的頭一天，10月16日，在忻口艱苦的攻守激戰中，中路兵團指揮官、國軍第9軍軍長郝夢齡、第54師師長劉家麒、第5旅旅長鄭廷珍，壯烈犧牲。蔣介石也清楚，八路軍在平型關的斬獲，比起國軍真正的被「殲敵如麻」，不成比例，這只是一場不大不小的戰鬥所獲得的不大不小的勝利。然而，其時淞滬戰場已經硝煙厚重如牆，屍骸滿坑滿谷，雙方陷於膠着狀態；南京上空敵機每天輪番轟炸，首都岌岌可危，蔣介石多次親臨前線督戰……在全世界的媒體都以顯著版面遙測中國當局是否會重蹈法國貝當政府幾個星期就丟掉江山的同時，國內輿情普遍低迷、焦灼，太盼望一場「風掣紅旗凍不翻」了。

這便是「瞻望北方的勝利」之意義所在。

有了這場勝利，便向全世界證明「兄弟鬩於牆」的不堪過往已經翻篇，日本人企圖分化中國、「以華制華」的圖謀必成泡影。有了這場勝利，一度被迷茫、灰暗與不可測覆蓋的中國大地，便有了一束明艷、跳躍的火苗。這是一個

吉兆：一個大抵還是農耕化的民國，面對一個殺氣騰騰、曾順利將俄羅斯、大清碾在腳下的現代日本，並非就是刀下之羊；這還是幾分激勵：既然剛剛走出萬里長征不久，裝備、武器皆落後，惟士氣高漲的八路軍能捷報再傳，國軍嫡系及各地方部隊，有什麼理由不能打好幾個勝仗?!

儘管蔣介石明白「平型關大捷」的宣傳意義遠大於軍事意義。他還是在那束火苗裏添了幾把柴。授予中共方面朱德、周恩來陸軍中將（加上將銜），葉劍英、賀龍、劉伯承、彭德懷、林彪、葉挺等 9 人陸軍中將，左權、聶榮臻、徐向前、黃克誠、徐海東、項英等 18 人陸軍少將。補給方面，八路軍兩年多來「所領子彈、藥品，均按照該軍法定編制及作戰消耗狀況，充分發給，與其他國軍一律待遇，毫無差別。」此外，時任第二戰區副司令長官衛立煌，去延安看望「平型關大捷」後轉移途中負傷的八路軍 115 師師長林彪，不等回到山西，就以第二戰區的名義，撥給八路軍步槍子彈 100 萬發，手榴彈 25 萬枚，牛肉罐頭 180 箱。（舒雲《林彪赴蘇聯治病及回國前後》，人民網）

根據皖南事變後 1941 年 3 月國民政府軍事委員會編製的《第十八集團軍及新四軍編制經費情形報告表》列述：「八路軍：一、1937 年度，月發經常費 30 萬元（法幣，抗戰初期法幣 1 元合抗戰前 1 銀圓，下同），戰務費 20 萬元，補助費 5 萬元，醫藥補加費 1 萬元，米津及兵站補助費 7 萬元，合計月發 63 萬元。二、1939 年 8 月份起，加兵站臨時補助費 2.5 萬，到 1941 年 2 月共發 65.5 萬元。三、1940 年元月份起每月增發米津 4.5 萬元，到 1941 年 2 月共發 70 萬元……」此外，八路軍開赴抗日戰場時，國府還撥發了 20 萬元的開拔費。按照當時的規定，國軍一個甲等野戰師的軍費每月約 20 萬元。故八路軍的待遇如果按照編制人數來計算，與國軍相當。

有時，在物資上還多撥付一點。台灣「國史館」有一份原件：1940 年，軍需局曾發出一批軍毯給西北地區各部隊，在總共只有 2 萬多條軍毯中，八路軍分得 11500 條，其他各部隊十數個軍與師，只分得另一半數量的軍毯。凡八路軍有報捷電報來，如 1939 年 2 月香城固戰鬥，4 月齊會戰鬥，8 月梁山戰鬥，11 月黃土嶺戰鬥……有的只是小範圍的零星戰鬥，有的稱「阿部中將當場斃

命」，事後卻難以坐實，蔣介石均發賀電慰勉。

1940 年 10 月「皖南事件」發生後，國共抗日統一戰線已然名存實亡。八路軍和新四軍在日軍敵後完全是自主活動，國民政府除了停發軍餉，只有乾瞪眼地無法制約。八路軍奔赴抗日戰場以來，前兩個月裏如下山猛虎，大約在 1 年內總有捷報傳來，但是隨即就遭到日偽的重擊，損失慘重，不得不改陣地戰為協同作戰、或敵後騷擾性質的遊擊戰，賀龍、劉伯承的 120 師、129 師，不久撤到晉西，又過黃河到陝西整補。自 1940 年開始，日軍將其主要焦點放在迫使重慶的國民政府投降上，並準備發動太平洋戰爭，這意味着，華北山谷平原間跳躍的那束火苗，已淡出國內外與蔣介石本人的關注了。

蔣介石仍維持着統一戰線裂紋重重的殼子。

1943 年 2 月，有傳言稱，蔣準備一鍋端掉日漸坐大的陝甘寧邊區，7 月初，胡宗南部似乎擺好進攻延安的姿態，7 月 4 日，朱德致電胡宗南：「道路紛傳，中央將乘共產國際解散機會，實行『剿共』……內戰危機，有一觸即發之勢。若遂發動內戰，必至兵連禍結，破壞抗戰團結之大業，而使日寇坐收漁利。」9 日，延安舉行了 3 萬人的反內戰集會。出席了這個集會的共產國際駐延安代表弗拉基米洛夫在日記裏說：「這齣表示良好願望的戲，演得嚴肅而逼真，這是做給重慶看的。」（《1943：中國在十字路口》）……英美在重慶的外交官們，都不相信蔣介石真的會撕下民族大義，冒着失去美國援助的代價進軍延安。其時，在延安的東北左翼作家蕭軍在日記中寫道：「國民黨的軍事威脅一次不如一次，共產黨要用國內外輿論制止內戰。」（《延安日記》）

倘若，真要開打一場粉碎國軍進犯邊區的惡戰，延安方面怎會還有心思與精力，在集會召開的兩天後，即開始一場大規模的、時間長達半年的、所謂「搶救失足者」的反特鋤奸運動？有論者注意到，「這是中共在整風運動中首次公開提出，將國民黨的軍事威脅和中共黨內的反特鋤奸聯繫在一起。」（《1943：中國在十字路口》）

國民黨決意要擺平共產黨，或者說共產黨決意要擺平國民黨，是在抗戰勝利的焰火升騰、鑼鼓轟響之時。此前，兩黨還沒有公開撕下臉，真正撕破臉

皮，要到 1946 年「雙十協定」變成擦手紙之後。可以證實的例子很多，略舉幾條：

1937 年前後的延安，還不僅是延安，銅川以北——宜君、中部、洛川、鄜縣、甘泉，沿路的村鎮及街頭牆角，無不貼有刷有黑黑白白、紅紅綠綠的標語口號：「政治民主」、「民眾自由」、「恢復總理遺教，實行革命的三民主義」、「擁護蔣委員長領導抗日」、「國共兩黨團結起來，打倒日本帝國主義」……（退思《當年點驗延安共軍印象記》）

1936 年 11 月 14 日，上海的《密勒氏評論報》開始刊登斯諾的《毛澤東訪問記》。他剛完成 3 個月的陝北祕密之行。在配有的斯諾拍攝的照片中，其中一張上方，共產黨的鐮刀斧頭旗與國民黨的青天白日旗一起懸掛，下方站立着兩個士兵，一位是紅軍，一位是國民黨士兵。

此封信，寫在 1938 年秋——

介石先生惠鑒：

恩來諸同志回延安稱述先生盛德，欽佩無餘。先生領導全民族進行空前偉大的民族革命戰爭，凡在國人無不崇仰。十五個月之抗戰，愈挫愈奮，再接再厲，雖頑寇尚未戢其兇鋒，然勝利之始基，業已奠定；前途之光明，希望無窮。

毛澤東謹啟
民國二十七年九月二十九日

1942 年初冬，毛澤東又有一信——

介公委員長政席：

前承寵召，適染微恙，故派林彪同志晉謁。嗣後如有垂詢，敬乞隨時示知，自當趨轅聆教。鄭委員延卓兄來延宣佈中央德意，東及災黎軍民同感。此間近情已具告鄭兄，託其轉陳，以備採擇。鄭兄返渝之便，特肅中楮，籍致悃忱。

敬頌勳祺！不具。

毛澤東謹上
卅一年十二月一日

　　1942 年 1 月 5 日，軍委會蘭州航空檢查所電話報告第八戰區司令長官部調查室少將主任、暗中身份為軍統西北區區長的程一鳴，「有一架蘇聯運輸機，載有一批蘇聯人降落在蘭州機場，另有一位中國人，是第十八集團軍 115 師師長林彪。」林彪因平型關作戰負傷，送往蘇聯醫治近 3 年。此次應是回國，經蘭州返回延安。戴笠接到程一鳴的電報後，報告蔣介石。蔣介石指示，要程一鳴好好接待林彪，並妥善護送他回延安。程一鳴似乎覺得自己面子不夠，請私交不錯的甘肅省主席谷正倫在省政府的花園船廳宴請林彪。他被安排在蘭州條件最好的勵志社住了幾天，時任第一戰區司令長官的胡宗南專程從前方趕來探視，表示願意調整第一戰區（該戰區作戰地為陝西南部）與陝甘寧邊區的關係，可以考慮為八路軍補充武器，允許八路軍幹部到戰區醫院看病，並贈送林彪大批軍事書籍等。林彪一行後坐汽車經西北公路返回延安。行前，程一鳴又電報剛回到西安的胡宗南，請其安排甘陝兩省駐軍沿途加以保護。（《程一鳴回憶錄》）

　　1946 年 10 月，「國慶日，蔣介石在國民政府舉行雞尾酒會，毛澤東出席，當時，自己帶着相機想給蔣介石照相，但因戒備森嚴沒照成。在酒會上——毛澤東向蔣介石祝酒，毛澤東説：『蔣主席萬歲！』引起全場中外人士的矚目。」（童小鵬《在周恩來身邊四十年》）童小鵬曾任毛澤東祕書、周恩來辦公室主任、中央統戰部副部長。這段記述不長，卻明確記下了毛喊蔣萬歲的情節。李喬先生評論道：「童小鵬是在現場親耳聞聽的，所記無疑是信史，人們對此問題的爭執可以打住了。毛喊蔣萬歲，其實一點也不值得驚奇。當時為了滿足人民願望，和平建國，我黨不記舊仇，豁達大度地對待昔日政敵，喊個萬歲又有什麼了不得。但蔣沒有尊重民意，悍然發動內戰，這是後話。」（《學習時報》2015 年 5 月 20 日）

抗戰八年裏，蔣介石對中共所持的根本立場，決定了軍統必須是其後腦勺上的一隻眼睛，老謀深算的他，需要更多更準確地知道，延安方面在幹什麼，想什麼，他要為當下政策的暗暗調整、日後國共兩黨勢必相爭的預案，獲得根據與理由。

有些是公開的。在重慶，戴笠多次請中共駐渝代表周恩來、中共特派重慶面見蔣介石的林彪等人吃飯，在台灣「國史館」的相關檔案中，便有戴笠的一紙遺墨：「請介民先生代約林彪同志於明日下午三時半至棗子埡漱廬一談。余龍。十一日」。林彪是黃埔四期步兵科畢業，戴笠是黃埔六期騎兵科肄業；周恩來 26 歲便任黃埔軍校政治部主任，是校長蔣介石當時最得力的兩個助手之一。「怒潮澎湃，黨旗飛舞，這是革命的黃埔……向前進，路不遠，莫要驚，親愛精誠，繼續永守，發揚吾校精神！」杯酒裏似溢滿師生、同學間的情誼，十餘年前的青春往事，恍若昨日。

有些是祕密、常態化的，比如監視 18 集團軍駐西安、重慶辦事處，新華日報社的往來人員，還「可以審檢你的郵件，偵譯你的電台。但那時候，日本人是最主要的敵人，還有背後有俄國、英國勢力支持的那些人，那些地方軍閥的來往電郵，這才是蔣介石最擔心的。從這一時期軍統攔截電訊、電報的統計表看，中共都排在了「七君子」的救國會後面。」（採訪劉台平先生，2015 年 12 月 4 日下午，台北）

還有真是費了一番心思，打算放長線來做的一個項目。

1939 年 9 月，軍統以國民政府軍事委員會天水行營的名義，在離延安不太遠的陝西漢中東郊十八里鋪陳家營，開設「遊擊幹部訓練班」，簡稱「漢訓班」。班主任照例由戴笠兼任。主事者為原軍統上海區行動組長程慕頤和沈之岳。後者曾經化名「李國棟」，又說「沈輝」，在 1936 年潛入延安，通過了嚴格的政治審查，就讀於延安「抗大」二期時混進中共，任「抗大」學區隊長，據說中央社會部負責人康生曾當着「抗大」羅瑞卿校長的面，表揚沈之岳，稱這小伙子任勞任怨、艱苦樸素，是國統區來延安青年的表率。畢業後分配到中央機關擔任收發，這段經歷曾被國民黨方面神化，稱沈之岳當時做到了「毛澤

東的祕書」，故有「中共專家」之稱。此説殊不可信，毛澤東的祕書個個史有名載，無論當時的記錄，還是後來的史料，均不見沈之岳的名字，當時保留下來的中央機關人員照片上，也沒有找到沈的影子。其實，這段做收發的經歷並不長，他很快金蟬脱殼，去漢中做了程慕頤的助手、「漢訓班」政治指導室主任。

該班看起來是培訓抗日幹部，實際上並非如此。在毗鄰陝甘寧邊區的「國統區」學校招收知識青年培訓，政治社會課內容有總理遺訓、總裁言行、國際政治、中共問題、西北民情、群眾生理等；特務專業技能課內容有政治偵察、交通學、射擊學、爆破學、通訊學、兵器學、藥物學、擒拿術、化裝術、卧底知識等。從 1939 年 9 月成立到 1941 年 3 月停辦，共一年半時間，招收學員 9 期。學成後，學員們相繼派往陝甘寧邊區、晉察冀邊區等根據地。

至 1942 年 5 月，畢業學員有 32 人進入延安。除 1 人外，都打入中央軍委二局（即中共中央情報局）、聯防司令部、邊區保衞處、「抗大」等要害部門。但第四期學員、畢業後被派回隴東根據地的吳南山，接觸共產黨，將受訓情況和軍統派潛任務向中共組織做了彙報。迅即，「漢訓班」案件被列為要案，又因戴笠的關係，簡稱「戴案」。有關部門利用「反用」、「卧底」等手段，至 1942 年底，將涉案人員全部抓獲，「根據不同的抓捕時間和範圍，估計人數在 32 到 56 人之間」（郝在今《中國祕密戰》），讓軍統多年沉醉的沈之岳之旅，成了西天絕唱。

世事難料的是，《陸鏗回憶與懺悔錄》透露，沈之岳是個雙面特工，由延安出來後，又成為中共派到國民黨的情報人員。1994 年沈去世，大陸方面開過一個祕密追悼會，前國防部長張愛萍送的輓聯是「文武全才，治國有方；一事二主，兩俱無傷」。

老年沈之岳

可以說，抗戰期間軍統派遣特工以進步學生的名義打入中共組織、根據地的企圖，大抵都血本無歸。其原因，第一，不是軍統特工皆飯桶，而是中共在各根據地開展的「反特鋤奸運動」太厲害，主管運動的康生說：「到延安來的黨員也好，幹部也好，有百分之七十、八十，在政治上都是靠不住的：是各式各樣的特務、叛徒、壞人！各單位要按照這個指標去挽救『失足者』！誰完不成指標，不是麻木不仁，就是他本人有問題。」（仲侃《康生評傳》）在如此高的指標下，任何一個歷史乾淨的人都可能會被「搶救」成特務，真特務縱有金剛不壞之身，也難免露出馬腳，有的臨陣卻步，乾脆自行跑路……第二，對於共產黨，軍統自非「執子閒看落花」。但打入中共，對戴笠來說，卻是打草順便搜兔子，有兔子跳出來更好，抓不到兔子也無妨。

「假如說戴笠不是反共高手，只怕很多人都認為這是胡話。可戴笠的確不是。國民黨特務系統分工中，軍統前期的主要工作，不是對付共產黨，這方面，戴笠的成績並不突出。沈先生（沈醉）回憶，當時國民黨特務系統政出多門，但是各自有自己的主要業務範圍，其中軍統的主要工作目標，初期是各類軍閥、第三黨派勢力，抗戰開始後，主要是敵偽……反共，是中統的主要任務。」（《薩蘇講述老兵傳奇故事：兵進北邊》）

梅樂斯對此也有回憶，蔣介石曾親自指示戴笠和他，切莫讓「中美所」的遊擊部隊與中共部隊發生衝突。為此，梅樂斯「曾給各營地發出通知，要求他們對下列問題提供資料：1、你們曾參加任何對中共部隊採取的行動否？2、你們知道有何由美國海軍裝備的中國部隊，曾對中共發動攻擊之事否？3、你們知道有何中共部隊自美國海軍團方面奪得槍械子彈否？所有送回的答覆，都是否定的。」（《另一種戰爭》）

簡單地說，抗戰期間，軍統近似於 CIA，中統才是 FBI。

蔣介石的如此安排，應該和「兩統」的歷史淵源有關。

沈醉回憶，軍統在抗戰前大量吸納軍界和幫會人員，多是職業特務，善於行動，如老板戴笠一樣「人情世故熟」（胡宗南語），彼此互稱同志，私下如兄弟相處，總以古代俠客的俠義與悲壯激勵當下的情報作戰。除了一點經史舊

學，再讀過《水滸》、《三國》，或神怪武林小說，普遍缺乏現代學養，對共產黨的理論，遠沒有對手槍、匕首熟悉。而由國民黨 CC 系頭目陳氏兄弟一手創建、老底子為國民黨中央組織部調查科的中統（全稱中國國民黨中央執行委員會調查統計局），大不一樣，其頭目與重要骨幹，多是國民黨黨務、國民政府政務工作人員，許多人都一身西裝革履下滿腹經綸：

陳果夫

張道藩，留學倫敦大學美術學院，為該院有史以來第一位中國留學生；徐恩曾，早年畢業於上海南洋大學，後留學美國；賀耀祖，兩度赴日本留學；張厲生，在天津南開學校與周恩來同學，後入巴黎大學攻讀社會經濟學，並在法國加入國民黨；朱家驊，同濟大學首屆工科畢業生，又入柏林礦科大學攻讀，其時愛因斯坦在此任教；鄧文儀，曾在莫斯科中山大學學習，與鄧小平同學，曾任中國駐蘇聯大使館首席武官；葉秀峰，天津北洋大學畢業，後入美國匹茲堡大學讀碩士……在抗戰以前的「黃金十年」裏，國民黨在中國的政治舞

陳立夫

台上已羽翼豐滿，並獲有相當的民意基礎，國民政府頒行「處理共黨分子自首自新辦法」，對付共黨分子以爭取「轉變」為主；再經過以上這些人物的「洗腦」，爭取共黨分子轉變並不困難，故中統內部共產黨叛徒佔到極大比例，即以「二十八個半布爾什維克」而論，有 1/3 以上，被捕後轉變，成為中統成員。一度中統局第二組（後改為第二處）從組長到小特務，清一水地都在錘子鐮刀的紅旗下舉過拳頭，比較出名的有陳建中、杜衡、郭乾輝、先太啟、王維理、范振中、鄒春生等人，就連曾任中統局局長的徐恩曾的第三任小老婆費俠，也是中共叛徒。

這些人，對曾經為之心潮激越的「共產革命」理論，有較深的「理解」。一旦反水，他們水浪一樣波動的唇舌，以「昔日同志」的「情誼」，比起監獄與死亡威脅，更容易造成被捕的後來者對信仰的動搖。他們自己是叛徒，再製造叛徒，然後利用叛徒再度深入，如多米諾骨牌一樣，給中共組織造成巨大的危害。抗戰之前，軍統幾乎使出吃奶的勁，不過抓了共產國際遠東局總書記約翰‧華爾敦。而在這同期，顧順章（時任中共中央特科領導人）案，向忠發（時任中共中央總書記）案，盛忠亮（中共早期領導人與「二十八個半布爾什維克」之一）案，胡均鶴（共青團中央書記）案……一案牽一案，一案一串人。據統計，「中統」在三十年代上半期，共捕獲中共總書記向忠發，中央政治局委員盧福坦、顧順章、徐錫根，中央組織部長盛忠亮、上海局書記李竹聲等高級領導幹部19人，中級80人，下級及普通黨員15000餘人（張憲文《中華民國史綱》），瞿秋白、羅亦農、彭湃、惲代英等一批中共領袖被害。1934年底，中統將中共設在上海的地下總部和其他重要機關全部破獲，致使周恩來不得不率中共中央機關撤退中央蘇區，從而深得蔣介石器重。

軍統的高層幹部裏也有少數前中共黨員：余樂醒、謝力公、文強、程一鳴、王克全、傅勝蘭、胡天秋、黃雍、龔少俠等……以及1938年4月乘祭拜黃帝陵之機，逃出陝甘寧邊區，投靠國民黨，不久加入軍統的張國燾。與中統情況不同的是，他們大多是廣義上的中共「叛徒」，嚴格上説，是因為某種原因「脱黨」。如曾擔任中共省委負責人的文強，在「受到中共四川省委無理處分而負氣出川，以後脱離了中共隊伍」（《從中共高幹到國軍將領——文強傳》）；余樂醒在南昌起義中是「前敵委員會」委員之一，林彪是其直接下屬，起義潰敗後南下潮汕途中與部隊失散……在軍統內，他們的工作重點也非「以夷治夷」。這些人早年在蘇俄通紅爐火中淬就的鷹隼般的機敏，鐵鈎銀劃一樣的冷峻，公而忘私的投入精神，及高超的組織力、行動力，戴笠極為欣賞。「兼併南昌行營調查課後，特務處內頓然增加了一批新人，其中以留蘇學生和脱共分子居多。老實説，平均水平，比戴先生以軍校同學為骨幹的老班底優秀多了……所以，多獲戴先生之重寄。」（《軍統第一殺手回憶錄》）只要能通過

嚴格審查，排除丁點的懷疑，他就不拘一格，盡才使用，不免讓一些「根紅苗正」卻未獲得顯著提拔的軍統老人「梅子留酸軟齒牙」……

余樂醒，1927 年被中共派赴蘇聯莫斯科中山大學，專門學習情報業務和祕密保衛工作。對特工技術極有研究，擅長於對爆破技術及毒藥物的運用，在軍統局內有「化學博士」之稱。余的太太沈景輝是沈醉的大姐，沈醉等 20 多名親屬，就是由余樂醒介紹進入軍統的。謝力公，軍統內部的蘇聯事務專家，與余樂醒一樣，也是軍統著名的訓練專家，專事教軍事地理、國際間諜和密碼。余、謝兩人，是抗戰期間軍統的湖南臨澧訓練班、安徽歙縣雄村訓練班等培訓機構的主要組織者、領導者。程一鳴，早年留蘇，中共工人運動骨幹。1931 年脫離共產黨，1933 年投身國民黨。多次擔任軍統各訓練班教官，其編著的《情報學》、《內勤業務》兩書，是這些訓練班的基本教材之一。此外，他還先後做過復興社特務處蘇州特別組中校組長、復興社上海區書記、軍統局西北區區長。傅勝藍，浙江金華人，早年曾加入共產黨，在大革命時代前往莫斯科中山大學留學。回國後投靠力行社，並主編其機關刊物《司令塔》。後任軍統督察主任、青島站站長。他和另一中共叛徒王新衡合譯的介紹蘇聯特工組織和活動的《切卡─格帕烏》（即「契卡」，又名「格柏烏」）一書，亦是許多訓練班的基本教材。王克全，早年入莫斯科東方大學學習，1931 年參加羅章龍等人的分裂活動，另立中共中央，為第二中央五常委之一，並準備成立第二江蘇省委，被開除中共黨籍。加入軍統後工作極為認真，被戴笠視為內勤管理的台柱子之一。1939 年，重慶羅家灣軍統局本部遭到日機轟炸，物資損失慘重，王自認為工作不周，責任無法推卸，竟開槍自殺。

還有一個例子，1944 年，戴笠預見日本敗亡已為期不遠，而中國在抗戰勝利後，當以發展國家經濟為首要，軍統必須把握先機，培養大批經濟人才，以為日後可能的各種轉身打下基礎，乃成立經濟研究室。適於此時，西安綏靖公署主任胡宗南電告戴笠，其部近俘獲一名共產黨間諜，名秦豐川，是先後留學日本、德國的經濟學博士，不知軍統是否需要、敢不敢用？戴笠得知後，第一時間前往西安與秦進行幾次懇談，秦最後表示願意效力。戴笠將其帶回重慶，

任經濟研究室少將主任。抗戰勝利後，又派秦豐川前往北平，先後成立「經濟建設協會」、「北平經濟通訊社」、「天津經濟通訊社」等單位，網羅了一批有經濟專長的高級知識分子。

「中統」骨幹黃凱恩曾說：抗戰爆發後，「我們作過三個月的破案統計，中統只及軍統的 1/10，我們只在南京、九江、上海、漢口有行動表現，軍統的成果已遍及全國了。」（江蘇文史資料委員會編《中統特工祕錄》）自打國共兩黨合作抗日，昔日「共匪」變成台面上的「友黨」，中統一時無所適從，讓「軍統」逐漸佔了上風，僅軍費開支而言，「軍統的經費，每月從 20 萬加到 80 萬元，中統僅加 10 萬，為每月 30 萬元」（同上）。

大約戴笠開心之日，便是陳立夫難受之時。

「兩統」間的衝突、摩擦幾乎從未斷過，小到對郵電檢查權的爭奪，大至相互污衊對方吸收中共分子，藉機搜查對方機構，逮捕對方成員，中統山東行政督察專員陸誠，就被軍統指控為「共黨」而遭處決。如果說，這是一場在蔣介石面前表演的「鬥雞」，那抗戰以來，被拔得一地雞毛的總是中統。而且，自 1964 年以後，由中統局演進而來的調查局，其連續 3 位局長沈之岳、阮成章、翁文維，都是軍統出身，掌握調查局大權達 25 年之久，若沈局長並非中共「臥底」，這也算是能讓戴笠笑慰九泉的一件事了。

戴笠生前的軍統，與戴笠身後的軍統；或者說戴笠時代的軍統，與毛人鳳時代的軍統、保密局，常常有意無意地被混淆了——

查《戴笠年譜》，抗戰勝利後至他飛機墜落殞命，大約半年的時間，按蔣介石的指令，軍統局成立「肅清漢奸案件處理委員會」，戴笠主持處置全國多如牛毛的漢奸，接受敵偽資產；還絞盡腦汁，運籌、奔波軍統這上上下下幾十萬人的出路，以及殉職人員家屬生活上的安置⋯⋯此外，1945 年 8 月 28 日至 10 月 11 日，國共兩黨舉行「雙十協定」談判期間，戴笠親自負責警衛，以確保中共代表團的安全。1946 年 6 月下旬，國共兩黨的軍隊在中原地區（湖北、河南交界）爆發大規模的武裝衝突，長達 3 年多的全國內戰就此開始。軍統之弩隨即傾其全力，射向中共及圍繞它的「左翼」勢力，而戴笠已在同年的 3 月

17 日，即內戰之前，化為灰煙。

半年過後，軍統局改名為國防部保密局。局長毛人鳳指揮手下破壞了中共北平地下電台，逮捕報務員李政宣和其妻譯電員張厚佩等人。不久，又在胡宗南身邊，查獲長期擔任侍從副官的熊向暉、機要祕書的陳璉（陳布雷女兒）；白崇禧的機要祕書謝和賡；甚至專門轉接「總統」、國防部長以及陸海空三軍總司令電話的南京電訊局的「軍話專用台」，9 個人裏竟然有 7 人是「共諜」……此類重大偵破，難讓蔣

毛人鳳

介石心生欣慰，只能令他大為震驚。蔣一再責令毛：「務必竭盡一切力量，徹底清查打入各軍政部門工作的中共地下黨員」。

毛人鳳再接再厲，次年，其幹將徐遠舉破獲中共重慶地下黨的《挺進報》，由此突破，一舉瓦解中共重慶市委組織，在重慶和四川其他地區的近百名中共地下黨員浮出水面。1949 年 11 月，毛下令將在西南地區搜捕到的 140 多名中共幹部、左翼人士，槍決於中美合作所原軍統嵐埡電訊總台附近的山林裏（另有兩說，一說是殺害近 200 人，再一說為 300 多人），其中，包括著名的江竹筠（江姐），許建業（《紅岩》小說中許雲峰原型，生前為中共重慶市委委員、工運書記），張學良舊部、副軍長黃顯聲，楊虎城父子及其祕書宋綺雲……

有的時候，「髒活」也不全是軍統、中統所為，1945 年的雲南昆明「一二·一」慘案造成西南聯大校園內 4 人死亡、29 人負傷。其背後主事者是雲南警備總司令關麟徵和代理省主席李宗黃。1946 年 6、7 月間，西南聯大教授李公樸、聞一多接連遇刺，則是繼任警備總司令霍揆彰的「大作」，這件事連軍統都不知道是怎麼回事，當時毛人鳳還以為是中統製造的事端，了解情況之後，大罵霍揆彰是「替（蔣）主席幫倒忙」。關麟徵、霍揆彰兩人因此先後丟掉了總司令的位置……

戴笠生前視毛人鳳為愛將，戴笠死後，其亡魂也成為稻草人，為毛人鳳抵

擋革命輿論猛烈地橫掃：「中國的蓋世太保頭子」、「蔣介石的希姆萊」、「雙手沾滿革命烈士的鮮血」、「殺人不眨眼」、「中國共產黨和革命人民的死敵」……當年關押政治犯的白公館和渣滓洞等地，在《紅岩》、《烈火中永生》等文藝作品裏，統統劃歸中美合作所的「業務」範圍，上世紀五六十年代，大陸最反動、最骯髒的三大卡車政治垃圾——「美帝國主義」、「國民黨」、「軍統」，統統向戴笠的幽魂傾瀉，他不變得「十惡不赦」、「罄竹難書」、「電打雷劈」、「老天報應」……還真是不行。

戴笠經常用「犬馬之勞」這個詞，形容他和軍統對蔣介石的忠誠。

「犬馬」一詞出自《三國演義》。東漢末，漢室衰微，名士徐庶向劉備舉薦27歲的諸葛亮有「經天緯地之才，鬼神不測之機」。一顧二顧不出，三顧之中，劉備泣曰：「先生不出，如蒼生何？」諸葛亮終為其誠意所感動：「將軍既不相棄，願效犬馬之勞。」

據魏斐德博士考證，戴笠對三國時期的傳奇故事滾瓜爛熟，而戴笠一生也隱隱約約可見諸葛亮的影子：借東風，智算華容，三氣周瑜，輔佐劉備於赤壁之戰大敗曹操；奉命率軍入川，斬殺夏侯淵，敗走曹操，奪取漢中；又七縱平蠻，六出祁山。公元234年，病危之際，遙見北斗之中一星遙遙欲墜，武侯無奈歎道：「吾本欲竭忠盡力，恢復中原，重興漢室，奈天意如此。」是日，臥龍病逝於軍帳營之中……

上世紀五十年代——

老總統有一次在淡水訓練班給高級學員講話，談到戴笠：「外面傳說戴雨農曾受過我如何如何的特殊訓練，其實全是訛傳。他是在有相當的工作表現，並向我表示願意終身以『特工』為志業後，我才交了一部《三國演義》、一部《水滸傳》給他，命他好好玩索體會，悟出心得，以做為工作的指導。」老總統的結論是：戴笠有那樣大的成就，基本的素養來自水滸、三國。（《大略雄才——葉翔之先生百齡冥誕紀念集》）

戴笠將自己定位於「願效犬馬之勞」的諸葛亮，一方面如李祖衞上任伊

戴笠隨侍蔣介石巡視特警班

始，他對這位同鄉同學交心說的：「在國民政府的上層人物裏，我戴雨農，還是個不起眼的角色……」其骨子裏還存有深刻的自卑；另一方面，又有於風雲變色、江山破碎之時，能有幾人披肝瀝膽，風鬢雪蹄，為國家及國家領袖蔣介石「匹馬戍梁州」的自負，相信自己具有常人局限之外的智力與能力。這應是後來戴笠太多部下將軍統美化成一個英雄輩出的世界，把戴笠或自己描繪成救民報國的當代奇俠的思想源頭。其實，古今中外，特工領域從來是異常複雜、異常幽暗的一隅，倘若正常的理想主義與道德價值，在此可以通行無阻，那麼，輕紗般搖曳的美麗錦鯉，也可以游在渾濁的泥水裏。

　　與所有專制下的官員一樣，充當「犬馬」的角色，戴笠身上必須會有某種形式的自我貶抑，其眼裏對蔣介石則存在某種形式的放大。劉備在諸葛亮心目中只是「明主」；而蔣介石在戴笠眼裏——蔣對民族、國家的「矢志忠誠」，在抗日戰爭中的「堅忍負重」，在政治上的折衝樽俎，在工作上的操勞忘形，以及公眾面前的挺拔嚴肅，身上纖塵不染，還有屢經大難而不死，不是冥冥中有老天庇護的「神祇」似的人物，也是非劉備能比的漢武帝、唐太宗。能做蔣介石的「犬馬」效力於左右，於他是百年的幸遇：他不遇見蔣介石，以當年的

學歷、資歷，至今很可能還是路人甲；這如同沒有抗戰，軍統扛不上民族大義旌旗，再怎麼折騰，亦不過是一群綠林好漢。對這一幸遇，他只能是珍惜、把握，「鞠躬盡瘁，死而後已」，而不可能有一絲半點的非分之想。

1938 年 10 月中旬，戴笠親往臨澧特訓班主持畢業典禮。為了歡迎他所張貼的標語口號中，有稱其如何英明偉大。戴笠當即批評陪同在側的副班主任余樂醒：「本班是為我們未來千萬幹部所設，一切精神與物質的重點，應以學生為對象。用不到為我本人捧場。更不應把社會上一般機關那一套逢迎吹拍的惡習風尚，帶到我們神聖的教育團體來，給革命青年以不良的印象，產生不良的後果。」他當即自己揮毫疾書：「要做大事，不要做大官」、「堅定意志，站穩腳跟，不怕勞苦，

戴笠題詞

認真工作」、「本班同學，是無名英雄的急先鋒」、「我們是領袖的聰明耳目」等 10 餘條，交給事務科長換下原有的標語。

民國後期，對蔣介石懷有這般心意的人，好像不只是「愚忠」的「蔣介石的希姆萊」。在不乏威權的堅決反對者、民主熱烈鼓吹者的知識界，也有人在。胡適在「淞滬戰役」結束後，對蔣曾有這樣的評價：「五六年前，他的統一政策，他的急於求功的設施，我個人也常引為失着，但這幾年來的沉毅堅苦，和平寬厚，已使其成了另一個人，使他能擔負以前所不能擔負的大任。蔣先生在實力上、在聲望上、在民望上、在道義上，盡可是黨國最高領袖。」1947 年 6 月，胡適在回覆北京大學學生鄧世華的一封信裏寫到：「蔣介石先生有大長處，也有大短處。但我在外國看慣了世界所謂大人物，也都是有長有短，沒有

　　　　　　　　　時間的磨子下 ——戴笠、軍統與抗戰

一個是天生的全人。蔣先生在近今的六個大巨頭裏，夠得上坐第二三把交椅。他的環境比別人艱難，本錢比別人短少，故他的成績不能比別人那樣偉大，這是可以諒解的。國家的事也不是一個人擔負得起的。」

1948 年，陶希聖奉蔣介石之命到北平邀請胡適擔任行政院院長，胡適婉拒了。但讓陶給蔣捎上一句話：「在國家最危難的時候，我一定與總統蔣先生站在一起。」胡適後來離開大陸，與他的這一承諾不無關係。

傅斯年對蔣介石、國民黨的感情，比胡適更深一些。陶希聖《回憶傅斯年先生》一文說：「自徐蚌戰事（即淮海戰役）失利之後，我到雞鳴寺去看孟真，歷史研究所的圖書都正裝箱，他的辦公房裏也是箱篋縱橫。他告訴我說：『現在沒有話說，準備一死』。他隨手的小篋裏面，藏着大量的安眠藥片。」他生命的回光返照，是決意要「替台大脫胎換骨」。他把北大的學術自由精神帶到了台灣，把有教無類、公平教育的理念帶到了台灣，原本在學術水平、思想風氣上皆不入流的台灣大學自此有了風采。

情報戰的「倫理學」

大陸學者有一個比較公認的說法：蔣公用起制衡術來，也如宋美齡彈鋼琴一樣行雲流水——在擁蔣內部，黨政系統有 CC 派與政學系，軍隊系統有陳誠系（即土木系）與胡宗南系、湯恩伯系，情報特工系統有軍統、中統。抗戰後期，又成立三青團，實行黨團雙軌。蔣介石「有意使部屬之間相競相成，相克相生，從相互制衡中達到駕馭的目的。」（《蔣介石的人際網絡》）

戴笠奉蔣介石如神明，至誠至懇，不矜不伐，怨聲歸之於己，美名歸之蔣，且無一日不如履薄冰。這個身材敦實、似從南美的大森林裏走出來的「土著民」，有一雙聽鋼琴的好耳朵。他明白軍統不能風頭無兩，自知不是陳誠那樣，堪稱蔣介石「親密的戰友與學生」；不能因掌握地方軍閥、黨國諸公隱私劣

跡太多，而自命護法尊神……他必須儘可能地接近「目光動人，但對人從不信任，各事親勞」的蔣介石，這是美國時任駐華大使約翰遜（Nelson T.Johnson，高思的上一任）的觀察，時為國民政府行政院祕書長的翁文灝先生，以為這評價頗為獨到。（《翁文灝日記》1936 年 2 月 21 日）儘可能讓軍統這張弩強大起來，使之召之即來，來之能戰，卻又避免「堆出於岸，流必湍之」或「鳥盡弓藏」的命運，戴笠對蔣介石的心理和性格的把握，必然精細入微，揣摩至透，得月暈而知風，礎潤而防雨。

蔣介石發號施令，一概用「手令」傳達公佈，大事憂心，小事掛心，打起仗來有時甚至直接命令師部、團部，以致「手令」如鵝毛大雪，每年可塞滿 10 隻公文箱左右。但對戴笠的特工作業，蔣介石歷來諱莫如深，很少下手令，特別是在暗殺史量才、楊杏佛等社會知名人士，分化搞垮陳濟棠、李宗仁等反蔣派，還有策反周佛海等汪偽高層人員等這些事項上，蔣更是小心謹慎，不留蛛絲馬跡。在這些事項上，戴笠對蔣介石也只作口頭報告，對蔣的指示也只用腦記，不作筆錄。回到軍統局小圈子傳達，也只講「奉諭」兩字，究竟奉誰之「諭」，從來不做解釋。

戴笠恭請蔣介石進入重慶特警班檢閱場地

胡宗南每次從西北到重慶晉見蔣介石之前，必先與戴研究一番，由戴面授機宜，哪些該講，如何講，哪些不該講，或以後講，胡才向蔣稟報軍情。在蔣那裏碰上什麼棘手之事，胡也要找戴決疑。1941年夏天，蔣介石到西安視察防務，住進中央軍校西安七分校。閒暇時，蔣到西安南郊的神禾塬散步，神禾塬上有個常寧宮，下臨滈河，是一處依塬面水的風水寶地。常寧宮據說是唐太宗李世民之母竇氏所建，意即「常保安寧」。蔣介石在此久久地不肯離去，恍若思古觀今，但未發一言。站在蔣身邊的胡宗南，覺得蔣像萌生了什麼心思，但蔣不說，他也不便問。事後告之於戴笠，戴笠當即指點，校長必是有意在此處建一所房子，得幾日偷閒，悅目養心。但以校長之為人，又逢抗戰時期，他是絕不會說破這點意思的。戴笠一語中的，1年後，蔣介石再次來到西安視察，此時，胡宗南已將破敗了的常寧宮改造為蔣的西北行宮。住進去的蔣介石心神清朗，離開前表示要將兒子蔣緯國交給胡宗南栽培……

抗戰後期，戴笠漸漸萌生將全國警察系統納入軍統穀中的企圖，中統眼紅，自身又無法蛇吞象，中統局長徐恩曾便極力支持堅不捨手的警界元老、中央警官學校教育長李士珍，在蔣介石面前攻擊戴笠勢力太大，最後使其計劃擱淺。戴笠也毫不示弱，等着對方有事犯到軍統手上：1943年，徐恩曾企圖私吞一卡車中央銀行丟失的鈔票，被軍統查獲，徐即「狸貓換太子」，以一小特務頂罪。戴笠明鏡似地明白，當面不說什麼，轉身告到蔣介石那裏。從此，蔣對徐留下極糟糕的印象。1944年，徐恩曾又利用國民黨中央黨部的卡車做走私生意，再次被軍統抓個正着。深諳蔣介石秉性的戴笠，擔心若自己再次舉報徐恩曾，或許會讓蔣犯疑：不說他有陷害之嫌，也覺他具幸災樂禍之心。戴笠遂將此事透露給朱家驊，朱曾長期出任中統局局長，後因徐恩曾爭權弄術而落敗。朱向蔣密告，蔣大怒，下手令「撤去徐恩曾的本兼各職，永不敘用」。（陶蔚然、胡性階等《親歷者講述中統內幕》）即便如徐恩曾這樣證據確鑿的「大老虎」，要拿下，戴笠也是「藝術性」地將其拿下。

有一年，戴笠在唐生明的家裏做客，他叮囑廚師，「你拿手的菜，可不要一次都上完。」唐生明聽了不解：「雨農兄，你不想吃我家廚師的拿手菜啊？」

「想吃啊，可一次上完，客人不必再來了……」戴笠也是一個「廚師」。每次見蔣，他必做足功課，解析每個問題必準備兩至三套方案，在第二套方案沒有準備好之前，第一套方案決不拿出來。故每向蔣條分縷析，鞭闢入裏，獻計呈策，鮮有不中。此外，戴笠素知蔣用人行事，除好觀察對方言語是否簡練達意外，還十分注意觀其儀表是否整潔，外表是否精神等。故即便是顛簸一夜從淞滬戰場趕往南京彙報，他也會匆匆洗完澡，再換上一身熨燙好了的中山裝，精神抖擻地出現在蔣介石面前。

蔣介石用人大約有兩條標準，一條看是不是浙江人，或者是不是黃埔出身；再一條看什麼人保薦。戴笠對這兩條標準掌握精準，軍統的要害崗位大都是浙江人或黃埔生在把守，如其江山同鄉毛人鳳、何芝園、姜紹謨、王蒲臣、周念行、周養浩，黃埔一至四期及六期同學吉章簡、楊蔚、馬志超、劉璠、文念觀、黃加持等，故蔣介石對軍統的人事安排向來放心。戴笠向蔣保薦人員，也非浙江人、黃埔生不保薦。有時，需保薦某人獲重要的高級職務，若自感份量不夠，得藉助他人砝碼，戴笠必反覆掂量此人與蔣的關係，決不徒然自討沒趣。

蔣介石稱謂屬下，或稱官銜，或稱別號，或稱兄道弟……因人因時不同，皆有一定之規。對陳誠、薛岳等人，直呼其字，稱辭修、伯陵；對何應欽、李宗仁等人，則在字後面加一「兄」字，稱敬之兄、德鄰兄；對李濟深、程潛等人，在字後面加「先生」二字，稱任潮先生、頌雲先生；對白崇禧、劉斐，直呼其職銜，稱白副總長、劉次長；對胡宗南，則稱宗南弟。獨對戴笠，始終以抗戰前他兼任一段南昌行營調查科科長時的職務呼之，稱之為戴科長。猶如當下幾十年前中學的老班長現在發達做了省長市長，同學聚會仍稱其為「老班長」，這聽在戴笠耳裏，自有一種與眾不同的親切感。戴笠由此體會，在官場如何稱呼，也是一門修行。當面，他始終稱蔣介石為「校長」，在軍統內部的講話訓話中，稱蔣為「領袖」。一般來說，與蔣關係走得近的黨國要員大都呼蔣為「老頭子」；黃埔學生呼蔣為「校長」；關係較疏的軍政大員及雜牌軍將領稱蔣為「委座」；國民黨黨務人員則稱蔣為「總裁」……

每次去蔣介石官邸，戴笠都很注意侍從甚至傭人的感受，笑容可掬地打招呼，像有一段日子沒見的朋友一樣。逢年過節也都記得給個紅包，錢不多，表示個意思。官邸上下都很喜歡他，他見蔣介石便比他人容易得多，漸漸地都不用預約，警衞通報一聲，蔣介石就用浙江官話說「哦，雨農來了」⋯⋯

戴笠對蔣介石的綿密心思可以開出花來，光是一朵「大花」還不夠，他的心，就是一片四季欣榮的花圃，大花周邊還有一圈圈「小花」。

「西安事變」中，戴笠帶着兩把手槍，陪着帶了一盒梅乾菜、一把手槍的宋美齡，走進了「兵諫」中的西安城。梅乾菜是帶給蔣介石吃的；手槍是萬一張、楊部下對她無禮，用來自我了斷的。宋美齡就此對戴有了較深印象。戴笠雖然去宋美齡處走動很少，但和宋美齡的心腹、「公館派」的核心成員——空軍司令周至柔關係不錯，宋一手擘劃了國民黨空軍的組建，稱其為「我的空軍」。大凡出席公開重要場合，常常喜歡在旗袍上別一枚空軍飛行紀念章。宋美齡很有興趣的另一個組織是「勵志社」。這本是忠實於蔣介石的軍官們的俱樂部，宋美齡接手後，使其染上一些基督教的色彩。宋推薦中學同學黃仁霖任勵志社總幹事，後又用他為蔣提倡的新生活運動促進總會總幹事。黃仁霖很受宋美齡青睞，他身材高大，相貌堂堂，早年留學美國，操一口流利的英語，蔣氏夫婦宴請西方賓客，或出席重要典禮，他總是不可或缺。「西安事變」中，黃仁霖亦比宋美齡早一日飛去雲深霧罩的古城。此後，戴笠與黃的交往不斷加深。在周至柔、黃仁霖的影響下，宋美齡視戴笠為「及時雨」宋江式的人物。1942 年 11 月，宋以蔣的私人代表身份訪美，行前主動要戴笠從軍統選一名將級特務當「侍衞長」。戴親自選定沈醉，並獲蔣、宋面見同意，後因隨從政要過多，飛機超載，由戴電令軍統美國站站長、中國駐美使館副武官蕭勃代替。

宋子文，具「國舅」之尊和出身「宋氏王朝」之貴，又有英美教育背景及國內外廣泛資源，一向氣韻高邁，勢如春風；只會打打殺殺的特務，根本不入他的法眼。1931 年 7 月，王亞樵刺蔣未成，又在上海北火車站行刺時任財政部長的宋子文。親自指揮緝拿王亞樵的戴笠，來滬撲了個空，但抓獲王手下第二行動組劉剛、龍林、肖佩偉、唐明等人。一朝被蛇咬，十年怕井繩，戴笠自然

對宋子文的警衛工作特別關心，親自挑選警衛人員，制訂警衛計劃，檢查警衛措施等等，其重視程度，可謂蔣介石之下的第二人。宋子文家的警衛人員幾乎都是軍統的人，宋家發生的任何一件小事，戴笠都知道，並想方設法為其解決。

以後，戴笠與宋子文的關係由安全服務發展到情報提供：1940 年夏，宋子文以蔣介石代表的名義常駐美國，為中國抗戰爭取美援。次年太平洋戰爭爆發後，又出任外交部長，仍駐紐約，頻繁活動於歐美各國，尋求支持和幫助。這期間，戴笠與宋電訊、信使往還不斷，

宋子文

及時將國內戰況、政壇動靜告知。宋被任命為外交部長後，以對英美諸國交涉繁忙為由，遲遲不歸國。戴笠於 1942 年 9 月向宋子文發電，力陳國內對蘇外交與英、美等國關係同樣重要，認為宋有返國之必要。本月電文中，戴還談到軍統對美合作的順利進行，以及他對美方海軍代表梅樂斯中校的良好印象，請求宋子文與美方交涉，將對華情報工作統交由梅樂斯統一指揮，並希冀美方提供軍統無線電器材、手槍、輕機關槍、特種手榴彈及技術人才等。當月 22 日，只是一名海軍中校的梅樂斯果真被任命為美國戰略情報局遠東地區協調主任。戴笠還指示蕭勃，對中美情報合作等事宜，應請示宋部長多予指示。

宋子文在美期間，還應戴笠的請求，數次電令中國銀行代總經理貝祖詒撥款資助軍統，每次約在 200 萬元法幣以上。（《戴笠先生與抗戰史料彙編：軍情戰報》）1943 年，戴笠鐵面無情查辦了林世良一案後，與孔祥熙勢同冰炭，宋靄齡白眼相向，宋美齡對戴也不滿。貝祖詒在一封致宋子文的電報中，如此描述時下戴的處境：「孔夫人與雨兄情感日惡，此為緝私處更動之原因。蔣夫人返國時，對雨益不相容，聞至今尚未與雨兄談話，甚至對外賓謂政府將令雨兄出國。委座對雨兄信心似未搖動，惟雨兄應付環境痛苦情形，不言而喻，委座

亦深感左右為難乎。」宋接電後立即回電，要貝祖詒對戴笠的生活多加關心，若戴在經濟上有困難，可「即照數接濟，毋須先期電告」。（鄭會欣《從宋子文赴美期間電報看戰時重慶官場異動》，見《宋子文生平與資料文獻研究》）

戴笠每次回江山，都要買些土特產送人。一次，買了上千隻有名的金華火腿，除了饋送部屬，送給蔣介石4隻，還送給宋子文、陳誠、何應欽等大員400餘隻。手下人問他為何這樣送？他說，校長是自己吃的。宋部長、陳部長（軍政部長）、何總長他們有人情來往……軍統內許多幹部從兩個細節知道宋、戴的關係，早已超出一般的「送火腿」關係：宋子文愛吃河鮮，尤喜鰻魚。戴笠特意交代，在重慶羅家灣軍統大院內一口池塘放上一批鰻魚苗，每年7月、11月鰻魚肥美時，總捕撈一些給宋府送去。軍統有什麼外事活動或重要活動，得開宴會、招待會，只要給宋子文發邀請，只要他人在重慶，再忙也一定蒞臨，真是給足了戴笠面子。如果說，戴笠在蔣介石面前無時無刻都必恭必敬，那麼，在宋子文跟前，他就要輕鬆隨便得多，他可在熟人面前戲稱宋子文為「當朝一品」，而宋子文也毫不在意地直呼戴笠的名字……

在蔣介石的親屬圈中，戴笠無疑大大地開罪了孔祥熙。孔接任國民政府財政部長後，對戴笠及其軍統採取比較疏遠、抑制的態度。蔣念及這位連襟勉力維持這場戰爭的巨大軍政費用的功勞，在林世良這件事上對戴笠的態度，首尾兩端，先挺後免，免去戴兼任的緝私署長，使之一度有了「鳥盡弓藏」的忐忑。估計，火腿一類的各地土特產，孔府也會送上，但孔戴之間結下的樑子，不會輕易隨火腿片刀起落下。後來，孔祥熙與法國維希傀儡政府的商人奧迪南在雲南共做煙土生意，為防雲南王龍雲截獲，孔祥熙找戴笠幫忙，戴笠就驢下坡，答應軍統為其運輸和交貨，雙方關係才漸有改善。（夏晉熊《在孔祥熙官邸的見聞》，見《孔祥熙其人其事》）

陳誠與戴笠的關係，在國民黨內素有兩雄不並立之說。陳誠擁兵自重，目無餘子，何應欽、胡宗南、湯恩伯……均不放在眼裏；戴笠亦軍統在握，豪氣干雲，在公開場合，總是隱而不發的緘默。且兩人都被劃入蔣介石的親信，彼此見了皮笑肉不笑，便是常態。特別是抗戰爆發後，戴笠大力發展軍統武裝，

在敵後擁有數萬忠義救國軍，包攬戰地情報工作。陳誠、顧祝同等，對此極為不滿，視「忠義軍」之類為遊雜部隊，歷來不與軍統善意合作，且自建軍政部自己的戰區情報單位，以防軍統的滲透和打入。在國民黨軍隊中，惟有張學良、胡宗南、陳誠3個人能在軍統之外另搞一套特工班子。

1943年10月，軍統在陳誠為司令的中緬遠征軍內部破獲「青年將校團」驚天大案，幾乎牽涉到國民黨各大戰區、各大兵種的中青年將校官，其頭目王鳳起少將，多年出任陳的侍從參謀、作戰科長。戴笠第一時間給何應欽透風，何與陳有「瑜亮情結」，大約戴笠以為這回至少可陷陳誠於瓜田李下⋯⋯結果，涉嫌「政變」的全部軍官，無一人供出陳誠參與，或得到陳誠支持。蔣介石雖當時免了陳誠的遠征軍總司令，不久，卻擠掉何應欽，任命陳誠為軍政部部長。戴笠由此掂出了陳誠在蔣介石心裏的重量。

1943年底，戴笠致電軍統美國站長蕭勃說：「辭修（陳誠字）先生為現任高級將領中不要錢，肯苦幹者，吾人自應多多接近，余對辭修先生素甚欽仰，弟可與伯羽先生言也。」（《蔣介石的特工頭子——戴笠傳》、《戴雨農先生全集》）伯羽，即譚伯羽，國民黨軍政元老譚延闓的公子、陳誠夫人譚祥的哥哥，其時正在歐美辦外交。小人臉皮厚，當面說一句奉承話不過如呼出一口氣，這卻難死了戴笠。他思前想後，繞過萬里太平洋去說，還通過蕭勃、陳誠的大舅子，如微溫的糖漿緩緩送進陳誠耳朵裏⋯⋯戴笠的苦心孤詣，聰明極頂的陳誠欣然接受了，此後緩和了對軍統的態度。戴笠死後，陳誠給予很高的評價：「到現在，我才知道戴雨農兄，確有籠罩全局的本領！」

當年在軍統機要組負責分發電報的荊自立，對觀察軍統外部戴笠的人際圈子，提供了一個獨特的視角：

> 就我個人在機要組服務的經驗來說，我曾經看過成千累萬的各種來去電報，戴笠本人收發的來去密電亦很多，軍統局公密各單位使用的各類密碼本，都是存放在四、五個鐵箱中，另有兩個樟木箱，亦是定製而成，以應實際需要。擺放的密碼本則是與軍統局，或戴笠有關之人通訊用戶，因

為使用機會較少，通常箱子皆蓋好，有時還上鎖鎖住，使用時再予開啟。這些密碼用戶，皆係我國之軍政首長及要員，不屬軍統局自己的單位，故可稱為軍統局或戴笠之友。以我個人記憶所及，黃埔軍校六期以前畢業，曾任軍長以上之首長，包括集團軍總司令，如陳大慶、湯恩伯，戰區長官、副長官，及各部參謀長等，如李宗仁、胡宗南、顧祝同、王耀武、范漢傑等。戴笠似尚擔任黃埔同學聯誼會的總幹事一類職務，故他與各軍事首長皆有廣泛的接觸，並有一些將領都發給了密碼本。其他的高級長官如何應欽對戴頗為寵信及愛護。與戴最為友好者，惟胡宗南及湯恩伯兩人，戴與胡兩人是互相幫助、合作無間的好友。

有一次戴笠在紀念週中講話時，曾提到：「昨晚我與胡長官在電話中，談了幾乎一夜，無法終止……」可見兩人友誼關係之深厚。政界方面高級官員中，與戴笠關係密切且友好的人，為數亦多，我由發給密碼本的對象，即可知道個大概，惟從往返電報中來看，戴與宋子文的關係最為密切，兩人時常對抗戰形勢，及國際情勢有所研討，交換意見，無論宋子文是在香港，或在美國華盛頓，都常有電報往返聯繫。此外，曾任交通部長、我國財經專家之張嘉璈，與戴笠亦極友善，對戴之多項計劃，凡有關交通及財經方面亦多表示支持，助其獲得順利解決。（《雲煙往事》）

軍統內，戴笠算是唐縱的「伯樂」，唐也是黃埔六期生，經戴的介紹進入復興社，1930 年任特務處主任祕書，兩年後任復興社總社副書記。1936 年，唐縱以駐德國大使館副武官的名義，考察德國的情報與警察系統。其間，常有詳細的報告給戴笠。抗戰期間，軍統逐步把交通、緝私、檢查等部門掌控起來，就是唐參照德國納粹經驗所提建議。戴笠曾不止一次對人提及：「唐先生對我們發展組織有過不少的貢獻，在團體中不但是元老，也是有功之臣。」唐縱回國後，戴笠見蔣介石多次問及此人，頗有賞識之意，便極力保薦唐縱進入委員長侍從室，由參謀至第六組少將組長，主管軍事情報前後達 8 年。1945 年，唐縱當選國民黨中央候補執行委員，雖列候補，戴笠為其在軍統上下竭盡

拉票，全力背書。戴笠的用意，自然是想在蔣身邊能有個自己的心腹，揣度深淺，消弭雜音。

唐縱

沈醉在軍統局總務處長任上時，「戴特別叮囑過我，說唐的生活『清苦』，侍從室的待遇並不高，今後對軍統的工作關係非常重大，叫我每月至少去看一兩次，不要等唐開口，應主動地去照顧他的生活……我每月都去他家，除了送日用品外，經常問他老婆家中缺少什麼，隨時派人送給她。唐自己從來不開口要東西。戴笠每逢過年過節，照例送唐一筆現款，也是交給他老婆。」（沈醉《唐縱其人》）唐縱自己的日記裏也時有記錄：1939 年 4 月 13 日「早上訪晤雨農，他送我手錶一隻」；同年 7 月 14 日「晚上，其武送來雨農兄左輪手槍一隻」；1943 年 12 月 20 日「雨農來信，自 11 月份起，增加我職務津貼二千元」，1943 年，戴笠兼了中美合作所主任之後，忙得兩腳冒煙，蔣介石派唐縱兼任軍統局的幫辦，故戴有了給唐「職務津貼」的由頭；1944 年 9 月 25 日「雨農派人送來秋節二萬元，真是受之有愧，而卻之有不恭……」（《在蔣介石身邊八年：侍從室高級幕僚唐縱日記》）

唐縱，戴着一副近視程度不深的白金框架眼鏡，白瘦的面孔，說話聲音很輕，而且總帶着些微的笑容，使人如沐春風。其實，和許多湖南人一樣，他自視很高，多謀善斷。戴笠視他為心腹，他心裏卻與戴笠保持一定距離。為長遠計，他不願再沾染特工這份風險太高又極具爭議的活，也不願黨國同僚們視他為戴笠的心腹。從他不慎丟在了大陸的日記裏可以感覺，在蔣介石面前，他說起戴笠，應該很「客觀」，如有褒了，大約亦會有幾句不輕不重的貶；在軍統與中統或其他勢力發生摩擦、衝突時，他也力求「公正」，以至於有一次戴笠不得不出面打消部屬的不滿：「唐先生有他的困難，不能勉強他……」戴笠給唐縱的好處，唐則是「卻之有不恭」的，即糖衣炮彈打來，糖衣吃下，炮彈頭給扔回去。戴笠死了，那就不用「恭」了——

我向他報告戴笠暴死的慘狀時，他絲毫沒有什麼難過的表情，而且帶着不耐煩的神情聽我談戴死的情況。我只好很簡單地說完，聽他的意見，結果卻出我意外。他只冷淡地說：「這是沒有辦法避免的事情，人都死了，難過也無用。」接着，他又說：「我現在工作和過去不同，天天得出去辦公。你回去把戴笠先生過去用的汽車挑一輛好點的給我用。」我一聽，心裏好不難過，感到這個人太寡情了，不想再說什麼，只好答應他馬上去辦。（《軍統內幕》）

　　網絡博主「誰動了我的窩頭」對軍統與中外情報戰多有關注。他《兩邊看的長春諜戰史》的博文裏，有一段話說得玲瓏剔透：

　　在倫理學的範疇來研究戴笠，他顯然是個多面人、功利至上者。但搞情報的沒有不利用關係的。回顧情報史，看到那些成功的情報員，沒有一個是自我封閉的人，他們無不是長袖善舞、八面玲瓏的人物，他們的成功，與他們善於交往和創造「關係」的本領有很大的關係，且不說有關係要用，沒有關係，也要能創造出關係來用，這才是他們的本事。如果非要講到倫理，那麼，這就是情報戰的「倫理學」。

　　戴笠心裏的那塊花圃，大花小花，時而明亮，時而幽深，時而舒展，時而盤結，可即便放在倫理主義嚴格的顯微鏡下，他的大節依然不虧。此處所謂的大節，一是堅決、堅定地抗擊日本帝國主義的入侵，始終與蔣介石，與大多數國民，與中華民族的整體利益，在一個頻道上共振，在一副血脈內流淌，在一個時空中交集；二是他無比信仰蔣介石，堅決服從蔣介石，其命運也操控於蔣介石，但在蔣面前不見諂笑媚骨，雖不能像陳誠那樣懷抱獨立思想，卻與善吐青詞的嚴嵩那般「惟一意媚上，竊權罔利」的權臣宵小，以及報喜不報憂、本能地扼殺負面資訊和有益家國的逆耳諫言的明哲保身者，大相徑庭。
　　考察戴笠提供給蔣介石的情報資訊版圖，大體是完整的、真實的，儘量避免殘缺與扭曲。

1943 年 7 月 17 日，戴笠急呈蔣介石一封抬頭為「請嚴查各師缺額並嚴格取締官兵走私」的電報，這封內容係軍統特工對雲南怒江前線部隊調查情況的電報：

今年 2 月間，何總長由印度過昆明召集在滇中央各軍師長會議時，各師長提出報告，皆稱各該師現有戰鬥士兵八九千人，87 師師長張紹勳為人爽直，席間照實報告該師僅有戰鬥士兵五千人，並以戰線過長，請求補充。何總長以各師皆有八九千人，該師獨僅有五千人，缺額過大，加以責備。實則各師士兵缺額均甚巨大，如 36 師現在騰北一帶遊擊，實數僅約四千人，88 師現任怒江西面防務，實數僅約四千五百人，87 師現任怒江正面防務，其戰鬥士兵有五千人，尚較其他各師為多。但其他各師師長所報之人數，均非實在之數目也。

又查怒江前線各駐軍官兵，現多勾結商人，走私運貨。目前敵人缺乏食鹽，商人將食鹽由下關、保山等地運至前線後，則勾結當地駐軍官兵，送過怒江，換得棉紗布疋而回，交易地點有五、六處之多，但敵人狡猾異常，月前曾有我方軍官五、六人，因販賣食鹽，私渡怒江，被敵發覺虜去。今年 5 月間，怒江西面馬面關之失，亦因敵人利用走私道路，化裝商人，乘隙侵入。查各師缺額過大，影響作戰實力，官兵走私運貨，每予敵人以可乘之機。當此怒江西岸敵人常思蠢動之際，上述情形，深可憂慮，似應一面嚴格查驗各師缺額，加以補充，並從嚴取締官兵走私，以免貽誤大局。（《戴笠先生與抗戰史料彙編：經濟作戰》）

該電報所指怒江前線部隊兩大問題：軍官普遍吃空額，勾結商人向敵佔區走私，實是抗戰期間國軍普遍性的劣行頑疾。但戴笠向蔣介石指出此戰場腐化墮落之嚴重——怒江前線關乎抗戰大後方之安危，各師官長為吃空餉，竟不顧國脈存亡，坐視部隊半數戰力缺損而拒絕補員，已喪心病狂，令人髮指。

類似情報在戴笠檔案中並非個案。

1938 年，戴笠致電蔣介石，彙報地方徵兵之殘酷，猶如抓捕罪犯：「生今

午道經上饒，見警察由各鄉徵來壯丁，均用繩索捆綁，連貫兩行。經調查結果，江西各縣徵集壯丁均如此辦理也。似此徵募，不僅不能為抗敵之用，影響政治實大。」（《戴笠電轉蔣中正 江西各縣捆綁徵募壯丁影響政治觀感》，見《戴笠先生與抗戰史料彙編：軍情戰報》）

又有，1942 年夏季，日軍大本營決定摧毀浙贛兩省中國軍隊機場，打通浙贛鐵路，史稱「浙贛會戰」。以顧祝同為總司令的國軍第三戰區雖予以狙擊，但日軍仍以傷亡 1.7 萬人的代價基本達到「沒收與破壞鐵路設施和器材以及其他培養戰力的各種軍事、政治、經濟設施和資材」、搶掠物資，並擄劫青壯年等「以戰養戰」的目的。顧祝同，抗戰期間任第三戰區司令長官，兼江蘇省主席。在黃埔嫡系將領中，顧祝同初為「八大金剛」之一，後又列名「五虎上將」之一，在國民黨軍政高層裏，有「軍中聖人」之稱。一句話，他是蔣介石嫡系中的嫡系，親信中的親信。

1942 年 6 月 1 日，戴笠致電蔣介石，彙報第三戰區作戰部隊的軍紀渙散情形：

> 查此次參加浙東作戰之部隊……各級官長大都有家眷隨身。日來，各部隊眷屬均向江山浦城一帶遷移，行李甚多，大都派兵護送，沿途拉夫，到處佔住民房，查軍隊原有軍鹽發給，今則所過地方，則強要地方供給食鹽，而以所領軍鹽高價出售。因是各縣鄉鎮保長，均有無法供應之痛苦。（《戴笠電蔣中正 報告浙東作戰各部隊軍紀狀況》，見《戴笠先生與抗戰史料彙編：軍情戰報》）

戰事結束的 6 月 24 日，戴笠又致電胡宗南（其時蔣介石在西安胡處），全無顧忌，直抵要穴。電報稱：「此次三戰區戰事之失敗，完全因生活優裕，官兵均無鬥志也。三分校學生……到處拉夫、鳴槍示威；前線退下之士兵，則到處搜劫；高級軍官平日，甚（至）有派副官赴上海接女子來玩者。」（《戴笠電胡宗南 第三戰區戰事失敗全因生活優裕軍紀渙散致無鬥志》，見《戴笠先生與抗戰史料彙編：軍情戰報》）

「抗日戰爭使得全國在蔣的領導下空前團結,這似乎也助長了蔣的獨裁傾向⋯⋯蔣介石明顯開始把自己看作是國家意志的化身了。與蔣意見相左,或是對立,則被視為將個人利益置於國家利益之上。這樣的行為,尤其容易引起蔣的憤怒。顯而易見的是,蔣被一群唯唯諾諾的下屬包圍起來,沒人願意向他透露不好的消息。」(《1943:中國在十字路口》)

楚王好細腰,宮女則「虛減宮廚為細腰」,雖有狷介如李商隱者敢問「未知歌舞能多少」,不過李商隱與楚王隔着幾百年;而戴笠對蔣介石說真話講實情,只隔着一張電報紙。在他眼裏,校長至上,但國家前程、民族命運也大似天。

同時,在大敵當前、強樑人物環伺的困境中,戴笠對軍統的榮辱憂歡耿耿於懷,不惜一時冒犯蔣介石也要保護部下,哪怕可能是他自己看走了眼。這突顯出戴笠性格有趣的一面。

1934 年 1 月,「福建事變」平息,隨後,蔣介石將陳儀調任福建省主政,陳儀是浙江人,在福建兩眼一抹黑,向戴笠提出要軍統派出骨幹到閩來協助打開局面。戴笠便派出張超,後者是復興社特務處時期的老人,又是福建本省長泰縣人,工作能力很強。陳儀安排張超為福建綏靖公署參議、省保安處諜報股長。戴笠見張已在福建站穩腳跟,順勢任命張超為軍統閩北站站長。

張超走紅後,野心急劇膨脹,擅自將福清、平潭兩地 1000 多海匪,改編成兩個水警中隊。又連續向陳儀推薦 20 多名自己的親友,擔任參議、咨議、縣長等職務,令省主席陳儀不堪重負,後來斷然拒絕,兩人關係日趨惡化。金門縣縣長鄺漢曾參加軍統,日軍還未在金門登陸,便私自逃跑。陳儀為嚴明法紀,捉拿後槍決示眾。張超即策動《福州日報》為鄺漢鳴冤叫屈,稱其被殺係「浙人主閩,殺人立威」。1937 年 10

陳儀

月，福建連續發生兩起重大兇案。與陳儀交好的福建省立醫院院長、留日博士黃丙丁被殺，與陳儀關係密切的福建電氣公司經理劉駿業及業務經理劉崇倫，同時失蹤。陳儀下令軍警限期破案，可這兩件兇案都成了懸案。還有傾全省所有警力破不了的案件？待陳儀慢慢回過神來，才琢摸出這兩案大約是衝着自己來的⋯⋯

陳儀與張超的關係已水火不相容，戴笠改派嚴靈峰為軍統閩北站站長。張超不甘被打入冷宮，去漢口法租界見戴笠，此時，軍統局本部由南京撤出後暫駐武漢。張要求回福建招兵買馬，開辦東南遊擊幹部培訓班。戴笠同意後，卻遭陳儀拒絕，戴只好將張超已招收的學員轉送到湖南臨澧訓練班，調張超去「孤島」上海當行動隊隊長。

連連受挫的張超離閩之前，一邊利用原來改編的水警，策動起義「驅陳」；一邊在福州城裏到處張貼標語傳單，揭露所謂陳儀十大罪狀，直指他早年在日本陸軍大學與侵略中國的日酋特務頭子土肥原是同期同學，回國前討了一個日本女子古月芳為妾，此女實為日本間諜，陳儀通過她與日本人暗渡陳倉。號召福建人民「打倒漢奸陳儀」，實行「閩人治閩」。出身政學系、也是「元老級」人物的陳儀，忍無可忍，下令福建省保安處長兼福州警察局長李進德，將張超逮捕。嚴靈峰估計此事弄不好得人頭落地，發出十萬火急的密電告之戴笠。戴笠先是聯同浙江同鄉會電告陳儀，要求將張超「立即押解漢口聽候訊辦處理。」又呈文蔣介石，在列舉張超在軍統的諸多業績後，重申由軍統自己來審理張超的要求，蔣據此讓侍從室給陳儀發了一封加急電報。陳儀豈願就範，他速派李進德去漢口，先得到好友、行政院副院長兼湖北省主席張群支持，緊接着由張群陪着去珞珈山的蔣介石行轅，將張超的犯案材料擺在蔣介石面前，幾乎在蔣點頭的同時，張超在福建那邊就被處理了。

1938 年 8 月 18 日，戴笠收到嚴靈峰的特急電報：張超已被處決。戴笠一看，如五雷轟頂。一位軍統要員，瞞着軍統被抓了不算，判了死罪也不告知軍統，繞過軍統直達「天庭」，實在是過分。當天中午 12 時，未及蔣介石用午餐，戴笠便上了珞珈山。一見到蔣介石，痛哭流涕，慷慨陳詞，要求校長為張

超作主，懲辦兇手。此時，張超罪狀還歷歷在目的蔣介石，心頭火苗呼地竄了起來。據陳立夫自傳《成敗之鑑》說，他在擔任蔣介石的機要祕書時，與蔣介石有過約定，說蔣一向脾氣不好，經常辱罵下屬，傷及人格。他要蔣承諾，不會用這種態度對待自己，否則「我明天就把鋪蓋搬走。」此後，他在蔣左右20多年，蔣一直記着這件事，對他「從未疾言厲色」。直至1948年，陳立夫拒絕服從蔣介石的意志出任立法院副院長，蔣介石才「一反常態」……

此刻，在戴笠面前，蔣介石也「一反常態」：「戴科長，你又是呈文，又是哭訴，口口聲聲為張超喊冤。張超有什麼冤？他在福建反陳主席，鐵證如山，你真下賤，沒有人格！」戴笠當即在蔣介石面前跪下，反駁到：「報告校長，這個我不承認。如果今天我是為個人升官發財而跪在這裏，或者是因為工作失敗，為敵人所屈服，那就是下賤，沒有人格。今天我們有一個很好的同志，無辜被人家殺害了，我不為他訴冤，誰來為他訴冤？而今天你不替我作主，反說我下賤，沒有人格，這份工作我就無法再幹下去了。現在請委座准予辭職！」

戴笠在冒一個巨大風險，他的分量不及陳誠，陳誠在任何時間、任何位置，都敢一再辭職；而他狠話既已出口，罕有被人頂撞的蔣介石惱怒起來，藉他本人之話剝奪掉他的權力，他的初心、他十年來的全部奮鬥，彈指間便會碾落成泥；而且，這種將自身和張超捆綁一起的做法，不啻於捆綁在一個炸藥包上，抗戰時期軍法異常嚴酷，若張超真有不可饒恕的死罪呢？那他就還不是一個辭職便能了事的……

蔣介石的話裏有了降溫的意思：「你不能這樣要挾革命領袖，一個擔當革命工作的人，是不准隨便辭職的！而且，我叫你做這個工作，從來就沒有打算叫誰來接替你！成何體統，現在你趕快給我起來！」

戴笠硬是跪着，不肯起來。又說到：「報告校長，想校長必定還記得，民國二十四年（1935）日本為侵佔台灣40週年舉行紀念日，日方通過福州領事向陳儀發出觀禮請柬。他不請示委座，偏去請示行政院長汪精衛作何處置。汪精衛指示他可以考察為名，作地方外交。陳儀率隊赴日，在天皇裕仁的像前，又是鞠躬，又是拍掌，丟盡了中國人的臉，豈不是地道的下賤，無人格、國

格？今天，陳儀又殺張超，引他殺機的，肯定是張超視他為漢奸。我懇求校長作主，或准學生辭職，或嚴辦兇手，校長如果不答應，學生就跪着不起來了。」

在中國，「民族主義」，大約是富貴階層與平民階層，領袖們與草根們，不管內瓤裏有多少糾扯，各自有着怎樣的算計，但最可能在表面上「合流」的一個主義。

蔣介石的心有些軟了，他請宋美齡解圍。自「西安事變」後，戴笠有緊急事務要晉見已休息的蔣介石時，總是請宋美齡作「快車道」。此時還是 1938 年，宋戴關係的疏遠，是 1943 年以後的事。宋美齡一邊上前扶起戴笠，一邊勸道：「快不要叫委座為難了，快起來。」

戴笠就勢站起來，蔣介石掏出了一腔心裏話：「怎麼處理陳儀呢？陳儀不是一個人，他是政學系頭頭之一，還是二級上將、福建省主席，後邊有張群、何應欽、熊式輝等，一幫子人支持他……當年在南昌行營『剿共』，他們都出過大力氣，幫過我的大忙。雨農啊，你回去好好想想，千萬要體諒我的苦心。我可以下令撤銷李進德的職務，把這傢伙抓起來審查。張超的事，以後不要再提了。」

從珞珈山下來，戴笠回到軍統本部，要李祖衛找來一大張白紙，他飛動腕指，奮筆疾書「秉承領袖旨意，體念領袖苦心」十二個大字，邊寫邊淚影閃閃，算是哭祭了一回張超。又把等候在局裏的毛人鳳、潘其武等幾個軍統高幹叫到辦公室，講述此事經過，以及必須「秉承領袖旨意，體念領袖苦心」的一番道理。戴笠心裏，卻從未咽下過這口氣，以致軍統與福建關係一直很緊張。直到 1941 年省主席換了劉建緒，劉到福建之前，主動找戴笠修補與軍統的關係：由軍統在福建省政府內設置公開單位——省政府調查室，其功能是協調軍統組織與福建省府之間的工作聯繫。事隔十年後，陳儀還是落在了軍統手裏。1949 年 1 月，浙江省主席任上的陳儀，眼見國民黨大勢已去，欲投奔中共，並策反做過其學生的京滬杭警備總司令湯恩伯一起投共，湯將此事密報蔣介石。隨即，陳儀在上海被毛森逮捕。毛人鳳說：「這一回總算盼到與陳儀算總賬的時候了，此真所謂君子報仇，十年未晚也。」

1950 年 6 月 18 日，處決陳儀於台北馬場町。1980 年，中共中央統戰部、調查部，報經中央批准，追認陳儀是「為中國人民解放事業貢獻出生命的愛國人士。」

是嘉許，是青睞？

「君」視野之內，惟馬首是瞻，殫精竭慮；「君」視野之外，莫不分憂解難，肝膽相照，卻又從不跳至前台，成蹊桃李無言。

倘若，僅是如劉備與諸葛亮這一層人物關係，蔣介石與戴笠之間，可能仍未脫中國古代君王的馭臣之術；兩人之間，感覺有一層更深入、豐富的關係：是心腹？是股肱？像「兄弟」？如「父子」？

戴笠胸羅經緯，卻不羽扇綸巾、坐而論道；觀言察色，卻無脅肩諂笑、指鹿為馬；心掛中樞，卻未長年侍奉左右，而是「彗星襲月，奔星晝出」，如伍子胥的單騎過關，豫讓的紋身吞炭，像一張緊繃的弓，時刻堅守廟堂祖法，聽着風聲雨勢，等待着那快意恩仇的一擊。

他一身佈有文脈的豪傑氣，兼具理性的江湖氣，還有他及他許多部屬衣袂下飄出的俠客氣——令人想起古中國蒼茫大地上一批批綿恆不絕的赤子死士：荊軻白衣渡江，曹沫挾持齊桓公，專諸以魚腸劍刺殺吳王僚，「士無怒即已，一怒伏屍二人，流血五步」。最後，他還有在蔣介石面前杵地倔腦的「驢子」氣……

戴笠性格鮮明又複雜，與他的毀譽滿天下一樣，在民國高層人士中，大約無人出其右。這應緣自中國傳統倫理與現代苦難社會豐沛交融於他；古代英雄俠客的感召，與二十世紀初士子民族主義的覺醒相互激越於他；校長萬難蝟集下的忍辱負重、慷慨沉鬱，夢魘一樣刺激着他；父親的沉淪、母親的大愛，及童年邊地的寂寞與歧視，電光石火一般灼痛着他。戴笠此人，絕非幾條意識形態的標籤可以概括。

蔣介石與戴笠的關係將要進入尾聲。在徐徐落下的大幕後，也並非可以用我們在中國歷史上見多了的「功高震主」、「尾大不掉」、「兔走狗烹」幾個成語可以概括。

六

惟獨白楊被「更正」

「雨農也在罵自己無情」

在大陸早些年出版的有關戴笠的書裏，政治立場上的反共是主要內容，再還有就是此人生活上的奢侈與糜爛。今天，網絡上還有不少網文照本宣科，或者據此鋪排演繹，反正越吸引眼球越好。

太多如是的描述：

戴笠在重慶期間佔有的豪華住宅，在重慶國民政府中無人能及。蔣介石的官邸，不過曾家岩德安里 103 號、1939 年後搬去南岸區的黃山等幾處。戴笠卻有公開和祕密的公館 10 餘處，除了公開辦公會客用的曾家岩公館、繅絲廠楊家山公館，另有羅家灣 19 號局本部公館、松林坡公館、神仙洞公館、上清寺康莊 3 號住所、浮圖關李家花園寓所、嘉陵新村半山坡公館等。除重慶外，戴笠在上海、武漢、香港、蘭州、天津、西安、南昌、成都、貴陽、西昌、北平，以及蘇州、鄭州、福州、杭州、廈門等許多大中城市，都佔有公館。「戴笠一生中，到底有多少處公館，這大概除了他身邊負責管理此事的親信祕書王漢光之外，就連他自己也一時說不清。」（《我所知道的戴笠》）

沈醉的筆下，其公館裝飾大都豪華，從辦公室、會客室、臥室、起居室、會議室到餐廳、衛生間等，全部具備。因洗澡是戴笠的一大愛好，只要有條件，每天早、晚要洗澡，因而洗澡間裝修得十分講究，從牆壁到地面上都鋪有雪白的釉面磚。他經常在公館大宴賓客——尤其在重慶，其宴會在美國人中以精緻的餐具、絕妙的咖啡和拿破侖白蘭地而聞名。戴笠好喝酒，而且酒量極大。茅台酒、白蘭地，每次可飲 2 瓶左右。在一次聖誕節的晚宴上喝黃酒，最多一次連飲 160 杯，在場的美國特工驚得目瞪口呆，連喊奇事！戴笠不吸煙，卻備有各種名貴煙、女士煙和鴉片煙，名貴煙是招待尊貴客人用的，女士煙是討好夫人小姐用的，鴉片煙則是給杜月笙一類遺老遺少用的。戴笠喜好轎車，其公館裏停放有 10 多輛轎車，大都是英美等國出產的新產品，並且同一型號、顏色的總要備上兩部，以防不測……

抗戰時期，戴笠經常往來大中城市，大到西安、蘭州，小到衡陽、曲江，確實都有一處住所。軍統局人員習慣上稱之為「戴公館」；他本人總說是「本局招待所」。這大概是「到處設有公館」一語之由來。2016 年夏，我到離貴州息烽縣城外 10 餘里的小鎮——朗壩上「國民政府軍事委員會息烽行轅」舊址，大約因此處曾囚禁過楊虎城、黃顯聲、羅世文、張露萍等重要「非同志」，及軍統內部因觸犯法紀而遭懲處的「同志」，又稱息烽集中營。隨着山坡起伏的幾十幢青色瓦頂、木板結構的房子密集交錯，均是黔北地區常見的民居建築。今日可供參觀的行轅主任周養浩的辦公室，約 10 平方米，只有一張木桌，一對木沙發，室內陰暗得好像白日也要開燈；而所謂戴笠的公館，就在附近一幢木屋的二樓，踩上如今咿呀咿呀響的樓板，看起來也不過幾間斗室而已。

「戴氏工作，有其特殊性，所最需要的是祕密。他經常在與敵人鬥智，用各種不同方法作戰。亦經常要與有關工作人員接觸。他不能在旅社酒店、稠人廣眾中露面，就必須有較為適合地方，便於保守祕密。同時，軍統局業務，是一種流動性較大，而且要不斷的動，才能發揮其功用的。所以他們人員調動頻繁，有時且須從各地調集人手，集中使用於某一重點。這些往來人員，住在招待所，不僅比較安全，且亦比較節省。」（《蔣介石的特工頭子——戴笠傳》）

可信資料顯示：自 1931 年起，只有 4 處可稱戴笠的公館。一是南京雞鵝巷 53 號，即復興社特務處時期的辦公地，全是舊式平房，門前小巷狹窄，寬不夠倒車。室內無地毯，只鋪有幾張蘆席。內有兩間房為他一家住處，若李祖僑、周念行、毛人鳳等一班老鄉一起來看老太太，會擁塞、喧鬧得像個小縣城的茶坊。他在這裏住了 7 年。二是抗戰初期，國民政府暫遷武漢，住漢口巴黎街（現黃興路）85 號，整條巴黎街並不「巴黎」，只是法租界平民區，85 號為一幢兩開間小樓，他住了近 1 年。三是重慶曾家岩（現中四路 151 號），戴笠常在這裏公開辦公、會客，條件好於以上兩處，若說豪華，當下中產階級肯定是不會去住的，他一直在這住到死。上面 3 處，都不太像個家，有太多人來來往往。四便是家鄉保安街上的老屋及後面山頭上的新屋。屋裏並無西式洗澡間、衛生間，室內如果不用馬桶，就得跑去外面的茅廁。至於「雪白的釉面

磚」，估計當年的江山人做夢都沒見過⋯⋯

　　說戴笠的公館難以勝數，就如同把他的日常用車和軍統局本部的小車，都掛在他的賬上一樣，抗戰期間，軍統和中美合作所的小車有 140 多輛。魏斐德教授在《間諜王——戴笠與中國特工》裏說戴笠經常用的是一輛「小斯特德貝克」車，並不起眼；沈醉《我所知道的戴笠》裏說是「司蒂倍克」小轎車。譯法有別，但都說小。此款車或是翻譯的原因，或是歲月太久，已不知其具體樣子了。

　　戴笠真要過奢華生活，也有條件，除了軍統編制內外的十幾萬人馬，還領導各地的交通、郵電、航空檢查、運輸監察、經濟緝私、稅警武裝等各種檢查機構，採購緊缺物資、打擊走私、接受敵偽資產⋯⋯無不和金錢、物資打交道。軍統內惟他獨尊，也惟他最辛苦。軍統同時在千百個大大小小的戰場作戰，作為最高指揮官，據梅樂斯數年觀察，他每日晨 6 時即起，凌晨 2 時始睡，又交代：凡緊要公文需在 7 時以後、夜 2 時以前送他批閱，真正是席無暇暖，唇焦腕脫，軍統上上下下對他莫不感佩。他生活上舒適些，衣食上光鮮些，偶有絲竹粉黛之好，誰有二話？只要不是窮奢極慾，即使蔣介石知道了，大約也不會在意。他也懂得享受。為黨國和蔣介石長年解困紓難，他是最善於用錢的人。很多時候，花多少錢就是他的一句話，他花錢的膽氣便是蔣的膽氣。且應對斡旋於各色富貴豪強人中，杜月笙、張學良、陳濟棠、李宗仁、楊虎、唐生明⋯⋯見過多少烈火烹油、鮮花着錦的場面，再土得掉渣，出入其中，憑戴笠的腦子，他都能說出聲色犬馬的道道來，否則他便枉稱了「間諜王」。

　　事實上，戴笠的生活，不僅說不上奢侈，且可稱是當時顯貴中，最能刻苦的人。在戴公館，從沒有專用廚師，亦沒有侍役，盛飯舀水，都是親自動手。如無客人共餐，平常只有三四樣菜，蔬菜居多，並非肥甘，聊可果腹而已。他亦常到大飯廳與員工共餐，出外亦常與士兵一起吃「大鍋飯」，粗菜糲飯，安之若素。某年，他於出巡洛陽途中染病，看過幾個醫

生，都查不出病源。嗣經檢驗，竟然發現他營養不足。這是令人難以置信的事，卻是千真萬確的事實。（同上）

　　一般人認為戴笠財產數額巨大，但其實沒人知道到底有多少。他宣稱為蔣介石政府無償工作，這使他的個人收入變得非常神祕。有人說他的收入來自與敵人的祕密交易。美國空軍飛行員曾說是來自鴉片，說他們曾從西面的成都起飛，把水銀運往北方各省換取鴉片，然後交給戴笠。但正如一些人指出的，蔣介石對任何與鴉片有關的人和物都毫不留情，而戴笠對蔣和他的各項原則的忠實，向來是無可指責的。據梅甘主教記載，戴笠作為反走私機構的頭子（當時掛名在財政部下），極容易了解（並獲利於）非法交易和走私活動。然而，對當時中國的情況信息十分靈通的梅甘認為，戴笠自己並沒有捲入任何這類活動。（《間諜王——戴笠與中國特工》）

戴春榜（1898—1949），戴笠惟一的胞弟。因家境窘困，哥哥已上文溪高小，母親藍月喜無力再支持他讀書，去了同族戴三和的南貨店當學徒，出師後在萬信順貨棧當伙計。戴笠「崛起」後，他趁勢抖起，穿起絲綢馬褂，手持文明棍，在江山縣城、保安街上逶行，好不威風。凡戴笠返鄉，總要在離家 5 里地外下車，步行回家，至家門口向迎接他的母親下跪請安。於是，哥哥還在 5 里路之外時，弟弟已經換上了粗布衣衫，平日從不離手、藏有暗器的文明棍，也趕緊收了起來。一付謙和恭謹、甚至有點可憐的樣子，再多次訴以「出山」的請求，哥哥卻如秋風過耳。

　　一直到曾任國軍 19 軍軍長、其後是忠義救國軍總指揮的馬志超來江山，因與戴笠私交不錯，住在戴家，戴春榜一番死纏爛打，馬志超才保舉他進中央軍校高教班受訓，算有了基本資歷，畢業後分去甘肅省，做了景泰縣縣長。按說「朝中有人好做官」，西北大黃沙中耗了兩年的戴春榜，肯定想往柳綠桃紅的江南之地挪挪，戴笠不理這個茬。盧溝橋槍聲一響，即要他辭去公職回鄉。雖掛名為忠義救國軍少將參謀、軍統「京滬杭鐵路警備處」少將專員，其實就

是奉兄之命悉心服侍老母，再經營戴氏祠堂，重建被日本飛機給炸了的老屋。這期間，戴笠必定多次拒絕戴春榜「出山」的要求，否則鄉間不會有這樣的傳說：

> 1944 年，戴笠出巡東南，順便回保安探望母親，當時毛萬里作為隨行人員，也一同到了戴家。但剛進門，就發現戴春榜對戴笠板着一張黑臉，似乎怨氣很大。過不一會兒，兩人就爭吵起來，聲音很大。戴春榜責問戴笠，你現在的權勢太大了，竟不允許我在社會立足，你安的是一顆什麼心？戴笠回答說：政府要用有作為有操守的人，不能用你這種不守規矩的人。戴春榜聽後，更加惱怒，說：既然這樣，我只好自己去謀求出路了！戴笠立即怒形於色，掏出手槍「啪」地放在桌上，吼道：莫非你想去投奔共產黨？如果這樣，我就一槍斃了你！戴春榜沒有回答，悻悻地走了。（柴薪、澗星《往事俱在閒談中——戴笠留在江山的碎片》）

戴藏宜，戴笠的獨子，真名善武，藏宜是乳名，其諧音在江山話裏為「鼉倪」，是誇長得白白胖胖的娃娃的。乳名變了真名，一直用到大，很罕見，透出其祖母藍月喜對這心肝的喜愛。即便在南京雞鵝巷 53 號與父親四五年同住的日子裏，戴笠也多「神龍見首不見尾」。作為人父，戴笠大約多少懷有愧疚，兒子讀完小學，自感不是讀書的料，遊手好閒了一段時間，被戴笠送去上海私立的大同大學（Utopia University。民國時代上海一所著名的綜合性私立大學，尤以理工科著稱，時有「北南開，南大同」之美譽，1952 年在院系調整中被撤消）。並委託時任上海警備司令的楊虎照料其學習起居。戴藏宜只拿了個肄業證就回家了。戴笠戎馬倥傯，沒有追究兒子，由其在自己創辦的保安鄉樹德小學做了教務主任。

1941 年 5 月的一天，戴藏宜和徐增亮、蔡剛幾個朋友一塊喝酒。席間聊起早年戴笠蝸居家鄉時，和曾任廣渡鄉長的華春榮經濟上有過糾葛。戴笠成為黨國要人後，每次回鄉請地方耆老、士紳吃飯，都給華發了帖子，華總是拒絕。借着幾分酒意，朋友中有人鼓動戴藏宜：「咱們把那不知天高地厚的傢伙給殺

了吧，給你爸爸出口氣！」戴藏宜也是酒勁發作，表示可行。此事在大陸的相關文章裏是另一個說法：「1941 年 5 月 20 日，戴笠電令戴善武，指使特務隊長徐增亮和特務蔡剛，在江山雙溪口鄉山沿，殺害廣渡鄉鄉長、地下黨員華春榮，犯下了嚴重罪行。」對此，江山坊間亦有一個說法：

> 戴笠得知這一消息，非常氣憤，立即回家訊問因果。並當着家人的面掏出手槍，要斃了戴藏宜。但老太太卻緊緊抱住他，聲稱孫子若死，她必先死，戴藏宜這才保住性命。此後，戴笠一提起此事就傷心不已，說，我就這麼一個兒子，老太太又這樣溺愛，否則，我真一槍把這個孽子打死算了。（同上）

1942 年 6 月，日軍攻佔江山縣城，至 8 月 23 日潰退，鐵蹄蹂躪江山 75 天。各鄉鎮及村子大多組織有自衛隊、遊擊隊等民眾武裝。27 歲的戴藏宜被推舉為江山縣抗日自衛委員會委員。他先後收容流散部隊官兵共約 100 餘人，組成自衛團，自任團長。戴笠聞報，立即致電第三戰區長官部督導組長郭履洲，予以制止。電云：「小兒善武，受人愚弄，於敵寇侵佔衢州時，收編鄰縣散匪及零星部隊，企圖以之抗敵自衛，渠只憑血氣，不知利害，已迭令其迅速將部隊交由兄負責，以善其後，現敵寇已節節敗退，此項部隊必須迅速處理，不可再任無知小兒受人愚弄，將來貽害地方，使弟亦受其拖累。」

戴笠致電郭履洲後，左思右想，生怕不周，又以同樣內容致電軍統東南辦事處主任毛萬里，指示毛協同郭履洲辦理善後。同時又致電兒子：「本局無收編軍隊之權力，你亦非軍統局之工作人員，何能擅自收編軍隊？你如再不覺悟，將部隊迅速交出，我必與你斷絕父子關係，並切斷一切接濟。」（《戴笠年譜》）毛萬里專程去了一趟江山，戴藏宜無奈，只好宣告自衛團解散。原徵召之散兵，就近送補駐防江山縣的王耀武國軍第 74 軍。

戴笠十分注意其弟、其子打他的牌子弄權作勢，自己回家鄉也放低身段。既不警衛森嚴，也無人拎包、打傘。總是村外下車下馬，步行進村，見到誰都笑容可掬，打招呼時，名字、輩分從來不錯。其母藍月喜在地方上是有口皆碑

的好人。吃齋念佛，常常給過路的挑夫準備草鞋和涼開水。對僱工更是客客氣氣，端飯夾菜，燒湯送水。活兒一重，總做一大盆紅燒肉，還讓僱工叫其弟妹一起來吃，那驅之不散的濃鬱肉香，有尚健在的老者，至今想起來鼻下還隱隱有聞。鄉親們有什麼難事找上門，只要能辦的她一定辦。鄉親們抱來一隻雞或是就拎一罐自家醃的鹹菜，以示感激，老人家都收下，過些日子，她一定回些鄉民沒有用過的東西：洋布、汽燈、香皂等⋯⋯

　　藍月喜在鄉親眼裏即便已成菩薩，戴笠心裏仍有隱憂。一是擔心母親對弟弟、兒子的不端行為庇護，以前有妻子毛秀叢在家撐持把握，他比較放心，可毛秀叢已於 1939 年病逝；二是母親年紀漸大，人老總會糊塗，怕老人家做出什麼事來授人以柄。這事還真有一件：日寇侵佔江山期間，包括戴家老屋在內的大批民房被燒毀，但最讓藍月喜悲傷不已的是毀於炮火的仙霞關關帝廟，這是老人家長年求神拜佛之所。74 軍軍長王耀武聞訊，向戴母贈金 3 萬元，供修關帝廟之用。戴笠得知後，動員母親將贈款退還王耀武：這是私款，還是出自軍費？誰說得清楚。藍月喜不悅，不管私款還是軍費，關老爺都可以花。於是，戴笠掏出自己的壓箱錢，請人趕緊修復關帝廟，儘管因陋就簡，卻解了母親火燒眉頭之急⋯⋯

　　1942 年夏天，日軍進犯浙贛鐵路，家鄉保安淪陷，全鎮房屋被火燒盡。其母已 70 高齡，率家人在深山中避寇，日遷數處，備嚐艱苦。此時，戴笠正與梅樂斯勘察東南沿海，有人提議他派車送母親去重慶，以策安全。他說：「我有同志十萬人，人皆有母，都在顛沛流離之中，我怎麼有力量，都接到重慶來？」

　　原配毛夫人 1939 年在上海逝世，戴笠即未再娶。抗戰勝利後，戴第一

戴笠和母親

　　　　　　　　　　時間的磨子下 ——戴笠、軍統與抗戰

次回上海，親去墓前祭奠，潸然淚下。有人建議，將夫人棺柩運回江山原籍安葬。他說：「勝利開始，交通繁忙，我們要做之事太多；何況各處難民眾多，一時尚不能還鄉，我怎能先運死人棺材回去？」（《戴雨農先生全集》）

他常訓飭部屬，處處要以身作則，廉潔自持，祇有國而沒有家，祇有公而沒有私，才是一個革命工作的好同志。他本人對國家，對工作，負了這麼大的責任，且有極大的權力，從來未為自己打算過。他沒有家室，亦不准許自己的兒子擔任公職，他兒子向局裏也借不到一分錢，家中老母在，自己亦從不置產，家用更是節儉有方，人所共知。尤其是他時常奉命究辦、察查不廉潔的人，自己如有絲毫不廉潔之處，就不能擔任此項工作，且成為革命陣營的敵人，因他自身的廉潔與正直，自為眾人所欽敬，為大家所服從。（《雲煙往事》）

1943年8月30日，戴笠在軍統局本部先總理紀念週發表訓詞：

我們在領袖直接領導下，從事革命救國的工作，我們有神聖的職責，我們上無愧於天，下無愧於地。我們不容許同志們生活腐化，更不允許和人家隨便衝突。這是十幾年來我們一貫的作風。每次與人家衝突，我們總是嚴懲自己的同志，輕責他人。古人云：「窮則獨善其身，達則兼善天下！」。目前我們的力量，還不夠兼善天下，所以頂要緊的是健全本身。目前最重要者，是以修養來進德，以求不愧天地父母所生，不負領袖與國家之愛護與期望。（《戴笠年譜》）

1940年，元旦後幾天，軍統的兩輛軍用卡車由江山返回重慶，元旦前，軍統在江山縣通過考試、體檢，招了20餘名男女青年，準備培訓後用作譯電員。其中，一輛車的司機名叫馬福堯，抗戰前在南京為戴笠開車，技術頂尖，為人可靠，戴笠特地點名他來開一輛。軍統四一醫院的戴夏民探親返程也搭此車。到了金華宿夜，見車廂還有空處，馬福堯買了兩紙箱文具用品，心想打草

搜兔子，軍統車輛途中不檢查，可免稅，帶到重慶多少可以賺一點。平安到達山城後，十有八九，是祕密督察的戴夏民向戴笠舉報了此事。戴笠當即起意要馬福堯的腦袋，他馬上報告蔣介石，蔣也馬上批准立即執行，公佈於眾。在戴笠身邊工作的李祖衞，也是事後才知道此事。

對此，李祖衞曾經問戴笠：「馬福堯在南京一直是雨農兄的司機，兩紙箱文具值多少錢？就把他給槍斃了，不覺得太過分嗎？太無人情味了嗎？人無再生，希望今後雨農兄要有寬容之心。」

戴笠紅着眼圈說：「祖衞兄，雨農也在罵自己無情！但『情』是個人之間的事。雨農對福堯的處決，是依法、依據我們團體的紀律。文具利潤雖不大，賺不了多少錢。但是，不該賺的錢，一分一文都不能去賺。否則，一人做，十人做，百人做生意，越做越大，大家藉軍統招牌去做生意賺錢，那麼，軍統就不打自倒了。走到那一步，我戴雨農有何顏面去見校長，有何口才自圓其說呢。所以，雨農不得不藉馬福堯的命，來警告軍統全體同志。」（《亂世斯人——戴笠與李祖衞》）

1942 年 4 月 13 日，戴笠在出席 ×× 班第 × 期開學典禮時講——

……昨天我在呈給領袖的去年總報告上說：為了紀律問題，去年 3 月，槍斃了我一個最親近的警衞王 ××，去年 11 月，槍斃了一個跟了我十年的司機馬 ××。一個是假藉名義，騙取金錢，一個攜帶私貨，違抗檢查。大家要知道，我們前年「殉法」的同志，總數是 26 個人，而去年只有 10 個人。這項數字的減少，就是我們團體實施紀律的結果……今天 ×× 班開學，我要告訴這次開釋受訓的同志：你們都很幸運！當今年「四一」快要到的時候，認為十週年紀念需要大赦一次，× 月 × 日，我看到簽上來的公事，大致不差，就批：「除非同志不在大赦之例外，餘均照辦。」不過，今天我要懇切地告訴開釋出來的同志，提前開釋，這是表示團體的偉大，予各位以自新之路，希望各位以後一定要加倍努力，急

起直追，求挽救過去的失敗，絕對不要再蹈以往的覆轍！（《戴雨農先生全集》）

戴笠深知軍統的「房子很大，柱頭很小」，沒有「信仰」、「風紀」做棟樑，風雨來了，早晚得垮。

為了不垮，戴笠在機制上做了設計，復興社特務處時期有督察股，軍統成立後則為督察室，該室主管內部人員和公開單位特工人員的督察考核工作。除有公開的督察以外，還有祕密督察，由督察室挑選工作積極、政治可靠的工作人員擔任，他們的名字，對人事室、會計室均保密；成員輪流擔任的「週督察」，有些像小學裏的值日生，每週輪流更換，由單位頭頭從下屬工作人員中物色，在日常工作與生活中監視每一個人的言行，祕密彙報督察室。再有以江山人為主體的群眾監視網，他們文化不高，但位置重要，且說江山話，自成派系，不易泄密。

督察考核極其嚴格，完全按戰時軍營標準：大至「凡從事特種工作的人員，違反了紀律者，沒有撤職、辭職、請長假……只有記過、禁閉、極刑。有功者記功、獎金、加薪、晉級」，小到——辦公桌不可是空位，如有事離開，桌上必寫明去向，如到某單位去洽談了、去會客室會客了、去廁所了，有時督察真會去廁所門口點你的大名。夜間熄燈之後，也會去各寢室，逐間逐床檢查，一旦發現夜不歸宿或偽裝在床者，必簽報嚴處。輕微如上班遲到 3 次者，即要去站特製的木籠子，不「遊街」，卻「示了眾」。至少在局本部，每個人都能夠感覺背上有一雙刀子般冷峭的眼睛……督察室每週六把各方面的督察報告彙編為督察週報，戴笠每星期天晚上詳加審閱，作為週一上午總理紀念週評論各單位工作優缺點的重要依據。

1940 年 11 月 23 日，戴笠在 ×× 對 ×× 處幹部講：

> ……現在我已派遣週督察、祕密督察，隨時在各地巡察。做處長、科長、督察員及主任的，必須管理部下的生活與行動，了解部下的家庭狀況。從他每月的收入和他個人與家庭的用度，可以常常來作比較，有無

不正常的收入？奢侈費從何處而來？都不難洞燭其隱。所以長官要掌握部下，就需管理部下；要管理部下，就需要分析了解部下的生活……要曉得：一個組織，如果數量是一天天地擴充，素質卻一天天地低落；交下十件事，連一件也做不好；定下十條法，連一條也行不通，這豈不是亡國的現象嗎……我以為今天的事，我們力量不夠，我並不着急；我所着急的，就是顧慮我們的同志招搖撞騙，作奸犯科，或者濫用職權，作威作福。如有違犯，我們為國家為社會以及為那犯過者的個人，我們一定要嚴懲，沒有辦法原諒的。但是真正生活艱難，負擔太重，不能維持的，我們一定格外想法，予以救濟……（同上）

權力若沒有外部的制衡與監督，肅貪反腐又拒絕啟用輿論與民間資源，僅靠黨國體制自身的「良心」發現與「危機感」，再有一兩個秋風黑臉、包龍圖式的人物，就企圖河清海晏，放在哪個年代都有幾分小品色彩。大陸的不少書裏，提到軍統當年貪污、賄賂的例子，如做軍統總務處長的沈醉最怕見的 3 個人，除了蔣介石、錢大鈞（時任軍事委員會委員長侍從室主任，兼過軍統局長），就是副局長鄭介民的老婆柯漱芳。鄭家裏用的副官、男女傭人、廚師等，都是軍統局支薪，連家裏的許多日用開支和應酬請客等費用，都要找沈醉簽字報銷，為此，柯去局本部的次數比鄭介民還多。柯漱芳還拉湖北黃陂同鄉、曾任軍統中蘇情報所總務科長的吳景中，趁大後方物資緊缺，一起做日用品生意，賺得盆滿缽滿。

戴笠是不是繞鄭介民夫婦而走，實行「選擇性反腐」？說有，目前沒有史料依據；說沒有，也缺乏史料支撐。但看已公開的言行，戴笠生前似乎竭力要站上道德的制高點，竭力保持抗戰期間軍統的戰鬥力與奮鬥精神。在他生前，總是發現一起處理一起——

1943 年 4 月，軍統設在國軍第 25 集團軍調查室的江山組少校組長魏哲秋，在江山一家旅館企圖調戲來自蘇州的一名遊客、女大學生柳蓮芳，遭柳抗拒，魏惱羞成怒，以她隨身攜帶 12 隻賽璐珞梅花別針為接頭暗號為由，誣陷

她為日本間諜，予以逮捕。當魏哲秋向調查室少將主任姚則崇報告自己在海軍陸戰隊服役時，聽過上級傳達，日本特務機關多以梅花別針作為接頭暗號，姚則崇以為，一向門庭冷落的調查室門前終於落下一張大餡餅。他親自上陣，刑訊逼供，供了就抓，江西、福建兩省就抓捕此案所謂間諜嫌犯 100 餘人，大批被捕者家屬趕來送錢送物，請求澄清放人。

第 25 集團軍總司令李覺，1934 年 11 月，率部在湘江岸邊阻擊長征紅軍，給紅一軍團造成慘重傷亡，幾乎活捉林彪、聶榮臻。對於姚則崇調查室的「飆勇神奇」，25 集團軍參謀長鄭再新、副官處處長羅永宜，多次在李覺面前表示不滿與懷疑。李覺勸解道：姚則崇有軍統作靠山，間諜案如果是真，那是立了大功，大家人人有份；如果是假，有戴笠擦屁股，我們也不至於受累。對眼皮底下調查室的一片屈打成招聲，李覺睜一隻眼閉一隻眼。

不久，國民政府軍風紀第一巡察團團長金漢鼎到江山，得悉此驚天要案，要求調閱案卷，遭姚則崇拒絕。此要案又風傳重慶，委員長侍從室主任毛慶祥、第 32 集團軍總司令李默庵、李覺的岳父何鍵，以及黃紹竑、顧祝同等高級將領，先後給李覺打電話詢問案情，弄得李覺坐臥不安。姚則崇所逮捕的「間諜」嫌疑犯裏，有兩名竟指向《東南日報》。該報係國民黨浙江省黨部機關報，前身是《杭州民國日報》，後改名《東南日報》，並成立「東南日報股份有限公司」，陳果夫任董事長，胡健中任社長。抗戰後報社先後遷至浙江金華縣、福建南平市，行銷浙江、蘇南、閩北、皖南、贛東等地，影響很大。被捲入此案的兩名科長竺升星、張西林都是胡健中的親信。若他倆是日本間諜，則直接打擊《東南日報》的信譽。

胡健中較了真了，馳筆疾書向戴笠反映此案。戴笠先派軍統局督察連謀到南平拜訪胡健中，聽取胡的意見，接着密電在上海灘「臥底」的唐生明，要其查詢日特間諜機關是否與柳蓮芳、竺升星、張西林有聯繫。連謀立刻去了第 25 集團軍總司令部作實地調查，否定了此案。戴笠接到連謀報告，漏夜趕往南平會見胡健中，胡對戴笠說：「連日隱暗，烏雲遮天，見到你，我好像突然感到雲散天青，旭日當空，分外光明。」戴笠忙說：「我得先洗個臉，你看我是滿

臉的灰塵啊。」落座後，戴笠説：「請胡先生信任我，雨農一定會公正處理這個案子，有間諜固然不能放過，我部下若胡作非為，冤枉好人，更不會放過。現在雨農還接到江山縣商會長姜春城、雨農朋友毛敬泉聯名拍來的電報，他們也遭牽連，大喊冤枉，雨農決定自己親去江山處理此案，胡先生大可放心。」（《戴笠年譜》）

戴笠祕密來到江山縣，邀來旅館老板王壽昌敍述魏哲秋調戲、企圖強奸柳蓮芳的詳情，又叫來旅館茶房嚴九如取證。這時，唐生明的電報也到，真是子虛烏有。戴笠當即下令，將 25 集團軍調查室所逮捕的 100 多名所謂間諜嫌疑犯全部釋放，調查室少將主任姚則崇撤職。速報重慶獲批准後，魏哲秋，還有藉辦此案與人通姦的一個調查室中校祕書陳自耕，在上饒市公開執行槍決。當年，第三戰區司令長官部機關報《前線日報》，對此案有詳細報道。

戴笠的被「情色」地圖

在戴笠的被「五好」中，即好高級轎車、好豪華住宅、好洗澡、好喝酒、好色，渲染最烈最猛的是好色，這方面，泛濫太多小説的筆墨，甚至有在現場者的親證⋯⋯戴笠的被「情色」地圖上，如三春時候打進園子的一場驟雨，滿是被迫害、被踐踏、被欺騙的女性，原創者、抄錄者們往往還煞有介事地聲明：「這裏選錄的不過是滄海一粟、冰山一角而已。」

我花了些時間，在這「冰山一角」上轉了一圈，戴笠少年時在老家樓霞關的竹林見一幼女頓起淫念一事算是蒙昧未開，不列，大致有——

1988 年，早年移居香港、開了一家理髮店謀生的 82 歲陳華，由人代筆，出版《陳華女士回憶錄》（上下兩冊，台灣獨家出版社 1988 年 1 月版），言之鑿鑿地認定自己是戴笠一生中惟一全始全終的紅粉知己。書裏説，她 13 歲因家貧淪為雛妓，16 歲嫁給廣州非常大總統府參軍、後任上海警備司令的楊虎，

成為他 N 房的姨太太。1932 年，一個偶然的機會，與戴笠初識。因說服劉戈青、李福讓等 9 人為軍統所用，受到戴笠賞識。他們後來都成為軍統的鐵血殺手，尤其是劉戈青赴任軍統上海區行動隊組長之後，成功刺殺汪偽政府的外交部長陳籙，這讓戴笠對「華妹」刮目相看。書裏沒有交代陳華何時加入軍統，只說從此戴笠把監視汪精衛、孫科這樣最重要的任務，都交給陳華。戴笠說：「華妹，我的天下，有一半是你替我打出來的！」陳華稱：「軍統局早年受過訓的高級幹部，他的得意門生們，一開口就喊我『師母』，東洋人也明說我是戴笠的『情婦』，幾十年來，幾乎

《陳華女士回憶錄》

人人都認定我倆之間儼若夫婦。而我和戴笠，也幾於無所不為，無所不至。」1946 年 3 月初，戴笠前往北平之前，在陳華住處過夜，這是陳華與戴笠最後一次見面。一夜鸞顛鳳倒之後，戴笠的心情仍十分沉重。他鄭重地對陳華說：「華妹，我老實告訴你聽，老頭子不要我，我就死⋯⋯」

　　李麗，92 歲逝世。死後的 2010 年，「經多位退休情報員奔走，並獲李麗兒子同意」，其生前所撰回憶錄《誤我風月三十年》出版。在這本 15 萬字的回憶錄中，李麗自述，她是三四十年代北平、上海灘上著名的舞后與電影明星，民國廿七年（1938）受戴笠感召加入軍統，並訂下「不論何時何地，只能他找我，不能我找他」的單線約定。她先後結識日本駐華派遣軍總司令畑俊六、岡村寧次兩名上將，華南派遣軍總司令松井中將，及汪精衛政權的前後兩任軍事最高顧問柴山與矢崎中將。漢奸如陳公博、周佛海、李士群、丁默邨等人，也不時到她家聊天打牌。僅一次在松井處搞到的情報，就使日軍傷亡 1000 餘人，並 10 多艘運兵船遭我方擊沉，故她曾受到軍統特別傳令嘉獎。她與戴笠日久生情，生有一子。民國三十五年三月，戴笠飛機失事前，戴特別要其到上海晤面。在上海等了 3 天，卻等到戴笠的噩耗。李麗稱，只有戴笠最了解她，晚年

想到來台後潦倒的處境與戴笠，真是「淚灑湘江水，點點不斷流」。此書找不到台灣版，只見大陸新星出版社 2010 年 7 月版。

向影心，出生在陝西西安城郊一個有名的郎中家庭。據說天生麗質，聰穎好學，琴棋書畫無所不通，是方圓百里有名的才女。登門求婚者絡繹不絕，最後卻嫁給年齡比向父還大一歲的胡逸民做三姨太，不久，向影心跟隨胡去武漢上任，很快成了武漢交際場中的一枝花，總「低開領旗袍，酥胸半露，塗着紅唇膏，一步三搖」，進入了戴笠的視線。一日，向接到一個女性朋友的電話，約她去玩牌。牌桌上有一個陌生人，朋友介紹說是大名鼎鼎的戴雨農先生，向即堆起笑容嗲聲嗲氣地說：「喲，您就是戴老板，久仰久仰。」戴笠心旌搖晃，心思不在打牌上，桌下用腳尖鉤住向的一條粉腿⋯⋯向影心就此「入港」。戴笠給了向影心一個「裙帶花」的代號，將其發展為軍統的祕密特工。並給她一張 3 萬元錢的支票，用以陸續收買西北軍憲兵營長、軍需處長、辦公廳主任和兵工廠廠長等重要人物，楊虎城成了實驗室裏的小白鼠，一舉一動都在戴笠的視線中。「胡逸民得知自己的姨太與心狠手黑的戴笠勾搭上後，氣憤萬分，可又只能自認倒黴，在無計可施的情況下，只好找了個藉口與她離了婚。」以後，她又奉命赴冀東，以「小蜜」身份企圖刺殺大漢奸、偽冀東防共自治政府主席殷汝耕，未果⋯⋯

「西安事變」後，戴笠出人意料地允准毛人鳳迎娶向影心。（真實的時間是1940 年 11 月，毛與向的婚禮在重慶楊森公館舉行）戴笠此舉，被作者解析為「一是見毛人鳳年紀比自己輕（實際上戴笠比毛人鳳最多大一歲），又是蔣介石的親信，必將是個取代自己的人才，不如提早搞點感情投資；二是向影心是自己的心腹，為他出力太多，而他又不能明用，何不藉個梧桐棲鳳，以圖名利雙得。」於是，婚後向影心常被戴笠招去「個別談話」，毛人鳳睜一隻眼閉一隻眼地忍着，有人取笑他，他裝聾作啞地說：「有這事！我怎不知道呢？」直至戴笠暴卒，他坐上了軍統局的第一把交椅。作者還給向影心安排了一個人生結局──1947 年 5 月，向影心被確診為嚴重的「精神病患者」，送進位於青島市郊的一家全封閉療法的瘋人院。

1933 年，19 歲的葉霞娣（畢業後改名葉霞翟）進入戴笠在杭州浙江警校創設的特種勤務電訊訓練班，成為戴笠器重的學生，被其譽為「奇女子」。幾年後，葉變得明媚端潤，且善解人意。「一日夜晚，戴笠邀葉霞翟跳舞，只見葉舞步輕輕盈盈，婆婆娑娑，就如一隻小燕子。戴笠是舞場老手，自然舞步應點，超眾脫俗，越跳舞步越輕，越跳情意越濃，兩隻會說話的眼睛，眉飛色舞，光彩逼人，都在對方臉上瞟來瞟去，流露出一種難耐的情緒。戴笠十分愜意，深感自己眼力很準，選得不錯。」以往，戴笠勾引女性，以發泄獸慾、縱情聲色為目的，此次對葉霞翟，目的是要明媒正娶做壓寨夫人，故先調閱了葉的檔案，繼而派人考察葉的行為舉止，一切白璧無瑕後，送去美國「鍍金」，先入喬治‧華盛頓大學，又去威斯康辛大學讀研。一分手就是 10 年⋯⋯至今，江山戴笠故居及廿八都女特工培訓班展板，均採此說：「國民黨軍統局長戴笠手下有一名美女特工，名叫葉霞娣，是胡宗南的浙江同鄉，比胡小 18 歲。不僅年輕漂亮，而且風情萬種。她的職務名義上是戴笠的機要祕書，其實是戴笠的隨身情婦。當胡宗南第一眼看到這位人稱『香閨美人』的女特工時，就一見鍾情，難以自拔⋯⋯」

剛剛送走葉霞翟，一個新人又躍入戴笠的眼簾。在軍統舉辦的外交人員訓練班上，戴笠認識了余淑衡，余為中央政治大學外語系學生，湖南人，因其成績優秀，長相出眾，「面若凝脂，明眸皓齒，看上去不過二十三四歲，身材勻稱，豐滿而又亭亭玉立，」可謂鶴立雞群，兼任班主任的戴笠一眼就看上了她。余淑衡畢業後，戴笠將其調到身邊當祕書，以掩人耳目。兩人如膠似漆，難捨難分，同居於曾家岩 153 號，戴笠甚至取了一個化名叫「余龍」，他討好地對余淑衡說：「我取這個名字，表示我很願意做余家的乘龍快婿。」「那時，余小姐年方 20 出頭，正當青春妙齡，戴笠則年近 50 歲，雖慾念越老越濃，無奈是力不從心。為討余小姐歡心，戴笠乃特服春宮祕方，使出平生一切手段，弄得余小姐骨體酥麻，全身舒坦，果然斷了與自己原來心上人的情思，抱定主意與戴笠廝混一輩子⋯⋯」

軍統局裏，與戴笠有染的幾個女特務，都在做「老板娘」的美夢。趙靄蘭

是一個，沈醉在《我所知道的戴笠》一書中寫道：戴笠的情婦「一個就是以後嫁胡宗南做老婆的葉霞娣，一個是以後嫁與軍統電訊處處長魏大銘當老婆的趙靄蘭。這兩個女特務陪着他（戴笠）坐車，他疲乏了便斜靠在女特務身上休息。這樣，第二天仍有精神工作。」「第四處處長魏大銘，公開申請與戴有過一段相當長久關係的趙靄蘭結婚，居然得到戴的批准。」

鄒志英也算一個。戴笠與她「春風一度」後，以為戴笠便對她有了責任，常常來辦公室找戴糾纏。戴一氣之下，把她囚禁到息烽「集中營」，關了兩年放出來。本以為偃旗息鼓，可她在回到重慶的第二天就去找戴笠。「剛到戴公館門口，嘴裏就喊：『戴先生，戴先生！』警衛一看，不由得吃了一驚，來人竟是鄒志英，趕緊把她攔在外面，這時，戴笠正好走出來，問道：『誰在這裏哭鬧？』鄒志英見戴笠走了出來，便不顧一切地衝上去，緊緊地抓住他的手說：『戴先生，我是志英啊！這兩年我天天都在想你，我愛你，我愛你，你該跟我結婚……』她聲嘶力竭地喊着，死死地抓着戴的手。戴笠咬牙切齒地罵道：『你真不要臉！關了你這麼久，還不明白？!』特務們連打帶踢，終於將其拉走。戴笠又把她關了起來，至死也沒敢再釋放她。」

在這幅戴笠被「情色」的地圖上，還有從江山縣特招來專門服侍其起居的年輕女傭、特務家屬。前者，分別安排在神仙洞、楊家山、曾家岩等處公館作女傭。「她們除了要為戴笠洗澡時擦背、睡眠前捏腳，給戴穿衣、疊被外，還要供其蹂躪。」後者，軍統局人事處一個李姓科長的老婆，是家庭婦女，長得有幾分姿色，住在戴笠公館附近。有一天，戴笠坐轎子從其家門前經過，一眼看見，即派副官把李太太強制請來，過了夜。

軍統局儼然一個桃紅李白之谷，「戴笠仍覺不過癮，總覺得家花不如野花香，恰如風流天子宋徽宗那樣，儘管後宮裏有三宮六院七十二嬪妃三千粉黛，仍覺猶有不足，還要常常去煙花之處，與妓女鬼混。」這幅被「情色地圖」上，《黑皮自白——一個軍統上校的筆記》等書文，填補了軍統之外的女人。

1942 年 3 月，軍統局主辦的「西安查緝幹部訓練班」第一期受訓。戴笠專程從重慶飛到西安主持畢業典禮。來西安之前，他聽說西安開源寺某妓館有個

叫妹妹的妓女，長相驚為天人。到西安之後，他直奔開源寺。「這一夜，戴笠給妹妹 6000 元錢，等於 2 兩黃金。第二天晚上又去了一趟，給妹妹買了 4 件衣料。妹妹始終不知道這是個什麼人物，只思忖不會是商人，是個大官。」又一日，戴笠到江西上饒第三戰區所屬第 2 集團軍拜訪，司令王敬久設宴款待。席間有上海大學的女學生蕭某、夏某。蕭擅長京劇青衣，夏會唱花旦，戴笠就想着如何把這兩位小姐票友弄到手。他心生一計，說：「委員長聽說你們京戲唱得好，特派我來接你們到重慶演出。」兩位小姐心生歡喜，次日上了小車。「待戴笠回到重慶後，派人用兩乘滑竿將她們抬到戴公館，將她們蹂躪了 1 個多月，玩膩了，便以『通共』的罪名，判她們無期徒刑，投進息烽集中營。直到戴笠死後才被釋放出來。」

1945 年 9 月，戴笠到北平親自主持「蕭奸」，住他朋友、「京城五大少」之一的吳某家，吳的老婆陪戴笠過夜。一次開晚會，找言慧珠唱戲，先唱了一段《鳳還巢》，後來宋子文又點了一段《金玉奴》，唱完戲，戴笠「那夜，就把她帶到他的臨時公館過了夜。」戴笠有一個副官，對他這種爛嫖的生活很反感。有一夜很晚了，他叫副官坐車去接某個女人。女人接上汽車後，副官當着女人面罵起來：「戴笠半夜三更叫我們到處找『破鞋』」。女人把這事給戴笠說了。戴笠給蔣介石上了一個報告，說他的副官勾通宋子文的副官販賣鴉片，應處死。這個副官就被殺了。

《黑皮自白——一個軍統上校的筆記》的作者之一，是原軍統上校關夢齡，當時任北平蕭奸委員會總務科長。書裏稱：「我們辦總務的特務都要預備汽車，預備飯，所以知道得比較詳細」。1948 年，解放軍圍困長春，關夢齡任長春警備司令部督察處長，對中共地下組織嚴厲打擊。長春解放後，關向公安機關自首，因其在清除國民黨遺留特務時立下大功，按當時政治氣候，罪應至死而不死，1953 年被判處有期徒刑 15 年。先關押長春監獄，後在撫順戰犯管理所，1963 年刑滿釋放。監禁期間寫有近百萬字的交代揭發材料。「文革」期間的 1969 年，不堪折磨自盡。另一作者是部隊專業作家，在關夢齡生前的有關交代揭發材料的基礎上，整理、加工出版了此書。

在戴笠的被「情色」地圖上，流佈最廣，乃至 2016 年的一部引發熱議的大陸電影《羅曼蒂克消亡史》也不惜移花接木為主要橋段：「同居時間最長的要算胡蝶，從 1943 年以後，胡被他所佔據」，「胡的掛名丈夫潘有聲，很懂得明哲保身之道，自從老婆被戴笠佔有之後，他在美人和金錢不可兼得的情況下，決定寧願犧牲老婆。」（《我所知道的戴笠》） 1980 年《戴笠其人》一書出版時，沈醉將後面一段文字刪去。

以後的作者，據此生安白造，弄出無數跌宕纏綿的故事：

戴笠看過胡蝶演出的影片，對她五迷三道。上海淪陷後胡蝶舉家遷居香港，不久香港也被日軍佔領，日本文化特務三天兩頭找上門來。1942 年 8 月，胡蝶與丈夫潘有聲，帶着老母與兩個孩子，以及幾十箱行李，離開香港到廣東後方曲江，行李在半途被土匪搶劫。為尋回原物，胡蝶託了幾個朋友幫忙。聽說戴笠有辦法找回，到重慶後她硬着頭皮找上門去。戴笠驚見玉人，一聽此事，當即答應幫助破案。他按胡蝶開列的失竊物品單，派專人到國外購置。不久，胡蝶的英倫珠寶、法國香水、意大利皮鞋衣物等等，如數歸來。胡蝶發現許多物品比原來款式更好，價值更高。戴笠的一片雲情雨意，她心領神會了。戴笠又為潘有聲謀取了一個財政部專員的肥缺，派他赴昆明就任。從此，戴笠成了唐玄宗：胡想吃水果，他不惜代價派人從新疆空運哈密瓜；見胡身體不適，遍請重慶名醫，精心調理；胡嫌楊家山公館沒有散步的花園，隨即大興土木，並親自設計，栽上各種奇花異草。僅花卉和樹木一項，就花去了法幣 1 萬多元……直至戴笠因飛機失事去世，

胡蝶

胡蝶才重回丈夫身邊。

戴笠的被「情色」地圖上，提到名字的，居然還有川島芳子，理由是「有人在戴笠的臨終遺物裏，發現了一柄『龍泉寶劍』。這件乾隆朝的國寶是日本女特務川島芳子的佩劍。以如此名貴之器相贈，戴笠和川島芳子的關係，被認為非同一般。」為父報仇、刺殺軍閥孫傳芳的俠女施劍翹也「榜上有名」，說是「躍馬揚鞭的『女俠士』，據傳向為戴笠所好」……

僅「冰山一角」已有近 20 個女人了。其荒誕不經、放浪形骸，乃至強姦綁架、明火執仗，不像是發生在抗日戰場上奔突乎東西、潛伏於南北的軍統「一把手」身上，倒像是去了明武宗朱厚照的豹房；與其比起來，《金瓶梅》裏的西門慶，倒算是個溫良恭謙的好官人了。

嚴重否定這幅被「情色」地圖，除從時間空間上看，真正忙得席無暇暖、唇焦腕脫、幾乎腳不脫地的戴笠，豈有可能在身邊放出如此多妖異的煙花？還能夠找到太多的破綻與質疑——

《陳華女士回憶錄》、《誤我風月三十年》，略一考究，即知屬於「小說家言」。筆者從未見任何軍統成員的回憶錄裏，提到這位「師母」，或曾有一位受特別傳令嘉獎的「舞后」兼「影星」。又經查閱，抗戰期間，第三戰區分別於 1938 年、1939 年與 1944 年，做過 3 次相當大規模的更動，均未見有第 2 集團軍序列。另，王敬久（1902—1964），國軍陸軍中將，1937 年參加「八一三」淞滬會戰後，調入第三戰區，曾任第 32 集團軍副總司令、第 10 集團軍總司令，戰歷上未見有第 2 集團軍。所謂「上海大學的女學生蕭某、夏某」，筆者到過「息烽集中營」舊址，在各號房關押人員的號牌中未有任何記載。

葉霞翟，1913 年出生於浙江省松陽縣西屏鎮一戶普通農家，原名葉霞娣，像許多中國父母一樣，此名寓意盼下一胎生個男孩。16 歲時，葉霞娣以優異成績畢業於浙江省立處州（麗水的古稱）初級中學師範，在松陽縣立成淑女子小學任教。父母盼其早日嫁人，有所依託，遂託媒人介紹了一個喪妻的財主。正逢五四新思想的啟蒙年代，個性獨立的葉霞娣離家出走，跑到杭州考取了浙江大學農學院，時年 18 歲。不足半年，又轉入浙江省警官學校第三期甲訓班，

即「特種勤務電訊訓練班」。畢業後改名「葉霞翟」，分配至軍統機要處任職，受戴笠器重，列入軍統重點培養的幾個女生名單，1935 年派上海光華大學公費讀書。1937 年春，經戴笠介紹，葉霞翟結識胡宗南。其時，24 歲的葉霞翟正上大三，「眉黛斂秋波」、「臨水照花人」；而 41 歲的胡宗南時任國軍第一軍中將軍長，戎馬生涯裏長期獨居。彼此年齡相差 17 歲，但互有好感，言談甚為投緣，很快進入談婚論嫁階段（據葉回憶錄，胡於 1937 年 6 月首次提出「霞，我們今年結婚好不好？」）。

1938 年 2 月，葉霞翟隨光華大學西遷成都。次年 6 月，大學畢業，8 月抵美，入喬治・華盛頓大學政治系。1941 年 6 月，轉入威斯康辛大學。期間，胡、葉鴻雁傳書，情意綿綿。葉在美讀書時的生活費，由軍統從公務費用中匯寄，按月給付。戴笠還自掏腰包，「惟讀書費用，係我私人負責。」並在電報裏叮囑「求學當以三民主義為遵」，「三民主義，即忠、孝、仁、愛、信、義、和、平八德也。望你切實注意，否則即得到博士回國，亦無益於國家社會也。我對在國外同志，均以此相囑。」（「國史館」典藏號：144-010199-0003-074）1943 年底或 1944 年初，葉霞翟在威斯康辛大學研究院快讀完博士，戴笠去電詢問學業，並急盼她回國服務。1944 年春，葉霞翟歸國，先後任成都光華大學、南京金陵大學教授。1946 年，隨金陵大學復員，返回上海。1947 年夏初，相戀十年的胡、葉喜結連理。

為何婚期又延宕 3 年，據說胡宗南曾發過誓言：匈奴不滅，何以家為。亦有宋美齡的原因，胡宗南之子胡為善曾披露，宋美齡當年「想把孔二小姐孔令偉嫁給我父親，父親表面上也不好推辭，暗地裏想了很多辦法……」（《我的父親胡宗南》）戴笠離世後，胡宗南數夜

胡宗南夫婦與子女

失眠，常夜半哀歎。1946年冬天，他約友人到南京國民革命軍第三公墓祭掃戴笠墓，風雪中步行到此，緘默無語地徘徊了十幾分鐘。此後，每年戴笠忌日，胡都會有所紀念。(台北中國國民黨黨史館檔案，檔號：一般 230/4578)

1962年，胡宗南在台灣逝世。下葬時，身上穿有一件20多年前戴笠送的已然破舊的毛衣。婚後，葉霞翟先後育有4個子女，即胡為真、胡為善、胡為美、胡為明。胡宗南病逝後，葉霞翟在台灣從事教育、家政研究工作。1965年，以「葉蘋」為筆名，著有《天地悠悠》一書，深情回憶她和胡宗南的戀情、婚姻。1981年，葉霞翟因病辭世。

《我所知道的戴笠》成書於1962年，而在沈醉1949年以前的日記裏，涉及魏大銘和趙靄蘭的婚姻時，並沒有任何戴笠曾染指的字眼：

> 晚間參加大銘兄的婚禮。局中頒佈的結婚禁止令尚未取消，而他偏偏要來這一下，這是故意破壞紀律，明知道因為他的工作關係，老板一時不能奈何他，所以如此幹。這種行為，我相信余先生（指戴笠）是極端痛恨與極端難過的，我絕對不會原諒這種人。去的人都沒有送禮，這是一種暗示，暗示我們不承認這種違紀動作。(《沈醉日記》1943年3月5日)

被臆想為「軍統第一美諜」的向影心，有着一段不為人知的歷史——

其首任丈夫胡逸民，1935年初因「通共」罪名，關在南昌軍法處看守所。胡曾任南京、徐州、漢口中央軍人監獄的監獄長，作為監獄系統的元老，他在南昌監獄的日子過得並不窘困，除了不能離開監獄，其他都很寬鬆，連向影心都可自由出入。此時，方志敏也關在這裏，胡逸民常到方的囚室聊天，不久兩人便無話不談。向經常帶些吃的東西來探望丈夫，胡總是與方分食，並交代向，給方帶些筆墨稿紙來。方志敏在獄中寫的《清貧》、《可愛的中國》等一批著名文稿，最早是通過監獄文書高家駿的程姓女友傳送的。文稿確實輾轉送到了上海中共中央特科，但程姓女友卻未回南昌回覆。方志敏至死也不清楚這批文稿到底送到了沒有。方遂把希望寄託在交情日深的胡逸民夫婦身上。胡不能離開監獄，只能由向影心完成。這回傳送很順利，向很快返回南昌覆命。從此

可與上海黨組織建立起便捷、可靠的聯繫，方志敏異常高興，在《遺信》裏寫道：「她還算是她們之群中一個難得的佼佼者。」方志敏殉難前，請與他一起被捕的胡海、婁夢俠、謝名仁等人在獄中好好吃了一頓，其酒食也是向影心帶進去的……

向影心將第一批文稿如約送到，第二批文稿是否如約送到卻是一樁公案。她沒有再回南昌。但要說向影心就此和胡逸民、方志敏玩鶴衣散影也不妥當。此後，方、胡都沒有在文稿中指責向影心；且這批文稿並未消失，1940年出現在重慶書市，為八路軍駐重慶辦事處獲得，雖晚了幾年，依然傳播開來。也就是這一年，向影心嫁給時任軍統局主任祕書的毛人鳳。

按上述說法，向影心先後給兩個男人扣上「綠帽子」，但從這兩個決非一般男人的男人的事後表現看，卻太不像是被侮辱與被受損害者的角色。1950年，在鄉親幫助下，長子在台灣空軍服役、對中共政權心存疑慮的胡逸民去了香港。一去30年，1981年10月，落葉歸根，返回故鄉浙江永康定居。3年後，95歲的胡逸民寫了《我與方志敏的最後一夜——胡逸民自述》的長文，內有：「……我的妻子探監時，就有意地給老方帶一些肉、雞蛋和好食品。方志敏也經常和我妻子談話，方志敏和我們的感情是非常深的。方志敏在獄中、在死亡即將來臨的時候，他以『雲母』的名義，給我們這對夫婦留下了一封《給某夫婦的信》。字字句句是肺腑之言呀！現在讀起來仍然催人淚下……」倘若確有驅之不去的怨恚，筆下很難多次出現「我的妻子」、「我妻子」、「我們的」、「我們這對夫婦」的溫情字眼。毛人鳳則用「昔別君未婚，兒女忽成行」，否認了自1947年5月，向影心被診斷為「精神病患者」、並送入瘋人病院的臆說：自1944年在重慶生了老大毛渝南後，夫妻倆又育有子女毛祖貽、毛書渭、毛書南、毛佛南、毛維摩、毛小蘭、毛瑞蘭，共8人。

良雄先生在寫作《蔣介石的特工頭子——戴笠傳》過程中，除採訪當年不少同僚外，還查閱了原軍統局的大量檔案。該書對傳主的「生活問題」有事例、有議論：

據接近戴氏的人士說：戴氏工作人員中，亦有女人，其中並有擔任比較重要任務者。故他與女人接觸，乃是常事。如有人為成見所蔽，將會覺得凡與往來者，必不免有男女之私。他們並舉出兩個例子：

　　某年，戴氏住在衡陽松木塘招待所，突有一時髦女子，深夜獨自駕車來訪，與戴氏密談甚久，始行離去。翌日復來，亦在深夜，兩人似甚親昵，彷彿有說不盡的喁喁情話，欲分難捨。又有一次，戴氏住在贛州專屬招待所，有一少女裝束入時，風姿綽約，且能操流利英日語，亦在深夜間來訪，與戴氏密談數小時，至午夜始離去。像這種情形，可說是有明顯跡象，在若干人想象中，必與色情有關。其實，前者為一駐外使節夫人，當時住在一與我國抗戰前途極有關係的國家。她應戴氏之約，適從國外歸來，為蔽耳目，特安排在衡陽鄉間見面，後者為一大學生（日名卜シコ），係由當時在泰和（當時江西省政府駐地）之台灣志士翁俊明所安排，由國家外經上海到內地，約定在贛州見面。兩人都與工作有關。

　　說他「擁有若干女人」，是毫無根據的。因為說者根本對他生活環境與思想觀念，毫無所知。吾人曾經指出：戴氏出生在八十年前的農村社會，讀過很多線裝書，在他腦子裏，還保有很多舊的觀念，包含有忠孝節義等倫理觀念在內。他平時講話，大部分是以這些觀念作為核心，再引申發揮的。

　　據說他的髮妻毛秀叢，為一普通舊式女子，由父母之命而與他結合，竟能相敬如賓。很多與他同時的人，發跡之後，競逐時髦，而棄糟糠。他獨能篤守夫妻之義，而相愛如故。二十八年（1939），毛秀叢因癌症死於上海，他從此鰥居，未再繼弦。他似乎常在懷念早年許多辛酸事，更難忘他投考軍校時，毛秀叢的臨別贈言。所以每逢毛秀叢忌辰，他必默默地燃上一炷香，陳設鮮果，以虔誠之心，來紀念亡妻。偶或遠出，亦常攜帶亡妻遺照在身旁，以示不忘糟糠。又不僅對他髮妻如此，對於一早年女友，亦未能忘情。他有一次出巡東南，餘之暇，忽然命某單位，尋找某一婦女。他很坦白的告訴他的隨員，說是他早年女友。並說相遇在他落魄時

候，紅顏知己，其情可念。事隔二十餘年，所找到的，已不是紅顏，而是「垂」老徐娘。見面之後，他仍然殷勤款接，別時並以千金相贈。從這一小故事，可以看出他在觀念上，與人不同之處。

自喪妻之後，他比別人更需要有一個溫暖的家庭，以調劑生活。而環境卻不容許他因私而廢公，他是一個重理智，將公私分得很清楚的人。大約在三十後，他曾邂逅一全國知名女士，英雄美人。兩情相悅，傳有相攜白首之約。而在抗戰勝利以後，他奔走國事，不幸突然遭遇空難，風流雲散，終成遺恨！原因之一，是他原有禁令，禁止他的工作人員，在抗戰時期結婚……被禁結婚的青年男女，固不願意，很多幹部，亦不贊成。戴氏亦自稱禁止結婚「對不起同志」。但他仍持志甚堅，在這種情況下，假設他嚴禁別人結婚，而自己「擁有若干女人」，他的部署對他的信心，就會發生動搖，他亦無法再要求別人過嚴肅的紀律生活，這是不待求證，就可以肯定的。

良雄書裏提到的女大學生中文名叫藍敏。出身台灣屏東里港藍家，日據時期是島上有名的望族。其父藍高川除創辦商工銀行（即後來的台灣第一商業銀行）外，並任台灣總督府評議會議員，曾獲明治、大正、昭和天皇的授勳。藍敏自台北第一女子高中畢業後，赴東京女子大學外文系就讀。未幾，驟遭父喪，轉回上海，先後入聖約翰大學就讀政治系、金陵大學修習國際法，與當時上海灘各路情報人馬偶有來往。1942 年 4 月 19 日，不過 21 歲的小女子，離開上海，孤身一路徒步，由閩入贛，翻山越嶺，10 月，抵達江西臨時省府所在地泰和，在此與重慶方面取得聯絡，遵囑在此等候戴笠 8 個月。次年 6 月 12 日，終於見面，藍敏告訴戴笠：

據傳美軍在 1944 年夏登陸台灣，距今只餘 1 年，現日軍在台原有 5 個師團的兵力，又自關東調來 2 個師團，總共約 20 萬人，另有海軍 4 萬餘人；同時，因太平洋諸島均被美軍佔領，故日本將所有物資都集中台灣，打算背水一戰。美軍若真在台登陸，依據美軍過去登陸的作戰方式，必定先用大炮將台島

夷為一片焦土，但一旦與日軍短兵相接，後者抱定「玉碎」之心，必定以一當十，血海滔天，美軍的犧牲肯定非常慘重。

藍敏知道，戴笠為中美合作所主任，與美國海軍聯繫方便，請他代向美軍建議放棄登陸台灣的計劃。若美軍只是要利用一個進軍日本本土的跳板，不如改在沖繩，沖繩是太平洋上距日本本土最近的海空基地，當地日軍只有駐台灣的一半，居民也不多，於戰事解決、戰後重建有利。

藍敏後來回憶說，「戴先生對我的意見表示同意，並願向美方反應」。回程時，戴笠請藍敏利用其兄在汪偽政府裏任職的特權，設法帶一小型發報機回台。藍敏回到上海，在一位李先生處拿到發報機並帶回台灣。1945 年 4 月，18萬美軍在沖繩登陸。

李祖衞的筆記裏有這樣一段：1936 年立冬的前幾天，他的首個兒子阿寧降生。局裏眾江山老鄉先後上門道喜，毛秀叢也陪着婆婆來看孩子，按江山風俗，還提來兩隻大母雞、嬰兒衣褲等。藍月喜懷抱阿寧，笑個不停，半晌，若有所思：「我春風如再生個把孩子，有多好呀！」毛秀叢在一邊沒有吱聲。「其實，毛秀叢何嘗不想再為戴笠生兒育女呢，只奈病魔纏身，全身無力，渾身隱隱作痛。吃了許多藥，也無濟於事，身體也逐漸消瘦，『生育』似乎與她絕緣了，這是她內心的無限苦痛。戴笠對夫人的身體也十分關心，幾乎南京的名醫都請齊了，終未見效。」1939 年 8 月下旬，軍統上海區電告戴笠，夫人醫治無效，於近日逝世。戴笠「南望長空，悲歎不止」。即發電保安，派兒子戴藏宜赴上海為母治喪。（《亂世斯人——戴笠與李祖衞》）

1945 年 8 月 23 日，已經可以公開行止形跡的中美特種技術合作所副所長梅樂斯少將，在重慶舉行記者招待會。

有記者問起社會上有關戴笠的傳言，請他予以證實或澄清。梅樂斯先針對「走私專家」的傳言回答：中國單獨抗戰 8 年之久，海口大都被封閉，外間物資無法進口，後方的工業無法供應人民的需要。中國政府在財政部之下設立貨運管理局，將淪陷區的物資如布疋棉紗等，設法內運，用以調節市場、穩定物價、供應人民生活的需要。只有軍統局的組織能順利進出敵前敵後，所以國民

政府交由戴笠兼辦。他是在職責之內做報效國家、促進抗戰的事。又澄清戴笠自建一處集中營，將其政治上的敵人自行禁閉的謠言：不錯，是有集中營，在戰時，任何國家為了暫時拘留危害國家安全的敵人和間諜，都有類似組織。這個集中營設在貴州息烽，中美合作所的美方人員曾有多位親見詳情，在那邊所集中看管的人員，均係政府交辦。而非憑戴將軍個人決定⋯⋯

接着，梅樂斯如此說：

> 外面還有人謠傳，戴將軍經常擁有若干女人，據我三年來與他相處，日則同食，夜則同屋而住，自由出入他的住所，不必事先安排和通報，有如家人和兄弟，但從未見他有任何女人。戴將軍每日辦公到深夜二三時才就寢。早上六時即起來，並無時間作私人活動。總之三年來，我與戴將軍朝夕相處，極感愉快，僅以美國一句話，以描寫我對他的印象——He is a swell cuy!(他真是一位好到極點的人！)」(《另一種戰爭》、《戴笠年譜》)

軍統內部，如戴笠強調的「務期一舉一動，均合乎革命要求」；軍統外部，黨國嚴峻的戰時環境，也決難容下一個奢靡淫亂狂暴的色魔。國民黨政權無疑存在腐敗，但楊天石先生認為：對國民黨腐敗的認識，沒有人比蔣介石深刻。抗戰期間，蔣介石在重慶辦一個訓練班，第一堂課蔣介石自己上。他不講課，只給參加訓練班的國民黨的高級幹部發一張問卷調查。問卷的第一個問題是要袞袞諸公回答，為什麼國民黨處處比不上共產黨？為什麼現在的大學教授、學生都反對我們國民黨？(楊天石《研究蔣介石與國民黨很重要》，騰訊網)

這戴笠「豹房」的說法，是怎麼吹起來的呢？

1961 年，全國政協文史資料委員會編的《文史資料》第 22 輯，刊登了沈醉先生的《我所知道的戴笠》一文，此文涉及到的戴笠「生活不堪」之事，比比皆是：

將染指了的葉霞翟送給胡宗南做夫人，調侃胡在戴死後送的輓聯「安樂與共，患難與共」上，應加上「妻子與共」；與戴笠有過一夜之歡的鄒志英想做「老闆娘」被關起來，戴死後才放出；每次出門，總得十幾天準備，有兩三

部卡車裝東西，其中大量是女性用品，「因他到處亂找女人……連女睡衣、內衣褲、拖鞋之類，都不可缺少」；祕書王漢光儼然花事太監，總理戴笠「夜生活」，可「在同一天幾處公館，分別約了幾個女的去等他……從來不曾發生過衝突」，其中，年齡小的十四五歲，老的五十左右；戴笠自誇「金槍不倒」，但因縱慾無度，身體虧空得講一二個鐘頭的話都扛不住，「注射男性荷爾蒙」久了也無濟於事，又到處去求中藥祕方；戴笠與胡蝶相好時，有一次當她面簽署文件寫了「余龍」，剛寫一半被胡蝶「嗯」了一聲，他立即在余字下加了一橫，此後戴笠又有了個新化名叫「金龍」。「這說明戴是很會討女人歡心的」……

對軍統歷史花了大力氣研究的劉台平先生評論道：

> 沈醉在其文章和書裏給人的印象，是他深得戴笠的信任，在軍統局素以年紀小、資格老而著稱。他真的有點自抬身價，他一直沒有在最前線挑過大樑。最高的職務，是 1949 年在改組後的保密局做雲南站站長，也是極短的時間。戴笠給他一個不是很重要的角色，好幾年擔任總務處處長（1942 年，總務處由軍統局祕書室之總務科擴編而來，下轄庶務、管理、交通三科）；可他寫的很多場面、事情，就像他站在戴笠身邊看着打麻將的感覺……有點不厚道。不過，當你在槍桿子之下能講真話嗎？我所以這樣問，得看他是 1949 年以前講的，還是 1949 年以後講的，這很重要。（採訪劉台平先生，2015 年 12 月 4 日下午，台北）

《在蔣介石身邊八年：侍從室高級幕僚唐縱日記》中，也有一段關於「戴葉豔聞」的記載。內稱「太平洋戰爭發生之前，他（戴笠）送了幾個女子往美國讀書，葉是其中之一……他想掌握她將來，必須掌握她現在一切的活動。在美國時，葉與胡的通訊，他要求經過他的檢查，她拒絕了，他恨而停止葉的費用，同時阻止她回國……」這段記載，有「慧眼」者順手拈來，便儼然成了沈醉 1961 年之說的「佐證」。

寫日記不是為了日後公開（個別人除外），只是主人自己言事記錄或心理宣洩的需要，一般來說有着一定的史料價值，但這不意味主人筆下一定嚴謹客

觀，不會偏聽偏信，也不會因某些莫名的心理因素而道聽途説。唐縱的日記雖非寫於 1949 年後，但該日記所述戴笠與葉霞翟的關係，存在着某些關鍵的事實錯誤，如戴笠並沒有「停止葉的費用」，相反，在葉霞翟與家人「接濟斷絕」後，戴曾私人掏腰包負責葉的學費。戴笠並不存在阻止葉霞翟回國的叵測居心，1942 年 5 月葉拿到碩士學位，戴笠勸其再讀博士，為的是不讓葉捲進孔二小姐挾蔣夫人之威情獵胡宗南的亂局；1944 年拿到博士學位後，戴笠致電葉，「望即動身回國，由蕭勃代為設法船位，並撥付所需費用。」（《戴公遺墨》，「國史館」典藏號：144-010199-0004-01、144-010199-0004-014、144-010113-0005-042、144-010113-0001-017）乘船歸國一節，葉在自己的回憶錄《天地悠悠》中亦有描述，並非如唐縱所言，是葉瞞着戴悄悄回國。抵重慶後，戴見到「葉與胡的聯繫接上了，他又恢復原來的笑臉。」

比起唐縱的「閒言隻語」，沈醉顯然「彈藥充足」。他的一支筆，獵犬一般，一直追逐到戴笠生命的最後幾個月——抗戰勝利後，戴笠每宴賓客，排場奢華。在上海舉行的一次聖誕節晚會上，除邀請許多軍政界人士和要好朋友參加外，「特別把上海的女交際花、名門閨秀、歌星、舞星、電影明星、京劇演員等，邀往做陪」，其中，列出包括白楊在內的幾個演員的名字。

「文革」中，「在重慶、上海時，戴笠與白楊有交往」，成為白楊的頭等罪狀。1966 年夏天，白楊天天都要面對各種名目的大小批鬥會，以致在批鬥會上被打致精神失常。作為上海市革委會處理的「十大要案」之一，白楊進了監獄，一呆五年半。

1979 年，上海市電影局為白楊平反，其結論中有「關於沈醉在《文史資料選輯》第 22 輯上所寫的《我所知道的戴笠》一文中涉及白楊同志與戴笠有過往來的問題，經復查，是沒有根據的，應予否定。」全國政協文史資料研究委員會辦公室在《文史資料選輯》第 67 輯上刊發《本刊啟事》：「經過組織一再核查，證實白楊根本不認識戴笠。」1979 年 7 月 29 日，《人民日報》發表白楊文章《生命、權力、鬥爭》，對北京群眾出版社再版沈醉的《我所知道的戴笠》一書，提出嚴厲批評。9 月 1 日，《人民日報》發表該社「我們的説明——敬

答白楊同志」，內稱：「1962年《文史資料》上刊登了《我所知道的戴笠》一文，由於該文內容主要是揭露國民黨特務頭子反共反人民的罪行，對公安政法幹部有一定參考價值，乃徵得該刊的同意，出版了單行本，在內部發行。今年，根據讀者的要求加以重印。當時我們不了解白楊同志因為該文中的一句話，在文化大革命中曾遭林彪『四人幫』一伙迫害，認為文中僅僅在與戴笠有來往的文化界人士中提到名字，並未講什麼問題，因而沒有考慮刪節。當我社獲悉白楊同志為此曾受『四人幫』的殘酷迫害，對我社重印該書有意見以後，對她深表同情，並多次向她表示慰問和歉意。經向上級有關領導機關請示，並取得白楊同志同意，決定該書暫緩發行，由我社發一更正……」

但卻未聞沈醉先生有絲毫責任。自1960年獲特赦，任中國政協文史資料委員會文史專員後，1981年11月起，歷任第五、第六、第七、第八屆全國政協委員。1996年離世，享年82歲。有罪責的是林彪、「四人幫」一伙。此後也未見任何部門、人士，對沈醉之洋洋書文作全面勘察，惟獨白楊一位被「更正」，《我所知道的戴笠》、《戴笠其人》等書，30餘年來，依然一版再版，流佈深遠。小報、網上在此「史實」的基礎上添油加醋，只要出現、點擊「戴笠」兩字，即是轉不完的「冰山一角」。

自1939年8月後，戴笠一直一個人生活。看起來，他天雷地火，鋼筋鐵骨，凡過之處「寸草不生」，但其內心一角的柔軟，恐怕很少有人想到——

不管是在金桂滿城飄香的南京，還是在炸彈傾斜如雨的重慶，他見到的蔣介石伉儷總是如影相隨、相敬如賓；他屢屢去電詢問葉霞翟學業，並急盼她回國服務，其弦外之音，正是盼已經41歲、戎馬生涯裏長期鰥居的摯友胡宗南，早擁佳人、早得貴子；看到鬢角已有霜星、忠實的賈金南，像一個主婦一樣，為他打理三餐、洗熨衣物、收撿行裝、迎進送往，有多少回他發出過輕輕地歎息？他坦率地問梅樂斯，後者指揮的美方官兵，需要多少「經過政治調查」的女人……

戴笠的世界一方面是血奔火去、風嘯雷劈，一方面是人散夜闌、燈盡羹殘，堪比一條荒涼的流浪狗。他見過的淑女閨秀、名媛佳麗理應無數，看起來

惟有「為人落落大方，一洗女兒之態，性格深沉，機警爽利……十之五六若寶釵，十之二三若襲人，十之一二若晴雯」的胡蝶（張恨水語）能讓他情不自已。

胡蝶 1942 年末到的重慶，而自 1943 年 7 月中美合作所正式成立，梅樂斯稱，「據我三年來與他相處，日則同食，夜則同屋而住，自由出入他的住所，不必事先安排和通報，有如家人和兄弟，但從未見他有任何女人。」何來沈醉所言的「霸佔」、「同居」，且有鼻子有眼地指稱兩人的同居地為枇杷山公園內的神仙洞公館？（2008 年 12 月 9 日的《重慶晚報》上曾有文章：在枇杷山公園居住了 50 年的市文化局退休幹部王婆婆說，她只知道該地址是國民黨四川省主席王陵基公館所在地，從未聽說有過戴笠公館。）胡蝶在自傳裏對此事一字沒提，只是說，「關於這一段生活，也有很多傳言，而且以訛傳訛。」稱直到丈夫潘有聲去世，她一直陪在他身邊。在台灣出版的有關戴笠的書中，除良雄的《蔣介石的特工頭子——戴笠傳》外，未有涉及此事者，軍統老人們筆下的戴笠不是男人，是聖人。

沒有同居，並非沒有接觸。倘若戴笠能讓梅樂斯洞悉他的一切，那他也就不是「間諜王」了。

時任戴笠英文祕書的黃天邁在回憶裏提供了這樣的細節：1943 年的除夕夜，戴笠把胡蝶一家請到曾家岩公館吃年夜飯。酒宴開始後，戴笠的臉上完全沒有往日的嚴肅和冷峻，他滿臉春色，談笑風生，那興奮的樣子就像個天真的大孩子。散席後，戴笠還與胡蝶的小孩玩起了紙牌，出牌時不時地做着各種怪模樣，逗得孩子大笑不止。過後，他又帶着胡蝶的孩子到園子裏放起了煙花……「我久仰影后胡蝶大名，她主演的電影，我一部也未看過，僅在報章雜誌上看過她的玉照。在戴公館和她見面還是第一次。她不到 40 歲，笑渦笑靨，明媚照人，儀態萬千，盛名絕非幸致。我與她提起北平，我說我在北平長大，她說她去過兩次，很喜愛故都風物。她又說『九一八』那一年她不在北平。（1931 年 9 月，胡蝶隨劇組到華北拍攝《自由之花》、《落霞孤鶩》、《啼笑因緣》三片的外景，人在途中時發生「九一八」事件。廣西大學校長馬君武在報紙發表兩首打油詩，其中之一是：「趙四風流朱五狂，翩翩蝴蝶最當行。溫

柔鄉是英雄塚，哪管東師入瀋陽。」）我意識到她的暗示，否定了馬君武《哀瀋陽》名句『翩翩蝴蝶最當行』」。（《戴笠的生活片段》）

《去趟民國：1912—1949年間的私人生活》一書裏，有一個細節：一次，戴笠將胡蝶與潘有聲所生的女兒，送到軍統屬下的立人小學讀書。有熟人問孩子：「你爸爸是誰？」女孩回答說：「我戴笠爸爸。」

2015年6月，我在戴笠老家浙江江山走訪。當地文史界朋友告訴我，晚年回鄉探親的王蒲臣先生說，1944年、1945年裏，胡蝶曾來江山保安戴笠故居多次，何瓊梅女士陪同而來，另有鄭彩香等幾位當地姑娘照料其生活行止。《亂世斯人——戴笠與李祖衛》一書中說，1944或1945年軍統本部的除夕晚會上，胡蝶是娛樂節目部分的主持人。據此可以判斷，胡蝶因戴笠走進軍統人的視線，並定下「相攜白首之約」，至少是在他們認識的一年之後。

此時的胡蝶早不是豆蔻少女，而是一位16歲就步入影壇、三教九流都結識、什麼場面都見過的風華熟女，而且是中國橫跨了默片和有聲片兩個時代的第一位真正意義上的電影皇后。倘若說戴笠憑權勢可霸佔這位當年粉絲無數的明星，便如同說美國駐華海軍的聖誕火雞都放不上飛越駝峰的飛機，戴笠卻可能令其帶上心上人的外國珠寶、香水、衣物。胡蝶不會是被動的承受者，戴胡之情一定是彼此呼應的結果。當年負面八卦很少、自高自賢、牢記母親「要潔身自好」教誨的胡蝶，怎麼會在人到中年、又功成名就後，有勇氣鬧出這樣一齣「緋聞」？二十幾年下來，她貝殼般精緻的耳蝸裏，肯定也灌滿各色男人糖漿般的甜話蜜語，這個面孔黝黑如剛從亞熱帶的密林裏鑽出來的男子，憑着什麼打動、征服了她呢？

不僅是玉石鑲匕首、絲綢裹獵槍，當面對一個真男人、大丈夫、當年公眾眼裏滿身滄桑與傳奇的國家英雄，很容易激發出中國女性在傳統婚姻理想外隱含的一片母性情懷，如奧賽羅評價苔絲德蒙娜：「她愛我，是因為我經歷過的風險；我愛她，是因為她確實憐憫我經歷過的風險。」

對於戴笠而言，多少年裏，那些在火線上煎熬、在危機中顛簸的日子，那些心智與精神被抗戰時局、也被校長繃得如一面鼓的日子，就是全部的日子。

現在，在硝煙與血腥氣彌漫的戰場上，在倒騰玄機與殺機的密室裏，突然嗅出清雅的荷風氣息；恍若遠山古剎戒律深重、辛勞一天的僧眾，卸去海青袈裟，剛剛泡完一個溫泉澡。

讓戴笠「老房子失火」的，不乏有情慾：兩頰若隱若現、少女般的梨花酒窩，淅瀝瀝春雨一樣落下的吳儂軟語，豐腴卻又凹凸有致的身段，高跟鞋清涼的響聲印在石徑上，旗袍下擺乳白色的光影隨風閃動⋯⋯但又不只是性。你看她，飽滿清朗如雪嶺皎月的額頭，清晰、堅定的髮際線，黑白分明、似墨玉托脂玉的大眼睛──猶如兩珠豐盈的清露在風荷中滾蕩，屢屢蕩出驚險的姿勢：毫不含糊地在《申報》上就「翩翩蝴蝶最當行」發表《闢謠》；堅拒日本軍部的邀演而攜家帶口星夜逃出上海；香港淪陷又穿越千里狼煙，翻十萬大山，經茶馬古道，返歸滿目蒼痍卻是祖國懷抱的重慶⋯⋯

兩人相約抗戰勝利後結婚。煙雨桃花，在亂世裏也有風神氣勢。

還有一說，指戴笠與余淑衡有一場 5 年之久的跨國異地戀。

余淑衡本名余素恆，自魏斐德的《間諜王──戴笠與中國特工》中譯本始，由「恆」變成了「衡」。此說出處，見於唐生明的《我奉蔣介石命參加汪偽政權的經過》：戴笠化名「余龍」，「是為了討好他那個新的情婦余素恆，暗中寓意是余家乘龍快婿。」黃康永（軍統中層幹部，戴笠死後任國防部保密局湖南站少將站長）的《我所知道的戴笠》中有：戴笠曾「表示要同她（余素恆）結婚。」王方南（戴笠生前為軍統局本部第三處策反科科長）的《我在軍統十四年的親歷和見聞》中有：「戴笠有個女祕書叫余素恆，原是軍統外事訓練班的學員，戴有意娶她為妻。」沈醉的《我所知道的戴笠》中有：「戴笠很會討女人的歡喜，當他和女祕書余素恆打得火熱時，便連自己的化名也改了姓余，名龍，以暗示他是余家的乘龍快婿。」

近年，歷史研究者、騰訊網歷史頻道主編諶旭彬先生，在台灣「國史館」所藏「戴笠史料」中，發現有近 30 份「余素恆」相關檔案。余素恆生於 1918年，大約 1940 年前參加軍統。曾在軍統緬甸仰光站工作過。1941 年 6 月，軍統派其赴美留學，戴笠自重慶飛香港為余等 2 人送行。抵美後，余素恆進入

衛斯理女校（Wellesley College）就讀。10 月 25 日，戴笠發電蕭勃：「叔恆在美，望弟與欽妹多予照料。今後有關叔恆事，來電希加親譯兩字。」不知何故，戴笠屢將「素」寫成「叔」。12 月，宋子文之弟宋子安將在美結婚。8 日、17 日，戴笠兩次指示蕭勃，「希弟代我與胡宗南先生送禮。應送何物，希商叔恆。」在 1942、1943 年致蕭勃的若干封電報中，戴笠追問余素恆的「近況」、「近狀」、「來華府否」、「恆病如何，何以久無訊來。盼查覆」⋯⋯ 1942—1945年間，余的身體似乎一直欠佳，「希囑恆進院詳細檢查身體，並以結果詳告。」戴笠的關切、焦慮之情，溢於言表。他並主動託蕭勃轉達自己天馬行空般的行蹤，「本月廿日左右定必趕回重慶，希轉告叔恆。」「今日來成都，在此約有五天留，希轉告恆」⋯⋯

　　諶旭彬認為，「戴似乎深信余是能理解自己志趣之人。」1942 年 2 月 18日，戴致電蕭勃，坦陳心跡：「余年來對各淪陷地區之工作，抱定不怕犧牲不惜金錢前赴後繼再接再厲之主旨。故雖負債兩千餘萬，天天向人借錢，我還是

余素恆（偏左側坐地之東方面孔女性）在衛斯理女校

戴笠有關余素恆的致蕭勃信

要維持工作，因吾人無工作表現，即無團體即無同志與我也。此種政治環境，弟當可想而知。恆亦能了解也。」（以上所引見諶旭彬《戴笠的『異地戀』》）

戴笠顯然將余素恆視如蕭勃一樣的知己。再有余素恆赴美留學之初，即交代蕭勃今後有關此女子情況的電報發來，需加「親譯」字樣，的確給人以兩者關係很深的想象空間。但「戴公遺墨」悉數為戴笠當年的親筆文件，兩者關係並無來自余素恆方面的材料佐證。即便可定性為「戀情」，但戴與余長年大洋分隔，直至戴笠遽爾離世。對於彼此而言，應僅為精神情侶，甚至不無單相思之可能。

筆者的觀點，傾向於在 1943 年結識胡蝶之前，余素恆是戴笠在鐵馬秋風、樓船夜雪、命運殘酷得今夜不知明夜枕頭何在的深夜裏的清輝。

余素恆在衛斯理學院獲得英語碩士學位後，又入芝加哥大學獲政治學博士學位。此後長期在美國大學任教。其先生陳鶴梅是著名的政治經濟學者，晚年擔任過「中美教育基金會」會長等職務。戴笠逝世 48 年之後——1994 年，余素恆去世，享年 76 歲。

七

廣陵散絕　斯人永去

故宮角樓無語長天

1943 年秋，戴笠同老部下、曾任軍統局本部督察室主任的劉培初，聊到抗戰勝利後的個人進退：

「第一，我父親早逝，完全靠慈母教養成人，連年奔走國事，親恩絲毫未報，我以養親送老、使我稍盡人子之責為理由，歸隱鄉里，侍奉慈親，領袖或可同情；第二，如不可能，我得請求容我抽出一段時間，到歐美各國去考查一下他們的政治現況、社會制度，以為今後繼續努力之參考；第三，另有一個不為所注意的問題，是黃河水利的開發，如能使 2000 噸級的船，直達蘭州，對西北的農村經濟必可改觀。我已留意這個問題，並送了好幾個學生到美國去學水利工程去了⋯⋯」「說完後，他深具感觸，將頭仰靠在沙發的靠背上，熱淚奪眶而出。」（劉培初《長相憶：歷久彌新——為紀念戴雨農先生去世四十年而作》，見《戴笠傳記資料》）

此時，離抗戰勝利不到兩年。無論是回鄉侍奉老母、出國考察，還是憧憬一艘 2000 噸的大船經九曲黃河直抵蘭州，都能夠感覺到戴笠對勝利的殷殷期盼，對國家及個人未來的長程設想。在這份濃濃的期盼裏，再無刀光劍影、機關算盡，而月華如練、滿眼清波、船過無痕。

可惜，期盼沒有落地，墜地的是兩年半後電閃雷鳴中南京郊外的一架專機。

兩年半裏，豈有「船過無痕」？許多日子，戴笠的心筏，在驚濤駭浪上摔打起伏⋯⋯

1946 年 3 月 10 日，戴笠離世前一週，軍統北平區在北平懷仁堂舉行先總理紀念週大會，戴笠發表長篇講話。說到：

> ⋯⋯最近中央二中全會十幾天來所表現的，未出我意料之外，表面看來，對象是中蘇問題、物資問題，另一方面，有極少數人是反對調查統

計局的問題。但我相信，有大部分人在支持調查統計局的問題，以為調查統計局抗戰有功，無可毀滅。看來是毀譽參半。我今天明白告訴各同志，我們不怕外間以一時的不諒解言論，軍統局取消與否也無所謂，在重慶未出發前，有人告訴我，說有人要取消調查統計局，叫我設法轉圜，我便以一笑置之，每次全會都有人反對我們，照理我要在中央有所說明，但是每次全會開會，我即離開中央。因為功過毀譽，為有識者所共睹，不用我們多所解說。看看這次全會如何？去年領袖叫我當中央委員，我堅辭不就，就是因為爭權利，不配做革命者。我們看到當前戰後國家的情勢，百孔千瘡，流離失所，淪陷地區與流散後方的民眾，如何恢復安定其生計，及如何清除建國歷程的障礙，以及今後如何復興中國，建立現代化國家。我們只有負責任，守紀律，我們只求對實現建國目標、如何做好我們的事情。

我不知道什麼叫取消，只怕我們的同志不進步，不打倒，自己也會倒的。所以，我時刻所想的，是如何對得起先烈，如何保持光榮歷史，絕沒有想到別人如何打倒我們。(《戴笠年譜》)

戴笠的這番話，不像他從前演說那樣乾脆有力，直奔主旨，而是有些絮叨，有些跳躍。彷彿在逼近一層憤懣心理，卻又不能「回首叫，雲飛風起」；在躲閃一種艾怨情緒，惟恐它如北平初春漫天飄着的楊絮一樣在軍統內彌滿開來……雖然說得擲地有聲，不怕被人打倒，但在當下軍統局如何改組、乃至存廢尚未決定之時，戴笠心裏還是深深地憂慮與不安。

此時的軍統，在重慶羅家灣局本部和磁器口基地，有正式非正式編制約 10 萬之眾，在各省市設有區站，並下轄忠義救國軍、特務團、稅警部隊、交通警備司令部所屬各團，加上接受投降的汪偽稅警團和漢奸部隊 7 個多師，這共計 15 萬人的武裝，基本美式裝備，機械化程度很高。與此同時，一場民族戰爭使鋒芒主要對着中共的中統的發展空間受到抑制，且蔣介石對「陳家黨」的陳立夫、陳果夫兩兄弟，漸生芥蒂，中統勢力江河日下，軍統勢力卻滲透至黨政、軍事、教育、文化、警務各個層面。軍統情報派出機構已遍及海內外，最遠的

觸角伸到了南美，《戴笠先生與抗戰史料彙編：軍情戰報》一書中便記載了「戴笠電蕭勃，希加強搜集國際情報並應向南美擴展組織」一事⋯⋯

時勢卻是——

從日本宣佈投降、國民政府從重慶遷回南京時，滿城如潮席捲迎呼國軍，稍為高層的建築上，觸眼皆是委員長的巨幅畫像；上海灘上正放着電影的十幾家電影院，有人登台宣讀「蔣委員長返京」的電文，剛剛念完，觀眾們無不跳起來，手舞足蹈，也不看電影了，幾百人一擁而出，大街上高呼「蔣委員長萬歲！」，無一家影院例外（《曾虛白回憶錄》。曾虛白，長篇小説《孽海花》作者曾樸之子，滬上《大晚報》創始人，抗戰中該報對戰事的報導詳實迅速，評論國家命運慷慨激昂，只發行一週，銷售便高達 8 萬份）；不過半年光景，社會各界和普通百姓的心情，就如夏日一塊隔夜的豆腐，一下就餿了。這個政權，這支軍隊，已付出人類戰爭史上罕見的巨大代價，但在巨大的敵產面前，一些人不像是不久前從硝煙與血腥氣彌漫的戰場上走來，倒像是一群在荒寒裏餓了一個冬天、皮骨嶙峋的白狼。接收應有統一機構和嚴格的規章制度，民眾看到的接收，在不少地方，卻是多頭齊下、互相爭奪，在「接受」、「肅奸」、「統制貿易」的飛舌下，爭先恐後地亮出獠牙。一些部門將敵產貼上封條，另一些部門來後撕下原封條，換上自己的封條。甚至，彼此竟然架起機槍。金子、房子、票子、車子、女子（漢奸的妻妾），是一些接收大員們巧取豪奪的對象，被坊間戲稱為「五子登科」，「接收」成了「劫收」。

處於打頭陣角色、時時面臨各種誘惑的特工，讓軍統處於風口浪尖之中。

抗戰勝利後，無論重慶，還是延安，都想着搶先去淪陷區搞接收。由重慶去各地的交通工具，最快的是飛機，當時「中央」、「中國」兩家航空公司的飛機，數量少得可憐，一共不過 20 來架，且搭乘飛機必須經由軍統控制的航空檢查所批准，方能買到機票，軍統自然近水樓台。9 月 9 日，日本中國派遣軍總司令岡村寧次大將向同盟國代表、中國陸軍總司令何應欽上將呈交投降書的當日，戴笠、程一鳴就飛到了上海。在杜美路（今東湖路）70 號，杜月笙戰前新蓋好的一幢私宅裏，成立了軍統局上海辦事處，戴笠親兼處長，程一鳴任該

處行動組長。另設有人事、督察、情報、司法、總務 5 組，組長均由軍統局的處長擔任，等於將重慶的大半個總部遷來了上海。至戴笠死亡的半年裏，軍統局上海辦事處逮捕了 500 多名大小漢奸，接收了敵偽政府機關的大部分財產。當時，上海公佈的敵僑和漢奸的房產，有 8500 多幢（實際數遠大於此），被軍隊、憲警、特工和突然鑽出來的真真假假的重慶地下工作人員等佔據的，有 5000 多幢，其中軍統佔用

大新公司的「蔣主席萬歲」巨幅標語

的最多，短短半月之間，滬上大抵「王侯宅第皆新主」。

此時，汪偽政權的紅人金雄白的觀察，不可照單全信，也不可統統視為謠言——「重慶有關的人員，住的是設備完善的華麗洋房，坐的是八汽缸的名牌汽車，袋裏有用不盡的金子、美鈔與法幣，身邊有『順民』或『叛逆』們的妻孥、交際花、紅伶、紅舞女等。平時身價自高的影星們，有些是經『敵』『偽』一手培植起來的，有些做過反英美的《春江遺恨》、《萬世流芳》等一類的電影，那時，投懷送抱，更獻出她們的靈魂與 XX。抗戰英雄們為了抗戰流血流汗，此時還不應予取予求？真是一朝得志，八面威風！」（《汪政權的開場與收場》）

在北平，軍統華北辦事處處長馬漢三，以北平肅奸委員會的名義，收繳了大量黃金、美鈔、珠寶玉器、古董字畫，其中部分上交，部分勾兌權貴，大部據為己有。坊間稱他及其親信貪污的金佛像有數尊，每尊重達數十公斤，還在前門開設金店，並成立中華信託公司，大發不義之財。北平某漢奸被捕後，留

下一妻一妾和大量財產，軍統北平站站長王蒲臣派出一名叫王子英的特務住進他家監視、清理。此人貪圖美色，很快與日本籍的小妾有染，助其轉移資產，最後竟色令智昏抗命，不肯搬離小妾的家⋯⋯

此番亂象並非某種主義的性質、某個黨派的氣數決定，而是由一種優勢物質文明對弱勢物質文明的巨大衝擊，還有勝利者面對這衝擊的心理脆弱決定，即人性在特殊條件下的普遍變異。

1949 年初，中國革命即將獲得全面勝利，滿臉黃土的中共將從戰鬥了幾十年的農村轉移到城市，毛澤東以「糖衣炮彈」、去「趕考」，來比喻中共將面臨的新的嚴峻考驗。楊尚昆當時任中央祕書長兼軍委副祕書長、中央辦公廳主任，其工作之一，就是負責中央機關向北京轉移的具體事宜。在這年 3 月 23 日的《日記》中，楊感歎道，才進城幾天，「似乎大家都變了」，「一進城市，大家對居住生活條件的要求就提高了，都愛從好的方面去佈置」，「要能維持簡樸的作風，恐不容易，城市的引誘實在太大。」（《楊尚昆日記》）

這還是在毛澤東的眼皮底下。

在南京，部隊進城後的一系列亂象，讓剛剛走出地下的中共南京市委組織部長陳修良，吃驚而又痛心：「解放軍進南京，首先是搶房子，搶傢俱，南京宮門一帶造的洋房特別多，還嫌不夠，波及到其他地區的好房子，搶佔國民黨高級官員的好房子、汽車、傢俱等⋯⋯尤其是有的幹部以勝利者自居，盛氣凌人，動輒訓人，不少官兵還不按規定購買車票，持強乘車、購物，以及不購門票，強行進入娛樂場所⋯⋯許多戰士進入總統府後，將走廊和辦公室的紅地毯，剪成小塊作墊子睡覺⋯⋯」「一時間在南下幹部中，出現許多拋棄農村原配，追求城市新歡的『陳世美』現象⋯⋯」（《拒絕奴性——陳修良傳》）

國民黨更早地陷入了這勝利者極易踩上的覆轍。「想中央，盼中央，中央來了更遭殃」⋯⋯

正主持全國肅奸工作的戴笠，指示毛人鳳、沈醉等人，趕緊成立一個財產清理委員會，對下面報上來的接收敵偽資產的數字，進行全面徹底的核查；對已上交的錢款、物資，分門別類造冊登記，嚴防隱匿。此前不久，戴笠在軍統

高層已經抓了一隻大老虎：

> 我惟一一次看到戴笠故意要痛飲一醉，是有一回他從昆明回重慶，我
> 按照中國禮節去接他的飛機。他滿面愁容，我不曉得是為了什麼事情，我
> 們一起來到他家中同進晚餐，當晚，他走進我房裏來，帶着一瓶白蘭地。
> 「來，我們喝酒，」他說，我們兩人就此喝了整整一夜。
> 直到旭日初升，他依然神智清明，看看手錶，他搖頭長歎一聲。
> 「我最要好的朋友和同學」，他說話時，聲音像幾乎要哭出來，「現在
> 按照我的命令，被處死了。」
> 這件事已經傳聞了好幾個月，有人向蔣委員長報告說：在昆明修建的
> 美軍總部，花錢太多。戴笠奉派前往調查，他發現貪污的公款，已由美軍
> 供應處官員和一群他手下的人所瓜分，其中有一位將領，正是戴笠的好
> 友。按照東方式的傳統禮節，戴笠請此人吃了一頓飯，然後通知他飯後即
> 捕。軍事法庭查明他罪證確鑿，判處死刑。戴笠在下達執行令後，返回重
> 慶。此刻太陽剛剛升起，正是行刑之時。(《另一種戰爭》)

梅樂斯沒有說這名處死者是誰，但看時間，應該是軍統局主任祕書葉燕蓀
少將，浙江青田人，加入軍統前曾做過浙江平陽縣縣長，大約是戴笠在浙江省
立第一中學同學。葉燕蓀藉口龍華仁餘布廠有漢奸股份及敵貨布疋，向該廠詐
取黃金 70 兩；又指稱新閘路仁餘糧行老板蘭人曾任偽糧公會會長，向其勒索
法幣 20 萬元……

為了殺雞儆猴，戴笠還拿下一隻「大老虎」。此人是他一直器重的電訊處
處長魏大銘，本以為電訊處是清水衙門，豈料處長卻油花暗湧。幾乎每回去國
外購買電訊器材，魏大銘都夾帶一批私貨，很長時間軍統一手掌控空、陸、水
運的檢查機關，專門檢查他人物品，一看是局本部買回的電訊器材，輕拿輕放
都惟恐不周，哪還會去翻箱檢查。戴笠以「走私罪」為名，將魏大銘關進監
獄……一時間，軍統上上下下為之震動。此外，馬漢三及其祕書劉玉珠貪腐一
事，也因外界反映強烈，戴笠始覺馬漢三「眸子不正，其心不正，又沾染『倒

戈將軍』（馮玉祥）的門風」，他要文強等心腹不要怕「養虎遺患」，觀察其人在「樊籠之中」，若有異舉，「則可先斬後奏，不奏亦可」，並交代「這是校長面諭」，不可為外人道。（文強《大特務馬漢三之死》）因戴笠猝然去世，馬漢三多活了幾年，1946 年 9 月至 1947 年 8 月，在任保密局北平站長的同時，其公開職務還做過北平市民政局長。

　　勝利後，戴笠調馬（漢三）赴北平工作，擴充組織，賦予重任，一時大權在握，為華北掌有實權之風雲人物。惟自戴笠殉難後，他即大為改變，目空一切，覺得可以不受任何人管制，以掌握對高級漢奸治罪之權，一時貪得無厭，不斷貪污受賄，而漸成空前高級之富豪，家財萬貫，金銀財寶數之不盡。政治傾向，亦漸偏離中央，經保密局駐平人員向中央檢舉，控告其貪污犯行，馬聞有此風聲，即刻奔赴南京，向保密局長毛人鳳行賄活動，他送給毛局長銀行股票及珠寶珍品甚多，以為毛局長應會幫他點忙，對於檢舉控告他的證據，予以擱置或銷毀。怎知毛局長早已對其貪污實況加強調查，搜集具體實證確據，並對其本人及從犯劉玉珠兩人，加以監控，並報奉層峰核准，交由保密局軍法處審辦，故在馬漢三由南京返回北平後，立即將馬、劉兩人扣押監禁。

　　這時候，毛局長在一次（總理）紀念週中，曾攜帶部分「禮品」展示給大家，他說明，馬漢三把一些「禮物」送到他家中，還一一加以解釋，這些銀行及大企業公司的股票，迭起來竟有一尺多高。馬漢三說：「股票比鈔票更好，需用時立刻可以售出，變為現金，不用時存放起來，增值亦很快。」另有一整盒大型珍珠，據說是一千顆，馬漢三特別向毛人鳳介紹其價值，說這不是普通的飾品，而是真正的寶物，原係由某皇帝宮中流出，不要說一般人會擁有或使用了，見過這種寶物的人都極有限。毛局長指着放在講台桌上的一堆股票，及一大盒珍珠說：「他送我的『禮物』，還有其他一些，我連看都不看一眼，都已存放在軍法處，結案後再併送政府有關部門，妥收處理。」由這些「禮品」大家也可以推想到，馬、劉

二犯貪污數量及價值的巨大。馬漢三、劉玉珠兩人，旋即由北平押解至南京，經軍法處審訊，以犯行重大，證據確鑿，經判處死刑，執行槍決。（《雲煙往事》）

倘若僅是一些害群之馬「五子登科」，這還不能導致軍統的困境，這是蔣介石和整個國民黨軍政機器面臨的一個系統問題。

1945 年 11 月 28 日，中國戰區美軍司令魏德邁會見蔣介石，報告他所知華北地區官員的貪腐情況，讓蔣深感不安。次日，蔣介石日記云：「昨魏德邁來見，告我以中央派往華北人員之如何貪污不法，失卻民心，聞之慚惶無地，不知所止。」12 月 5 日，蔣介石即審核《肅清貪污運動綱領》及《改革黨務方案》，聲稱這兩個文件「極為重要」。轉年，國民黨六屆二中全會將反貪腐列為重要議題。其《政治報告決議案》指出：「多年以來，官商主義早已構成政治上最大弊害 …… 結果所至，官吏不知責任為何物，對於主義政策，不知尊重。此種弊害，在勝利以後，尤完全暴露。復員時期各種工作，多無準備，而一部分接收人員，敗破法紀，喪失民心，均為平素漠視主義、不知尊重國家制度之結果。」

此決議列舉的幾十條「改革」措施中，有一條為「清查戰時暴利之財富，課以重稅；清查不法接收人員之贓產」。在這前後，蔣介石親自批示了軍統局少將主任祕書葉燕蓀、海軍駐天津專員劉乃沂、瀋陽市工務局局長李榮倫、江海關幫辦尹蘭蓀等 5 人的死刑案。

倘若僅是貪腐迭出，戴笠活着，大約也不會對馬漢三、劉玉珠一類的「孤狼」手軟。讓他最為憂慮與不安的是，他麾下遍佈全國的軍統組織，幾乎自慶祝抗戰勝利的焰火熄滅、滿地爆竹碎末掃去時，其日後的生存就成了一個問題。1945 年 10 月，經過長達 45 天的煎熬，中共代表團與國民政府代表在重慶簽訂《雙十協定》，雙方談了關於和平建國的基本方針、政治民主化、國民大會、人民自由、黨派合法化、取消特務機關、釋放政治犯、地方自治、軍隊國家化、解放區地方政府、奸偽處置、日軍受降等 12 個問題。這 12 個問題僅少

數幾條達成協議，其中便有「取消特務機關」。

在國民黨六屆二中全會上，支持《雙十協定》的少數委員連連質問：為什麼《雙十協定》、國民參政會、政協會議的關於人民自由、黨派合法化、取消特務機關的三大決議，現在還是「只聞樓梯響，不見玉人來」……戴笠不在現場，鄭介民在，後者一定會告訴他。戴笠心裏，必然「一時長慟過西洲」：

他胸前有可佩卻極少有機會佩掛的賽鼎、雲麾、忠勇、忠勤勳章，還曾獲有美國政府頒贈的司令勳章一枚；胸中有一串爛熟於胸的數字──軍統局的正式在冊人員，在抗戰中殉難的近1700人；加上忠義救國軍、各訓練班學員等，在抗戰中犧牲的達18000人以上（這數字來自於沈醉生命最後幾年寫下的一點文字，和他五六十年代的説法迥然不同了，也可見《蔣介石的特工頭子──戴笠傳》）。八年來冒死克難、為國盡忠，轉眼間，卻成了幾如明朝史頁上人人喊打的「東廠」、「西廠」？太多烈士的骨骸還來不及安頓，太多的遺屬、遺孤還在等着撫慰與安置，他們的淚水還嗆在眼角，怎麼那如雪白骨就成了柴棍，如漿血水就變成了廉價的胭脂水、紅墨水？

戴笠或許還會想，中共方面要推倒軍統，這在事理之中。可「牆倒眾人推」，現在軍統還沒有説被取消，國民黨內外，擺得出的理由，説不出的積怨，已統統化為一塊塊的板磚，劈頭砸來，先把這頭巨獸砸死了再説，能拆骨的拆骨，拆不了的就吃肉，肉吃不上，喝口湯也成。陳誠、李宗仁、杜聿明等將領一再放言，要將「忠義救國軍」整編成交警總隊；交通部、外交部等若干政府部門瞪着牛眼，急於接管「中美所」後期運到的大量美式卡車、吉普、電台及各種各類精密器材，彷彿軍統的人，日後站在馬路上有根木頭做的指揮棒、再掛隻鐵皮口哨就行了……

戴笠心裏也明白，軍統不可能原封不動，其在戰時的極速擴張，是應抗日之需。動盪的時代、分裂的國土，也給了軍統擴張的經費可能：搶奪敵方物資；製造偽幣；宋子文任財政部長的幾年裏交戴笠負責全國緝私，僅查抄鴉片的收入分成，每年愈億元……眼下，滿目瘡痍，千廢待興，國家收入只能從可憐的一點稅務、進出口上來，維持龐大的軍統，即便蔣介石有此心，馬瘦毛長

的民國財政也無此力。

「中統」簡單，改組為「中央黨部黨員通訊局」便是。難的是軍統，保留通不過，取消也不合適，一次談話中，蔣介石要戴笠自己拿出一個軍統既「減肥」又合法的「轉身」方案。戴笠的一些部屬也議論蜩螗，現在不是講「政治民主化」嗎，「將軍統所屬的文武人員作基幹，大可創立一個新的政黨，必能凌駕諸在野黨派之上，很有發展希望。」是的，蔣介石已有意對國民政府進行改組，青年黨、民社黨和少數「社會賢達」將進入國之中樞，長期的「一黨專政」局面儼然要得到改變。軍統的影響與實力，得甩青年黨、民社黨等幾個花瓶黨好幾條馬路。劉培初「曾經面勸戴先生不要存有以特務工作為終身事業的打算，要跳出特務工作的範疇，去從事實際的政治活動。」（《長相憶：歷久彌新——為紀念戴雨農先生去世四十年而作》）唐縱也曾「勸他愛惜羽毛……逐漸在政治上求發展，不可拘於特務工作之一隅。」（《在蔣介石身邊八年：侍從室高級幕僚唐縱日記》）

戴笠沒有回應。

1938 年 3 月，國民黨在重慶召開中央委員會臨時全體大會，蔣介石欲圈定戴笠為中央委員。戴笠得知此事，連忙向蔣介石報告：「我連國民黨黨員都不是，又怎能當中央委員呢？」蔣聽了非常驚訝，忙問：「你既是黃埔學生、復興社社員，又在我身邊幹了這麼多年，為何還不是黨員？」戴說：「我以往一心追隨校長，不怕衣食有缺、前途無望。入黨不入黨，決不是學生要注意的事。高官厚祿，非我所求。」蔣介石聽了，馬上寫了一張條子。戴笠接過來一看，「蔣中正介紹戴笠為中國國民黨黨員」。他連忙推辭，堅決表示終生只做蔣的「無名學生」，不當中央委員，「只要校長信任，就感到莫大的光榮。」

1945 年 5 月，國民黨第六屆全國代表大會在重慶開幕，戴笠被提名為國民黨第六屆中央執行委員，戴本人堅辭。但蔣介石建議，此名額仍給軍統，結果，鄭介民當選為中央執行委員，唐縱當選為中央候補執行委員。

身在派系犬牙交錯的複雜政情之中，幹的又是旁人看來極端政治化的工作，戴笠身上卻似乎有一種儘量遠離政治的傾向。在戴氏遺墨中，很難發現一

句說及他本人有何政治意圖的話。涉及政治話題，他必引用蔣介石之言：「特種工作人員，無政治之主張，一切惟以領袖意旨為意旨。」在致某部屬函中，他曾說過如此一段話，可見其抱懷尺標：「不管政局如何變動，某派如何拉攏某人，又某派如何攻擊某人，此類情形，吾人只可注意調查……至吾人本身，乃係革命工具，絕無政治活動之可言。且弟個人，對於政治實毫無興趣。只因受領袖之恩，當國家多事之日，與我全體同志，十餘年來，含辛茹苦，犧牲奮鬥之歷史，義之所在，不得不拚命幹去，以期有以報答領袖與我死難諸先烈耳。」（《蔣介石的特工頭子──戴笠傳》）

在筆者看來，戴笠是在使用拖延之術，在拖延中可以靜觀。

以他對校長的了解，號稱「和平建國」，準備由「訓政」階段進入「憲政」的主意，應是空心湯團、河畔砂器──

中共方面號稱在延安和眾多的抗日根據地早實現了「三三制」民主政體，即各級政權裏，中共黨員佔 1/3，非黨的進步人士佔 1/3，中間派佔 1/3，最大限度地包容社會各階層的代表人物。如果中共黨員超過 1/3，應主動退出，由其他人員補進。實踐中也是如此做的，1941 年 11 月，陝甘寧邊區第二屆參議會選舉邊區政府委員，當選的 18 人中，本有中共黨員 7 人。其中，中共「五老之一」、時任延安自然科學院院長的徐特立，主動申請退出。然後按得票多少的次序，改由西北反清的哥老會首領、黨外人士白文煥遞補當選。《陝甘寧邊區選舉條例》還明確規定，「採取普遍的直接的平等的無記名的選舉制，保證實現徹底的民主」的選舉原則。之後，陝甘寧邊區和各敵後抗日根據地，依照該《條例》，相繼選舉產生邊區和各敵後抗日根據地的各級人民政府和參議會。1937 年、1941 年、1945 年，邊區進行的 3 次較大規模的選舉運動，都是普選、直選、競選、差選，採取選民所能接受的多種方式，識字的用選票，識字不多和不識字的農民，用劃圈、劃杠、劃點、投豆、投紙團、煙頭燒洞等表達，沒有誰控制，也不能控制誰。這些選舉原則和選舉方法，開創了中國歷史「草根民主」的先河。官方成立有「憲政促進會」，毛澤東親任理事；中共在國統區的機關報《新華日報》，對此作了滿懷熱情的介紹，並發表了大量抨

擊一黨專政、呼籲憲政民主的社論評論，在國統區尤其在青年知識分子中廣泛流佈……

恰如猶太人看以色列這「流淌牛奶和蜂蜜的祕境」，這些不但足夠讓當時的全國百姓與文化人興奮不已；也讓來華的外國記者發現，中共中央所在地的延安，一時成「民主」明燈，與「獨裁」的陪都重慶形成鮮明對照：1944年裏，岡瑟·斯坦、愛潑斯坦、福爾曼、沃陶等6名外國記者，和幾名中國記者組成的「中外記者西北考察團」，從延安回到重慶，美國國務院的格拉姆·佩克見了他們。後者就此寫道：「我和這批記者中的幾個交談過，我發現了他們受到了深刻的震動。他們看到了共產黨和國民黨之間的差異是那樣巨大和鮮明，以致沒有任何方法能夠防止一場內戰的爆發，而在這場內戰中，最有希望獲勝的是共產黨人……」(李輝《抗戰中的外國人》)

深受震動的肯定還有蔣介石。不管他是否讀過新華社1945年的新年社論：「不實行人民普選，如何能實現民主？不是普選的政府，就是非法政府，國家領導人寧有種乎？」不管他是否注意到，除中共方面，在中國大地，以張奚若、羅隆基為旗幟的首批中青年政治學者，意氣風發、辭豐意雄，以中國民主同盟與清華大學政治學系為大本營，其目標是為中國邁向現代型民主國家打造人才，鼓動輿論……有着「委員長」、「總裁」、「主席」等眾多非普選頭銜的蔣介石，現在極需要趁着抗戰勝利的大勢，在民意的基礎上，在南京有着600多年歷史、正加緊裝修的「兩江總督府」內，披一身簇新的長袍馬褂，踩上紅地毯，走向「總統」大位。

校長似乎明白了：還政於民的憲政，是一個力求走上文明之途的國家，早晚要發生的事情，是「中華民國」的歷史版圖上必然要完成的權利分享與制度保障。所以，拆掉這個版圖上洶洶輿情中的「違章建築」——中統，和體量遠大於中統的軍統，便是難以避免的事了。

以戴笠對校長的了解，此意志也是不可動搖的：即儘管1946年1月的政治協商會議通過的《憲法草案》規定，國民黨的一黨專政將成為歷史，中國將建立一個民主憲政國家，但這個要隨「總統」踩上紅地毯的新國家，不會容下

中共。日本投降時，國軍主力偏處西南，蔣便憂心日軍武器裝備落入中共部隊之手，故8月10日當天，蔣即致電陸軍總司令何應欽，命其警告日軍不得向國民政府指定以外的任何部隊、任何人繳械投降，日軍「如對非指定之部隊而擅自向其投降或讓防，得由陸軍總司令下令以武力制裁之」。《雙十協定》墨跡猶濕，蔣介石就給各戰區的部隊重新印發了《剿匪手本》，並發出了密令：「此次剿匪為人民幸福所繫，務本以往抗戰之精神，遵照中正所訂《剿匪手本》，督勵所屬，努力進剿，迅速達成任務。其功於國家者必得獎賞，其遲滯貽誤者當必執法以罪。希轉飭所屬剿匪部隊官兵一體遵悉為要。」

戴笠相信，只要經過抗戰已經燎原星火於大江南北的中共根據地和中共軍隊存在，總統府就坐不安穩，內戰便不可避免，軍統就不可能是扁舟一葉遠去、「短髮蕭疏襟袖冷」。

拖延，並不意味軍統全體怠工。戴笠在軍統內部提出「裁弱留強，裏外三百」的方針，即在體制上減少指揮層次，下令撤銷所有區一級的組織，恢復在省範圍內以省站為最高指揮機關。原來歸屬區一級指揮的特工人員，在絕對保密的情況下全部轉入地下，不再以公開機關和任何名義作掩護。在此基礎上，進一步清理整頓軍統內部的貪污受賄問題。（《戴雨農先生全集》）

戴笠也做好自己的安排。他感覺軍統屬於自己的日子不多了，早在1946年初，一次同軍統大員、中美合作所參謀長徐志道聊天時，便關照徐以後要照顧好軍統局的遺屬。（徐志道《戴笠將軍與我》，見《戴笠傳記資料》（三））

其實，他有一個鐵錨一般沉落心頭多年的方案，這源於抗戰中中國海軍的悲壯之旅，還有日本、美國海軍太平洋上的風雷搏擊：

國軍海軍的編制、艦艇數量、裝備質量、官兵數量等，與日本海軍相比，幾近大人殺雞、小兒玩泥巴。國軍海軍全部艦隻100多艘，總噸位6萬噸，日本海軍236艘，總噸位119萬噸，一艘「大和」號戰列艦就達73000噸。國軍海軍官兵總共約為2.5萬人左右，僅為日本海軍12.7萬人的1/6。抗戰之初，國民政府為阻止華東日軍沿長江西進，在江陰江面，用沉船和沙石建立了一道長江阻塞線。其中老舊不堪、不能參戰的「海析」、「海躁」、「海容」、「海籌」

4艘巡洋艦，全部自沉。以後海軍作戰，大抵只是利用小艇戰術，在沿海和長江佈雷，炮火支持，發揮有限的作用。倘若要正面和日本海軍打大規模海戰，結局只有一個，全軍覆沒。美國海軍，艦隻345艘，總噸位143萬噸。珍珠港突襲裏，日本人擊沉、擊傷美軍各型艦船總計410餘艘，擊毀飛機265架，有2400餘人陣亡，但在隨後的珊瑚海戰役、中途島海戰、瓜達爾卡納爾島海戰中，美國人海嘯橫空般站起來，幾巴掌下去，打得日艦大量葬身海底，山本五十六滿地找牙……

王樹增的《抗日戰爭》一書也寫到：「1937年的中國海軍裝備老舊，與日本的海軍相比，幾乎沒有任何制勝的可能。在淞滬地區參戰的，基本屬於海軍部的第一、第二艦隊，以及練習艦隊和測量船隊，這兩支艦隊中的一些老船，還是清朝水師遺留下來的，已經被沉入長江航道當障礙物使用了，真正能夠與日本海軍交戰的艦艇，只有『平海』號、『寧海』號、『應瑞』號和『逸仙』號四艘巡洋艦，而這四艘主力艦的總噸位不足1萬噸，還不如日本海軍『出雲』號一艘裝甲巡洋艦的噸位量。」以至於後來，在國人矚目的重慶慶祝抗戰勝利的大遊行中，主辦方竟然找不到一個完整、成建制的海軍單位參加，最後只找到幾十名散落各地的原海軍人員和一些退役的海軍老兵。他們滿含熱淚，奮力撐起一塊「中國海軍」的條幅，代表着已經打沒了的中國海軍……

戴笠在茲念茲，必須重建中國海軍。

通過與梅樂斯長達近3年的深度交往，及軍統與美國海軍共同成立的中美特種技術合作所，一方面使戴笠對現代海軍的架構、品質，有了深刻的認識，一方面也讓美國人看到，這個從不在新聞媒體上露面的人，卻是他們所接觸過的中國軍政大員裏最幹練、最有力量，也最有興趣接受新觀念新技術的一個人。抗戰勝利前夕的1945年6月9日，美國海軍總司令歐內斯特·J·金上將，向中國方面提出建議，希望在中美合作所結束之後，雙方成立新的合作業務和合作機構，協助國民政府建立新的海軍，並命令梅樂斯積極籌劃。當月18日，梅樂斯即向蔣介石提出具體意見，請蔣致函杜魯門總統，先派代表團來華調查實際情況，然後具體策劃建立軍港和海軍學校，增加海軍設備，增調船艦

來華，建立海軍陸戰隊，以及兼顧民用海運和商船事業等。(《戴笠與抗戰》)迨至日本無條件投降，盟軍統帥麥克阿瑟又有一項極祕密建議，將隸屬於太平洋地區的美軍海上艦隊大部贈予中國，以支持中方再建海軍之用，但附帶有兩項條件：第一，艦隊贈撥後，須由戴笠親自統率；第二，簽訂條約，須以戴氏為直接對象。此事已祕密協商多次，彼此簽有意向協定。(《戴笠與十三太保》，《中國時報》電子版 2013 年 12 月 21 日)

「戴笠在 1945 年夏天就把這一情況，告訴過許多親信部下，甚至連怎樣組織海軍總司令部的計劃和人事安排都在準備着。所以勝利後，他在上海公然接收日本海軍部許多財產房屋，就是這個原因。」(《我所知道的戴笠》)

美國海軍高層裏，與戴笠聯繫頻繁的是太平洋艦隊（即第 7 艦隊）司令艾倫·柯克（Admiral Alan Goodrich Kirk，1888—1963）上將，他曾成功指揮西西里島登陸戰役、諾曼底登陸戰役，在海軍中的影響堪比陸軍中的巴頓，戰後即晉升上將。戴笠多次飛赴青島，「應柯克要求」，策劃美海軍陸戰隊於渤海灣登陸事宜。還去天津，拜會美國海軍駐天津司令愛德華中將、海軍陸戰隊第 3 師師長洛基少將。1946 年農曆年初二，戴笠在北平宴請柯克上將，並陪同柯遊覽北平 10 天。柯克表示，美海軍願助中國重建海軍，共同維護太平洋地區的安全，並願將第 7 艦隊部分軍艦贈送中國，包括驅逐艦、巡洋艦、航空母艦多艘，以加強由遼東半島至海南島之海防。柯克並邀請戴笠訪問美國，與美海軍首長會商今後合作的具體問題。戴稱尚需請示委員長，如國內工作可以脫身，當可奉准成行。在北平的最後一晚是舞會，至凌晨方散。「柯克赴南苑機場搭軍機飛往青島，我陪戴先生往機場送行。柯克上機前對戴先生說：『謝謝你的招待。希望在不久的將來，美國海軍在美國歡迎你。』」(《戴笠的生活片段》)

時任海軍司令的陳紹寬，以「外界每對海軍及紹寬個人時加責難，尤以淞滬戰役以還，僉責海軍無力，不能捍衛國家」為由，抗戰前後，三次請求辭職。可與戴笠一爭長短的，只有桂永清（1900－1954，今江西省鷹潭市人。黃埔軍校第一期，力行社成員。1930 年留學德國，4 年後歸國，任中央陸軍官校教導總隊長，後任駐德武官、駐英武官等）。1944 年 11 月，蔣介石派桂永清

率軍事代表團去英國，其主要任務是同英、美的聯合參謀部保持聯絡，互通情況。桂利用有利條件，與英國海軍多有接觸，對其體制和教育訓練方面了解尤深。不久，中國派遣一批海軍下級軍官赴英國學習，蔣介石指令桂對這批青年軍官就近加以節制和管理。桂永清就此打下了日後可能統率海軍的基礎。且在資歷上，戴笠與桂永清同列原力行社「十三太保」，但桂為黃埔一期的「大哥」，戴為黃埔六期的「小兄弟」，還是個肄業。桂永清決不會甘居於他人下，縱可一時攬住，恐終難使其心服口服。

但桂永清之短，則是戴笠之長，桂雖有去英國考察海軍的經歷，但第二次世界大戰的戰局表明，「日不落帝國」海軍檣櫓連雲、雄風世界的日子一去不復返了，時下，全球海洋的霸主無疑是美國海軍，「取法乎上，僅得其中；取法乎中，僅得其下。」蔣介石不會沒有這樣的眼光。自中美合作所成立以來，戴笠是與美國海軍打交道最多的人。而且，蔣極重視美國在華軍事力量。若內戰一觸即發，少不了請求美國海軍幫助國軍迅速登陸、搶佔各戰略港口、要道，在 1946 年，國軍有近 5 萬人藉美艦在天津登陸。還有一條可以讓戴笠拍胸脯説絕無私心，又能給因軍統出路而冥思苦想的校長紓難解困的理由是，如他做海軍司令或海軍部長，受過美軍教官嚴格訓練、有大量美式裝備的忠義救國軍和別動隊裏，至少可以剝離七八萬人成建制地轉為海軍陸戰隊。難道還有比這更好、更快的「優雅轉身」？

對剩下的約一半人，戴笠也有考慮。大半年裏，他在南京、上海、北平、天津、青島等地來回奔走，一邊肅奸接收，一邊絞盡腦汁，四方斡旋，讓更多的軍統人員進入警察系統，尤其是搶佔各地警察局長的位置。當然，他不會以為這是渾水摸魚，昭昭白日下無不可對人言：軍統、中美合作所前後舉辦的全國各特警班畢業生達 15 萬人，他們是精良特工，做警察本就夠格，比起在原淪陷區再招人馬，泥沙俱下得努力甄別，用他們可靠，且順理成章⋯⋯

以為不是「渾水摸魚」，胸脯可以拍得作銅鑼響，但事情的發展卻愈來愈像「火中取栗」——

軍統局工作，是一向嚴守祕密，從不對外宣傳的。而中國當時的宣傳工作技術，亦似乎欠佳，至少不及中共之敏銳而有力。所以「中美所」如何幫助美方，加速敵人崩潰，減少美國損害種種情形，一般美國人並無所知。在國會內，不免有以耳代目者，認為不應再與軍統局合作。更加上國務院以協助中國建立海軍，「事涉蘇聯」來淆惑聽聞。當然，他們必定要毀謗戴氏，「因戴氏堅決反共」。因此種種，三十五年三月，美國總統正式提出法案時，國會僅允以少數護航艦、驅逐艦，協助國府復員。至於合作，則認為無此必要。(《蔣介石的特工頭子——戴笠傳》)

蔣介石晚些時候獲悉美國海軍所擬的《戰後海軍助華方案》，遭到了美國國務院及陸軍部的反對，兩者確定的處理原則是，除部分氣象、通訊及情報工作外，中美合作所的其他各項工作必須儘早辦理結束。其跡象早有端倪：杜魯門總統深受馬歇爾的影響，後者作為美國總統特使，1945 年 12 月抵上海，負責「調處」國民黨與共產黨的關係。馬歇爾的印象是「戴某的興趣，乃是維護中國的一黨政府，成為和談的障礙」(費雲文《戴雨農與中美合作所》，見《戴笠傳記資料》(一))，「必須將他排除」。費雲文《中美合作抗日祕錄》，見《中美合作所與戴笠特輯》)

因「維護中國的一黨政府，成為和談的障礙」，軍統「優雅」轉身為海軍的計劃泡湯了。3 個月前，國民政府宣佈撤銷海軍總司令部，正式免去陳紹寬的海軍總司令，民國海軍日後如何建制，由誰統領，遲遲不見動靜，這應該讓戴笠有了西西弗斯之歎：好不容易推着塊巨石上了山頭，又見它嘩啦啦滾下來……反之，蔣介石成立了一個由蔣本人領導，錢大鈞、胡宗南、唐縱、宣鐵吾參加的 5 人小組，研究軍統戰後的去向問題。組內沒有戴笠，卻有唐縱，這時唐縱已調出軍統，任侍從室第六組組長，分管軍事情報這一塊；還有本與軍統無關、遠在西安的「西北王」胡宗南，蔣介石當然知道戴笠與胡是鐵桿兄弟，若是想由胡來說出戴的心裏話，那幹嘛不直接讓本人參加？還有宣鐵吾——警務界大腕莫不垂涎的上海市警察局長兼警備司令，能在如此高位，在

戴笠看來無非宣父與校長早年是拜把子兄弟，蔣一直視其為子侄。而這位置，正是戴笠圖謀軍統改編後首先應拿下的……

國民黨六屆二中全會上，面對反對派連珠炮般的詰問，還有一聲聲撕裂會場的口號，蔣介石並沒有站出來為軍統說上幾句好話；而且，會前在原 5 人小組外，又成立了一個包括戴笠在內的 8 人小組，使命為儘快拿出軍統改組的方案。8 人小組成員為：宣鐵吾、李士珍、陳焯、黃珍吾、葉秀峰、戴笠、鄭介民、唐縱。蔣介石的這份名單是可以看出某些潛台詞的：8 人裏，除陳焯是出身北洋政府的老警察，葉秀峰代表中統局，其餘都是黃埔畢業生。這意味着，蔣介石在考慮改組軍統的過程中，怎麼動，都不會換去黃埔系這瓶存了多少年的老酒。此外，8 人中，宣鐵吾是上海市警察局長，陳焯是北平市警察局長，黃珍吾是首都警察廳長，李士珍是中央警官學校教育長；葉秀峰、戴笠、鄭介民、唐縱，則代表中統和軍統，警察與特工在名額上 4 比 4。這似乎透露出在蔣介石的頭腦裏，軍統局改組後的主要方向是特工警察化……

估計這 8 人小組的名單，也讓戴笠不爽。

他雖然進去了，但卻失去了昔日的「江湖」地位，而且，他所面臨的對手，除了宣鐵吾和葉秀峰，又多了警界元老李士珍和黃珍吾。1935 年，李曾率團去歐美 19 個國家考察警察制度，他和戴笠同樣認為現代國家的基礎是有一支出色的警察力量。「中美所」成立後，軍統在東南班、息烽班、蘭州訓練班裏各挑選最優秀的 200 人，共 600 人到重慶受訓，由美國人出錢出力出教官訓練，執行美國聯邦調查局同樣的訓練科目、同樣的考核標準。身為中央警官學校教育長的李士珍，卻稱這些人沒有經過正規訓練，不知道夠不夠資格當警官，不肯發給中央警官學校的統一證書。而抗戰勝利後要實行「憲政」，沒有正式的學歷證書就沒有辦法當公務員。戴笠對此牽腸掛肚，要人事處處長龔仙舫事先將學員名冊造好，趁蔣介石來班視察之機，遞上簽呈，蔣批示「准發中央警官學校證書」，學員才拿到該校的畢業證書。李士珍此舉，顯然是惕懼戴笠搬走他的太師桌椅；黃珍吾曾任憲兵司令，老話有「一山不容二虎」，憲兵與軍統相處時有磨擦，且他正是由李士珍、宣鐵吾給蔣介石提名，才當上首都

警察廳長；陳焯的資歷老到可以在蔣介石面前擺輩分，對戴笠不免眼風輕飄；唐縱和鄭介民，過去與戴笠一起被稱作軍統「三巨頭」，但眼下「心期得處，每自不由人」，唐縱去了校長身邊，且在 1946 年 2 月提升為內政部政務次長；鄭介民則是北平軍調處執行部首席代表，已成國內外矚目的政治明星，還能寄希望於他們為往日一口鍋裏吃飯的伙計們設身處地、綿心盡力？

　　大概更讓戴笠不安的是，校長似乎在淡化他，不是如抗戰的艱難歲月裏多少國家民族要害之事命他牽頭，由他闖關，而是在 5 人小組後，又推出一個各藏綿密算計的 8 人小組，由它來決定軍統的命運。這種做法，可不像是對軍統「明改暗保」。近 20 年來，校長與戴科長互知胸中雲壑深淺，亦處「君臣師友父子」之間；此時，像是隔着一塊磨花玻璃，戴笠摸不透校長的意思。他想起 1942 年 8、9 月間，因查處林世良案，渾然不覺得罪孔家，事後蔣介石以其兼職過多為由，免去他的緝私署長一職。那個時候，戴笠開始「讀史」，史學造詣極深的周念行給他講解《史記》等幾部典籍，那時就説到「狡兔得而獵犬烹，高鳥盡而強弩藏」的古訓，莫非校長這次真要「藏」了自己？

　　據《文強口述自傳》，在北平的日子裏，時任軍統華北區長的文強建議戴笠「以退為進」：即自請出國一遊，暫時避避風。將軍統的攤子先交給鄭介民、毛人鳳看着。只要國共內戰一打起來，軍統的重要性又會突顯出來。如果還要求美國海軍合作，捨戴外無第二人。「你絕不要輕易歸國，必須要等到校長一再電召後才動身，這樣你的身價就會很高。一個全新的局面也會出現在你的面前。」筆者不採信這個説法，一是何蜀先生曾有專文，認為此書謬誤太多，喬家才先生在寫給李敖的信裏也指出文強的《戴笠其人》虛構杜撰，並加以駁斥；二是就説話口氣看，下級對上司過於隨便，作為軍統高幹，文強應了解戴笠秉性：若戴笠真這樣做了，輕説是恃才倚強，説重些像是「綁架」領袖，戴笠聽不進這樣的話，對校長他也不會這樣做。

　　那些日子，天上不時飄起綿綿雨絲，華北大地上春雨後特有的土腥味撲鼻而來。若隱若現的雨幔中，白塔山上紅牆金瓦綠叢掩映。而紫禁城那如海浪一樣鋪泄的金碧輝煌的琉璃瓦之外，故宮角樓獨立於一隅。它披落無盡滄桑，挑

破宮闌堂奧，卻無語長天，清寂似有幽怨。北平幸運地在戰火中保存了她的美麗，但在戴笠眼裏，故宮角樓，是古城風景裏最震撼的一隅，也是與他心境最為契合的一隅。

在北平的幾天，毛人鳳轉來蔣介石給他發的兩封催促返渝的電報。毛在一封電文的背面，注上了「重慶宣（鐵吾）、李（士珍）、黃（珍吾）在搗鬼，謹防端鍋，請親自呈覆」等字樣。「搗鬼」的不僅是宣、李、黃，軍統另一大員——毛人鳳的侄子毛鍾新也回憶，「當年力行社18位令人尊敬的負責同志，聯名報請領袖，取消特務，撤銷軍委會調統局。」（《為戴笠先生白謗辯誣——質魏大銘先生》，見《戴笠傳記資料》（七））在場的文強看到，戴笠眼睛一下紅了，似有千言萬語湧上胸口，其中最要說的，大約便是他在軍統北平區的講話裏躲躲閃閃、沒有說出來的「艾怨」：校長啊校長，你老人家怎麼沒有站出來為軍統主持公道，說上幾句好話硬話呢？還有，力行社不就是做特務工作起家的嗎？這18個傢伙還不明白什麼是「特務」？他們這是在焚山狩獵、為淵驅魚，似乎盼校長在倒自家「專制」的洗澡水時，連嬰兒也一塊倒了……

戴笠讓文強代擬覆電，並交代：就說我處理平、津、寧、滬的肅奸案件事關重要，無人可以代理，請寬限半月才能返渝面陳一切。同時，要表達對宣鐵吾、李士珍、黃珍吾搗鬼一事的意見，措詞要委婉一些，不要露出與人爭長短的痕跡。最後，文強字斟句酌，反覆幾稿，經戴笠首肯後回覆的電報是：

校長鈞鑒：

電諭敬悉。本當遵諭返渝，因平津寧滬巨案，尚待親理，本月中旬始能面臨教誨，敬乞示遵。

生雲天在外，惟命是從。詎料煮豆燃萁，相煎何急。生效忠鈞座，敢云無一念之私。不得已而晉忠言，冒死陳詞，伏乞明察。

生笠叩

《文強口述自傳》裏說，「蔣介石接到戴笠的那份電報後，整整有好幾個小時沒有說話。他把電報的內容反覆地看了多遍，怎麼都覺得戴笠是在向他作最

後的通牒。那電文裏所用詞句，似乎是一把把鋒利而寒光逼人的劍，直指他的致命處。」此前，唐人先生在《金陵春夢》一書中說，戴笠掌握的特務武裝戰鬥力已超過蔣介石軍隊的戰鬥力，於是，在陳果夫的慫恿下，蔣介石起意暗殺戴笠。大陸的文本在說到這一節點時，多拷貝文強、唐人的說法，即蔣戴之間已成水火之勢。蔣介石必須要切割戴笠，一是可以應付輿論，尤其是來自美國人和中共方面的輿論，在政治上對自己競選總統有利；二是可以解決軍統勢力尾大不掉、戴笠功高震主的問題，因其呼風喚雨的能量，當年蔣介石的左肱右股中，似乎無人可及。於是，《陳華回憶錄》裏也有了戴笠的一句狠話：「如果不死在共產黨的手裏，早晚會死在委員長手中！」

戴笠飛機失事的「陰謀論」，亦由此而生。

　　記得另有一次，是在端陽節聚餐後，戴笠的講話內容是有關端陽節的來歷，說道：屈原是戰國時的楚國大夫，一個良臣，因他一腔愛國熱忱無處宣泄，就創作了《離騷》，成為中國文學史上一個偉大的愛國詩人。後遭他人攻擊誣陷，並進讒言，使他含冤莫辯，即投汨羅江而死，民眾聞訊，對屈原非常同情與敬仰，就駕小船在附近江上巡遊，及灑散米粒，讓魚類食用，而不讓魚類去咬食他，所以端陽節有划龍舟競賽，及吃米粽，都是為了紀念屈原。大家要知道，一個人受到怨抑，是很痛苦的一件事，因而我就在我們革命同志精神修養的信條中，訂有「苦幹苦守，任勞任怨」一條，我們紀念他，欽佩他，且應有「任怨」的修養，絕不可以學他去跳金沙江。（大家一笑）（《雲煙往事》）

　　吾人可以斷言：只要蔣中正在位，戴氏就絕不會有何野心，這是不須爭辯的。不過，假定蔣中正去位，情勢改變，中原失鹿、有野心者群起而逐，戴氏猶健在，他亦不會袖手作壁上觀。以他的才略和力量，他可以與任何野心者比肩並驅，一爭長短的。所以說他有野心或無野心，兩者都是錯誤的。（《蔣介石的特工頭子——戴笠傳》）

最後的風雨旅程

1946 年 3 月 12 日晚間，戴笠約見鄭介民，商談解決「東北危機」問題：近日蘇聯突然決定從東北撤軍，而遠在關內的國軍部隊鞭長莫及，蘇軍撤出後留下的真空，全部被中共軍隊快速填補。

談話中，戴笠出乎意料地把軍統多年來的家底和目前重要的工作向鄭介民作了介紹。並再一次提及抗戰中軍統的殉職人員，他交代兼着軍統副局長的鄭介民：「我也許不能再幹下去，你要費點心，切實照顧死難同志先烈們的眷屬，對他們的生活負起責任，這件事就拜託你了！以後，局裏這部分的經費應有保障，絕不能有什麼困難。」（《雲煙往事》）

3 月 13 日，戴笠在軍統北平站幹部會議上發表簡單講話。隨後赴天津，在此宴請抗戰期間在津潛伏的軍統特工、「抗日殺奸團」成員及其親屬。開酒席 40 多桌，台上設 3 桌，安排老特工及死難家屬於前座。戴笠陪同敬酒敬菜並講話，表示慰問與敬意。

3 月 15 日，返北平的戴笠去白塔寺中和醫院，探望在此祕密住院、做腎手術的東北保安司令長官杜聿明。深夜離北平，北平站站長王蒲臣率部到車站送行，戴笠謙謝，並說：「下不為例，這是最後一次。」終一語成讖……

3 月 16 日，戴笠一行抵青島，下榻龍口路 36 號臨時行館，任命梁若節為軍統局青島辦事處主任。當時，青島港內停泊着美國海軍第 7 艦隊軍艦多艘，艦隊司令柯克上將亦在此處。當晚，宴請柯克、美海軍陸戰隊第 6 師副司令及其高級幕僚，並邀請當地軍政長官作陪。當晚所談主題，並非軍國大事，而是如何安全乘坐飛機問題。戴笠說他搭乘飛機也常遇到麻煩，其中以在湖南零陵遇霧、飛機迫降沙灘，他個人奮然跳傘降落最為驚險。席間，戴笠從上衣口袋裏掏出長孫照片給賓客逐一傳看，面有欣喜之色。席散後，戴笠約見當地軍統骨幹多人，交代方略，面授機宜。凌晨 3 時許結束後，又親筆給蔣介石寫了一份報告，內有「生追隨領袖已十四年，幹部達十四萬人，望領袖多加愛

護……」（趙龍文《戴雨農先生》，見《戴笠傳記資料》（三））最後，才朦朧睡下。

　　3月17日，戴笠7時起床，披閱重要文電與報紙後，與他邀請前來的幾位美軍高級軍官共進工作早餐，介紹軍統青島站辦事處人員與之見面，以便日後聯繫。旋即，山東臨沂行政督察專員王洪九及軍統局魯南組長楊可僧來，聽取兩人彙報並作指示。送走客人，離去機場約有1小時餘暇，戴笠早聽說青島市容整潔，風景優美，便提出到海邊去走走。在匯泉區海濱，見一小別墅傍山臨海，視野開闊，周圍皆蔥翠林木，紅綠相扶，他忽命停車，凝視良久。隨員王崇五告訴他，這是曾任外交部長的王正廷的別墅。他轉頭對梁若節及青島警察局局長王志超說：「我半生奔波，真是日無寧暇，而五十之年，忽焉焉降至。人都會有休憩的時候，我哪天若卸去肩上的擔子，如能有這樣一所房子，以養終老，我就很滿足了。」當時戴滿目蕭然，語意淒楚，梁、王等人為之驚異惻然；王局長當即向他報告，正準備另租一處，以供戴先生再來青島時作休假小憩之用，戴笠方釋然開顏……

　　　　戴笠原決定17日上午十一時，乘專機，飛往上海，因當天氣候不佳，不宜飛行，諸同志聯合勸戴暫留青島，等待天好再行，戴因必須於18日趕回重慶，向蔣公報告，並於19日參加一項重要的會議，堅拒延期飛行。（《雲煙往事》）

　　這裏的「一項重要的會議」，應是指8人小組開會一事。在蔣介石接到戴笠上封覆電後，又連續兩次電戴笠，要他速回重慶參加8人會議。上午11時，戴笠與其隨行人員抵達青島滄口機場。其時煙雨漫天，雲絮陰沉。戴笠一下車即問機場工作人員：「氣候如何？」一飛行員答稱：「氣候惡劣。」送行者又復勸延後一日再走。戴笠沉思未決時，忽有一氣象人員說：「現在南京的天氣尚好。」戴聽後，覺得如上海不宜降落，可改先抵南京，遂決計按時起飛。起飛時間是上午11時45分，所乘飛機為航空委員會所派專機C-47型222號。考慮到萬一南京屆時也無法降落，需直飛重慶，油箱、副油箱都加得滿滿

的，約 800 加侖。

午後 1 時零 6 分，飛機到達南京上空，又是風雨交加，且伴有電閃雷鳴。電告南京航委會電台，謂氣候惡劣，不能下降，欲折回青島。稍頃，電告北平，謂已到南京上空，氣候惡劣。旋又電稱：現正穿雲下降。時在 1 時 13 分。此後，戴笠專機沒有再發出任何信息與地面聯繫。

戴笠外出巡視，一般有隨員五六人，包括機要祕書、譯電員、副官及便衣警衛等。重慶羅家灣軍統局本部經常有報告及請示之電報，戴笠亦隨時有批覆之電報及指示。這些來往電報，兩邊都隨到隨譯，不敢稍遲。而且，以往戴笠無論從任何地方出發，到達下一地點時，都會先與毛人鳳聯繫，時間不會超過兩三個小時。3 月 17 日午間，罕見的事情發生了：機要組有兩份電報發到青島後均遭退回，理由是「收電者已離去他往」；機要組立刻通知無線電總台：「請改發至上海及南京」，下午 3 時左右，總台來通知：「收件人迄未到達，無法傳遞。」機要組組長姜毅英十分忐忑地向祕書長毛人鳳報告此情況。當晚，仍沒有戴笠的消息，毛氏一夜難眠。

次日一早，毛人鳳急匆匆地到蔣介石官邸報告。蔣介石即拿起話筒要航空委員會主任周至柔，火速查詢 C47-222 號飛機的下落，並出動飛機沿途搜尋。蔣分析説，「是否有這個可能？飛機迫降到共產黨佔領的區域去了，所以才沒有辦法聯絡。」他吩咐周至柔，派一將級軍官，攜帶一部無線電、一個報務員、一個外科醫生，連同藥品，乘飛機到一些可能降落的中共佔領區上空尋找，如條件不允許降落，便跳傘下去營救。（《戴笠先生全集》）

回局後，毛一邊看着地圖，一邊情急意切，擬定好十幾份電稿，分別發給由山東沿海岸向南，經京、滬、杭，一直到福州、廈門、汕頭等地的軍統單位，指示其立即派員向四鄉探查，當日有無我機經過或迫降，如有發現，應即對機上人員嚴密保護，確守祕密，並速電覆。

3 月 18 日，局本部整天未獲任何訊息。當天的《大公報》上，登出一個約寸許的小方塊，題目是：「戴笠墜機江陰」，因其他大報及廣播媒體均無相關訊息，且《大公報》為一家左傾報紙，局本部上下對其將信將疑。往常，逢到

每年 3 月，為迎接 4 月 1 日軍統局成立的週年紀念，局本部會進行一番整修清潔，僱些石匠及泥水匠工人，把包括道路、台階及牆壁等，加以整修加固，並在適當的地點架設若干牌樓，掛上戴笠手訂之紅布金字標語：「團體即家庭，同志如手足」，「繼續光榮歷史，發揚清白家風」，「秉承領袖意旨，體會領袖苦心」，「任勞任怨，苦幹苦守」，「寧靜忍耐，偉大堅強」等。今年仍不例外，辦公樓和大院裏每天都有叮叮當當的敲擊聲，但往年人們聽到總有幾分歡欣，今日聽了卻感覺心裏發虛……

心裏發虛的還有在磁器口軍統基地的重慶特警班二期學員。下午 2 時許，學員們組成的體操隊正在加緊練習木馬，準備參加局本部「四一」大會表演。隊伍裏不知誰悄悄説了一句：「戴先生罹難了」，剛才還宛如遊龍、接踵而來的隊伍一下坍塌，隊伍立刻解散，大家圍在一起，儘管聲音盡力克制，也「聚蚊成雷」：誰説的？是真的嗎？不可能，戴先生正當盛年，精力充沛，機智過人，是不會遇難的！放煙幕彈吧？戴先生的行蹤一向神龍見首不見尾，虛虛實實，真真假假，這次一定是慣用的欺敵之法啦！欺騙誰？日本鬼子早投降了，戴先生這麼有影響的大人物，《大公報》也敢幫着騙……學員們的思緒成了鐘擺，偏過去於心稍慰，偏過來心口發緊，不敢深想。

到了十八日午夜，機要組李副組長，陪同約有十幾名同志，在辦公室值班，以辦理來去緊急電報的翻譯工作，有的人太疲乏了，趴在桌上昏昏欲睡。這時侯，突然收到一份由南京支台發來的急電，李副組長一看，電文中間有（222）數碼，知道是戴笠專機編號，立刻就交由一位女同志速速翻譯，李副組長站立其旁，不時低頭去看電文，只見這位女同志精神十足，兩眼含淚，十分緊張，電報翻譯不及一半，頓時號啕大哭起來，情緒幾至崩潰，在場的同事們，不看電文亦知道是什麼事發生了，落淚的人亦不少。李副組長就交由一位股長把電報譯妥，看了是南京站長及調查室主任聯名發來的。大意説：已經在板橋旁的山頂，發現飛機撞山燃燒後的殘骸，機上十二人全部罹難。隨即把電報交給一位女同志，由她攜去報告姜

組長，數分鐘後，這位女同志回來說：她敲開了姜組長臥室的門，看見姜組長淚流滿面，雙眼哭得紅腫，告訴這位女同志，她不看電報了，在晚餐後，已在毛先生辦公室知道了此事，是由「中美所」派偵察機多架，在南京地區一個山上，發現了撞山的飛機，餘火仍有小規模的在燃燒。毛先生指示，此事僅有機要組的同志們知道，暫不對外宣佈，各單位呈報戴先生的報告，交毛先生看過，仍送機要組，可暫予存放。知情的有關人員，此時的心情真是無限痛苦，無限感傷。（《雲煙往事》）

3月19日早，天津《大公報》頭條新聞仍稱：「戴笠飛機失事……」。上海各報紛紛派出記者到軍統南京辦事處求證。辦事處主任劉啟瑞已接到毛人鳳指示，要辦事處對此事不予置評。劉告之記者：我們仍在等待戴先生行止的準確消息，拜託諸位採取一個保留態度。下午，劉啟瑞接到美國空軍的電話，告美軍一架偵察機發現，在南京遠郊有墜機發生。陸軍總司令部也接到同樣電話。

劉啟瑞和陸總調查室主任李人士緊急碰頭後，當晚7時分別出發，李走京杭（州）國道，劉走京蕪（湖）國道。此時，天空還下着牛毛細雨，路滑泥濘，走出不到40公里，劉啟瑞夫妻、戴笠副官賈金南一行，到了江寧縣板橋鎮。所裏巡夜的保安隊員告訴劉：前兩天東南方向的那個山頭上，好像有什麼東西爆炸，轟的一聲。後來派人去現場看了，撿到兩樣東西。一會兒，保安隊員喊辦事員將東西拿來，一把0.38徑的自動手槍，賈金南一看就說：這是梅樂斯送給戴老板的，他從不離身！一枚圖章，主人是軍統局人事處長龔仙舫。

劉啟瑞忙着要保安隊員帶路去那個山頭。此人告：走小路8、9里，繞道走大路，有10多里。灰色混沌的雨霧，仍宿命般地下着，如巨大的蟒蛇一樣壓縮着夜空。劉啟瑞決定走小路，臨時去附近人家買了一盞燈籠，4個人舉了一支火把，開始爬山。山路陡陡曲曲，泥土被連日的雨水漚成了泥漿，屢有人滑倒摔下，但沒有人吱聲，大約此時每個人腦海裏揪揪念念的，都是老板那被火光映紅、遭雨水潑打，滿是血花、泥花的臉部……

爬到半山腰，突兀出現一塊黑黢黢的平地，像是被某種神祕的巨大外力給鏟去一塊，除了裸露的樹根，翻捲出的石塊，泛出白光、或大或小的鋁片，及一截仍可看清尾部編號「222」的飛機尾巴，就是東橫西臥的屍體了。一共 13 具，都摔得屍首不全。劉啟瑞夫妻和賈金南一具具辨認，後者嗚咽不止，宛如梟鳥聲一樣在山林裏淒厲回響。當確定其中失去右臂與右小腿的一具是戴笠後，賈金南留下看護現場；劉啟瑞夫妻趕回南京城急電毛人鳳，同時，連夜採購白綾綢，以備天亮時上山包裹遇難者遺骸……（王蒲臣《滾滾浪沙九十秋》）

　　1946 年 3 月 17 日 13 時 13 分，戴笠的專機失去電訊聯繫後，發生了什麼呢？

　　幾十年後，有一位叫朱沛蓮的台灣讀者見證說：

　　當天下午 1 時 47 分，在自己家鄉丹陽縣城（西距南京 68 公里），看到有架飛機以尖銳刺耳的嘘嘘之聲，由東而來，約以 4000 米的高度，向西飛行，「機身很穩，並無擺動搖晃等異狀。」但朱沛蓮感到，此機怪聲刺耳，不類尋常，恐機械已發生障礙，故印象深刻。事後聽說，該機在上海近郊徘徊，以圖降落，然因機場地面視線不明，乃折飛南京，擬在明故宮機場降落，但在南京上空盤旋時，因濃霧重重，視線不明，低飛選擇降落地點，不料誤觸山頂，機內汽油即發火燃燒，機毀人亡矣。（《戴笠座機失事目擊記》）

　　此山，即為岱山。原處江寧縣板橋鎮，現為南京雨花台區板橋街道與江寧區谷里街道交匯處。岱山高 183 米，周迴 19.6 公里，面積 30.06 公頃，山體岩石為變質岩與沉積岩。岱山在宋代以前名為「大山」，因其南側有一山體較小，稱為「小山」，可能當地口音「大」既可讀 da，也可讀成 dai，後世人們就將其稱為岱山了，「岱」又與「戴」同音，故被人們訛稱為「戴山」。

　　「事後據出事地點附近一些目睹當時情況的居民說，在大雨中，飛機飛得很低，先撞在一棵大樹上，才衝到那座不到 200 米高的岱山上。在一聲巨響之後，接着便是一片大火。那 800 加侖的汽油雖用去不少，但卻比正常攜帶量要多得多，故在雨中一直燃燒了兩小時左右才停息。」（《戴雨農先生全集》）朱沛蓮講得還要詳細，稱「該機飛行甚低，碰及高約 3 丈之大樹，遺落一螺旋

漿，即連續擦過 3 個山坡，復碰落一螺旋，隨即初碰山腳，再碰山腰，發生巨響，立即焚燒，至晚始熄。」(《戴笠座機失事目擊記》)

關於戴笠墜機，可能是中國現代史長街上一個頗為熱鬧的「茶坊」，看客聽眾歷來川流不息：風水先生，命相術士，戴笠部屬，蹩腳的小說家，研究民國史的中外學者，以及極力要鑲嵌粉色花邊、身份卻撲朔迷離的陳華、李麗……紛紛上台，唾沫飛揚，幾十年來，莫衷一是。

風水先生說的是：戴笠墜機的地方是「戴山」，山腰中有一條溝，當地百姓叫它「困雨溝」，困雨，困住雨農也。自古大將怕犯地名，三國時的龐統還沒出山，就被其叔父、大名士龐德公視為與諸葛亮齊美，稱後者為「臥龍」，稱前者為「鳳雛」，結果龐統死於征西川路上，命喪處就叫落鳳坡。可見戴笠與龐統一樣，他們死於何處，是老天注定了的。

命相術士說的是：戴笠原名戴春風，八字屬於「雙鳳朝陽」格，因缺水，故早年蹉跎歲月。改名戴笠，字雨農，水足得很，果然鴻運當頭，仙人指路，問鼎軍統。其化名也多帶水字旁：「涂清波」、「沈沛霖」、「洪淼」等，一向有驚無險，似有神助。1945 年底，戴笠公幹在外，祕書室新來的祕書不知底細，在代擬的公文上，給老板起了個「高崇嶽」的化名，於是戴笠座機失事，撞毀岱山……

小說家言，多走「陰謀說」路數，且不止一家：

其一，如唐人先生在《金陵春夢》一書第五集《和談前後》中說，眼見戴笠掌握的特務武裝戰鬥力已超過蔣介石軍隊的戰鬥力，於是，在陳果夫的慫恿下——養虎遺患，若不及時「削藩」，後果將不堪設想。蔣介石終於點頭，由陳果夫介紹一位飛行員給戴笠開飛機，此人自願為黨國大業做一名死士，與戴笠同歸於盡。

其二，1987 年 9 月，喬家才先生以《是誰害死了戴笠》為題發表連載文章，對以上說法嚴重質疑，文中暗示害死戴笠的，是中央警官學校教育長李士珍。

其三，戴笠被美國特工謀殺。日本投降後，美國戰略情報局探聽到，戴笠

要對過去所有與日本人合作過的中國人進行一場大清洗，他們認為這將是一場沒有正義的大流血，必須予以制止。在獲得戴笠將在青島過夜的情報後，戰略情報局迅速指示在青島的美國特工，祕密在戴笠專機氣壓計的保險絲上做手腳。戴笠墜機摔死後，一位美國間諜用具發明專家堅信戴笠是這麼被謀殺的。中國航空博物館原館長齊賢德先生認為，飛機上的保險絲很多，比如設備電路系統、應急操縱系統、起落架、油箱口蓋等等，都有保險絲。保險絲失效以後，會導致設備工作故障，對飛機的安全造成一定影響，但保險絲本身並不會造成飛機爆炸，除非專門安裝了特殊的自爆裝置。

其四，台灣出版的《陳誠評傳》一書稱：「戴笠之死，一說是中共在飛機上做了手腳」，其依據為，中共在「內戰」中，往往通過間諜率先知道國軍的作戰計劃，然後集中兵力打國軍孤立及突出的部分。中共若要贏得其間諜加人海戰術的「內戰」，戴笠必為其攔路虎，因此迫不急待謀殺戴笠。1979 年，美國著名中國問題專家邁克爾‧沙勒，介紹迄今為止的戴笠之死的爭辯說，「人們對其原因說法不一，有人說要歸咎於共產黨人，有人說與美國戰略情報局有關，還有人說要感謝孫中山在天之靈，因為飛機墜落在他的陵墓附近。」（《美國十字軍在中國（1938—1945）》）

其五，最足膽量鋪排的說法是馬漢三暗殺戴笠。

1988 年，香港《廣角鏡》第 10 期刊登華永正文章《戴笠墜機之謎》，同年11 月，福建日報社主辦的《每週文摘》第 46、47 期全文照登，《文摘週報》、《港台信息報》等小報亦輪番轉載，後來華文出版社 2009 年 7 月版的《戴笠大傳》等大陸出版物及網上大量流傳的相關內容，均由此演繹而來。其情節壓縮如下——

1946 年 3 月，戴笠在北平第一監獄提審了大名鼎鼎的日本女間諜川島芳子。從她的口中獲悉，1940 年馬漢三在張家口祕密活動期間曾遭日本特務機關逮捕，馬不僅竹筒倒豆子作了交代，且獻出軍閥孫殿英盜竊乾隆墓時所得的九龍寶劍。馬被祕密釋放，重新回到軍統工作。日本投降後，馬以「肅奸」名義迅速逮捕川島芳子，並從她家地窖中搜出九龍寶劍。戴笠提審川島芳子的消

息很快被馬漢三得知。馬漢三帶着此劍去見戴笠，又預備好 10 大箱價值連城的書畫和古董，一併送戴笠以圖封口。戴含笑照收，並無一句責備的話。又施「蔣幹盜書」計，讓其偷看到自己發給軍統本部、對馬工作讚賞有加的一封信。戴笠此時身上壓着幾件大事：去青島和柯克見面，去上海與胡蝶商談婚事，回重慶參加軍統改組的會議。眼下他沒有時間和精力處置馬漢三，得先穩住此人。馬漢三卻漸回過神來，無論是叛變投敵，還是私吞巨財寶物，自己都被死神巨大的陰影籠罩着。與其坐以待斃，不如鋌而走險，派其心腹劉玉珠（有文章裏給劉實施了「變性手術」，稱為又漂亮又年輕的「小姐」，馬漢三安排其在戴笠身邊實施「美人計」）在青島戴笠座機起飛前，將一顆高力定時炸彈，塞進戴笠隨機攜帶的文物箱內。原定在上海上空爆炸，但因技術原因拖延了，若「上海龍華機場無雨，戴機在上海降落，就躲過了這場災難」……

此說最大的一個漏洞是逮捕、經手川島芳子一案的並非馬漢三，而是軍統原華北區區長、時為軍統駐第十一戰區調查統計室主任張家銓（字公度）少將。日本一投降，第十一戰區司令長官孫連仲為防日偽重要人物逃跑，即命張少將等 10 餘人，乘專機飛北平先行捉拿，其中，特工頭目有「香港之虎」綽號的日軍中將酒井隆，日軍在華北的兩大女間諜川島芳子、白鳥秀吉等。2013年 6 月，張家銓先生逝世於台北。才有部下披露這一史實：

> ……公度兄乃指派行動組長桂洵，會同林健等人，午夜前往祕密逮捕。川島寓於一棟七進的院內，蓄有狼犬數十隻。桂洵等翻牆進入，先脅迫門房將群犬約束，並帶領至「金司令」住房。路經一進宅院廳房，見有一日本憲兵大佐，桂洵等立即制服，予以反銬，經盤查得悉，係由哈爾濱憲兵隊派來接走川島者。當時，川島芳子尚在睡夢中，揭開帳幔，酸臭之氣撲鼻，令人作嘔。川島猛然驚起，因其吸食鴉片並注射嗎啡成癮，年僅四十餘歲，竟然蒼老瘦削不堪，全無當年風姿。川島以流利國語喝罵來人時，忽有一黑猴由被中躍起撲人。經桂洵出示逮捕狀，川島終於就範，但要求不上手銬，並央准攜帶鴉片器具及每四小時必須注射的嗎啡針劑，而

後上車，隨往設在迎賓館的指揮所暫被羈押。其後，川島哭哭鬧鬧，要求將所飼養之黑猴，隨伴身邊。第三天，乃將黑猴送往。川島辯稱自己是日本人，不是漢奸。後來經過審判，仍以漢奸罪在北平監獄內執行槍決。（劉秉賢《戰後北平情報戰追記》）

此外，當年在戴笠的墜機現場，並未發現所謂的「九龍寶劍」。

當年官方認定戴笠罹難係飛機失事，這一結論，此後也為大多數戴笠袍澤及研究者認可。

從抗戰後期起做了蔣介石專機 10 年駕駛員，以後又是「華航」（台灣中華航空公司）創辦人的退役中將衣復恩，在其《我的回憶》一書中，提到這一事件：

1946 年 3 月 17 日，濃密的雲層籠罩了整個南京上空，我在明故宮（機場）突然接獲電報，謂戴笠搭乘本大隊的 C-47 正從青島飛來，因此我特別登上塔台守候。在這段時間內，有 8、9 架空運機陸續進場降落，但偏偏不見那架編號「222」的飛機。等到超過預定抵達時間 1 小時後，我察覺有異，轉而詢問附近機場，也未獲任何消息。於是立即發電報向北平查詢該機的駕駛員為何人。很快的，北平方面傳回了「馮俊忠」3 字。看到這個名字，我頓時心中涼了半截！因為我對其飛行技術向來就不太有信心。

第二天，終於有報告說：在南京的東南方一個山丘上，發現飛機殘骸。我立刻派人驅車趕往處理，並自己親駕飛機飛往現場。從空中，我可以清楚看見那架 C-47 墜毀在山頂上，而山腰中則排列著罹難者的屍首，已不可能有人生還。

由於戴笠身份的特殊性和敏感性，因此我親自趕往北平，追查失事的原因。楊副大隊長向我報告：前一天他接到（空軍）王叔銘副總司令的電話，謂：「有重要任務，派一個老飛行員！」由於王副總向來嚴屬，楊副大隊長未敢進一步請示，即針對這兩句話作出調遣；但又未能了解長官所

　　　　　　時間的磨子下——戴笠、軍統與抗戰

謂「老飛行員」之意，而將那些年輕而優秀的飛行員排除在外，真的奉命去找年紀最老的馮俊忠來出任務。

我根據失事現場的位置研判：該架 C-47 在進行第二次穿雲下降時操縱不當，未遵守「通過電台上方時，應將空速控制在 120 哩／時以下，下降速度應在 500 呎／分」之規定，在超速的情形下，當它在預計轉回機場方向前，就已經衝過了頭而撞山失事！我認為這是飛行員的過失。馮俊忠來自廣東空軍，早先在成都時期負責駕駛小飛機；在換裝 C-47 時由我親自考核，而未能放他單飛。後來他被調往一〇三中隊，我還特別交代周伯源隊長，對他的考核要格外注意，千萬不可輕放單飛。過了不久，周伯源告訴我：馮已及格，並予單飛，我雖為馮慶幸，但心中疑慮並未全消……

留在大陸的趙新，1940 年畢業於黃埔軍校，再考取空軍飛行學校，後派往美國亞利桑那州空軍學院接受訓練，抗戰勝利前夕回到國內，任專機大隊飛行員。北京市政協《文史資料選編》文史資料選編第 35 輯，發表了他的《戴笠摔死前後》一文，此文佐證了衣復恩先生的回憶，而且進一步清晰整個事件的輪廓。

1946 年 3 月 15 日，趙新照例到值班室看飛行任務派遣牌，牌上寫：「222 號專機，起飛時間：3 月 16 日上午 8 時。航線：北平—天津—南京—上海。飛行員：馮俊忠、趙新。3 月 16 日上午 7 時前做好飛行準備。」（此航線似有誤，應為北平—青島，在此停宿一夜，次日—南京—上海。）翌日在北平西郊機場，起飛前經仔細檢查，確認飛機狀況良好，並按程序在機務員交來的記錄簿上簽字。馮俊忠正欲啟動發動機，跑道上一溜煙駛來一輛吉普，車上同隊飛行員張遠仁急切地向趙新揮手示意，大聲喊着：「不要開機，有急事，隊長讓我來替你！」次日在青島滄口機場出發時，才知道乘客是戴笠，在原慶王府、現國軍空軍北平地區司令部參加蔣介石 50 壽辰的集會上，趙新見過戴笠。隨行的，還有軍統局人事處長龔仙舫、專員金玉波、翻譯馬佩衡、副官徐燊、衛

士何啟義等人。

張遠仁這一替，便替上了黃泉路。趙新事後了解到，張遠仁聽説222專機最後要飛上海，其口袋裏有幾個錢，想去上海炒賣黃金和美鈔，便竭力説服隊長派他出這趟「美差」。平時張遠仁與隊長同住一個院裏，關係不錯，在隊長正為張的技術水平而猶豫時，張又適時地添了一句：「隊長若有黃金美鈔，放心的話，也交給我，這趟一定能賺不少錢回來！」隊長便動了心。在趙新看來，以正駕駛馮俊忠的技術，一般氣候條件下飛行沒有問題，但他由原廣東航校的老式訓練中培養出來，主要靠的是經驗，遇到要使用儀錶、電波、無線電的新技術來飛行，就有些撓頭。張遠仁則只學過初步穿雲下降理論，還無實踐經驗。而C-47型是美國道格拉斯公司研製的一種雙發動機活塞式軍用運輸機，1940年才開始裝備部隊，並成為美國空軍的主力機型。兩人均未經美國空軍訓練中心嚴格的飛行訓練，遇到天氣惡劣情況，缺乏應變能力，乃至機毀人亡，便是大概率的事件。

據説，國民政府航空委員會主任周至柔就此事件向蔣介石報告稱：「當日南京天候惡劣，雨農因有公幹，強逼飛行員起飛，在穿雲下降中，不幸撞山失事」。

有論者説，在問責與被問責之中，談話往往是高明的藝術，將事故的責任全推到死者與天氣，死無對證，只好無語問蒼天了！

戴笠並非死於「陰謀論」，而是死於一場人為的災難。

又似乎天意如此，在222號專機撞岱山的前後，豪潑大雨之中，仍有八九架飛機平安降落南京明故宮機場，就這一架撞了山。

戴笠痛快地結束了自己的一生。抗戰結束，中國命運走到又一個驚濤駭浪的關頭，他成了一個巨大的威脅、一個燙手的敏感問題，風雨雷電之下，神差鬼使之中，他用連人帶機撞山的劇烈方式，「秒殺」了這個威脅與問題。

作為現任忠義同志會的祕書長，黃其梅先生與許多軍統後代經常保持聯繫，其中有戴笠的孫子、曾孫輩。戴笠的曾侄孫戴宣龍，台灣空軍退役，多年前旅居加拿大，也是忠義同志會的顧問。黃其梅告訴筆者，一次聚會上，戴宣

龍講了一句話，他以為講得內涵深邃，令人尋思妙悟：

「戴笠那一年撞山，真的是死得其所。否則，接下來怎麼發展，誰都無法預料。」

「惟君之死，不可補償」

在風雨交加的岱山上，賈金南守了一夜。3月20日天亮時，軍統南京辦事處送來好不容易買到的幾疋白綾綢，他一寸寸、一層層將戴笠遺體包好，又將這殘缺的遺體背下山。

13具遺體運到中山東路357號的軍統辦事處。匆忙中，在這座兩層樓的建築裏為戴笠闢出了一間簡易靈堂，另12具遺體逐一送回家屬安葬。此時，軍統本部還在重慶，因為交通工具的缺乏，「復員」工作進度遲緩。22日，戴笠殉難的消息傳遍全局，原為慶祝「四一大會」──「我們的工作十四週年紀念」所搭建的牌樓剛剛搭好，有人爬了上去，將上面裝好的紅布換成白布，金色的大字改為藍色。24日，軍統局正式發佈噩耗，國內各地媒體和外國駐華記者無不引為當日重大新聞；各地軍統人員無不發生最強烈震撼。

3月25日，軍統在重慶羅家灣本部舉行大會，再次宣佈戴笠殉難。參加的內外公（開）祕（密）人員達2000餘人，大禮堂擠得水泄不通，門外走道亦站滿了人。大會由仍兼副局長的鄭介民主持，他登台說了幾句話，全場立刻痛哭起來，號啕、唏噓之聲數分鐘不止。鄭提到：「三月中旬某日，戴先生在北平，對我有所交代，要我今後一定好好照顧為國犧牲同志們的眷屬，關心本局父老兄弟姊妹們的生活。現在回顧此事，覺得戴先生真如神仙一般，這就是神仙的指示，軍統這個大家庭，更有我們的國家，一定會好好照神仙的話去做，請大家放心。」全場又是一陣悲號痛哭。最後，鄭介民說：「戴先生精神不死，他隨時隨地都會與我們在一起，就在我們頭頂，就在我們身邊。大家牢記他生

前訓勉我們的一切，更加努力地去工作，去開創事業，使戴先生在天上安心。」

四月一日，原是軍統局成立十四週年紀念日，那天的喜慶事變成了哀痛日，舉行戴故局長殉國紀念追悼大會，蔣公親自主持，讚頌戴笠是「不計利害，不計毀譽」獻身黨國的一個最優秀的革命同志，他的殉難，我們自感悲傷無比，希望大家化悲憤為力量，繼續努力奮鬥。

軍統局局本部內勤全體同志，每日工作一如往昔，外勤及敵後單位，後方公祕單位，呈報到局之文電，開首的稱謂，改變為「鄭唐毛先生鈞鑒」，發文仍以化名「高崇嶽」頒令。（《雲煙往事》）

5月3日，軍統局本部先遣人員隨國民政府還都遷回南京。要來距離最近、駐紮在常州與南京之間的交警部隊九中隊第二分隊，為警衛部隊。該部隊執行的第一個任務，就是組織一個10人小分隊，全天守護戴笠靈櫬。蔣介石還都後，在黃埔路上的中央陸軍軍官學校（今南京軍區司令部大院）內的憩廬辦公。每週常有二三次經過中山東路357號，他即下車，步入戴笠靈堂，繞行靈柩一周，並行禮後離去。哀戚之情溢於言表，有時尚對守靈人員有所垂詢。（《姚德斌先生口述歷史訪問紀要》，見《口述歷史》第二輯）軍統局即特別注意靈堂四周的整潔及安全，派有少將級主官輪流擔任守靈工作。

從4月中旬開始，國民政府下令在全國範圍內為戴笠舉行公祭。

4月13日，北平社會各界6200人舉行隆重悼念活動，由國民黨軍委會北平行營主任、一級上將李宗仁主祭。

5月17日，濟南市舉行公祭，山東省主席何思源率省市4300人主祭。同日，貴陽4100百人在貴州省政府主席楊森的主持下舉行悼念大會。

戴笠靈堂

各地、各界舉辦的公祭活動

　　5月19日，武漢市社會各界8000人舉行隆重的悼念活動，國民黨軍委會武漢行營主任程潛上將親率軍政負責人主祭。

　　5月20日，重慶、成都、昆明三地，同時舉行公祭。重慶由衛戍總司令部司令王纘緒上將主祭，參加人數有6300多人；成都由國民黨軍委會成都行營

主任兼四川省政府主席張群主祭，集會人數達 54000 餘人；昆明由雲南省政府主席盧漢上將主祭，參加悼念人數有 42000 人。

5月25日，江西省政府主席兼第七綏靖區司令王陵基上將，率省市各界3700人，在南昌主祭。

5月26日，上海社會各界 8200 餘人舉行隆重悼念活動，由民望甚高、抗戰勝利後被選為上海市參議會議長的杜月笙主祭（杜未及上任即辭職）。

5月30日，合肥、無錫同時舉行公祭。合肥有3200人參加，由安徽省政府主席兼第十戰區司令李品仙上將主祭；無錫有4000餘人參加，由國民黨第三方面軍總司令湯恩伯上將主祭。

6月2日，蘭州省市 3200 多人舉行悼念大會，由甘肅省政府主席谷正倫二級上將主祭。

除上述城市外，廣州、福州、廈門、長沙、桂林、西安、太原、鄭州、瀋陽等地，也舉行了隆重的公祭活動。各地主祭人，均為國民黨當地的最高軍政長官。（《戴雨農先生全集》）

6月11日，國民政府發佈命令，追贈戴笠為陸軍中將。命令全文是：

國民政府發佈的追贈命令

　　故軍事委員會調查統計局局長戴笠，智慮忠純，謀勇兼備，早歲參加革命，屢瀕於危。北伐之役，戮力戎行，厥功甚偉。抗戰軍興，調綜軍事情報，精勤益勵，因能制敵機先，克奏膚功。比以兼辦肅奸工作，不遑寧處。詎料航機失事，竟以身殉，緬懷往績，痛悼良深。該故局長應予明令褒揚，着追贈陸軍中將，准照集團軍總司令陣例公葬，並交部從優議恤。生平事跡，

時間的磨子下 ——戴笠、軍統與抗戰

存備宣付史館，用示政府篤念勳勞之意。此令。

14 日，南京舉行盛大公祭及移靈大典。

早上天空烏雲如絮，氣候陰沉。據《申報》報道：「祭堂中央置戴故局長遺像，上有蔣主席哀輓：『碧血千秋』。國民政府褒揚令，列於靈旁，輓聯花圈，佈置靈堂內外。」戴笠遺像，為上年 12 月間陪同蔣介石夫婦抗戰勝利後首度遊覽北平故宮的照片。蔣介石親筆書寫的輓聯「雄才冠群英，山河澄清仗汝跡；奇禍從天降，風雲變幻痛予心」分掛遺像兩旁。

凌晨開始，即有國民黨中央軍政要人及各部首長前來致祭。

「9 時許，蔣主席穿綠色軍服（特級上將制服），偕陪者宋子文、白崇禧、賀耀祖、劉健群等，於哀樂聲中，步入祭堂，上香獻花圈後，接着讀祭文。」在朗讀祭文時，一向給外界硬朗形象的蔣公落下了眼淚。祭文讀完，哀樂聲再度緩緩響起，蔣介石退出祭堂離去。隨後，吳稚暉、戴季陶、陳誠、陳立夫、邵力子、顧維鈞、唐縱、鄭介民、薛岳、鄧文儀，及美國海軍第 7 艦隊司令柯克上將之代表貝樂利等 30 餘人，上前祭奠，一一上香，深深鞠躬。祭堂鴉雀無聲，空氣沉靜，悠悠青煙裏似飄斷梗浮萍，猶聽廣陵散絕。

這天，參加公祭的，還有從美國遠道趕來的梅樂斯。

他是在 3 月 20 日這天獲悉戴笠遽然離世的，時任海軍軍令部長尼米茲上將（Chester William Nimitz，1885－1966）告知其這一噩耗，尼代表美國海軍部長寫了一封信，並把頒給戴笠的懋績勳章，交梅樂斯帶上，準備次日飛中國。剛剛返國休假的國務卿馬歇爾知道後，立即向總統杜魯門進言，勸阻此行，理由是：如果美國給戴笠，或是他的繼任者，以任何幫助，或者任何的安慰，都會微妙地危害到他正在中國促成國共兩黨的和平談判。同時，顯然受馬歇爾指使，美國駐華大使司徒雷登發表一項聲明：鑒於戴氏已故，美方與中方的一項意向協約，應即無效。這項聲明發表時，一般局外人，以為這指的是中、美情報合作的問題，豈知此乃徹底斷送戴笠海軍之夢的大祕密也。（《戴笠與十三太保》）

無奈之下，梅樂斯請即將去中國的原中美合作所第九營地指揮官莊士頓，

帶上信和勳章轉交，他又發電報給蔣介石告之此事。只有一會兒功夫，中國使館就轉來蔣介石的覆電，稱：深感梅樂斯此刻的心情。戴笠罹難，中國各地及社會各界紛紛有自行追悼，國民政府正式的公祭，可延期到梅樂斯日後可來華時舉行。

梅樂斯 6 月 13 日飛抵上海，當晚從北站出發，只見 10 節車廂有 8 節坐滿去南京參加公祭戴笠的人們。次日晨到南京，原「中美所」第六營地訓練的最後一班學員，在站台排成一列長隊，歡迎他的到來。（《另一種戰爭》）

上午 10 時，戴笠靈柩由中山東路出發，隊伍最前面的是執黨國旗「青天白日滿地紅」的騎兵，後有護旗兵，次為軍樂隊、憲兵排、步兵連、交通警察隊、學生、各機關代表、各團體代表、軍統局本部內外勤全體人員、外賓及各部院首長、親友，再後為靈車、護靈騎兵、花圈車、家屬車等，依次列隊，在哀樂聲中緩慢行進。軍統隊伍中，副主任祕書兼第二處處長的葉翔之手抱戴笠大幅遺像走在前面；後有花圈車一輛，係原忠義救國軍、中美合作所訓練班學員代表親自編綴，整車為一個巨大的花圈覆蓋，上有斗大的「痛失導師」四字，尤為壯觀。移靈人員皆左臂纏黑紗，襟白色紙花，連袂執紼。其間，天有苦雨落下，人們肅穆或哀戚的臉上水光微顫，難分辨是雨花還是淚水……

> 靈車駛至市區中心新街口時，空軍曾出動專機六架，低飛掠空護靈，道路兩旁且有路祭之民眾，身着麻布孝衣，跪於祭品桌之旁，對靈車叩首。有記者詢問一路祭之長者，與戴笠將軍是否有親屬關係？長者答稱：不是，戴將軍某部屬，曾在某處戰地救援吾子，為吾家之救命恩人。另詢一着孝衣路祭之婦人，與戴將軍有何關係？婦人揩淚答稱：沒有私人關係，只知戴將軍是委員長屬下之幹將，委員長率軍打敗了日本鬼子，為吾家遭日人屠殺之人，報了大仇，特來向戴將軍設祭，表示敬意……（《雲煙往事》）

送靈者絡繹不絕，加上兩邊路祭百姓，恐有七八萬人之眾，可謂備極哀榮。在南京這座日本人留下血海深仇的城市，民眾在送戴笠的最後一程中投入

公祭戴笠現場

了最誠摯、最不捨的目光。至下午 1 時 40 分到達中山陵靈谷寺，隨後，戴笠遺體暫厝靈谷寺，至正式安葬還有半年多時間。

蔣介石祭戴笠文，其意愴然豐沛，卻用字古奧，令今人讀起來頗是吃力：

嗚呼！笳鼓頻喧，兵禍猶延。匹夫有責，共掃腥膻。胡期一朝，損此英賢。心傷天喪，五內俱煎。憶昔黃埔，君受陶鑄。天資英敏，慧眼獨具；志慮超群，先邁驥步；躪險履危，靡有瞻顧。

洎乎北伐，乃效前驅；出沒虎穴，妙應戎謨。安瀾江表，多所詢於；剖疑陳籌，參從彌勉。乃維紀綱，車航重勞。刺微入隱，洗髓戈毛。牛角軒昔，刮磨勤操。奇謀密運，保就炎徼；勝算彌逮，遠綏朔邊。蝸角蠻觸，於焉漸消。事葳而思，厥功丕昭。

抗倭軍興，咸懼將壓；料敵鋤奸，廟謨咸洽。財蠹政蟊，無遠不察；以振頹風，以正國法。爰寄股肱，干濟中樞。素繩直道，民誦來蘇。更勤捍棐（禦），別出洪圖。蕩決之功，垿與虎符。

友邦刮目，譽為奇謀。庶績之茂，堪冠吾徒。介節皎然，持躬寅亮；名位數頒，均表謙讓；美德高風，為世所仰。常勉十思，補天是望。薄言凱旋，痌瘝遍訪，肅奸捕逆，大義所尚。

中道雲徂，口存所想。浩月孤光，繁星昭朗，惓念時艱，深哀吾黨；惟君之死，不可補償。忠勇足式，益以謙光；以此策勵，宜垂史章。褒功崇德，民不能忘。清酒爰祭，來格來嘗。

喬家才先生所著《浩然集——戴笠將軍和他的同志》一書，附錄有這篇祭文的譯文：

戰訊不斷喧嚷，兵災仍在延續，國家興亡，匹夫有責，大家應當共同掃蕩危害國家民族的叛亂。想到國家的英賢一旦殉難，對於這樣的天喪，內心非常悲痛惋惜。回想你在黃埔受訓，天資聰慧，眼光敏銳；志慮超過一般，表現出遠大的才能；經歷危險，也不瞻前顧後。

及至北伐，你到前線工作，出沒敵前敵後，巧妙地應付軍事計謀。對於安定江南，你也謀及；分析疑難，陳述計劃，參從越發勞苦。為了維護紀綱，東奔西跑。深入刺探一切顛覆政府，危害社會的一切隱祕活動和陰謀，就像刮磨舊牛角一樣勤勉。運用奇謀勝算，工作南及兩廣，北到蒙古，使軍閥混戰，以及一切權力征逐，一掃而光，消滅乾淨。事後回想，你的功勞很大而且光輝。

「七七事變」，抗日戰爭開始，大家都怕敵軍壓境，你對敵軍的偵察和判斷；鋤除為虎作倀的漢奸，粉碎敵人以華制華迷夢，使政府的一切計劃都能和協進行。財政的消耗，政治的腐敗，不論多遠，你都能察覺，使頹風振作，國法端正。以你為股肱，贊助中央，因為你的工作，一向是伸張正義，除暴安良，受到老百姓的稱讚，也紓解了民困。你更勤於捍禦工

作，（建立了忠義救國軍、別動軍、各鐵路破壞隊、軍種諜報參謀制度。）蕩決的功勞，可比戰區各軍事將領。

中美合作，使友邦刮目相視，讚譽為奇跡。你在軍事方面的各種成就，在黃埔學生中，無出右者。而大節光明磊落，立身處世又能敬信；幾次頒贈名位，都表示謙讓。（如三十年全代會當選為中央執行委員，推讓與「九一八」曾在東北抗日的馬占山將軍）優美的德行，高尚的風範，為世人所仰慕。常勉勵你以十思，希望彌補缺憾。抗戰勝利，凱旋還都，遍訪民間疾苦。為了民族大義，民族氣節，而整肅逮捕漢奸。

你中年殉職，夜闌人靜，口說心想，非常悲痛。時局艱難，你的死是無法補償，深深地為黨國而哀痛。你的忠勇足以為模範，更加以前（謙）讓美德，可用以策勵後世，應當永垂史冊。讚揚功勳，崇敬美德，老百姓是不能忘記的，用清酒來祭奠你，你來品嚐吧！

蔣介石的祭文裏最引筆者注意的是，蔣評價入黃埔軍校第六期、且只讀了十個月，算是肄業的戴笠，「你在軍事方面的各種成就，在黃埔學生中，無出右者。」

全國性公祭活動以來，軍統局收集到各地及社會各界誄文、輓聯，達 5000多則（副）。下引幾聯：

二十年毅力深心久知　忠黨愛國之誠　任勞任怨都不計
數千里盲風妖霧不減　敬事急公之勇　化鵬化鶴更何堪（孔祥熙輓）

祖帳舞鶴鳴　浩浩黃流　更誰奮擊渡江楫
春風生野草　滔滔天下　如君足懼亂臣心（胡宗南輓）

謗滿天下譽滿天下　亂世行春秋事　將來自有是非
功在國家利在國家　平生讀聖賢書　此外不求成就（章士釗輓）

以許身黨國為懷　不惜勤勞一世

就抗戰事功而論　已足炳耀千秋　（暹羅〔泰國〕華僑工商總會輓）

發伏摘奸　貞幹久為元首重

鞠躬盡瘁　愴懷共痛將星沉（江西省高等法院輓）

　　在這場恐為民國歷史上最大規模的舉國公祭中，從白山黑水、西部高原、到六朝古都、東南沿海，從黨國要人、社會賢達、軍警、工商、婦女、華僑界，到學生、教職員，乃至街頭擺煙攤的老翁、賣白蘭花、茉莉花的小姑娘……這些時刻，是戴笠被廣泛傾聽的日子；亦是戴笠的精神世界與中國大地、中國歷史、中國人最親近的日子。時任天津市長的張廷諤（1890—1973）在參加了天津的悼念祭禮後，感歎道：「我看過多少達官貴人死後，部下追悼，無非虛應故事。惟戴先生死後，上上下下都痛哭流涕，真情流露，足見戴先生之偉大與感人之深。」（《戴笠的生活片段》）

　　此時，值得探究的是蔣介石的內心。

　　大陸學者有文如此道，「戴笠的死，使蔣介石省去了很多麻煩。」「蔣介石剛開始如釋重負，因為他再不必費盡心思抑制其人了。但是，隨着時間的推移，蔣介石又逐漸產了痛惜、內疚和若有所失的感情……蔣介石的後悔心情，轉為了他對戴笠的悼念活動的態度上。戴笠的悼念活動，在國民黨的歷史上幾乎是空前的，其規模、聲勢，大的嚇人。」（湯念祺《舊中國「蓋世太保」揭祕》）

　　不知道蔣介石一生給幾個人寫過祭文。但是，在這篇 346 字的祭文裏，看「心傷天喪，五內俱煎」、「蕩決之功，埒與虎符」、「庶績之茂，堪冠吾徒」、「惟君之死，不可補償」等字眼，幾近「無邊落木蕭蕭下」、「百年歌哭夕陽中」，真看不出有「功高震主」、「尾大不掉」、「兔走狗烹」的半點影子；能讓人感到的只有「兔死狐悲，物傷其類」、「輔車相依，唇亡齒寒」、「先生之風，山高水長」……將蔣介石近 20 年來對戴笠的倚重，和當時大悲大慟的心情，傾懷而出。

在戴笠罹難後的 3 個多月裏，蔣介石日記裏提到戴笠與軍統改組事有 12 次之多——

三月二十日，軍事委員會調查統計局局長戴笠字雨農，十七日由青島起飛赴滬，不幸以氣候惡劣，竟在南京附近遇險身亡，殊為悲痛。此生雖多缺點，但其忠誠與熱心，實不愧革命信徒也。今焉則無矣。

三月二十四日，週日，陰，預定工作第四項——軍統局之調整。

三月二十五日，週一，雨，中午約鄭介民來談軍委會調查統計局改組計劃，示以要旨。雨農死後，該局業務應劃分性質，歸併於公開機關之內，以免共黨及外人攻訐也。此為一重要之事耳。

四月一日，雨農追悼會致詞，下午召見雨農之子戴藏宜，慰勉之。

三月第四週反省錄，軍事機構改組原則已決定，軍統局改組等案亦已決定。

四月大事預訂表，第四項中央軍事機構之改組原則業已確定，軍統局自雨農亡後，亦已處理安妥，而雨農之喪，實為革命之損失也，悲乎！

五月八日，到戴雨農靈柩安置處，哀祭後回寓。

六月七日，週五，晴，對軍統局幹部七十餘人點名訓話。雨農之幹部，大部皆比其他各機關者為優也。

六月八日，週六，晴，晚聽取介民關於軍統局財產處理之報告，足見雨農並未有所私圖與貪污也。

六月十四日，週五，大雨，今日雨農出喪，暫時停靈於靈谷寺。

六月十六日，週日，晴，與夫人到靈谷寺巡視雨農安靈處，在志公塔院。

六月最後一週，本月份預訂工作課目之六——毛人鳳約見。

1946 年 6 月，蔣介石在名義上解散了軍統、中統兩個最大的特工組織，而基本隊伍並未打散，分別轉移到了新成立的行政院國防部保密局和國民黨中央黨員通訊局，後者 1948 年又改為行政院內政部調查局，仍然執行特務工作。

如日記所載，6 月 16 日，即戴笠出殯後的第三天，自命對堪輿之學頗有心得的蔣介石及夫人，在毛人鳳等軍統高幹的陪同下，來到中山陵靈谷寺後山，親自為戴笠墓葬選址。因宋美齡穿高跟鞋，不適崎嶇山路，很快折返，但蔣表示還會再來。半個月之後，蔣介石再來靈谷寺後山，走去思來，直到滿頭大汗。終在原國民革命軍陣亡烈士第三公墓的範圍內選定墓址，並囑咐毛人鳳，屆時一定要在子午時下葬。

9 月，當局在岱山南坡距山頂約 40 米處，勒石立碑為念——「戴雨農將軍殉難處」。

10 月 23 日，當局撥巨款，在浙江省江山縣成立以戴藏宜為主任的「戴雨農將軍紀念事業籌備處」，籌備處隨即在衢州汪村創建「雨農圖書館」。大漢奸、曾任汪偽政府「內政部長」陳群上海家中的大批藏書，被裝箱運至雨農中學。1947 年春，籌備處購得原「衢州電燈股份有限公司」全部房產，籌備在衢州開設「雨農醫院」，內定以原軍統局四一醫院院長戴夏民為院長，後因時局變化作罷。同期設立「雨農中學」，擬在衢州、江山、龍游等地招考新生，9 月 10 日，雨農中學正式開學。（《戴笠年譜》）

戴笠逝世後，年逾古稀的戴母藍氏，猶居鄉躬持家務。當局為避免藍氏悲痛，下令向其封鎖消息，保安全鄉，不論是否沾親帶故，一律不帶孝，不漏風聲。保密局每月製造兩封假電報，以兒子名義向藍氏請安，由戴氏本家戴善模接收電報，並親交藍氏，為此，戴善模掛了中校軍銜。藍氏每要戴善模通過電台查詢兒子行止，後者多答覆：老板已去英國，替蔣委員長辦理國家大事。因

英國諧音「陰國」，戴善模說起來不至於心跳耳熱，藍氏也似從不見疑。（《戴笠年譜》）

毛人鳳彷彿有某種預感，他交代總務處長沈醉，戴笠墓地應設法建得越結實越好，以防掘墓。沈醉找來的是上海的南京陸根記營造廠，陸根記承包的建築工程，在上海，有被譽為「遠東第一樂府」的「百樂門」舞廳；在南京，有中央美術陳列館（今長江路江蘇美術館）、國民大會堂（今南京人民大會堂）、洪公祠軍統總部辦公大樓（今南京市公安局公民出入境辦公室）等。沈醉與老板陸根泉商定，水泥炭渣攪拌後，灌進墓穴，使棺木與整個墓穴凝結為一體。墓前立一塊高 2 米、厚 30 釐米的花崗岩石碑，碑陽是吳稚暉先生手書「戴雨農將軍之墓」，碑陰是章士釗先生所撰墓誌銘，再加三級台階、台座，直徑約有 40 米的鋼筋水泥墓道，全墓園結實、疏朗，有可固百年的氣勢。

當年的戴笠墓

1947 年 3 月 17 日，即戴笠撒手西歸一週年的日子，其靈柩正式入土安葬。蔣介石派「文膽」陳布雷為代表致祭。

軍統老人、生於 1925 年的吳國藩先生，在 2011 年接受採訪時，提供了一個少有人知的說法，「我聽說，戴先生葬下去的時候，棺木並不在墓塚底下，棺木在後面差不多一百公尺的地下，故意把他的棺木離墓塚一百多公尺，棺木擺下去後，外面用水泥整個包起來……」（《吳國藩先生口述歷史訪問紀要》，見《口述歷史》第二輯）

劉維才，年輕時是中山陵警衛班的工作人員，時常在這一帶巡邏，對於戴笠墓的樣子，他記得很清楚：「長方形，四周鑲嵌蘇州花崗石。墓前豎着一塊花崗石墓碑，正面刻有『戴雨農將軍之墓』，碑前設供奉石桌。兩側設置有休

息石凳，墓道是水泥建造，分左右兩股環繞。墓道南側，還有一個長方形的池塘，這是按照風水的講究，取前有照、後有靠的意思。」（劉維才口述、張鵬斗整理《見證中山陵三次維修》）

當天，梅樂斯也參加了安葬儀式，並在墓園入口處親自種下兩棵梅花樹。他的中文名字「梅樂斯」是戴笠取的。此時，他以兩棵梅花樹，向戴笠致以永遠的哀悼。1947 年初，被降兩級軍銜的梅樂斯又回到上校銜，出任「哥倫布號」巡洋艦艦長，此艦在中國沿海一帶駐留一年。

兩個月後，內戰全面爆發。國軍部隊重點進攻陝北與山東共產黨根據地。據說，此間，蔣介石夫婦專程到靈谷寺墓地憑弔戴笠，面對科長的墓碑，校長久久凝視，沒有說一句話。

1948 年 5 月 5 日，戴母藍氏 73 歲農曆壽誕，保密局局長毛人鳳牽頭，以戴母 80 華誕名義，向陳誠、胡宗南、何應欽、陳立夫等國民黨黨政軍主要人物徵得大批生日賀禮，由其弟、保密局浙江站少將站長毛萬里親自送到江山縣保安，向藍氏祝賀生日。胡宗南所贈為一玉器擺設小白菜一盆，可隨氣候變化而變化，置於堂前，遇晴天則挺括清新，遇雨天則水靈靈可愛欲滴，後成戴藏宜玩物。

1949 年 4 月 3 日，戴母藍氏歿，得年 74 歲。病篤彌留時，頻呼「戴笠」名字。其時，國內局勢已天翻地覆，當局自顧不暇。由次子戴春榜主持葬禮，保安全村送葬隊伍如長蛇陣。（《戴笠年譜》）

尾聲

1949 年，人民解放軍百萬之師渡江。

5 月 6 日，解放軍拿下江山縣。此前幾日，毛人鳳曾要戴春榜、戴藏宜攜全家上下速到上海，以安排去台灣。兩人或有延誤，或別有盤算，未及動身即分別在江西廣豐和福建浦城被捕。戴春榜即遭槍決。戴藏宜逃脫後，又回江山縣匿居。7 月 14 日，向江山縣新政權悔過自新後，戴藏宜顧慮重重。9 月，又擅自出走。根據時任浙江省公安廳廳長李豐平（1979 年任浙江省省長）的指示，戴藏宜被全力捉拿。1951 年 1 月，在「鎮壓反革命」運動中，保安鄉召開萬人大會，戴藏宜被判死刑，立即執行。同年，江山「土改」，戴笠祖居、田地被沒收，親屬等「掃地出門」。

戴藏宜妻子鄭錫英率子戴以寬、戴以宏、戴以昶三人，在娘家衢州稍住一段後，悄悄躲去上海，在上海燈泡廠醫務室、原軍統「四一醫院」護士長范娟理女士協助下，住在蘇州吳中的洞庭東山，後在上海市徐家匯永嘉路搭造一間小屋，在此住到 1953 年。沒有被母親帶走的 1943 年出生的女兒戴眉曼，化名廖秋美，匿居保安鄉趙宅門廖詳誠家中，由其原是戴家廚娘的母親湯好珠撫養。雖進保安小學唸書，身份還是被識出，一個沒有玩伴的孤獨童年，還時有貧下中農子女嘲弄其為「特務頭子的女兒」……

1951 年春，戴笠墓園遭毀。中山陵附近的佃戶七八人，用鐵鍬沿着鑲嵌的花崗石縫口逐塊剝落，用了一個星期，破墓開棺，又將高 2 米的墓碑砸成 3 段，陽面覆地，幾十年都沒有翻過來。破壞後僅存墓台、墓階，入口處的兩株梅花樹亦被拔掉。

1953 年秋，在台灣的蔣介石，思念起戴笠在大陸的眷屬，令保密局局長毛人鳳設法將他們遷台灣定居。年底，毛人鳳派特工黃鐸化裝成漁民，自台灣偷渡潛入上海。與潛伏在上海市公安局的黃順發、陸秉章接線，將鄭錫英一家的永嘉路戶口關係遷出，由黃順發簽署、陸秉章開具四張出境證明，鄭錫英改名為沈鳳英，有點口吃毛病的二兒子戴以宏留下，由黃鐸頂替。1954 年 1 月 7 日，鄭錫英、戴以寬、戴以昶一行同黃鐸，從上海西站出發，經廣州轉香港，赴台灣。行前，鄭錫英將戴以宏託付給陸秉章，陸將其帶往上海市青浦縣朱家

角派出所朱總明照料。(《戴笠年譜》)

　　另一説是，蔣介石獲悉大陸方面槍決戴笠獨子後，遂立意要把戴笠後代接到台灣。策劃此事的是 1949 年曾搭機接出胡適等人的葉翔之。葉即指派潛伏在大陸的金家讓完成此項任務。金家讓在國共「內戰」後期，曾被檢舉「思想動搖」，毛人鳳要關押金，葉以情報處長之尊上 7 次簽呈力保，金才得以過關。中共建政後，金奉命繼續潛伏上海，冒死照顧戴笠隱姓埋名的兒媳與孫子，最後，神不知鬼不覺地將他們接到台灣，大陸方面始終不知戴笠後代還有人存活，且已到台灣。(《葉翔之百歲紀念文集》、《營救胡適、戴笠後代來台全靠他》中國時報 2011 年 9 月 29 日)

　　蔣介石欣聞，很快親自接見，合影留念。合影時，蔣介石居中，着軍服而不佩軍銜，鄭錫英穿一身深色旗袍，着高跟鞋，胸前掛一條紅綢帶，顯然做過一番精心的修飾。她站在蔣介石左邊，戴笠長孫戴以寬年方 14，站立其右，與 1.74 米的蔣介石身高不相上下。戴以昶年方 7 歲，蔣介石的雙手正好搭在他的肩上。老少間看來甚是親昵。此照片題為《領袖蔣公與戴先生遺屬合影》，見之於台灣出版的《戴雨農先生全集》上冊。

　　當年國民黨政權向台灣撤退時，保密局僅分配到一片破舊的營房，位於台北士林芝山岩下，據説這是日據時代日軍在台灣大學修建的一個養馬場。毛人鳳下令將芝山岩山坡上的一個日本神社改造為戴公祠，旁邊建「雨農圖書館」；為解決隨遷子弟的就學問題，1952 年，建立人幼稚園，次年在園內設小學

蔣介石與戴笠後人合影

班。1954 年，正式改名為「雨聲私立小學」，離保密局大院一牆之隔。此後十年，保密局的辦公室，都是破破爛爛、修修補補，勉可使用而已。1960 年，葉翔之任已改稱國防部情報局的保密局的局長，建議修建一座戴笠紀念館，號召全局上下自由捐獻建設經費，內外反應很是熱烈，尤其是做過戴笠學生及部屬的，捐款尤為踴躍，數目亦較巨大。工程的設計及建造，仍委託也遷台的陸根記營造廠負責。約一年時間即順利完成，館分兩層，共有 300 坪左右，館頂由以綠色為主的琉璃瓦修建，遠遠望去像一座工整美觀的大殿堂，使人肅然起敬。大堂是紀念館的主要部分，內設戴笠的紀念銅像，上端有蔣介石題之頌之的「碧血千秋」匾額，左右兩邊，為軍統、保密局領導人鄭介民、毛人鳳遺像。其他三面牆面，掛有主要先烈遺像，其中，曾澈、吳賡恕、麻克敵、江志強、馮運修等多位，是犧牲於抗戰期間的軍統先輩，各附事功簡介。紀念館底層，分為迎賓室、會議室、簡報室、展覽室等。

戴笠的忠實部下、原中美合作所主任，來台後做過保密局局長的潘其武，當時從台灣給梅樂斯寫信說「為了紀念我們去世的領導，我們在離台北不遠的山坡上建立了一個紀念堂。在其入口處，我替您種下了兩棵梅花樹。」（《間諜王——戴笠與中國特工》）

「戴雨農先生紀念館」落成後，遇有國內外來賓訪問時，有了一個便於接待的場地，及具備許多可看的自軍統成立以來的史政資料。局內人員舉行會議，或二三人研討公務，有了一個保密且安適之處。每年 3 月 17 日——戴笠殉難之日，情報局在這裏皆有舉行祭祀典禮及活動，蔣介石多次蒞臨。蔣經國任「總統」期間，每次必定出席。蔣經國曾驚訝，「他說為什麼每年『三一七』紀念戴先生的時候，老『總統』在台北的時候都親自到芝山岩，主持戴先生殉難的大會，沒有缺席過」，而且「戴雨農先生逝世那麼多年，紀念他的人越來越多，由父傳子，由子傳孫，到今天各位在座的先進，都已經這麼高齡了……」（2013 年前軍情局局長胡家麒在「三一七」紀念大會致詞）

鄭錫英為「戴雨農先生紀念館」首任館長。兩個兒子按母親的意思，沒有一個蔽戴笠大樹從政——戴以寬，留學美國，獲企業管理學士學位，後定居於

美國，有一子一女；戴以昶，畢業於台灣東吳大學，長期供職於台灣中華貿易開發公司；化名廖秋美的戴眉曼，為躲避歧視、惡鬥，1960 年與上饒市汽車保養場工人謝培流結婚，其農業戶口長期遷不來上饒，一家四口人僅靠丈夫每月的 30 斤定量糧食，還有菜場扔掉的黃菜葉過日子。異常的落魄、艱辛之中，二子一女長大，二子都是汽車司機，女兒在一家紡織廠做統計員；沒有來台的戴笠另一孫子戴以宏，在孤兒院上完小學後，勞動部門將 16 歲的他分配到安徽省合肥市棉紡廠工作。當時，中共發出青年人「到邊疆去，到農村去，到最艱苦的地方去」的號召，戴以宏立即響應，在全廠職工大會上第一個報名去農村。由此，調往安徽樅陽縣農場普農山分場，當上一名拖拉機手，後來又改當修理工。「文革」中期開展「三查」運動時，他方知自己是戴笠的孫子。農場裏有人想藉此為難他，他反詰道：「我 9 歲就進孤兒院，是政府把我撫養成人的。我連戴笠長得什麼樣都不知道！」由於一向工作積極，人緣頗好，他終悄然「蟬蛻」。

沈醉的回憶錄全集裏提到，他本人有兩次藉全國政協組織來南方參觀之機，私下探訪戴笠被毀墓地。時間寫的都是 1964 年，不存在筆誤或記憶錯亂。

1966 年，大陸開始長達十年的「文革」。

嚴格意義上來說，戴笠並非一名失敗者，而是一場偉大、神聖的全民族禦敵戰爭中的勝利者，但身在二十世紀國共對壘的最後失敗者——國民黨的營壘中，他無疑也成了失敗者。他在南京，以及在國內他到過的許多地方，便沒有了最後一點「去處」，這年，南京郊外岱山戴笠殉難處的石碑被砸斷，吳稚暉所題「中華民國三十五年三月十七日午時」、「戴雨農將軍殉難處」等字樣遭破壞。

不止是「戴笠」，在那些個紅色年歲裏，作為倉皇辭廟一方的國民黨、國民政府的舊址遺存，及 300 餘萬抗日先烈的英魂，在大陸除湖南常德、雲南騰沖極少數幾處，都沒有了最後一點「去處」：

當下名聞遐邇的騰沖國殤墓園，面積約 5 萬多平米，坐落於騰沖縣城西南來鳳山北麓，蒼松翠柏、山茶杜鵑覆蓋滿園。雖大抵保存完好，近些年又不斷

整葺，仍可看到當年紅色風暴碾過的痕跡。孫科題詞的「浩氣長存」、黃琪翔題詞的「式茲民族」石匾，其字均被鑿去。忠烈祠的大殿後，一座 30 多米高的圓錐狀鐘形山丘上，密密麻麻卻井然有序地分佈着在慘烈的「焦土之戰」——收復騰沖的戰役裏犧牲的中國遠征軍 20 集團軍 9000 多陣亡將士的

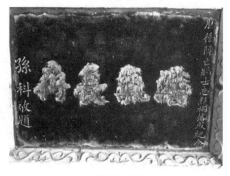

孫科題詞匾

墓碑，每一座墓碑下都安葬着骨灰罐。我注意到有些墓碑上逝者的名字也被鑿去。但破壞它們的並非他人，而是當年犧牲者的親屬們，活着的人們害怕受死者的牽連。這種牽連是如此猛烈，以致為滇西抗戰出人出力出錢、堪稱義薄雲天「中國第一縣」的騰沖，「文革」期間有 35 萬人，約為當時人口的一半，偷跑去了近鄰的緬甸……

騰沖國殤墓園

時間的磨子下 ——戴笠、軍統與抗戰

1986 年，時任中共中央總書記的胡耀邦登臨南嶽衡山，趑入「文革」中被搗毀的忠烈祠，及「抗日陣亡將士總神位」遺址。1943 年 7 月 7 日，在忠烈祠隆重的落成大典上，主祭者薛岳將軍指着「總神位」說：「抗戰還在進行，犧牲在所難免。這總神位，特為今後為國捐軀忠靈而設，千秋萬代，血食無替。」1944 年日軍攻佔衡山，忠烈祠遭破壞。「文革」期間，幾乎所有的烈士墓被挖，骨灰棄之荒野。胡耀邦面色凝重蕭穆，要陪同人員拿來筆墨，寫下「民族英烈千古」。同年，騰沖國殤園被雲南省政府命名為重點文物保護單位。

1987 年，江山撤縣為市，政府一次撥款 300 萬元，將戴笠故居及同是江山籍的毛森祖屋修葺一新，前者還被列為「市級文物保護單位」。

1988 年 5 月，由軍統健在的老人吉章簡、嚴靈峰、楊蔚、王孔安、簡樸、喬家才、汪祖華、郭履洲等，在台北市中山堂發起成立「三一七聯誼會」。向「內政部」申請立案，後者認為「三一七」不易彰顯社團法人的意義，以「忠義同志會」名稱核准。「忠義同志會」於 1991 年 6 月正式成立，在台灣各市縣皆設有分會。成員為前軍統局、保密局、情報局與現在軍事情報局退伍（休）之前輩，並歡迎感佩或有志研究戴笠及軍統抗戰歷史、且認同「一個中國」的社會菁英參加。現有會員 2000 餘人，其中 684 人參加過抗日戰爭。該會「以發揚戴雨農將軍忠義救國精神及清白家風，團結昔日工作袍澤，結合志同道合人士，互相照顧，增進情感，並以興辦社會公益事業為宗旨。」2000 年，陳水扁上台後，軍情局不再對外開放戴笠的祭祀、紀念活動，忠義同志會自己操辦。逢蔣介石紀念日、戴笠 5 月 28 日的生日及 3 月 17 日的殉難日，台北總會和各地分會都會有聚會，參加人數逾千，氣氛熱烈，最年長者近期頤之年。馬英九登大位後，戴笠殉難日這天，或蒞臨聚會，或送花籃，或由吳敦義代表參加。所有運作經費皆來自會員每年 1000 元新台幣的會費和會員中成功人士的捐助。

1989 年 4 月 25 日，翩舞人間近百年的胡蝶在加拿大溫哥華與世長辭。世人對戴笠生前最後三年與胡蝶走到一起，有各式各樣的猜測、妄議。對胡蝶來說，這應是她人生中至關重要的一段情緣。她從沒有用文字筆墨公開承認這段

「忠義同志會」內景

關係，只是在 1986 年夏撰寫回憶錄時，這樣寫到：「現在我已經年近八十，心如止水，以我的年齡，也算高壽了，但仍感到人的一生，其實是很短暫的，對於個人生活的瑣事，雖有傳訛，也不必過於計較，緊要的是在民族大義的問題上，不要含糊就可以了……」這位中國第一位影后留給世人的最後一句話是：「胡蝶要飛走了！中國，衷心祝願你繁榮昌盛！」

1990 年清明節期間，回來祭祖掃墓的江山籍台胞達 100 多人，其中多數為當年去了台灣的軍統局人員。

1991 年 5 月，戴笠留大陸的孫子戴以宏、孫女戴眉曼二人，自江西省上饒市出發，首次赴台灣探望母親鄭錫英。此前幾年，經在美國的毛森先生轉交信件，他們與母親取得了聯繫。赴台灣前，他們遵母囑，先去了南京祭奠戴笠。斜陽下，只見碧草青苔，斷殘基座。赴台後，母子、母女，四十多年來第一次團聚。鄭錫英問女兒：「眉曼，你吃了大半輩子苦，會不會怨我？」女兒說：「我不會怨你，這是歷史造成的，我不能怪哪一個人……」鄭錫英久視公公原墓址照片，感慨不已，「烏啼舊內頭全白，客到新亭淚已流。」鄭女士當時已 76 歲高齡，患有風濕性心臟病，寄身於戴雨農將軍紀念館頤養天年。

1996 年，南嶽衡山忠烈祠被國務院列為全國第四批重點文物保護單位，此

前，忠烈祠、「抗日陣亡將士總神位」已修復如昔。在忠烈祠的祠宇塔上，鐫刻着國民政府軍政要員蔣介石、林森、孫科、何應欽、白崇禧、孔祥熙等人的題詞、輓詩、輓聯百餘處。其中，享堂正門上方懸掛的鎏金匾額「忠烈祠」，為蔣介石親筆題詞。同年，騰沖國殤墓園被國務院公佈為第四批全國重點文物保護單位，目前已是國內規模最大、保存也最完整的抗戰時期正面戰場陣亡將士紀念陵園。

2000 年 12 月，台灣軍情局退休官員 18 人組團抵江山市參訪。這是兩岸開放以來彼岸情治界受邀正式訪問大陸的首例，雙方均極為低調，媒體上未見任何消息。據說，該團主要目的是估量毀於 1949 年的戴笠南京墓地整修的可能性。

2001 年 10 月 14 日，張學良在美國夏威夷駕鶴西去。

2005 年 9 月 5 日，抗戰勝利 60 週年之際，中共中央總書記、國家主席胡錦濤，在北京的紀念大會上發表講話：「中國國民黨和中國共產黨領導的抗日軍隊，分別擔負着正面戰場和敵後戰場的作戰任務，形成了共同抗擊日本侵略者的戰略態勢。以國民黨軍隊為主體的正面戰場，組織了一系列大仗，特別是全國抗戰初期的淞滬、忻口、徐州、武漢等戰役，給日軍以沉重打擊。」他還把抗戰中陣亡的國民黨高級將領佟麟閣、趙登禹、張自忠、戴安瀾，以及國民政府軍「八百壯士」，與共產黨的英雄一起，並列為「中國人民不畏強暴、英勇抗戰的傑出代表」。

2010 年 8 月，抗戰勝利 65 年之際，座落於成都安仁鎮的樊建川博物館聚落，同時有 5 個館開展：「正面戰場館」、「中流砥柱館」、「飛虎奇兵館」、「川軍抗戰館」、「抗日戰俘館」。「正面戰場館」是整個中國包括台灣地區惟一的一個，內容豐富、震撼。八年抗戰中，國民政府軍隊與日軍大會戰 22 次，重要戰鬥 1100 餘次，小規模戰鬥 38000 餘次，殲滅日軍 100 餘萬人。有 500 多萬中國軍人犧牲，國民黨軍隊官兵傷亡 3211419 人，有 257 位將軍陣亡。「正面戰場館」按時間順序展示了 22 次大會戰，有觀眾留言：「我是一名八路軍老兵，過去長期對正面戰場不了解，以至誤解。現在知道了，我向正面戰場的戰友們致崇高的敬禮！1937 年參加八路軍的老戰士譚克煜 2011.5.18」「保衛國

家，務必超越黨派政治。中共老黨員」……

1954 年以來，美國退伍軍人組織每年都安排原「中美所」退伍軍人及其家屬子女聚會，以紀念他們在中國的戰鬥經歷。抗戰期間，中國南方的稻田裏到處倏然飄過「中美所」人員的身影，包括戴笠要求梅樂斯支持拉起一支 5 萬人的遊擊部隊的談話，也發生在福建浦城外的一段田埂上，在台灣，梅樂斯及其麾下，被稱作「稻田海軍」——一個別致的稱呼，海軍不在海上卻在稻田裏。2011 年 10 月，台灣國防部軍事情報局出版《稻田海軍：中美所美方人員口述歷史訪問紀錄》、《中美合作所誌》專書，並舉辦相關珍藏照片展。當年的美方人員如今年事已高，大多已飄零謝世而去。台軍方邀請了還健在的 11 位來台活動，他們平均 87 歲。

在大陸，近些年，史迪威的神話漸漸破滅的同時，梅樂斯以及「中美所」的真相，正在清晰地浮出水面。

還是在 2005 年，按照老舊眷村重（遷）建計劃，軍情局屬下的 15 個眷村基本完成改造或重建。芝山岩下，原蔣介石士林官邸附近，有一條長約 600 米、從南到北的雨農路，經過北端的雨農橋，有「雨農花房」、「雨農小館」，馬路對面的「雨農山莊」住宅小區也在這年竣工入住。住戶多為老一代軍統、保密局、情報局的幹部。2015 年深秋，我在此打擾了兩位 90 多歲的長者：

一位郭象繢，山東高密人，抗戰後期在軍統青島站，戴笠罹難後，轉入青島四方區警察局。如今失聰也失憶，即使不失憶，也閉口不談當年那些拔劍四顧、「塵暗舊貂裘」的日子，大約做「無名英雄」早成了老一代軍統人刻進骨頭縫裏的最頑強的集體記憶。前兩年，潛心寫詩作畫，與大陸著名導演凌子風還有交往。現在，靠着一名菲傭料理生活，分不清早晚了；

一位程其明，女，1924 年生，江西南昌人。世代書香子弟，曾就讀南昌護士學校，抗戰爆發即投考軍校，畢業後一直在情治系統服務，曾獲寶星獎章、忠勤勳章，1970 年晉升上校，這在以男性為主的該系統內很是不易。其女兒告，母親身上插了多根管子，現在還躺在床上，不忍打擾，我未見到本人，只是請其女兒找出一疊老人的舊照片。同行的朋友極為認真地翻拍它們，從年輕

軍統老人程其明的一生

到自然衰老，青澀、英氣、堅毅、爽朗、慈祥……一個中國女子在變幻不定的大時代風濤下的角色轉換，完全顛覆大陸影視劇裏「女特工」們狐媚蛇蠍的既有形象。

下午四五點鐘，若天氣好，社區高高長長、綠綠紫紫的藤蔓植物架下，便會有老人出來散步，或一個人拄根拐杖踽踽而行，或坐輪椅，由小保姆模樣的女孩徐徐推着。彼此碰到了，可能點個頭，什麼也不說，猶如路人甲碰到路人乙；也可能用仍保持着的濃濃的浙江、山東、河南等各色鄉音，淡淡地道上一聲「天涼好個秋」……

「寥落古行宮，宮花寂寞紅。白頭宮女在，閒坐說玄宗。」「白頭宮女」猶在，只是早不話「玄宗」了。

大概是希望能為情報工作的發展及其開拓者戴笠找尋歷史定位，軍情局在2010 年後解密了大部分戴笠檔案，並與「國史館」合作，推出了 6 卷本《戴笠先生與抗戰史料彙編》。2012 年 4 月 1 日，「國史館」又開放了有關《戴笠史料》59 卷，共 22382 頁。忠義同志會如昔日的荒村野老，夜雨孤燈，筆削春秋，努力要回應先輩們在那角聲旌旗、慷慨一呼的時代裏可歌可泣的腳步。然而，島上對這段歷史感興趣的人們愈來愈少了。芝山岩上的「雨農圖書館」徒有其名，成了轉山老人歇腳之處，旁邊總伴着打盹的老貓。「雨農小館」年輕的女老板娘，說不清「雨農」究竟是個什麼人。「雨農小學」早就由眷村子弟學校性質轉為市區政府所屬，只要成績優秀都可以進來。1988 年校園翻修時，時任校長撰寫的紀念碑文對校名來歷一字不提。校歌中有「要學父兄當英雄，志氣豪如虹」兩句，卻未出現戴笠的名字。屢訪台灣的徐有威先生觀察到，這些年，在「國史館」看戴笠檔案，來得最勤的是大陸學者；購買《《戴笠先生與抗戰史料彙編》最多的也是大陸遊客。「據說，台灣學者和百姓，對戴笠在大陸依舊風頭正健，往往搖頭，深表不可思議。」

2011 年 5 月 30 日，美國老兵節（亦稱國殤日）的這一天，中國有著名作家發表拜謁陳納德、梅樂斯墓祭文。在後者的祭文裏寫到：

您和中國人並肩戰鬥的那場戰爭，過去65年了。我來到您墓前，獻上玫瑰花、美酒和無限的感念。

　　您為中國而戰鬥，也為中國而受辱。那些為魔鬼所惑的人們潑給你的污穢，早已被歷史的風雨所洗淨。

　　您的坎坷就是這樣一種先知式的悲劇……

　　您的10萬中國遊擊隊部下，純是從心底裏熱愛您。像您這樣與他們人生死相依的美軍將領，實在甚為罕見……

　　總有一天，在中國的戰時首都重慶，在中國的東海邊，會豎立起您的銅像，以世世代代銘記您所創建的功勳，以及您留給我們的始終不渝的愛。

　　2011年9月14日上午9點整，騰沖國殤墓園內，群峰垂首，萬人蕭穆。清婉、綿長的《安魂曲》徐徐奏起，在數百名緬甸華僑華人和騰沖民眾的護送下，19位身穿黑色中山裝、帶着白手套、年輕英武的護靈者，神情莊嚴，表情凝重，手捧中國遠征軍陣亡將士的大理石骨灰罐，緩緩步入剛落成的「中國遠征軍抗日將士紀念碑」前。

　　這是中國大陸首次從緬甸迎回中國遠征軍陣亡將士遺骸。2011年，由民間著名關愛國民黨抗戰老兵（「國民黨抗戰老兵」這個稱呼，其實不確。有老兵忿忿表示：當時我們不是國民黨軍隊，國民黨沒有軍隊。我們軍隊是國民政府的軍隊，是國家的軍隊。當時國軍部隊裏連個黨團組織都沒有，從不過國民黨、三青團的組織生活，不發展國民黨員、三青團員。「別再叫我國民黨老兵，我參加的是國軍！」）人士戈叔亞、孫春龍、常博、高飛等人組成的考察隊，縱跨緬甸東西南北3000多公里，在當地眾多華僑華人的幫助下，把尋找「忠魂」的目標，確定在與遠征軍作戰有關的密支那、八莫和昔卜被破壞的墓地遺址上。挖掘過程並不輕鬆，「第一天只挖到一小塊頭蓋骨；第二天挖到四五尺深處，發現一小片、一小片，一小節、一小節的骨頭；第三天，除了挖到較多的遺骨外，還挖到了一隻軍用水壺，一隻懷錶，一隻派克自來水筆，一

件腐爛了的雨衣；第四天和第五天，又挖到 5 堆遺骨。」多位在現場的華僑泣不成聲，「我崇敬英雄，看到遺骨被泡在水裏，很心痛……」

> 出征七十載兮今得返故園，
>
> 鐫石三千噸兮碑以哀國殤。
>
> 唱靈歌以招魂兮愧後生來之何遲。
>
> 俯首敬高香兮祈英雄得以永生……

讀罷《中國遠征軍七十年祭》後，低緩的小號《安魂曲》再次奏起，20 個（含 1 個裝有緬甸昔卜地區中國遠征軍被毀墓地泥土）大理石骨灰罐由護靈者一一送入「中國遠征軍陣亡將士公墓」內。

開始天是陰沉的，隨護靈隊伍走來，下起了小雨。下葬的時候雨突然變大，骨灰全部擺進地宮，雨勢漸成一片蒙蒙輕紗。來自大陸和台灣的佛教大師，領着百名僧侶，為歸葬的遠征軍亡靈超度、祈福。一曲傳唱甚廣的幽遠之歌，從人群中傳來，從蒼松翠柏上飄來，「……我們沒有家，孤兒是我們的名字，回家是夢裏的呼喚，太遠了，我們的家……」

寫到此處，我便想起戴笠——一個遲遲不忍離去的遊魂。

近 3 年裏，我先後到過國內不少軍統的舊址遺跡：在歙縣雄村，現供遊人參觀的舊址實為早年人民公社的一個辦公小院，而雄村訓練班的營部，早被一場大水沖了，只剩小院後一處頹敗的土屋，曾用做裝化肥的倉庫，進去時有幾隻雞在亂稻草裏吃食……在臨澧，民國時代的縣立中學早改名為丁玲中學（丁玲老家在臨澧），訓練班的禮堂、營房、堤壩，全無了蹤影。彷彿我自外星上來，沒人知道這件往事。有好心人說，一位已 90 多歲的退休徐老師可能知道。很冒昧地敲開門，徐老師原來教語文、歷史，現失聰。通過和他一起生活的女兒，交談了幾句，他證實臨澧訓練班正在這裏，當年他聽過操場上學員們練兵的廝殺聲。一個旁聽在側的年輕老師熱心地領我去教學大樓旁的一棵老樹下，有幾個近兩尺高、比人腰粗的石墩，上面都鑿了洞。年輕老師道：放在這裏幾十年了，沒有人動過。這看起來像訓練班造營房承載柱子的石礎，要說有

只剩下幾個石墩的臨澧訓練班

遺跡，就是它了⋯⋯

在雄村、臨澧、息烽，在南京、昆明、重慶、台北⋯⋯

某一瞬間，我會產生某種恍惚感。心頭漫過一團黯然，一股傷痛。

這是一種與我們民族歷史上最為血腥的歲月裏一批悲歌易水、以骨撐旗的男女青年離別的傷痛，他們像歷史大漠上的幾點沙塵，或許將會消失得無影無蹤；這還是一個兵連禍結又滄海橫流、風流蘊藉又慷慨高歌的時代離別的黯然。時下，太多的人一邊以前所未有的熱忱與「洪荒之力」，去追求物質生活的「星如雨，風簫聲動，玉壺光轉」，奪取權色高地「東風夜放花千樹」，一邊麻木、曲解、傲慢地對待歷史；而歷史，作為民族精神大壩的一方方堤石，正暗暗地不斷崩塌，可在活得自卑與活得虛驕間，常常打轉如驢子走在磨道上的我們，卻渾然不覺失去了什麼⋯⋯

2014 年 4 月 1 日，清明前幾天，忠義同志會藍玉璋常務理事、王玉祥常務監事與戴宣龍顧問（戴笠曾孫）及其自加拿大返台的胞弟宣宗、妹宣蘭，偕同黃其梅祕書長，一行六人，抵達南京，探視並會合 70 多歲的戴眉曼、戴以宏，及其他親屬代表。翌日，一行前往中山陵。轉抵戴笠墓園徑道，見左側有一木屋，前行兩分鐘，右邊水泥牆墩旁立有銅質指示牌，以中、英、日、韓文記載戴笠生平。指示牌的出現似與此事有關：同年，南京市文廣新聞局公佈第三次全國文物普查玄武區新發現，稱該區共有 66 處不可移動文物，其中，戴

笠墓園被列入玄武區文物保護單位。園區內仍是斷碑倒地，雜草叢生。方形池塘如今還在，池塘周圍有高大的栗樹環繞。一池死水，波瀾不興，沉澱着一段遠去的歷史。

家屬們在銅牌前留影後，一行人整理雜草殘根。因南京市規定，祭祖掃墓一概不准燒香焚紙，一行人將攜來之鮮花、餅果獻上，並展開忠義同志會會旗，由藍常務理事主祭，默禱先靈長佑戴家後人，並祈國泰民安。

謁祭結束，又轉往離市區約一小時車程的岱山。車抵岱山南坡山腳，一路撥開茅草，絆着刺林，徐徐往上攀行，約一個小時，到達戴笠失事墜機現場。見吳稚暉所題石碑仍為斷碑，下半部尚完整，可看出中間為「農將軍墜機處」，右上方為「中華民國三十五年三月十七日午時」。一行人拍照合影，靜默憑弔，獻上心香一柱。

2015 年 9 月 2 日，台灣舉行「紀念抗戰勝利 70 週年暨民國 104 年軍人節慶祝活動」，並頒贈抗戰先進、遺族「抗戰勝利紀念章」。馬英九出席，他代表政府，向所有抗戰的前輩們表達最高的敬意與最深的感激。「各位的犧牲與奉獻，換來了國家的生存與民族的尊嚴，這段歷史，中華民國永遠不會忘記！全世界愛好和平的人士也永遠不會忘記！」至開會日，「抗戰勝利紀念章」已發送 6653 枚，其中大陸有 705 位申請，實發放 402 枚。獲得紀念章的外國與會者中，有梅樂斯將軍、飛虎隊曾擊落 18 架日機的王牌飛行員希爾（David Lee Hill）等人的後人。

2015 年 12 月初的一天，我拜訪了忠義同志會祕書長黃其梅先生。其時，街頭巷尾競爭下一任大位的宣傳攻勢火藥味正濃，有國民黨方面的立法院委員陳某，在一所小學門口表演鑽火圈，再發佈競選政綱。聽說後，真有幾分感慨，手法低拙如此，「曾經是由大地上一群感受人民痛苦最深切的青年組合而成」（洪秀柱語）的國民黨，到了今天，是否真的殘山剩水，後繼無人了。

我冒昧地問黃先生：蔡英文當選以後，「忠義會」會不會受影響？他沒有一點遲疑：「不影響，我們照樣做我們的。蔡女士真當選，你有你的政治理念，我們有我們的政治理念。這個沒有問題。但是你是台灣領導人，我們『三一七』

照樣請，就看你來不來。」我說，蔡英文如果死心塌地沿着李登輝的「台獨」、「去中國化」路子走，戴笠和軍統的抗戰歷史，可能在台灣就要徹底埋沒了。黃先生回答：「我們不但深藍，我們藍得快發黑了。我們會堅守，能堅守多久就多久……」

2016 年 8 月 2 日，根據新公佈的《「國史館」館藏檔案史料開放應用要點》，「國史館」館藏檔案史料即日起對陸港澳學者設限。中央研究院近代史研究所研究員朱浤源先生認為，連檔案都無法看，怎麼做研究？久而久之，民國史研究熱度自然下降，全民族抗戰歷史必定湮沒。這是以行政理由作政治對抗，質疑國史館在搞政治，「下一步就是修國史」。果不其然，同年，新任「行政院長」林全的第一號行政命令，就是迫不及待地宣佈廢除「歷史課綱微調」。其後，各部會機關「台獨」的意識越來越濃烈，彼此步驟越來越整齊地將意識形態一統化。2017 年 6 月，有消息稱，「教育部」要重新發佈 12 年「國教歷史新課綱」，新課綱以第三者的角度將中國歷史、文化視為與西方歷史、文化一般，即與台灣人無關，如此則「中華民國」在台灣的根基會越來越淡，則國軍抗戰歷史、軍統抗戰歷史將會消散如煙。

2016 年 8 月 8 日，參觀成都樊建川博物館。印象最深的是壯士廣場，廣場約 1 萬平米，其中雕塑區 3000 平方米。經過歷史事實考證的 200 多位壯士鐵質造像，放置在一個 V 字形下沉式凹槽的空間環境中，凹槽總長 81.5 米，寬 45 米，象徵着 1945 年 8 月 15 日中國抗戰勝利的這一神聖時刻。整個廣場為一幅抽象的中國地圖，200 多位抗戰名將和著名烈士，站在各自的位置：蔣介石站重慶，李宗仁站台兒莊，閻錫山站山西，毛澤東、朱德站延安，薛岳站長沙，杜聿明、孫立人、戴安瀾站滇西，彭德懷、左權站晉察冀，高志航、楊靖宇、趙一曼等烈士，站在他們犧牲的地方……英姿成陣、大氣磅礡的壯士廣場，將 1937 年中華民族現代史上惟一的一次大團結，凝聚在後人的記憶中，呼喚在當下的願景裏。

我注意到，蔣介石造像後有一處打好基座的空缺，我認為這個位置應該是為戴笠留着的。《正面戰場館》裏，陳列有抗戰時期戴笠在軍統北平站使用的

一張六屜一櫥辦公桌，其隱蔽處裝有電鈴。2010 年 5 月，退休的原國家安全部副部長王珏來此參觀後，遂以這張伴隨他幾十年的桌子捐贈該館，並清楚寫下「戴笠用過的寫字台的來歷」一文，作為展出說明。

正面戰場館內戴笠用過的辦公桌

隨後，見到樊建川博物館館長樊建川。他告訴我，樊建川博物館聚落共投入 30 億元（其中館藏部分 15 億元），現在展出的不過收藏的 1/100。一個 6000 平方米的庫房裏，存放着一百年來中國人林林總總的各類文字資料，檔案、通信、日記、交代、揭發、檢查、判決文告、通令、勒令、遺書、報刊等，就有 80 多噸，其中有 1949 年後軍統留大陸 5000 人命運的相關材料。

建川先生贈我的《大館奴——樊建川的記憶與夢想》一書中寫到了 2007 年 12 月壯士廣場揭幕儀式的一個波折：

> 　　致敬儀式由我主持，有致辭、獻花、獻酒、鞠躬……大家推舉陳丹淮（陳毅兒子）代表壯士後代致辭，他答應了……晚上，突然有幾位媒體朋友提醒我說，建川，還有問題，你安排大家給壯士鞠躬，如果斷章取義，說毛主席的女兒給蔣介石鞠躬，就抓住這一點，把事情鬧大，你怎麼辦？我想是個大事，已經凌晨兩點過了，我對還在加班的劉主任說，儀式中的鞠躬取消。天亮後，我又想不過，覺得人都來了，都是壯士後代，不鞠躬，覺得不太對勁兒，還想爭取……我第一個找彭鋼（彭德懷侄女）。我說，彭大姐，咱們給鞠躬的裏邊有蔣介石，你覺得有問題嗎？她說：我伯父也在舊軍隊幹過，也做過舊軍官，當時八路軍也叫國民革命軍嘛……我又去找周大姐周秉德（周恩來侄女）……她說，我覺得沒問題，

不是統一戰線嗎？我們是向抗戰的行為致敬，是對抗戰致敬……我又去找李敏（毛澤東女兒）大姐，這事她不開口，還真不敢做……她只說了一句，他們都是長輩嘛。我立刻說，好好，那我們就按計劃進行。

河北邯鄲黃梁廟有一副對聯，上聯是「睡至二三更時凡功名皆成幻境」，下聯是「想到一百年後無少長者俱是古人」。後人評價前人，後人復被再後人評價。古人尋我，我覓古人。最終都要在時間翻湧的雲煙裏對眼，都將在擠去水分、撲簌簌掉下金粉的歷史長卷裏相聚。無言以對，還是無顏以對，秉筆直書，還是病筆曲書，待人終卷，而後了悟。

謹以九十年代初的一首金曲作結：

暗淡了刀光劍影

遠去了鼓角錚鳴

眼前飛揚着一個個鮮活的面容

湮沒了黃塵古道

荒蕪了烽火邊城

歲月啊你帶不走

那一串串熟悉的姓名

興亡誰人定啊

盛衰豈無憑

一頁風雲散啊

變幻了時空

聚散皆是緣哪

離合總關情

擔當生前事啊

何計身後評

長江有意化作淚

長江有情起歌聲

歷史的天空閃爍幾顆星

人間一股英雄氣在馳騁縱橫

2015 年 8 月——2016 年 8 月一稿

2016 年 9 月——11 月二稿

2017 年 6 月——7 月定稿

於美國密西根州安娜堡市

附
江山軍統

「三石峰」重聚

　　說起戴笠的家鄉，大概知道戴笠的人，都知道他的籍貫是浙江。但具體到哪個縣，大概知道的人就不多了。

　　「從衢州南下，一路上迎送着的有不斷的青山，更超過幾條水色藍碧的江身，經一大平原，過雙塔地，到一區四山圍抱的江城，就是江山縣了。江山是以三片石的江郎山出名的地方，南越仙霞關，直通閩粵，西去玉山，便是江西；所謂七省通衢，江山實在是第一個緊要的邊境。」（郁達夫《仙霞紀險》）

　　《太平廣記》卷294「湛滿」條載：「須江縣江郎山，昔有江家在山下居，兄弟三人，神化於此，故有三石峰之異。」五代吳越寶正六年（931），因縣南有江郎山，改須江縣為江山縣。三石峰自北向南，呈「川」形排列，郎峰、亞峰、靈峰，之間有大弄、小弄出入。郎峰峭壁上，有明代理學家湛若水摩崖石刻「壁立萬仞」四字。

　　江郎山口的仙霞關扼閩贛浙三省門戶，自古是兵家必爭之地。

　　唐乾符五年（878），自號為「衝天大將軍」的黃巢，欲由江山經仙霞嶺入福建，無奈受阻於此——仙霞嶺高360級，凡28曲，長20里，狹隘處僅容一馬，越高

仙霞關

　　　　　　　　　　　　　　　時間的磨子下 ——戴笠、軍統與抗戰

越陡。不得不暫作停頓，在仙霞嶺上刊山伐道，變古時羊腸曲徑為山間大道，10萬人馬終能直趨建州，攻陷閩中諸州。清咸豐八年（1858），太平天國翼王石達開和洪秀全分裂後，率部由江西廣豐，經仙霞古道北段進入江山。後兵分兩路，一路北上，連克常山、開化；一路圍攻衢州府城91天不克，遂撤圍，返回江山，再率20萬大軍，度仙霞嶺南下福建。民國十三年（1924）9月，直系軍閥、福建軍務督理孫傳芳，號稱閩浙聯軍總司令，趁江蘇督軍齊爕元（直系）和浙江督軍盧永祥（皖系）爭奪浙滬地盤之機，兵分兩路進攻江山，一路直攻仙霞關，不克。後駐守此關的浙軍二師炮兵團長張國威叛盧投孫，開關迎敵。幾場惡戰下來，盧永祥宣告下野，山青青水凌凌的浙江納入孫傳芳轂中，孫還自任浙、閩、蘇、皖、贛聯軍總司令……

此後，金庸先生《笑傲江湖》的第一章節，也揭開在這片莽蒼蒼的山關。

保安鄉位於江山城南50里。戴笠故居位於保安鄉街中段西側。故居白牆黛瓦，院內有棵粗大的金錢松直插雲天，正面看去是兩層木結構普通民宅，房子的任何一個房間都有一扇窗戶對着蒼翠的江郎山。畢業於文溪高小時，17歲的戴笠曾率一班同學登山，「三峰矗立，四壁橫空。萬古不磨，出沒白雲之外；千秋常在，參差碧落之中。羅列滿天星斗，離披兩袖雲風。形如圖畫之屏，橫排江左；勢似飛來之石，巧置浙東。山高騎石，路逼霞關；林圍若幄，岫擁如環……爾乃面面凌空，般般突兀。」（趙鏜《江郎書院賦》）戴笠一行在此仰天俯地，任呼呼之風撲面而來，更鑒古論今，遐想未來……

江山縣立文溪高等小學堂於清光緒三十二年（1906）創立，1910年改官立為縣立，1913年稱文溪高等小學校。在1938年江山縣立中學成立以前，它一直是江山縣最高學府。1910年春，戴笠以徽蘭學名考入文溪高小。入學試題「試各言爾志」，徽蘭搖筆成篇，結論：「希聖、希賢、希豪傑。」雖不見他埋頭讀書，成績卻總是名列前茅，且儼然有俠義之風。王蒲臣年紀小，曾被一同學當馬騎，又哭又叫。他看到後箭步過去，掀翻後者，牽扶前者，眾同學以為王蒲臣是戴笠的小弟，從此都不再欺負他。周念行的父親是一個本分的農民，周的膽子也很小。辛亥革命興起，縣城的青年人興起一股剪辮子的風潮，在學校誰不剪便被視為「保皇黨」。戴笠等人剪了幾天，周念行也想逐潮流，可是又怕回家遭父親罵。戴笠將周念行找到寢室，二話沒說，「咔嚓」一剪子就把他的辮子給扔進了大清的塵埃……文溪高小瀕臨文溪，溪水上有座「仰止亭」，課餘之暇，同學們常在此看書聊天。看到河邊眾

多女子因纏足而蹒跚不便，又目睹當時鄉間有抽鴉片煙的陋習，既傷身體，又耗錢財，戴笠在校內發起「青年會」，以勸說男人不抽鴉片、女人不纏足為宗旨。（《戴雨農先生全集》）

其敢作敢為的那股風火勁頭，多少年後，還給同學們以深刻的印象。同班或同年級的許多同學，與戴笠的關係都不錯。其中走得最近的，有李祖衛、周念行、毛人鳳、王蒲臣、周養浩、姜紹謨、姜超岳、姜達緒等人，與前二人更結成「三石峰」，這兩人皆穩重好學，又形影相隨。

1931 年 7 月，戴笠去信給在溫州師範學校做教師的李祖衛，展開即是「祖衛學兄大鑒：與兄一別十餘年，時以為念。弟經多方打聽，才知兄台在溫師任教。故速修書問候……」同窗雞鳴之誼撲面而來，白衣少年情懷躍然紙上：「眼下軍閥割據，山河破碎，當此亂世之際，我輩將為國效勞，日後江山統一，光宗耀祖，豈不快哉！書不盡言，望兄切切莫遲疑，速來南京與弟共事，如何？」

此時，長江兩岸七省一片水天澤國。與洶洶水患幾乎同時到來的，還有東北淪陷，寧粵分裂，空前學潮，社會騷亂，江西瑞金的「中華蘇維埃共和國」出世……李祖衛未有遲疑，如酒精一點就噗地一聲升起悠悠藍焰，去了也是同鄉、聘他來此任教的校長處辭行。做完一番交接事宜，8 月間，乘船後又換火車，來到南京城一條頗為偏僻的弄堂——雞鵝巷 53 號，當天沒有見到主人。這年，面對黨內外強大的倒戈勢力，蔣介石以退為進，辭去國民政府主席、行政院長職務，首次下野，回到奉化溪口。行前，令戴笠組織聯絡組，在京、滬、杭、平、津、漢口、香港、廣東、江西等地建立情報組織，開始對日本及國內各地方實力派的情報工作進行策劃與部署。幾天後，李祖衛見到了改名為戴笠的當年同窗戴春風。1932 年 4 月，正式成立復興社特務處，處長戴笠，李祖衛任職甲室（戴笠私人機要室）主任，並掌管處本部印章的使用，和戴笠來往信件的處理。

1934 年 8 月下旬，戴笠去國民政府的夏都——廬山，向蔣介石面陳要務。下山後在九江逗留，他職業性地查閱了所宿旅館的客人登記簿，意外看到周念行的名字。他牛喧馬嘶般地在各走廊上喊起來，很快找到周，兩人有 20 多年未見面了，自是敘談甚歡，不覺東窗大白。原來自文溪高小分手後，周念行考入省立衢州第八中學，畢業後赴日本留學，在明治大學攻讀政治。回國後參加北伐戰爭，後被派往湖北省黃陂縣擔任縣長，政績頗佳，續任浙江省遂安縣縣長、安徽省貴池縣縣長。戴

笠極力勸說周念行由政界轉身為特勤。周念行先在南昌行營調查科幹了一段祕書，後調處本部甲室。李祖衞偏重於文件管理和監印，周念行則重在政治情報研判。

周念行

王蒲臣亦在戴笠的念茲在茲中。自文溪高小分手後，王蒲臣考入建德縣的浙江省立第九師範學校，5 年後畢業。1928 年，姜超岳、朱雲光、姜紹謨、朱君毅四位鄉友，聯名向浙江省教育廳廳長陳布雷函薦王蒲臣出任江山縣教育局局長，兼任國民黨江山縣黨部執行委員。後又任慶元縣、武義縣教育局局長。1935 年，戴笠聞王蒲臣在南京江蘇省立民眾教育館工作，隨即派李祖衞、周念行兩次去看望王蒲臣，轉達自己邀請後者來特務處共事的盛意。

王蒲臣

這年 12 月初的一天，踩着南京城滿地下的秋聲——籟籟作響的梧桐老葉，王蒲臣來到雞鵝巷 53 號，見到戴笠、李祖衞、周念行、毛萬里等江山同鄉。毛萬里，1903 年出生於江山市賀村鎮水晶山底，1932 年投考浙江警官學校，發榜前，聽說江山同鄉戴笠任浙江警官學校政治特派員，毛便給戴寫了一封信表達高山仰止之情。戴笠很快約其談話，方知毛萬里是自己文溪高小同學毛人鳳的胞弟，他當即要其直接來特務處效命。戴笠又從其口中得知毛人鳳在浙江崇德縣政府當科長，便發電報叫毛人鳳到自己這裏工作，一封信由此引兩兄弟拐上了驚心動魄的人生。

毛萬里

王蒲臣來後，分擔了一部分原李祖衞的任務。雖是當年的大哥，如今卻是特務處最高的長官，公務員出身的王蒲臣還有些拘謹。戴笠和他講話，開始他總畢恭畢敬地佇立一側。一次，戴笠為王蒲臣倒了一杯茶，又要其隨便坐下，說：「我們是集同鄉、同學、同志於一體。從感情上說是兄弟，但比兄弟更親的是同志……你在我

身邊記住四句話：工作上嚴肅，生活上寬鬆，開會守紀律，散會稱兄弟。這四句話你記牢，與雨農就合拍了！」（《亂世斯人——戴笠與李祖衛》）「合拍」了的王蒲臣常作為助手隨戴笠出門，並負責文書、經費支付和翻譯電稿等工作。十年間，跟隨戴笠摸爬滾打，西安、漢口、無錫、長沙、衡陽、上海、貴陽和重慶等地，到處留下這白面書生的身影，包括親睹戴笠參與「西安事變」的和平解決，以及事後囚禁楊虎城等。

姜紹謨，江山廿八都人。是當年文溪高小的同學中學歷最高的，1924年畢業於北京大學法學系。1922年加入國民黨後，先後任北平市黨部第一屆執委兼組織部長、北洋政府教育部祕書、國民政府教育部總務司司長、麗水地區專員、行政院駐北平政務委員會參議、南京國民政府司法行政院首任祕書、最高法院祕書科科長。但抗戰爆發，禁不住戴笠的一番「惦掛」，1938年在武漢加入軍統，起始只是軍統局情報科黨政股的股長、科長。

姜紹謨

張冠夫，原名張裕榮。江山保安鄉人。其妻王秋蓮係戴笠表妹，故張冠夫與戴笠既是親戚又是同鄉。1920年，經人介紹，離開家鄉去上海商務印書館當小職員，住寶山路寶光里。其時，戴笠是上海灘上一隻沒有方向的無頭蒼蠅，窮困潦倒，張冠夫接他來家住，白日有幾口熱飯，夜晚有尺餘臥榻。後來，戴笠在北伐戰爭中任總司令部密查組參謀，張冠夫隨之從事情報工作，屬軍統局元老之一。

張冠夫

姜毅英，女，原名姜鶴根。江山縣新塘邊鎮人。少年時代就讀於嘉湖小學和衢州中學，後轉學杭州女子高級中學。1932年中學畢業後，考入浙江警官學校。受訓期間，所在班搞過一次化裝演練，同班學員張毓中日後回憶說「姜毅英化裝成高貴少婦，濃妝豔抹，衣着華麗，到西湖湖濱公園一轉，驚鴻一瞥，引起遊客注目，對她評頭論足，使她不得不快步離開，僱車返校。」戴笠親自招進軍統後，入局本部譯電員，因工作勤奮、譯電業

務熟練，旋升任軍統廈門電台主任報務員，兼任監察台密碼破譯工作，是軍統電訊第一人魏大銘的得意門生。

2015 年紀念抗戰勝利 70 週年，台灣中天電視做了一期姜毅英的專題。節目裏有一張姜毅英就讀杭州女子高中的照片，清純、白皙的臉龐透着青春無憂、好奇無涯，解說詞是「在考取清華大學的那年暑假，卻因為被鄉長帶去見了軍統頭子戴笠將軍，走上截然不同的人生路。」

主持人採訪了姜毅英的二兒子倪守安，他如是說：

> 戴笠就是講幾句話，我們從小就注意你了，其他不用多講，現在國家這樣子，希望你們能夠來加入我們的工作，第一次見面，就是他送她兩樣東西，一個是《秋瑾傳》，另外是一把白朗寧牌手槍。秋瑾是為了推翻封建滿清王朝，犧牲生命的革命女烈士，姜毅英收下了《秋瑾傳》，退還手槍，決定投入愛國的抗日行列，1933 年特訓班結訓，每位同學都分派了工作，戴笠卻要姜毅英繼續學英文，打算將她送到美國留學，因為對她另有安排。

> ……胡宗南在西北有六十萬大軍，而且，都是美式裝備。戴笠就安排他自己的子弟兵，看最後誰能夠嫁給胡宗南，這樣子對他們整個工作是有幫助的。但是，姜毅英希望能夠對國家更有貢獻，決定選擇跟當時的破譯電碼高手魏大銘將軍學習譯電……

因與戴笠是同鄉、同學，或有「師生之誼」、親屬關係，由他直接吸納參加復興社特務處、軍統，或者經他人推薦參加的，先後還有——

毛森，原名毛鴻猷。江山縣石門鎮和仁村（今屬界牌村）人。1930 年，在江山縣中山小學任教。1932 年考入杭州浙江省警官學校，為正科二期學生。畢業後即投入特務處。

劉方雄，又名芳雄。1909 年出生於江山縣賀村鎮竹青塢村。1930 年畢業於江山縣立師範講習所第三期，任江山縣壇邊桂香小學校長。1934 年至 1935 年間，在武漢加入特務處。

何芝園，1932 年從南京東南大學數學系畢業後，任鐵道部二級科員。1939 年加入軍統，歷任股長、科長、軍統局情報處少將處長。

周養浩，1926年畢業於浙江省立衢州第八中學。次年，任國民黨江山縣執行委員，後考入上海法學院法律系。1933年加入復興社特務處。軍統局成立後，在局本部從事內勤司法工作。

戴春榜，戴笠胞弟。重慶中央軍校高教班畢業後，掛名忠義救國軍少將參議、軍統局少將專員。

戴藏宜，戴笠兒子。曾掛名南京衛戍司令部上校祕書、忠義救國軍少將參議、京滬杭鐵路警務處少將專員。

戴夏民，戴笠堂伯戴士俊之孫。畢業於省立衢州第八中學。1922年公費考入日本帝國醫科大學醫科，1926年畢業。1937年加入復興社特務處，後任四一醫院院長，領陸軍少將軍銜。

戴善模，戴笠侄孫。軍統局駐江山保安電台報務員，公開身份為交警第十八縱隊電台中校台長。

戴學南，戴笠侄孫女。畢業於北京女師大，早年參加中國共產黨，1927年任杭州女子中學校長。加入軍統後任浙江警官學校內訓班教官。

毛鍾新，戴笠母親藍月喜內侄女藍蓮梅之子，任戴笠的上尉副官、軍統局一部甲室上校祕書。

毛鍾書，毛鍾新之弟，軍統局少校。

王漢光，戴笠侄孫女婿，曾任軍統局少校譯電員、甲室祕書。

毛宗亮，戴笠妻毛秀叢胞弟，曾任軍統局仰光站上校站長、中美合作所經理組長。

毛宗鼇，戴笠妻毛秀叢胞弟，軍統局少校。

戴以仁，軍統局本部上尉收發員。

戴以聖，軍統局上尉譯電員。

戴以禮，軍統局本部上尉譯電員。

戴以冕，軍統局譯電員。

戴以胄，軍統局甲室少校譯電員。

戴善良，軍統局甲室少校譯電員。

戴善斌，戴笠警衛員。軍統局少校。

戴以賢，曾任滬甬鐵路警務處上尉警務員。

戴以謙，曾任軍統局上尉收發員

……

此外，1940 年元旦過後不久，奉命返鄉的毛萬里，以軍統局東南辦事處的名義，在江山峽口公告招收 30 名譯電員，報名者達 200 餘人，經筆試、口試、體檢之後，如約錄取。1943 年夏初，軍統又在江山招收 10 名譯電員、10 名打印員。這批人裏，現在還健在的王慶蓮老人，當年只有 16 歲——

> 我小學畢業，文化低，就報了打印員。那時啥也不懂。就知道去重慶那邊，有飯吃。我當然樂意嘍。1943 年 6 月 8 日到重慶的，大卡車開了半個多月。出門的時候，我媽媽、外婆和我抱着哭，大卡車要開了，她們還跟在後面揮手……
>
> 20 個人，10 個在重慶羅家灣，軍統局的局本部。我和另外的人，到磁器口造紙廠，那是譯電科的密本股，做打印作業。那時日本人老是來轟炸，密碼本是機要東西，怕給敵人炸壞了，所以放在鄉下。我在密本股工作了 8 個月。說是打印員，其實和譯電員一樣都是機密工作，因為當時我們編排的就是非常重要的電報密碼本……
>
> 1944 年 4 月，我調回局本部譯電科華南股，擔任譯電員，軍銜是準尉，領少尉的工資。譯電員更加辛苦，除了每星期能休息半天，平均每天得工作 10 個小時，平均每人一天要翻譯 1500 字左右的電報。如果光寫出來是根本用不了這麼久，但軍統的密碼本相當複雜，譯電員要準確的完成工作，需要經過很多步驟，耗費的工作量非常大。(《冷暖人生》鳳凰衛視 2014 年 2 月 25 日、未發表的《王慶蓮自傳》)

1940 年，戴笠命妻舅毛宗亮從江山縣招來若干能受累女子，分別安排在重慶中山路 4 號、楊家山、曾家岩、神仙洞等軍統招待所、賓館服務，1943 年，電影明星胡蝶來到重慶結識戴笠後，其隨侍女傭便是江山女子何瓊梅。戴笠還沒有忘記當年的承諾，「一遇風雲便化龍」後，請柴鹿鳴到重慶出任軍統幾處招待所、賓館的總管。

經有關方面統計，江山人加入軍統特工組織者數以千計。戴笠麾下，有江山籍將級軍官 20 多人，校級軍官 70 餘人。軍統局管財會的和最機密的譯電部門，幾乎是清一色的江山人。開始一段時間，各省省站的譯電業務，也非江山人不可。

在江山市藏書家、地方史研究者王保利先生處，我見到 3 份寫於「文革」期間的材料，一份是「偽職人員登記表」，登記者叫王元紀，江山縣城關鎮人。1941 年 3 月考入軍統本部任譯電員，分在華東股，中尉待遇。5 個月後，大約因其入軍統前做過會計，調去掛在財政部下實為軍統所辦的重慶緝私幹部訓練班，任助理會計，即出納。表裏有一格填到：1944 年 5 月至 1948 年 4 月，「被匪特捕禁入獄四年」，此處的「匪特」是指他當年任職的軍統。另一份材料，是落款「壞分子、反革命分子王元紀謹呈」的揭發，開列一長串當年同在軍統譯電部門幹過的江山人和外地人。前者有：夏天放（譯電科科長）、王長容（華東股股長）、姜永庚（祕本股股長）、李鈞良（譯電員，下同）、姜必光、王嗣瑞、葉世德、林欽順、張維翰、吳石放等。

第三份材料由王元紀提供的其在軍統這段歷史的證明人王紹謙所寫，在「上述情況供參考」的批語上，蓋有「要武兵團」的大印。王紹謙也是江山縣城關鎮人，他提供的證明說：「1941 年 8 月間，王元紀由我提名，經軍統機要室主任祕書潘其武批准，由人事科派往緝私署所辦的緝私幹部訓練班當出納……王元紀在做查幹班出納時，曾與緝私署會計等幾個江山人，私用公款大做生意，被戴笠下命令關押起來，直至戴笠死後，才釋放出來。」

在國民黨內部，有浙江「四絕」之說，即「江山的軍統（戴笠、毛人鳳等），奉化的總統（蔣介石、蔣經國），湖州的中統（陳立夫、陳果夫等），青田的將軍（陳誠、趙志垚等）」。意指軍統是浙江江山人的大半天下，是江山的「特產」。

「三毛一戴」、「十四親信」

按說，在民國年代的上層營壘裏，岸芷汀蘭，鷗翔鱗集，戴笠本很難起眼。

蔣介石身邊的黨國棟樑、軍中干城——陳立夫、陳果夫、宋子文、孔祥熙、陳誠、何應欽……無不聲名顯赫，如雷貫耳。在黃埔系裏，比起早期畢業的桂永清、鄭介民、胡宗南、李士珍、唐縱，戴笠只是黃埔小弟，而且還是個六期肄業。若再算上從民國元年開始辦了九期，訓練了近 1 萬名軍官、其中 1600 多人獲得將軍頭銜的保定軍校的前輩——白崇禧、張治中、蔣百里、傅作義……戴笠更只能忝陪末

座。即便在復興社前身力行社的所謂「十三太保」裏，滕傑、賀衷寒、鄧文儀、康澤、豐悌、周復、桂永清、胡宗南、潘佑強、肖贊育、干國勳……雖然年紀都與戴笠相差無幾，均 30 歲上下，但他們多畢業於黃埔前四期，又曾留學日本東京明治大學，或陸軍大學。

在力行社籌備時的第二次聚餐會上，戴笠被一個朋友拉來，「在 1931 年夏天的暗淡日子裏，這個人的形象是謹慎、含蓄、言不輕發，而且，因為讀書最少，資歷最淺，職位最低，在一大群人聚會時，他總是沉靜地坐在一邊，若有所思地傾聽着。」（《藍衣社——中國法西斯運動始末》），戴笠低調、謙恭，不為人注意，以至於「鄧文儀後來回憶，『為特務處處長人選，（民國）二十一年三月，蔣介石曾三次向滕傑婉言推薦戴笠』，直到第三次，滕傑才勉強同意，這讓蔣介石相當不快。」（同上）……

李祖衛上任伊始，戴笠就對他交心說：「在國民政府的上層人物裏，我戴雨農，還是個不起眼的角色。尤其陳果夫、陳立夫，還有陳誠、何應欽這班前輩，對我有看法，特別是見我在領袖身邊時，他們就橫眉冷眼，擺老資格……即使領袖欣賞我，支撐我，目前也無法與之較量。那麼，我必須趁機培養自己的一大批骨幹，擴大勢力：比如舉辦訓練班，創辦警官學校，介紹我們文溪的同學加入，發展特務處人員，分別安排到全國的軍政機關去，逐步壯大我們的團體……這樣，我才上有靠山，下有實力。」（《亂世斯人——戴笠與李祖衛》）

說戴笠這是老虎吃天，想「篡黨奪權」；莫若說他顧盼山頭林立，群雄並起，心上尚不脫卑微的陰影。

1932 年 4 月 1 日，蔣介石在南京中山陵召見，並任命 36 歲的戴笠為復興社特務處處長時，他便以自己資淺言輕懇辭。蔣說：「一切由我負責，你只要有決心，其餘不必顧慮。」他感動不已，當即表示：一手接派令，一手提頭顱，成功為敵人所殺，失敗為領袖所誅，決心效死，義無反顧。（《戴笠年譜》）他必須為報答知遇者提攜之恩，幹出一番大氣象大格局來；必須讓蔣介石的視野，在「文有陳果夫，武有胡宗南」之外，還有他天狼星般崛起。

蔣介石的用人原則主要有兩條，一條看是不是浙江人，或者是不是黃埔出身；再一條看是什麼人保薦。戴笠對這兩條深納周詳。軍統的關鍵崗位大都是浙江人或黃埔生在把守，蔣介石對軍統的高層人事安排向來放心。戴笠欲建立自己的班底，

同學同鄉自當多多益善。他是否入眼，一要知根知底，忠實可靠，與江山故園有割不斷的聯繫。有聯繫者，風箏再飛也斷不了線。二要家境殷實，起碼無衣食之憂。若是奔着做官發財就不要加入特務處、軍統，加入了有朝一日可能會叛變，來者都需是願效力捨命於國家興亡、民族大義的熱血青年。三注意吸收讀過書有文化的青年，尤其重用才識突出、膽略過人者。

在局本部甲室的日子裏，李祖衞、周念行二人，除為戴笠出謀劃策、捉刀弄筆外，還屢屢隨戴笠拜訪國民黨各位元老。在時任監察院長于右任的府上，戴笠攜帶的新年禮品裏有晚清書畫家趙之謙的真跡對聯一副：「世情逐冷暖，人面分高低」。引得于右任也揮毫寫下：「興隆山畔敵金戈，中山陵前復山河」。又説：「老夫久聞李祖衞先生的書法別具風格，可肯賜否？」李祖衞接過筆來，修然紙上：「香草似美人，芭蕉真君子」，又在下聯左下方落下「右任先生校正」。有「民國四大書法家之一」美譽的于右任凝神看後迭迭讚歎：後生可畏！在時任上海市警備司令楊虎的公館，兩位姨太太將李祖衞的畫展開，一幅水墨白菜跳進眼簾。幾乎同時從一張紅木椅子上跳起來的還有楊虎：「水淋淋的白菜呀！這配上的『謾言淡泊非真味，滿園風月帶清香』也寫得好！」

戴笠不失時機地幽默了一把：「李股長知道楊司令和太太們山珍海味、雞鴨魚肉吃多了，送把白菜來，給你們換換胃口。」……

1934 年，加入特務的當年冬天，31 歲的毛萬里調北平區書記。次年，領導向影心暗殺漢奸殷汝耕。1938 年初，任北平區區長，負責指揮刺殺偽華北行政院院長王克敏。1939 年 3 月，任軍統上海區總督察，組織刺殺汪精衞但功敗垂成。1941 年秋，任軍統上海二區區長。1942 年初，毛萬里奉命在金華籌建軍統東南辦事處，升為少將主任，兼浙江站站長。東南辦事處管轄和指揮浙江、上海、福建、江西軍統方面的人事和業務活動。同年 4 月 1 日，軍統局本部在重慶羅家灣舉行成立 10 週年紀念大會，毛萬里派祕書姜朝龍代表東南辦事處赴會，並親自撰寫了一副賀聯：「從四條巷到羅家灣，組織雖有不同，精神還是一個；改特務處為軍統局，同志遍佈中外，敵我不能兩全。」（「四條巷」即南京雞鵝巷）。此聯對仗工整，寓意深刻，令戴笠十分讚賞，但不贊成「組織雖有不同」句，認為只是先後問題；「敵我不能兩全」句，亦不如「忠奸絕不兩全」滌心雪目。戴笠修改後，命人懸掛於主席台前後兩側。

1940 年底，任職軍統杭州站站長的毛森，接到戴笠電報，擔任上海行動總隊長。「我即物色各種人才，積極部署。自知身臨艱危險惡，此去生還機會恨少，很多知交勸我推辭不去，尤其是毛宗亮，直言勸阻：『別人千方百計在後方求活，你為何願去送死？』我則抱定破釜沉舟，認為正償男兒報國宿願。在起程之前，陪同岳母、妻女回江山祭拜祖先，叩別父母親人，當然沒有明言將跳火坑，表面還是高高興興團聚。在家期間，妻感懨懨欲病，身體不適，請了本地中醫把脈，據告已有喜了，大家更加歡喜……」（《抗戰敵後工作追憶》）

次年 6 月一個深夜，因一個內交通被捕後受不住日軍酷刑，供出毛森。毛森被日本特高課課長五島茂逮捕，這是他在杭州第二次陷入日寇羅網。一時群龍無首，平時隔三差五，不是哪個漢奸遭殺，就是哪裏的倉庫、棧房被炸，風聲鶴唳的上海灘一下安靜了許多。日憲兵司令木下榮市少將察覺到毛森影響非同一般，下令將他囚禁在狄思威路（今虹口區溧陽路）憲佐部隊，由數十名憲佐日夜分班輪值。毛妻、也是軍統成員的胡德珍，致電重慶戴笠，請示應對方針，戴笠回電的意思是：首先要保住毛森性命，其他任何條件都可以商量。毛森假裝一副江湖中人願賭服輸的樣子，暗地裏用黃金收買了憲佐中的一個中國人。

不久，軍統東南區電訊督察李開峰為利所誘，叛變投敵。此人地位僅次電訊處長，軍統局所有報務員可說都是他的部下，他投靠日本人之後，軍統局一大半電台癱瘓，尤其是潛伏在淪陷區的電台密碼，在敵人眼裏統統變成明碼。戴笠大為震怒，即以 20 萬元賞格，密令予以制裁：「軍統局雖窮，如果拿不出此項巨款，我賣了褲子，也要履行 20 萬賞格！」（《戴笠年譜》）。雖有戴的嚴令和重賞，仍久久不能得手。李開峰被任命為汪偽特工總部電訊處少將處長，防衛極嚴，住宅佈有電網，周圍有敵偽特務人員巡邏。出門保鏢隨侍左右，駕車外出並不固定路線，車上玻璃是防彈玻璃，車牌亦有好幾個，隨時可以調換。每到一處，都是保鏢先下車，巡視四周認為安全，他始下車。飲食也分外注意，除敵偽要員或好友請其赴宴，從不在外吃飯喝酒，以防有人下毒。戴笠無奈，將最後的指望投向了囹圄中的毛森。

胡德珍將命令祕密傳遞到獄中。毛森最終想出一個除奸方案，交妻子執行——軍統原上海區區長陳恭澍不幸被捕後，軟禁在滬西。原滬區行動員劉全德也同時被捕，他作為衛士隨侍陳側。劉是江西人，生性粗豪，曾加入紅軍，其槍法號稱「百發百中，無刺不成」。後被軍統局吸收為行動員，派來滬區工作。其妻為工廠女工，

夫妻間很是恩愛，且是毛森江山峽口老鄉，交往頗深。胡德珍通過接近劉妻，最終策動劉全德去刺殺李開峰，為免劉後顧之憂，先將其妻送去後方，由其放心一搏。

12 月 31 日年夜，滬西一宅邸裏醇酒美婦，媚眼如絲。跳舞、賭博、狂歡。李開峰以為身在陳恭澍家，大門口就是警衛，安全無虞，便囑保鏢回去幫助太太佈置明天元旦接待敵偽貴賓。玩過午夜，牌桌上有人已顯倦怠，開始陸續告辭。李開峰稍有猶豫，陳恭澍似看出什麼，「由我衛士劉全德護送你回去吧！」李即接受並表謝意。車至富民路長樂路口，劉對李說：「酒喝太多了，想嘔吐。先生請稍停車吧。」李開峰不虞其詐，即令停車，劉即拔出槍對其胸、腹連發 2 槍，李急開車門圖逃，身子踉蹌，撞向路邊理髮店，櫥窗被撞裂；劉恐其不死，追上去對李的準腦袋再射兩槍，頓時血光四射……

已深夜，且滿身是血，必然驚動其家人及四鄰，劉全德直奔毛森住處。由此可見，遑論出於什麼動機，日本人還有汪偽特工，對陳恭澍或是毛森，仍沒有逼去死角落，他們還有某些活動空間。次日一早，毛森將劉全德藏匿去上海區一多年關係——商人相錦標家。第二天各報上僅簡略報導，說某街發生血案，內情正由治安當局徹查中，未敢詳述死者身份，似免攖敵偽之忌。報上還見「陳恭澍啟事」，囑劉回去自白，稱既往不究，一切責任替其承擔。劉全德看到後，竟外出與陳恭澍通電話，表示抱歉。雖未說出藏匿地址，但等於明告自己仍在上海。

又次日，滬上各報頭版均刊出「陳恭澍告劉全德」的大幅啟事，大意為：你我相處多年，深知你是多情重義的血性男兒。此次必係受人利用，闖此巨禍，盼你速速歸來，我必助你解決一切，保你無事。否則，將使我百口莫辯，陷我於絕境，你心何忍？毛森在清晨見報後，急急趕往不遠處的相錦標家，劉全德竟在抱頭號哭：「我太對不起陳先生了，我得出去自首，絕不能連累老上官！毛先生，你可放心，全德自願一死，絕不會攀連你們。」

毛森責以大義，並告之：「陳恭澍也是愛國男兒，陷身敵偽手中，不得已才虛與委蛇，他絕不會真心做漢奸。出事後敵偽雖會找他，但他很容易推說不知情，以他的機智精幹，必能應付過去。你昨天打了電話給陳恭澍，他才不得不刊登今天的啟事，以應付敵偽。你如真的去自首，陳恭澍必會很生氣，暗中在罵你沒有頭腦，平白犧牲自己。況你如去自首，敵偽自會千方百計逼供，想不攀連我們，只怕也由不得你！陳恭澍絕包庇不了你的。而且，你如死了，你那已去浙西的妻子怎麼辦？她

肚子裏還懷着孩子，快將臨盆了，他們以後依靠誰？你仔細去想想吧⋯⋯」（《抗戰敵後工作追憶》）劉全德才悚然而驚，安靜了下來。毛森又告誡他，切不可再與陳恭澍通電話，也不要外出，免生危險。

像一隻野豹關進籠子，劉全德過不了躲匿的苦悶日子，脾氣愈顯暴躁，竟每天吵着要出去洗澡，要上劇院看戲。毛森夫妻倆一天天舌敝唇焦地輪番苦勸，只求當天平安無事，不知明日將會發生什麼。毛森讀過心理學，對付剛烈之人，只有以柔克剛。乃告相錦標：「我因事忙，不能常來陪劉，劉如堅要外出，不可強阻，只有跪在他面前，求其可憐你一家老小，稍後我當向你還跪。」如此再三，劉全德老實了許多。與此同時，戴笠「十萬火急」、「限即刻到」的親電如雪片一樣飛來，見毛森遲遲未動，接二連三，危言催促：「弟必須立刻回來或避匿鄉下。現弟能否離得開已有問題。」最後無異生離死別，言稱：「弟已在敵偽控制下，恐難逃出生天。我與弟恐已不能再見⋯⋯嗚呼！言念及此，臨筆老淚縱橫。」

幸在劉的口中幾次提到「先生徐惠生」，幫會中門徒對師尊的稱呼為「老頭子」，亦叫「先生」。劉全德入過青幫，「先生」便是徐惠生，而徐是上海灘上婦孺皆知的總老頭子黃金榮的貼身侍從。毛森查清黃、徐與敵偽無關係，傾向重慶國民政府，且徐惠生的眷屬在浙江富陽場口，是軍統尚能遙控的地區，即設法與徐結交，請其幫助穩定劉全德，徐慨然允諾。此後一段日子，徐陪劉縱論過往豪俠，劉總算不再提外出之事。

最後，毛森託徐惠生與江浙一帶活動的忠義救國軍取得聯繫，劉全德乘船順利逃出上海，轉至後方，到江山縣峽口其岳母家中。劉如諾領到 20 萬元獎賞，另徐惠生掩護劉脫險，戴笠也發給獎金 5 萬元。此時，毛森才決意逃離上海，戴笠令在上海打入汪偽內部的唐生明設法協助。唐長袖善舞，魚水不驚，居然讓日本憲兵司令木下榮市放鬆了對莫里哀路（今黃浦區香山路）49 號毛森新住處的監管。在日憲兵曹長淺野俊隆外出時，毛森託病住院，乘機逃離虎口，由心腹部屬王福林接應，搭滬杭火車到杭州，順利抵達富陽遊擊區。

戴笠此時正在附近的淳安陪同梅樂斯等美方人員，偵察未來美軍沿海適當登陸地點。按軍統慣例，被捕人員必須經過特別審查才能重新任用。戴笠打破慣例，嘉獎有加，任命毛森為中美合作所東南地區指揮官，由上校晉升少將。不幾日，戴笠一行到江山，毛森去保安拜望。戴笠為其設宴壓驚，舉杯前說：「那天年夜，他們把

我從夢中叫醒，送來你的急電。我看到李逆開峰已誅，高興得跳起來。再也不想睡了，索性坐以待旦。次晨新年團拜，我十分興奮。對大家說：『我說過要李開峰過不了年！你們看，他就是過不了年！』如今心腹之患已除，從此，電訊及密碼的機密可以確保，被破壞的電台可以重建；且生鎮懾作用，無人再敢投敵，為虎作倀。賢弟勞苦功高，對國家的貢獻無可限量！我敬你三杯酒！」

此後，劉全德便在毛森部下擔任警衛隊隊長。可以再作交代的是，在一個風急浪高的大時代裏，多少人的人生變幻莫測——上海解放後，被保密局局長毛人鳳委以「保密局上海行動組」上校組長的劉全德，潛入上海，企圖刺殺市長陳毅未遂。1950 年 12 月被北京軍事管制委員會軍法處處決。

1933 年 11 月，「福建事變」發生。浙江警校電訊特訓班剛剛結業的姜毅英，被戴笠挑中，與其同期學員葉文昭，以夫妻名義，潛伏廈門，佈置祕密電台，負責通訊。在險惡的環境中朝夕相處、患難與共，葉文昭成了姜眾多愛慕者中的一匹黑馬。姜毅英雙喜臨門，本人升任為軍統廈門電台主任報務員。其後，戴笠令這對真伉儷，以中央航空公司昆明辦事處人員的身份，臥底昆明，並掩護一部祕密電台。抗戰中，被戴笠派任到蔣介石身邊、肩負侍衛之重任的張毓中，在此期間擔任他們的交通。他在晚年出版的《侍從蔣介石：我的特勤生涯》一書裏專門闢出一節，回憶當年這位出色的同事：

「當時，雲南王龍雲，對中央的態度不很友善，地下勢力根深蒂固，情報人員潛伏工作絕非易事，隨時隨地都有生命的危險。他們以智力與勇氣，又成功的完成了任務。」一次，張毓中去取文件，當時葉文昭正在發報，姜毅英與張閒談時，「竟情不自禁的靠在我右肩，失聲痛哭……這突如其來的意外，使我手足無措，驚異非常，我想她內心一定有許多沉重的苦痛和委屈，就讓她靠在我肩上，痛痛快快的大哭了一陣。果然沒多久，她很快的恢復了常態，若無其事的，和我東南西北的暢談起來……深受工作危險之威脅，備嚐生活之單調苦悶，偶爾引起情緒的不穩定，勢所難免，尤其對一個雄心勃勃的女青年，她的感受一定特別的強烈。」

抗戰爆發後，姜、葉二人被調離昆明，葉文昭被派往武漢，任武漢區電台台長。姜毅英留軍統局本部電訊處，不久再度潛伏廈門。1941 年 4 月，軍委特種技術研究室在魏大銘主持下，破譯日軍祕電碼，獲悉日軍準備進攻東南亞，切斷越南、緬甸通往中國的運輸線。蔣介石接到報告，為了查證情報的準確性，下令偵察廈門

海面日軍艦動態。戴笠以十萬火急電報，要姜毅英查明日本軍艦到達廈門情形。姜及時偵查並電告日軍動向，重慶方面據此並綜合其他情報判斷日軍有南進跡象。蔣介石通令軍統局嘉獎，姜毅英即升為軍統局本部第四處電台台長。1942 年任上校譯電科長，後譯電科改機要組，姜毅英任機要組組長，是戴笠身邊的紅人，與軍統局本部各處處長、各室主任平起平坐，獲得參加戴笠在羅家灣 19 號公館舉行的午餐彙報會的資格。

從譯電員起步，在軍統及後來的保密局、情報局、軍情局一待 40 年，以軍情局代理局長、陸軍中將退役的荊自立，晚年全家定居美國洛杉磯，並皈依天主教。荊自立在其自傳《雲煙往事》裏說到：

> 姜組長在一九三零年，警校畢業後，即在電訊單位服務，閩變發生時，戴笠命其攜帶無線電機，至福建廈門鼓浪嶼建立一祕密電台，擔任附近地區之情報通訊工作，及至閩變平息，鑒於其情報通訊之迅速確實，厥功甚偉，受到光榮獎勵，之後返回局本部，仍在電訊單位服務。調整和併編為機要組後，全組共有一百三十餘人，其中女生約十人，男性中除副組長及兩位科長年齡較高外，其餘人員，多在三十歲以下，工作都有三、四年之經驗。後以電報積壓現象之存在，姜組長對此，深感壓力沉重，頭痛不已。為解決電報積壓問題，姜組長特別召集一個會議，共同討論研商，結論是：全組譯電人員，在晚班後延長工作四十分鐘，專門翻譯積壓的電報，試辦一個月，再作檢討。每晚下班後，十一時前，供應宵夜一次，有稀粥，炒蛋及花生米，鹵豆乾等。公佈後即行實施，同仁們不喜亦無憂，祇是努力工作奉獻，此種堅忍的抗戰精神，與高昂的士氣，諒為其他機關所無。一個月後檢討結果，確定此舉尚有成效，積壓電報顯有減少。後來，姜組長又拜訪幾位業務處長，請他們發出去的電稿，需儘量簡單扼要，並轉知各外勤單位，亦得如此辦理，數月之後，機要組內已經看不到再有積壓的電報。

世人熟知姜毅英則是因為說她破解了日軍密碼而預知珍珠港事變的爆發。關於日軍襲擊珍珠港情報的破解者，有種種說法，此些說法，前文已分析過，此處不再贅述。

姜毅英在 1946 年 3 月晉升少將，是軍統局惟一的女少將。當時，國民政府軍

委會授予 7 名女姓將軍銜，其中，中將有宋美齡、奇俊峰、巴雲英 3 位，少將有姜毅英、胡蘭畦、謝冰瑩、額仁慶·達賴 4 位。關於姜毅英獲得晉升，有説是因為破解了日軍襲擊珍珠港情報，有説是因為發明了一種密碼：此前發電報都需有一個密碼本，很容易失密。在許多有關情報戰的影視作品中，常常看到敵我雙方挖空腦汁、不計手段要搞到對方的密碼本，有了它，便能夠從神祕古怪的無聲電波裏，揪出一行行明白的文字。姜毅英使用藏尾調頭詩格律，創造了一種密碼法：隨便給特工一本什麼書，如發上 1122 這個碼，這本書就成了密碼本，即查該書第十一頁，第二行第二個字，萬一被人破解，那就馬上換一本書。收、發報者不用背密碼，也不用怕丟失密碼本。現在，還有一些國家的情報組織在用這種方法聯絡特工人員。

在軍統的江山人中，戴笠最看好的無疑是毛人鳳。

毛人鳳比戴笠小近兩歲，他進入軍統工作時已經 40 歲了。曾入讀有着浸會教會背景的上海滬江大學，該校 1952 年併入復旦大學、華東師大，故國內許多資料上稱他畢業於復旦大學。後考入黃埔軍校第四期，因病休學。就是在老家養病的一段日子裏，在縣城悦來旅館，他重逢老同學戴笠。他應召到軍統後，開始只是一名抄抄寫寫的書記員。沈醉説他「給人的印象非常忠厚老成，而且逢人帶笑，是個有名的笑面虎。」他整日龜縮在自己九尺見方的小屋子裏，辦公桌前掛着一方小小的橫幅：「寧靜淡泊」。又有其傳記作者説他「極富耐心，就像一條大鱷魚靜靜地臥在沼澤中……」（陳達萌《毛人鳳野史》）

毛人鳳與戴笠有一點相通，毛在軍統裏資歷淺，戴在國民黨高層亦立足未深。戴很看重這位老同學始終表現出的與世無爭的樣子。且人緣極佳，工作勤奮又縝密。4 年後便升為局本部辦公室主任祕書，少將銜。毛對軍統局的情況了如指掌後，戴笠向蔣介石彙報工作也帶上他，其通曉事理，回應如流，深得蔣讚賞。原駐德國武官唐縱在德期間，受命調查研究德國警察、情報組織及歐洲各國動向。返國後，先後任軍事委員會委員長侍從室上校參謀、少將組長，還兼軍統幫辦。蔣介石身邊的紅人，戴笠不能拒絕，還要笑臉相迎。但戴笠儘量將「籬笆」紮緊，大大加強毛人鳳的權力，把自己顧不來的工作逐步移交毛人鳳去領導，在他離渝公幹期間，也由毛向蔣委員長代轉代呈。久而久之，毛人鳳成了軍統的「內當家」。和軍統副局長鄭介民一樣，唐縱在許多方面伸不進這道「籬笆」，自然與戴笠便有了某些芥蒂，這從他丟失在大陸的日記裏可看出端倪。

因此吃苦受累的就是毛人鳳了，戴笠曾想過讓王蒲臣接替毛人鳳當祕書室主任祕書，王一開始答應下來，不日早起鍛煉身體，看到毛的辦公室裏尚有燈火，王問：「你起得這麼早？」不料，毛回答：「我都還沒有睡，沒有功夫睡，我一年到頭都是這麼忙呀。」王蒲臣的心為之一驚，隨之，在戴笠那裏變卦了。王後來以為，毛人鳳壽命不長，只活了58歲，一定與他這十幾年太過勞頓熬神有關。

　　戴笠曾有「抗戰期間軍統人員一律不得結婚」的指令，違者處5年以上、10年以下徒刑，只對幾個人罕見地破例：一是胡宗南推薦來的軍統電訊「大拿」魏大銘，在魏手裏，特務處從幾個電訊人員發展到4000多人，從幾台收發報機發展到幾百部，還自己製造特工專用機……戴笠不但親准其與同在軍統的女幹部趙靄蘭結婚，還送了一筆不菲的禮金。再一個便是毛人鳳，對於向影心這名有着傳奇色彩的女子，毛人鳳日思夜想，縮手縮腳，是戴笠做了紅娘。

　　應該説，在戴笠死後好些年，是毛人鳳保住了「江山軍統」。

　　戴笠一死，一向被稱為「軍統三巨頭」的鄭介民、唐縱、毛人鳳，在局裏便立即分裂為廣東、湖南、浙江三派。以鄭介民為首的廣東派，集中了一批廣東籍、留學蘇聯、國防部二廳工作出身的特工；以唐縱為首的湖南派，集中了一批湖南籍及留學歐洲的特工；毛人鳳麾下，則聚攏一批浙江籍的特工，三派表面上恭敬如儀，敬香嬝嬝，將戴老板放進神龕裏；私下卻鵝爭狗鬥，互不相讓。從這三個派別看，廣東派職務最高，湖南派能力最強，浙江派人數最多。就實力來説，三派應該是勢均力敵，湖南派略微佔上風。

　　1946年7月，讓國民黨內許多人本以為隨戴笠之死必垮的軍統，卻被蔣介石保留了下來，只改名為國防部保密局。蔣介石急於挑選掌門人，毛人鳳貌似公允，在蔣面前提出自己迴避，在鄭介民與唐縱之間，蔣挑選了鄭代理保密局局長，留下的是對毛人鳳進一步的好感，這一着無形中把唐縱擠了出去。毛人鳳又讓沈醉給鄭介民下套：鄭是有名的怕老婆，他50歲大壽，老婆柯漱芳大操大辦，大肆收禮，他自己躲到上海「避壽」。沈醉鼓動原軍統的一批遺屬去現場鬧事，拍下大量照片。不久，鄭介民問沈醉要一條船，説是岳

鄭介民

母死了，得將遺體運回老家。其時，從重慶到南京，保密局有不少裝運設備、物資的船。這條船走到半路，觸礁沉沒，沈醉趕快命人打撈起來，想到不能讓老人家遺體泡在水裏，又準備打開棺木，柯漱芳的隨從卻堅決不讓。沈醉犯疑，硬是派人打開，原來棺木裏面都是煙土……

時任國防部軍務局長的俞濟時也是浙江人，長期擔任蔣介石的侍衞長，是蔣的心腹。毛人鳳對俞百般逢迎巴結，向影心隔三差五給俞家饋贈各色禮物，平日，俞濟時就不斷地在蔣公耳邊說其好話。毛人鳳多方搜集到的鄭介民「貪污腐化又瀆職」的材料，由俞不斷遞到蔣案頭。1947 年 12 月 5 日，在被蔣介石痛斥一頓後，鄭介民被免去保密局局長和「國防部」二廳廳長的職務，由毛人鳳接任保密局局長。從一個普通的縣城科員，一步步爬到保密局局長這個位置，不過十三年。保密局又成浙江派的一統天下。（胡必林、徐好文《戴笠接班人毛人鳳升官圖》）

軍統中的江山人，以「三毛一戴」最為著名：「一戴」當指戴笠；「三毛」，即毛人鳳、毛森、毛萬里。他們四人皆身居要職，被朝野上下視為軍統中的巨梟。圍繞「三毛一戴」，又有鐵桿哥兒 14 人，軍統局內部稱之為「江山子弟兵」，外部則稱其為「十四親信」，李祖衞、周念行、王蒲臣、姜紹謨、張冠夫、周養浩、姜毅英、劉方雄等。

1949 年中共執政後，上學、招工、當兵、提幹、婚姻，乃至在報紙上發篇豆腐乾大的稿子，都要沙子過篩般地政審。凡來自江山姓戴、姓毛的，審查時都特別注意本人和親屬是否與「三毛一戴」有牽扯。姓戴的還好些，是個小姓，而姓毛的至今仍有 10 萬人，佔全縣總人口 1/5，在縣城大街上喊一聲「小毛」、「老毛」，周圍起碼兩三個人回頭。

原江山文化館館長、地方史專家毛冬青先生，是 1979 年當的兵。他告訴我，這批江山籍的新兵分到各部隊後，少有部隊不會注意這個事情；但凡稍微了解一點軍統歷史和毛人鳳的，對方目光裏的異樣，便恍若眼前站着的是個外星人。當他申請入黨時，部隊上就他或親屬是否與軍統或毛人鳳有關聯，進行了嚴格審查，儘管這時已進入春風乍起、冰河解凍的新時期。

江山話，一個標識、一株大樹

　　抗戰前後，江山大量男女青年參加軍統，戴笠等鄉賢的召喚、引薦，並非惟一的原因。吸引、凝聚他們的，還有江山文化。

　　文化的外殼是語言。

　　江山地處浙西南邊緣，三省交界，其方言既有吳方言的一些特徵，又受閩、贛方言的影響；受近鄰的玉山、常山及衢州方言濡染，又相去甚遠，是一種具有獨特風格的語言。江山方言有古代漢語的某些特徵，一是單音節詞很多；二是有很多的入聲字，語氣短促，語調較硬，彷彿江郎山、仙霞嶺都閃動在那一個個字節上，外地人聽起來，像在吵架；三是保留了相當多的古漢語詞彙，如「説」叫「曰」、「吃」叫「啖」、筷子是「箸」、懷孕叫「身」；四是古漢語的一些語法特徵也在江山方言中可尋，諸如「病神」（發瘋），「病囝」（懷孕初期的反常反應）中的「病」字，便是名詞作動詞用。上述特徵，給江山學子讀誦古代漢語以至古典詩詞帶來方便，這塊土地上先後誕生了明代禮吏刑三部尚書毛愷等多位尚書和 240 多名進士，近現代則有名聞海峽兩岸的國學大師毛子水（1893—1988，有五四時代「百科全書式學者」之稱）、知名古籍專家毛春翔（1898—1973，1949 年後任浙江圖書館特藏部主任）……但也使江山人學習普通話增加了不少困難。江山俗諺説：「天不怕，地不怕，只怕江山人打官話」。

　　江山方言在軍統內部成為一方孤傲的語言島，是否與一起「共產黨竟然打入軍統局心臟部門」的事件有關？

　　張蔚林，無錫人。1936 年在上海參加復興社特務處開辦的電訊訓練班之前，曾加入中共。1939 年 8 月，張蔚林悄悄來到曾家岩 50 號八路軍辦事處，找到負責人曾希聖，希望恢復中共黨籍，並請求去延安工作，曾希聖指示他堅守原工作崗位。此時他是軍統局四處即電訊處一科的科員，又在重慶衞戍司令部稽查處電訊監管科任報務員，負責監聽重慶地區軍用和民用無線電通訊的可疑信號。秋天的一個傍晚，張林蔚又帶在交往中結識的軍統電訊總台報務主任馮傳慶，到曾家岩 50 號，後者在電訊總台的職位僅次於台長，可聯繫軍統在海內外的數百部電台，了解軍統的核心祕密，對中共有巨大的情報價值。接談的葉劍英、曾希聖高度重視，表示親

自介紹兩人加入中共，他們將受中共南方局軍事組的張露萍（本名余薇娜、余家英）直接領導。從 1939 年秋到 1940 年春的半年中，曾家岩 50 號多次獲得軍統電訊總台的密碼、波長、呼號、圖表，以及軍統在全國各地祕密電台的分佈情況。與此同時，延安電台也不斷收到馮傳慶值班間隙利用電台發出的密電。

1940 年春，稽查處收發報機上一支真空管被燒壞，監察科長肖茂如平時與張蔚林關係緊張，趁機報復，硬說張是有意破壞，將其關了禁閉。張以為事情敗露，以 50 元收買稽查處看守所長毛烈（即毛達彪，軍統局二處處長何芝園的妻舅）送信至重慶四德里 7 號張露萍住處。稽查處派人去張蔚林牛角沱住所查抄，在一個抽屜裏發現一冊電話本和軍統局分佈全國各地的電台表格，以及絕密電報便籤，這些東西按規定絕不允許帶出單位。稽查處速將情況向戴笠報告。戴笠下令逮捕張蔚林，又不顧同鄉何芝園夫人百般求情，下令槍決了毛烈。根據電話本和絕密電報便簽上的筆跡，偵知係本局電訊總台報務主任馮傳慶、報務員趙力耕、楊洸、王席珍、陳國柱等人所寫，而情報內容都與軍統機密有關。戴笠驚出一身冷汗，以上 5 人入獄，並以張蔚林名義，給回成都省親的張露萍發了「兄病重望妹速返渝」的電報。張不知是計，接到電報後，一面用暗語寫信向南方局報告，一面啟程返回，剛到重慶就被特務逮捕。1945 年 7 月 14 日，7 位紅色特工在貴州的軍統息烽監獄被殺害。

據說，此案曝光後，蔣介石很是惱怒，大罵戴笠。戴笠自己也承認：「這是我同共產黨鬥爭最慘重的一次失敗。」

這起事件前後為時半年，此時國共第二次合作尚未撕破臉。抗戰後的內戰，「鼴鼠」視國民黨之域於無人之境：有潛伏在蔣介石身邊長達 15 年的女速記員沈安娜，周恩來曾說過：「蔣介石的作戰命令，還沒有下達到軍長，毛主席就已經看到了」（《紅岩檔案》）；能出入蔣介石在南京黃埔路官邸地圖室的國防部第一廳（軍令）中將廳長劉斐，國防部主管作戰的第三廳中將廳長郭汝槐，國民黨第三綏靖區副司令官何基灃、張克俠，胡宗南的侍從副官熊向暉、機要祕書陳璉，白崇禧的機要祕書謝和賡，衛立煌的祕書趙榮聲，傅作義的祕書閻又文……再有，專門轉接總統、國防部長、以及陸海空軍總司令電話的南京電訊局的「軍話專用台」，其 9 名工作人員中有 7 人是國民黨方面的「甫志高」，共產黨方面的「余則成」。杜聿明曾當着郭汝槐的面大罵：「你郭小鬼定是共諜，發的命令都是把我們往共軍包圍圈裏趕！」（《郭汝槐回憶錄》）內戰時期在國軍裏做文宣的王鼎鈞先生回憶到，「國軍怎樣做，人家

全知道，人家做什麼，國軍全不知道。幾乎各戰場都是如此。」（《關山奪路》）⋯⋯此案對於軍統只是一小概率事件。總體上說，在整個第二次世界大戰中，軍統一直是世界上電訊破譯規模最大、保密程度最高、同時也是中國本土上對日軍與淪陷區敵偽政權構成重大威脅的情報機關。

估計作為事後迅速處置各項漏洞的措施之一，就是軍統局的機要業務多由江山人掌握。軍統未大擴張之前，連各駐外站區的譯電崗位也非江山人不可。這些人或許文化程度不高、職務級別低，但本人來歷清楚，忠誠度高，而且一旦發現某個站區的負責人有問題，他們可以直接向戴笠報告。戴笠本人在大多數公開場合，包括覲見蔣介石，說的是民國「普通話」；但卻主張同鄉同學們在公私場合彼此間儘量說江山話。家鄉話與外界有天然的絕緣性，宜識別，能保密。在情況緊急或關鍵時候，他拿起話筒，也直接講江山話。軍統的這一「祕笈」，據說以後人民解放軍也使過，在 1979 年對越反擊作戰中，通訊員常常用溫州話傳達首長命令，從戰前佈置、戰時指令，到下級彙報作戰動態、傷亡情況，用的都是溫州話。

在八年抗戰中，軍統局從 7000 人發展到近 30 萬眾。這八年也是軍統特工組織活動的高峰期，據台灣學者楊者聖先生考證，當時軍統的情報網遍及國內大江南北，並呈准在各戰區長官部及集團軍總司令部設立調查室。但隨抗戰烽火的蔓延，時間、空間的擴張，他所絕對信賴的江山子弟要想佈滿軍統境內外的所有業務，無異於癡人說夢。軍統，即便是要害部門，也愈來愈多地進入不會操江山話的外地人。蘇聖雄先生根據台灣「國史館」的軍統檔案做過統計，抗戰初期軍統工作人員的籍貫，以浙江最多（1404 人），江蘇居次（1099 人），其他依序為湖南（929人），廣東（703 人），河南（645 人），河北（628 人），湖北（626 人），四川（572人），安徽（485 人），山東（444 人），福建（408 人），江西（330 人），山西（249人），東三省（178 人），陝西（166 人），甘寧青（106 人），綏察熱（75 人），貴州（74 人），廣西（66 人），台灣、朝鮮（43 人），新疆、西康、蒙古（13 人），英美法俄（11 人），泰國（1 人）。（《1939 年的軍統局與抗日戰爭》）

儘管軍統成員來自五湖四海，乃至海外，江山話仍是一個特殊群體的標識，江山話也是一株綠蓋婷婷的壯碩大樹，儘可能地罩着來自浙西那個小縣的人們。

李祖衛遺世的 3 本日記裏屢見這樣的記載：

1935 年 8 月的南京異常暴熱。從張學良將他在南京洪公祠 1 號的一片院子和房

屋送給特務處後，雞鵝巷 53 號這幢院子便顯得空闊了，不時有穿堂風逡巡，但一關門，仍如進了蒸籠。一天，戴笠的副官扛了一台電風扇進李祖衞的辦公室，放下後再抹去滿臉的汗珠，「報告李股長，這台電風扇是國外買來的，戴處長要我送來，給你辦公用……」

1937 年 7 月初，廬山訓練團第一期學員即將畢業，戴笠必須參加有蔣介石伉儷蒞臨的畢業典禮。他告訴李祖衞：「夏天的廬山很是蔭涼，且風景宜人，有興致可以作幾幅山水畫。再説你內勤工作多年，外出機會很少，此次就跟我同行吧。」提前上山的兩天，戴笠領着李祖衞玩了幾個景點。此時，盧溝橋附近日本人的大炮已經靜靜揭下炮衣，山下的大地風雲瞬息萬變，戴笠已獲悉日本海軍正烏雲滾滾一般麇集黃浦江，於是下山直奔上海區指揮組織應變，並要李祖衞先回南京，轉告鄭介民、毛人鳳趕緊召集軍統高幹會議，作出戰時工作計劃……

在和江山子弟們聊天中，戴笠總要他們平時有空去家裏坐坐。自打特務處的辦公處又增加了洪公祠 1 號，他就把母親藍月喜、妻子毛秀叢、兒子戴藏宜從老家接來住在雞鵝巷 53 號後院。戴笠總在外出差，在南京時也不常在家呆。婆媳倆都是南方山區常見的樸實婦女，只知道兒子、丈夫在南京做官，多大的官、什麼性質的官，婆媳一概不清楚，也不問。雞鵝巷 53 號每日裏進進出出的各色人等很多，見到她們無不客客氣氣，但婆媳只會説江山話，聽外地口音似雞同鴨講。她們的木訥與孤獨便常常掛在了臉上。戴笠説：「你們來家裏坐，聽到了江山話，扯起了家鄉事，她們就會高興許多……」

每年春節，戴笠即便銜命在外，也會派人給江山親信，還有特務處重要幹部，分別發個紅包、送點年貨以示慰問。江山親信們也會去戴笠家拜年，增添喜慶——

　　1935 年正月初三，李祖衞攜夫人、女兒，去向戴笠的母親拜年。她老人家笑嘻嘻地一把拉着羅琴的手説：「李太太，你和祖衞太仔細了，自己一家人，何必破費呢？來，坐坐。」説完，她從口袋裏摸出紅包，塞給李祖衞的女兒延春：「祖衞呀，這孩子真乖！」

　　「謝謝奶奶，祝奶奶新年快樂！」延春又轉過身來，給戴笠和夫人毛秀叢鞠躬：「伯伯、嬸嬸好，新年快樂！」説完，又轉身向正從房間走出來的戴笠兒子戴藏宜鞠躬：「大哥哥好，新年好！」説完，連忙跑到母親身邊，引來滿堂笑聲不絕。

戴母笑着說:「祖衛呀，你們大戶人家教出來的孩子，與我鄉下人教出來的孩子不一樣，可懂事啦！」(《亂世斯人 —— 戴笠與李祖衛》)

綠蓋婷婷的壯碩大樹還有另一種罩法，當然這需要當事者自己體認。

1941 年 6 月，多年未回家鄉的王蒲臣因母親病逝，欲回江山奔喪，在外公幹的戴笠不批。抗戰槍響，他就把老母、妻兒送回江山，自己也孤身一人多年。王一時怨起，上書大噴情緒。戴笠如無此事發生一樣，「晾」了些日子後，覆信道:

> 蒲臣兄，手書奉悉。弟亦人子也，豈不知有家？惟國難至今，吾曹如不知有國，雖有家亦歸不得也。語云:忠孝不能兩全，非弟不知人情，實公私不能兼顧，故對兄之請假，弟仍難以照准，知我罪我，只有聽兄耳。
>
> 戴笠 1941 年 8 月 5 日（《滾滾浪沙九十秋》）

小人物在這株大樹下也感覺良好。

自調回局本部譯電科華南股擔任譯電員，王慶蓮有了近距離觀察大老鄉戴笠的機會。其人很講究儀表風度，穿中山裝時連風紀扣都扣得很整齊。他要求局本部工作人員也須穿戴得整齊劃一，布料雖一般，男的上身是中山裝，女的着旗袍。一次，發服裝時庫存旗袍不足，總務處便以軍便服代替。有人穿出來，被戴笠看見了，他馬上說不能穿，總務處立馬收了回去，給女工作人員改發布料，讓她們抓緊自己做。每週一上午，戴笠若在重慶，都要到局本部總理紀念週上訓示，或作國內外反法西斯鬥爭形勢的報告。本部全體人員、在重慶的外勤單位也要派人參加，大禮堂裏擠得滿滿當當。戴笠做起報告來全身心投入，兩道又粗又黑的劍眉隨炯炯目光下激烈的手勢一樣搖晃。因有嚴重的鼻炎，其聲音像旋自一口深井的回聲。下面人站着，他在講台上也站着，有時忘了叫「稍息」，下面人筆直地站上幾個小時，他中等壯實的身材也在台上杵幾個小時。沒有人想離開，也沒有人敢離開。中飯就在也是飯堂的大禮堂吃，8 人一桌，戴笠也拿起藍邊大碗一樣吃。70 多年過去了，王慶蓮還記得，桌上的一盤葷菜常常是牛肉絲炒地瓜。

在局本部做譯電員，讓從沒有上過戰場的王慶蓮對眼下這場全民族進行的戰爭的殘酷與悲壯，有了銘心刻骨的體會。譯電員們翻譯出來的電報，自己不會細看，

一是忙不過來，二是科裏即時會轉交上去。但還是可一眼看出，許多電報都是由潛伏在日偽方面的軍統特工冒着生命危險發回來的，比如敵人部隊的進攻計劃、調動情況等機密情報。在譯電時，有時還會譯到哪裏哪裏的軍統組織遭敵人破壞、成員犧牲之類。上面不一定提到具體名字，但王慶蓮感覺，那是一簇簇鮮亮的血花在眼前爆開。同事中某些人前些日子還在局本部出現，跟自己一桌吃飯、説笑，或者曾坐他的自行車後座進市區買東西，過了幾天，就蹤影全無、泥牛入海，再過一些日子，就恨銜黃土、身化蟲沙……

總起來説，在軍統局本部的 3 年是王慶蓮「最快樂的日子」（《王慶蓮自傳》）。

她在局本部裏算不上很出名，但因為年紀輕，又愛笑，又活潑，每天都像春枝上的小鳥一樣蹦蹦跳跳，大家都知道有這麼個江山小姑娘。戴笠、姜毅英見到她，總喊一聲「娜尼鬼」（江山話：小姑娘）。她也很識場面懂禮貌，所以能經常去軍統局各部門玩。她還玩去了外面，每個禮拜有半天休息，她總是跑去重慶市裏溜溜，看場電影或者跳場舞。軍統人員有個標識章，可別在衣服上，有公務坐公交車或進劇場不要錢，但私下的行動她不敢拿出來。軍統規定工作人員不能進舞廳，更不能與異性跳舞，一旦發現得關禁閉。她偷着去，找女的跳，她跳男的角色。幾年下來，在舞場認識的幾個女朋友都不知道她是何方神聖，在哪裏工作。見她們嘴唇抹了艷得如紅玫瑰怒放的美國口紅，她也心裏癢了，一天上班時，抹了淺淺的一痕，算是試探。姜毅英發現了，馬上要她去外面布告欄看看。一張斑駁的通告貼了許久：這不准，那不行。軍統亦有自己的「八項規定」，其中之一就是女同志不准抹胭脂塗口紅。王慶蓮呼啦啦幾下將通告扯了。最後上面沒關她，僅記大過處分一次。她思量：大概因為自己是江山人吧。

戴笠不僅罩着軍統的江山人，也蔭澤或者説影響了仙霞山脈下碧凌凌須江如襟如帶的這座縣城。

江山老縣城南市幾條街道的兩旁至今可見蔽天的高大法國梧桐，這在國內一般縣城中十分罕見，它們就是在那個時期種下的。肇和中學原是楊虎將軍為紀念肇和兵艦起義而創立的一所高級中學，校址原設上海徐家匯。曾為軍統各種訓練班輸送了大批學員。上海淪陷後，許多學校內遷，肇和停辦。1943 年下半年建新校舍於江山縣三卿口，經費由軍統承擔，戴笠親任董事長，日常事務則由軍統浙江站站長毛萬里兼管。學校擁有 6 個新教室，教師隊伍陣容增強，西南聯大畢業的白義全、中

央大學畢業的溫州師範校長徐芳田、記者兼作家的韋月侶、金華作新中學校長洪如圭等，都來加盟肇和。這所來自上海的高水平中學，大大造福了江山及周邊幾個縣的莘莘學子。

「1944年初，戴笠陪梅樂斯來江山，毛萬里得知後，立即到肇和中學迎接。當時正在上體育課，戴笠看見學生跑步穿的都是家裏做的布鞋，極為不滿，便對毛萬里大發雷霆，罵得毛低頭稱是。見到這一幕的江山人講，當時毛萬里頭上滴下的汗滴，如桐子一般。從此，學生一上體育課，一律穿的都是自製的草鞋了。」（《往事俱在閒談中——戴笠留在江山的碎片》）

抗戰開始，江山地方自衛武器奇缺。戴笠送母親、妻兒由南京經武漢回家鄉時，曾答應江山縣長丁琮代為解決武器問題，1938年1月22日，戴笠致丁琮書，內稱：

琮兄縣長勳鑒：

別經將月，無任馳念。比維公私順適，至以為頌，茲着胡國柱、顧伯英押運駁殼槍五十支、子彈一萬發前來。敬祈查收示覆為荷。專此奉達，並頌勳祺

弟雨農

1939年9月7日，戴笠長子戴藏宜出任江山縣抗日動員委員會委員。戴笠得知後，自重慶致電江山縣峽口區區長姚萬祥：「仙霞地處要衝，係閩浙大道，值此時局緊張，為謀自衛隊鞏固後方起見，飭家屬在保安地方，組織國民自衛隊一隊，計招隊員30名，經費自行負責，傷祁（此兩字似有誤）鑒核備案。」姚萬祥據此報江山縣長丁琮，照准。該自衛隊以戴藏宜為主任，張子林、徐增亮為正副隊。（《戴笠年譜》）

戴笠還將一個重要「項目」放在了江山。

廿八都鎮位於浙閩贛三省交界處，「一足踏三省，雞鳴萬家聽」。鎮上保存有大量完整明清古建築群，並有大小近百家飯鋪、酒店、南北雜貨批發零售商店，抗戰前商賈雲集，百業興旺。南來北往、南腔北調中，外來人員的行動不易被注意，亦離戴笠的老家保安鄉不遠。鎮上有一座高大寬敞的老宅院，房主是1926年參加國民革命軍，抗戰勝利後任吉林省財政廳廳長、並有少將軍銜的姜守全。他與戴笠私

交甚密，戴多次來廿八都均住在他家。1941年，戴笠從上海、杭州等地來的大量失業、失學青年中，挑了四十幾位女性，在此辦了一期女特工訓練班，後稱「軍統東南辦事處特務訓練班」。

江山沒有出過軟骨頭

「要看山水的曲折，要試車路的崎嶇，要將性命和命運去拚拚，想嚐嚐生死關頭，千鈞一髮的冒險異味的人，仙霞嶺不可不到。」（《仙霞紀險》）

抗戰前後，江山大量男女青年參加軍統，除了戴笠等鄉賢的召喚、引薦，還因為生於斯、長於斯的江山人，受山川地勢影響，似乎個個都有一身不屈不饒的硬骨頭，一種敢於冒險犯難的精神。可謂江山文化的底蘊是江山人的脾性。

清末民初，江山農民因田產集中在少數地主和宗族祠堂手中，大多沒有固定職業。近人徐映璞（1892—1981）《兩浙史事叢稿》云：「江山所有膏腴田畝，大部集中在祖宗祠祀之內，謂之祀產……住戶因受祀產集中影響，普通人民缺乏恆業，既不能爭取功名，又不易別謀生計，故遊手好閒者，亦多於他縣。其謹願者，則以撐船為惟一出路。」

發源於仙霞山脈腹地、浙閩交界的須江，在縣境內流長105公里，自源頭廿七都始，至清湖碼頭約75公里，皆可流放木排竹筏；自清湖碼頭沿江而下，直通瀫水（即衢江），皆可通行木船甚至帆船。江山的鄉（集）鎮，又大都處在須江兩岸，失地農民無固定職業，只好以撐船放排或為船行、貨棧搬運貨物為生。明末清初，清湖鎮帆檣林立、舟楫若鶩，福建之官商、客貨無不由仙霞嶺路經清湖渡而下吳越。贛東、閩北及境內東南山區竹木炭紙、油蠟茶漆等土特產，乃至外埠之京廣百貨等生活必需品，也在此集散。須江上大把大把的雪花銀，與夜空上披沙流銀的熠熠星河交相輝映。《兩浙史事叢稿》載：「自本縣（江山）而衢州、龍游、蘭溪、嚴州、桐廬、富陽，至杭州江幹，上下七百里間，大小船艇，多至二三千隻。」

急流險灘是風險，惡霸、江匪更是風險。船民撐船放排，長年累月生活在水上、外地，為謀錢貨安全、人身不受欺凌，大家自動結伙成幫，一人有難，同伙相

幫。在外地船幫中，江山船幫名氣最響，故《兩浙史事叢稿》又記：「錢塘江上所有船戶，大抵可分四幫，以『江山幫』為第一，次則『義烏幫』、次則『徽州幫』、次則『桐嚴幫』。每遇上灘爭道，篙槳紛飛，如臨大敵。義烏幫承戚繼光當武遺風，有時亦聚眾相抗。徽、桐兩幫，不敢與聞也。」清末江山農民造反首領劉嘉福，「原擬奪取衢州後，即用舟船千艘，直趨杭州」（同上），在其麾下衝鋒陷陣的，便是江山船幫。

從軍統早期有某些行幫色彩上看，可知戴笠受船幫生涯濡染不淺。保安鄉造土紙，早年紙和其他的山貨，都靠一船一船地拉出去。青少年時的戴笠，有段日子便在水上顛簸，受紙行老板差遣，隨船出去收賬。一次戴笠要到了賬，卻碰到幾個朋友，一時豪興大發，不管不顧，那錢就付了酒飯賬……戴笠以後浪跡杭州、上海等地，也是隨江山船幫走的，豐水季節一路水路，無需下船翻閘，6 天便可到杭州南星橋，枯水季節則要 12 天。好在民國在抗戰之前奪得了「黃金十年」的發展，隨着浙贛鐵路開通，不必走水路了，由杭州到江山可朝發夕至。否則，軍統的歷史能否打上江山如此濃重的烙印，便得打上個問號……

「七七事變」以後，浙江省政府頒佈《浙江省戰時政治綱領》，江山成立由政府人員、各界代表組成的抗日救亡團體縣抗敵後援會（後改稱「縣抗日自衛委員會」），並陸續成立縣戰時教育文化委員會、文化界救亡協會、戰時政治工作隊、通俗講演隊、抗敵宣傳隊、流動施教隊、化妝宣傳團、婦女服務隊、青年戰時服務隊、戰時青年歌詠隊、抗敵劇團、兒童歌詠隊、戰時作者協會江山分會等救亡組織。全縣各個鄉鎮舉辦講演，教唱抗日歌曲，召開座談會，編寫牆報，印發傳單，書寫標語，演出文藝節目，進行廣泛的抗日救亡工作。演出的節目有《八一三之夜》、《火海中的孤軍》、《漢奸的下場》、《打回老家去》等 15 個。男女老少都會唱的十幾首歌曲中有兩首，至今還有 80 多歲的老人會吟唱。一首是《中華民國頌》，另一首是《不讓敵人到江山》——

> 江山這可愛的家鄉，
> 是我們生長的搖籃。
> 有險峻的仙霞關，
> 有幽秀的江郎山，

還有豐富的資源和特產，

堅毅勇敢的民眾三十萬。

如今戰局是一天天在緊張，

渡錢江，窺浙贛，

敵人遲早來侵犯。

大家不要再因循，

苟且偷安，

兄弟們，姐妹們，

起來，趕快起來，

精誠團結，

戮力同心，

拚將血肉作城防，

不讓敵人到江山。

　　噴薄的歌聲、口號聲，此起彼伏；怒吼的標語、漫畫、牆報等，隨處可見。新年的春聯也注入了救亡的內容，有「過着新年，過着國難，欲更生憑自力；一寸山河，一寸血肉，惟眾志作長城」、「看壯士馳逐疆場，何等神勇；祝新年重光華夏，共慶昇平」等。

　　全縣適齡子弟踴躍從軍。忠義救國軍中期有 20 個團，每 3 個團編成 1 個縱隊，六縱的隊長就是毛森，這個縱隊有大量的江山人。有江山抗戰老兵記得，他所屬的青年軍 31 軍 208 師 638 團直屬戰防炮連，有一半是江山人。當年，王慶蓮家在縣城南市街一條叫「花街」的胡同，胡同口有雕飾考究的古石牌坊。除了一戶人家，這條胡同裏家家有人投身軍統。王慶蓮的舅舅也參加了，曾任軍統譯電科華南股股長……

　　江山人民亦在家鄉展開不屈不撓的抵抗鬥爭，以原縣國民兵團、縣警察局等地方武裝為基礎，成立江山縣團警指揮部。各鄉鎮及村大多組織有自衛隊、遊擊隊等民眾武裝。據不完全統計，在日軍侵佔江山的 75 天裏，江山人民進行大小戰鬥 92 次，斃敵 824 人，傷敵 298 人，俘敵多名。1942 年，國民政府軍事委員會委員長蔣介石傳令嘉獎：

江山丁縣長鑒：奉委座酉魚令一元三電開。據報，此次浙贛戰役，江山民眾戮力殺斃敵偽近千，此種民氣，除應普遍鼓勵、激發，以收全面抗戰成果外，着即傳令嘉獎等因，合行電仰。查明姓名，傳令嘉獎，並詳敘事實經過，具報云。（浙江省）主席黃紹竑，宇清 11728 酉儉（印）。

此種高亢民氣，大大激勵了駐江山的國民革命軍第 10 集團軍第 49 軍。在1931 年 9 月 18 日打響抗日第一槍的軍長王鐵漢（1905—1995，又名捷三，遼寧盤山人），親率該軍所屬 105 師防守仙霞關。歷時十天，面對日軍以飛機投彈、大炮轟炸、機槍掃射為掩護的一輪輪進攻，幾度短兵相接，雙方白刃拚搏，廝殺聲、搏鬥聲震天動地，數里外可聞⋯⋯最後以傷亡 500 餘人的代價，讓敵人傷亡 1000餘人，日軍沒能越過仙霞嶺，不得不退到保安，再撤回江山縣城。廿八都及閩北浦城一帶因此免遭鐵蹄蹂躪，並為今日保留下一片完整華美的古建築、一個國家級的歷史文化名鎮。

然「王鐵漢」這個名字，恰如「張靈甫」，「風雲變態，花草精神，海之波瀾，山之嶙峋」，卻又漫有逆流成河的哀傷：僅僅 4 年後，國共為爭奪蘇北重鎮鹽城，傷亡慘重。1946 年冬，國軍攻下鹽城，發現周邊的戰壕裏掩埋了 700 多具被凍僵的共軍士兵的屍體，每個人的口袋裏都有被雪水浸透了的家書和親人的照片；而在同一城的護城河裏，國軍發現有王鐵漢的國軍第 49 軍 3000 多具屍體⋯⋯（龍應台《大江大海一九四九》）

説起江山地方史，市文化館原館長、現江山市古今文化研究會會長毛冬青先生説：歷史上江山就沒有出過軟骨頭。

最典型的莫過於在江山婦孺皆知的「血衣樓」。

徐霈（約 1511—1600），字孔霖，號東溪，家住縣城市後（今市心街）。年青時曾赴餘姚從王陽明學習理學，明嘉靖二十年（1541）中進士，出任兩湖、北京監察御史。嘉靖二十七年（1548）正月，首輔相國夏言（江西貴溪縣人）積極支持陝西三邊總督曾銑的主張，建議朝廷出兵，從蒙古族韃靼首領俺答兄弟手中奪回河套地區。也是江西人的奸臣嚴嵩，為竊取首輔相國權位，一面收買內監，一面伙同黨羽總兵仇鸞，百般詆毀夏言、曾銑「議復河套」是「開邊啟釁」的「誤國大計」。明世宗朱厚熜既盼長生不老，又想生吞活剝天下美色，哪有心思收回疆土？即免去

夏言首輔相國之職。同年，又將曾、夏二人先後斬首棄市。徐霈早不滿嚴嵩的「惟一意媚上，竊權罔利」，驚聞夏言被罷，連夜寫好抗議疏表，摸黑鵠立宮門，黎明遞進。結果遭廷杖毒打，血染朝衣，嗣後又被遠謫貴陽。

徐霈收藏了這件帶血的朝衣。後嚴嵩父子被黜，徐霈復出任河南學政，官至廣東左布政使，主管一省民政。他不戀仕宦生活，隆慶初（約 1567）辭官歸家，在縣城東北郊建「東溪書院」，學界尊稱「東溪先生」。著有《世德乘》、《道器真妄諸說》等哲學論述，及《東溪文集》6 卷。活到了 90 歲的老先生，一直將這件血衣帶在身邊，置於木盒內鎖好。其歷代後人均視如傳家之寶，由明入清，保存至鴉片戰爭前，約 300 餘年。江山城關市心街中段舊有一對石獅，東西相向，隔街踞坐，其旁邊的那座大宅院便是徐霈的故居。江山百姓稱此為「血衣樓」。

不妨再說個極端的例子——

做過軍委會息烽行轅主任的周養浩，說是頑冥不化也好，說是顧慮重重也罷，他在共產黨的牢裏不曾低頭過。關押期間，他曾與沈醉、徐遠舉等人同處一室。他堅持不寫交代材料，沈交代問題時涉及到他，他斷言沈出賣自己。於是，看起來斯文儒雅的他，怒火衝天，拿起身邊的小板凳就往沈醉頭上砸去，多虧旁邊的宋希濂伸臂一擋，才沒砸着沈醉。周養浩正欲再打，凳子已被宋希濂奪走。此後，周養浩和沈醉老死不相往來。周養浩是大陸 1975 年最後一批被釋放的戰犯，本想去台灣和家人團聚，台灣方面卻不為他的「忠節」所動，拒絕了。吃了閉門羹後，滯留香港 140 天，同行者 1 人自殺，3 人回大陸，2 人留香港，周養浩則白髮飄零赴美。

周養浩

聚散離合終有時

1946 年春節過後，在戰時貨運管理局督察長任上的李祖衛，代表戴笠視察息烽

　　　　　　　　　　　　時間的磨子下 ——戴笠、軍統與抗戰

行轅，並探視在息烽山區軟禁的張學良夫婦，在周養浩處住了些日子。春雨綿綿，滿眼新綠，清明將臨。原指望抗戰勝利，山河初定，可以回老家掃墓。已經好些年沒有回江山，倘若不是還有兄弟子姪輩孝敬如儀，父母真要成孤魂野鬼了……未曾想國事「如蜩如螗，如沸如羹」，軍統繃緊的弦還是放不下來。戴笠依然以駸駸然之勢，倏忽於南北，瞬息間東西，同樣無法回家孝順老母。兩個老鄉不免一番惆悵。

3 月 19 日傍晚，李祖衛正在周養浩家吃飯。電訊台送來一份標明「絕密」的急電。趕緊打開——

> 息烽行轅祖衛兄：急聞局座於 18 日下午失蹤，現詳情未悉，恐凶多吉少。請兄速回局本部。另轉告養浩，不得擅離行轅，以防意外。
>
> 毛人鳳 3 月 19 日重慶

「李祖衛看罷，嚇得目瞪口呆，一時說不出話來，即時兩行淚水掛在臉上。他這意外的表情，使周養浩情不自禁地從李祖衛手上奪過電文，看罷，也直愣愣地呆望着對坐的李祖衛。這時驚動了周夫人毛超群，她看了電文後，差點哭出聲來。」（《亂世斯人——戴笠與李祖衛》）

周夫人還算忍住了，沒能忍住的是李祖衛。高一腳，低一腳，如踩一包包棉垛，好不容易回到自己住處，他用被子蒙住頭嚎啕大哭了一場。作為同學同鄉同事，他深知毛人鳳用心用詞的縝密，「恐凶多吉少」自非空穴來風。一晚上翻江倒海。凌晨 4 點即起身吩咐司機加滿油，與周養浩夫婦握別後，一路崎嶇直奔；晚 10 點，抵重慶羅家灣軍統局大院。李祖衛一肩塵土，跌跌撞撞，走進燈火通明的祕書室，「一見毛人鳳就失聲痛哭，而毛人鳳臉上也淚珠漣漣……」（同上）

多少年後想起來，此情此景，實是在抗戰八年——風雨江湖、快意恩仇之後，「江山軍統」的帷幄開始緩緩沉沉地落下。此前，他們的主戰場始終是日本人和漢奸，他們是與窮凶極惡的魔鬼拔河的人；此後，他們違心、不違心地投身內戰，變成了與自己心魔揪扯的人。

一「戴」墜落了，再來看看三「毛」——

本來就有幾分迷信的毛人鳳更迷信了，戴笠生前用過的住房、汽車和辦公室他不用；軍統新建大廈中最好的辦公室，是戴笠親自設計的，他也不要，手下找來一

位懂堪輿風水的人，推算了一間運程好的房間，雖有些簡陋，他還是搬了進去。但毛人鳳全盤繼承了戴笠對蔣介石與國民黨政權的無比忠誠——

1949 年 1 月 21 日，南京中央社播發蔣介石聲明：「戰事仍然未止，和平之目的不能達到⋯⋯本人因故不能視事，決定身先引退，由副總統李宗仁行總統職權。」蔣介石第三次下野回奉化。毛人鳳隨侍左右，不離不棄。4 月 23 日，人民解放軍打過長江，在寧波附近象山港，蔣介石登上「泰康號」軍艦駛向台灣。送完蔣，毛人鳳會同毛萬里、毛森，炮製了一份暗殺名單，將當下反蔣重要人物幾乎一網囊括。10 月，毛人鳳下令將在西南地區搜捕到的 40 多名中共幹部，槍決於中美合作所原軍統嵐埡電訊總台附近的山林，其中包括著名的江竹筠（江姐），張學良舊部、副軍長黃顯聲，楊虎城及其祕書宋綺雲兩家。據說有特務生惻隱之心，弱弱地問：兩個孩子留下來？毛回答：養大了，讓他們來報仇嗎？

即使真是心魔附身，也有一絲良知底線前的踟躕；此一時必然的鋼青大柱，卻暗藏彼一時偶然的細細隙縫。歷史與人性的豐富性與複雜性由此可見一斑——

1 年後，已在島上的驚魂甫定的保密局，破獲了震動一時的「匪黨台灣省工作委員會案」。除武裝部長張志忠堅貞不屈，血灑野風，省委書記蔡孝乾、副書記兼組織部長陳澤民、宣傳部長洪幼樵先後招供，據其供述，再不斷擴展線索，台灣各地抓捕 1000 多人，涉及大中學、工商、農漁乃至軍隊各界，以青年人、外省人居多。其時，保密局在台北芝山岩下幾排老舊的原日本人營房駐紮，劃歸保密局管的監所區有限，且環境窳劣，如此多「人犯」窩在裏面，擠得如火柴桿一般，一旦疫病發生，後果不堪設想。獄方與「人犯」兩邊，都盼着儘快宣判此案。

　　毛人鳳將蔡案簽報陳誠。這位素以剛猛凌厲著稱的軍人政治家，大筆一揮：一律槍決！這四個大字，把也稱得上好殺的毛人鳳都嚇了一跳。1800 多人「一律槍決」的話，用機關槍掃射，都要掃好一陣子。為求台灣長治久安，是萬不可這樣做的。但是，中華民國軍界的人都知道，陳誠是不准討價還價的，他批定了的事，誰去求情都是自討沒趣，若保密局再上一簽，呈請他收回成命，陳誠十有八九會下令限期執行完畢，那就更無可轉圜了。

　　這次，算毛人鳳扮了一次菩薩角色，他交代葉翔之（時任保密局二處處長，六七十年代執掌國防部情報局近 20 年）：「現在你在總裁面前正當紅，你去講什

麼，總裁都不會打回票。你把蔡案和陳院長的批示拿去見總裁，看老先生能不能從輕發落罷！」

葉翔之當晚請見老總統，報告說「匪黨台灣省工作委員會一案，共捕獲書記蔡孝幹以下 1800 餘人，人人鐵證如山，陳院長批示一律槍決。我們體仰總裁仁民愛物德意，特來稟報，是不是可以對本案人犯從輕發落，以示袊恤？」

老總統正因本案徹底偵破而滿懷高興，便反問：「你們覺得怎樣處置才算適當？」

葉翔之鼓起勇氣大膽地說：「對於匪首蔡孝幹等 3 人，留在保密局還有作用，請准予留局聽遣；其餘人犯多是青年，他們既然想搞共產主義實驗，何不讓他們到大陸上搞去，今後他們的下場是共產黨的事，這樣似乎好些。」

老總統聽後連稱：「好！好！」並命回去馬上簽呈上來。

葉翔之回到保密局，將老總統的意旨告訴毛人鳳，隨即由毛具名，將對蔡案處置辦法簽報老總統。文曰：「匪首蔡孝幹、陳澤民、洪幼樵，確有悔罪表現，在偵破匪黨省工委案中甚為合作，不無微勞，擬請免於議處，並從優給獎。其餘匪眾，多為無知青年，受匪黨蠱惑煽動，盲從禍國，擬予移送外島，任其前往匪區。」

老總統一見簽呈，立即紅筆批「可」，並在蔡孝幹的名字上面加批：任為少將，陳、洪任為上校。

一個本來不留活口的滔天巨案，竟以略帶喜劇色彩收場。這一批被送到臨近大陸的荒島之上，由中共予以「回收」的共產黨人，包括後來的中共廈門市委書記袁改在內，每個人多活了 17 年。「文革」時，中共「揪叛徒」，把這一批當時多數已升到地委、縣委級的台灣遣送人員，全當「特務」收押，理由簡單明了：「國民黨抓到別的革命同志都沒有放，為什麼放你們回來？還敢講不是叛徒特務！」這些人百口莫辯，多數未得善終。(《葉翔之一言全活千餘共諜性命》，見《大略雄才：葉翔之先生百齡冥誕紀念集》)

1949 年底，國民政府只剩西南一隅，蔣介石企圖再做抗戰中堅守大西南、以待翻盤的舊夢。11 月 28 日，解放軍的 3 個軍從東南西三面，團團圍住重慶，蔣氏父子也被困在重慶。蔣介石卻不擔心，此時中共方面沒有飛機，就是把重慶圍成鐵桶一般，他依舊能從空中從容走掉。11 月 30 日凌晨，「中美號」專機在成都北郊的鳳

凰山機場降落，蔣氏父子住進成都軍校。毛人鳳將交警第 2 旅調入市區擔任內衞，旅長何龍慶兼成都警察局長；又急搬胡宗南的第 3 軍來成都，負責外圍的防守。如此大動干戈，確因某些徵兆讓他右眼皮連日來跳個不停：因為蔣介石的光臨，有 6000 餘名官兵師生的成都軍校搞了一次檢閱，可升旗時旗子突然掉了下來；蔣訓話時，其剛在華西醫院裝的一副新假牙竟然脫落在地⋯⋯

　　毛人鳳的直覺確實驚人，據于東的《蔣介石魂別大陸》一文披露，中共地下黨川西臨時工委「留蓉工作部」的唐會昌等人，原計劃炮轟蔣住的那幢小樓。軍校北牆外蔬菜地的一間窩棚裏，已安置了一門迫擊炮，距小樓最遠不超過 300 米。又據當時軍校學員谷雲鵬的《軍校末期起義前後》一文所載，早在 9 月初，軍校有 3 個少將軍官和中共西南工作組祕密取得聯繫，準備在適當時機舉行起義，或者活捉蔣介石。但苦於高度戒備，兩個計劃均沒能得手。這其中，毛人鳳耗盡多少心血，將多少江山兄弟給攬了進來，雖不得而知，卻可以想像。12 月 8 日，蔣介石決定國民黨中央政府遷往台北，並在西昌設立總指揮所。9 日，蔣介石出現在成都新津機場，說是要去西昌。沿途保衞的毛人鳳、徐遠舉、周養浩等人，均表示要和蔣一起去。蔣未答應：「你們抓緊時間去台灣吧！」飛機臨飛前，蔣又召毛人鳳上機，直到飛機升空，不見毛回來，方知他已隨蔣去了西昌。這時，離蔣介石最後撤離大陸只有兩天。

　　自恃得寵於蔣介石，自比是「領袖的耳目」的毛人鳳，大概把「領袖」的兒子不怎麼放在眼裏了。而且，過去蔣經國動輒以總政治部名義搶去保密局的業務，在毛人鳳眼裏，蔣經國是個外行，他心裏不服氣，以致在國民黨的中常委會上聲稱：「情報工作是很專業的東西，不能讓外行來領導內行。戴老板生前就說過，軍統是 10 萬人的大家庭。要管理好可不容易啊！」這些話當然傳到了蔣經國的耳中。最要命的是，保密局到台灣後，毛人鳳通過也是同鄉的參謀總長周至柔牽線，成了宋美齡客廳裏的座上賓。毛曾按夫人的指示，搜集了蔣經國某些私生活方面的情報。據此，宋美齡向老蔣告了小蔣一狀，太子被老子找去訓了一頓⋯⋯

　　給蔣經國下眼藥的事毛人鳳幹了好些件。不動聲色的蔣經國求教於毛人鳳的手下敗將——鄭介民。1954 年，蔣介石再次改革情報系統，一方面設立以鄭介民為局長的「國家安全局」，該局直屬於蔣經國任副祕書長的「國防安全會議」，由於主席和祕書長都是兼職，蔣經國成為「國家安全局」的實際領導者；另一方面以原保密局為班底，分別設立仿照美國「中央情報局」（CIA）模式的「國防部情報局」，和仿

照美國「聯邦調查局」（FBI）模式的「司法行政部調查局」。這兩個局，如憲兵部隊、大陸工作會、海外工作會等情報機構一樣，必須定期向「國家安全會議」報告，接受督導。至此，蔣經國成為全島超過 5 萬特工人員的「共主」。

倍受打擊的毛人鳳，從 1956 年開始胃口不佳、經常嘔吐，後來入院治療，發現有了肺病，肺病在當年是非常嚴重的疾患。島上醫治，未見好轉，美方特別關注，建議赴美治療，蔣經國主動安排毛人鳳赴美。4 個月後返台，終告不治，1956 年 10 月 14 日去世，虛年 59 歲。當局追贈為陸軍上將，較戴笠高了一級。蔣介石以「忠勤永念」四字誄之，葬於台北昊天嶺墓園。

抗戰勝利後，毛森在上海負責接收的日偽漢奸財產中，有汪精衞 76 號特工總部財產、漢奸李士群的公館，和其妻舅的「立泰銀行」等。1947 年，又破獲轟動一時的工商巨子「榮德生綁票案」，受到蔣介石的讚賞和接見，被任命為總統府軍務局專員兼第五科少將科長。1949 年 3 月，任上海市警察總局局長。解放軍進城前夕，他大開殺戒，突擊處決獄中的中共地下黨。同年 5 月，蔣介石赴台前，任命毛森為廈門警備司令部中將司令。

戰敗退台後，毛森與毛人鳳自然聲氣相投。他多年來主管對大陸的破壞活動，不願蔣經國插手。在小蔣要毛人鳳交出潛藏在大陸的保密局人員名單後，小蔣再逼毛森，要他交出東南沿海地區「遊擊隊」的關係。所謂「遊擊隊」，大半早在大陸「人民群眾汪洋大海」的包圍下灰飛煙滅了——

　　　空投人員帶着人民幣、假糧票、假證件、乾糧、水壺、毛毯、藥物、指南針、匕首、繩索，以及發報機、照相機、隱形墨水、聯絡代號、逃亡路線，穿着大陸人民的服裝，一把手槍，幾十發子彈，學習中共的政治運動與術語，了解當地的社會組織結構，又受了傘訓，在這種「萬無一失」的充分準備下，帶着一身武功與豪氣，出發了。局裏長官與弟兄們為他們餞行，唉，風蕭蕭兮易水寒，壯士一去不復返。他們喝醉了，他們喝倒了。明天，他們將在一個傳說中的地方，十幾年過去了沒有一個空投人員生還。大家流着淚，到後來抱頭痛哭。可是真正要流淚的是空投人員的母親，她就要失去她寶貝的兒子了，從小養到成年，二十歲出頭，他的人生才開始，這公平嗎？為什麼不空投別人的兒子？事實上，局裏也不會告訴他的母親，他要空投到大陸，只是說要外派一段日子……

空投人員是棋子，是過河卒子，是我們的神風攻擊隊，不同的是日本少年兵從高空俯衝美國軍艦，我們是衝向祖國河山。（楊雨亭《上校的兒子》）

毛森很難向小蔣交代，向老蔣說明又唾面自乾，只好逃出台島。

1955年，他與夫人胡德珍先到香港，台灣方面發出通緝令。時留在香港的許多前軍統同事紛紛前來，問及被「通緝」的前因後果，本來就話語不多的毛森更三緘其口，諱莫如深。毛森子女多，此時沒有薪俸收入，生活頗為困難。他辦了一個養雞場，昔日堂堂中將，每日裏幹着餵雞、取蛋、賣蛋、採購雞飼料等活，成了道地的「雞司令」。3年後，全家又到美軍佔領下的沖繩島隱蔽，一住十年，直到1968年移民美國。給毛森夫婦晚年帶來轉機的是幾個兒子，尤其是三子毛河光。其在地球物理學研究上成就非凡，多次捧獲諾貝爾獎外的重要獎項。毛森偕夫人胡德珍得以遍遊美利堅大陸及歐洲各國，最後與三子一家長居舊金山郊外一幢三層樓獨院。每日垂釣、散步、晨跑之餘，毛森撰寫了10萬字的回憶錄《抗戰敵後工作記憶》。80歲那年，毛森加入美國籍。

抗日戰爭勝利後，毛萬里被任命為浙江省處理漢奸委員會主任。次年，赴美國費城接受特種訓練。1947年7月回國，任保密局浙江站少將站長，兼任浙贛鐵路警務處少將處長。

1949年5月3日，杭州解放。前一日，毛萬里已先將家眷送到福建南平，後轉台灣。而其本人白天在江山縣城會親友搓麻將，暗地裏部署抵抗力量，任命楊遇春為江山城防司令。

未料，6日解放軍就抵江山縣。毛萬里乘坐一輛雪佛蘭轎車倉皇出逃，到廿八都後棄車步行一段，與將家人送到南平後即開車返回的兒子毛世榮會合。車至福建浦城，毛世榮主張日夜兼程再去建甌，毛萬里精疲力盡，堅持在此停歇一晚。次日，建甌已經飄紅，毛萬里一行再次棄車步行，改走山路，一連走了5天。警衛人員大多走散，甚至乘機脫逃，身邊只剩下副官李耀和江山籍警衛毛慶祥。在建陽縣一個叫龍村的地方被解放軍包圍，4人躲進一個碉堡，毛萬里對兒子說：「我再也不想走了，準備死在這裏算了。從現在起，我倆不能以父子相稱，只顧各自逃命要緊。」毛萬里隨即燒毀隨身攜帶的在美國接受特種訓練的畢業證書及相關文件，做好了被俘的準備。次日，4人被俘，匆匆關押後即鑒別身份。毛萬里西裝革履，拿出隨身帶

着的、早已偽造好的資本家身份資料，蒙混過關，獲得釋放。(《毛世榮回憶錄》)。

1949 年 5 月，毛萬里由福州私渡到台灣，任台灣國防部保密局內湖訓練班副主任、中美聯合辦公室主任。浙江省溫州有檔案資料顯示，同年 9 月，浙江省保安副司令兼浙南行署主任王雲沛從大陸潛往洞頭列島，在此召開永嘉、樂清、瑞安、平陽、玉環等縣國民黨殘餘人員會議，部署「應變」，毛萬里參加了這個會議。這說明他蒙混過關被錯放後，還到過溫州。

1966 年，台灣國防部情報局為紀念戴笠逝世 20 週年，編撰《戴雨農年譜》，毛萬里參與此項工作。1978 年，毛萬里又參與編撰《戴雨農先生全集》。1982 年 2 月，毛萬里病逝於台北，享年 80 歲。

「聚散離合終有時，歷來煙雨不由人」。

沒有了戴笠的「江山軍統」，猶如一隻豆莢裏原來鼓脹脹、相互依偎的豆子，在戰爭、政爭、黨爭日趨酷烈的二十世紀中葉，一顆顆地迸裂出來。「豆子」淒迷地滾落，最終的去處是釋然。「三毛」如此，去了台灣的其他人如此；留在大陸的「豆子」的結局依然如此——他們必須放下，放下當年風檣陣馬的愜意，放下豆萁相燃的痛咎，放下草蛇灰線的心機，放下南柯一夢的不甘。放下是他們有家園歸不得、有靈魂卻無處安放的宿命……放不下的，大約就是八年抗戰裏與他們一起入深履險，「風頭如刀面如割」，並領率軍統像一隻生猛活力的野獸隨時準備亮出獠牙來的那個人，還有 1949 年以後，總令他們魂牽夢繞、水碧山秀的那片故土……

1948 年，周念行任國防部保密局局長辦公室少將祕書，曾奉命陪同張學良研讀《明史》。後隨軍去了台灣。在台期間，因與毛人鳳、毛森等人屬宋美齡派，與太子派蔣經國暗生齟齬。隨後赴美國僑居。1988 年 9 月 18 日逝世於台北，終年 92 歲。周念行曾撰《戴先生與我》一文留存。又擅長國畫，有描繪故鄉江山縣雙塔景色之作，水墨間溢滿思鄉之情。

戴笠去世後，王蒲臣任保密局駐北平少將督察長。期間，多次指揮特務大規模逮捕北平左翼學生；策劃北平市原市長何思源家爆炸案，當場造成 1 死 5 傷，其時，何思源、傅作義正與中共地下黨祕密談判北平和平解放。幾乎天天忙碌得四腳朝天，連長城也沒有去過，這成為他終身的遺憾。他還為日後計劃潛伏北平的特務設置了一套接頭的暗號，名為《交通員連絡辦法》：見面後，Ａ與Ｂ互道名字，左手拉左手，Ａ問Ｂ答：「老田沒來嗎？」「常來。」「他還賣菜嗎？」「對啦。」「您領我

去看看他。」「有事嗎？」「請他看電影。」「好吧。」彼此確定無誤後，接頭才算成功。1987 年 8 月，86 歲的王蒲臣，把一包自己保存了 38 年、厚達 454 頁的祕密文件——「任職北平站及青島站時佈建之卷宗」，寄到「國防部」軍事情報局。這套接頭暗號就存在這包泛黃的文件裏，現收藏於台北「國史館」。

1949 年 1 月 23 日晨，傅作義的副官給王蒲臣電話，要他馬上去機場，說如果此時不去，傅作義再也不能保證他的安全。31 日，解放軍浩浩蕩蕩進駐北平城，一行人目光如鈎，滿城搜捕王蒲臣。王已去青島擔任保密局青島站站長，9 月，再奉命去重慶籌辦保密局重慶幹部訓練班。因紅旗直搗蜀地，12 月 9 日，王蒲臣撤退到昆明。當晚，雲南省主席盧漢宣佈起義，剛剛抵達的王蒲臣被俘。1950 年 1 月 19 日，他花一兩黃金行賄門衛，終於逃離軟禁處，輾轉貴陽，抵達台灣。否則，他將在成都與毛人鳳分手後本想經昆明去台灣的周養浩、徐遠舉、沈醉等人重聚，一起在新政權的號子裏坐上若干年。

在台北的保密局，王蒲臣先後擔任情報局設計委員會副主任和大陸工作發展室副主任等職。這些機構遠離一線，研究出來的東西可有可無、可辦可不辦，多被束之高閣。王蒲臣不願坐冷板凳，52 歲那年，他寫報告給上級，「年過半百，精力尚佳，頗欲竭盡綿薄，圖報萬一。」忙於去大陸空投、往海裏扔「遊擊隊」的領導，忽略了這匹願伏櫪的老馬，1962 年，60 週歲時，少將王蒲臣退役，從此成了台北街上的一個「榮民」。

對民國時期情報戰搜集、研究持之多年的上海大學歷史系徐有威教授，曾發文介紹：「在退休後，他又活了 43 年，比他在軍統工作的時間還多了 16 年。這 43 年中，王蒲臣旅遊、讀書、打麻將，優哉遊哉。王蒲臣晚年撰寫的有關軍統史的回憶錄，尤為珍貴，特別是他撰寫的《一代奇人戴笠將軍》，先後在老家浙江江山和台北出版，還有一本自印回憶錄《滾滾浪沙九十秋》，從他個人的角度，披露了不少軍統局早期鮮為人知的故事，特別是他本人的一些經歷，現在已經成為軍統史研究的必讀書目之一。另外，他在保密局主辦的《健行》雜誌上發表的文章，包括懷念毛人鳳的文章等，也已經成為罕見的文獻資料。」（徐有威《百歲間諜之五：台灣歲月》，《東方早報》2015 年 8 月 23 日）

有關王蒲臣的各類網文很多，歧義也不少，僅他去世的時間就有 3 個說法：2005 年、2006 年和 2008 年。2014 年 11 月，徐有威教授來到位於台北郊區的

花園公墓，踏勘王蒲臣夫婦的合葬墓地，才確切知道其生卒年為 1902—2005，在「江山軍統」這個圈子裏，可能是在世時間最長的。

1946 年 7 月，軍委會息烽行轅撤銷，當了 4 年主任的周養浩出任貴州保安司令部情報處長、保密局貴州站站長。1948 年 11 月，保密局西南特區成立，周任特區副區長。1949 年 11 月，為保密局西南督察室主任、重慶衞戌司令部保防處長等職。這個月裏，解放軍大軍壓境，作為潰敗前的最後一跳，楊虎城將軍、其祕書宋綺雲兩家六口遭殺害，幾天後，關押在新世界飯店的 32 名中共地下人員在松林坡被槍殺，周養浩是這兩樁大血案的指揮者之一，成了上世紀六十年代紅極一時的長篇小說《紅岩》、歌劇《江姐》中的二號反面人物沈養齋的原型。

12 月 9 日，周養浩、徐遠舉（《紅岩》、《江姐》中一號反面人物徐鵬飛的原型，時任保密局西南特區區長）、沈醉等人的飛機，在昆明巫家壩機場降落，準備加油後經海南飛台灣。機場空管不給加油，也不准起飛。次日下午，飛機上殘剩的一點油也被地勤抽盡。周養浩解下腰間的手槍交給飛機駕駛員：「我知道出事了，你把手槍帶去外面，扔掉吧。」他脫下軍裝，自己拆除縫在上面的少將標識，隨後被盧漢的起義部隊抓獲。在重慶關押一段後，轉去北京功德林戰犯管理所。

在戰犯們紛紛棄舊圖新、「俯首稱臣」之際，他是熱鍋裏始終煮不爛的鴨頭，許是法學院畢業，嘴巴特別硬，堅持自己奉命行事，法理上無罪。悶得慌時哼幾句《金陵懷古》，被獄友批為「懷念蔣介石」，唱《蘇武牧羊》，又被指為「思想頑固，不思悔改」。沒病裝病、逃避勞動，也是他長期保留的橋段，無異成了「花崗岩腦袋」的典型。沈醉、溥儀、杜聿明、宋希濂等人，早穿上人民裝去了全國政協的大院裏上班，他延至 1975 年最後一批獲釋。

1990 年，周養浩在美國家中去世，享年 84 歲。中國駐舊金山領事館送了花圈。

1946 年 6 月 14 日，國民政府在南京為戴笠舉行公祭。公祭結束，在飛回重慶的途中，鄭介民、毛人鳳通知李祖衞，按戴笠生前安排，由他接替毛人鳳的局本部祕書室主任一職。心情壓抑且有幾分淒涼的李祖衞，要求回江山省親 3 個月後再說。回到重慶後接到楊虎來信：「……雨農不幸身亡，楊虎亦非常悲痛。但人死不能復活，奈何！往後形勢，國共必戰，先生何不脫離軍統，前來楊虎創辦的『中國海洋漁業協會』，任祕書長、監事一職……」在此任上，李祖衞頗得楊虎器重，直至上海解放回鄉。

回鄉後的李祖衛，杯弓蛇影，遭人揭發，終被逮捕，判無期徒刑，後死於獄中。其大侄李鈞良，曾任保密局杭州組上校組長，1951年逮捕，1974年釋放。二侄李鈞才曾任忠義救國軍少校，1958年逮捕，1970年釋放。三侄李鈞輝年輕時欲考電影學院，因政審不過，下放林場勞動二十餘年。堅持愛好書畫、文學等，《亂世斯人——戴笠與李祖衛》一書便是他的大作。

姜毅英，軍統改為國防部保密局後，任保密局情報處少將處長。來台灣前，她的第一次婚姻似有已經結束的跡象，我注意到，在張毓中《侍從蔣介石：我的特勤生涯》一書裏，她的丈夫是葉文昭；來台灣後，她的4個孩子卻都姓倪。2015年抗日戰爭勝利70週年，這年3月，台灣中天電視在《台灣大搜索》欄目裏，做了一期已過世的姜毅英的專題《女少將特務攔截日軍炸美情報》。從此片中獲知，姜的人生軌跡來台後發生劇烈轉折：

她的此任丈夫倪某曾被戴笠送去美國麻省理工學院留學，回來後仍是軍統的人，公開身份在「國家資源委員會」工作。國民政府撤退到台灣，姜毅英發現丈夫負責的電台，有成為大陸方面利用收取情報的渠道之嫌，她無半點猶豫，向上呈報。該委員會在台灣的所有電台，一次被抄掉。此後，她獨自撫養4個孩子長大，職務變更為「匪情」研究室主任，負責對中共政軍情勢的研究。她在這個室的同僚，有原中共台灣省工作委員會書記蔡孝幹、原副書記兼組織部長陳澤民、原宣傳部長洪幼樵等。（陳、洪退休前為上校研究員。蔡為研究室副主任，1956年起轉任「國防部」情報局研究室少將副主任。）1957年，姜毅英離開情治界，轉任當時情報局子弟念的雨農小學當校長，她是時任情報局局長潘其武兼首任校長後的第二任，從此，她專注於教育工作，直至1980年。她任職期間，該校在台北市歷屆小學語文、人文、藝術、健康、生命教育的比賽中，均獲得佳績。退休後，姜毅英經常與江山籍同鄉相聚，參與組建江山旅台同鄉聯誼會，擔任一、二屆江山旅台同鄉會名譽會長。2006年，在台北市永和正中路的家中去世，享年98歲。

從優秀的情報員、譯電人才，到了教育界依舊做得風生水起，20多年校長做下來，桃李芬芳，棟樑迭出，遍及海內外。我在台北期間，應邀參加了兩次雨聲「老學生」的雅聚，不少人有留學美國、在美工作一段的經歷。其中有島上最有影響的報紙《聯合報》的前總編輯，獨立媒體人，跨海峽貿易公司、軟件公司、旅遊公司老總，還有女界活躍人物……人人懷念當年母親一般操勞操心的姜校長，還有校區

三面為軍情局所環繞、在大都市中難得靜謐的理想學園，他們不約而同地唱起「雨農」的校歌：陽明山下，雙溪河畔，芝山岩旁／是我成長的好地方／親愛的師長／諄諄教誨，無限關愛／是智慧的導航……

比姜毅英活得更長的，是來台後長期擔任「中央銀行」總稽核的張冠夫，2000年10月病故，享年102歲，也葬在台北郊區翡翠水庫旁的花園公墓，這是台北市的浙江同鄉會買下的墓地。緊挨着張冠夫墓的，是王蒲臣夫婦的合葬墓。

同一墓園中，還安葬着毛萬里。

墓地門口的一幅對聯「生而為友，逝而為鄰」，用在這些江山子弟的身上，真是再貼切不過了。

當初的「娜尼鬼」王慶蓮，已是「江山軍統」在大陸的最後兩位直接見證人之一。

王慶蓮1946年退役回到江山。在母親家住了1年後去了杭州，在杭州市白肉市場做會計。1951年大規模的「鎮反運動」時，她將抗戰時期曾做軍統少尉譯電員的經歷，毫無保留地作了交待。後到糧食局工作8年。政治運動如風濤雲雨不歇的錢塘江一樣不休，她似江上一隻蜷蜷索索、總被打濕翅羽的麻雀。1958年被「政治清理」出幹部隊伍，下放塘棲農村。小屋在兩個羊棚間，屋裏兩張小凳一張兩抽桌，與牲口為伴。當晚，去食堂吃了晚飯，回到屋裏，她哭了。第二天，跟着農民下田割稻子，別人割6株，分給她的也是6株。手割破了，她又坐在田邊哭。這年她30歲。

中年王慶蓮

「文革」中，雖自辯沒有參加內戰，但作為軍統特務的她仍然是首要批鬥對象。白天黑夜地審問，問不出名堂就動武。期間，王慶蓮一隻耳朵被打聾，跳入魚塘自殺，被救上來後，有本地的老大娘去她家拿來衣服叫她換。脫了褲子，從屁股到大腿，沒有一塊好肉，紫一塊、青一塊……她已經麻木，老大娘卻流淚了。

1979年為乙未羊年，真是「三羊開泰」，黃埔最後一期畢業的「右派」丈夫獲改正。1981年，她也落實了政策，原單位杭州糧食上城公司給她辦了退休。丈夫離世後，她回到江山的祖屋住。一個人住在空蕩蕩的老屋，想起再不會有人半夜破門抄抓，她高興的抽了根煙；念起1943年出發去重慶，母親在卡車後一團昏黃的土

塵中追趕的情景，她心酸的抽了根煙。她深感這一生對不起母親，沒能給她養老送終，而母親這一生，只是在不盡的擔驚受怕裏替自己養兒子。她的 3 個兒子，一個只讀到初中畢業，一個小學畢業，另一個小學都未能念完……

另一位直接見證人，是住在廿八都敬老院裏的戴以謙。2015 年 5 月，我去江山時，老人家還在世，已經 92 歲了。

戴以謙 1941 年初中畢業，隨後加入忠義救國軍，先在皖南總指揮部總座室任少尉接待員，半年後，到軍統東南辦事處任第三戰區軍事物資部中尉副官。「1943 年的一天，戴笠帶着一幫隨從到鉛山辦事處，碰到我，用江山土話問我：『你這個小孩子，為什麼在這裏？』我回答：『我有行當（意思是有工作）』。辦事處主任偷偷問我這是誰，我回答『這是我十公（十叔公）』。主任沒見過戴笠，馬上請到辦公室喝茶。我當時年紀小，不懂事，陪着老板坐着喝茶，主任畢恭畢敬地站着。當晚在東南辦事處住下，第二天，戴笠和辦事處主任説人手不夠，把我帶在身邊」。(《王俊先生採訪戴以謙的筆錄》，見方軍博客 2012 年 6 月 26 日)

後去重慶，在軍統局本部機要科當上尉參謀。1946 年後，轉到「剿匪」華北總司令部，任軍北站站長，歸傅作義將軍指揮。1949 年後，戴以謙回江山做農民。1958 年，戴以謙被關押。1960 年到 1962 年全國大饑饉，妻子領着腦殼幾乎長成兔頭的 3 歲兒子到縣大獄來看他，説：活不下去了，這孩子怎麼辦？他無語，把獄中省出的窩窩頭給孩子吃……不久，妻子帶着兒子改嫁。1970 年釋放。落實起義人員有關政策後住進敬老院，現在無兒無女，屬於當地「五保戶」。

戴以謙兄弟 8 人，有 4 個參加了抗戰：戴以勉、戴以胄、戴以煬（殉國）、戴以謙。戴以煬死在偽軍手裏，抗戰勝利後，殺害戴以煬的兇手被戴笠下令逮捕。戴以胄，1949 年以後死在監獄。

我在江山聽到的情形，與作家方軍筆下的毫無二致：

……我採訪的軍統老兵，都參加了偉大的抗日戰爭，是全民族抗戰的一員。他們幾乎沒有參加解放戰爭，但是，解放後他們都進了監獄。解放後，人民政府對軍統成員嚴厲鎮壓，在鎮壓反革命運動中，軍統在大陸人員，除了少數立功者以外，一律槍決或重刑。到五十年代中，軍統在大陸大致肅清。在以後的政治運動中，如肅反運動、四清運動、清理階級隊伍運動、文化大革命運動中，一次又一次

追查殘餘軍統人員，以及和懷疑曾和軍統有關的人物。那時「活人要落實到人頭，死人要落實到墳頭」。直到 1976 年後，不再提及軍統。（《最後的軍統老兵》）

在江山，歷經 1951 年的「鎮壓反革命」、1955 年的「肅清反革命」，1966 年的「文化大革命」……戴笠早已不是當年給家鄉人的印象：鄉里鄉外，見了誰都客客氣氣，碰見孩子，就從口袋裏摸出幾顆糖；每次回來總不忘去耆宿碩望家問候；對虔誠向佛的母親極其孝順，有鄰里惟一一個男丁也被抓去當兵，求到他母親，老人家要他解決，即使遠在南京或重慶，他也一定幫助擺平……眼下，「流氓地痞起家」、「無惡不作」、「色狼」等說法，尤其是「國民黨的蓋世太保」、「美帝國主義的走狗」、「反共魔王」等重料異色，將戴笠之身刷成了「罄南山之竹，也難書其滔天罪惡」。花街口的老住戶受其連累，多被打成「國民黨殘渣餘孽」、「偽軍官」、「歷史反革命分子」，重則如戴以謙，還有王慶蓮的舅舅，一關就是 20 年。對於「江山軍統」成員的揪鬥，層出不窮，大量揭發材料及「大字報」荒誕不經，有些還混入了文史檔案，日後變成當地的「史料」。

同樣是投身一場全民族的神聖抗戰，軍統老兵們的淒惶境遇不說與參加八路軍、新四軍的「老幹部」們在新中國的殊榮厚待無法比，與 1949 年去了台灣的袍澤弟兄比，亦無可比性。抗戰爆發未幾，國民政府即指示各地大規模地展開戰時忠烈事跡的普查行動，在 1942 年底前，完成全國資料的彙整統計，在已呈報的 1414 個縣中，共有 624 個縣設立忠烈祠，佔 44%，共計供奉死難烈士牌位 33886 個，且統計表中均記錄有明確的戰時陣亡日期及地點，並且有詳細的籍貫、官階、學經歷、遺族現況等基本數據。在國土大半淪陷的空前惡劣環境下，篳路藍縷，以啟山林，從某種程度上大大改變了後人對於戰時國府內政空轉、行政執行能力不佳的「官史」印象。抗戰勝利後，則是另一波從中央到地方同步調查及整理抗戰忠烈事跡的高峰，對於抗戰有功人員，不論生者死者、文職或武職，都給予職務上的追贈，或作追封、追晉，頒發抗戰將士陣亡將士家屬一次特恤金與陣亡將士遺族勝利恤金與撫慰金。（《八年抗戰中的國共真相》）對幸存者而言，島上的抗日老兵享有「終生俸」，最少的每月也有 6 萬台幣，約人民幣 12000 元。這一「終生俸」，可以一次領取，也可每月領取。如一次性領完，再發生生活困難，還可每月再領取生活費。

即便是侵華日軍老兵，每月也有日本天皇的「恩給」，約為十幾萬日圓；相當於

一個日本大學生剛參加工作的薪水。「恩給」加「定年」（退休工資）使日本老兵的生活好於一般的日本國民。如果戰死者的遺孀一直未婚，也可以領到「恩給」……

若令歷史之軀猝然扭身，情何以堪！

上世紀中葉，一批總數近 5000（含家屬）人的江山籍國民黨軍政人員、知識分子等，跟隨國民政府撤到台灣，其中多數與「江山軍統」有關。之後，除少數轉遷歐美，餘皆落籍台灣。江山是浙江省去台人員最多的縣市之一。江山人分佈在台灣各個縣市，島上的所有縣市均有江山人，都能聽到像是從鋼絲弦上蹦出來的江山話。其中，第一代去台人員的軍、政要員裏，有「立法委員」、「國大代表」、「國策顧問」和「外交官」約 20 人以上；少將以上軍官近 70 人。直至二十世紀八九十年代，仍有不少江山籍人士在台灣當局黨、政、軍、警、文化教育等界任要職。據 2007 年的調查統計，江山籍在台人員，包括其第二、三代，現已散花開葉到 2 萬多人。

二十世紀七十年代以後，江山對去台原國民黨重要人士的直系親屬，落實了相關政策。對因「台灣關係」等被清退的原在職人員，恢復了公職。還給台灣其他在大陸主要親屬糾正冤、假、錯案，按政策歸還了在歷次政治運動中被查抄房產、物資。隨着大陸開始破冰，台灣當局也開放台灣民眾赴大陸探親，原「江山軍統」去台成員及後代，其他國民黨軍政界、社會知名人士，紛紛回鄉探親旅遊。特別是 1990 年清明節期間，回來祭祖掃墓的江山籍台胞達 100 多人。

「三毛」裏惟一還活着的毛森，卻遲遲未動，七上八下。

在共產黨眼裏自己可是血債如麻，去了大陸會安全嗎？此前，他就從美國寄過錢給江山縣辦學，說是關心故鄉建設的拳拳之心也可，說是放了一隻刺探氣候的氣球過來亦無不可。不久，江山市人民政府報經上級批准，發還他在江山老家的故居，並修葺一新。這跨越太平洋的遙遙對眼，無形卻熱烈。1992 年 5 月，毛森夫婦在長子毛建光的陪同下回鄉，受到浙江省省長和江山市長的親切接見，他的顧慮渙然冰釋。

在江山老家，除看望親戚故舊外，他特地登臨江郎山尋訪舊蹤。年輕時常來山中遊玩，抗戰時用的化名就叫「江石生」。1938 年，奉命率別動軍抗日，他曾在江郎山石壁上留墨：「忍令上國衣冠淪於夷狄，相率中原豪傑還我河山。」如今，82 歲的毛森，腳步蹣跚，攀藤牽葛，終於尋訪到了自己半個多世紀前的題詞，雖風雨侵蝕，字跡仍清晰可見。毛森在石壁前久久佇立，撫摸良久。回到住地，陪同人員

説：「毛先生，你是否再題幾個字，留個紀念吧？」毛森寫了八個大字：「謝謝親愛的鄉親們。」

回到美國後不到半年，因突發心肺衰竭，毛森安然逝世，終年 85 歲。中國駐舊金山領事館送了花圈。彌留之際，他囑咐再捐款 1 萬美元給江山老家辦學。老人並沒有任何收入，這筆錢是他從子女供給的生活費中省下來的。

1997 年 9 月，95 歲高齡的王蒲臣，在闊別大陸 48 年之後，第一次回到家鄉。

出生地柴家塘頂的老屋已不在，讀書時的大溪灘已闢為公園，「涖江山，巡市區，諸多新建」。老人感歎「世事多變，誠不謬也」。不變的是「離大陸，懷親故，肚掛腸牽」。市裏有關方面請他給戴笠故居題個匾，他拒絕道：「不敢，一輩子都是戴笠的部下，怎敢給戴將軍題匾？」

2001 年，王蒲臣迎來百年壽辰，他最大的心願就是自己的著作能在大陸出版。毛作元先生得知此事之後，主動提出合作，自印出版了他著的《一代奇人戴笠將軍》，小範圍內贈閱。該書寄至台灣，2003 年 3 月台灣東大圖書公司公開出版發行。這本著作讓王蒲臣清譽鵲起，也讓戴笠其人在大陸有了多側面的解讀。毛作元說：「王蒲臣與沈醉在寫戴笠方面有着不同意見，這能讓我們從不同的角度了解戴笠。當時王蒲臣與我還有一個君子協定，即雙方寫各自知道的戴笠，不相互批評論戰，各自均用事實説話。」

毛人鳳沒能踏上故土，其血脈卻隨後代重繞故土。

1940 年，向影心和毛人鳳在重慶結婚。育有子女毛祖貽、毛書渭、毛渝南、毛書南、毛佛南、毛維摩、毛小蘭、毛瑞蘭 8 人。其中，1944 年生於重慶的毛渝南，畢業於美國康奈爾大學，擁有材料科學學士學位、冶金工程學碩士學位，以及麻省理工學院工商管理碩士學位，是全球電信行業公認的領軍人物。2013 年 8 月被任命為新設立的惠普中國區董事長一職。此外，毛渝南還擔任 Energy Recovery Inc. 公司、裕隆日產汽車公司以及台灣中華汽車公司的董事。2017 年 4 月受鴻海董事長郭台銘之邀，擔任鴻海副總裁。顯然與毛渝南的「池魚思故淵」相關，2014 年 11 月，惠普中國區副總裁楊文勝一行專程到江山考察投資項目，全力助推江山區域經濟發展壯大。次年 4 月，毛渝南親自到衢州職業技術學院設立「江山毛氏助學金」，每年向 6 名家境貧寒、品學兼優的江山籍全日制在校生，各提供 8000 元人民幣的助學金。

來江山的不僅是江山籍人士，也有非江山籍人士。寫作、出版了很多關於戴笠與軍統文著的沈醉先生，多次到江山。美國研究戴笠的專家魏斐德教授，曾來江山進行研究性訪問，日後著有《間諜王——戴笠與中國特工》，這是第一部由外國人寫的戴笠傳記。

2000 年 12 月，台灣軍情局退休官員 18 人組團抵江山市參訪。其中有一位 90 多歲徐姓老者，退休前曾任情報局局長葉翔之的主任祕書，16 歲就出去了，幾十年沒有回過江山，這次帶了 3 個女兒前來，女兒用輪椅推着父親參行。一到自家老屋，他豆大的淚水連連落下。到了保安戴笠故居門口，無論如何，他要硬撐着站起來，顫巍巍地一步一步挪進去。

前兩年，又有一批忠義救國軍的老兵到江山參訪。他們在淋漓盡致地表達了大半個世紀揮之不去的鄉戀鄉愁的同時，也給江山有關部門、民間學者，留下了不少寶貴的回憶、雜陳五味的唔歎與殷殷期盼，從而使得江山市博物館終於有了戴笠與軍統的位置，儘管還嫌簡略；戴笠故居裏，關於戴笠與「江山軍統」的評述，也有了相當的客觀性，頗具日後縱深的張力。其前言為——

> 戴笠無疑是中國近代史上一位傑出而富有傳奇色彩的人物，開放其故居，陳列其史料，旨在展示其一生之蹤跡行實，供遊人認識、了解與研究。於此，謹擷章士釗 1946 年 6 月弔戴笠輓聯為緒：
> 生為國家死為國家平生具俠義風功罪蓋棺猶未定
> 譽滿天下謗滿天下亂世行春秋事是非留待後人評
> 戴笠入主中華復興社特務處及軍事委員會調查統計局，偏居浙西一隅的江山人，或因信仰三民主義有志抗日救國，或因謀求生計為勢所迫，或因同受千年仙霞古道文化薰陶的鄉土情結，尤因江山方言利於其特工活動，紛紛加入軍統行列。
> 由是，軍統便有了江山「三毛一戴」，世人也因江山軍統而漸熟江山。

忠義同志會現任祕書長黃其梅先生告訴我，該會與江山市一直聯繫不斷。該會編印的口述歷史等書籍、資料，均送了江山市博物館。他們還努力為戴笠先生家鄉的發展、繁榮，做些力所能及的事情。

有失聯大半個世紀了的去台軍統老同事在花街口和王慶蓮重聚。見她一人獨居

祖屋，日子過得清寂而又簡單，「娜尼鬼，你怎麼那麼傻，那時不跟我們走？」

她能説些什麼呢？只有一句：「大家能活着就好，共產黨也養我 20 多年了。」

她所謂的「養」，是指 1981 年落實政策時，在農村的 23 年也給算了工齡，迄今拿的是職工退休金，拿了近 30 年。2012 年 3 月，有報紙刊登了記者採訪她的軍統回憶。不久後，她收到一罐從香港寄來的奶粉，裏面有張紙條，寫着「敬愛的王慶蓮奶奶，看了有關您的報導，非常敬重您，祝您永遠快樂，健康長壽，榮譽永遠屬於為國家和民族事業作出過貢獻的人。」署名是「一個香港人」。又是一年春天，她像平日一樣在自家附近的菜市場買菜，正準備離開，一個年輕人將她攔住：「你是不是王慶蓮奶奶？」

她説：「是啊，你怎麼認得我？」

「昨天晚上我在網上看見的⋯⋯」

分手時年輕人叮囑：「王奶奶，你一定要保重身體！」

有時，王慶蓮會一個人去保安戴笠故居轉轉。接近傍晚時分，故居內外遊人稀少。大門附近一家挨一家的土特產店、雜貨店也都收攤，它們都賣關於戴笠、軍統的各種盜版書。黃其梅先生曾過去翻了幾本，內容多有胡編亂造，乃至不忍猝看的醜化、謾罵。儘管故居屋內設有暗門暗梯暗格，門洞尤多，旅遊宣傳冊上如是介紹：「所有設計皆為殺人逃生」，但仍不失為一幢浙西南鄉紳家族的典型民居。

故居小院裏，來自仙霞嶺上的野風，吹着高高的金錢松，枝葉婆娑，颯颯作響。樹梢上立着一隻布穀——南方鄉間再尋常不過的季節鳥。牠黑豆似的小眼睛，圓睜睜地看着樹下幾度毀毀補補的故居，布穀在想什麼呢？局促的前廳有一瀉淡黃的燈光，垂在一座戴笠的半身金屬塑像上，王慶蓮的目光沒有移開，總看着。老人在想什麼呢？

上世紀八十年代，一直孜孜不倦發掘、研究戴笠史料的毛作元先生，上書要求恢復戴笠故居。當時的縣政府撥下 3000 元用於老宅維修。有記者發了一條內參，內參裏有一句話：「江山人為特務頭子修屋，豈有此理」，這讓此事一擱便是 10 年。毛作元工作之餘撰寫軍統人員的文章及書籍，亦有人問：「他是不是共產黨員？老是寫國民黨將領，難道他是毛森的侄兒？」九十年代意在開發旅遊業、並做好對台統戰工作的江山市政府，一次撥款 300 萬元，將戴笠故居、毛森祖屋修葺一新，前者還列為「市級文物保護單位」。戴笠故居當係戴氏祖產，但未歸還戴氏後人，而由旅遊

公司承包開放售票參觀，但江山市台辦早先聘任戴笠孫女戴眉曼（身在江西）為故居顧問，月支人民幣 1500 元，2014 年經台灣忠義同志會致函關切後，又增加員額 1 名，即戴笠之孫戴以宏（身在安徽），且顧問費增加到 2000 元，兩人都是底層的退休人員，在無情的物價總讓錢包心碎的當下，這些錢能給他們的生活增添些暖意。

據說，很多年裏，浙江省享受政府投資或撥款待遇最差的，有兩個地方，一個是溫州，溫州沿海，得準備打仗；二是江山，理由不説自明——「軍統江山」。但凡有運動的疾風暴雨來了，江山少不了得弄個稀裏嘩啦、雞飛狗跳。前幾年，江山到上海推薦本地旅遊，展板上出現了戴笠故居的介紹，有退休老幹部拿着拐杖，立馬就把展板給敲掉了……再聯想到浙江，浙江無疑是抗戰大省，卻呈現「三多一少一無」的現象：一多，淞滬抗戰後，參加抗戰的人多；二多，「中央」軍的多；三多，上黃埔軍校的多；一少，就是在抗戰史上，分量太輕，宣傳得太少；一無，就是浙江全省至今無一座抗日戰爭紀念館。

江山民間亦有稱戴笠為「民族英雄」者。離戴笠故居不遠的一個小廣場邊的「雨農飯店」的老板，多年來一直業餘宣傳戴笠，收集了許多相關材料，可看而不可借出門，其中就有 2011 年台灣軍情局與「國史館」聯合出版、印製精美的多卷本《戴笠先生與抗戰史料彙編》。

小江山連着大江山

江山，在歷史的揪扯中走來。

江山，從歷史的良知裏走來。

歷史，似乎也在對江山拈花微笑。

江山手裏，終於有了一張叫得響的文化名片——

1990 年，中國人民大學圖書館工作人員在整理館藏中，發現了一部珍貴家譜《韶山毛氏族譜》，它顯示：毛姓從周朝開始，最早居住在長江以北，是為「北毛」。後因戰亂南渡，遷居江南。「南毛」的始祖叫毛寶，為毛氏家族的第五十二代。毛寶的兒子因戰功受封，居住在信安（今衢州一帶）。毛寶第八代後裔的一毛元瓊，再遷

至江山城南 25 公里的石門鎮,此處緊挨三石欲飛、滿目蔥蘢的江郎山,山上有瀑布奔流而下,故名清漾村,清漾毛氏自此為始。

清漾村歷史上,共出過 6 個尚書,其中有宋代毛晃、毛友及明代毛愷。另走出過 80 名進士。《清漾毛氏族譜》又記載了此後清漾毛氏千餘年的衍繁脈向:北宋時,時任工部尚書的毛讓從衢州遷至江西吉水。江南各地的毛氏望族,如寧波奉化毛氏、湖南韶山毛氏,都直接或間接地源自江山清漾。據此算起來,蔣介石的原配夫人毛福梅,與毛澤東、國學大師毛子水,都是江山清漾毛氏的第五十六代後裔;在台的 2 萬多名江山籍人員,有 30% 為清漾毛氏後裔,他們亦是毛澤東的同族子弟。

2006 年 12 月 26 日,在毛澤東誕辰 113 週年的那天,江山市政府和江山市文化界領導及專家,在清漾村,用民間傳統的方式,迎接來自湖南省韶山村的《韶山毛氏族譜》。《韶山毛氏族譜》回「老家」江山,意味着江山與韶山毛氏一脈相承的結論,得到了韶山毛氏宗親的完全認同。

2009 年,江山舉辦了首屆「中國・江山毛氏文化旅遊節」。

2010 年 6 月 17 日,時任中共江山市委書記的傅根友,率團拜會中國國民黨副主席蔣孝嚴,邀請蔣孝嚴回其祖母祖籍看看。蔣先生揮毫題字相贈:「江山衍脈三千里,宋室開基八百年」。

清漾!如一個化繁為簡的高人,將厚重複雜的中國現代史簡化為江山民間的一個段子:為爭江山,坐江山,一個小舅子和自己的姐夫,扯出各色主義、口號,捲進去幾億百姓蒼生,龍戰於野,其血玄黃,明的暗的打了幾十年。倘若九泉之下的他們知道,彼此間冥冥中還有這樣的因緣,他們將會如何評說這一段歷史呢?

清漾正像一道炫目的閃電,划過歷史常常被謊話庸言壓滿的昏暗時空,讓後來者萌生啟示:

小江山連着大江山。

江山絕非一黨一派、一家一姓的私產。

誰打下來的江山,都是祖宗的江山……

數風流人物過去,都是百姓的江山……

2015 年 8 月初稿 10 月二稿

2017 年 6 月三稿

主要參考書（篇）目

* 《戴笠傳記資料》，台北：天一出版社 1985 年版。

* 良雄著：《蔣介石的特工頭子──戴笠傳》，台北：傳記文學出版社 1982 年版。

* 鄒郎著：《戴笠新傳》，香港：星輝圖書有限公司 1989 年版。

* 費雲文著：《戴笠的一生》，台北：中外圖書出版社 1980 年版。

* 喬家才著，王成聖主編：《浩然集──戴笠將軍和他的同志》，台北：中外圖書出版社 1980 年 4 月版。

* 喬家才著：《鐵血精忠傳──戴笠的故事》，台北：中外雜誌出版社 1978 年 3 月版。

* 吳淑鳳等編輯、台灣「國史館」編印：《戴笠先生與抗戰史料彙編：軍情戰報》，2011 年版。

* 吳淑鳳等編輯、台灣「國史館」編印：《戴笠先生與抗戰史料彙編：經濟作戰》，2011 年版。

* 吳淑鳳等編輯、台灣「國史館」編印：《戴笠先生與抗戰史料彙編：忠義救國軍》，2011 年版。

* 吳淑鳳等編輯、台灣「國史館」編印：《戴笠先生與抗戰史料彙編：中美合作所的成立》，2011 年版。

* 吳淑鳳等編輯、台灣「國史館」編印：《戴笠先生與抗戰史料彙編：中美合作所的業務》，2011 年版。

* 台灣「國防部」情報局編印：《戴雨農先生全集》，1979 年 10 月。

* 台灣「國防部」情報局編印：《國防部情報局史要彙編》，1962 年。

* 台灣「國史館」編：《蔣中正總統檔案‧事略稿本》。

* 台北「國防部」情報局編印：《忠義救國軍誌》，1962 年 6 月版。

* 台灣國防研究院等編：《蔣總統集》。

* 徐永昌著：《徐永昌日記》，台灣「中央研究院」近代史研究所 1991 年出版。

* 姜超岳著：《我生一抹》，台北：三民書局 1965 年版。

* 申元著：《江山戴笠》，中國文史出版社 1991 年版。

* 申元著：《戴笠軼事》，香港：天馬圖書有限公司 2003 年版。

* 王蒲臣著：《一代奇人戴笠將軍》，台北：東大圖書出版社 2003 年 6 月版。

* 王蒲臣著：《滾滾浪沙九十秋》，台北：上海印刷有限公司 1991 年版。

* 李君輝著：《亂世斯人——戴笠與李祖衞》，香港：天馬圖書有限公司 2002 年 10 月版。

* 干國勳、宣介溪、白瑜等著：《藍衣社 復興社 力行社》，中華書局 2014 年 8 月版。

* 張霈芝著：《戴笠與抗戰》，台灣「國史館」1999 年版。

* 《蔣委員長西安半月記、蔣夫人西安事變回憶錄》，台北：正中書局 1976 年版。

* 楊天石著：《找尋真實的蔣介石：蔣介石日記解讀》，華文出版社 1987 年版。

* 陳恭澍著：《軍統第一殺手回憶錄》，華文出版社 2012 年 5 月版。

* 陳恭澍著：《抗戰後期反間活動》，台北：傳記文學出版社 1986 年版。

* 陳恭澍著：《英雄無名》，台北：傳記文學出版社 1981 年版。

* 何成浚著：《何成浚將軍戰時日記》，台北：傳記文學出版社 1986 年 8 月版。

* 王鼎鈞著：《王鼎鈞回憶錄：文學江湖》，台北：爾雅出版社 2009 年 3 月版。

* 劉熙明著：《偽軍——強權競逐下的卒子》，台北：稻香出版社 2002 年版。

* 金雄白著：《汪政權的開場與收場》，台北：風雲時代出版公司 2014 年 2 月版。

* 台灣忠義同志會編印：《口述歷史》第一輯，2008 年版。

* 台灣忠義同志會編印：《口述歷史》第二輯，2011 年版。

* 台灣忠義同志會編印：《大略雄才——葉翔之百齡冥壽紀念集》，2011 年 9 月版。

* 台灣忠義同志會編印：《葉翔之百歲紀念文集》，2011 年 9 月版。

* 陸鏗著：《陸鏗回憶與懺悔錄》，台北：時報文化出版公司 1997 年版。

* 王鼎鈞著：《關山奪路》，台北：爾雅出版社 2010 年版。

* 楊雨亭著：《上校的兒子》，台北：華岩出版社 2009 年版。

* 唐縱著：《在蔣介石身邊八年：侍從室高級幕僚唐縱日記》，群眾出版社 1991 年版。

* 沈醉、文強著：《戴笠其人》，中國文史出版社 1980 年 8 月版。

* 文強、劉延民著：《文強口述自傳》，中國社會科學出版社 2003 年 1 月版。

* 沈醉著：《沈醉日記》，群眾出版社 1991 年版。

* 沈醉著：《軍統內幕》，文史資料出版社 1984 年版。

* 沈美娟著：《孽海梟雄——戴笠新傳》，北京十月文藝出版社 1992 年 7 月版。

* 荊自立著：《雲煙往事》，美國洛杉磯世界日報 2014 年 10 月初版。

* 聯合報叢書《抗戰勝利的代價——抗戰勝利 40 週年學術論文》，台北：聯經事業出版公司 1986 年 9 月初版。

* 劉台平著：《暗戰》，九州出版社 2013 年 8 月版。

* 劉台平著：《神鬼之間：找尋真實的戴笠》，台北：風雲時代出版公司 2016 年 3 月版。

* 劉台平著：《八年抗戰中的國共真相》，台北：風雲時代出版公司 2015 年 5 月版。

* 徐揚、寇思疊著：《陳誠評傳》，台北：群倫出版社 1989 年版。

* 丁三著：《中國法西斯運動始末——藍衣社》，語文出版社 2010 年 2 月版。

* 王成斌等著：《民國高級將領列傳》，解放軍出版社 1988 年版。

* 馬振犢著：《國民黨特務活動史》，九州出版社 2008 年 3 月版。

* 馬振犢、邢燁著：《戴笠傳》，浙江大學出版社 2013 年 8 月第 1 版。

* 馬振犢：《知非文集：馬振犢論文選》，九州出版社 2011 年 1 月版。

* 程一鳴著：《程一鳴回憶錄》，群眾出版社 1981 年版。

* 衣復恩著：《我的回憶》，台灣立青文教基金會發行 2011 年 9 月 2 版。

* 王建朗、曾景忠著：《中國近代通史》，江蘇人民出版社 2007 年 1 月版。

* 吳煥嬌著：《黃埔名將戴笠》，東方出版社 2014 年 1 月版。

* 汪朝光著：《蔣介石的人際網絡》，社會科學文獻出版社 2011 年 6 月版。

* 劉會軍主編：《尋找真實的戴笠》，團結出版社 2012 年 3 月版。

* 薩蘇著：《薩蘇講述老兵傳奇故事：兵進北邊》，中國書店 2013 年版。

* 吳越著：《池步洲傳》，東方出版社 2009 年 1 月版。

* 張衡著：《抗日戰爭史新論》，南京工學院出版社 1985 年版。

* 易慶瑤主編：《上海公安誌》，上海社會科學院出版社 1997 年版。

* 程中原著：《張聞天傳》，當代中國出版社 2000 年 8 月版。

* 孫瀟瀟著：《軍統對日戰揭祕》，團結出版社 2016 年 6 月版。

* 張毓中著：《侍從蔣介石：我的特勤生涯》，團結出版社 2012 年 3 月版。

* 蔣廷黻著：《蔣廷黻回憶錄》，中華書局 2014 年 8 月版。

* 費正清著：《中國回憶錄》，中信出版社 2017 年 2 月版。

* 胡平著：《情報日本》，東方出版中心 2008 年 5 月版。

* 劉仰東著：《去趟民國：1912—1949 年間的私人生活》，三聯書店 2012 年 1 月版。

* 韓子華、周海濱著：《我的父親韓復榘》，中華書局 2013 年 4 月版。

* 電視紀錄片《大後方》攝製組著：《大後方》，江蘇鳳凰文藝出版社 2016 年 3 月版。

* 陳欽著：《我的河山：抗日正面戰場全紀實》，中信出版社 2013 年 10 月版。

* 陳修良撰述、唐寶林編著：《拒絕奴性——陳修良傳》，香港：中和出版公司 2012 年 1 月版。

* 何蜀著：《從中共高幹到國軍將領——文強傳》，廣東人民出版社 2008 年 12 月版。

* 文強著：《「八一三」淞滬抗戰——原國民黨將領抗日戰爭親歷記》，中國文史出版社 1987 年版。

* 孫丹年著：《中美合作所與太平洋戰爭》，陝西人民出版社 2012 年 5 月版。

* 《「八一三」淞滬抗戰原國民黨將領抗日戰爭親歷記》，中國文史出版社 2008 年版。

* 蕭軍著：《延安日記》，香港牛津大學出版社 2013 年版。

* 王樹增著：《抗日戰爭》，人民文學出版社 2015 年 6 月版。

* 章君穀著：《杜月笙傳》，中國大百科全書出版社 2011 年 1 月版。

* 楊奎松著：《西安事變新探》，江蘇人民出版社 2006 年 11 月版。

* 王豐著：《蔣介石心傳之藍鯨行動之謎——美蔣鬥爭祕史》，現代出版社 2016 年 4 月版。

* 楊尚昆著：《楊尚昆日記》，中央文獻出版社 2001 年 9 月版。

* 張德瑞著：《山河動》，社會科學文獻出版社 2015 年版。

* 陶蔚然、胡性階等著：《親歷者講述中統內幕》，中國文史出版社 2009 年 1 月版。

* 張憲文主編：《中華民國史綱》，河南人民出版社 1985 年 10 月版。

* 吳景平主編：《宋子文生平與資料文獻研究》，復旦大學出版社 2010 年版。

* 壽充一著：《孔祥熙其人其事》，中國文史出版社 1987 年版。

* 關夢齡、李占恆著：《黑皮自白——一個軍統上校的筆記》，新華出版社 2007 年 3 月版。

* 蔣緯國口述、劉鳳翰整理：《蔣緯國口述自傳》，中國大百科全書出版社 2008 年 1 月版。

* 李新總編：《中華民國史·人物卷》，中華書局 2011 年 7 月版。

* 王曉華、張慶軍編著：《國共抗戰——肅奸記》，中國檔案出版社 2001 年 3 月版。

* 全國政協文史資料委員會編：《文史數據存稿選編——特工組織（下）》，中國文史出版社 2002 年版。

* 陳存仁著：《抗戰時代生活史》，廣西師範大學出版社 2007 年 5 月版。

* 陳存仁著：《銀元時代生活史》，廣西師範大學出版社 2007 年 5 月版。

* 北京圖書館文獻信息服務中心編輯：《中美合作所與戴笠特輯》。

* 梁敬錞著：《史迪威事件》，北京商務圖書館 1973 年「內部出版」。

* 毛森著：《往事追憶》，江蘇人民出版社 2001 年 9 月版。

* 聞黎明、侯菊坤編：《聞一多年譜長編》，湖北人民出版社 1994 年 7 月版。

* 郭汝槐著：《郭汝槐回憶錄》，四川人民出版社 1987 年版。

* 樊建川著：《大館奴——樊建川的記憶與夢想》，三聯書店 2013 年 7 月版。

* 樊建川著：《一個人的抗戰》，中譯出版社 2015 年 7 月版。

* 江山市文化廣電新聞出版局編印：《江山文化資源薈萃》，2005 年 1 月。

* 方軍著：《最後的軍統老兵》，遼寧人民出版社 2012 年 12 月版。

* 吳竹亭：《刺殺日本天皇特使事件始末——訪侯化均、張承福先生》，北京市政協《北京文史資料選編》第 42 輯。

* 趙新：《戴笠摔死前後》，北京市政協《文史資料選編》第 35 輯，北京出版社 1988 年 12 月版。

* 王方南：《我在軍統十四年的親歷和見聞》，《文史資料選輯》第 7 輯。

* 唐生明：《我奉蔣介石命參加汪偽政權的經過》，《文史資料選輯》第 40 輯。

* 黃康永：《我所知道的戴笠》，《浙江文史資料選輯》第 23 輯。

* 章微寒：《戴笠與軍統局》，《浙江文史資料選輯》23 輯。

* 毛世榮：《毛世榮回憶錄》，《江山市文史資料》第 2 輯。

* 申元：《戴笠年譜》，《江山文史資料》第 10 輯。

* 江蘇文史資料委員會編：《中統特工祕錄》，《江蘇文史資料》編輯部 1991 年版。

* 濮清泉：《我所知道的陳獨秀》，《文史資料選輯》第 71 輯，1980 年出版。

* 朱學範：《上海工人運動和幫會二三事》，《上海文史資料選輯》第 54 輯。

* 文強：《大特務馬漢三之死》，《文史資料選編》第 21 輯。

* 〔美〕梅樂斯著：《另一種戰爭》（*A Different Kind of War*），台北：台灣新生報社 1968 年版。

* 〔美〕魏斐德著，梁禾譯：《間諜王——戴笠與中國特工》，新星出版社 2013 年版。

* 〔美〕魏斐德著：《上海歹土——戰時恐怖主義與城市犯罪（1937—1941）》，人民出版社 2011 年 5 月版。

* 〔美〕邁克爾·沙勒著，郭濟祖譯：《美國十字軍在中國（1938—1945）》，商務印書館 1982 年 7 月版。

* 〔美〕哈里森·索爾茲伯里著：《長征——前所未聞的故事》，解放軍出版社 1986 年版。

* 〔美〕易勞逸撰，陳謙平、陳紅民等譯：《1927—1937 國民黨統治下的中國：流產的革命》，中國青年出版 1992 年版。

* 〔美〕周錫瑞、李皓天主編：《1943：中國的十字路口》，社會科學文獻出版社 2016 年 1 月版。

* 〔俄〕彼得弗拉基米洛夫著：《延安日記》，東方出版社 2004 年 3 月版。

* 毛森:《抗戰敵後工作追憶》,台北:《傳記文學》1999—2000 年總第 448 期至
  454 期。

* 胡必林、徐好文:《戴笠接班人毛人鳳升官圖》,台北:《傳記文學》1992 年 12
  月號。

* 干國勳:《力行社與軍統局》,台北:《中外雜誌》第 31 卷 1 期,1982 年 1 月。

* 戈士德:《胡宗南與戴笠(上、中、下)》,台北:《中外雜誌》第 31 卷 2—4 期,
  1982 年 2 月—4 月。

* 蘇聖雄:《1939 年的軍統局與抗日戰爭》,《中國現代史》2015 年第 3 期。

* 劉東:《舞蛇者説》,《讀書》2004 年第 6 期。

* 王華斌、黃家盛:《軍統在抗戰中的「雙重性」》,《黨史研究與教學》2013 年第
  5 期。

* 洪小夏:《抗戰時期國民黨敵後遊擊戰研究述略》,《抗日戰爭研究》2003 年第
  1 期。

* 洪小夏:《抗日戰爭時期中美合作所論析》,《抗日戰爭研究》2007 年第 1 期。

* 徐有威:《從徐亮的〈十年前〉一文看戴笠之早期活動》,《檔案與史學》1999
  年第 2 期。

* 李君山:《戴笠與戰時西南運輸——以滇緬公路為中心的探討》,台北:《國史研
  究通訊》第 1 期,2011 年 12 月。

* 吳淑鳳:《戴笠對美國戰略局的認識與合作開展》,台北:《國史研究通訊》第 1
  期,2011 年 12 月。

* 如來:《領袖的耳目》,台北:《健行月刊》第 128 期

* 陳世榮:《戴笠的經濟作戰構想》,台北:《國史研究通訊》第 1 期,2011 年 12 月。

* 黃天邁:《戴笠與梅樂斯(上)》,台北:《中外雜誌》第 50 卷第 2 期,1991 年
  8 月。

* 黃天邁:《戴笠與梅樂斯(下)》,台北:《中外雜誌》第 50 卷第 3 期,1991 年
  9 月。

* 黃天邁:《戴笠的生活片段》,台灣忠義同志會《忠義會訊》第 57 期,2014 年
  5 月。

* 呂軍：《王鳳起：密約陳誠政變反老蔣》，《環球軍事》2009 年第 22 期。

* 張燕萍：《抗戰時期資源委員會特種礦產品統制述評》，《江蘇社會科學》2004 年第 3 期。

* 黃克武：《修身與治國——蔣介石的省克生活》，杭州師大學報社科版 2013 年 2 期。

* 何蜀：《文藝作品中與歷史上的中美合作所》，《書屋》2002 年第 7 期。

* 何蜀：《中美合作所的本來面目》，《炎黃春秋》2002 年第 10 期。

* 孫曙：《黨史小說 < 紅岩 > 中的史實訛誤》，《炎黃春秋》2004 年第 1 期。

* 孫丹年：《渣滓洞刑訊室考》，《炎黃春秋》2014 年第 2 期。

* 劉維才口述、張鵬斗整理：《見證中山陵三次維修》，《檔案與建設》2006 年第 2 期。

* 朱沛蓮：《戴笠座機失事目擊記》，台北：《中外雜誌》第 31 卷第 3 期。

* 喬家才：《抗日情報戰十一》，台北：《中外雜誌》第 22 卷第 5 期

* 郝在今：《延安祕密戰——中共西北局隱蔽鬥爭紀實》，《當代》2016 年第 5 期。

* 王彬彬：《胡適面折陳濟棠》，《鍾山》2017 年第 2 期。

* 劉秉賢：《戰後北平情報戰追記》，台灣忠義同志會《忠義會訊》第 54 期，2013 年 8 月。

* 柏如、劉其奎：《「八一三」前後日軍侵華謀略的演變》，《軍事歷史研究》1987 年第 4 期。

* 柴薪、澗星：《往事俱在閒談中——戴笠留在江山的碎片》，《江南》2014 年第 6 期。

* 張嚴佛：《軍統殘殺宣俠父將軍始末》，《上海灘》2017 年第 4 期。

* 瘂弦口述、王立記錄整理：《雙村記》，《讀庫》2015 年第 3 期。

* 退思：《當年點驗延安共軍印象記》，台北：《春秋雜誌》1987 年總第 714 期。

* 鮑志鴻：《軍統暗殺史量才等民主人士的絕密檔案》，武漢文史資料 2005 年第 12 期。

* 曹鴻藻：《湮沒史海的中美合作所雄村訓練班》，《世紀》2008 年第 3 期。

* 孫月紅、陸宜泰：《陳三才：刺殺汪精衛的上海實業家》，《上海灘》2017年第2、3期。

* 胡為善口述、李菁整理：《我的父親胡宗南》，《三聯生活週刊》2010年第41期。

* 鄒文穎：《特工的歷史形象──以1949年以後台海兩岸的戴笠書寫為中心》，台灣師範大學碩士學位論文2012年7月。

* 楊芸：《軍統上海抗日鋤奸活動研究──以1939年為中心》，上海師範大學碩士學位論文2014年4月。

* 邢燁：《戴笠與忠義救國軍》，南京師範大學碩士學位論文2008年5月。

* 騰訊網歷史頻道：《短史記》。

* 萬千人的博客：《軍統100人口述史》。